2025 제23회 사회복지사1급 국가시험대비

김진원 사회복지사1급

통합이론서

→ 제 **2** 교시 사회복지실천

김진원 편저

- 체계적으로 종합 정리된 핵심이론과 기출표기로 선택과 집중!!
- 빈출내용의 도식화 및 특수 암기비법을 통한 즉석 뇌새김!!
- 역대 기출논점, 최신 출제경향, 개정 사회복지법령 완벽반영!!

오리지널 전공교수가 '장인정신'으로 집필한
클라쓰가 다른 No.1 전문교재!!

오이코스북스
OIKOSBOOKS

김진원 사회복지사 1급 통합이론서 제2교시

머리말

> 범사에 기한이 있고
> 천하만사가 다 이룰 때가 있나니…
> For everything there is a season,
> a time for every activity under heaven.
> —Ecclesiastes(전도서) 3 : 1

사회복지학 정통파 전공교수가 '장인정신'으로 집필한 수험적합성 1위의 합격비결서

> "저는 확신합니다. 국내 사회복지사 1급 교수님 중에
> 8과목을 가장 완벽하게 자신의 것으로 소화시켜서
> 자유자재로 강의를 진행해 주시는 분은
> 김진원 교수님 뿐이라는 것을요."
> – 제22회 합격 황○미 선생님 –

수험사회복지학 대한민국 No.1
인화(仁和) 김진원 인사드립니다.

　2003년 제1회 사회복지사1급 국가시험이 시행된 이후 2024년 제22회 시험이 치러지는 기간 동안 비록 출제수준이 향상되긴 했지만, 그간 기출문제가 누적되어 있음에도 불구하고 합격률이 높지 않은 가장 큰 이유는 '**수험적합성이 있는 전문화된 교재와 강의**'의 부재로 수험생들이 '**헛다리짚는 공부**'를 하고 있기 때문입니다. **전문화된 수험효율적인 수험서를 집필하여, 합격의 길로 인도하는 등대같은 역할**을 해야겠다는 가슴벅찬 소명의식으로 수험 교재집필과 강의를 시작하였습니다.

　'**사회복지수험서적 역사상 유일**'하게 제1회부터 제22회까지 전(全)회분 기출문제를 총망라하여, 진도별로 심층분석한 전공교수로서 시험이 출제되는 범위와 폭은 물론 시험에 무조건 출제되는 시험족보를 가장 잘 알고 있습니다. 역대기출문제를 심층분석하여 추출한 시험족보와 기출논점을 토대로 시험에 출제된 내용을 빠짐없이 총망라한 '**이해·정리·암기를 위한 통합이론서**'를 출간하게 되었습니다.

> "공부의 깊이와 넓이를 정확하게 재단해 주시는
> 교수님의 강의 순서대로 그대로 따라가면서 공부한다면
> 합격은 반드시 저절로 온다는 걸 간곡하게 알려드리고 싶습니다."
> – 제21회 합격 염채경 선생님 –

수험적합성 1위의 합격비결서로서 이해·정리·암기를 위한 김진원 Oikos 사회복지사1급 「통합이론서」의 특징은 다음과 같습니다.

01 **1급 전회분 기출논점과 중요지문을 완벽히 반영하였습니다.**
어떠한 문제라도 대비할 수 있도록 기초부터 심화까지, 기본개념이나 원리에서부터 최신이론에 이르기까지 필수개념과 핵심이론을 꼼꼼히 종합 정리하였습니다. 또한 이론서의 내용 곳곳에 실제 기출지문을 대체하여 삽입함으로써 출제되었던 내용과 기출경향을 쉽게 간파할 수 있도록 하였습니다.

02 **1급 국가시험 역대·전회분 기출표시를 내용에 삽입했습니다.**
기출표시는 빈출 및 출제여부를 한눈에 파악함으로써, 중요도 변별을 통한 선택과 집중의 학습이 가능하게 합니다. 그리고 전체문제 중 80~90%이상이 기출논점에서 다시 출제되고 있는 1급 시험의 출제경향을 활용하여 안전하고 정확하게 합격점수인 60%를 공략하고 단박에 합격이 가능하도록 해 드릴 것입니다.

03 **빈출내용 도식화 및 특수 암기법을 통해 즉석 뇌새김이 가능하도록 했습니다.**
복잡한 내용이나 빈출내용을 도식화·도해화하고, 필수적으로 암기해야 하는 내용과 관련해서는 특수 암기법을 제시하였습니다. 도식화한 내용과 특수 암기법은 이론공부를 통해 이해한 내용을 수험생 개개인이 정리하여 암기를 하는 데 실제적인 도움이 되어 드릴 것입니다.

04 **최근 바뀐 정책 및 개정법령의 주요내용을 완벽 반영하고 도식화하였습니다.**
최근 제·개정된 사회복지법령과 바뀐 정책의 내용을 충실히 반영하여 최근 경향에 맞게 안심하고 학습할 수 있도록 하였습니다. 또한 최근 법령문제가 법조문의 일부만 바꾸어 그대로 출제되고 있기 때문에 법조문 그 자체를 그대로 보고 눈에 익힐 수 있도록 주요법령의 핵심내용과 빈출조문을 도표화시켜 정리하였습니다.

"약은 약사에게, 1급 사회복지사시험은 국내 최고의 전문가 김진원 교수님께!!
제가 진짜 놀랐던 점은 기존 기출문제가 아닌 것 중에도
교재에 나온 단어, 문장 그대로 시험문제 나오는 게 굉장히 많습니다.
그리고 예측해 주시는 것 들은 그냥 다 나온다고 보시면 됩니다."
– 제20회 합격 남상근 선생님 –

아끼는 제자들의 1급 국가시험대비를 정규수업과 방학 집중특강으로 믿고 맡겨주시는 총신대학교, 성결대학교 등 여러 대학의 교수님들께, 그리고 다듬어야 할 부분이 많은 원목(原木) 같은 사람의 강의와 교재를 추천해주시고 응원해주시는 선생님들께 마음 깊이 감사드립니다. 과분하고도 따뜻한 배려에 부응하기 위해 겸허히 배전의 노력으로 최선을 다하겠습니다.
이 책을 보시는 선생님의 수험생활과 남은 평생에 저의 생명이시요 힘이 되시는 참으로 좋으신 하나님의 은총이 충만하시길 간절히 기원드립니다.

2024년 1월
oikonomos 인화(仁和) 김진원

합격수기

단언컨대 김진원 교수님은 진짜 정리의 신이십니다. 하라는 대로 따라 가기만 하면 진짜 되더라고요.

황O미 선생님
(2024년 제22회 합격)

1. 수험정보

회차	22회	필기점수	1교시 사회복지기초	47점
준비기간	9개월		2교시 사회복지실천	65점
응시횟수	1회		3교시 사회복지정책과 제도	59점

2. 간단한 자기소개

안녕하세요 저는 30대 후반 음악치료사 황O미입니다. 대학원 졸업 후 5년 정도 다양한 장애&비장애인 대상으로 음악치료 프로그램을 진행하였고 이후 5년 정도는 장애아동대상 재활치료센터에서 음악치료사로 일한 경력이 있습니다. 현재는 남편이 주재원으로 해외 파견을 받아서 해외에 거주하면서 만 5세 아이를 육아하며 가정주부의 삶을 살고 있습니다. 이전에 치료센터에서 근무하면서 의료사회복지사와 협업을 많이 하였는데 그때 사회복지사의 길이 참 매력적이란 생각이 들어서 육아를 하는 동안 학점은행제를 통해 2급을 취득했고 올해 열심히 준비해서 한 번에 사회복지사 1급을 취득했습니다.

3. 김진원 Oikos 사회복지사1급 교재와 강의로 공부한 계기

인터넷에 올라온 여러 교수님의 샘플 강의들을 들어보고 비교한 결과, 저에게는 김진원 교수님의 강의 스타일이 저와 너무나도 잘 맞았습니다. 특히 교수님의 진심이 담긴 강의 하나하나가 제 심금을 울렸고 기출논점을 완벽 간파하고 계신 점, 기출 중심의 이론서를 직접 만드신 점, 또한 오이코스 스터디를 통해 학생들을 밀착관리 해주시는 것이 가장 큰 장점이란 생각이 들어 한번도 다른 곳에 눈을 돌리지 않고 오직 교수님 강의, 한 우물만 팠습니다.

4. 교수님의 장점

단언컨대 김진원 교수님은 진짜 정리의 신이십니다. 정신 김진원 교수님!!!을 믿고 하라는 대로 따라 가기만 하면 진짜 되더라고요. 공부를 하면서 여덟 과목이 제 머리 속에 뒤섞여서 정리가 잘 되지 않을 때 교수님께서 한국편 연도, 외국편 연도, 잡다편 1강, 2강 특강을 통해 뒤섞여 있는 내용들을 완!벽!하!게! 정리해 주셨습니다. 그리고 질문 사항이 있어서 질문드려도 이내 친절하게 답변해 주셔서 저의 궁금증을 완벽 해소해 주신 것이 저에게 큰 도움이 되었습니다. 저는 확신합니다. 국내 사회복지사 1급 교수님 중에 8과목을 가장 완벽하게 자신의 것으로 소화시켜서 자유자재로 강의를 진행해 주시는 분은 김진원 교수님 뿐이라는 것을요.

5. 자신만의 슬럼프 극복방법은 무엇일까요?

해외 거주하는 집 근처에 도서관이 없어서 카페를 도서관이라 생각하며 꾸준히 카페 출석 했습니다. 주변에 공부하는 수험생 엄마가 없었기에 너무나도 외롭게 혼자 가야하는 시간들이 많았습니다. '난 여기서 혼자 뭐하고 있지?' 이런 생각이 들때마다 오이코스 스터디 밴드에 들어가서 만난 선생님들과 매일 공부한 인증샷을 올리면서 서로를 격려하는 메시지를 주고 받았습니다. 그것은 제게 아주 큰 위로가 되었습니다. 혼자 가면 편할지 몰라도 멀리 가지 못한다는 것을 알기에…그러기에 저는 23회 사회복지사 1급 국가시험을 준비하시는 선생님들께 오이코스 스터디 밴드를 하시길 강력 추천드립니다.

6. 본인이 생각하는 합격 비결은 무엇인가요?

여기 몇 주만에, 한 두달 만에 합격하신 훌륭한 선생님들도 더러 계시지만 저는 성격상 벼락치기를 하면 불안해서 시험 때 제 실력을 발휘하기 어려운 사람입니다. 제 자신을 알기에 저는 4월 오이코스 스터디가 진행된 때부터 차근차근 기본이론서 강의부터 들었습니다. 학점은행제로 2급을 취득하였기에 베이스가 부족하여서 강의를 통해 내용을 이해하는 데 시간이 제법 걸렸지만 그래도 포기하지 않고 끝까지 꾸준히 하면 될 것이라고 믿었습니다. 8월까지 기본 이론서 강의 전과목을 한 바퀴 돌렸고, 이후에는 핵심요약강의를 1~2회 수강하면서 이해한 것들을 정리하는 시간을 가졌습니다. 한 과목이 끝나면 교수님이 쓰신 역대 기출문제집을 함께 풀어나가면서 과목별로 기출 논점을 파악하였습니다. 마지막까지 역대기출문제집은 총 3회독 진행했습니다. 무려 4000문제 이상 되는 역대 기출 문제를 돌리는 것이 가장 어려운 일이었습니다. 양이 너무 방대해서 문제 풀다가 토가 나올 뻔 한 적도 있었어요. 그때마다 잠시 브레이크 시간을 가지면서 머리를 식힌 후 다시 역대기출문제집을 열심히 회독했던 것이 이번 시험 때 171점 고득점을 맞을 수 있었던 가장 큰 비결인 것 같습니다.

7. 다른 수험생에게 하고 싶은 한마디

자신이 사회복지사를 공부해야 하는 이유와 그 마음을 가슴에 새기면서 열정을 가지고 꾸준히 준비하신다면 시험 당일에 자신감이 많이 생길 것 같습니다. 그리고 김진원 교수님표 합격 전략 공부 방법을 꾸준히 따라가신다면 아마 충분히 합격하실 수 있을 것 같습니다. 1년에 단 한차례 있는 시험이 주는 압박감과 해이해짐을 저 또한 너무나도 잘 알기에….스터디 밴드를 이용해서 선생님과 함께 격려하며 하루하루 준비하신다면 좋은 결과를 얻을 수 있을 것 같습니다. 그리고 마지막 한 달 정도 남겨두고 막판 스퍼트를 달릴 시간을 어떻게든 확보하시는 게 가장 중요한 것 같습니다. 이 때 가장 전체적으로 정리가 잘 되는 시간이기 때문입니다.
1급 공부량이 너무 방대해서 공부한 내용이 자꾸 휘발되는 문제들을 극복하려면 꾸준히 반복하는 것 밖에 없는 것 같습니다. 많이 회독하면 할수록 정리가 잘 되고 머리속에 오래 기억이 남기 때문입니다.
저는 주변에 이 공부하시는 분들께 김진원교수님 강의를 강력 추천합니다. 다른 것 안보고 김진원 교수님 강의와 교재 하나만 잘 파면 된다고요. 이미 선택하신 분들은 반 이상 이미 성공한 거나 다름 없으니 김진원 교수님과 하나! 둘! 셋! 파이팅 하셔서 꼭 합격하시길 기도드리겠습니다.

합격수기

항상 자세히 가르쳐 주시면서, 모든 내용을 쉽게 가르친다는 것은 너무나도 중요합니다.

박진현 선생님
(2023년 제21회 합격)

1. 수험정보

회　　차	21회	필기점수	1교시 사회복지기초	39점
준비기간	10개월		2교시 사회복지실천	59점
응시횟수	3회		3교시 사회복지정책과 제도	62점

2. 간단한 자기소개

저는 컴퓨터를 전공 후 서울에서 20대 후반 및 30대 초까지 프로그램 개발을 하였습니다. 그러나 적성이 너무 맞지 않아 다시 지방으로 가게 되었고, 부모님의 고향 광양까지 내려가게 되었습니다. 처음에는 너무 낙심했지만 부모님 따라 재가복지 사회복지사 및 관리책임자로 일하게 되었고, 열심히 일하게 된 후 지금은 주간보호센터를 창업까지 하게 되어 제대로 된 사회복지사 1급을 준비하자는 마음을 갖게 되었습니다. 결혼을 늦게 하게 되어 저의 딸이 이제 3살이 되었고, 저의 아내도 일을 하게되어 망설였지만 사회복지 쪽에 일을 하게 된 만큼 사회복지사 1급은 저에게는 너무 매력적이어서 도전하기로 하게 되었습니다.

3. 김진원 Oikos 사회복지사1급 교재와 강의로 공부한 계기

2017년, 2019년도에는 막무가내로 그냥 동영상 강의를 가입 한 후 공부를 한 10일 하고 시험을 보게 되었습니다. 다른 동영상 강의에서 제가 너무 공부 안한것이 패착이었던 것 같습니다. 그래서 네이버에서 쭈욱 검색하고 동영상 강의부터 내가 흥미를 갖을 수 있을 수 있는 강의를 계속 고민하게 되었습니다. 그 때, 김진원 교수님에게 상담을 신청하고 전화까지 했는데 저는 그냥 단순하게 자격증 공부라고 생각을 한 것 같았습니다. 그래서 교수님과 상담 후 Oikos 동영상 강의를 선택하게 되었고, 어렵더라도 모든 강의는 한번 씩은 무조건 듣자는 의지로 하게 되었습니다.

처음에는 일과 공부 투트랙으로 하는 것은 너무 힘겨웠습니다. 그리고 교수님의 말처럼 저는 전공으로 공부하지 않았고, 학점은행제로 공부했기 때문에 기본 개념이 너무 약해 저의 단점이 너무 확연하게 보이는 것입니다. 그렇지만, 무조건 기초 강의는 1회독을 하자는 의지로 공부 하게 되었고, 8월달까지 이해는 안되지만 무조건 강의를 들었습니다.

4. 교수님의 장점

교수님의 장점은 여기에 글 쓰기에 너무 벅찹니다. 한 두가지가 아니라 너무 많기 때문입니다.
첫 번째의 장점은 너무 큰 장점이기에 글을 적습니다. 학과 대학원 까지 사회복지를 전공하였기 때문에, 다른 타 동영상 강의 교수님과 다르게 정확한 이론을 저희에게 가르치고 있습니다. 이건 너무나도 중요한 것입니다. 정보에 대해 자신있는 교수님은 강의를 할 때 자세한 설명과 쉬운 설명으로 하고 있습니다. 교수님의 모의고사 강의 때 상식은 없다라는 말에 너무 감동이였습니다. 우린 모르기 때문에 강의를 듣지만 그냥 당연히 이건 상식이라는 말로 대충 때우는 강의가 많았기 때문입니다. 항상 자세히 가르쳐 주시면서, 모든 내용을 쉽게 가르친다는 것은 너무나도 중요합니다.
두 번째는 열정입니다. 항상 주말만 되시면 줌으로 스터디를 하는데 이건 대단한 열정이 아니고서는 할 수가 없습니다.
저도 몇번은 제 시간에 들었지만, 육아 보고 나면 너무 지쳐 네이버 카페에 들어가서 주중에 들었는데 이건 너무나도 기본 개념에 많은 도움이 되었습니다.
이거 말고도 너무 많은데, 너무 다 적으면 텍스트 용량이 부족할 거 같아 여기까지 적겠습니다.

5. 자신만의 슬럼프 극복방법은 무엇일까요?

슬럼프는 항상 왔던 거 같습니다. 제가 놀기를 너무 좋아해서 공부하다가 운동하러 가고, 놀러도 가고 그랬습니다. 그때마다, 사회복지사 1급 동영상 강의는 매주 들었습니다. 그러다가 1회독을 마쳤을 때, 솔직히 아무것도 기억이 없었습니다. 거의 무의식 수준이였습니다. 그러나 8월 말부터 핵심요약노트를 들었을 때는 무의식에 전의식으로 가는 수준으로 갔었습니다. 그냥 슬럼프 왔을때는 동영상 강의를 그냥 들었던 거 같습니다.

6. 본인이 생각하는 합격 비결은 무엇인가요?

저의 합격비결은 동영상 강의를 듣고 핵심요약 강의 때 부터는 동영상 강의 들은 후 배운 내용을 정독 후 역대 기출문제를 풀었습니다. 역대 기출문제를 동영상 강의 들은 후 핵심요약노트를 다시 정독했습니다. 핵심요약노트만 한 10번 정독한거 같습니다. OX 기출문제 및 스터디 문제 풀기 전에 핵심요약노트를 정독하고 나고 문제를 풀었습니다. 계속 책을 보다 보니까 모든 내용을 점점 익숙해 지는게 저의 합격 비결인거 같습니다. 그리고 적중 모의고사 때 도움이 많이 되었습니다. 그때 핵심요약 노트를 계속 보게 되니 모의고사때도 점수가 대부분 높았고, 시험이 기다리는게 처음이였습니다.

7. 다른 수험생에게 하고 싶은 한마디

모든 일에는 쉬운 일이 없는 거 같습니다. 이제 느꼈지만 사회복지사 1급 시험도 저에게는 너무나도 어려운 시험인거 같습니다. 자기 자신에게 항상 믿음을 주고 나는 할 수 있다. 항상 120점 커트라인이면 150개를 목표로 저는 도전을 했습니다. 자기가 세운 목표 마인드가 강할 수록 그렇게 노력한거 같습니다. 22회 수험생 여러분들에게 말하고 싶습니다. 22회 수험생 여러분은 할 수 있고, 또 웃는 날이 올 수 있습니다. 자기 자신을 믿으시고 교수님을 믿으시고, 노력은 배신 안한다는 것을 꼭 말하고 싶습니다.
다들 화이팅 하시길 바랍니다. 하나 둘 셋 화이팅!

김진원 사회복지사 1급 통합이론서 제2교시

합격수기

좋은 만남이 저를 합격의 문으로 인도해주었습니다!

조예선 선생님
(2022년 제20회 합격)

1. 수험정보

회　　차	20회	필기점수	1교시 사회복지기초	32점
준비기간	3주 + 1일		2교시 사회복지실천	60점
응시횟수	1회		3교시 사회복지정책과 제도	46점

2. 간단한 자기소개

2022년 2월, 4년제 졸업을 앞둔 24살 대학생입니다.
('심리상담'을 전공했고, 선택과목으로 사회복지 과목들을 수강했습니다!)

3. 김진원 Oikos 사회복지사1급 교재와 강의로 공부한 계기

학교에서 방학 중에 졸업을 앞둔 학생들을 대상으로 진행되는 자격증 대비반 실시간 특강을 통해 시험 3주 전, 교수님을 알게되었고, Oikos를 접하게 되었습니다.

4. 교수님의 장점

제가 공부하면서 느낀 교수님의 가장 큰 장점이자 차별적인 강점은 매년 실시되는 1급 시험을 철저하게 분석하고, 그 데이터를 기반으로 직접 개념서, 요약집, 기출문제집 등을 집필하신다는 점입니다. 사실 교수님 외에 다른 분의 강의를 들어본 적이 없어서 다른 분들 중에도 직접 책을 집필하시는 분들이 계신지는 잘 모르겠지만, 교수님만큼 시험에 나오는 내용들만 쏙쏙 추출해 적중률 높은 수험서를 집필하시고 수강생들의 합격을 위해 노력하시는 분은 없을 것 같다는 생각이 듭니다. 더불어 많은 분이 이야기하신 것처럼, 바쁘신 와중에도 수업 시간 외에 시험장에서 나오는 그 순간까지 밴드, 카톡, 카페를 통해서 수강생들과 함께해주신다는 것 또한 시험을 준비하는 입장에서는 너무 큰 '위로'와 '힘'이 되는 것을 경험하게 되는 것 같습니다.

공부 측면에서는 중요한 내용들은 과목 상관없이 서로 연관되는 내용이 나올 때마다 수시로 반복해주시고, 기발한 암기법으로 강한 인상을 남겨서 조금이나마 오래 기억할 수 있도록 해주신다는 것, 더불어 'O/X 빵구(개념)체크', '벼락치기 강의', '법률 특강', '연도 특강', '모의고사 해설 강의' 등 유튜브, 카페를 통해 주옥같은 강의들과 자료들 전부 무료로 제공해주시면서 헛다리 짚는 공부 하지 않을 수 있도록 힘써 주시는 것이 정말 너무 죄송할 정도로 감사했던 것 같습니다!

5. 자신만의 슬럼프 극복방법은 무엇일까요?

저는 좋아하는 음악을 들으면서, 교수님의 파이팅과 열정 넘치게 강의하시는 모습을 기억했습니다. 무엇보다 정말 아낌없는 힘과 마음을 써주시는 교수님께 꼭 합격으로 보답해드리고 싶었습니다. (+기독교인으로서 '신앙'도 큰 힘이 되어주었습니다^^)

6. 본인이 생각하는 합격 비결은 무엇인가요?

당연한 이야기이기는 하지만 제가 단기간에 합격할 수 있었던 가장 큰 비결은 특강 기간 동안 교수님의 수업을 충실히 따라가고, 교수님께서 외우고 꼭 이해해 놓으라고 강조하셨던 내용들은 반복 학습을 통해 계속 기억해놓은 것이 가장 크다는 생각이 듭니다. 더불어 학생의 신분을 가지고, 공부에 온전하게 집중할 수 있었던 것 또한 저를 단번에 합격하게 해준 좋은 요소 중 하나였다는 생각이 듭니다. 교수님께 특강을 들은 시간은 8일이었는데, 그 이후 2주 동안은 주말을 제외하고 하루 10~12시간을 공부에 매진했습니다. 시험 일주일 전 '핵심 요약 강의'와 '끝장 법률 특강' 또한 제가 공부한 내용을 마지막으로 정리하는데 정말 큰 도움이 되었습니다.

7. 다른 수험생에게 하고 싶은 한마디

교수님께서 항상 말씀하시는 "6080 법칙"을 꼭 기억하시고, 제공해주시는 자료들과 특강들을 꼭 한 번씩 들으면서 정리하며 공부하시면 반드시 좋은 결과를 얻으실 것이라 확신합니다! 그리고 기출 문제를 무작정 많이 푸는 것보다 개념을 정확하게 숙지하시고, 1번에서 2번 실제 시험을 보는 것처럼 풀어보시는 것이 더 많은 도움이 된다는 것을 기억하셨으면 좋겠습니다! 저 또한 성격상 불안감이 높은 편이라 처음 사복 1급 시험에 도전해야겠다고 다짐했을 땐 개념 정리도 제대로 하지 않은 채 무작정 기출 문제만 3회 정도 풀었는데 제대로 된 효과를 보지 못했습니다. 아무리 마음이 급하더라도 교수님이 제공해주시는 자료들로 공부하면서 부족하다고 생각되는 부분들은 그때그때 'O/X 빵구(개념)체크' 또는 '핵심 요약 강의'를 통해 정리하는 것이 정말 중요하다는 말씀도 드리고 싶습니다! 시험장에 들어가서 나오는 그 순간까지 포기하지 않고, 교수님의 지도에 열심히 따르신다면 꼭 합격하실 것입니다. :)

김진원 사회복지사 1급 통합이론서 제2교시

합격수기

제겐 심야식당+사회복지사1급 맛집 운영자...이십니다.

엄지숙 선생님
(2021년 제19회 합격)

안녕하세요?
저는 경북권에 거주하는 30대 후반 아줌마 사회복지사입니다.

제가 이번 19회 시험에 합격을 하리라 미처 생각하지 못했습니다. 이번에 시험을 준비하며 시험일을 약 보름 앞두고 한 번 더 준비 해야겠구나 라는 생각을 했는데 준비를 한 기간, 다른 분들에 비해 낮은 점수이지만 가답안상 합격점수가 나오게 되어 당혹스러운 마음이 아직까지 있습니다.

저는 전문대 사회복지과를 졸업하고 실무자로 근무하며 부족했던 저의 자존감을 높이고 싶은 마음에 타 수험서를 구입해 두서없이 공부했지만 여러 차례 미끄러지는 것을 반복했습니다. 어린 시절부터 공부에 흥미는 없고, 부적절한 욕심만 많아 책만 쌓아놓고 바라보기만 하다 버리는 일들이 많았습니다. 초, 중, 고등학교시절 저의 성적이 하위권에서 맴돌았기 때문에 과거의 저의 모습을 바라보았을 때에는 1급 합격이라는 것은 사치였을 수도 있습니다.

장교로 군복무를 20년 넘게 하고 있는 남편과 결혼하며 남편의 배려로 4년제 사회복지학과를 편입학 하고 졸업시기에 맞추어 재차 1급 시험에 도전했지만 어린 시절부터 저만의 공부법을 파악하지 못했고, 공부하는 자세가 바로 갖추어져 있지 않았기 때문인지 재차 낙방했습니다.

그러던 가운데 얼떨결에 김진원 교수님의 1급강의를 알게 되어 19년도 봄에 온라인강의 수강신청을 했습니다. 더불어 하반기에는 서울 특정대학교에서 진행해 주시는 1급 기본강의와 기출강의를 수강해 매주 수업을 들으러 가긴 했지만, 직장업무로 인해 받는 스트레스와 제가 교수님의 학습법을 100% 따라가지 못함으로 3점차로 또 낙방을 하게 되었습니다.

남편을 제외한 가족들이 제가 공부로 스트레스를 많이 받으니 이젠 포기하라는 이야기를 던지셨지만 김진원 교수님&바깥양반의 응원과 긍정적인 말씀, 그리고 큰 시험을 앞두고 있는 바깥 양반에게 힘이 되고 싶어 온라인강의를 다시 수강했습니다.

교수님의 배려로 지난 20년 7월부터 오이코스스터디의 일원이 되어 매일 학습량을 인증하는 것이 저에겐 큰 도움이었습니다.

남들에게 포장된 공부만 보여주던 저였기 때문에 준비하던 많은 것들을 작심3일로 끝나 시험에 낙방하고, 준비하는 것들을 포기하는 경우가 많았는데 오이코스스터디 모임 덕택에 공부를 하지 않고 며칠 쉬고 싶은 날에도 인증을 어떻게든 하고 싶은 마음 때문에 조금이라도 공부를 하고 인증글을 올리기도 했습니다. (끈기가 부족한 제겐 오이코스 스터디가 매우 긍정적인 도구였다고 봅니다.)

기본서를 1회독 하고 역대기출문제집 5회독, 동형모의고사 3회독, 9개년 1회독.... 요약노트 약 7회독을 하고 시험을 약 20여일 앞두고 다른 선생님들께서는 저만큼 시간을 할애하고 여러차례 회독을 하면 점수가 잘 나오시는 것 같은데 나는 왜.......라는 생각에 포기를 할까 여러차례 고민을 했습니다.

정말 외워야 할 부분이라고 체크해 주시는 부분도 무한반복을 했지만
정말 시험치는 당일까지 외워지지 않았고요.

하지만 포기하고 싶을 때 마다 교수님과 오프라인 강의 동기이자 합격선배 선생님께서 긍정적인 힘과 응원을 주셨고, 저도 바깥양반에게 긍정적인 영향을 주고 싶은 마음이 올라와 턱걸이로라도 붙었으면 하는 마음으로 시험에 임했습니다.

시험을 모두 치고 일과와 공부로 정신없는 남편을 기다리며 가답안으로 시험지를 매겨보니 142점....

다른 선생님들에 비해 낮은 점수로 합격예정 점수가 나와 매우 부끄러운 마음이 듭니다만
사회복지사로서 활동을 포기하려고 했던 순간에 사회복지사 1급 합격점수를 맞았다는 것이
사회복지사로서의 활동을 다시 생각해 보는 계기가 되었습니다.

김진원 교수님은 제게 영화 '심야식당' 주인과 같은 존재이십니다.
인내로 바라봐주시고 합격의 길에 동반해 주심에 감사드립니다.!

김진원 사회복지사 1급 통합이론서 제2교시

합격수기

교수님이 하라는 것만 하면 반드시 합격합니다.^^

이유진 선생님
(2020년 제18회 합격)

안녕하세요. 서울에 거주하는 42세 여성입니다.
우선 이렇게 합격수기를 쓸 수 있도록 명강의와 자신감 떨어질 때마다 할 수 있다고 격려해주시고 응원해주신 김진원 교수님께 이 영광을 돌립니다.

저는 비전공자로 우연히 사회복지2급을 취득하면서 하는 길에 1급도 준비해보자하는 마음으로 도전하게 되었습니다. 그렇게 9월말에 인강을 들어야 하고 검색하던 중 교수님의 오티 강의를 듣게 되고 '어? 해 볼만한 싸움이 되겠네'라는 자신이 생겨 그 날 바로 결제하고 시작하게 됐습니다.

밴드가입 후 총신대 오프라인 강의가 시작된걸 알고 늦었지만 혹시나하는 마음에 전화를 드렸더니 추가신청 마지막 날이라고 해서 부랴부랴 신청하고 온라인의 장점과 오프라인의 장점만을 생각하며 맘속으로 정해놓은 진도를 찬찬히 밟아 나갔습니다. 실패를 최소로 하기 위해 합격수기를 많이 읽어보며 나에게 맞는 방법 나와 비슷한 환경의 선배님들을 벤치마킹하기 시작했습니다.

1월 초가 지나면서 오프라인 기출문제반까지 마치고 나니 이제부턴 진짜 본격적으로 시험준비를 해야겠다는 생각이 들었습니다. 그래서 한 영역의 틀을 훤히 보여주시는 핵심요약특강을 토대로 핵심요약책(이 책 아니었음 아직도 헤매고 있었을 겁니다.)을 정독하며 이론을 견고히 하는 것을 목표를 하였습니다.(이렇게 좋은 강의를 무료로 인심도 후하신 교수님이십니다. ^^) 그리고 금방 휘발이 되어버리는 게 아까워서 1영역 공부 후에 바로 2영역으로 넘어가지 않고 1영역을 다시보기하고 2영역을 공부했고 3영역을 공부하기 전에 1,2영역 다시보기하고 3영역을 공부했습니다. 그렇게 다시보기하는 횟수가 늘어나니 누적 값이 생겨서 8영역을 모두 마쳤을 때는 다는 몰라도 대~충 그림은 그려질 정도가 되었습니다.

그때부터는 철저히 시험문제 푸는 실전감각을 키우고 시험장 상황에 집중했습니다. 역대기출문제를 풀 때는 2회독부터 답이 적혀있어 외워서 빨리 푸는 문제도 있었고 보고 또 봐도 이해가 안 되어 시간을 하염없이 쏟을 때가 있길래 9개년 회차별 문제를 17회차부터 실제 시험시간에 맞춰서 타임설정하고 연습을 했습니다. 영역당 25분이 주어지니 20분 안에 문제푸는 연습을 했고 남은 시간에 한꺼번에 마킹을 했었습니다. 그런데 회차별문제 역시 역대기출 문제이다보니 미리 답을 알아 빨리 풀었을 수 있다는 걸 대비해 교수님이 집필하신 모의고사에 도전했습니다. 역시 예상대로 시간이 회차별 문제보다 빠듯했고 그래서 마킹 방법을 한 번에 하는 것에서 한 문제 풀고 마킹하는 형태로 바뀌게 되었습니다. 답안지에 수정테잎도 칠해보고 생길 수 있는 모든 상황에 대해 연습하고 생각한 것이 시험장에서 많은 도움이 되었습니다.

시험 일주일 전부터 교수님의 정성담긴 무료 오엑스,법률특강을 들으며 와 이렇게 정성을 쏟으시는데 꼭 합격으로 보답드리고 싶다는 생각이 들었습니다. 오엑스 문제는 이어폰으로 집안일 하면서 시험당일 아침까지 음악 듣듯이 들었는데 기출지문을 따로 분리해서 설명해주시니 귀에 더 쏙쏙 들어왔습니다.(기출족보 ox강력추천!!)

시험장에서 무엇보다 중요한건 긴장하지 않고 침착하게 집중력을 발휘하는 것이 중요합니다. 손날로 하나가져가서 만지작거리며 마인드 컨트롤 했습니다. 또 시험이 끝나고 해방감을 맞을 생각으로 불안감을 떨쳐내려 노력했습니다.

1교시를 풀면서 핵심요약노트를 그대로 인용한 듯한 문장들 교수님의 열강 중에 나온다고 했던 거 진짜 나와서 속으로 엄청 신이 났습니다. (나온다고 하신 거 정말 나옵니다. ㅋㅋㅋ) 그렇게 침착하게 서두르지도 너무 느리지도 않게 안정적으로 시험을 마쳤습니다. 아직 합격자발표 전이지만 가채점상 합격선입니다.

시험을 준비하며 정신력으로 버티려했지만 아픈 허리로 오래 앉을 수가 없어서 힘들었습니다. 그렇다고 누워서 인강만 듣고 있을 순 없으니 방법을 찾아야했고, 그래서 책상과 의자를 버리고 침대에 배드테이블을 놓고 침대 해드를 등받이삼아 허리벨트차고 꼿꼿한 자세로 이겨내며 가끔씩 너무 아프면 벨트 안에 파스도 붙이고 진통제도 먹고 하루에 10~12시간은 꼬박 앉아있을 수 있던 것 같습니다. 또 한 가지 감기 안 걸리려 외출도 자제하고 인후염이 올 듯 하면 사탕 껌 스카프 남편 깔깔이 입고 엄청 신경을 썼고, 시험 2주전부턴 약국에서 판매하는 고농도 비타민 달아놓고 먹었습니다. 그렇게 감기를 요리조리 피해 걸리지 않고 온전한 컨티션 유지하며 시험준비할 수 있었습니다.

마지막으로 수험생 여러분 !
김진원 교수님을 알게 되고 교재를 만나게 된 것 진짜 수험생인생에서 가장 큰 행운이자 축복입니다.
교수님이 하라는 것만 하고 하지말라는 것만 피하시면 반드시 합격합니다.^^
건강관리와 마인드컨트롤 잘 하셔서 이루고자 하는 모든 것을 거둬지길 응원합니다. !!.

김진원 사회복지사 1급 통합이론서 제2교시

합격수기

거의 김진원 교수님을 찬양하고 있더군요!

배재덕 선생님
(2019년 제17회 합격)

안녕하세요. 저는 2019년도 17회 사회복지사 1급 시험을 김진원교수님 강의를 듣고 166점으로 당당하게 합격한 학생입니다. 이렇게 제가 합격수기를 쓰게 될 날이 오다니, 사실 아직은 실감이 나지 않고, 오늘도 평소처럼 사회복지사 1급 대비 공부하러 가야할 것만 같습니다. 김진원교수님의 첫 강의 시작 때 "안녕하세요~"와 강의 끝날 때 "하나, 둘, 셋 파이팅!"이 귓가에 맴돕니다. (중간중간에 하시던 교수님 교재에 대한 자부심까지도..ㅋㅋ)

저는 2018년 8월에 졸업한 학생입니다.
졸업 후 운이 좋게도 모 기업 사회공헌팀에서 인턴생활을 바로 할 수 있게 되었는데요, 한편으로는 걱정도 앞섰습니다. 바로 1급 사회복지사 시험 때문이었죠. 사회에서의 첫 조직생활과 1급 사회복지사 시험을 성공적으로 병행할 수 있을지, 두 마리 토끼를 다 놓치게 되는 건 아닐지, 정말 많은 걱정을 했습니다.

하지만 확실한 것 하나는 있었습니다. 그것은 바로 김진원 교수님의 강의와 책으로 준비하겠다는 마음이었습니다. 제가 다니던 학교에서 김진원 교수님께서 겨울방학 기간 때마다 오셔서 특강을 진행해주셨는데, 그 때마다 그 특강을 들었던 학생들의 평이 너무나도 좋아서 거의 김진원 교수님을 찬양하고 있더군요! 그래서 몇 년 전부터 저도 1급 준비를 할 때가 온다면 김진원 교수님을 통해서 공부해야겠다는 생각을 갖고 있었습니다.

저에게는 공부할 시간이 평일 퇴근 후, 주말 밖에 없었습니다. 인턴생활을 시작하면서 무언가 시간적 압박감에 시달린 저는 9월부터 인터넷 강의를 통해 교수님을 접하기 시작했습니다. 교수님의 자신감 넘치시는 강의와 강의를 바로 듣고 푸는 기출문제를 통해 점점 자신감을 얻을 수 있었고 묵묵히 차근차근 교수님을 믿고 따라갔습니다.

여기서 제가 공부했던 순서를 말씀 드리자면,
기본이론강의 듣기 -> 기본이론강의 1개 들을 때 마다 해당 문제 기출 풀기 -> 기본이론강의 완강과 기출문제 1회독 완성 -> 핵심요약강의(노란책) 완강 -> 기출문제 2회독 및 기출 OX문제 풀기 -> 반드시 암기해야 할 프린트물 암기 -> 파이널 적중 모의고사 (For, 2018, 2019) 풀기 및 해설강의 듣기 순으로 진행하였습니다.

핵심요약강의와 OX까지 다 풀어보고 나니 저에게 주어진 시간은 1주였습니다.
OX문제집 관련하여 김진원 교수님께 톡 드렸다가
김진원 교수님께서 친절히 답변해주시고 더불어 반드시 암기해야
할 법문 제정 년도 파일을 보내주셨습니다.(학습자료실에 올라와있는 것이에요!)
회사생활 때문에 교수님이 중간중간에 유튜브로 진행하시는 특강은 저는 못 들었거든요ㅠㅠ

법률 특강.. 무슨 특강.. 저희 학교에서 진행한 겨울 특강은 물론이구요..
그렇다 보니 관련 자료가 학습 자료실에 올라와있는지도 몰랐는데
교수님께서 물어보지 않은 부분까지 이렇게 챙겨주셔서 확인할 수 있었습니다.
정말 도움 많이 되는 자료였습니다.
여러분들도 꼭 학습자료실에 나와있는 법 제정년도 자료 시험 전에 꼭 암기하시고 가세요.
정말 도움 많이 됩니다.

시험 이틀 남겨두고 저는 금요일 하루 휴가를 썼어요.
그 이틀 동안은 작년에 올려주신 것과 올해 대비 올려주신 파이널 적중 모의고사에 집중하였습니다.
틈틈히 반드시 알아야 할 법조문 외웠으며 적중 모의고사와 해설강의를 들었습니다.
부족한 과목은 노란책 1회독 훑어보듯이 했습니다. 이
렇게 하다 보니 파이널 적중 모의고사는 쉽게 풀 수 있었어요.
120점을 훌쩍 넘기더라구요. 정말 신기했습니다.
이 때 자신감 진짜 많이 얻었습니다. 당장 시험을 보고 싶더라구요.
시험 응시 전 모의고사는 반드시 풀어보세요! 너무나도 유익합니다.
김진원 교수님의 수업을 잘 들어온 학생이라면
모의고사를 통해 자신감도 얻을 수 있고 자기가 부족한 부분도 알 수 있으니까요!

(중략...)

시험 끝나고 나오는데, 이상하게도 불안하다기보단 안정감이 들었습니다. 끝났다는 안도감도 있었겠지만 무엇보다 떨어지진 않겠다 라는 확신 때문이었던 거 같습니다. 저희 학교 학생들이 김진원 교수님 찬양하게 된다는 소리를 이해할 수 있었던 순간이었습니다 ㅋㅋㅋ. 그래서 전 불안감 없이 가답안 나올 때까지 재밌게 놀다가 친구들 통해 가답안 나왔다는 소리 듣고 뒤늦게 채점하였습니다. 생각보다 많이 맞아서 놀랐고 합격의 기쁨을 만끽했습니다.

지금 후기를 쓰고 있는 이 시점에도 퇴근하고 나면 공부하러 가야 할 거 같고 실감나지 않습니다.
많이 불안했고 걱정 많았던 1급 사회복지사 시험을
든든하게 합격으로 이끌어주신 김진원 교수님께 정말 감사의 말씀 드립니다.
여러분 1급 사회복지사 준비는 무조건 김진원 교수님 입니다!!
의심 말고 걱정 말고 모두들 김진원 교수님을 통해 합격의 기쁨을 누리시길 바랍니다!!
하나, 둘, 셋 화이팅 !! 감사합니다.

김진원 사회복지사 1급 통합이론서 제2교시

시험제도

시험과목, 시험방법, 시험시간, 합격자 결정기준 등

1. 시험과목 및 시험방법

시험과목(3과목)	시험영역(8영역)	문제수(총점)	문제형식
사회복지기초 (50문항)	○ 인간행동과 사회환경 (25문항) ○ 사회복지조사론 (25문항)	200문제 (1문제 1점, 200점) ※ 2014년 제12회 시험부터 문항수가 영역별 **30문항에서 25문항으로 변경**	객관식 5지 택1형
사회복지실천 (75문항)	○ 사회복지실천론 (25문항) ○ 사회복지실천기술론 (25문항) ○ 지역사회복지론 (25문항)		
사회복지정책과 제도 (75문항)	○ 사회복지정책론 (25문항) ○ 사회복지행정론 (25문항) ○ 사회복지법제론 (25문항)		

※ 시험관련 법령 등을 적용하여 정답을 구하여야 하는 문제는 시험시행일 현재 시행중인 법령을 기준으로 출제함

2. 시험시간

구분	시험과목		입실시간	시험시간
1교시	사회복지기초 (50문항)	○ 인간행동과 사회환경 ○ 사회복지조사론	09:00	09:30~10:20 (50분)
휴식 10:20 ~ 10:40 (20분)					
2교시	사회복지실천 (75문항)	○ 사회복지실천론 ○ 사회복지실천기술론 ○ 지역사회복지론	10:40	10:50~12:05 (75분)
점심시간 12:05 ~ 12:25 (20분)					
3교시	사회복지정책과 제도 (75문항)	○ 사회복지정책론 ○ 사회복지행정론 ○ 사회복지법제론	12:25	12:35~13:50 (75분)

※ 응시편의 제공 대상자의 경우는 시행지부/지사 사정에 따라 유동적 적용가능(1.2배, 1.5배, 1.7배 시간 연장)

3. 합격(예정)자 결정기준 등(사회복지사업법 시행령 제3조제5항)

가. 시험의 합격결정에 있어서는 매 과목 4할 이상, 전 과목 총점의 6할 이상을 득점한 자를 합격예정자로 결정
나. 사회복지사 1급 국가시험 합격예정자는 한국사회복지사협회에서 응시자격 서류심사를 실시하며, 응시자격서류를 정해진 기한 내에 제출하지 않거나 심사결과 부적격자인 경우에는 최종불합격 처리함
다. 최종합격자 발표 후라도 제출된 서류 등의 기재사항이 사실과 다르거나 응시자격 부적격 사유가 발견될 때에는 합격을 취소함

연도별 현황·제도분석

1. 연도별 시험현황

구분	3회 05년	4회 06년	5회 07년	6회 08년	7회 09년	8회 10년	9회 11년	10회 12년	11회 13년	12회 14년	13회 15년	14회 16년	15회 17년	16회 18년	17회 19년	18회 20년	19회 21년	20회 22년	21회 23년
시험일자	3월6일	3월12일	3월4일	2월3일	2월8일	1월24일	1월23일	2월5일	1월26일	1월25일	1월24일	1월23일	1월21일	1월20일	1월19일	2월8일	2월6일	1월22일	1월14일
시험요일	일요일											토요일							
접수인원	10,287명	14,617명	20,580명	27,017명	29,770명	26,587명	25,471명	28,143명	25,719명	27,882명	26,327명	25,949명	24,674명	27,520명	28,273명	33,788명	35,598명	31,018명	30,544명
응시인원	8,635명	12,151명	16,166명	19,493명	22,753명	23,050명	21,868명	23,627명	20,544명	22,604명	21,393명	20,946명	19,514명	21,975명	22,646명	25,462명	28,391명	24,248명	24,119명
합격자	3,731명	5,056명	4,006명	9,034명	7,081명	9,700명	3,119명	10,254명	5,839명	6,412명	6,820명	9,919명	5,284명	7,422명	7,801명	8,457명	17,295명	8,882명	9,826명
합격률	43%	42%	25%	46%	31%	42%	14%	43.4%	28.42%	28.4%	31.9%	47.35%	27.07%	33.7%	34.45%	33.21%	60.92%	36.62%	40.7%
시험과목	필수3과목(8영역) ※ 10회 시험부터 시험문제 공개																		
문항수	240(영역별 30문제)									200(영역별 25문제, 12회부터)									

2. 시험제도 분석

구분	시험과목 (3과목)	시험영역 (8개 영역)	문항수	배점(문항당1점) 영역별	배점(문항당1점) 과목별	과락/합격 커트라인	과락/합격 커트라인	시험시간
제1교시	사회복지기초 (50문항)	인간행동과 사회환경	25	25	50점	매 과목 만점의 40%이상	20점 이상	50분
		사회복지조사론	25	25				
제2교시	사회복지실천 (75문항)	사회복지실천론	25	25	75점		30점 이상	75분
		사회복지실천기술론	25	25				
		지역사회복지론	25	25				
제3교시	사회복지정책과 제도 (75문항)	사회복지정책론	25	25	75점		30점 이상	75분
		사회복지행정론	25	25				
		사회복지법제론	25	25				
계	3과목 (8개영역)		200문항	200점		전 과목 총점의 60% 이상 120점이상		문항당 60초

김진원 사회복지사 1급 통합이론서 제2교시

출제경향

1 제1교시 사회복지기초 과목

제1영역 인간행동과 사회환경

이해 틀	목차 (교과목 지침서에 준함)	1회 2003	2회 2004	3회 2005	4회 2006	5회 2007	6회 2008	7회 2009	8회 2010	9회 2011	10회 2012	11회 2013	12회 2014	13회 2015	14회 2016	15회 2017	16회 2018	17회 2019	18회 2020	19회 2021	20회 2022	21회 2023	22회 2024
서설	제1장 인간행동 발달과 사회복지	1	1	2	3	2	3	1	2	1	3	3	2	2	2	1	2	2	1	3	2	1
전생애 주기적 발달 관점에서 이해	제2장 태내기, 영유아기, 학령전기	1	3	2	3	4	3	4	3	3	5	3	3	2	4	3	3	3(1)	3	3(2)	2(1)	3(1)	3(1)
	태내기 : 임신~출산	1	1	1	-	1	1	2	1	1	1	1	1	-	1	2	1	1	1	1	1	-	1
	영유아기 : 0~2세	-	2	-	2	2	1	1	1	1	3	1	1	1	2	-	1	1(1)	1	1(1)	1(1)	2	1(1)
	학령전기 : 3~6세	-	-	1	1	1	1	1	1	1	1	1	1	1	1	1	1	1	1	1(1)	1	1(1)	1
	제3장 아동기 : 7~12세	2	1	2	1	1	2	1	1	2	2	1	2	1	1	1	(1)	1(1)	1	1(1)	1	1(1)	1(1)
	제4장 청소년기 : 13~18세	-	2	2	1	2	1	2	2	1	2	3	2	2	1	1	2	1(1)	2	1(1)	1	1	1(1)
	제5장 청년기 : 19~39세	1	-	1	1	-	1	1	1	-	1	1	-	1	1	(1)	1	1(1)	-	1	1	(1)	1
	제6장 중·장년기 : 40~64세	1	1	1	1	1	1	1	1	1	1	1	2	1	1	1	1	1(1)	1	1	1	1	1(1)
	제7장 노년기 : 65세 이상	-	2	2	2	2	1	2	1	2	1	2	1	1	1	1	(1)	1	1	2(1)	(1)	1(1)	(1)
인간의 성격에 대한 이해	제8장 정신역동이론	9	8	6	5	5	6	5	5	7	11	4	6	5	3	5	6	5(3)	4(2)	4(2)	3(1)	3	4(4)
	프로이트의 정신분석이론	5	4	2	2	2	2	3	1	3	4	1	1	1	-	1	2	2(1)	1(1)	1(1)	1(1)	1	1(1)
	에릭슨의 심리사회이론	2	2	2	1	1	2	-	1	2	3	1	2	1	2	1	2	1(1)	1	1	-	1	1(1)
	융의 분석심리이론	1	1	1	1	1	1	1	2	1	2	1	1	1	1	1	1	1	1(1)	1	1	1	1(1)
	아들러의 개인심리이론	1	1	1	1	1	1	1	1	1	2	1	2	1	-	1	1	(1)	1	1(1)	1	-	1(1)
	제9장 행동주의 이론	3	3	3	2	2	2	3	4	10	4	4	2	3	3	2	2	1(1)	2(1)	2(1)	2(2)	2	2(2)
	초기 행동주의와 스키너의 학습이론	1	2	1	1	1	1	1	2	5	4	3	1	1	1	1	1	-	1(1)	1(1)	2(1)	1(1)	1(1)
	반두라의 사회학습이론	2	1	2	1	1	1	2	2	4	-	1	1	2	2	1	1	1(1)	1	1	1	1	1(1)
	제10장 인지이론	2	4	1	2	5	1	2	2	2	7	4	2	4	2	3	2	1	1(3)	1(2)	2(1)	1	1(1)
	피아제의 인지이론	2	3	1	1	4	1	2	2	4	1	1	3	2	3	2	-	1(1)	1(1)	1(1)	1	1
	콜버그의 도덕발달이론과 인지치료	-	1	-	1	1	-	1	1	-	3	1	1	-	(1)	1	(2)	(1)	1	-	(1)
	제11장 인본주의 이론	2	2	2	2	3	3	3	2	3	2	3	2	2	1	3	2	1	(1)	3(1)	2(1)	2(1)	2	1(2)
	로저스의 현상학 이론	1	1	1	1	1	1	1	1	1	1	1	-	1	1	1	(1)	2	1(1)	1(1)	1	1(1)
	매슬로우의 인간동기이론	1	1	1	1	2	2	1	1	1	1	1	1	2	1	-	1(1)	1	1	1	(1)
사회환경에 대한 이해	제12장 사회체계 이론	1	2	1	2	1	4	1	2	2	1	2	1	-	1	2	3	4	2	4	4	3	4
	제13장 사회체계로서의 가족과 집단	-	-	2	1	1	1	3	2	1	-	1	2	1	(2)	2	-	-	1	-
	제14장 사회체계로서의 조직·지역사회·문화	-	2	-	1	1	1	1	-	1	2	1	2	1	1	1	1(3)	-	-	1	2	2

※ 표 안에 ( ) 안의 숫자는 단독 출제되지는 않았으나 문제의 지문상에 해당 부분의 내용이 출제된 것을 의미합니다.
※ 제12회 시험부터 영역별 30문제에서 25문제 출제로 변경되었으므로 출제빈도는 12회시험부터 눈여겨보시기 바랍니다.

제2영역 사회복지조사론

이해 틀	목차 (교과목 지침서에 준함)	1회 2003	2회 2004	3회 2005	4회 2006	5회 2007	6회 2008	7회 2009	8회 2010	9회 2011	10회 2012	11회 2013	12회 2014	13회 2015	14회 2016	15회 2017	16회 2018	17회 2019	18회 2020	19회 2021	20회 2022	21회 2023	22회 2024
사회조사 방법의 기초	제1장 과학과 조사연구방법	1	3	6	3	3	3	3	–	3	4	4	3	2	3	3	4	–	2	2	1(3)	2	3
	제2장 사회조사방법의 기본 개념	–	4	1	5	2	3	3	4	3	3	3	3	3	5	3	2(1)	4(1)	3	2	2(3)	2	2
	제3장 사회조사방법의 형태와 절차	2	5	1	1	2	2	1	2	3	1	2	2	2	(2)	3	1	1	3	1	2(1)	2	2
사회조사 방법의 설계	제4장 질문지 작성	–	1	2	1	1	1	1	1	1	–	1	–	1	–	–	1	–	1	–	(3)	–	–
	제5장 측정과 척도	2	1	2	2	3	3	3	3	2	1	2	2	1	1	3	2(1)	2	3	3	3	3	3
	제6장 신뢰도와 타당도	1	3	3	2	2	2	2	3	2	1	2	2	2	3	3	2	2(2)	3	2(1)	3(1)	3	2
	제7장 표본추출(표집)	2	5	2	3	3	3	4	5	4	3	4	4	4	2	2	3	4	2	2	3(2)	3	2
자료수집	제8장 자료수집과 질문지법	–	1	1	1	1	1	1	2	–	4	–	3	1	1	1	1	(2)	1(1)	2	(1)	–	–
	제9장 면접법과 관찰법	–	1	1	2	2	1	2	1	2	–	1	–	1	–	(1)	1	(3)	(2)	–	(1)	2	1
	제10장 비반응성 자료수집과 내용 분석	–	1	1	1	–	2	1	1	1	2	1	1	3	1	1	(2)	1(2)	1	–	–	–	1
	제11장 실험설계(집단설계)	3	7	6	3	4	4	4	5	5	5	4	3	4	5	3	2	4(1)	2	4	3	3	4
	제12장 단일사례연구	2	1	1	1	–	–	–	–	1	–	1	1	(1)	1	1	1	1	1	1	–	2	1
	제13장 질적 연구방법론	–	1	1	2	1	1	1	2	1	2	5	1	1	1	2	2	4	3	4	3	2	3
	제14장 욕구조사와 평가조사	–	2	2	1	5	3	4	2	3	3	1	–	1	1(1)	2	1	(2)	–	1	1	1	–
자료 처리/ 보고서 작성	제15장 자료처리 및 연구보고서 작성	–	1	1	1	1	1	–	–	–	–	–	–	–	–	–	–	–	–	–	–	–	–

※ 표 안에 ( ) 안의 숫자는 단독 출제되지는 않았으나 문제의 지문상에 해당 부분의 내용이 출제된 것을 의미합니다.

출제경향

2 제2교시 사회복지실천 과목

제1영역 사회복지실천론

이해 틀	목차 (교과목 지침서에 준함)	1회 2003	2회 2004	3회 2005	4회 2006	5회 2007	6회 2008	7회 2009	8회 2010	9회 2011	10회 2012	11회 2013	12회 2014	13회 2015	14회 2016	15회 2017	16회 2018	17회 2019	18회 2020	19회 2021	20회 2022	21회 2023	22회 2024
사회복지 실천에 대한 이해	제1장 사회복지 실천의 개념 및 정의	1	2	1	2	1	1	1	2	2	5	2	1	1	1	1	2	1	–	1	1	2	1
	제2장 사회복지 실천의 가치와 윤리	2	4	3	2	3	3	2	3	3	3	3	–	2	2	2	2	2	3	3	3	2	4
	제3장 사회복지실천의 역사적 발달과정	1	2	2	2	2	3	2	2	4	3	3	3	2	3	3	2	2	2	2	2	2	3
	제4장 사회복지 실천의 현장에 대한 이해	1	4	3	3	2	4	2	2	3	2	1	4	4	2	2	2	2	1	2	1	2	1
접근 방법	제5장 사회복지 실천의 관점: 통합적 접근	–	5	5	4	4	5	7	6	6	4	4	3	3	3	4	5	4	4	4	4	3	4
관계론과 면접론	제6장 사회복지 실천의 관계론	2	3	1	2	2	4	5	3	3	2	3	4	2	2	3	2	4	3	4	3	4	3
	제7장 사회복지 실천의 면접론	5	5	2	2	3	–	1	3	3	3	3	3	2	2	2	2	2	3	2	3	2	2
과정론	제8장 접수 및 자료수집	2	2	2	1	2	2	1	1	1	1	3	3	–	2	2	1	2	2	2	2	1	1
	제9장 사정단계	–	5	3	1	3	5	–	1	2	2	2	1	2	2	–	2	2	1	1	1	1	1
	제10장 계획 수립 단계	1	2	1	2	2	–	–	–	–	–	1	1	1	2	1	1	1	–	1	–	1	1
	제11장 개입단계	–	–	2	5	3	2	4	3	3	1	–	1	1	–	2	2	–	–	1	–	1	2	1
	제12장 종결과 평가단계	3	3	2	2	1	–	2	2	–	1	1	–	2	1	–	1	1	1	1	1	–	–
사례 관리	제13장 사례관리	–	–	1	1	2	1	3	2	2	3	3	2	3	2	3	3	3	3	3	2	4	2

※ 표 안에 ( ) 안의 숫자는 단독 출제되지는 않았으나 문제의 지문상에 해당 부분의 내용이 출제된 것을 의미합니다.
※ 제12회 시험부터 영역별 30문제에서 25문제 출제로 변경되었으므로 출제빈도는 12회시험부터 눈여겨보시기 바랍니다.

제2영역 사회복지실천기술론

이해 틀	목차 (교과목 지침서에 준함)	1회 2003	2회 2004	3회 2005	4회 2006	5회 2007	6회 2008	7회 2009	8회 2010	9회 2011	10회 2012	11회 2013	12회 2014	13회 2015	14회 2016	15회 2017	16회 2018	17회 2019	18회 2020	19회 2021	20회 2022	21회 2023	22회 2024
사회복지사의 전문성	제1장 사회복지사의 전문성	2	2	–	1	2	4	2	3	–	–	–	–	–	–	–	2	–	3	1	1	1	2
사회복지 실천 모델과 개입 기술	제2장 정신역동 모델	–	–	–	1	2	2	1	1	2	3	–	1	1	1	1	1	1	1	1	1	1	1
	제3장 심리사회 모델	1	3	1	3	2	2	3	1	–	2	3	2	–	1	1	1	1	1	–	1(1)	1	1(1)
	제4장 인지행동 모델과 행동수정모델	–	2	3	2	3	5	3	2	2	2	3	3	3	2	3	3	2	2	1	3(2)	4	1(3)
	제5장 과제중심 모델	–	–	2	2	1	1	2	2	2	1	1	1	1	1	1	1	1(1)	–	1	1(1)	(1)	1
	제6장 역량강화 모델과 위기 개입 모델	1	1	–	–	2	1	–	2	4	–	2	2	2	2	2	2	1(2)	3	3	1(1)	1(3)	1(4)
가족 대상 사회복지 실천과 기술	제7장 가족에 대한 이해	–	–	3	1	1	–	2	2	3	4	2	3	4	1	1	3	2	2	1	1	2	2
	제8장 가족문제 사정	1	3	1	2	3	2	3	2	1	2	3	1	2	1	–	1	2	1	1	2	–
	제9장 가족대상 실천기법: 가족치료의 다양한 접근	1	1	2	–	2	1	3	2	6	5	5	5	4	7	6	3	5(1)	4	8	6	4	5(2)
집단 대상 사회복지 실천과 기술	제10장 집단대상 실천기법	1	4	3	4	3	4	3	3	3	3	2	4	4	2	2(1)	1(1)	2(2)	1	1	2	1
	제11장 집단의 역동성	–	2	3	2	4	3	2	3	1	1	3	2	–	–	–	2	2(1)	(3)	3	2	–	2
	제12장 집단발달 단계	1	1	2	1	3	3	4	4	4	4	2	2	3	2	4	2	4	2	3	3	3	4
기록과 평가	제13장 사회복지 실천기록	1	3	1	3	2	–	2	1	1	1	1	1	1	1	1	1	1	1	1	1	1	1
	제14장 사회복지 실천평가	–	1	1	1	–	–	2	2	1	2	1	1	2	2	1	1	–	1	1	1
	※ 사례관리	–	–	2	3	–	–	–	–	1	–	–	–	–	–	–	–	–	–	–	–	–	–

※ 표 안에 ( ) 안의 숫자는 단독 출제되지는 않았으나 문제의 지문상에 해당 부분의 내용이 출제된 것을 의미합니다.
※ 제12회 시험부터 영역별 30문제에서 25문제 출제로 변경되었으므로 출제빈도는 12회시험부터 눈여겨보시기 바랍니다.

김진원 사회복지사 1급 통합이론서 제2교시

출제경향

제3영역 지역사회복지론

이해 틀	목차 (교과목 지침서에 준함)	2회 2004	3회 2005	4회 2006	5회 2007	6회 2008	7회 2009	8회 2010	9회 2011	10회 2012	11회 2013	12회 2014	13회 2015	14회 2016	15회 2017	16회 2018	17회 2019	18회 2020	19회 2021	20회 2022	21회 2023	22회 2024
지역사회 복지의 이해	제1장 지역사회에 대한 이해	-	1	1	1	1	1	1	1	2	1	1	1	2	2	1	2	1	2	2	1	1
	제2장 지역사회복지와 지역사회 복지 실천의 이해	5	3	-	3	3	4	2	3	2	3	1	3	1	1	1	1	2	-	1	2	2
	제3장 지역사회복지 역사의 이해	3	2	2	2	2	2	4	2	3	3	2	3	4	3	5	3	3	3	3	3	4
지역사회 복지의 이론과 모델	제4장 지역사회복지의 이론적 기초이해	-	-	-	-	1	1	1	2	2	2	3	2	3	2	1	2	1	2	2	3	3
	제5장 지역사회복지의 실천모델에 대한 이해	1	4	6	5	5	3	5	5	2	6	3	3	2	3	2	3	2	2	3	3	2
지역사회 복지 실천의 과정과 기술	제6장 지역사회복지 실천의 과정	-	4	2	-	3	3	-	3	4	3	2	4	2	3	2	3	2	1	1	3	2	2
	제7장 지역사회복지 실천에서의 사회 복지사의 역할	1	2	1	3	1	2	1	2	1	3	1	1	-	-	1	1	1($\frac{1}{2}$)	-	-	1	2
	제8장 지역사회복지 실천에서의 사회 복지사의 기술	2	-	3	2	3	1	2	3	3	1	2	3	6	3	2	3	3($\frac{1}{2}$)	4	2	2	2
	제9장 사회행동의 전략과 전술	-	1	2	3	-	4	3	1	1	2	-	1	-	-	-	-	1	-	-	-	-
지역사회 복지실천 추진체계	제10장 지역사회 보장계획	2	-	1	1	1	1	1	1	2	2	-	1	1	1	1	2	1	1	1	1	1
	제11장 공공지역사회 복지실천의 추진체계	-	2	2	1	3	4	2	3	3	-	-	1	1	3	2	2	3	3	2	2	1
	제12장 민간지역사회 복지실천의 추진체계	12	8	5	8	6	7	7	5	5	4	5	1	3	3	3	4	3	4	4	3	4
지역사회 복지운동	제13장 지역사회복지 운동	3	3	1	-	-	1	1	1	-	-	1	-	1	1	1	2	1	2	2	2	1

※ 표 안에 ( ) 안의 숫자는 단독 출제되지는 않았으나 문제의 지문상에 해당 부분의 내용이 출제된 것을 의미합니다.
※ 제12회 시험부터 영역별 30문제에서 25문제 출제로 변경되었으므로 출제빈도는 12회시험부터 눈여겨보시기 바랍니다.

3 제3교시 사회복지정책과 제도 과목

제1영역 사회복지정책론

이해 틀	목차 (교과목 지침서에 준함)	1회 2003	2회 2004	3회 2005	4회 2006	5회 2007	6회 2008	7회 2009	8회 2010	9회 2011	10회 2012	11회 2013	12회 2014	13회 2015	14회 2016	15회 2017	16회 2018	17회 2019	18회 2020	19회 2021	20회 2022	21회 2023	22회 2024
사회복지 정책의 기초	제1장 사회복지 정책의 이해	1	2	2	3	1	1	–	3	3	1	1	1	2	2	2	2	2	2	3	2	2	3
	제2장 사회복지 정책의 가치와 갈등	–	2	2	2	1	1	1	2	1	1	1	2	2	2	1	1	2	1	1	1	2	–
사회복지 정책의 역사와 발달이론	제3장 사회복지 정책의 역사적 전개	4	6	2	–	4	5	1	4	5	4	3	4	3	1	4	3	1	3	2	1	2	2
	제4장 사회복지 정책의 이론과 사상	5	4	3	4	4	3	1	4	2	4	5	3	6	4	2	4	1	4	2	4	3	3
사회복지 정책의 과정과 분석틀	제5장 사회복지 정책의 형성과정	–	2	3	4	3	2	2	1	2	3	3	2	3	2	2	1	2	1	2	1	3	–
	제6장 사회복지 정책의 내용분석	2	6	6	5	5	5	6	6	8	7	9	5	4	10	1	5	2	5	7	5	3	7
사회 보장의 이해	제7장 사회보장의 이해	2	3	2	3	2	2	2	3	–	1	1	1	–	2	1	1	5	1	1	2	2	3
	제8장 빈곤과 공공부조 제도	2	4	3	4	3	5	2	4	3	2	4	3	1	2	4	4	3	4	3	4	5	6
	제9장 공적연금 제도의 이해	1	1	2	–	1	2	3	2	2	2	–	2	2	–	3	1	2	1	1	1	1	(1)
	제10장 국민건강보장 제도의 이해	–	1	1	1	–	2	1	3	1	2	1	1	–	2	2	1	2	1	2	2	1	(2)
	제11장 산업재해보상 보험제도의 이해	–	–	1	–	1	1	–	1	1	1	–	1	–	2	1	1	1	–	1	$\frac{1}{2}$	(1)
	제12장 고용보험 제도의 이해	–	1	–	–	1	1	–	1	–	1	–	1	–	1	–	1	1	$\frac{1}{2}$	(1)
	제13장 사회서비스정책	–	–	–	–	–	–	–	–	–	–	–	–	–	–	–	2	–	1	–	–	–

※ 표 안에 ( ) 안의 숫자는 단독 출제되지는 않았으나 문제의 지문상에 해당 부분의 내용이 출제된 것을 의미합니다.
※ 제12회 시험부터 영역별 30문제에서 25문제 출제로 변경되었으므로 출제빈도는 12회시험부터 눈여겨보시기 바랍니다.

김진원 사회복지사 1급 통합이론서 제2교시

출제경향

제2영역 사회복지행정론

이해 틀	목차 (교과목 지침서에 준함)	1회 2003	2회 2004	3회 2005	4회 2006	5회 2007	6회 2008	7회 2009	8회 2010	9회 2011	10회 2012	11회 2013	12회 2014	13회 2015	14회 2016	15회 2017	16회 2018	17회 2019	18회 2020	19회 2021	20회 2022	21회 2023	22회 2024
사회복지 행정의 이해	제1장 사회복지 행정의 개념과 특성	–	3	–	1	1	1	2	1	2	2	2	1	1	2	1	1	1	2	1	1	2	1
	제2장 사회복지 행정의 역사	–	1	1	1	1	1	1	1	2	2	1	2	1	1	3	–	1	3	3	3	3	1
사회복지 행정 이론과 조직이해	제3장 사회복지 행정의 이론적 배경	1	3	4	3	3	4	3	4	2	3	3	2	3	2	3	5	2	3	2(1)	5(4)	5(2)	3
	제4장 사회복지 조직의 구조와 조직화	3	–	4	3	3	4	2	3	3	4	2	2	1	1	1	1	2	1	–	1	1	2
사회복지 조직 관리와 인사관리	제5장 사회복지조직의 기획과 의사결정	2	3	2	3	2	2	3	2	4	2	3	2	3	4	3	3	1	1	1	1	1	2
	제6장 리더십 (leadership)	–	3	3	2	1	3	2	3	2	1	2	1	1	1	1	1	3	1	3	2	3	3
	제7장 인적자원관리	1	3	4	5	1	2	2	2	3	2	2	1	1	1	3	1	4	4	3	2(1)	3	4
	제8장 재정관리	1	3	4	2	3	2	2	3	3	2	3	2	1	2	2	1	2	2	2	2	1	2
	제9장 서비스 품질 관리와 위험 관리	–	–	–	–	–	–	–	–	–	–	–	–	–	–	–	–	1	1	–	(2)	1	(3)	1
	제10장 정보관리 시스템	–	1	–	1	1	1	1	1	–	1	1	1	1	–	–	–	–	–	–	–	1	–
	제11장 프로그램 개발과 평가	1	4	2	2	4	3	5	5	4	3	6	4	5	2	3	2	4	2	2(1)	1	1	1
	제12장 사회복지 서비스전달체계	–	4	3	2	3	2	2	3	2	3	2	3	5	4	6	3	2	3	–	4	1	1	3
	제13장 마케팅과 홍보	–	1	2	1	2	2	2	2	1	1	1	1	–	1	1	1	1	1	2	1	3	2
평가와 책임성, 변화	제14장 사회복지 조직의 책임성과 평가	–	1	–	1	–	–	2	–	1	2	1	1	1	1	2	1	2	2	2	–	–
	제15장 사회복지 조직의 환경변화	–	1	1	1	1	2	–	1	1	–	1	–	1	2	1	1	1	–	–	–

※ 표 안에 ( ) 안의 숫자는 단독 출제되지는 않았으나 문제의 지문상에 해당 부분의 내용이 출제된 것을 의미합니다.
※ 제12회 시험부터 영역별 30문제에서 25문제 출제로 변경되었으므로 출제빈도는 12회시험부터 눈여겨보시기 바랍니다.

제3영역 사회복지법제론

이해 틀	목차 (교과목 지침서에 준함)	3회 2005	4회 2006	5회 2007	6회 2008	7회 2009	8회 2010	9회 2011	10회 2012	11회 2013	12회 2014	13회 2015	14회 2016	15회 2017	16회 2018	17회 2019	18회 2020	19회 2021	20회 2022	21회 2023	22회 2024
총론	제1장 사회복지법의 개념과 체계	1	3	3	2	2	1	1	3	3	1	3	2	2	2	1	1	3	1	1	1
	제2장 사회복지법의 역사적 형성과 특징	–	2	–	–	–	–	–	–	–	–	1	–	1	–	–	–	–	–	–	–
	제3장 사회복지의 권리성	1	1	1	1	1	1	–	–	–	1	1	–	1(1)	1	–	1	1	1	1	1
	제4장 사회복지의 법률 관계	2	2	2	1	1	1	2	1	2	1	1	–	–	–	–	–	–	1	–	–
	제5장 사회복지 주체에 대한 법적 검토	–	1	–	1	–	–	–	–	–	–	–	–	–	–	–	–	–	–	–	–
	제6장 사회복지사 등의 법적 지위와 권한	1	1	–	2	2	2	1	1	1	–	–	–	1	–	–	–	–	–	–	–
	제7장 우리나라 사회복지 입법 변천사	3	–	1	1	1	1	1	1	–	1	1	1	1	1	1	1	1	1	2	1
	제8장 국제법과 사회복지	2	1	1	1	–	–	1	–	–	–	–	–	–	–	–	–	–	–	–	–
각론	제9장 사회보장기본법	3	1	–	1	2	1	1	2	1	1	1	3	4	4	3	2	2	3	3	3
	↳ 사회보장급여의 이용·제공 및 수급권자 발굴에 관한 법률	–	–	–	–	–	–	–	–	–	–	–	–	–	–	1	2	1	3	4	2
	제10장 사회복지사업법	4	3	3	3	3	3	2	4	4	4	4	3	4	3	3	3	3	2	1	4
	제11장 공공부조법	4	4	6	5	6	5	3	4	5	5	5	4	3	3	4	3	4	4	4	4
	국민기초생활보장법	3	3	5	1	4	3	1	2	2	2	2	1	1	1	1	2	2	1	3	2
	의료급여법	1	1	1	2	1	1	1	1	1	1	2	1	1	1	–	–	1	–	1	–
	긴급복지지원법	–	–	–	1	1	1	–	1	1	–	1	–	1	1	1	1	1	1	–	–
	기초연금법	–	–	–	1	–	–	1	1	1	1	1	1	1	1	1	1	1	1	1	1
	장애인연금법	–	–	–	–	–	–	–	–	–	–	–	–	–	–	–	–	–	–	–	–
	제12장 사회보험법	2	3	4	3	2	4	6	5	5	7	6	5	3	5	5	4	4	5	3	5
	국민연금법	1	1	1	1	–	2	1	2	1	2	1	1	1	1	–	1	1	1	1	1
	국민건강보험법	1	1	1	1	1	2	1	1	1	1	2	1	–	1	1	1	1	1	1	1
	고용보험법	–	–	1	–	1	–	1	1	1	1	1	1	1	1	1	1	1	1	1	2
	산업재해보상보험법	–	1	1	1	–	1	1	1	1	2	1	1	1	1	1	1	1	1	1	–
	노인장기요양보험법	–	–	–	–	–	–	1	–	1	1	1	–	1	1	1	1	–	1	1	1
	제13장 사회복지서비스법	7	7	10	5	8	10	9	7	7	4	5	4	3	5	6	7	5	5	5	4
	아동복지법	1	2	1	1	1	1	1	1	1	1	1	1	1	1	1	–	1	(2)	1	2
	노인복지법	1	1	2	1	2	2	2	1	1	1	1	1	1	1	1	1	1(2)	1	–	1
	장애인복지법	1	1	1	–	2	1	1	1	1	1	1	1	1	1	1	–	(1)	1	–	–
	한부모가족지원법	1	1	1	–	–	1	1	1	–	–	1	1	–	1	1	–	(2)	1	1	–
	영유아보육법	–	–	–	1	1	2	–	1	–	–	–	1	–	–	–	–	–	–	–	–
	정신건강증진 및 정신질환자 복지서비스 지원에 관한 법률	1	1	1	–	–	1	2	1	–	–	–	–	–	–	–	–	–	–	1	–
	사회복지공동모금회법	1	–	1	–	1	–	–	1	–	–	–	–	1	1	1	1	1	1	–	1
	입양특례법	–	–	–	–	–	1	–	–	–	–	–	–	–	–	–	–	–	–	–	–
	장애인·노인·임산부 등의 편의증진에 관한 법률	1	–	–	–	1	–	–	–	–	–	–	–	–	–	–	–	–	–	–	–
	농어촌주민의 보건복지 증진을 위한 특별법	–	1	–	–	–	–	–	–	–	–	–	–	–	–	–	–	–	–	–	–
	식품등 기부 활성화에 관한 법률	–	1	–	1	–	–	–	–	–	–	–	–	–	–	–	–	–	–	–	–
	다문화 가족지원법	–	–	–	–	–	1	1	–	1	–	–	–	–	1	1	–	1	(1)	–	–
	가정폭력 및 피해자보호 등에 관한 법률	–	–	1	–	–	1	–	–	1	1	–	1	1	1	1	1	1	1	–	–
	성매매방지 및 피해자 보호 등에 관한 법률	–	–	–	–	–	–	1	1	–	–	–	–	1	–	–	–	–	–	–	–
	성폭력방지 및 피해자 보호 등에 관한 법률	–	–	–	–	–	–	–	–	–	–	–	–	–	–	–	1	1	1	1	–
	건강가정기본법	–	–	–	–	–	–	–	–	–	–	–	–	–	–	–	–	–	–	1	–
	제14장 사회복지 관련법	–	–	–	–	1	1	1	1	1	–	–	–	1	–	–	1	–	–	–	–
	자원봉사활동 기본법	–	–	–	1	–	–	–	–	1	–	–	–	–	1	–	1	–	–	–	–
	장애인고용촉진 및 직업재활법	–	–	–	–	–	1	1	–	–	–	–	–	–	–	–	–	–	–	–	–
	제15장 판례	–	1	–	–	1	–	2	–	1	–	1	–	1	–	–	1	–	1	1	–

※ 표 안에 ( ) 안의 숫자는 단독 출제되지는 않았으나 문제의 지문상에 해당 부분의 내용이 출제된 것을 의미합니다.
※ 제12회 시험부터 영역별 30문제에서 25문제 출제로 변경되었으므로 출제빈도는 12회시험부터 눈여겨보시기 바랍니다.

Contents

제 1 영역 사회복지실천론

제1부 사회복지 실천에 대한 이해
- 제1장　사회복지실천의 개념 및 정의 ·············· 36
- 제2장　사회복지실천의 가치와 윤리 ·············· 48
- 제3장　사회복지실천의 역사적 발달과정 ·············· 72
- 제4장　사회복지실천의 현장에 대한 이해 ·············· 92

제2부 사회복지실천의 접근방법
- 제5장　사회복지실천의 관점 : 통합적 접근 ·············· 102

제3부 사회복지실천의 관계론과 면접론
- 제6장　사회복지실천의 관계론 ·············· 118
- 제7장　사회복지실천의 면접론 ·············· 136

제4부 사회복지실천의 과정론
- 제8장　접수 및 자료수집 ·············· 152
- 제9장　사정단계 ·············· 158
- 제10장　계획수립단계 ·············· 166
- 제11장　개입단계 ·············· 172
- 제12장　종결과 평가단계 ·············· 176

제5부 사례관리
- 제13장　사례관리 ·············· 182

제 2 영역 사회복지실천기술론

제1부 사회복지사의 전문성
- 제1장 사회복지사의 전문성 ················· 196

제2부 사회복지실천 모델과 개입기술
- 제2장 정신역동모델 ························· 204
- 제3장 심리사회모델 ························· 212
- 제4장 인지행동모델 ························· 222
- 제5장 과제중심모델 ························· 242
- 제6장 역량강화모델과 위기개입모델 ············ 252

제3부 가족대상 사회복지실천과 기술
- 제7장 가족에 대한 이해 ······················ 270
- 제8장 가족문제사정 ························· 278
- 제9장 가족대상 실천기법 : 가족치료의 다양한 접근 ······ 294

제4부 집단대상 사회복지실천과 기술
- 제10장 집단대상 실천기법 ···················· 314
- 제11장 집단의 역동성 ······················· 326
- 제12장 집단발달단계 ························ 336

제5부 기록과 평가
- 제13장 사회복지실천기록 ···················· 352
- 제14장 사회복지실천평가 ···················· 360

Contents

제 3 영역 지역사회복지론

제1부 지역사회복지의 이해

　제1장　지역사회에 대한 이해 ················· 372
　제2장　지역사회복지와 지역사회복지실천의 이해 ······ 384
　제3장　지역사회복지역사의 이해 ··············· 398

제2부 지역사회복지의 실천모델과 기술

　제4장　역사회복지의 이론적 기초 이해 ··········· 422
　제5장　지역사회복지의 실천모델에 대한 이해 ········ 434
　제6장　지역사회복지실천의 과정 ··············· 452
　제7장　지역사회복지실천에서의 사회복지사의 역할 ···· 464
　제8장　지역사회복지실천에서의 사회복지사의 기술 ···· 470
　제9장　사회행동의 전략과 전술 ··············· 484

제3부 지역사회복지의 실천영역과 추진체계

　제10장　지역사회보장계획 ·················· 496
　제11장　공공 지역사회복지실천의 추진체계 ········ 518
　제12장　민간 지역사회복지실천의 추진체계 ········ 536

제4부 지역사회 복지운동

　제13장　지역사회복지운동 ·················· 574

부록

참고문헌　582
찾아보기　585

MEMO

김진원 OIKOS 사회복지사1급 통합이론서 2교시

2교시

사회복지실천

2교시
사회복지실천

제1영역
사회복지실천론
Theories of Social Work Practice

교과목 개요

전문적인 사회복지실천에 필요한 기본적인 개념과 역사적 배경을 살펴보고, 사회복지실천의 이념, 철학 및 기본이론을 이해한다. 다양한 사회복지실천 현장에 대한 이해와 아울러 현장에서 활동하는 사회복지사의 역할과 기본적 가치 및 윤리를 살펴본다. 또한 사회복지실천과정을 단계별로 나누어 각 단계에 필요한 지식과 기술의 습득을 통해 통합적 접근 및 사례관리 실천방법을 이해한다.

교과목 목표

1. 사회복지실천의 개념과 목적에 대한 이해
2. 사회복지실천의 역사적 발달과정에 대한 이해
3. 사회복지실천의 가치와 윤리에 대한 이해
4. 사회복지실천 현장과 사회복지사의 역할에 대한 이해
5. 사회복지실천의 이론적 기반과 통합적 접근 및 사례관리에 대한 이해
6. 사회복지실천과정에 대한 이해

출제 경향 분석

이해 틀	목차 (교과목 지침서에 준함)	10회 2012	11회 2013	12회 2014	13회 2015	14회 2016	15회 2017	16회 2018	17회 2019	18회 2020	19회 2021	20회 2022	21회 2023	22회 2024
사회복지실천에 대한 이해	제1장 사회복지실천의 개념 및 정의	5	2	1	1	1	1	2	1	–	1	1	2	1
	제2장 사회복지실천의 가치와 윤리	3	3	–	2	2	2	2	2	2	3	3	2	4
	제3장 사회복지실천의 역사적 발달과정	3	3	3	2	3	3	2	2	2	2	2	2	3
	제4장 사회복지실천의 현장에 대한 이해	2	1	4	4	2	2	2	2	1	2	1	2	1
접근 방법	제5장 사회복지실천의 관점: 통합적 접근	4	4	3	3	3	4	5	4	4	4	4	3	4
관계론과 면접론	제6장 사회복지실천의 관계론	2	3	4	2	2	2	3	2	4	3	4	3	4	3
	제7장 사회복지실천의 면접론	3	3	3	2	2	2	2	2	3	2	3	2	2
과정론	제8장 접수 및 자료수집	1	3	3	–	2	2	1	2	2	2	2	1	1
	제9장 사정단계	2	2	1	2	2	–	2	2	1	1	1	1	1
	제10장 계획 수립 단계	1	1	1	2	1	1	1	–	1	–	1	–	1
	제11장 개입단계	–	1	1	–	2	2	–	–	1	–	1	2	1
	제12장 종결과 평가단계	1	1	–	2	1	–	1	1	1	1	1	–	–
사례관리	제13장 사례관리	3	3	2	3	2	3	3	3	3	3	2	4	2

※ 표 안에 ( ) 안의 숫자는 단독 출제되지는 않았으나 문제의 지문상에 해당 부분의 내용이 출제된 것을 의미합니다.
※ 제12회 시험부터 영역별 30문제에서 25문제 출제로 변경되었으므로 출제빈도는 12회시험부터 눈여겨보시기 바랍니다.

김진원 OIKOS 사회복지사1급 통합이론서 2교시

제1부

사회복지 실천에 대한 이해

제1장 사회복지실천의 개념 및 정의
제2장 사회복지실천의 가치와 윤리
제3장 사회복지실천의 역사적 발달과정
제4장 사회복지실천의 현장에 대한 이해

사회복지실천의 개념 및 정의

제1부 **사회복지실천에 대한 이해**

제1장 회차별 출제빈도, 출제비중 및 출제논점 1, 2, 3순위

10회 2012	11회 2013	12회 2014	13회 2015	14회 2016	15회 2017	16회 2018	17회 2019	18회 2020	19회 2021	20회 2022	21회 2023	22회 2024
5	2	1	1	1	1	2	1	-	1	1	2	1

출제 비중	출제 논점		
	1순위 ☺	2순위 ※	3순위 ☆
01 2	① 사회복지실천 분류: CT체계 크기(미시, 중시, 거시), CT접촉유무(직접실천, 간접실천)	① 사회복지실천 목적, 목표, 기능 ② 사회복지실천 이념	

1순위 스마일표시(☺) : 출제 빈출도가 높은 부분으로 무조건 시험에 출제되는 영역
2순위 당구장표시(※) : 나왔다 안 나왔다 하는 영역이지만 출제가능성 높은 영역
3순위 별 표(☆) : 출제 된 적이 있긴 하지만 다시 출제될 가능성은 다소 떨어지는 영역

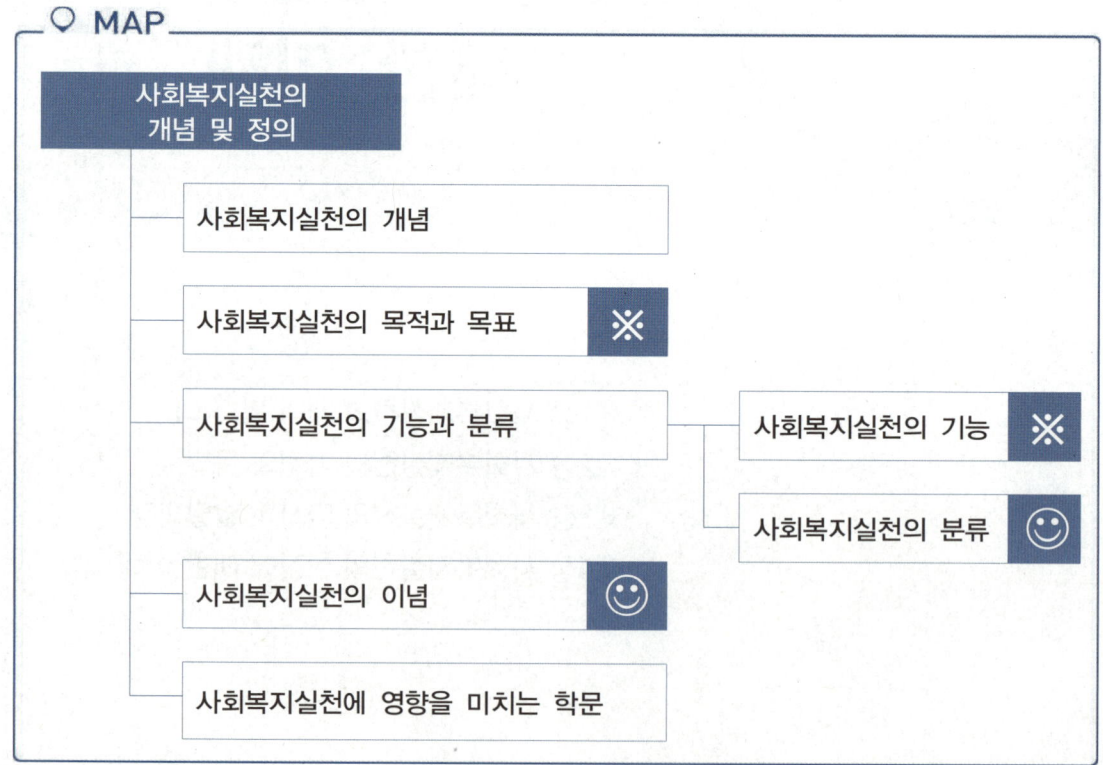

01 사회복지실천의 개념과 목적

1 사회복지실천의 개념

(1) 사회복지실천 이전의 용어

① **사회사업(Social Work)**

㉠ 사회적으로 인간관계상의 기능 수행에 문제를 겪고 있는 사람들이 문제를 해결 또는 예방하도록 돕고자 하는 활동이라 할 수 있다.

㉡ 사회복지와 사회사업의 개념 비교

구 분	사회복지(social welfare)	사회사업(social work)
정의 (프리드랜드와 앱트)	개인과 집단을 원조하여 건강상 만족스러운 기준에 도달할 때까지 행하는 **계획적인 사회적 서비스와 시설의 조직적인 제도**	개인으로 하여금 개인을 집단의 일원으로서 사회적 인간적인 만족과 독립을 성취하도록 원조하여 주고 **인간관계에 관한 과학적 지식과 숙련을 기초로 한 전문적 활동**
어의적	• 이상·이념적 측면 강조	• 실천적 측면 강조
목적적	• 사회적 시책에 의한 **제도적 체계** • **예방·방빈** 목적 • 바람직한 **사회**건설 • 환경지향적	• 전문사회사업에 의한 **기술적 체계** • **치료·구빈** 목적 • 바람직한 **인간(개인)**상 • 인간지향적
기능적	• 제도와 정책 • 거시적 방법(macro)	• 지식과 기술 • 미시적 방법(micro)
실천적	• 고정적	• 역동적
대상적	• 일반적·보편적 • 일반대상	• 개별적·선별적 • 개인대상
주 체	개인 집단 **국가**에 의해 수행	개인 집단 **기관**에 의해 수행
특 성	예방적, 사전적, 적극적, 생산적	치료적, 사후적, 소극적, 소비적

② **임상사회사업(Clinical Social Work)**

㉠ 임상사회사업 캘리포니아(California) 협회는 전문적인 명칭으로 최초로 사용하였으며, 사회복지사의 심리치료나 직접적인 서비스를 강조하는 의미로 사용되었다.

㉡ 1960년대 말 사회사업에서 중요한 위치를 차지하고 있던 개별사회사업이 사회문제를 해결하는 데 충분하지 못하다는 비판으로, 사회사업은 실천성을 강화하려는 사회사업실천과 전문성을 강화하려는 임상사회사업으로 나뉘어 발달하게 된다.

(2) 사회복지실천의 용어 사용

① 최초의 정의는 1917년 사회진단(Social Diagnosis)을 저술한 메리 **리치몬드(Mary Richmond)**의 개별사회사업 정의이며, 1970년 **캐롤 메이어(Carol Meyer)**에 의해 처음으로 사회복지실천이란 용어가 사용되기 시작하였다.

② **우리나라 사회복지교육에서 사회복지실천론 사용**

㉠ 대상, 방법 및 범위에 따라 개별사회사업(casework), 집단지도방법(group work), 지역사회조직(community organization) 등 세 가지 방법으로 교육되어 왔다.

㉡ 1970년대 이후부터는 세 가지 실천방법을 통일된 실천가치, 실천지식, 실천목적 및 실천기술 체계로 묶는 통합작업이 진행되면서 통합방법론이 대두되기 시작하였다.

㉢ 세 가지로 분류되어 발달되어 왔던 실천방법론을 통합방법론의 의도에 맞추어, 한국사회복지교육협의회에서 '사회복지실천론'과 '사회복지실천기술론'으로 통합 구분하였으며 지역사회복지는 별도 부분으로 독립되었다.

(3) 사회복지실천에 대한 학자들의 제 정의

① **메리 리치몬드(Mary Richmond, 1922)** : 개인 대 개인 및 인간과 사회환경 간에 의식적인 조정을 통해 적응하는 능력을 갖도록 인격발달을 이루어가는 과정이다.

② **양옥경(2000)** : 사람의 삶의 질 향상을 위해 개인, 소집단, 가족 또는 지역사회의 문제 및 욕구에 권한부여적(empowering) 문제해결 접근방법(problem-solving method)으로 개입하는 종합적인 전문활동(professional activity)이다.

2 사회복지실천의 목적과 목표 [②④⑤⑥⑦⑩⑭⑰]

(1) 사회복지실천의 목적 : 인간의 삶의 질(quality of life)을 향상

사회복지실천의 궁극적인 목적은 "**삶의 질(quality of life) 향상**"이다. 매우 간단한 것 같지만 상당히 함축적이며, 사회의 변화와 무관한 궁극의 목적이다. 다만 사회복지실천의 세부적인 목표는 그 사회, 그 시대의 가치 및 요구와 기대를 반영하는 것으로 사회변화에 따라 달라진다.

① **미국사회복지사협회(NASW, 1977년 & 1981년)**

㉠ 목적 : 모든 개개인의 삶의 질을 향상시키기 위해 개인과 사회 간의 **상호 유익한 관계를 증진시키거나 복귀(회복)**시키는 것이다.

㉡ 이 견해의 특징 : 개인과 사회 간의 상호성을 인정한 것이며, 개개인의(인간의) **삶의 질 향상**과 사회 간의 상호유익한 관계, 즉 사회구성원의 **사회적 기능 증진(사회관계의 조정)**에 궁극적인 초점을 맞추고 있다.

② **고든(Gordon, 1969)**

㉠ 개인, 가족, 집단, 지역사회가 환경과 만족한 상호작용을 할 수 있도록 그들의 **사회적 기능(social functioning)* 을 향상**시켜 주는 것이다.

> **사회적 기능(social functioning)**
> 기본 욕구를 충족하는 데 필요한 과제와 활동을 달성하고 특정 하위문화나 지역사회에서 필요로 하는 주요 사회적 역할을 수행하기 위한 사람의 능력

ⓒ 사회적 기능은 개인(혹은 집단, 가족 등)이 과업을 수행하거나 그들의 욕구를 충족시키기 위해 행동하는 방법을 의미하며, 개인의 사회적 기능을 향상시키기 위해서는 개인적 요소와 환경요소 사이의 상호작용과정이 적절한 균형상태를 이루어야 한다.

③ **핀커스와 미나한(Pincus & Minahan, 1973)**
　㉠ 목적 : 개인의 문제해결 능력과 대처능력을 향상시키고 **사람들을 자원과 서비스 및 기회를 제공하는 체계와 연결**시키며, 이 체계의 효과적·인도적으로 운영되게 장려하고, 사회정책 개발과 발전에 기여하는 것이다.
　㉡ 이 견해의 특징
　　㉮ 이들의 정의에서 클라이언트 문제에 대한 대처능력 향상이 처음으로 거론되었다.
　　㉯ 체계 개념으로 자원, 기회, 서비스의 개념이 소개되었다.
　　㉰ 효과성을 언급함으로써 평가의 중요성이 대두되었다.
　　㉱ 처음으로 사회복지정책을 언급하여 사회복지실천이 사회정책과 접목되었다.

④ **미국사회복지교육협의회(CSWE, 1994)**
　㉠ 일반사회복지실천(generalist) 모델에 맞추어 학생들을 교육시키기 위한 목적으로 사용되며, 1994년 권한부여(empowerment)의 개념을 첨가하면서 공식화하였다.
　㉡ 사회복지실천의 목적을 다음의 4개 항목으로 정리
　　㉮ 개인, 가족, 집단, 조직 그리고 지역사회가 목적을 달성하고 고통을 완화시키며 자원을 활용할 수 있도록 도움으로써 이들의 사회 기능을 촉진(promotion), 회복(restoration), 유지(maintenance), 향상(enhancement)시키는 것
　　㉯ 인간의 기본욕구를 충족시키고 인간이 갖고 있는 잠재력 및 가능성 개발을 돕기 위해 필요한 사회정책, 서비스, 자원, 프로그램을 계획(planning), 공식화(formulate), 시행(implementation)하는 것
　　㉰ 위험에 처한 집단에게 힘을 실어주고(empower), 사회적, 경제적 정의를 실현하기 위해 조직적이고 행정적인 옹호와 사회정치적 운동을 통해 정책, 서비스, 자원, 프로그램을 추구하는 것
　　㉱ 이러한 목적과 관련된 모든 전문적인 지식과 기술을 개발하고 활용하는 것

(2) **사회복지실천의 목표**
① **핀커스와 미나한(Pincus & Minahan, 1973)**
　㉠ 사람들이 문제를 해결하고 처리하는 능력을 신장시킨다.
　㉡ 사람들을 그들에게 자원과 서비스, 기회를 제공해 주는 체계와 연결시켜준다.
　㉢ 이들 체계의 효율적이며 인간적인 작동을 증진시킨다.
　㉣ 사회정책의 개발과 개선에 이바지하는 것이다.

　　　· 사회복지실천의 목적 : 사회복지사의 신념과 선의를 실현시키는 것(×)
　　　· 사회복지실천의 목적 : 개인의 욕구 충족을 위해 전적인 책임을 갖고 지속적으로 지원한다.(×)
　　　· 사회복지실천의 목표 : 기관의 종교적 목표달성(×)
　　　· 사회복지실천의 특성 : 클라이언트의 문제를 대신 해결해 주는 활동이다.(×)

② 헵워스와 라센(Hepworth & Larsen, 1993)
  ㉠ 사람들이 그들의 능력을 신장시키며 그들의 문제해결 및 대처능력을 증대시키도록 돕는다.
  ㉡ 사람들이 자원을 획득하도록 돕는다.
  ㉢ 조직이 사람들에게 적합하게 되도록 한다.
  ㉣ 개인과 그의 환경 속에 있는 타인들과의 상호작용을 촉진시킨다.
  ㉤ 조직과 제도 사이의 상호작용에 영향을 미친다.
  ㉥ 사회 및 환경 정책에 영향력을 행사한다.

③ 재스트로(Zastrow, 1999)
  ㉠ 사람들의 문제해결, 대처, 그리고 발달적인 능력을 신장시키는 것이다.
  ㉡ 사람들을 그들에게 자원과 서비스와 기회를 제공해 주는 체계와 연결시켜 주는 것이다.
  ㉢ 사람들에게 자원과 서비스를 제공해 주는 체계의 작동을 효과적이고 인간적이도록 해 주는 것이다.
  ㉣ 사회정책을 개발하고 개선하는 것이다. 사회복지실천의 초점이 체계에 맞추어져 있다.
  ㉤ 위험에 처한 집단에게 권능을 부여하며 사회적, 경제적 정의를 증진시키는 것이다.
  ㉥ 전문적인 지식과 기술을 개발하고 검증하는 것이다.

02 사회복지실천의 기능과 분류

1 사회복지실천의 기능 [③⑧⑰]

(1) 협의와 광의로 구분하는 사회복지실천기능
  ① 협의의 사회복지실천의 기능
    ㉠ 개인, 집단, 지역사회의 **손상된 능력을 회복**하도록 돕는다.
    ㉡ 개인적, 사회적 **자원을 제공**한다.
    ㉢ **사회적 역기능을 예방**한다.
  ② 광의의 사회복지실천의 기능
    ㉠ 개인이 자신의 **문제를 해결하거나 다루는 능력을 증진**시킬 수 있도록 돕는다.
    ㉡ **사람과 자원체계가 연결**될 수 있도록 돕는다.
    ㉢ 사람과 자원체계 간의 **상호작용을 촉진**시키고 수정한다.
    ㉣ **자원체계 내에서 개인 사이의 상호작용을 촉진**시킨다.
    ㉤ **사회정책을 개발하고 수정**하는 데 기여한다.
    ㉥ **물질적 자원을 배분**한다.
    ㉦ **사회통제의 매개체**로서 기능한다.

(2) 제 학자들의 견해
① **보엠(Boehem, 1950)** : 사회사업은 전문적 지식과 기술을 강조하는 것으로 인간과 환경 사이의 상호작용을 구성하고 있는 사회적 관계형성에 초점을 두고 다음과 같은 기능을 포함한다.
   ㉠ 손상된 능력을 회복시켜 주는 활동
   ㉡ 사회자원을 보충(제공)시켜 주는 일
   ㉢ 사회적 역기능을 예방하는 기능
② **포플(Popple, 1992)**
   ㉠ 욕구가 있는 개인(들)의 사회 기능 증진의 기능
      ㉮ **사례론(case)** : 문제의 근원을 개인에게 둔다.
      ㉯ 예방, 재활, 치료의 활동을 통해 사회 기능을 증진시킨다.
      ㉰ 욕구를 표출한 사람들이 직접적인 관련이 있는 것으로, 주로 개인이나 가족 및 집단 또는 지역사회 전체가 대상이 된다.
      ㉱ 기능주의적 궤도(function track) 또는 사례론적 궤도(case track), '자선조직협회'
      ㉲ 개별접근의 이론과 기법이 이 궤도에서 개발되었으며, **개별사회사업(social casework)** 의 방법론을 창출하였다.
   ㉡ 사회정의 향상의 기능 [8]
      ㉮ **원인론(cause)** : 사회환경의 탓으로 문제를 돌린다.
      ㉯ 사회복지사들의 **옹호활동(advocacy)** 을 통해 사회정의 향상을 실천한다.
      ㉰ 표출된 욕구와 직접 관련이 있지 않은 사람들이 대상이 되는 것으로 작게는 개인 및 집단, 크게는 지역사회 및 지역사회 전체가 될 수 있다.
      ㉱ 사회복지사들이 사회정의를 실현하는 방법은 **사회제도가 제공하는 기회와 자원을 확대시키는 것에 기여하는 것** 이다.
      ㉲ 원인론적 궤도(cause track), '인보관 운동'
      ㉳ 집단사회사업(group work)과 지역사회조직(community organization)이 이 궤도에서 개발된 방법론들이다.
      ※ 사회정의 향상을 위한 사회복지 기능에 해당하는 활동 : 다문화 가족 인식 개선활동(○)
③ **전미사회복지사협회(NASW)가 제시한 사회복지실천의 기능** : 사회 기능 증진과 사회정의 향상의 두 가지 기능을 6가지 기능으로 세분화 [⑫⑰]
   ㉠ 사람들의 자신감을 넓혀주고(자신감을 고양) 문제해결과 대처능력을 향상시키도록 돕는다.
   ㉡ 사람들이 자원을 취득하도록 돕는다.
   ㉢ **조직이 사람에게 반응하도록(responsive) 한다.**
      ※ 개인이 조직에게 효과적으로 순응하도록 원조(×)
   ㉣ 개인과 환경 내의 다른 사람 및 조직과의 상호관계를 촉진시킨다.
   ㉤ 조직과 제도 간의 상호관계에 영향력을 행사한다.
   ㉥ 사회정책과 환경정책에 영향을 미친다.

❷ 사회복지실천의 분류

(1) 클라이언트체계의 크기 또는 규모에 따른 분류 [⑬⑮⑯㉑]

① **미시적 수준(micro level)의 사회복지실천 = 미시적(micro) 실천**
  ㉠ 개인의 가장 친밀한 상호작용 과정에 개입하는 활동이다.
  ㉡ 그 대상이 개인이나 가족 그리고 집단이며 이들의 문제에 대해 전문적 지식과 기술을 기반으로 직접적인 개입을 하는 활동을 말한다.
  ㉢ 사회복지사가 클라이언트를 직접적으로 대면하여 개입하기 때문에 **직접실천에 해당**한다.
    예) 위탁가정 아동 방문, 정신장애인 재활 상담, 장애아동 양육을 위한 부모 상담, 사회기술훈련 제공, 급여대상자 사후관리, 독거어르신 재가방문, 치매어르신 주간보호 제공, 성매매 피해 여성을 위한 직업기술교육 제공 등

② **중간적 수준(mezzo level, 중범위)의 사회복지실천 = 중시적(mezzo) 실천**
  ㉠ 미시적 수준과 거시적 수준의 중간 수준에서 개입하여 활동하는 것을 말한다.
  ㉡ 중범위 수준의 상황은 '개인과 그 개인에게 가장 가깝고 중요한 사람들의 만남이 이루어지는 접점'이다.
    예) 클라이언트에게 직접적 영향을 미치는 가족, 또래집단, 학급과 같은 체계를 변화시키는 것, 자조집단이나 치료집단의 조직 및 운영을 통한 사회복지실천, 지역사회보장협의체에서 기관실무자 네트워크 회의 소집

③ **거시적 수준(macro level)의 사회복지실천 = 거시적(macro) 실천**
  ㉠ 클라이언트에게 직접적으로 개입하지는 않지만 **클라이언트에게 영향을 미치는 사회 환경, 즉 정부의 복지체계나 사회복지정책, 법, 제도 등에 관여하여 변화를 유도해내는 활동**들이다.
  ㉡ 클라이언트를 직접 만나기보다는 간접적인 사회복지서비스 지원 형태로 이루어지기 때문에 **간접 실천**이라고 할 수 있다.
    예) 노숙인 보호를 위한 모금 활동, 지역모금 활성화를 위한 홍보활동 전개, 직업재활 대상자를 위한 자원 개발, 후원자 개발 및 관리, 사회복지 정책 분석 및 평가, ADHD 아동 지원정책 개발, 결식아동 지원을 위한 예산확보운동 참여, 외부 프로그램지원사업 신청, 지역현안 문제 해결을 위해 공청회 개최 등

(2) 클라이언트의 접촉 유무에 따른 분류

① **직접 실천(direct practice)** [⑨⑪]
  ㉠ 사회복지사가 **직접적인 클라이언트와의 접촉을 통해** 서비스를 제공하는 것을 말한다.
  ㉡ 클라이언트에게 직접 대응하여 서비스를 제공하는 것으로 **개별사회사업, 집단사회사업** 등이 해당한다.
    예) 성매매피해여성을 위한 직업기술교육 제공, 장애아동 양육을 위한 부모 상담, 장애인 취업상담, 독거어르신 재가방문, 치매어르신 주간보호 제공, 정신장애인 사회기술훈련 실시 등

② **간접 실천(indirect practice)** [⑩]
  ㉠ 사회복지사가 직접 클라이언트를 **대면하지 않으면서** 클라이언트의 문제해결에 간접적으로 도움을 제공하는 것을 말한다.

ⓒ 서비스를 제공하는 제도나 기구, 정책 등에 초점을 두어 전개하는 방법으로서 조직적, 정치적 체계에 대한 지식과 기능, 경영관리와 정보분석 기술 등의 체계화를 포함하는 **지역사회조직, 사회복지행정, 사회복지정책 등**이 속한다.

> 예) 지역현안 문제 해결을 위해 공청회 개최, 지역모금 활성화를 위한 홍보활동 전개, 외부 프로그램지원사업 신청, 결식아동 지원을 위한 예산확보운동 참여, 학교폭력 예방을 위한 자원봉사자 모집, 희귀질환 아동을 위한 모금 활동 등

03 사회복지실천의 이념 [⑨⑩⑪⑯⑲⑳㉑㉒]

(1) 인도주의(Humanitarianism) 또는 박애사상(Philanthropy)

① **자선조직협회(COS)의 우애방문자(friendly visitor)들의 철학**으로, 기독교 사상을 실천하려는 중산층 이상의 사람들이 빈곤한 사람들을 대상으로 인도주의적 구호를 제공한 것이다.

② 자선조직협회(COS)의 우애방문자들은 클라이언트를 위한 **무조건적인 봉사**를 하였으며, 이는 평등사상에 입각하여 인종, 종교, 국적 등을 초월한 인간애라 할 수 있다.

　ⓐ '타인을 위하여 봉사'하는 정신으로 실천되었기 때문에 **이타주의(altruism) 사상**이 사회복지실천의 기본 사상으로 자리 잡게 된 것이라 할 수 있다.

　ⓑ 자선조직단체의 우애방문자들이 무조건적인 봉사를 해주는 역할을 하였다면, 현대의 사회복지사들은 클라이언트에 대한 선택적 봉사를 행하고 있다고 할 수 있다.

(2) 사회진화론(Social darwinism) [㉒, 지역복지 ⑳]

① 찰스 다윈(Charles Darwin)의 1859년 저서인『종의 기원』에서 파급된 이념으로 자연과학적 개념이 사회과학적 요소에 가미되어 **자연법칙의 진화론을 사회법칙의 진화론에 적용시킨 것**이다.

　ⓐ **부자는 그들이 우월해서 부유층으로 살아남는 것이고, 반면에 빈곤한 사람은 그들이 게으르고 비도덕적인 열등인간이기 때문에 가난하게 살 수 밖에 없다**는 것이다.

　ⓑ 진화법칙에 의해 이른바 '사회적합 계층'(best fit)인 사회 주요인물은 살아남고 그렇지 못한 사람은 '사회부적합 계층'(unfit)으로 자연 소멸된다는 것이다.

② 사회복지에서 이 이념을 수용한 것은 **사회복지실천의 사회통제 측면**에서 나타난다. 사회통제를 주목적으로 한 실천은 **자선조직협회의 봉사활동에서부터 두드러지게 보여진다**.

　ⓐ 우애방문자들은 사회의 열등계층인 극빈자와 장애인들을 방문하여 중산층의 기독교적인 도덕을 강조하고, 지금까지의 생활신념이나 가치관을 버리고 새로운 도덕, 윤리를 따르도록 강요하였다.

　ⓑ 중간계급의 사상에 적합하지 못한 계층은 최소한의 도움으로 겨우 생존할 수 있는 수준만 유지하도록 하였으며, 사회적합 계층에 방해가 되지 못하도록 하였다.

> ※ 사회진화론에 근거한 사회복지실천은 인보관 활동에서 찾아볼 수 있다.(×)

(3) 민주주의(Democracy)

① 민주주의는 **평등(equality)을 표방하는 이념**으로, 평등을 위한 사회변화를 추구하는 사회복지실천은 **인보관 운동의 활동**에서 두드러지게 나타난다.

② 사회진화론의 생존 계층화와 달리 모든 인간의 평등함을 인정하면서 클라이언트도 평등한 대우를 받을 권리가 있음을 표방한다.
  ㉠ 클라이언트를 위한 무조건적 봉사정신이 약화되고 클라이언트에 대한 **선택적 봉사의 철학이 강화**되었다.
  ㉡ 인도주의 및 사회진화론에 입각하여 이른바 우월한 자인 봉사 제공자가 열등한 자인 클라이언트에게 봉사 및 시혜를 무조건 받도록 결정, 강요하던 것에서 **주는 자와 받는 자의 평등한 권리를 인정하여 받는 자인 클라이언트가 시혜 여부를 결정하는 데 적극 참여하도록 하는 사회적 움직임**이 있었다.
③ **사회진화론**에 근거를 둔 사회통제의 측면에서 **빈곤이나 장애를 전적으로 클라이언트의 책임**으로만 돌렸다면, **민주주의 이념**은 사회변화의 측면에서는 **그 책임을 사회에게 돌린다**.
  ㉠ 모든 인간이 평등하듯 사회복지의 클라이언트들도 동등한 처우를 받을 권리, 빈곤에서 탈피할 동등한 기회를 제공받을 권리를 갖는다는 것이다.
  ㉡ 따라서, 빈곤에 대한 책임은 이러한 권리를 보장해주지 못한 사회에 있으며, 사회변화를 통해 이를 가능하게 해야 한다는 것이다.
  ※ 인도주의는 빈곤이나 장애를 클라이언트의 책임으로 돌렸다.(X)
④ 민주주의 이념은 **클라이언트의 자기결정권의 강조**를 가져왔다. 클라이언트에게도 사회복지사와 같은 동등한 권리를 주면서 모든 결정에 대한 선택권을 주게 된다.
  ※ 민주주의가 사회복지실천에 미친 영향 : 서비스 이용자의 정책결정 참여(O)

(4) **개인주의(individualism)** [⑩⑪㉑]
① 개인권리의 존중으로 클라이언트의 개인적인 특성, 즉 **개별화 사상에 기여**했다.
② **개인권리의 존중 뿐 아니라 수혜자격의 축소에도 영향을 주었다.** 즉, 빈곤한 사회복지 수혜자는 빈곤하게 살 수 밖에 없어야 한다는 '최소한의 수혜자격 원칙'과 저임금 노동자보다 더 낮은 보조를 받아야 한다는 **'열등처우의 원칙'***을 낳았다.
③ 개인의 권리와 의무가 강조되면서 **빈곤의 문제로 빈곤한 자의 책임**으로 돌아갔다.

> **열등 처우의 원칙**
> (principle of less eligibility)
> 피구제자의 생활수준은 최하급 독립노동자의 상태 이하가 되지 않으면 안 된다는 것으로, 구제받는 빈민의 생활수준이 상대적으로 더 높을 경우 임금노동자가 구제받는 쪽을 선택하게 되어 나태를 심화시킨다는 것임

(5) **종교적 윤리의 전통**
① 사회복지실천이 전문화되기 이전에는 사회복지적 활동의 대부분은 종교적 윤리를 토대로 발전했다.
② 자선, 사랑 등의 종교적 윤리 등도 사회복지실천 활동의 이념 혹은 철학적 배경이 되었다.

(6) **다양화(diversitism)**
① 21세기에 들어서면서 다양화 경향이 두드러졌으며, 세계화의 영향으로 전 지구가 하나가 되는 과정에서 다양성에 대한 수용이 높아졌다.
② 사회복지실천에서도 **다양한 계층에 대한 수용, 다양한 문제 및 접근방식에 대한 허용, 개개인의 독특성을 인정**하는 개별화를 추구하게 되었다.
  ※ 다양화 경향은 다양한 계층과 문제를 인정하는 계기가 되었다.(O)

04 사회복지실천에 영향을 미치는 학문 [①②]

(1) 사회복지실천의 지식적 기반

① 사회복지실천은 인간의 각종 문제를 예방, 해결하고 사회적 기능 향상을 지원하기 위해 과학적인 지식과 기술을 사용하며 **체계적인 이론을 바탕**으로 한다.

② 인간에 대한 이해는 전인적인 관점을 제공할 수 있는 심리적, 사회적, 성적, 지적, 도덕적, 영적 차원의 여러 가지 이론에 의지해야 하며, 환경을 구성하는 문화, 경제, 정치, 도덕, 체계들의 이론도 필수적 지식으로 가지고 있어야 한다.

(2) 사회복지실천과 인접 학문

① 사회복지실천은 역사적으로 **사회학, 심리학, 정신의학 등과 같은 인접학문의 영향**을 받으면서도 인접학문의 이론이나 기술과는 차별화되는 독특한 특성이 있다.

　㉠ 인간과 사회 환경 모두에게 유익을 줄 수 있는 실천적인 이론과 구체적인 기술을 강조한다.

　㉡ 인접 사회과학의 이론과 지식을 바탕으로 독자적인 이론적 체계와 지식을 축적하였으나 **다른 학문에 배타적이지는 않는다.**

② 사회복지실천은 사회과학임과 동시에 **응용과학적, 실천과학적 성격**을 지니고 있으며, 다양한 학문들과 밀접한 관계를 맺고 있다.

OIKOS UP　사회복지학과 사회과학의 여타 분과학문들과 차이점

① **틈새과학(niche science)적 성격** : 20세기에 비로소 정립된 사회복지학은 기성학문(사회학, 심리학 등)과는 다른 관점과 접근법으로, 사회복지가 가지는 강점 중의 하나가 문제해결을 최우선으로 하는 응용 또는 실천 과학이다.

② **사회과학의 가치성과 관련된 것** : 상당수의 사회과학이 개인주의 전통을 중시하지만, 사회복지는 집합주의 전통에 가깝다. 가치중립적 또는 탈가치적 이론 지향만이 과학이라는 환원주의에 대한 입장을 유보, 영리목적의 상업적 행위로부터 일정한 거리(탈상품화를 연구주제), 피원조자의 존엄성과 자율성 강조 등 특정가치를 중시한다.

③ **절충주의적(eclecticism) 태도** : 사회복지학도들은 상대적으로 더 높은 수준의 평형감각을 요구받는다. 사회복지학의 주류는 집합주의(collectivism) 전통에 가깝지만 개인주의의 이념과 교리를 전적으로 배척하지 않는다. 두 가지 이상의 가치를 조화시키려고 노력하는 태도는 여러 이론들의 장점을 함께 극대화하려는 것이다.

④ **다학문적(multi-disciplinary) 성격** : 인간의 문제가 복합적이거나 중층적인 경우가 많아 전체적(holistic)인 접근이 요구되므로, 사회 내의 다양한 조직들에 대한 이해를 위해 사회과학의 여타 분과학문이 개발한 지식과 이론을 적극적으로 활용한다.

사회복지실천의 가치와 윤리

제1부 **사회복지실천에 대한 이해**

제2장 회차별 출제빈도, 출제비중 및 출제논점 1, 2, 3순위

10회 2012	11회 2013	12회 2014	13회 2015	14회 2016	15회 2017	16회 2018	17회 2019	18회 2020	19회 2021	20회 2022	21회 2023	22회 2024
3	3	–	2	2	2	2	2	3	3	3	2	4

출제 비중	출제 논점		
	1순위 ☺	2순위 ※	3순위 ☆
0**2**4	① 우리나라 사회복지사 윤리강령 ② 로웬버그와 돌고프의 윤리적 원칙	① 사회복지실천의 가치와 윤리의 관계 ② 윤리적 딜레마가 나타나는 상황 ③ 사회복지실천의 윤리적 쟁점들	① 레비(C. Levy)가 구분한 전문직 가치 ② 윤리강령의 기능

1순위 스마일표시(☺) : 출제 빈출도가 높은 부분으로 무조건 시험에 출제되는 영역
2순위 당구장표시(※) : 나왔다 안 나왔다 하는 영역이지만 출제가능성 높은 영역
3순위 별 표(☆)　　 : 출제 된 적이 있긴 하지만 다시 출제될 가능성은 다소 떨어지는 영역

MAP

01 사회복지실천의 가치

사회복지실천과정에는 필연적으로 가치의 문제가 수반되기 때문에 사회복지실천에 종사하는 사회복지사는 과학적이고 전문적인 지식을 갖추는 것만으로는 부족하고 사회복지실천의 가치와 윤리 그리고 자신의 개인적 가치관을 잘 알아야 한다.

> **OIKOS UP 사회복지실천의 3대 요소**
>
> ① 사회복지실천의 본질적 3대 요소는 사회복지 전문직의 가치, 전문적 활동에 필요한 지식, 그리고 이러한 가치와 지식을 현장에 옮기는 과정에서 필요한 기술 또는 기법
> ② Values(→ ethics) → Knowledges → Skills/Techniques
>   ㉠ 지식(knowledge) : 과학, 예술, 학문 또는 연구, 조사, 실천을 포함하는 다른 영역들 중 일 분야에 대한 이론적이고 실천적인 이해를 획득한 것과 습득된 기술
>   ㉡ 기술(skills) : 클라이언트(개인, 집단, 지역사회)와의 관계 속에서, 클라이언트와 관련한 특별한 상황 아래서의 사회복지실천의 가치들과 지식에 근거한 변화를 위한 심리사회적 개입을 할 수 있는 사회복지사의 능력을 의미
>   ㉢ 기법(techniques) : 주어진 업무에 이용되는 도구나 특별한 절차이며 작용
> ③ 효과적인 사회복지실천을 위해서는 사회복지사의 가치와 사명감을 바탕으로 과학적 지식과 구체적인 실천기술이 필요

1 사회복지 전문직의 가치 [②③⑤⑦⑨]

(1) 프리드랜더(Friedlander, 1962)

① **인간의 존엄성(개인 존중의 원리)** : 사회복지의 철학이고 가장 중요한 기본가치로, 모든 사람은 인간으로서의 가치, 품위, 존엄성을 가진다는 것
② **사회적 책임성(상부상조의 원리인 사회연대성의 원리)** : 누구나 겪을 수 있는 공통의 위험에 대비하기 위하여 상호책임을 가진다는 것
③ **인간의 자율성(자발성 존중의 원리)** : 모든 사람은 타인의 권리를 침해하지 않는 한 자신과 관련된 것을 스스로 결정할 자유를 가진다는 것으로, **자기결정의 원리**라고도 함
④ **기회의 균등성(기회균등의 원리)** : 사회는 개인에게 균등한 기회를 차별 없이 제공해야 한다는 것으로, 인간은 누구나 평등하고 균등한 기회가 주어져야 한다는 원리는 사회복지 실행과정에서 꼭 수반되어야 할 기본원리

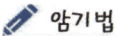 암기법
존(존엄)은 **책**(책임)은 **보**(프리드랜더)**자**(자율)**기**(기회)로 싸놓는다.

(2) 레비(C. Levy)가 구분한 전문직 가치의 범위 [⑬⑮㉑]

① **인간이 선호하는 개념으로서의 가치 : "사람 우선 가치"**
  ㉠ 전문직 수행의 대상인 사람 자체에 대한 전문직이 갖춰야 할 기본적 가치관
     - 예 개인의 가치와 존엄성, 개인의 **건설적인 변화에 대한 능력과 희망, 상호 책임성, 소속의 욕구, 인간의 공통된 욕구**, 개개인의 독특성에 대한 가치 등이 포함. 즉 클라이언트를 개별화된 인간으로 보고, 능력을 인정해주며, 개별성에 따라 권한을 인정해주는 가치관
  ㉡ 클라이언트를 개별화된 인간으로 보고, 능력을 인정해 주며, 개별성에 따라 권한을 인정해 주는 가치관으로 사회복지실천의 기본 철학과 같은 것

② **인간을 위해 선호하는 결과로서의 가치 : "결과 우선 가치"**
  ㉠ 사람에 대해 서비스를 제공했을 때 초래하는 결과에 대한 가치관
     - 예 개인의 성장 및 발전을 위한 기회를 제공해야 할 사회책임(사회적 의무), 사회문제를 해결함에 있어서 필요한 자원과 서비스를 제공해야 하는 사회책임(사회적 의무), 사회가 개인의 발전을 위해 사회참여에 대한 기회를 동등하게 제공해야 한다는 사회책임(사회적 의무)에 대한 믿음
  ㉡ 사회가 빈곤, 질병, 차별대우, 부적절한 주거환경 및 불공평한 교육기회 등에 대한 문제를 해결하거나 미연에 방지해야 할 사회적 책임에 대한 가치이며, 동시에 이와 같은 욕구를 충족시킬 수 있는 자원을 제공해야 하는 사회적 책임에 대한 믿음

③ **인간을 다루기 위해 선호하는 수단으로서의 가치 : "수단 우선 가치"**
  ㉠ 서비스를 수행하는 방법 및 수단과 도구에 대한 가치관
     - 예 사람은 존경과 존엄으로 다루어져야 하며, 자기결정권을 가져야 하고(**자기결정권 존중**), 사회변화에 참여하도록 도와줘야 하며, 하나의 독특한 개인으로 인정되어야 한다는 믿음과 같은 것
  ㉡ 수단우선 가치는 인간에 대한 존엄과 자율성을 우선시하는 것으로, 사회복지사에게 아무리 바람직해 보이는 결정도 클라이언트의 자율적 결정이 아닌 강요받은 결정이라면 이는 기본 가치관에 어긋나는 것
     - ⓧ⃝ 레비가 제시한 수단에 관한 가치 : 자기결정권 존중(O)

📝 암기법
수(수단)**사**(사람)**결**(결과)과 레비가 **레즈비언**임이 밝혀졌다.

> **주의**
> 레비(C. Levy)는 사회복지실천의 가치 유형화 작업에 큰 공헌을 한 사람으로 1973년 발표한 그의 첫 번째 연구는 3가지 유형을 제시했던 반면, 1984년에는 4가지 유형으로 확대했다. 레비가 1984년에 제시한 두 번째 분류는 첫 번째와는 완전히 다른 가치 유형으로 발표한 것으로, ① 사회적 가치, ② 조직 및 제도에 관한 가치, ③ 전문가적 가치, ④ 인간서비스실천 가치의 4종류의 가치로 구분하였다.
> ⓧ⃝ 레비(C. Levy)가 구분한 사회복지 전문직 가치 : 사람 우선 가치, 결과 우선 가치, 수단 우선 가치(O)

(3) 가장 많이 거론되는 가치(NASW, 1995)

개인의 가치와 존엄성, 개인에 대한 존경, **개인의 변화 가능성에 대한 가치**, 클라이언트의 자기결정권, 비밀보장과 사생활보장, 적절한 자원과 서비스제공, **클라이언트에게 권한부여, 동등한 기회보장, 비차별성**, 그리고 **다양성 존중** 등이다.

(4) 존슨(Johnson)의 상대적 중요성에 따른 가치체계의 구분

두 가지 이상의 가치가 충돌하거나 사회복지사의 가치관에 따라 주요 가치가 다를 수 있기 때문에 그러한 윤리적 딜레마 문제를 해결함에 있어서는 단순한 유형화 작업 이상의 가치위계를 정리할 필요가 있다.

① **궁극적 가치(ultimate values)**

사회나 시대상황에 관계없이 불변하는 가치로서, 널리 인정받는 가치이며 사회복지사들에게는 일반적이면서 기본적인 지침

> 예) 자유와 평등, 인간의 존엄성이나 정의, 사회연대성, 평등한 대우 및 차별금지 등

② **차등적 가치(proximate values, 중간단계의 가치)**

추상적인 궁극적 가치와 구체적 행위나 상황과 관련된 도구적 가치 사이에 있으며 추상적 가치를 좀 더 구체화한 가치

㉠ 사회문화적 영향이나 개인의 경험에 따라 찬성과 반대가 가능한 가치로서 특수하고 단기적인 목표를 제시하는 중간 수준의 가치

㉡ 가치위계에서 중간에 위치한 차등적 가치는 궁극적 가치에 비해 훨씬 더 구체적인 내용

> 예) 사회복지사가 제시한 특정의 치료법에 대해 클라이언트가 치료를 거부할 수 있다고 믿는 것, 낙태나 동성애에 대한 가치, 급여수준이나 서비스 질을 높여달라고 요구할 수 있는 권리를 인정하는 것 등

③ **도구적(수단적) 가치(instrumental values)**

사회복지실천에서 구체적으로 활용될 수 있는 가치로, 궁극적 가치를 추구하기 위해 사용되는 수단적인 의미가 강하며 행동지침이나 윤리로 나타남

> 예) 인간의 존엄성을 존중하는 수단으로서 자기결정이나 비밀보장, 수용적이며 비난하지 않는 태도, 고지된 동의 등을 인정하는 가치

2 사회복지실천에서 추구하는 주요 가치 [②]

(1) 인간의 존엄성과 독특성 존중에 대한 가치 [②④]

① 각 개인이 처한 상황과 관계없이 누구나 존중받을 수 있으며 존중받아야 한다는 가치로 '수용'의 원칙과 일맥상통한다.

② 사회복지실천의 상황에 어떻게(How) 적용될 수 있는가? 즉 이러한 가치 전제의 조작화에 유용한 다섯 가지 지침 [②]

㉠ 클라이언트의 존엄성에 관하여 의사소통하는 내용을 민감하게 인식할 것

㉡ 클라이언트를 스테레오 타입화(stereotyping, 고정관념화)하지 말 것

㉢ 클라이언트가 그들의 장점을 발견하여 활용하도록 도와줄 것

② 문제해결에 있어서 클라이언트의 참여를 기대할 것
⑩ 클라이언트의 **요구**(needs)보다 **욕구**(wants)에 초점을 둘 것

(2) 클라이언트의 자기결정에 대한 신념

(3) 사회정의에 대한 가치

사회복지실천의 근본적인 목적은 사회변화와 개인변화이므로 사회정의적 가치는 1차적으로 사회를 변화시키고자 하는 **사회개혁과 사회개량 활동과 밀접한 연관성**을 가진다.

(4) 사회연대의 가치(사회적 책임에 대한 가치) [③]

① **사회연대는 사회통합이라는 말과 연결**된다. 사회적 위험에 대비할 수 있는 **여러 제도적 장치를 마련**하여 사회가 공동으로 위험에 처한 사람들을 도와줄 필요가 있을 것이다.

② 사회연대의 정신은 사회 구성원 모두의 책임감을 토대로 한 **더불어 사는 사회를 만들고자 하는 의도**를 담고 있다.

(5) 사회적 형평성의 원리

모든 개인은 잠재력을 최대한 실현하기 위해 필요하다고 생각되는 모든 기회와 자원에 접근할 수 있는 기회를 동등하게 가질 수 있어야 한다.

02 사회복지실천의 윤리와 윤리강령 [⑤]

1 사회복지실천의 윤리

(1) 사회복지실천의 윤리

① 윤리(ethics)의 개념

㉠ 어떤 행동에 대한 **옳고 그름을 나타내는 판단기준**으로서 인간이 마땅히 행하거나 지켜야 할 도리이다.

㉡ '선악의 속성이나 도덕적 의무를 결정하는 일련의 지침, 행동기준 또는 원칙'

■ 가치와 윤리 비교 ■

가 치	윤 리
무엇이 **좋고**(good) 바람직한가(desirable)	무엇이 **옳고**(right) 바른가(correct)
믿음, 신념 같은 것	어떤 **행동의 옳고 그름에 대한 판단**
방향 제시	**행동의 원칙이나 도덕적 지침** 제공
구체적인 실천을 지시하기보다 일반적으로 선호하는 더 폭넓은 사회적 가치 반영	**가치에서 나오기 때문에 가치와 조화를 이루어야 함**

② 사회복지실천의 가치와 윤리의 관계 [⑤⑨⑩⑭]
  ㉠ 가치는 무엇이 좋고(good) 바람직한가(desirable)와 관련된다면, 윤리는 무엇이 옳고 그른가를 다룬다.
  ㉡ 가치란 신념이며 과학적인 근거도 없으며 객관적으로 증명할 수 없고 주관적으로 선호하는 것이라면, 윤리란 실질적인 결정을 내릴 때 필수적인 것으로 옳고 그른 행동에 대한 사회적 태도를 가리키는 도덕 철학이다.
  ㉢ 가치는 '추구해야 하는 이상적인 것'과 관련된 것이고, 윤리는 '가치를 실현하는 실천적인 것'과 관련된다.
  ㉣ 가치란 하나의 가정적 개념에서 인간의 생각 속에서 그치지만, 윤리는 행동으로 나타나는 것으로 윤리적 판단에 따른 행동 수행에 있어 규범적인 어떤 기준이 필요하게 된다.
  ㉤ 모든 가치가 윤리가 되는 것은 아니며 가치가 행동으로 전환되어 행동의 규범적 기준을 대표할 때만이 윤리가 된다.
  ㉥ 윤리는 가치에서 비롯되고, 이 윤리는 실천적인 원칙을 낳으며, 원칙은 옳고 바른 것을 추구하게 하는 윤리기준을 제공한다. 따라서 윤리는 가치와 조화를 이루어야 한다.

(2) 사회복지실천의 윤리강령
  ① 윤리강령의 특성
    ㉠ 윤리강령은 전문가들이 전문직을 수행함에 있어서 윤리적 기준과 원칙을 가지고 직무에 임할 수 있도록 기술해 놓은 것으로써 특정 전문가 집단이 공통적으로 인정하고 합의한 사항이므로 법률적 제재는 아니더라도 강력한 윤리적 통제력을 가지고 있다.
    ㉡ 사회복지 실천현장에서 발생 가능한 상황에 윤리적으로 대처할 수 있는 전문적 행동기준과 원칙을 상세히 기술해 놓은 것이다. 따라서 한번 정해지면 불변하는 것이 아니라 시대상황에 발맞추어 개정되고 그 시대의 주요 이슈들이 포함되는 경향이 있다.
    ㉢ 모든 상황에 적용될 수 있는 윤리적 원칙이란 존재하기 어렵고 윤리강령 역시 마찬가지라는 뜻이다.
    ㉣ 윤리강령이 사회복지사의 전문적 판단에 절대적으로 우선되는 것은 아니다.
  ② 윤리강령의 기능 [⑪⑳]
    ㉠ 실천가들에게 윤리적 이슈뿐만 아니라 사회복지실천 현장에서 윤리적 갈등이 생겼을 때 지침과 원칙을 제공한다.
    ㉡ 정직하지 않고 무능력한 실천가들이 자기규제를 하게 함으로써 클라이언트를(많은 사람들을) 보호한다.
    ㉢ 스스로 자기규제를 가짐으로써 사회복지전문직의 전문성을 확보하고 외부통제(정부의 규제나 통제)로부터 전문직을 보호한다. 즉 전문직의 자기규제는 정부의 규제보다 더욱 우선된다.
    ㉣ 일반 대중에게 전문가로서의 사회복지 기본업무 및 자세를 알리는 1차적 수단으로 기능한다.
    ㉤ 선언적 선서를 통해 사회복지 전문가들의 윤리적 민감화를 고양시키고 윤리적으로 무장시킨다.

ⓑ 전문직의 내부 갈등으로부터 초래되는 자기파멸을 예방하여 전문가들이 조화롭게 일하도록 돕는다.

ⓢ **소송으로부터 전문가를 보호한다.** 윤리강령을 따르는 실천가들의 **실천오류**(malpractice, **실천상의 과오** 예 비밀유지 권리 위반, 자살을 막지 못했거나 자살에 기여한 것, 성적인 부정행위, 부모 동의 없이 미성년자에게 낙태 상담을 제공 등)으로 인해 제기된 소송에서 일정한 보호를 받도록 한다. → 소송에 말려들 가능성을 최소화한다.
- 전문직의 행동기준과 원칙을 제시하여 법적 제재의 힘을 갖는다.(×)
- 윤리강령은 윤리적 갈등이 생겼을 때 법적 제재의 근거를 제공함(×)

③ 윤리강령의 철학적 배경 [⑩]
ㄱ) 윤리적 절대주의(ethical absolutism)
㉮ 인간의 의식과 사유에 그 절대권을 주며 이미 정해진 고정불변의 도덕률을 강조하는 것으로, 선과 악이나 옳고 그름도 어떤 행위의 결과와는 별개로 판단하는 것으로 모든 상황에서 절대적으로 적용되는 것으로 본다.
㉯ **절대적 비밀보장** : 사회복지사가 클라이언트에 대해 관찰했거나 알게 된 자료를 사회복지사가 자신만 보유하고 어떤 사람에게 어떠한 형태로든 결코 누설하지 않는 것을 말한다.
- 예 윤리적 절대주의 입장에서는 클라이언트가 요구(여고생 A가 요구한 임신사실을 알리지 않고 출산할 수 있도록 도와달라는 요구)를 존중

ㄴ) 윤리적 상대주의(ethical relativism)
㉮ **선과 악이나 옳고 그름도 주관적이고 상대적인 것으로 절대인 가치란 없다.** 즉 고정불변의 절대적인 가치는 부인하며, 행동의 동기보다는 행동의 결과를 중시한다.
㉯ **상대적 비밀보장** : 사회복지실천에서 요구되는 비밀보장을 의미하는 바는 제한된 테두리 안에서의 정보공개를 허용한다는 것이다.
- 예 사회복지사는 클라이언트에게 발생할 어떤 심각한 결과를 예방하는 것이 클라이언트의 자율성과 비밀보장을 존중해야 할 원칙을 지키는 것보다 더욱 중요하게 고려(여고생 A와 태아의 건강과 복지를 위해 부모에게 알리기로 결심).

2 우리나라 사회복지사 윤리강령

(1) 개요

① 한국사회복지사협회는 윤리강령의 필요성을 절감, 1982년 '한국사회사업가 윤리강령'을 제정하였다. 즉, **사회복지사 윤리강령은 한국사회복지사협회에서 채택한 것이다.**
- 사회복지사는 국가자격이므로 사회복지사 윤리강령은 국가가 채택함(×)

② 사회복지사 윤리강령 연혁

제정 및 개정 년도		주요내용
1973.	초안제정 결의	• 윤리강령 초안 제정을 결의함
1982.01.15	제정	• '한국사회사업가 윤리강령' 제정 → 제정만 되고 공포되지는 못함 • 전문과 10개 조항으로 작성

1988.03.26	1차 개정	• 전문과 8개 조항으로 개정, 주요 용어 개정 • 1988.4.14. '**사회복지사 윤리강령**'이라는 이름으로 공포 ※ 1983년 「사회복지사업법」 개정(사회복지사업종사자 → 사회복지사)으로 윤리강령에 '사회복지사'가 공식 명칭으로 반영
1992.10.22	2차 개정	• 전문과 10개 조항으로 개정, 주요 용어 개정
2001.12.15	3차 개정	• 1992년 10개 조항이던 것을 전문직 직무의 내용에 따라 세분화하여 **전문, 윤리기준 6장(46개 조항)**으로 구성 → 전문직의 헌신성, 전문성, 진보성이 포함됨 • 윤리강령의 일부는 아니지만 '**사회복지사 선서**'를 함께 제정 공포함
2021.07.05	4차 개정	• 자구수정(성 취향 → 성적 지향)
2023.04.11	5차 개정	• **구조개정** : 전문 – 목적 – 가치와 원칙 – 윤리기준 – 사회복지사 선서 • **내용개정** : 20년 이후 시대적 변화와 세계적 기준 반영

③ 사회복지사 윤리강령 5차 개정

   ㉠ 5차 개정 주요 내용

   ㉮ **구조 변경** : 윤리강령 목적 및 가치와 원칙 신설
   ㉯ **내용 개정** : 2001년 3차 개정된 윤리강령 활용
      ⓐ **사회복지사 윤리기준 5장 69개 조문으로 조문확대**(개정 前 : 윤리기준 6장 46개 조문)
         - 신설 : 다양성의 가치 반영
         - 수정 : 클라이언트의 주체성 강화 및 단어변경
         - 삭제 : 현장상황에 맞게 일부 항목 삭제(예 긴급한 사정으로 인해 동료의 클라이언트를 맡게 된 경우, 자신의 의뢰인처럼 관심을 갖고 서비스를 제공)
      ⓑ **윤리기준 삭제 및 이동**
         - 윤리기준 삭제 : 6장 사회복지윤리위원회 구성과 운영 삭제
         - 윤리기준 이동(작은 단위에서 큰 단위로 순서 변경) : 기관에 대한 윤리기준 → 사회에 대한 윤리기준(개정 前 : 사회 → 기관)

   ㉡ 윤리강령 구조 비교

개정 前	윤리강령 5차 개정
전문	전문
	[윤리강령의 목적]
	[윤리강령의 가치와 원칙] 핵심 가치1. 인간 존엄성 핵심 가치2. 사회정의
[사회복지사의 윤리기준] 윤리기준 6장 46개 조문	[사회복지사의 윤리기준] 윤리기준 5장 69개 조문

Ⅰ. 사회복지사의 기본적 윤리기준
   1. 전문가로서의 자세
	Ⅰ. 기본적 윤리기준
	   1. 전문가로서의 자세
	      1) 인간 존엄성 존중
	      2) 사회정의 실현

2. 전문성 개발을 위한 노력
 	
3. 경제적 이득에 대한 태도
	2. 전문성 개발을 위한 노력
	   1) 직무 능력 개발
	   2) 지식기반의 실천 증진
	3. 전문가로서의 실천
	   1) 품위와 자질 유지
	   2) 자기 관리
	   3) 이해 충돌에 대한 대처
	   4) 경제적 이득에 대한 실천

II. 사회복지사의 클라이언트에 대한 윤리기준
  1. 클라이언트와의 관계
  2. 동료의 클라이언트와의 관계
	II. 클라이언트에 대한 윤리기준 [②]
	  1. 클라이언트의 권익옹호
	  2. 클라이언트의 자기 결정권 존중
	  3. 클라이언트의 사생활 보호 및 비밀 보장
	  4. 정보에 입각한 동의
	  5. 기록 · 정보관리
	  6. 직업적 경계 유지
	  7. 서비스 종결

III. 사회복지사의 동료에 대한 윤리기준
  1. 동료
  2. 수퍼바이저
	III. 사회복지사의 동료에 대한 윤리기준
	  1. 동료
	  2. 슈퍼바이저

IV. 사회복지사의 사회에 대한 윤리기준	IV. 기관에 대한 윤리기준
V. 사회복지사의 기관에 대한 윤리기준	V. 사회에 대한 윤리기준
VI. 사회복지윤리위원회의 구성과 운영	(삭제)
사회복지사 선서	사회복지사 선서

❌ 자원봉사자에 대한 윤리기준(×), 후원자에 대한 윤리기준(×), 국가에 대한 윤리기준(×)

(2) 우리나라 사회복지사 윤리강령(2023.4.11. 5차 개정) [②③⑤⑥⑧⑩⑤⑯⑱⑲②]

전 문	개정 전과 같음

① 사회복지사는 **인본주의 · 평등주의 사상에 기초**하여, 모든 **인간의 존엄성과 가치를 존중**하고 천부의 **자유권과 생존권의 보장**활동에 헌신한다.
② 특히 사회적 · 경제적 약자들의 편에 서서 **사회정의와 평등 · 자유와 민주주의 가치를 실현**하는데 앞장선다.
③ 또한 <u>도움을 필요로 하는</u> 사람들의 사회적 지위와 기능을 향상시키기 위해 저들과 함께 일하며, <u>사회제도 개선</u>과 관련된 제반 활동에 주도적으로 참여한다.
④ 사회복지사는 **개인의 주체성과 자기결정권**을 보장하는 데 최선을 다하고, 어떠한 여건에서도 개인이 부당하게 희생되는 일이 없도록 한다.
⑤ 이러한 사명을 실천하기 위하여 **전문적 지식과 기술**을 개발하고, 사회적 가치를 실현하는 **전문가로서의 능력과 품위를 유지**하기 위해 노력한다.
이에 우리는 클라이언트 · 동료 · 기관 그리고, 지역사회 및 전체사회와 관련된 사회복지사의 행위와 활동을 판단 · 평가하며 인도하는 윤리기준을 다음과 같이 선언하고 이를 준수할 것을 다짐한다.
	전문에서 사회복지사의 사명을 천명하고 있음
	
	▶ CT 개인변화
	  + 사회개선
	  (이중초점 지향)

[윤리강령의 목적]	신설
한국사회복지사 윤리강령은 **사회복지 전문직의 가치와 윤리적 실천을 위한 기준을 안내**하고, **윤리적 이해가 충돌할 때 고려해야 할 사항을 제시**하고자 한다. 한국사회복지사 윤리강령의 목적은 다음과 같다. 1. 윤리강령은 <u>사회복지 전문직의 사명과 사회복지 실천의 기반이 되는</u> **핵심 가치를 제시**한다. 2. 윤리강령은 <u>사회복지 전문직의 핵심 가치를 실현하기 위한 **윤리적 원칙을 제시**</u>하고, <u>사회복지 실천의 지침으로 사용될 **윤리기준을 제시**</u>한다. 3. 윤리강령은 사회복지 실천 현장에서 발생하는 **윤리적 갈등 상황**에서 의사 결정에 필요한 사항을 확인하고 판단하는 데 필요한 윤리 기준을 제시한다. 4. 윤리강령은 사회복지사가 전문가로서 품위와 자질을 유지하고, 자기 관리를 통해 클라이언트를 보호할 수 있도록 안내한다. 5. 윤리강령은 사회복지의 전문성을 확보하고 **외부 통제로부터 전문직을 보호**할 수 있는 기준을 제공한다. 6. 윤리강령은 시민에게 전문가로서 사회복지사의 역할과 태도를 알리는 수단으로 작용한다.	▶ 윤리강령 기능 ▶ 윤리적 갈등 지침 제공 ▶ 자기규제 → CT보호 ▶ 외부통제 전문직 보호 ▶ 일반대중에게 사회복지 업무자세 알림

[윤리강령의 가치와 원칙][1]		신설
사회복지사는 **인간 존엄성과 사회정의라는 사회복지의 핵심 가치에 기반**을 두고 사회복지 전문직의 사명을 다하기 위해 노력해야 한다. 이러한 핵심가치와 관련해 사회복지 전문직이 준수해야 할 윤리적 원칙을 제시한다.		
핵심 가치 1. 인간 존엄성	윤리적 원칙 : <u>사회복지사는 **인간의 존엄성과 가치를 인정하고 존중**한다.</u> • 사회복지사는 개인적·사회적·문화적·정치적·종교적 **다양성**을 고려하며 **개인의 인권을 보호하고 존중**한다. • 사회복지사는 클라이언트의 **자율성을 존중**하고, **자기 결정을 지원**한다. • 사회복지사는 클라이언트가 **역량을 강화**하고, 자신과 환경을 변화시킬 수 있도록 지원한다. • 사회복지사는 사회복지 실천 과정에서 **클라이언트의 개입과 참여를 보장**한다.	
핵심 가치 2. 사회정의	윤리적 원칙 : <u>사회복지사는 **사회정의 실현**을 위해 앞장선다.</u> • 사회복지사는 개인적·집단적·사회적·문화적·정치적·종교적 **차별에 도전**하여 **사회정의를 촉진**한다. • 사회복지사는 개인, 가족, 집단, 지역사회의 **다양성을 존중하는 포용적 지역사회를 만들기** 위해 노력한다. • 사회복지사는 부적절하고 억압적이며 불공정한 **사회제도와 관행을 변화시키기 위해 사회의 다양한 구성원들과 협력**한다. • 사회복지사는 포용적이고 책임 있는 사회를 만들어 가기 위해 **연대 활동**을 한다.	

[1] 가치와 윤리는 불가분의 관계로 사회복지윤리는 사회복지가치로부터 도출되기 때문에 사회복지사 윤리강령 조문들은 핵심가치인 ① 인간 존엄성과 ② 사회정의의 가치를 기반으로 하여 구성된다. 참고로 미국사회복지사협회(NASW) 윤리강령 전문에 제시된 핵심가치는 ① 서비스, ② 사회정의, ③ 인간존엄성, ④ 인간관계의 중요성, ⑤ 성실, ⑥ 역량의 6가지로 제시하고 있다.

[사회복지사의 윤리기준] 5장 69개 조문(개정 前 : 6장 46개 조문)	
Ⅰ. 기본적 윤리기준 [⑩]	

1. 전문가로서의 자세 [⑤]
1) 인간 존엄성 존중 ▶세부목차 신설
    가. 사회복지사는 **모든 인간의 존엄, 자유, 평등을 위해 헌신**해야 하며, **사회적 약자를 옹호하고 대변**하는 일을 주도해야 한다.
    나. 사회복지사는 **모든 인간의 고유한 존엄성과 가치를 인정하고 존중**하며, 이를 기반으로 사회복지를 실천한다.
    다. 사회복지사는 클라이언트의 성, 연령, 정신·신체적 장애, 경제적 지위, 정치적 신념, 종교, 인종, 국적, 결혼 상태, 임신 또는 출산, 가족 형태 또는 가족 상황, 성적 지향, 젠더 정체성, 기타 개인적 선호·특징·조건·지위 등을 이유로 **차별을 하지 않는다.** [⑤⑩]
    라. 사회복지사는 **다양한 문화의 강점을 인식하고 존중하며, 문화적 역량을 바탕으로 사회복지를 실천한다.** ▶다양성 가치 반영
    마. 사회복지사는 **문화적으로 민감한 실천을 제공**하기 위해, 사회복지 실천 과정에서 자신의 개인적·사회적·문화적·정치적·종교적 가치, 신념과 편견이 클라이언트와 동료 사회복지사에게 미칠 수 있는 영향을 고려하여 **자기 인식을 증진**하기 위해 힘쓴다.

2) 사회정의 실현 ▶세부목차 신설
    가. 사회복지사는 **사회정의 실현과 클라이언트의 복지 증진에 헌신**하며, 이를 위한 **국가와 사회의 환경 변화를 위해 노력**한다.
       ↔ 개정 前 : 사회복지사는 사회정의의 실현과 클라이언트의 복지 증진에 헌신하며, 이를 위한 환경 조성을 국가와 사회에 요구해야 한다.
    나. 사회복지사는 사회, 경제, 환경, 정치적 자원에 대한 **평등한 접근과 공평한 분배**가 이루어지도록 노력한다.
    다. 사회복지사는 개인적·집단적·사회적·문화적·정치적·종교적 특성에 근거해 **개인이나 집단을 차별·억압하는 것을 인식**하고, 이를 **해결 또는 예방하기 위해 노력**해야 한다.

2. 전문성 개발을 위한 노력
1) 직무 능력 개발 ▶세부목차 신설
    가. 사회복지사는 클라이언트에게 최상의 서비스를 제공하기 위해, **지식과 기술을 개발하는 데 최선**을 다하며 이를 활용하고 **공유할 책임이 있다.**
       ↔ 개정 前 : 사회복지사는 클라이언트에게 최상의 서비스를 제공하기 위해, 지식과 기술을 개발하는 데 최선을 다하며 이를 활용하고 전파할 책임이 있다.
    나. 사회복지사는 **사회적 다양성의 특징**(성, 연령, 정신·신체적 장애, 경제적 지위, 정치적 신념, 종교, 인종, 국적, 결혼 상태, 임신 또는 출산, 가족 형태 또는 가족 상황, 성적 지향, 젠더 정체성, 기타 개인적 선호·특징·조건·지위 등), **차별, 억압 등에 대해 교육을 받고** 이에 대한 **이해를 증진**하기 위해 노력한다.
    다. 사회복지사는 변화하는 사회복지 관련 쟁점에 대응할 수 있도록 **실천 기술을 향상**하고, 새로운 실천 기술이나 접근법을 적용하기 위해 **적절한 교육, 훈련,**

연수, 자문, 슈퍼비전 등을 받도록 노력한다.
　　라. 사회복지사는 사회복지 실천에 필요한 **정보통신 관련 지식과 기술을 습득**하기 위해 노력하며, 이를 사용하는 과정에서 발생할 수 있는 **윤리적 문제를 인식**하고 정보통신 관련 지식과 기술을 활용하도록 한다.

2) 지식기반의 실천 증진　　　　　　　　　　　　　　　　　　　　　　　　▶ 세부목차 신설
　　가. 사회복지사는 사회복지 실천 과정에서 **평가와 연구 조사**를 함으로써, 사회복지 실천의 **지식 기반 형성에 기여**하고, 궁극적으로 사회복지 **실천의 질적 향상을 위해 노력**한다.
　　나. 사회복지사는 평가나 연구 조사를 할 때, 연구 참여자의 권리를 보장하기 위해, 연구 관련 사항을 충분히 안내하고 **자발적인 동의**를 얻어야 한다. [⑤]
　　　↳ 개정 전 : 클라이언트를 대상으로 연구하는 사회복지사는 저들의 권리를 보장하기 위해, 자발적이고 고지된 동의를 얻어야 한다.
　　다. 사회복지사는 연구 과정에서 얻은 정보를 **비밀 보장의 원칙**에서 다루며, 비밀 보장의 한계, 비밀 보장을 위한 조치, 조사 자료 폐기 등을 **연구 참여자에게 알려야 한다.**
　　　↳ 개정 전 : 연구과정에서 얻은 정보는 비밀보장의 원칙에서 다루어져야 하고, 이 과정에서 클라이언트는 신체적, 정신적 불편이나 위험·위해 등으로부터 보호되어야 한다.
　　라. 사회복지사는 평가나 연구 조사를 할 때, 연구 참여자의 보호와 이익, 존엄성, 자기 결정권, 자발적 동의, 비밀 보장 등을 고려하며, 「생명윤리 및 안전에 관한 법률」 등 관련 법령과 규정에 따라 **연구윤리를 준수**한다.

　　♣ 개정 前 윤리강령에서 삭제 조문 ♣
2. 전문성 개발을 위한 노력
　　4) 사회복지사는 전문성을 개발하기 위해 노력하되, 이를 이유로 서비스의 제공을 소홀히 해서는 안 된다.
　　5) 사회복지사는 한국사회복지사협회 등이 실시하는 제반교육에 적극 참여하여야 한다.

3. 전문가로서의 실천　　　　　　　　　　　　　　　　　　　　　　　　　　▶ 목차명 변경 및
1) 품위와 자질 유지　　　　　　　　　　　　　　　　　　　　　　　　　　　내용추가
　　가. 사회복지사는 전문가로서의 **품위와 자질을 유지**하고, 자신이 맡고 있는 **업무에 대**　　▶ 개정 前 : 3. 경제적
　　　　해 책임을 진다. [②]　　　　　　　　　　　　　　　　　　　　　　　　이득에 대한 태도
　　나. 사회복지사는 자신의 이익을 위해 사회복지 **전문직의 가치와 권위를 훼손**해　　▶ 개정 後 : 세부목차
　　　서는 안 된다.　　　　　　　　　　　　　　　　　　　　　　　　　　　　로 이동 → 4) 경제
　　다. 사회복지사는 전문가로서 **성실하고 공정**하게 업무를 수행한다. [③⑤]　　　　　적 이득에 대한 실천
　　　↳ 개정 전 : 사회복지사는 전문가로서 성실하고 공정하게 업무를 수행하며, 이 과정에서 어떠한 부당한 압력에도 타협하지 않는다.
　　라. 사회복지사는 부정직한 행위, 범죄행위, 사기, 기만행위, 차별, 학대, 따돌림, 괴롭힘 등 **불법적이고 부당한 일을 행하거나 묵인해서는 안 된다.**
　　마. 사회복지사는 자신의 소속, 전문 자격이나 역량 등을 **클라이언트에게 정직하고 정확하게 알려야 한다.**
　　바. 사회복지사는 클라이언트, 학생, 훈련생, 실습생, 슈퍼바이지, 직장 내 위계적 권력 관계에 있는 **동료와 성적 관계를 형성해서는 안 되며**, 이들에게 성추행과 성희롱을 포함한 **성폭력, 성적·인격적 수치심을 주는 행위를 해서는 안 된다.**

사. 사회복지사는 **한국사회복지사협회** 등 전문가 단체의 활동에 적극적으로 참여하여, 사회정의 실현과 **사회복지사의 권익 옹호**를 위해 <u>노력한다</u>.
  ↔ 개정 전 : 사회복지사는 한국사회복지사협회 등 전문가단체 활동에 적극 참여하여, 사회정의 실현과 사회복지사의 권익옹호를 위해 <u>노력해야 한다</u>.

2) 자기 관리
  가. <u>사회복지사는 **정신적·신체적 건강 문제, 법적 문제 등이 사회복지 실천 과정에서의 전문적 판단이나 실천에 부정적 영향을 주거나 클라이언트의 이익을 저해하지 않도록**</u>, 동료, 기관과 함께 적절한 조치를 하도록 노력한다.
  나. <u>사회복지사는 클라이언트에게 최상의 사회복지서비스를 제공하기 위해 **사회복지사 자신의 정신적·신체적 건강, 안전을 유지·보호·관리**하도록 노력한다</u>.

3) 이해 충돌에 대한 대처
  가. <u>사회복지사는 클라이언트의 이익을 우선으로 고려하고, 이해 충돌이 있을 때는 **아동, 소수자 등 취약한 자의 이해와 권리를 우선시**한다</u>.
  나. <u>사회복지사의 개인적 신념과 사회복지사로서 직업적 의무 사이에 이해 충돌이 발생할 때 **동료, 슈퍼바이저와 논의**하고, 부득이한 경우 클라이언트가 적절한 지원을 받을 수 있도록 **클라이언트를 다른 사회복지사에게 의뢰하거나 다른 사회복지서비스로 연결**한다</u>.
  다. 사회복지사는 전문적 가치와 판단에 따라 업무를 수행<u>하</u>는 과정에서, **기관 내외로부터 부당한 간섭이나 압력**을 <u>받아서는 안 된다</u>.
    ↔ 개정 전 : 사회복지사는 전문적 가치와 판단에 따라 업무를 수행함에 있어, 기관 내외로부터 부당한 간섭이나 압력을 받지 않는다.

4) 경제적 이득에 대한 <u>실천</u>
  가. 사회복지사는 **클라이언트의 지불 능력에 상관없이 복지** 서비스를 **제공**해야 하며, 이를 이유로 차별해서는 안 된다. [⑤]
  나. 사회복지사는 필요한 경우에 제공된 서비스에 대해 **공정하고 합리적으로 이용료를 책정**<u>할 수 있다</u>. [⑥]
    ↔ 개정 전 : 사회복지사는 필요한 경우에 제공된 서비스에 대해, 공정하고 합리적으로 이용료를 <u>책정해야 한다</u>.
  다. 사회복지사는 업무와 관련<u>해</u> **정당하지 않은 방법으로 경제적 이득을** <u>취해서는</u> 안 된다. [③]
    ↔ 개정 전 : 사회복지사는 업무와 관련하여 정당하지 않은 방법으로 경제적 이득을 <u>취하여서는</u> 안 된다.

II. 클라이언트에 대한 윤리기준 [②⑲]	
1. 클라이언트의 권익옹호 사회복지사는 **클라이언트의 이익**을 최우선의 가치로 삼고 <u>이를 실천하며</u>, **클라이언트의 권리를 존중하고 옹호한다**. [③⑤] ↔ 개정 전 : 사회복지사는 <u>클라이언트의 권익옹호</u>를 최우선의 가치로 삼고 <u>행동한다</u>.	▶CT 주체성 강화 및 단어변경
2. 클라이언트의 자기 결정권 존중 1) <u>사회복지사는 사회복지 실천 과정에서 **클라이언트의 자기 결정을 존중**하고, 클라이언트를 사회복지 실천의 **주체로 인식**하여 클라이언트가 **자기 결정권을 최대한 행사**할 수 있도록 돕는다</u>.	▶CT 주체성 강화 및 단어변경

↪ 개정 전 : 사회복지사는 클라이언트가 자기결정권을 최대한 행사할 수 있도록 도와야 하며, 저들의 이익을 최대한 대변해야 한다.
2) 사회복지사는 의사 결정이 어려운 클라이언트에 대해서는 클라이언트의 이익과 권리를 보장하기 위한 적절한 조치를 취해야 한다.

3. 클라이언트의 사생활 보호 및 비밀 보장
사회복지사는 클라이언트의 **사생활을 존중하고 보호**하며, 전문적 관계에서 얻은 클라이언트 관련 정보에 대해 **비밀을 유지**한다. 그러나 클라이언트 자신과 타인에게 해를 입히거나 범죄행위와 관련된 경우에는 **예외**로 할 수 있다.
↪ 개정 전 : 사회복지사는 클라이언트의 **사생활을 존중하고 보호**하며, 직무 수행과정에서 얻은 정보에 대해 **철저하게 비밀을 유지**해야 한다.

4. 정보에 입각한 동의
사회복지사는 **클라이언트의 알 권리를 인정**하고 동의를 얻어야 하며, 클라이언트가 받는 서비스의 목적과 내용, 범위, 합리적 대안, 위험, 서비스의 제한, 동의를 거절 또는 철회할 수 있는 클라이언트의 권리 등에 대해 **정확하고 충분한 정보를 제공**한다.
↪ 개정 전 : 사회복지사는 클라이언트가 받는 서비스의 범위와 내용에 대해, **정확하고 충분한 정보를 제공**함으로써 **알 권리를 인정하고 존중**해야 한다.

5. 기록·정보 관리
1) 클라이언트에 대한 사회복지 실천 기록은 사회복지사의 윤리적 실천의 근거이자 평가·점검의 도구이기 때문에 **중립적이고 객관적으로 작성**해야 한다.
2) 사회복지사는 클라이언트가 자신과 관련된 기록의 공개를 요구하면 정당한 비공개 사유가 없는 한 **정보에 접근할 수 있도록** 해야 한다.
3) 사회복지사는 클라이언트에 대한 문서 정보, 전자 정보, 기타 민감한 **개인 정보를 보호**해야 한다.
4) 사회복지사가 획득한 클라이언트 관련 정보나 기록을 법적 사유 또는 기타 사유로 제3자에게 **공개할 때**는 클라이언트에게 안내하고 동의를 얻어야 한다.
   ↪ 개정 전 : 사회복지사는 **문서·사진·컴퓨터 파일 등의 형태로 된 클라이언트의 정보**에 대해 비밀보장의 한계·정보를 얻어야 하는 목적 및 활용에 대해 구체적으로 알려야 하며, **정보 공개 시에는 동의**를 얻어야 한다.

6. 직업적 경계 유지
1) 사회복지사는 클라이언트와의 전문적 관계를 자신의 **개인적 이익을 위해 이용해서는 안 된다**.
   ↪ 개정 전 : 사회복지사는 개인적 이익을 위해 클라이언트와의 전문적 관계를 이용하여서는 안 된다.
2) 사회복지사는 업무 외의 목적으로 정보통신기술을 사용해 클라이언트와 의사소통을 해서는 안 된다.
3) 사회복지사는 어떠한 상황에서도 **클라이언트와 사적 금전 거래, 성적 관계 등 부적절한 행동을 해서는 안 된다.** [2⑤]
   ↪ 개정 전 : 사회복지사는 어떠한 상황에서도 클라이언트와 부적절한 성적관계를 가져서는 안 된다.

▶ **목차명 변경 및 내용추가**
▶ 개정 전 :
1. 클라이언트와 관계
2. 동료의 클라이언트와의 관계

4) **동료의 클라이언트를 의뢰받을 때**는 기관 및 슈퍼바이저와 논의하는 과정을 거쳐야 하며, 클라이언트에게 설명하고 동의를 얻은 후 서비스를 제공한다. [⑲]
- ↔ 개정 前 : 2. 동료의 클라이언트와의 관계
  - ㉠ 사회복지사는 적법하고도 적절한 논의 없이 동료 혹은, 다른 기관의 클라이언트와 전문적 관계를 맺어서는 안 된다.
  - ㉡ 사회복지사는 긴급한 사정으로 인해 동료의 클라이언트를 맡게 된 경우, 자신의 의뢰인처럼 관심을 갖고 서비스를 제공한다.
5) 사회복지사는 정보처리기술을 이용하는 것이 클라이언트의 권리를 침해할 위험성이 있다는 사실을 인식하고 직업적 범위 안에서 활용한다.

▶ 현실상황에 맞게 일부 항목 삭제

7. 서비스의 종결
1) 사회복지사는 클라이언트에게 제공되는 서비스가 **더 이상 클라이언트의 이해나 욕구에 부합하지 않으면** 업무상 관계와 서비스를 종결한다.
2) 사회복지사는 **개인적 또는 직업적 이유로 클라이언트와의 전문적 관계를 중단하거나 종결**할 때 사전에 클라이언트에게 충분히 설명하고, 다른 기관 또는 다른 전문가에게 의뢰하는 등 필요한 조치를 취한다.
3) 사회복지사는 **클라이언트의 고의적·악의적·상습적 민원 제기**에 대해 소속 기관, 슈퍼바이저, 전문가 자문 등의 논의 과정을 거쳐 서비스를 중단하거나 거부권을 행사할 수 있다.

♣ 개정 前 윤리강령에서 삭제 조문 ♣
1. 클라이언트와의 관계
  2) 사회복지사는 클라이언트에 대하여 인간으로서의 존엄성을 존중해야 하며, 전문적 기술과 능력을 최대한 발휘한다.
  9) 사회복지사는 사회복지 증진을 위한 환경조성에 클라이언트를 동반자로 인정하고 함께 일해야 한다. [⑥]
2. 동료의 클라이언트와의 관계
  2) 사회복지사는 긴급한 사정으로 인해 동료의 클라이언트를 맡게 된 경우, 자신의 의뢰인처럼 관심을 갖고 서비스를 제공한다. [⑲]

Ⅲ. 사회복지사의 동료에 대한 윤리기준

1. 동 료
1) 사회복지사는 **존중과 신뢰를 기반으로 동료를 대하며**, 전문가로서의 **지위와 인격을 훼손하는 언행**을 하지 않는다. [②③]
2) 사회복지사는 **사회복지 전문직의 권익 증진을 위해** 동료와 **다른 전문직 동료와**도 협력하고 협업한다. [⑯]
  - ↔ 개정 前 : 사회복지사는 사회복지 전문직의 이익과 권익을 증진시키기 위해 동료와 협력해야 한다.
3) 사회복지사는 동료의 윤리적이고 전문적인 행위를 촉진해야 하며, **동료가 전문적인 판단과 실천이 미흡하여 문제를 발생시켰을 때** 윤리강령과 제반 법령에 따라 대처한다.
  - ↔ 개정 前 : 사회복지사는 동료의 윤리적이고 전문적인 행위를 촉진시켜야 하며, 이에 반하는 경우에는 제반 법률규정이나 윤리기준에 따라 대처해야 한다. 사회복지사가 전문적인 판단과 실천이 미흡하여 문제를 야기 시켰을 때에는,

적절한 조치를 취하여 클라이언트의 이익을 보호해야 한다.
4) 사회복지사는 **다른 전문직의 동료가** 행한 비윤리적 행위에 대한 윤리강령과 제반 법령에 따라 대처한다. [⑥]
  ↪ 개정 전 : 사회복지사는 전문직 내 다른 구성원이 행한 비윤리적 행위에 대해, 제반 법률 규정이나 윤리기준에 따라 조치를 취해야 한다.
5) 사회복지사는 **동료의 직무 가치와 내용을 인정**하고 이해하며, **상호 간에 민주적인 직무관계**를 이루도록 노력해야 한다.
  ↪ 개정 전 : 사회복지사는 동료 및 타 전문직 동료의 직무 가치와 내용을 인정·이해하며, 상호 간에 민주적인 직무관계를 이루도록 노력해야 한다.
6) 사회복지사는 동료들에게 **정보통신기술을 사용한 비윤리적 행위**를 하지 않는다.
7) 사회복지사는 동료가 적법하게 업무를 수행하는 과정에서 부당한 조치를 당하면 **동료를 변호하고 원조**해 주어야 한다.
8) 사회복지사는 동료에게 행해지는 어떤 형태의 **차별, 학대, 따돌림 또는 괴롭힘**과 자신의 전문적 권위를 행사하는 다른 동료와의 **부적절한 성적 행동에 가담하거나 이를 용인**해서는 안 된다.
9) 사회복지사는 슈퍼바이지, 학생, 훈련생, 실습생, 자신의 전문적 권위를 행사하는 다른 동료와의 성적 행위나 성적 접촉과 성적 관계에 관여해서는 안 된다.

2. 슈퍼바이저
1) **슈퍼바이저는** 슈퍼바이지가 전문적 업무 수행 할 수 있도록 지원하고 **슈퍼바이지는** 슈퍼바이저의 전문적 지도와 조언을 존중해야 한다. [③]
  ↪ 개정 전 : 사회복지사는 슈퍼바이저의 전문적 지도와 조언을 존중해야 하며, 수퍼바이저는 사회복지사의 전문적 업무수행을 도와야 한다.

▶ 내용순서 변경
 ▸ 개정 전 1) → 3)
 ▸ 개정 전 3) → 1)

2) 슈퍼바이저는 전문적 기준에 따라 슈퍼비전을 수행하며, 공정하게 평가하고 평가 결과를 슈퍼바이지와 **공유한다.** [⑯]
  ↪ 개정 전 : 슈퍼바이저는 전문적 기준에 의해 공정하게 책임을 수행하며, 사회복지사·수련생 및 실습생에 대한 평가는 저들과 공유해야 한다.
3) 슈퍼바이저는 **개인적인 이익 추구를 위해 자신의 지위를 이용**해서는 안 된다. [⑥⑯]
  ↪ 개정 전 : 슈퍼바이저는 개인적인 이익의 추구를 위해 자신의 지위를 이용해서는 안 된다.
4) 슈퍼바이저는 사회복지사 수련생과 실습생에게 **인격적·성적으로 수치심을 주는 행위**를 해서는 안 된다.

♣ 개정 전 윤리강령에서 삭제 조문 ♣
1. 동료
  4) 사회복지사가 전문적인 판단과 실천이 미흡하여 문제를 야기 시켰을 때에는, 적절한 조치를 취하여 클라이언트의 이익을 보호해야 한다. [⑯]

Ⅳ. 기관에 대한 윤리기준	이동(순서 변경)

1) 사회복지사는 **기관의 사명과 비전을 확인**하고, **정책과 사업 목표를 달성**하기 위해 노력해야 한다.
  ↪ 개정 전 : 사회복지사는 기관의 정책과 사업 목표의 달성·서비스의 효율성과 효과성의 증진을 위해 노력함으로써, 클라이언트에게 이익이 되도록 해야 한다.
2) 사회복지사는 **소속 기관의 활동에 적극적으로** 참여함으로써 기관의 **성장과 발전**을 위해 노력해야 한다. [②⑤]
	작은 단위에서 큰 단위로 순서 변경됨
	이전 : 사회 → 기관
	개정 : 기관 → 사회
	
	▶ 내용순서 변경
	  ▸ 개정 전 2) → 3)

↔ 개정 前 : 사회복지사는 <u>소속기관</u> 활동에 <u>적극</u> 참여함으로써, 기관의 성장발전을 위해 노력해야 한다.	▶ 개정 前 3) → 2)
3) 사회복지사는 **기관의 부당한 정책이나 요구<u>에 대해</u> 전문직의 가치와 지식을 근거로 대응**하고, **제반 법령과 규정에 따라 해결**하도록 노력해야 한다. [⑥⑮⑯] ↔ 개정 前 : 사회복지사는 기관의 부당한 정책이나 요구에 대하여, 전문직의 가치와 지식을 근거로 <u>이</u>에 대응하고 즉시 사회복지윤리위원회에 보고해야 한다.	
Ⅴ. 사회에 대한 윤리기준	이동(순서 변경)
1) 사회복지사는 자신이 일하는 **지역사회를 이해**하고, <u>클라이언트가 지역사회에서 서로 도우며 함께 **살아가도록 지원**</u>해야 한다. [⑮⑱] ↔ 개정 前 : 사회복지사는 자신이 일하는 지역사회의 문제를 이해하고, <u>그것을 해결하는 일에 적극적으로 참여해야 한다.</u> 2) 사회복지사는 정치적 영역이 클라이언트의 권익과 사회복지 실천에 미치는 영향을 인식하여 **사회정의 실현을 위한 <u>사회정책의 수립과 법령 제·개정을 지원·옹호</u>**해야 한다. ↔ 개정 前 : 사회복지사는 필요한 사회서비스를 개발하기 위한 사회정책의 수립·발전·입법·집행에 적극적으로 참여하고 **지원**해야 한다. 사회복지사는 사회 환경을 개선하고 사회정의를 증진시키기 위한 사회정책의 수립·발전·입법·집행을 요구하고 **옹호**해야 한다. 3) 사회복지사는 **사회재난과 국가 위급 상황에서 문제를 해결**하기 위해 적극적으로 활동해야 한다. 4) 사회복지사는 **지역사회, 국가, 나아가 전 세계와 그 구성원의 복지 증진, 삶의 질 향상**을 위해 적극적으로 노력해야 한다. 5) 사회복지사는 인간과 자연이 서로 떨어져 살 수 없음을 깨닫고, **인간과 자연환경, 생명 등 생태에 미칠 영향을 생각하며 실천**해야 한다. ♣ **개정 前 윤리강령에서 삭제 조문** ♣ 1) 사회복지사는 인권존중과 인간평등을 위해 헌신해야 하며, 사회적 약자를 옹호하고 대변하는 일을 주도해야 한다. [⑱]	▶내용순서 변경 ▶ 개정 前 1) 삭제 ▶ 개정 前 2) 3) → 2) ▶ 개정 前 4) → 1)
Ⅵ. 사회복지윤리위원회의 구성과 운영	삭제
<s>1) 한국사회복지사협회는 사회복지윤리위원회를 구성하여, 사회복지윤리실천의 질적인 향상을 도모하여야 한다. [⑯]</s> <s>2) 사회복지윤리위원회는 윤리강령을 위배하거나 침해하는 행위를 접수받아, 공식적인 절차를 통해 대처하여야 한다. [⑯]</s> <s>3) 사회복지사는 한국사회복지사협회의 윤리적 권고와 결정을 존중하여야 한다. [⑯]</s>	
사회복지사선서문	개정前과 같음
나는 모든 사람들이 인간다운 삶을 누릴 수 있도록, 인간존엄성과 사회정의의 신념을 바탕으로, 개인·가족·집단·조직·지역사회·전체사회와 함께 한다. 나는 언제나 소외되고 고통받는 사람들의 편에 서서, 저들의 인권과 권익을 지키며, 사회의 불의와 부정을 거부하고, 개인이익보다 공공이익을 앞세운다. 나는 사회복지사 윤리강령을 준수함으로써, 도덕성과 책임성을 갖춘 사회복지사로 헌신한다. 나는 나의 자유의지에 따라 명예를 걸고 이를 엄숙하게 선서합니다	

> **OIKOS UP** 　사회복지와 인권 [19][20][22]
>
> ① 인권의 3가지 성격
>   ㉠ 천부권 : 인권은 이미 인간의 존재와 함께 탄생했다는 뜻으로, 인간이 세상에 태어나면서부터 존엄성을 가지고 태어났다는 의미이다.
>   ㉡ 불가양성·불가분성 : 어느 누구에게도 양보할 수 없으며 탈취할 수 없고, 한 개인의 고유의 것이기 때문에 어느 누구라도 나눌 수 없음을 의미이다.
>   ㉢ 보편성 : 누구나 개인이 처해있는 신분이나 상황에 상관없이 똑같이 인권을 갖는다는 것이다.
>   ▸ 인권의 특성 : 모든 인간에게 해당되는 보편적인 권리이다.(O)
>   ▸ 인권의 특성 : 개인, 집단, 국가가 상호 간에 책임을 동반하는 권리이다.(O)
>   ▸ 인권에 관한 설명 : 보편성은 자기의 인권은 자기만이 소유할 수 있다는 의미이다.(×)
> ② 사회복지실천과 인권
>   ㉠ 사회복지실천은 곧 인권전문직으로, 인권에 기반한 인권적 실천이다.
>   ㉡ 사회복지에서 가장 중요시되는 가치는 '인간존엄성'으로, 이것은 인간이기 때문에 아무런 다른 조건 없이 존엄하다는 것으로 이것이 바로 인권이다.
>   ▸ 인권의 특성 : 법이 보장하고 있지 않다 해도 인간의 존엄성 보장에 필요한 권리이다.(O)
> ③ 인권과 윤리
>   ㉠ 인권이 실천의 방향을 만들어가는 것이라면, 윤리는 주어진 상황에서의 실천의 방향과 지혜를 제시하는 것이다.
>   ㉡ 윤리적 실천은 곧 인권적 실천을 인도하는 것이 되며, 인권적 실천은 곧 윤리적 실천의 기준을 맞춘 것이 된다.
> ④ 인권의 3세대
>   ㉠ 1세대 자유권 : 정치적·시민적 권리를 의미하며, 세계인권선언 제2조~제21조에 해당한다.
>   ㉡ 2세대 사회권 : 경제·사회·문화적 권리를 의미하며, 세계인권선언 제22조~제29조에 해당한다.
>   ▸ 인권에 관한 설명 : 평등권은 경제적, 사회적, 문화적 권리이다.(O)
>   ㉢ 3세대 평화권 : 발전권·환경권·평화권을 포함하는 연대·집단세대로, 이 내용은 아직 세계인권선언에 포함되어 있지 못하고 있다.
>   ▸ 인권에 관한 설명 : 평화권은 국가들 간의 연대와 단결의 권리이다.(O)

03 사회복지실천현장의 가치 갈등

1 윤리적 딜레마(ethical dilemmas, 윤리적 갈등)

(1) 딜레마의 개념

두 가지 혹은 그 이상의 도덕적 원칙 또는 의무가 동등하고 유용하다고 여겨지면서도 동시에 이 원칙들이 서로 모순이 되는 상황이다.

(2) 사회복지실천윤리와 윤리적 딜레마 [①]

① 가능한 한 대안들이 모두 불완전하고 그다지 만족스럽지 못한 해답을 제시할 경우 실천가는 두 개 혹은 그 이상의 대안들을 놓고 선택을 해야 하는 상황에 처하게 되면서 딜레마를 경험하

게 된다.
② 사회복지실천에서는 인간 상호 간에 매우 다양한 작용이 이루어지기 때문에 클라이언트를 돕는 최선의 선택을 하지 못하고 차선의 선택만 할 수밖에 없는 상황이 많다는 것이다.
③ 딜레마에 처할 때 사회복지사는 책임 있는 전문직으로서 클라이언트의 이익을 보호하기 위해, **동료보다는 경험 많은 슈퍼바이저와 의논하는 것이 좋으며 가능한 한 클라이언트의 자기결정 권리를 존중해서 해결할 수 있는 것이 바람직**하다.

❷ 사회복지실천과 가치 갈등(윤리적 딜레마가 나타나는 상황)

(1) 가치의 상충 또는 상충되는 가치(competing values) [⑧⑰]

사회복지실천에서 중요하게 다루어지고 있는 **두 가지 이상의 가치들이 경쟁적으로 대두되는 상황 (상충되는 상황)**에서 발생하는 딜레마를 의미하는 것이다.

> 예 심각한 유전질병을 가진 남편이 부인에게 이 사실을 알리지 않고 자녀를 갖기 원하는 경우 → 클라이언트의 자기 삶의 결정권 vs 장애아 출산예방

(2) 의무의 상충(competing loyalties, 상충되는 충성심) [⑰⑱⑲]

① 각기 상이한 요구를 하는 **기관과 클라이언트의 관계에서 겪게 되는 가치 딜레마**로, 사회복지사들이 그들이 속한 기관의 장과 클라이언트의 관심사가 다를 경우 어느 쪽의 입장을 먼저 고려해야 하는지에 대해 처하게 되는 딜레마이다.
② 사회복지사의 소속 기관의 정책과 목표가 클라이언트의 이익과 갈등관계에 있음으로 인해 사회복지사가 윤리적 딜레마에 빠지는 경우이다.

> 예 노숙인 쉼터에서 경미한 정신적 어려움을 겪고 있는 클라이언트에 대해, 클라이언트 본인은 쉼터에서 생활하며 공공근로를 하기 원하지만 기관에서는 다른 클라이언트와의 공동생활의 어려움을 이유로 정신요양원으로 보내야 한다고 결정을 내릴 경우
> ⊗ 기관의 목표가 클라이언트 이익에 위배될 때 가치상충으로 윤리적 딜레마가 발생할 수 있다.(×)

(3) 클라이언트 체계의 다중성(multiple client system) [⑱]

하나 이상의 복잡성을 가진 클라이언트 체계와 일할 때 발생하는 윤리적 딜레마로, 누구의 이익을 최우선적으로 고려하고, 어떤 문제에 먼저 개입해야 하는가를 결정하는 것은 어려운 일이다.

> 예 아동학대, 심각한 부부갈등, 아내 구타 등 복합적 문제를 가진 이혼부부 자녀를 다룰 때 누가 클라이언트인가, 누구 이익을 최우선적으로 고려해야 하는가를 결정하는 것

(4) 결과의 모호성(ambiguity) [⑰⑱]

사회복지사의 판단이 클라이언트에게 도움이 될 것이라는 확신이 들지 않고 예측이 쉽지 않을 때 딜레마에 처하기 쉽다.

> 예 해외입양이 아동을 위한 최선의 결정인지를 확신할 수 없기 때문에 해외입양 담당 사회복지사는 자주 갈등을 겪게 된다.
> ⊗ 윤리적 결정에 따른 결과의 모호성으로 윤리적 딜레마가 발생할 수 있다.(○)

(5) 힘 또는 권력의 불균형 등의 상황(power imbalance) [⑱]

① 사회복지사와 클라이언트 관계에서의 힘 또는 권력의 배분의 불균형, 즉 **사회복지사와 클라이언트의 관계가 권력적으로 평등하지 않기 때문에 생기는 갈등**이다.

② 클라이언트는 도움을 받는 입장이고 사회복지사는 전문가로서 도움을 제공하기 때문에 클라이언트가 전문가에 의존하는 관계가 되기 쉬우며, 이로 인해 클라이언트의 자기결정권과 의사결정과정에서 클라이언트 참여 등이 충분히 반영하지 못하기도 한다.

3 사회복지실천의 윤리적 쟁점들

(1) 고지된 동의(informed consent) [⑫]

① 사회복지사가 제공할 **서비스와 관련한 목적, 위험성, 서비스의 한계점, 감수해야 할 사항, 대안, 거부할 수 있는 권리, 시간 설정 등에 관해 클라이언트에게 명확하게 알려야 함**을 의미한다.
② 고지된 동의의 형태에는 구두 또는 서면 등이 있다.
③ 고지된 동의는 **원조 초기 단계에서뿐만 아니라 전 과정을 통해서** 이루어져야 하는 지속적 절차로서 기록, 녹음, 녹화 등과 같은 과정상의 구체적 절차와 관련해서도 행해져야 한다.
④ **클라이언트에게 너무 많은 정보를 한꺼번에 알림으로써 클라이언트를 당혹스럽게 하는 것은 실천가의 명백한 실수**이며, 클라이언트가 현명한 선택을 택함에 있어 도움이 될 수 있는 중요한 정보를 알리지 않는 것 또한 실수 행위이다.
⑤ 클라이언트가 자신에 대한 기록을 알고자 할 경우 이를 허용하는 것이 클라이언트에게 심각한 위험을 초래하는 예외적 상황(예 심각한 질병을 가진 클라이언트나 아동의 경우)는 제한시킬 수 있다.

(2) 온정주의(paternalism) → 클라이언트의 자기결정권을 침해 [⑬]

① 사회복지사가 '클라이언트의 이익'을 위해 클라이언트의 희망사항이나 자유를 방해하는 행위이다.
② 클라이언트가 원하지 않지만 필요로 하는 서비스를 제공하는 것, 클라이언트가 스스로 위험에 빠지는 것을 방지하는 것, 혹은 클라이언트에게 검열을 거친 수정된 정보를 주는 것 등을 포함한다.

예 보호시설 입소를 원하지 않는 클라이언트(자기결정)와 시설 입소가 클라이언트에게 도움이 된다고 믿는 사회복지사(온정주의) 간에 상충

> **주의**
> 온정주의는 자유로운 개인의 삶에 대해 외부에서 간섭한다는 의미와 타인의 삶에 대한 이타주의적 온정을 표현한다는 두 가지 측면의 개념을 포함한다. 온정주의는 선행의 원칙과 이타주의의 입장에서 정당화되지만 클라이언트의 자기결정에 반하는 온정주의적 개입은 클라이언트의 존엄성을 위협할 수 있다. 따라서, 클라이언트의 자기결정을 제한해야만 하는 상황이라는 것에 충분한 평가와 합의가 도출되어야 정당화될 수 있다.

(3) 제한된 자원의 공정한 분배 [⑨]

① 클라이언트의 문제를 해결하기 위해 사회복지사가 활용할 수 있는 공적 자원은 매우 제한적이어서, 모든 클라이언트에게 똑같이 제공할 수는 없으면서도 공평하게 분배되어야 한다는 원칙은 상호 모순적이다.
② 클라이언트에게 자원을 제공하게 될 때는 형평성의 원리에 입각해야 하는데 이 형평성의 기준을 찾는 것이 어려운 과제이다.

예 기증받은 신장 등은 누구를 위해 먼저 쓰여야 하는가?

> 예) 사회복지관에서 기존의 여성취업준비 프로그램을 축소하고 새로운 결혼이주여성 한글교실 프로그램을 기획하고자 할 때 행정적인 측면에서 발생할 수 있는 윤리적 쟁점

(4) 전문적 동료관계와 휘슬 블로잉(whistle-blowing)

① **전문적 동료관계** : 동료사회복지사가 전문가로서의 권위를 남용하여 클라이언트나 전문직에 해를 끼치는 행동을 했을 때, 사회복지사는 동료의 존중과 클라이언트 및 전문직의 보호 사이에서 갈등적 상황에 놓이게 되는 것을 말한다.

> 예) 사회복지사 A는 신입사회복지사 B의 이야기를 듣고 상사에게 보고해야 하는지에 대한 고민이 생겼다. 동료사회복지사 C가 신입사회복지사 B에게 자신의 프로그램 운영에 필요한 자료 제작을 지시하였을 뿐만 아니라, 개인적인 대학원 과제도 시키는 일이 있어 어떻게 해야 할지 난감하다고 하였기 때문이다. 이와 같은 상황에서 사회복지사 A가 겪을 수 있는 윤리적 쟁점

② **휘슬 블로잉** : '내부고발'을 뜻하는 것으로서 조직 내부의 부당행위를 대외적으로 공개하는 것이다. 사회복지사로서 조직이나 동료의 비리 혹은 심각한 문제들을 직접 확인했을 때 이를 공론화 시켜야(폭로하기) 한다.

(5) 전문가의 한계(범위)에 대한 딜레마 [⑪]

① **전문적 관계 유지** : 전문적 도움의 관계란 특별한 문제를 갖고 도움을 요청하는 클라이언트와 그 문제에 초점을 두고 관계를 형성, 유지하는 것을 말한다.

  ㉠ 전문적 관계와 권위적 관계를 혼동해서는 안 된다. 즉 전문적 관계가 권위적이고 딱딱한 관계를 의미하는 것이 아니다.

  ㉡ 친근감 있고 자연스럽게 대하고 지지적이고 허용적인 관계가 전문적 도움을 주는데 필요하지만, 사적인 관계로 오인하고 전문적 도움 이상의 것을 요구하게 되는 경우도 있다.

> 예) 장애인복지관의 사회복지사에게 사회복지사의 이모가 지적 장애를 가진 자신의 딸을 클라이언트로 개입해 줄 것을 요청하였을 때 발생할 수 있는 윤리적 쟁점

② **이중관계** : 사회복지사와 클라이언트가 원조 목적을 위한 전문적 관계 이외의 또 다른 차원의 관계를 유지하는 것을 의미한다.

> 예) 기관 밖에서 클라이언트와 사적인 만남을 갖는 경우, 원조 제공을 담보로 금전적 혹은 사적 이윤을 추구하는 경우, 클라이언트(혹은 이전의 클라이언트)와 정서적으로 관여하거나 혹은 성적 접촉을 갖는 경우 등이 포함

(6) 진실성 고수와 알 권리

① 어떤 사람이 클라이언트를 상대로 한 말이나 행동을 비밀로 하고 있을 때 그 사실을 클라이언트에게 알려주어야 하는지? 만약 알려준다면 그 사람의 비밀보장에 관한 권리는 어떻게 되는 것인지?

② 클라이언트의 알권리와 사회복지사의 진실성 고수라는 면에서 볼 때 당연히 클라이언트에게 알려주어야 할 것이다. 그러나 모든 사실을 클라이언트에게 사실대로만 알려준다고 해서 그것이 항상 바람직한 것만은 아니다.

(7) 클라이언트의 이익과 사회복지사의 이익

클라이언트를 돕다가 자신의 생명이 위태롭다든지 자신의 직업이나 가족 등의 희생이 요구될 때, 사회복지사는 클라이언트의 이익과 사회복지사 자신의 이익을 추구하는 것 사이에서 갈등을 경험하게 된다.

(8) 규칙과 정책 준수

사회복지사가 기관의 정책이나 규칙을 준수하는 행동을 해야 하지만, 클라이언트의 문제해결을 위해 내린 결정사항이 기관의 정책에 벗어날 때 사회복지사가 갈등상황에 놓이게 된다.

(9) 상충되는 의무와 기대

클라이언트, 동료, 상사, 기관, 사회 등이 서로 상충되는 기대를 갖게 될 때, 사회복지사는 누구를 대상으로 어떤 기대에 맞는 의무를 행사해야 하는지 갈등상황에 놓이게 된다.

04 윤리적 의사결정의 원칙과 자기인식

1 윤리적 의사결정의 원칙

(1) 리머(Reamer)가 제시한 윤리적 의사결정의 준거틀

① 첫 번째 윤리지침

행동에 필요한 전제조건(예 생명, 건강, 음식, 정신적 평형상태 등)은 거짓, 비밀누설이나 오락, 교육, 돈과 같은 부가적인 이익에 우선한다.

㉠ 이 지침은 특정 혹은 불특정 개인이 위험한 불법적 피해를 입게 되는 것으로부터 사회복지사가 이들의 안전을 지키고 보호하는 일이 클라이언트 개인의 사적 권리를 지키는 일보다 우선적으로 이루어져야 한다는 것이다.

㉡ 국가의 공적 예산을 분배하는데 있어 사회적으로 주류층에 속한 사람들에게 서비스를 제공하는 것보다 소외계층 등에게 우선적으로 배분하고 예산을 사용하도록 하는 것을 정당화시킬 수 있는 근거가 된다.

② 두 번째 윤리지침

개인의 자기결정권은 존중되어야 하지만 타인의 기본적인 행복에 피해를 입히는 상황이 예상되는 경우에는 자기결정권은 제한받을 수 있다.

㉠ 개인이 자기결정권을 가지고 있고 원하는 행동을 할 수 있는 권리를 가지고 있더라도, 그 행동이 타인의 복지와 행복에 위협적인 해를 가하는 경우에는 그 권리가 제한될 수 있다.

㉡ 개인의 자기결정권은 그 자신의 기본적 복지권보다 우선하지만, 타인의 자기결정권은 개인의 기본적인 복지권보다 우선하지 않는다.

③ 세 번째 윤리지침

자발적으로 자유롭게 동의한 법, 규칙, 규정 등을 따르는 의무가 개인의 권리보다 우선할 수 있다.

㉠ 사회복지사 개인의 의견이 자신이 속한 기관의 정책과 상반되는 의견을 가지고 있는 경우, 이는 사회복지사가 정책의 전달을 잘못 수행하고 있음을 뜻하게 됨으로 사회복지사의 행위는 비윤리적인 된다.
㉡ 사회복지사의 개인적 의견과 현재 시행 중인 법률에 차이가 있어 법률을 위반하며 서비스를 전달하는 것은 비윤리적인 것이다.

④ **네 번째 윤리지침**
개인의 복지권이 법, 규칙, 규례, 지원 단체의 협정에 우선한다.
㉠ 클라이언트의 기본적 행복에 위협이 가해질 상황이 생겨날 경우, 사회복지사가 법률, 규칙, 규정을 위반하는 일에 대해 정당성을 부여받을 수 있다.
㉡ 사회복지사 자신이 속한 전문가협회의 규정들도 만약 사회복지사가 개인적 행복에 위협을 받는 경우에는 인정받을 수 없는 상황이 될 수 있다.

⑤ **다섯 번째 윤리지침**
기본적인 해악을 방지할 의무와 주거, 교육, 공공부조 등 공익을 증진할 의무는 개인의 재산 통제권보다 우선한다.
㉠ 인간이 기본적 욕구에 피해를 입게 되는 것을 예방하기 위한 공적 책임과 공공의 행동을 변화시키고 기능을 향상시키기 위한 책임은 특정한 개인 자신이 스스로의 삶을 영위하기 위한 권리에 앞서 행할 수 있다.
㉡ 이 지침은 욕구가 있음에도 스스로 그 욕구를 충족할 수 없는 사람들에게 도움을 제공하기 위해 필요하며 동시에 기본적 욕구에 가해지는 피해를 예방하기 위한 목적일 때 유용하다.

(2) **로웬버그, 돌고프와 해링턴(R. Dolgoff, F. Lowenberg & D. Harrington)의 윤리적 딜레마를 해결하기 위한 지침**

로웬버그, 돌고프와 해링턴의 윤리적 의사결정 모델은 크게 두 부분에서 고려해 볼 수 있는데, **의사결정의 과정에 관한 것과 윤리적 의사결정 과정을 통해 사회복지사가 고려해야 하는 윤리적 원칙의 우선순위**이다.

① **윤리적 의사결정 과정(일반적 의사결정 모델)** [⑰⑱]
의사결정과 관련된 일반적인 사고의 절차라고 할 수 있으며, 이 의사결정의 일반적인 가정 모델에 대해서 문제 확인에서부터 평가까지의 체계적인 과정으로 11단계를 제시하고 있다.

단계	내 용
1단계	문제가 무엇인지, 그리고 문제를 야기하는 요인이 무엇인지를 확인한다.
2단계	누가 클라이언트로 피해자인지, 지지체계와 다른 전문가 등 해당되는 문제와 관련된 사람과 단체는 누구인지를 확인한다. [⑱]
3단계	2단계에서 확인된 다양한 주체들이 주어진 문제와 관련하여 어떤 가치를 가지고 있는지를 확인한다. 즉, 사회적 가치, 전문가로서의 가치, 클라이언트의 가치, 사회복지사 개인의 가치 등을 확인한다.

4단계	주어진 문제를 해결하거나 최소한 문제의 정도를 경감시킬 수 있는 개입목표를 명확히 한다. [⑱]
5단계	개입수단과 개입대상을 분명하게 확인한다.
6단계	확정된 목표에 따라 설정된 개입방안의 효과성과 효율성을 평가한다. [⑱]
7단계	누가 의사결정에 참여할 것인가를 결정한다.
8단계	가장 적절한 개입방법을 선택한다. [⑱]
9단계	선택된 개입방법을 수행한다.
10단계	선택된 개입방법이 수행되는 것을 검토하여, 예상하지 않았던 결과가 나타나는지를 주지한다. 즉, 실행 중인 개입방법을 검토하며, 의외의 결과가 나타나는지 주의를 기울인다.
11단계	결과를 평가하고 추가적인 문제들이 무엇인지를 확인한다.

❎ 윤리적 결정을 위해 로웬버그와 돌고프(F. Loewenberg & R. Dolgoff)의 일반결정모델을 활용할 수 있다.(O)

② 윤리적 원칙의 우선순위 결정
  ㉠ 윤리적 규칙심사 → 윤리적 원칙심사
    ㉮ 윤리적 규칙심사 : 윤리강령을 우선적으로 적용해야 한다는 것, 개인적 가치보다 전문적 가치를 먼저 적용해야 함을 의미
      ⓐ 적용가능한 한 가지 혹은 여러 가지의 강령규칙을 따름
      ⓑ 구체적인 문제에 대해 강령규칙이 직접적으로 부합되지 않거나 여러 개의 강령규칙이 상충되는 지침을 제공하는 경우에는 윤리적 원칙심사를 활용함
    ㉯ 윤리적 원칙심사 : 규칙심사에서 만족스럽고 충분한 의사결정을 하지 못했을 때 사용하는 것으로 중요도에 따라 우선순위가 정하여 있음
  ㉡ 윤리적 원칙(EPS : Ethical Principles Screen) [③④⑤⑥⑦⑧⑨⑭⑰㉒]
    아래의 윤리원칙 중 원칙 1이 가장 중요한 원칙이고 원칙 7은 가장 하위의 원칙이다. 여러 가지 원칙이 충돌하는 경우 상위의 원칙이 우선 적용된다.

	윤리원칙	내 용
원칙1	생명보호의 원칙	생명에 관한 권리는 모든 권리 중에서 가장 기본적인 것이며, 만약 생명의 권리가 침해되면 어느 누구도 다른 권리를 누릴 수 없다고 볼 수 있다.
원칙2	평등과 불평등의 원칙	동등한 사람들은 평등하게 처우되어야 하는 권리를 가지며, 동등하지 않은 사람들은 만약 그 동등하지 않은 이유가 문제가 되고 있는 사안 그 자체에 있다면 불평등하게 처우되어야 한다는 권리를 말한다.
원칙3	자율성과 자유의 원칙 (자기결정의 원칙) [⑳]	클라이언트의 자율성과 독립성 그리고 자유는 중시되나 무제한적인 것은 아니라는 것으로서 자신이나 타인의 생명을 위협하거나 학대할 권리 등은 없다. 예 도움을 요청해 온 클라이언트의 의사를 존중해 주는 것

원칙4	**최소** 손실의 원칙 [②] (최소한 해악의 원칙)	• 피해나 위해로부터 보호받아야 할 기본권리에 대한 것을 말하는 것으로, 선택 가능한 대안이 다 유해할 때 가장 최소한으로 유해한 것을 선택해야 한다. • 최소한의 영구적인 손상 혹은 가장 쉽게 회복될 수 있는 손실을 초래하는 대안을 선택해야 한다. 예 "아동학대가 발생한 가정의 학대피해아동을 원가정에서 생활하도록 할 것인가 또는 학대피해아동쉼터에서 생활하도록 할 것인가에 대해 1차 결정을 해야 한다." 이 사례에서 아동학대전담공무원이 결정할 때 최우선적으로 고려야할 원칙은 최소손실의 원칙이다.
원칙5	**삶**의 질 향상의 원칙	개인, 집단, 근린, 지역사회, 국가 모두에게 적용되는 것으로, 지역사회는 물론이고 개인과 모든 사람의 삶의 질을 좀 더 증진시킬 수 있는 기회를 선택해야 한다.
원칙6	**사**생활 보호와 비밀보장의 원칙	• 사회복지사가 클라이언트에 대해서 알게 된 사실을 다른 사람에게 공개해서는 안 된다. • 비밀보장의 원칙이 사회복지실천에서 매우 중요한 부분임에도 불구하고 7가지 원칙들 중 6번째를 차지한 사실에서 비밀보장의 상대적 본질에 대한 것을 재차 확인할 수 있다.
원칙7	**진**실성과 정보개방의 원칙(성실의 원칙)	클라이언트와 여타의 관련된 당사자에게 오직 진실만을 이야기하며 모든 관련 정보를 완전히 공개해야 한다.

📝 암기법

생명이 가장 최고! **평등**과 **자유** 중 사회복지는 **평등** 우선! **최소**한의 **삶**의 **질** 보장! 마지막에는 **사**(사생활)**진**(진실성)도 찍어준다~!!

2 가치관과 정체성에 대한 자기인식(self awareness) [⑩㉑]

(1) 전문가로서의 자기인식

자신과 자신의 목표에 관하여 깊이 숙고하고, 자기 자신을 믿고 존중하며, 그러면서도 한발 물러서서 자신의 복잡한 원조활동의 중요한 한 부분으로 관찰할 수 있는 능력을 말한다.

(2) 자기인식이 중요한 이유 [기술론 ⑥]

① 실천과정과 관련된 상호작용을 향상시키기 위해
② 자기 자신을 객관적인 도구로 활용하기 위해
③ 클라이언트에게 해가 될 만한 사고 및 행동방식을 예방하기 위해
④ 전문가로서의 권위와 정체성을 확립하기 위해

MEMO

CHAPTER 03 사회복지실천의 역사적 발달과정

제1부 **사회복지실천에 대한 이해**

제3장 회차별 출제빈도, 출제비중 및 출제논점 1, 2, 3순위

10회 2012	11회 2013	12회 2014	13회 2015	14회 2016	15회 2017	16회 2018	17회 2019	18회 2020	19회 2021	20회 2022	21회 2023	22회 2024
3	3	3	2	3	3	2	2	2	2	2	2	3

출제 비중	출제 논점		
	1순위 ☺	2순위 ※	3순위 ☆
2~3	① 자선조직협회(COS) vs 인보관 운동(SHM) ② 우리나라 사회복지실천의 역사적 발달과정	① 진단주의 vs 기능주의 ② 전문직 확립을 위한 노력단계	

1순위 스마일표시(☺) : 출제 빈출도가 높은 부분으로 무조건 시험에 출제되는 영역
2순위 당구장표시(※) : 나왔다 안 나왔다 하는 영역이지만 출제가능성 높은 영역
3순위 별 표(☆) : 출제 된 적이 있긴 하지만 다시 출제될 가능성은 다소 떨어지는 영역

MAP

1 서구의 사회복지실천의 역사적 발달과정

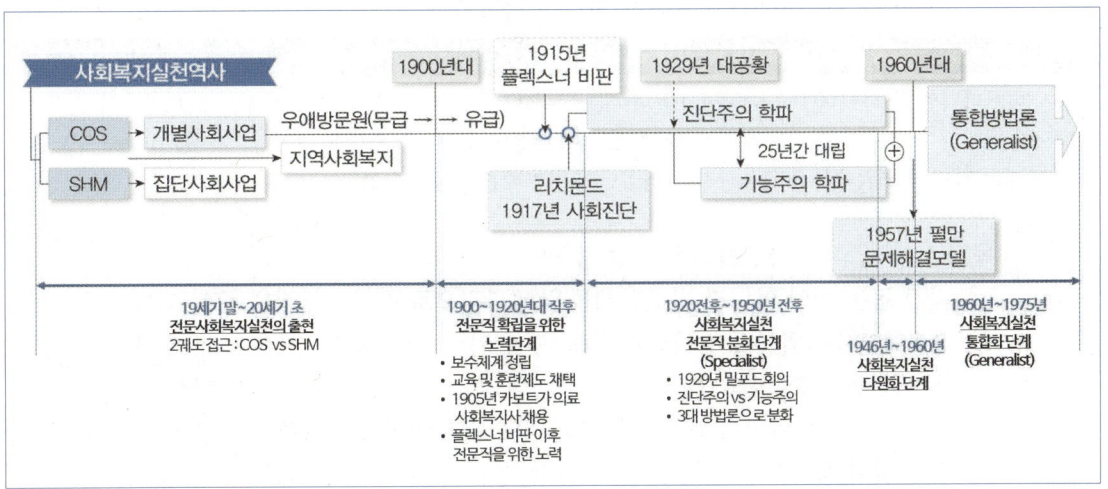

(1) 전문적 사회복지실천 이전(~19세기 말까지) ← 빈민법단계

① 사회복지실천의 역사적 배경은 영국에서의 1601년 엘리자베스 여왕의 **구빈법**(Eliza-bethan Poor Law)에 기원을 둔다.

② 이후 빈민에 대한 강제적인 제도가 지속되었다. 즉, 빈민이 자신의 교구에 유입됨으로 말미암아 재정부담이 늘어나는 것을 막기 위하여 빈민의 자유로운 이동 권한을 금지시킨 **1662년 정주법(=거주지제한입법)**, 빈민에게 보다 적극적으로 노동을 강요하기 위해 출현한 제도적 장치로서 **1722년 작업장법**(Sir Edward Knatchbull's Act), **1782년의 길버트법**과 **1795년 스핀햄랜드법**의 시행으로 구빈세의 부담이 늘어난 교구와 자본가 계층에서 구빈비용의 감소를 요구하면서 태동되었으며, 노동력이 있는 빈민에 대한 강제 노역이 또다시 강조되었던 **개정구빈법(1834년)**이 있었다.

(2) 전문사회복지실천의 출현(19세기 말~20세기 초) ← 민간활동단계

① **자선조직협회**(Charity Organization Society, COS) '과학적 자선'

[②③⑥⑦⑨⑬⑭⑮⑱㉑, 지역복지 ②④⑤⑥⑧⑩⑪⑫⑲㉒]

㉠ **태동배경**

㉮ **구빈행정의 공동화 현상**으로 많은 민간구제기관들이 출현하기 시작했지만, 서로 조정이 되지 않아 산발적으로 이루어짐(무차별적인 시혜)에 따라 빈곤문제 해결에 큰 효과가 없었다. → 1861년 런던에만 640개의 자선단체들이 파악

㉯ 자선단체의 난립으로 인한 **서비스의 중복, 누락, 소외, 비효율적 운영, 재원의 낭비** 등을 막기 위하여 민간 사회복지기관들의 활동을 조절할 목적으로 결성되었다.

⊗ 자선조직협회 : 빈민 지원 시 중복과 누락을 방지하고자 시작되었다.(O)

㉡ **최초의 자선조직협회** : 1869년 영국 런던에 세워진 자선조직협회(COS)

㉮ 독일의 엘버펠트 시스템처럼 도시를 소규모 구역으로 쪼개고 각각의 구역에서 자원봉사자 시민집단이 구호배분을 집행하도록 하였다.

제3장 **사회복지실천의 역사적 발달과정** 73

④ 미국에서는 1877년 뉴욕 버팔로(New York Bufflalo)시에서 영국 성공회 소속인 거틴(Samuel H. Gurteen)목사가 처음 조직하였다.

> **OIKOS UP** 　독일의 엘버펠트 구빈제도(1852년)
>
> 창시자는 다니엘 폰 하이텍(Daniel von Heydtek)으로 함부르크구빈제도의 미비점을 수정 보완하여 엘버펠트시가 채택·시행한 제도로 영국의 자선조직협회 설립(1869)에 심대한 영향을 주었다. 도시를 소규모 구역으로 쪼개고 각각의 구역에서 자원봉사자 시민집단이 구호배분을 집행하였다.

ⓒ **목적** : 서비스의 조정, 사회적 기능 증진
　㉮ 직접 돕는 것이 아니라 **자선단체들을 과학적으로 통합·조정해 주는 역할**
　㉯ **효율적인 구제활동을 전개하기 위해, 구제 기능 간의 연락·조정** → 구제 신청자에 관해 체계적이고 면밀하게 조사하여 서비스의 중첩과 누락을 피하고자 했음
　㉰ 빈민은 비행과 범죄에 쉽게 노출될 수 있으므로 **빈민들을 교화시켜 선량한 시민으로 만드는 것이 목적**
　㉱ 우애방문원을 활용하여 **빈민층 교화를 위한 활동을 실시** → 문제의 근본을 빈곤자나 걸인 자신의 도덕성에 두었고, 그 도덕성을 고치는 것에 초점

ⓓ 자선조직협회의 특징
　㉮ **기본 이념은 구빈법에 기초**
　　ⓐ '가치있는 빈민'과 '가치없는 빈민'을 구분하여 원조 제공
　　ⓑ 빈민을 구분하여 자선활동을 **구제 가치가 있는 빈민에게 한정**
　　　　자선조직협회는 도덕적 의무를 강조하여 모든 빈민에게 도움을 제공하였다.(×)
　㉯ **우애방문원(friendly visitors, 중산계층의 자원봉사자)을 통하여 빈곤자를 지도**
　㉰ 우애방문원은 가정방문, 면담, 기록, 사례연구 등을 수행했으며 이는 **개별사회복지실천 초석과 사회복지조사, 지역사회실천활동에 근간**이 됨
　㉱ **공공구빈의 확장을 반대**하고, **빈민에 대한 정부지출의 축소를 지지**
　㉲ 빈곤은 빈민들의 도덕성 결여에서 비롯된다는 **개인주의적 빈곤관**을 가지며, 빈곤발생의 사회적 기반을 경시

ⓔ 자선조직협회의 활동 원칙 및 내용
　㉮ 빈곤의 원인이 **빈민의 개인적 성격이나 생활방식에 있다**고 보았다.
　㉯ 무계획적인 자선활동이 아닌 **구빈법의 원칙에 따라 자선을 실시**한다.
　㉰ 구걸행각을 억제하고 중복 구빈의 예방을 위해 **여러 자선단체들 간의 자선활동을 조직화하고 조정**한다.
　㉱ 원조를 실시하기 전에 **개인에 대한 신상조사와 참고조사를 실시**한다.
　　ⓐ 빈곤이 개인적 과실 때문에 발생하고 빈민은 스스로 빈곤에서 탈피해야 한다는 전제 하에 구제 여부 판단을 위해 사례조사를 실시 → **구제대상자는 엄격히 선별**
　　ⓑ **자조 의사가 없다고 인정된 자의 구제신청은 거부되거나 구빈법하의 구빈행정으로 송부되어야 한다.**

ⓒ 공공의 구빈과 민간자선 사이의 **협력관계를 구축**하는 데 기여하였다.
㉮ 정상적인 중산층의 인격적인 감화를 통해 빈민의 탈빈곤 동기를 강화시켜 줌으로써 스스로 빈곤에서 탈피할 수 있다고 간주하여 **우애방문원(friendly visitor)을 파견**
㉯ 주어진 원조는 금액과 시기, 종류와 양에 있어서 적절해야 한다.
㉰ 철저히 **자조(self-help)의 미덕**을 강조하였기 때문에 '빈민에게 물고기를 주지 말고 물고기 잡는 방법을 가르쳐 주자.'는 슬로건을 내걸었고 공공의 구빈정책에 대해 반대의 입장을 고수하였던 반면, 사적 자선, 기부, 자원봉사활동 등 순수 민간구호노력을 강력히 지지하였다.
㉱ **토마스찰머스(T.Chalmers) 이론**에 근거
  ⓐ 토마스 찰머스는 스코틀랜드 출신의 목사이자 신학박사로 빈곤문제에 관한 철학을 수립하고 체계적인 방법을 발전시켰다.
  ⓑ 공적구제는 수혜자의 자존심을 파괴하면서 수혜자로 하여금 구제에 의존하게 만든다. 따라서, 빈민들이 자선에 의존하지 않게 되려면, 정신적 감화나 능력 부여를 통해 삶의 방식이 변화되어야 한다.

ⓑ **우애방문자(friendly visitors, 우애방문원)**
  ㉮ **무급의 자원봉사자들**이었으며, 주로 **중상류층의 부인들로 구성된 자원봉사자들**로서 빈민들에게 필요한 원조를 제공함과 동시에 기독교적 가치관을 빈민들에게 전파하는 이른바 계몽 활동을 전개하였다. → **빈민의 도덕적 문제 교정**
  ㉯ 우애방문자들을 활용한 **수혜자격 검사**를 통해 최소한의 빈곤자를 가려냈으며, 봉급생활자의 최하액수를 넘지 않는 원조를 제공하였다. → **공공부조의 자산조사(means test) 원칙이 여기서 비롯된 것**
  ㉰ 우애방문자들은 초기에는 무급으로 일하는 자원봉사자들이 주를 이루었으나, 이들의 봉사기간이 짧아 오래 지속하지 못하자 **1900년대에 들어서면서 유료 우애방문자들을 고용**하게 되었다.
  ㉱ **개인이나 가족을 개입대상**으로 하였고, 이는 후에 발전된 형태의 개별사회사업을 탄생시켰고 **현대 개별사회사업가(Case Worker)의 시조**가 되었다.
  ㉲ 체계적인 조사에 대한 인식과 개인적인 니즈에 대한 관심, 케이스 회의, 오늘날의 개별사회사업의 초기 형태로서 치료적 관계 및 **지역사회조직사업의 발달**에 기여하였다.

ⓒ **자선조직협회의 의의**
  ㉮ 자선조직협회가 **사회조사(자산조사)**에 영향을 주었다.
  ㉯ 자선조직협회가 **지역사회조직사업의 토대**를 마련했다.
  ㉰ 빈민에 대한 철저한 환경조사는 **개별사회사업(casework) 혹은 가족사회사업으로 발전**하였다. COS는 1946년 가족복지협회(Family welfare association)로 바뀌었고 '가족행동(Family Action)'으로서 오늘날까지도 가족지원 자선단체로서 활동하고 있다.
  ㉱ 우애방문원으로 활동한 대부분의 사람들은 여성이었는데 이는 **사회복지실천에서 여성들의 기여도**를 짐작케 해주는 부분이다.

㉰ 사회중상류층의 우애방문과 인격적인 감화활동은 오늘날의 **자원봉사활동을 발전시키는** 밑거름이 되었다.

② **인보관 운동(Settlement House Movement, SHM)** [①⑥⑧⑪⑭⑮⑳, 지역복지 ②③⑧⑬⑲㉑㉒]

　㉠ **태동배경**

　　㉮ 영국에서 인보관 운동은 개혁적 사회운동으로, 1854년 데니슨(Edward Denison) 목사가 주축이 되어 캠브리지 대학과 옥스퍼드 대학의 학생들과 슬럼가의 노동자들을 결합시킴으로써 빈곤문제를 해결하려는 사회이상주의 운동으로 시작되었다.

　　㉯ 바네트(Samuel Barnett) 목사가 계승하여 더욱 발전시켰다. 그의 지도하에 교회를 중심으로 세틀먼트(인보)라 불리는 활동이 전개되기 시작하였다.

　㉡ **인보관 운동의 확대 및 발전**

　　㉮ **세계 최초로 설립된 인보관** : 사무엘 바네트 목사에 의해 **1884년 영국 런던시 화이트채플 슬럼에 개관**된 **토인비 홀(Tonybee Hall)**이며, 이것이 세계 최초의 지역사회복지관(community welfare center)이다.

OIKOS UP — 아놀드 토인비(Arnold Toynbee)

개혁지향적이었던 경제학자 아놀드 토인비(1852년~1883년)는 옥스퍼드 대학에서 경제학을 전공한 후 조교수로 있으면서 무산계급의 복지증진을 위해 혼신을 다하였다. 1883년 30세에 결핵으로 사망하였다. 짧은 기간 동안 인보관 활동을 하였으나 헌신적으로 자원봉사를 하였다. 토인비가 사망한 후 그의 헌신적이었던 인보운동을 기리기 위해 **바네트(Samuel Barnett) 목사가 인보관을 설립**하였다.

　⊗ 토인비홀은 사무엘 바네트(S. Barnett) 목사가 설립한 인보관이다.(O)

　　㉯ **미국의 인보관**

　　　ⓐ **미국 최초의 인보관은 근린조합**(neighborhood guild, 근린길드, 이후에 University Settlement라고 불림)으로 스텐톤 코이트(Stanton Coit)와 찰스 스토버(Charles B. Stover)에 의해 1886년 뉴욕 동남부 지역에 설립

　　　ⓑ **1889년 헐 하우스(Hull House)가 제인 아담스(Jane Addams)와 엘렌 스타(Ellen Gates Starr)에 의해 시카고에 세워지게 되었다.** → 인보관 운동가이면서 사회사상가 겸 사회운동가로서 그리고 여성 및 국제평화운동가로서 많은 업적을 남겼던 **제인 아담스**가 그러한 업적으로 1931년 노벨 평화상을 받게 되면서 더욱 유명해지는 계기가 됨

✏️ **암기법**

헌책을 팔(8)구(9) 잘못 팔아서 헐(헐하우스)~!!

OIKOS UP 제인 아담스(Jane Addams)

제인 아담스(1860년~1935년)는 미국의 사회운동가로 1889년에는 시카고에서 자신과 절친 관계에 있던 엘렌 스타와 함께 미국 최초의 정착 시설인 헐 하우스(Hull House)를 설립했다. 헐 하우스는 1주일에 최고 2,000명을 수용할 수 있었으며 성인을 위한 야간 학교와 유치원, 어린이 클럽, 자선 식당, 미술관, 카페, 체육관, 수영장, 음악 학교, 연극단, 도서관, 작업장 등을 갖춘 대규모 시설이었다. 제인 아담스가 1931년 노벨 평화상을 받게 되면서 헐하우스는 더욱 유명해졌다.

ⓒ **목적** : 서비스의 직접적 제공, 사회정의 향상의 기능
  ㉮ 빈민가 사람들의 생활개선을 목표로 시작
  ㉯ 빈곤이 개인의 책임이 아니며, 사회체제 그 자체가 문제라는 인식이 대두 → 사회구조적 문제 또는 산업화의 착취의 결과
  ㉰ 사회개혁적 접근(사회구조의 변화, 환경개선교육 강조) → 사회개량 운동 혹은 사회개혁 운동
    ⓐ 빈민지역의 주택 개선, 공중보건 향상 등에 관심을 둠
    ⓑ 사회문제에 대한 집합적이고 개혁적인 해결을 강조함
    ⊗⊗ 자선조직협회는 연구와 조사를 통해 사회제도를 개혁해야 한다는 기본개념을 가졌다.(×)
  ㉱ 개인이 살고 있는 환경 혹은 체계 안에서 변화를 일으키기 위해 결집된 행동을 유도하였으며 이를 통해 궁극적으로 **개인들에게 힘을 부여**

ⓔ **특징**
  ㉮ 이곳에서 일하는 모든 사람들이 이 기관에서 숙식을 함께 하며 생활한다는 것이다. 인보운동가들은 "자선도 아니고 친구도 아니고 참된 이웃을"이라는 슬로건과 함께 빈민들에게 진실한 이웃으로서 그들의 경험을 공유하고자 노력했다.
    ⊗⊗ 자선조직협회 : 빈민 지역의 주민들을 이웃으로 생각하여 함께 생활하였다.(×)
  ㉯ 인보관 운동은 대학생과 지식인이 주축이 되어 자신의 성장배경과 다른 사람들을 동등한 이웃으로 생각하고 직접 그들과 함께 생활하면서 환경개선을 위해 노력했다.
  ㉰ 인보관 운동가들은 지역사회주민들과 함께 생활하면서 이들을 위한 **사회 교육, 집단활동과 공동 활동과 연구(연구조사)**, 그리고 지역의 문제들을 상호 의논하여 해결하기 위한 노력을 기울였다.
  ㉱ 여성노동자의 권익증진 운동을 펼쳤으며, 주민의 잠재력을 높이기 위해 교육에 힘썼다.

ⓜ **인보관 운동의 의의**
  ㉮ 집단사회사업의 효시이며, 현대 지역사회 사회복지사들의 전신(지역사회복지의 하나의 모델로 간주)이다.
  ㉯ 사회문제에 대응하려는 민간 차원의 노력이었다는 점이다.
  ㉰ **지역사회운동의 시초**였으며, 인보관이 지역사회 주민들을 위한 복지센터로서의 역할을 수행하였다는 것에서 오늘날 **사회복지관과 흡사한 면이 많았던 것**으로 판단된다.
  ㉱ 사회개량 운동 혹은 사회개혁 운동적인 면을 지니고 있었다.
  ㉲ 소외 계층(disadvantaged)에 대한 **권한부여(empowerment)**를 주장하였는데, 이는 사회복지실천방법론으로 대두되는 **권한부여 모델의 이념적 근원**이 된다.
  ㉳ **인보관 운동의 3R** : Residence(거주), Research(조사/연구), Reform(개혁)

■ 자선조직협회와 인보관 운동의 비교 ■

구 분	자선조직협회(COS)	인보관 운동(SHM)
주 체	• 상류층(기득권층) 부녀자들이 주도	• 지식인과 대학생 중심
빈곤관	• 빈곤 원인 : 개인 책임 → 개인주의빈곤관 • 자조윤리강조	• 빈곤 원인 : 사회환경(사회개혁) • 산업화의 착취의 결과라 주장
이데올로기	• 인도주의, 사회진화론(사회통제적 기능)	• 민주주의, 급진주의, 진보주의
활동 초점	• 빈민개조와 역기능의 수정(개인변화)	• 사회개혁
활동 내용	• 우애방문원의 가정방문	• 각종 서비스와 사회개혁활동
사회문제 해결	• 자선기관의 서비스 조정	• 서비스의 직접 제공
서비스	• 서비스를 제공하는 제공자 중심	• Client 중심
주요 내용	• Case work 탄생시킴 • 자산조사 • 자원봉사활동 활성화 • C·O(지역사회조직론)의 토대 구축	• Group Work 발달 효시(집단원조기술) • 연구조사를 통해 사회제도를 개혁 • 권한부여모델의 이념적 근원 • C·O(지역사회조직론)에 영향
2궤도 접근	기능주의 궤도(function track), 사례론적 궤도(case track) • 문제의 근원을 개인에게 둠 • 각 개별사례에 서비스를 제공하는 방법론 채택	원인론적 궤도(cause track) • 사회환경의 탓으로 문제를 돌림 • 사회개혁과 법률제정을 위한 사회운동의 방법으로 발전

(3) **전문직 확립을 위한 노력 단계(1900년~1920년대 직후)** [②⑦⑨⑩⑭⑮⑰⑱]

① **봉사에서 전문직으로 전환기(발돋움)** [⑱]

㉠ 봉사에서 전문직으로 발돋움하는 계기는 두 가지 측면에서 살펴볼 수 있는데, 하나는 **보수체계의 정립**이며, 또 하나는 **교육 및 훈련제도의 채택**이다.

㉮ **보수체계의 정립**

ⓐ 우애방문자의 봉사활동에 보수가 지급되면서 전문적으로 우애방문역할을 담당하는 전문가로 발돋움하는 기회를 갖게 되었다.

 봉사활동에서 전문직으로 출발 계기 : 우애방문자들의 활동에 보수를 지급하기 시작하였다.(O)

ⓑ 우애방문자들을 감독하는 역할을 담당할 관리자를 고용하였는데, 이는 현대의 슈퍼바이저의 역할에 해당한다고 할 수 있다.

 봉사활동에서 전문직으로 출발 계기 : 우애방문자를 지도·감독하는 체계를 마련하였다.(O)

㉯ **교육 및 훈련제도의 채택**

ⓐ 자선조직협회는 도제제도로 훈련해오던 것에서 탈피해 우애방문자들을 정식으로 교육할 교육프로그램을 마련하였다.

 봉사활동에서 전문직으로 출발 계기 : 교육프로그램을 마련하였다.(O)

ⓑ 미국 최초로 뉴욕자선학교가 6주 동안 여름학교를 열어 교육하였으며, 그 후 1904년부터 1년의 정규과정으로 진행되어오다가 1910년에 2년의 정규교육프로그램으로 채택되었다. 이것이 사회복지실천에 대한 최초의 정규교육과정이었다.

ⓒ 전문직으로의 발돋움은 1905년 의사인 카보트(Richard C. Cabot)가 매사추세츠병원에 의료사회복지사를 정식으로 채용함으로써 공고히 되었다.

> 플렉스너 비판에 대한 대응 : 의사인 카보트(R. Cabot)가 매사추세츠병원에 의료사회복지사를 정식으로 채용하였다.(×)

② 전문직 성장의 위기
  ㉠ 의료계의 전문직에 대한 도전 : 1915년 의료전문직 평론가이며 전문직 교육의 권위자(의과대학의 교수)인 플렉스너(Abraham Flexner)는 '사회사업은 전문직인가'라는 주제의 발표를 하면서 사회사업은 교육적으로 전달할 수 있는 기술을 소유하지 않았으므로 전문직이 될 수 없다고 하였다.
  ㉡ 사회복지계의 노력 : 사회복지계는 두 가지 형태의 반응을 보였다. 하나는 전문직의 기본틀에 맞는 환경을 조성하는 것이었고, 다른 하나는 전문직으로 인정받을 수 있는 기술을 갖추는 것이었다.
    ㉮ 전문직의 기본틀에 맞은 환경 조성 : 교육과 훈련을 담당하는 학교를 설립하고, 책을 발간하고, 전문가협회(미국사회복지사협회)를 설립하였다. 당시 메리 리치몬드(Mary Richmond)의 『사회진단』(Social Diagnosis, 1917년)은 개별사회사업을 처음으로 과학적으로 체계화하여 사회복지실천의 전문화에 공헌하였다.
    ㉯ 전문적 기술에 대한 노력 : 프로이트의 정신분석이론과 기술을 답습하여 사회복지사에서 치료자로 역할을 바꾸면서 위상을 높이고자 시도했다. 이는 사회복지계 내부에 또 하나의 위기를 불러왔으며, 정신의료적 치료자가 아닌 사회복지 전문인으로서의 정착을 촉구하는 움직임을 자아내기도 했다.

> **OIKOS UP** 메리 리치몬드(Mary Richmond)
>
>
>
> 1889년 28세의 나이로 발티모아 자선조직협회의 사무원으로 참여하여 2년 뒤에 사무국장이 되었다. 1900년에 필라델피아 자선조직협회의 총 책임자가 된 메리 리치몬드는 자신 및 동료들의 사회복지 실천 내용 및 활동과정을 종합하여 『사회진단』(1917)이라는 책을 출판하였다. 이 책은 사회복지실천에 관한 이론과 방법을 체계화시킨 최초의 출판물로서 이 책에는 빈민이 처한 상황을 체계적으로 진단하는 기술이 소개되었다. 리치몬드는 1922년에 『개별사회사업이란 무엇인가』(What is social case work?)라는 책을 저술했는데, 케이스워크(case work)란 개인과 개인, 인간과 환경 간의 적절한 조화와 조절을 통해서 인격발달을 이루어가는 과정이라고 정의했다. 그녀는 1928년 67세로 일생을 마감할 때까지 평생을 자선조직운동과 자선사업의 과학화를 위해 헌신하였다.

(4) 사회복지실천 전문직 분화 : 진단주의와 기능주의 대립(1920년 전후~1950년 전후) [⑧⑨⑩⑯]

① 사회복지실천의 정착과 분화 [⑦⑭㉑㉒]
  ㉠ 병원에서뿐만 아니라 학교, 법정 등 많은 영역으로 사회복지사들의 역할이 넓어짐에 따라 **공통의 지식기반을 갖추자는 움직임**이 사회복지계 내부에서 일어났으며, 1929년 밀포드(Milford)에서 가진 회의에서 개별사회사업(casework) 방법론을 기본으로 하는 **8개 영역을 공통요소로 정리하여 발표**하는 것으로 마감되었다.
    ㉮ 사회에서 수용하는 규범적 행동에 관한 지식

　　　　㉯ 인간관계 규범의 활용도
　　　　㉰ 클라이언트 사회력(social study)의 중요성
　　　　㉱ 클라이언트 치료를 위한 방법론
　　　　㉲ 사회치료(social treatment)에 지역사회자원 활용
　　　　㉳ 개별사회사업(social casework)이 요하는 과학적 지식과 경험적용
　　　　㉴ **개별사회사업의 목적, 윤리, 의무를 결정하는 철학적 배경이해**
　　　　㉵ 이상 모든 것을 사회치료에 융합
　　　　　　밀포드(Milford)회의에서 개별사회사업의 공통요소를 정리하였다.(○)
　　ⓛ 밀포드회의의 내용은 내용만으로 볼 때는 '통합기'에 해당되는 내용이지만 시기를 보면 1929년이므로 '전문직의 분화기'에 해당되는 내용이다.
　　ⓒ 경제대공황으로 개인문제의 근원을 사회에 두는 것에 대한 수용적 자세가 늘어나게 되면서, **개별사회사업의 접근은 진단주의 학파(diagnostic school)와 기능주의 학파(functional school)로 분리**되었다.
② 진단주의와 기능주의 논쟁 [④②⑯㉒②, 기술론 ⑮]
　㉠ 진단주의(diagnostic school)
　　㉮ 개요 : 1920년대 개별사회사업은 클라이언트의 초기 아동기에 발견되지 않은 문제와 이해를 기초로 하는 치료와 클라이언트의 생육사를 탐구하는 것을 기반으로 하는 진단이 강조된 정신분석 지향적인 접근과 동일시하였다. 이 접근은 무의식, 전이, 저항, 그리고 정신적인 결정론을 포함하는 프로이트 학파의 개념들을 기초로 하고 있다. 이러한 사상을 진단적 학파라고 부른다.
　　　　기능주의 학파는 클라이언트의 생활력(life history)을 강조하였다.(×)
　　㉯ 발 전
　　　　ⓐ 리치몬드의 『사회진단』의 흐름을 이어받았으며, 프로이트의 정신분석학의 개념과 방법을 적극적으로 도입한 개별사회사업이다.
　　　　ⓑ 해밀턴(Hamilton)은 사회복지에 정신분석이론을 결합시킨 중요한 이론가(진단주의를 이론화시킴)이다.
　　　　ⓒ 이는 차후의 실천 및 이론 발전에 지대한 영향을 미쳤는데, 특히 홀리스(Hollis)에 심리사회적 모델로 체계화되어 현대 사회복지실천모델의 하나가 발전되었다.
　　㉰ 특 징
　　　　ⓐ 서비스 이용자가 지닌 문제의 심리적 측면을 강조한다.
　　　　ⓑ 성격발달에 초점을 두며, **과거 생활사를 중시한다.**
　　　　ⓒ 면접을 중심으로 한 장기적 원조가 주를 이룬다.
　　　　ⓓ 사회사업가와 클라이언트의 관계에서 사회사업가가 주도적 입장에 선다.
　　　　ⓔ 조사, 진단, 치료과정을 중시한다.
　　　　ⓕ 인간성의 이해에 관해서 '**질병의 심리학**'(psychology of illness)으로 본다.

ⓛ **기능주의(functional school)** [⑩②②]
  ㉮ **개요** : 1930년대 후반에 등장한 기능주의는 진단주의에 대한 비판에서 나온 것으로 프로이트의 제자였으나 독자적 심리치료 영역을 개척한 **오토 랭크(Otto Rank)**가 미국 펜실베니아 대학 사회사업대학원에서 학생들을 가르치면서 개발된 학파였다.
    ✗ 진단주의 학파는 미국의 대공황 이후 등장하였다.(✗)
  ㉯ **발 전**
    ⓐ 1929년 대공황 이후 정신분석 중심의 사회복지실천은 호된 비판과 함께 새로운 전기를 맞이하게 된다.
    ⓑ 프로이트(Freud)의 제자로 정통 정신분석이론을 연구하다가 이로부터 탈피해 독자적 심리치료 영역을 개척했던 오토 랭크(Otto Rank)의 영향을 받았다. 즉 **오토 랭크가 진단주의에 비판을 가하고 인지심리학에 기초를 둔 기능주의를 수립**하였다.
    ⓒ 그의 혁신적인 사고는 1930년대 펜실베이니아대학 사회사업대학원에서 학생들을 가르치면서 계속 반영되었으며, 그의 영향을 받은 '기능주의'가 이 학교에서 개발되었다.
  ㉰ **특성** : 오토랭크는 클라이언트를 치료의 대상으로만 보지 않고 클라이언트를 존경하고 **인간으로서의 존엄과 주체성이 강조**되어야 한다고 보고 있는데, 진단주의에서는 인간을 기계적이고 결정론적으로 바라보는 것에 대한 반작용으로서 **낙관론적 인간관(인간의 의지 강조)**을 가지고 있다.
    ⓐ 인간의 성장 가능성을 중시하고, '**지금-이곳(here and now)**'에 초점을 두면서 **인간과 인간, 인간과 사회 환경과의 관계를 중심적으로 분석**하고자 하였다.
      ✗ 기능주의학파 : 인간과 환경의 관계 분석(○)
    ⓑ 기능주의에서는 '**치료**'라는 말 대신 '**원조과정**'이라는 용어를 사용하고, 어떠한 진단적 표시도 하지 않는다.
    ⓒ **사회복지사와 클라이언트는 서로 동등한 관계**에 있으며, **치료를 위한 책임이** 사회복지사에게 있지 않고 **클라이언트에게 있다.**
    ⓓ 클라이언트는 도움을 받는 **기관의 제한된 기능** 내에서 스스로 선택하고, **자신의 내부의 힘(self will)을 활용**하여 자신의 성장을 위한 과제를 수행하되, 시간적으로도 제한된 범위 내에서 자신의 긴박한 문제해결과정에만 참여하였다.
    ⓔ '**성장의 심리학**'(psychology of growth)이다. 성장할 수 있는 클라이언트 내부의 힘에 대한 믿음이 있다.
      ✗ 기능주의에서 강조한 내용 : 개인의 의지, 전문가와 클라이언트 사이의 원조관계, 기관의 기능(○)
  ㉱ **의 의**
    ⓐ 기능주의 논쟁은 **사회복지의 관점을 '의료모델'에서 '생활모델'로 전환**시키는 계기가 되었다.
    ⓑ 기능주의 학파의 대두로 **진단주의와 기능주의의 논쟁은 25년 동안 진행**되었다.
    ⓒ 문제해결모델, 클라이언트 중심 모델 등으로 발전한다.

■ 개별사회사업 : 진단주의 학파 vs 기능주의 학파 ■

구 분	진단주의(diagnostic school)	기능주의(functional school)
시 작	1920년대	1930년대 후반
학 파	Richmond, Hamilton, Hollis	Otto Rank(펜실베이니아 대학 사회사업대학교 교수)
전체 초점	• CT의 초기 아동기 발견되지 않은 문제와 이해를 기초로 치료, CT의 생육사 탐구를 기반으로 하는 진단 강조 • 무의식, 전이, 저항, 정신적인 결정론 등 프로이트 학파의 개념을 기초로 함 • 프로이트(Freud)의 정신분석이론 : 무의식, 전이, 저항, 그리고 정신적인 결정론을 포함하는 개념들을 기초	• CT의 현재 경험을 통해 문제해결, CT 내부의 힘(self will, 자기 의지) 강조 • 클라이언트를 치료의 대상으로만 보지 않고 클라이언트를 존경하고 인간으로서의 존엄과 주체성이 강조 • 오토랭크(Otto Rank)의 의지(will)이론 : 인간을 자아의 창의적 적극적 의지에 의해 지속적으로 발전하는 존재
방 법	• 과거생활력 중심 → 단선적 인과성 • 치료주체 : 사회복지사 • 치료자의 역할 : 사회복지사는 클라이언트를 분류하고 치료방법을 선택	• 현재의 경험을 중시 • 치료의 주체 : 클라이언트 자신 • 원조자, 조력자의 역할 : 사회복지사는 클라이언트의 능력을 발전케 함. 클라이언트와 함께 노력
인간관	• 질병의 심리학(psychology of illness) • 의료모델(medical model)의 용어 사용 • 병리적 소극적 수동적 질병적 결정적 인간관	• 성장의 심리학(psychology of growth) • '치료'라는 말 대신 '원조과정'이라는 용어를 사용 • 낙관적인 인간관, 성장 잠재력을 가진 인간관
특 징	• 과거 중심적인 접근, 과거의 기능과 경험 중시 • 조사, 진단, 치료과정을 중시 • 사회복지사에서 치료자로 바꾸면서 위상을 높이고자 함 • 리치몬드의「사회진단」(social Diagnosis) : 성격과 상황을 합하여 사례를 분석하게 하는 최초의 과학적 사고방법을 제시. 사례마다 개별화하여 면접하고 개입하는 방법을 제시 • 서비스 이용자가 지닌 문제의 심리적 측면을 강조	• 인간의 성장 가능성을 중시 '지금-이곳', 즉 현재에 초점 • 치료의 개념보다는 원조 과정 더욱 중시 • 사회복지사와 클라이언트는 서로 동등한 관계, 치료를 위한 책임이 사회복지사가 아닌 클라이언트에게 있음 → 치료자로부터의 분리 중시 • 현시점에서 더 나은 기능을 회복하게 하는 것이 사회치료의 목적 → 치료의 원천으로 현재의 경험을 강조 • 개인의 미래를 성장 가능성으로 보고 그 가능성을 현재의 경험에서 찾음

③ 사회복지실천의 3대 방법론으로의 전문적 분화 현상

　㉠ **개별사회사업(Case Work, C.W)** : 진단주의 학파 vs 기능주의 학파

　㉡ **집단사회사업(Group Work, G.W)** : 개별사회사업가들은 1921년 형성된 미국사회복지사협의회(American Association of Social Workers)에 집단사회사업가를 가입시키지 않았다가 1937년이 되어서야 합류

　㉢ **지역사회조직사업(Community Organization, C.O)** : 1939년 레인위원회가 전국사회사업회

의에 『지역사회조직의 실천분야』(The Field of Community Organization) 보고서를 제출하여 지역사회조직사업은 사회복지실천방법론의 하나로 정착

(5) 사회복지실천의 다원화 단계(1946년~1960년) [⑰]
① 성장단계
- ㉠ **치료적 접근법의 회생** : 전쟁으로 인해 많은 사람들이 개인별로 다양한 경험을 하게 됨에 따라 그에 반응하기 위한 치료적 접근이 다시 주류를 이루게 되었다.
- ㉡ **가족치료분야의 발전** : 다양한 문제를 동시에 갖게 되는 경우가 늘어났으며, 한 가족 내에 여러 형태의 문제를 함께 갖게 되는 경우가 빈번히 발생하기 시작하였고 이는 가족치료분야의 발전에 꽃을 피우는 계기가 되었다.
- ㉢ **새로운 형태의 방법론 개발** : 복합적 문제를 가진 클라이언트를 대하기 위한 새로운 형태의 방법론을 개발하였으며, 이는 개업사회복지사를 탄생시키기도 하였다.
- ㉣ **아웃리치의 방법 시도** : 상담실에서 클라이언트를 기다리기보다 클라이언트가 있는 곳으로 접근하는 아웃리치의 방법을 시도하였으며, 이는 1960~1970년대 붐을 이루었다.
- ㉤ 지역사회를 접근대상의 단위로 보고자 하는 노력이 한층 가미되었다.
- ㉥ 방법론으로는 **개별사회사업, 집단사회사업, 지역사회조직, 그리고 통합방법론이라는 전통적 방법론**을 정착시켰다.

② **다원화된 이론적 패러다임으로 발전** : 1940년대 2차 세계대전을 거치고 1950년대에 들어오면서 사회복지실천이 매우 다원화된 이론적 패러다임으로 발전하게 되는데 심리사회적인 접근뿐 아니라 문제해결모델, 행동수정모델, 가족치료 등이 등장하게 된다.

③ 이 시기 대표적인 연구
- ㉠ **비에스텍(Felix Biestek)의 연구** : 1957년 『케이스워크 관계』를 출간하여 사회복지원조에서의 전문적 관계를 7가지 원칙들로 집약하여 설명
- ㉡ **펄만(Perlman)의 연구** [⑭⑰, 기술론 ⑮]
  - ㉮ 1957년 『케이스워크 : 문제해결과정』이라는 책을 통해 진단주의와 기능주의를 혼합시킴으로서 **진단주의 대 기능주의 논쟁을 종결**짓는데 공헌하였다.
    - ※ 기능주의 학파와 진단주의 학파 간의 논쟁은 1970년대에 와서 비로소 종식되었다.(×)
  - ㉯ 케이스워크를 하나의 과정, 즉 문제해결의 과정으로 보았으며, 사회복지사와 클라이언트가 만나서 이 과정으로 진입하기 위해서는 양자 간의 관계가 매우 중요하다고 주장했다.

(6) 사회복지실천의 통합화 단계(1960년~1975년) [②⑧⑩⑰]
① 1960년대를 거쳐오는 동안 이론적 패러다임의 다원화는 계속되어 위기개입모델, 과업중심모델, 인지치료모델, 생활모델, 단기치료모델, 클라이언트 중심모델, 실존주의모델, 행태치료모델, 생태학 이론과 사회체계모델, 사례관리모델 등이 나타났다.

② 1957년 **그린우드(Greenwood)**는 논문 '전문직의 속성'에서 **다음의 5개 기본 요소를 전문직의 공통적 속성으로 제시**하였으며, 이를 사회복지실천에 적용해 볼 때 사회복지실천은 이미 전문

직이라고 평가하고 있다. [⑪⑯⑲, 기술론 ⑤⑥]

- ㉠ **체계적 이론**(systematic body of theory) : 전문직으로서 수행하는 기술의 바탕이 될 수 있는 지식기반, 즉 체계적 이론이 있어야 한다.
- ㉡ **전문적 권위**(professional authority) : 전문적인 권위가 있어야 하는데, 이것은 지식이나 기술 그리고 사회적 인정, 특별한 성과 등을 통해 얻어지는 것이다.
- ㉢ **사회적 승인**(community sanction) : 전문직은 그 사회에서 어느 정도의 특권을 가지고 있어야 한다. 즉 전문직이라는 것이 사회적으로 승인(재가)을 받아야 한다는 것이다. 따라서 비슷한 일을 하더라도 사회적 인정이 없으면 전문직이라고 하지 않는다.
- ㉣ **전문직 문화**(professional culture) : 전문직만이 가지고 있는 고유한 문화(전문직 문화, 즉 공유된 전문적 가치와 규범)가 존재하는데, 이것은 가치나 규범 그리고 상징들이 해당된다.
- ㉤ **전문가 윤리강령**(code of ethics) : 전문직은 윤리강령이 있어야 한다. 즉 강제적인 법이 아니더라도 자신의 직업세계를 규율할 수 있는 규범체계를 갖추어야 한다.

 ※ 플렉스너(A.Flexner)는 체계적 이론과 전문적 권위, 윤리강령 등을 전문직의 속성으로 꼽았다.(×)

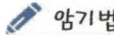 암기법

이(이론)**권**(권위)을 **승인**해 주는 것은 **전문직 문화**일지 모르지만 **윤리**적으로 문제가 있는 것이다.

③ 새로운 이론의 수용
- ㉠ 케이스워커들은 진단주의적, 기능주의적 모델과 펄만(Perlman)의 문제해결 뿐만 아니라 심리학적, 행동주의적인 이론가들로부터도 많은 모델들을 받아들이게 되었다.
- ㉡ **사회체계 이론과 의사소통 이론이 사회복지실천에 활용되기 시작**한 것도 이 시기이다. 상황 속의 개인, 그리고 클라이언트와 사회복지사 간의 상호작용 내지 상호관계가 강조된 것은 사회체계이론을 1970년대에 받아들이면서부터이다.

④ **통합방법론의 등장(= 사회복지실천의 공통기반 강조)** : 개별, 집단, CO, 즉 3대 방법론을 대체할 새로운 기법이 생겨났다기보다는 이러한 3대 방법론의 공통적인 요소를 찾아 하나의 체계로 통합하려는 움직임이 생겨나기 시작했다.

⑤ **사회복지실천 이론의 통합** : 대표적인 통합모델로는 핀커스와 미나한의 4체계 모델, 콤튼과 갤러웨이의 6체계 모델, 단일화 모델, 생활모델, 펄만의 문제 해결 모델 등이 있다.

(7) **다양한 실천모델의 등장(1975년~)** [②]
① 과제중심모델, **강점관점, 역량강화 개념**, 생태체계적 접근과 사회체계이론의 광범위한 수용 등 새로운 모델과 이론들이 다양하게 등장하였다.
② 병리보다는 개인의 강점에 초점을 두며, 클라이언트의 상황에 맞는 역할 및 개입전략의 다중성을 중시하는 방향으로 발전하게 된다.

2 우리나라 사회복지실천의 역사적 발달과정 [③④⑤⑥⑨⑩⑪⑫⑬⑭⑮⑲]

(1) 초기 사회복지의 전개과정

① 일제강점기

㉠ **사회복지실천 관련 법규** : 조선수난구호령(1914년 5월), 행려병인구호자금관리규칙(1917년 4월), 조선감화령(1923년 9월), 조선구호령(1944년 3월) 등이었다.

㉡ **사회복지실천을 관장했던 행정기관** : 1910년 한일합방과 함께 조선총독부 **내무부 지방국** 지방과에서 구휼 및 자선사업에 관한 사항을 담당하도록 분장한 이래 여러 번의 행정조직 개편을 거쳐 1921년 **내무국** 내 사회과, 1932년 **학무국** 내 사회과로 사회복지 업무를 통합하였다.

㉢ **개별사회사업실천의 기원** : 일제강점기의 **방면위원**(方面委員, 현재의 민생위원)

㉮ 1910년 한일합방 이후 조선총독부는 일본의 사회사업제도였던 방면위원(方面委員, 현재의 민생위원)제도를 **1927년 서울에 설치**하였는데, 이는 인보사업과 사회사업서비스를 원활히 한다는 명목으로 도입되었다.

㉯ 방면위원의 임무는 **빈민의 생활상태를 조사**하고, **빈곤의 원인을 판명하여 적절한 지도 교화 및 구제방법을 강구**하는데 있었다.

㉰ 일제는 방면위원을 한국인 지역유지나 민간인 중에서 임명하였는데, 이들은 **오늘의 사회복지전담공무원과 유사한 기능**을 수행했다고 할 수 있다.

㉣ 민간 차원에서 설치·운영되던 기관

㉮ **사회복지협의체** : 1930년대 민간기관들이 늘어나게 되고 활동도 확대되어 연락·조사연구기관으로 1921년 '**조선사회사업연구회**' 결성(1928년 **조선사회사업협회** 개칭)

ⓐ 중앙회장에는 총독부의 정무총감, 부회장에는 학무국장, 그리고 간사는 사회과장이 맡았던 것으로 **민간단체가 아닌 관변단체였음**을 알 수 있다.

ⓑ 이 협회는 **현재의 사회복지협의회와 유사한 업무를 담당**하였던 협의체이지만 관에 의해 통제되었다는 점에서 정부기관으로 보는 것이 타당하다.

㉯ **인보관 운동** : 사회복지관사업 [⑩⑭㉑, 지역복지 ②]

ⓐ **1906년** 미국의 감리교 여선교사였던 **메리 놀즈(Miss Mary Knowles)**가 원산에 6평 정도의 초가집을 구입하여 설립한 **반열방(班列房)**은 사회복지관사업의 태동이다.

　※ 메리 놀스(M. Knowles)에 의해 반열방이 설립되었다.(○)

ⓑ 태화사회관(泰和社會館) 50년사의 기록에 의하면 우리나라 최초의 인보관은 **1921년** 미국 남감리교회의 메리 **마이어스**(한국명 : 마여수, 馬如秀, Miss Mary D. Myers)에 의해 서울에 설립된 **태화여자관(태화사회관, 현 태화기독교사회복지관)**이라고 전하고 있다.

　※ 태화여자관은 메리 마이어스(M. D. Myers)에 의해 설립되었다.(○)
　※ 한국 사회복지실천역사 : 1931년 태화여자관이 설립되었다.(×)

② 광복 이후 미군정기의 구호정책

㉠ **보건후생부** : 미군정은 1945년 9월 24일 미군정법령 1호에 의해 경무국 산하의 위생과가

위생국으로 독립하였고, 1945년 10월 27일 군정법령 제18호로 **보건후생국**이 설치되었으며, 이후 보건후생국은 **1946년 3월 2일 보건후생부로 승격**하여 각 부에 보건후생국을 설치하여 사회복지시책을 담당하였다.

ⓒ 1953년 휴전 직후 전국적으로 전쟁으로 인한 요보호아동을 수용하는 시설은 440개소, 수용인원은 53,964명이었다.

(2) 외원단체의 활동 시기

① **개요** : 1950년 한국전쟁을 전후로 설립된 기독교 아동복지재단, 홀트아동복지회, 선명회 등 **외국의 민간 원조단체를 중심으로 개별사회사업**을 하였다.

② **외원단체[카바(KAVA)]의 활동과 영향**

　㉠ **카바(Korea Association of Voluntary Agencies, 외국민간원조기관 한국연합회)의 탄생** : 외국민간원조기관한국연합회(KAVA, Korea Association of Voluntary Agencies)가 1952년 3월 부산에서 결성되었다.

　　※ 1950년대 - 외국공공원조단체 한국연합회 조직(×)

　㉡ **카바(KAVA)의 활동내용**

　　㉮ KAVA는 **1970년대 초반까지 약 15년 간 활발한 활동**을 하였다. 즉 1970년대 초반까지 KAVA를 중심으로 한 외국기관들이 전쟁 이재민의 구호활동과 그 밖의 각종 사회복지서비스를 제공하였다.

　　㉯ KAVA는 우리 정부보다 더 많은 재원으로 사회복지서비스를 제공하였기 때문에 '**제2의 보건사회부**'라는 별명도 들었다.

　　㉰ KAVA의 개별외원단체들은 한국전쟁 직후에는 주로 긴급구호에 치중하였는데, 전쟁이재민에게 구호물자나 양곡을 배급하고 긴급의료서비스를 제공하였다.

　　㉱ 보건사업, 교육사업, 지역사회개발사업, 전문사회복지사업 등을 전개하였으며, **미국식 전문사회사업의 실천방법과 관련된 이론들을 전파**하는 데 결정적 역할을 하였다.

　㉢ **카바(KAVA)의 발전** : 1956년 이후부터 일시적인 지원이나 긴급구호에서 벗어나서 장기적인 사업을 실시하였다. **병원, 학교, 고아원 등과 같은 시설을 설립하여 직접 운영하거나 시설에 필요한 각종 후원물품, 장비, 기술 등을 제공하여 기관의 활동을 간접 지원하였다.**

　㉣ **카바(KAVA)의 영향**

　　㉮ 한국의 사회사업이 **종교(특히 기독교)와 밀접한 관련 하에** 전개되도록 하였다.

　　㉯ **한국에서 전문사회사업이 시작되도록 촉발**하였다. 즉 외국에서 온 사회복지실천 전문가가 활동하는 과정에서 구미의 전문사회복지실천의 개념과 실천방법이 전파되었다.

　　㉰ 지역사회 중심 보다 **시설중심의 사회사업이 발전하게 된 계기**를 만들었다.

　　　※ 1960년대와 1970년대 외원단체 영향 : 시설 중심보다 지역사회 중심의 사회복지가 발전하는 계기를 만들었다.(×)

　　㉱ 한국의 사회복지가 거시적 사회정책보다는 **미시적 사회사업 위주로 발전**하게끔 하였다.

　　㉲ 사회사업을 구호사업 또는 자선사업과 같은 것으로 한국인들이 인식하게 하는 데 기여하였다.

㉥ 외원단체의 철수에 따라 외원에 크게 의존하던 한국의 민간사회사업부문이 정부에 의존하게 됨으로써 정부 통제 하에 편입되게 하는 데 기여하였다.

③ **외원단체 활동의 계승** : 1970년대 들어서면서 한국의 경제성장 및 외원에 대한 의존도 감소 그리고 전후 응급구호적인 활동의 의미 퇴색 등으로 외원단체들이 한국보다 상황이 열악한 동남아나 남미 국가로 원조대상을 바꾸기 시작했으나 현재까지 사업을 계승해오고 있는 외원기관들(한국어린이재단, 월드비전, 홀트아동복지회 등)이 존재하고 있다.

(3) 한국에서의 정착 단계

① **사회복지시설 및 기관의 발전**

㉠ **사회복지관의 태동과 발전** [③④⑥⑩]

㉮ **초기 사회복지관의 태동(토착 지역사회복지관 설립 증가)**

ⓐ 1950~70년대 외원단체가 활발하게 활동하던 시기에 **대학부설 사회복지관이 출현(1956년 이화여대에 복지관을 설립)**하게 되었다.

ⓑ 1975년에는 우리나라는 국제사회복지관연합회 회원국으로 가입하였고, **1976년**에는 22개의 사회복지관이 연합하여 **한국사회복지관연합회를 결성하였다.**

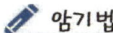 **암기법**

오(5)륙(6)도 돌아서는 연락선마다~~ ♪ 뽕짝을 부르며 **이화(이화여대)** 둥둥 춤을 추며~

㉯ **지역사회복지관의 발전** : 지역사회복지관에 대한 국고보조금 지급

ⓐ **1983년 개정된 사회복지사업법을 토대로 사회복지관의 설립 및 운영을 지원하는 근거가 마련**되었으며, 사회복지관은 종합사회복지관 가형과 나형 그리고 사회복지관으로 나누어지면서 공식적으로 국가의 지원(국고보조금)을 받게 되었으며, 이로 인해 1980년대에는 민간단체에 의한 사회복지관 설립이 증가하였다.

　　1980년대 초반에 개정된 사회복지사업법에서 사회복지관의 설립·운영을 지원하는 근거가 마련되었다.(O)

ⓑ **1986년** 「사회복지관 운영·건립 국고보조사업지침」을 **수립**하였다.

　　사회복지관 : 1970년대 정부지침에 의해 국고보조금 지원이 시작되었다.(×)

ⓒ **1989년**에는 「주택건설촉진법」 등에 의해 저소득층 영구임대 아파트 건립 시 일정 규모의 **사회복지관 건립을 의무화**하였다.

㉰ **지역사회복지관 급속한 양적 확대**

ⓐ 1990년대 이후 급속한 양적 확대(기하급수적인 증가)를 가져와 1990년의 58개소에서 2005년 전국에 391개소, 2017년 12월 현재 464개의 사회복지관이 설치·운영되고 있다.

ⓑ 사회복지관의 재정구조는 국고보조금 및 지방비와 법인 자부담으로 형성되어 있으며, 정부의 지도감독 등 반관반민의 운영형태를 띠고 있다.

ⓛ 재가복지서비스 도입
㉮ 서비스가 필요한 대상자가 시설에 수용되지 않고 자신이 거주하는 가정이나 지역사회 내에서 서비스를 제공받을 수 있도록 **재가복지가 노인복지와 장애인복지의 민간분야에서 처음으로 시도**되었다.
㉯ 재가복지봉사센터 운영
ⓐ 1987년 한국노인복지회가 국제노인복지회의 지원과 국고보조금으로 **가정봉사원을 파견하는 시범사업**을 전개하면서 재가복지의 토대가 마련되었다.
ⓑ **1992년부터 재가복지봉사센터가 전국에 설치·운영**되면서 우리나라에서도 재가복지서비스사업이 본격적으로 강조되었다.
ⓒ 사회복지시설 평가제도의 법제화 [⑨]
1997년 사회복지사업법 개정으로 사회복지시설을 3년에 1회 이상 평가하도록 하여 효율성, 효과성, 책임성 등을 높이는 사회복지행정에 대한 수요가 높아졌다.
ⓓ 건강가정지원센터 [④⑫]
㉮ 「건강가정기본법」이 2004년 제정(2005년 시행)되고 **건강가정지원센터 3개소(용산, 여수, 김해)가 2004년 6월~12월 시범사업**으로 운영되었다.
ⓐ 지역주민들의 특성을 고려한 맞춤형 가족지원서비스를 제공하는 건강가정지원센터는 시·도 및 시·군·구에 설치되어 있다.
ⓑ **2005년 1월 24일 중앙건강가정지원센터가 개소**되었으며, 2005년까지 총 15개 센터가 설립되었으며 2018년 1월 현재 152개 센터가 설치되어 있다.
㉯ 「건강가정기본법」 제35조(건강가정지원센터의 설치) 제1항에서 "국가 및 지방자치단체는 가정문제의 예방·상담 및 치료, 건강가정의 유지를 위한 프로그램의 개발, 가족문화운동의 전개, 가정관련 정보 및 자료제공 등을 위하여 **건강가정지원센터를 설치·운영하여야 한다.**"라고 규정하고 있다.
② 사회복지실천교육의 발달 [⑪⑬⑲]
㉠ **1947년 9월 최초로 이화여자대학교에 기독교사회사업학과가 설치(대학에서 정규 사회복지교육이 시작)**되었고, 1953년에는 중앙신학교(현, 강남대학교), 1959년에는 서울대학교 사회복지학과, 1963년에는 중앙대학교, 1964년에는 성심여자대학(현, 가톨릭대학교)이 사회사업학과를 설립하였다.

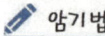

4 곱하기 7은 28(이팔.. 이화)~ 이화여대에서 최초교육!

㉡ 대학이 늘어나는 초기인 **1965년 한국사회사업교육연합회(現 한국사회복지교육협의회)**가 태동하였다. 2008년까지 전국 67개 대학 사회복지학과가 회원교로 활약하고 있다.

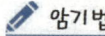

한국사회사업교(5)육(6)연합회~! 교육을 거꾸로 육(6)교오(5)~!

③ 한국사회복지사협회 [⑫⑬]

㉠ 1967년에 모든 분야의 전문사회사업가를 총망라한 명실공히 한국 최초의 전문사회사업가 회원조직인 '한국사회사업가협회'가 탄생하게 되었다.
㉡ 1997년에는 공식적 법적 단체로 등록됨으로써 사회복지사들은 전문가로서 사회적 위치를 더욱 공고히 하게 되었다.

> ✏️ **암기법**
> 6 곱하기 7은 42(사이.. 사회복지사협회)~

④ **사회복지사 자격제도** [⑨⑩⑬⑭⑲㉑]
   ㉠ 1970년에 제정된 사회복지사업법 및 시행규칙에 "**사회복지사업종사자**"라는 자격제도가 신설되어 민간사회복지서비스에서 국가가 사회적 책임을 지게 되었다.
   ㉡ 1983년 5월 사회복지사업법이 개정되어 '**사회복지사**' **자격제도로 변경**되었으며, 등급을 1급·2급·3급으로 **구분**하였다. → 사회복지사업법 개정으로 2019년(2019.1.1.시행)부터 **1급·2급 구분**
   ㉢ 1997년 8월 22일 사회복지사업법 전면 개정으로 사회복지사의 자격증을 변경(**사회복지사 1급의 국가시험제도 도입**)하였다.
   ㉣ 2003년 4월 27일 제1회 **사회복지사 1급 자격시험이 시행**(시작)되었다.
   ㉤ 2000년 1월 12일 **사회복지의 날(9월 7일)**을 제정하였다.

⑤ **사회복지전담공무원 도입** [⑩⑫⑭⑲㉑]
   ㉠ 1987년 생활보호업무를 효과적으로 수행하기 위하여 '국민복지증진대책'의 일환으로 대도시 빈곤지역 동사무소에 **7급 별정직인 사회복지전문요원제도가 시행**(사회복지전문요원이 배치)되어 공공복지행정의 체계가 마련되었다.
   ㉡ 1992년 사회복지사업법 개정을 통해 **사회복지전담공무원과 복지사무전담기구(사회복지사무소)를 설치할 수 있는 법적 근거를 마련**하였다.
   ㉢ 1992년 12월 8일 「사회복지사업법」 개정을 통해 **사회복지전담공무원**이라는 명칭으로 이들에 대한 법적인 근거가 마련되었고, 이들은 전국적으로 확대 임용 배치되어 생활보호대상자(후에는 국민기초생활보장수급자)를 중심으로 한 공공부조업무를 담당하게 되었다.
   ㉣ 1999년 9월 행정자치부(現 행정안전부)에서 사회복지전문요원의 일반직 전환 및 신규 채용지침을 승인하였다.
   ㉤ 2000년 1월 별정직에서 일반직인 사회복지직렬로 전환하였다.

⑥ **전문사회복지사제도** [⑨⑩⑫⑮]
   ㉠ 정신건강사회복지사 제도 [⑪⑫⑲]
      ㉮ 1995년 12월에는 「정신보건법」이 제정(1996.12.31.시행)됨에 따라 **정신보건전문요원으로서 정신보건사회복지사 자격을 제정**하였다. → **1995년 정신보건사회복지사 제도 도입**
         ⓐ 정신보건전문요원 : 정신보건임상심리사, 정신보건간호사, 정신보건사회복지사

ⓑ 정신보건사회복지사제도 시행 : 1997년
  ※ 정신보건사회복지사(現, 정신건강사회복지사) 자격제도는 2000년대 중반부터 실시되었다.(×)
ⓒ 정신보건사회복지사 자격시험 : 2급 시험 1998년, 1급 승급 시험 2002년
㉰ 2016년 「정신보건법」이 「정신건강증진 및 정신질환자 복지서비스 지원에 관한 법률」로 전부개정(2016.5.29., 2017.5.30. 시행)되어, 정신보건전문요원이 **정신건강전문요원**으로, 정신보건사회복지사가 **정신건강사회복지사**로 명칭이 변경되었다.
  ⓐ 정신건강전문요원은 1급과 2급으로 구분하며, 따라서 **정신건강사회복지사는 1급과 2급**으로 나뉘어 있다.
  ⓑ 정신건강사회복지사 2급은 "「**사회복지사업법**」에 따른 사회복지사 1급 자격소지자로서 보건복지부장관이 지정한 수련기관에서 **1년 이상 수련을 마친 자**"이다.

ⓛ 요양보호사 제도
㉮ **2007년 8월 3일** 「노인복지법」 개정으로 **요양보호사의 자격을 인정**하였다.
㉯ 요양보호사가 되려는 사람은 요양보호사를 교육하는 기관에서 교육과정을 마치고 시도지사가 실시하는 **요양보호사 자격시험에 합격**하여야 한다.

ⓒ 의료사회복지사 제도
㉮ 1973년 「**의료법 시행령**」 개정, 공포되었고, 1973년에 의료법 시행규칙 시행에 따라 종합병원 단위의 **의료기관에서 사회복지사를 의무적으로 고용**하게 되었다. 즉, 종합병원에 환자의 갱생 재활과 사회복귀를 위한 상담 및 지도업무를 담당하는 요원을 1인 이상 둔다는 규정을 통해 **의료사회사업을 법적으로 인정**하게 되었다.
㉯ 현행 「**의료법 시행규칙**」 제38조(의료인 등의 정원) 제2항 6호: 종합병원에는 「사회복지사업법」에 따른 사회복지사 자격을 가진 자 중에서 환자의 갱생·재활과 사회복귀를 위한 상담 및 지도 업무를 담당하는 요원을 1명 이상 둔다.
㉰ 2018년 도입된 전문 사회복지사제도의 시행(2020.12.12. 시행)으로 법정 국가자격이 되었다.

ⓓ 학교사회복지사 제도 [⑫]
㉮ 교육부는 1996년부터 서울 대구 대전 광주에서 1개교씩 선정하여 학교사회사업의 도입을 위한 시범사업과 연구 사업을 시행하게 되었다.
㉯ 1997년 5월에 학교사회사업학회가 창립되었으며, 2000년 **한국학교사회사업실천가협회가 창립**되었으며, 2005년 **학교사회복지사 자격시험제도가 시작**되었다.
  ※ 1997년부터 학교사회복지사 자격시험이 실시되고 있다.(×)
㉰ 2018년 도입된 전문 사회복지사제도의 시행(2020.12.12. 시행)으로 법정 국가자격이 되었다.

| OIKOS UP | 전문 사회복지사 제도 도입 및 시행 |

① 사회복지사업법 개정(2018.12.11.일부개정, 2020.12.12.시행) : 전문사회복지사 제도를 도입하여 다양화·전문화되는 사회복지 욕구에 능동적으로 대응할 수 있도록 하고자 **정신건강·의료·학교 등의 직무영역별 사회복지사를 신설**하였다.

> 사회복지사업법 제11조(사회복지사 자격증의 발급 등) ① 보건복지부장관은 사회복지에 관한 전문지식과 기술을 가진 사람에게 사회복지사 자격증을 발급할 수 있다.
> ② 제1항에 따른 사회복지사의 등급은 1급·2급으로 하되, **정신건강·의료·학교 영역에 대해서는 영역별로 정신건강사회복지사·의료사회복지사·학교사회복지사의 자격을 부여할 수 있다.**
> ③ 사회복지사 1급 자격은 국가시험에 합격한 사람에게 부여하고, 정신건강사회복지사·의료사회복지사·학교사회복지사의 자격은 1급 사회복지사의 자격이 있는 사람 중에서 보건복지부령으로 정하는 수련기관에서 수련을 받은 사람에게 부여한다.
> 사회복지사업법 시행규칙 제4조의2(영역별 사회복지사 수련기관 및 수련과정) 법 제11조제3항에서 "보건복지부령으로 정하는 수련기관"이란 다음 각 호의 구분에 따른 기관으로서 보건복지부장관이 지정하는 기관을 말한다.
> 1. 의료사회복지사 : 의료사회복지 업무를 수행하는 담당 부서를 갖추고, 5년 이상의 의료사회복지사 실무경험이 있는 사람 1명 이상이 수련지도자로 상시 근무하는 「의료법」 제3조제2항제3호에 따른 병원급 의료기관(같은 호 마목에 따른 정신병원은 제외한다)
> 2. 학교사회복지사 : 학교사회복지 업무를 수행하는 담당 부서를 갖추고, 5년 이상의 학교사회복지사 실무경험이 있는 사람 1명 이상이 수련지도자로 상시 근무하는 「초·중등교육법」 제2조에 따른 학교

② 사회복지사업법 개정으로 **전문 사회복지사제도는 2018년 도입되고, 2020년 12월 12일** 시행되었다. 사회복지사업법 시행령 개정에 따라 유예기간 종료(2020.12.12.) 이후에는 국가자격증 발급이 이루어지고, 민간자격인 학교사회복지사 자격과 의료사회복지사의 법정 자격 전환이 이루어졌다.

CHAPTER 04 사회복지실천의 현장에 대한 이해

제1부 **사회복지실천에 대한 이해**

제4장 회차별 출제빈도, 출제비중 및 출제논점 1, 2, 3순위

10회 2012	11회 2013	12회 2014	13회 2015	14회 2016	15회 2017	16회 2018	17회 2019	18회 2020	19회 2021	20회 2022	21회 2023	22회 2024
2	1	4	4	2	2	2	2	1	2	1	2	1

출제 비중	출제 논점		
	1순위 ☺	2순위 ※	3순위 ☆
12 4	① 사회복지실천 현장의 분류 ② 사회복지사의 역할		① 기능에 따른 사회복지사 역할 ② 개입수준에 따른 사회복지사 역할

1순위 스마일표시(☺) : 출제 빈출도가 높은 부분으로 무조건 시험에 출제되는 영역
2순위 당구장표시(※) : 나왔다 안 나왔다 하는 영역이지만 출제가능성 높은 영역
3순위 별 표(☆) : 출제 된 적이 있긴 하지만 다시 출제될 가능성은 다소 떨어지는 영역

MAP

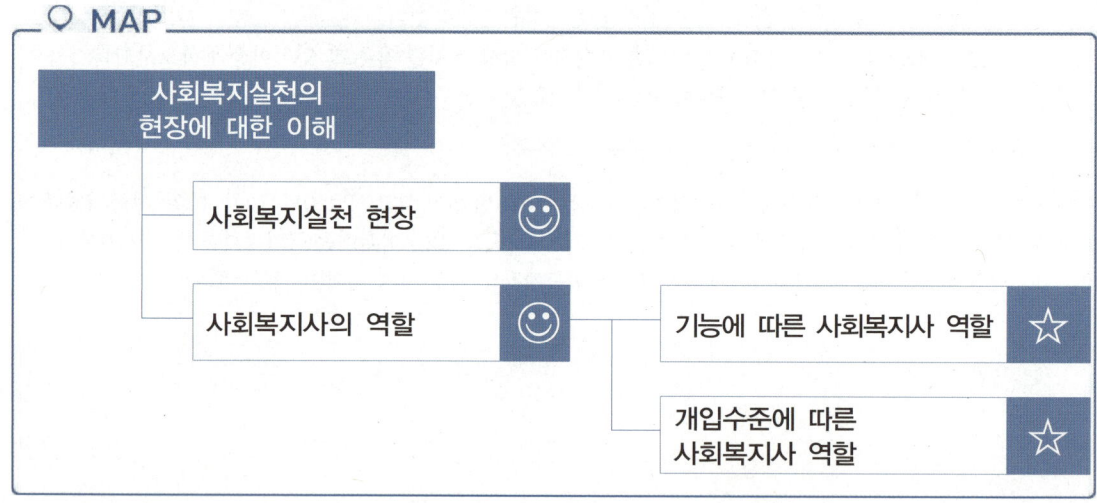

1 사회복지실천 현장

(1) 사회복지실천 현장의 개념

① **좁은 의미** : 사회복지사들이 **사회복지 서비스를 직접 또는 간접적으로 제공하는 분야나 장소를** 의미하는 것으로, 사회복지실천이 이루어지는 '**구체적 장소**' 혹은 사회복지서비스를 직접 또는 간접적으로 클라이언트에게 제공하는 사회복지기관을 뜻한다.

② **넓은 의미** : 사회복지사가 직접 또는 간접적으로 사회복지서비스를 제공하는 장(setting)으로, 물리적인 공간이나 장소만을 뜻하는 것이 아니라 **사회복지실천이 이뤄지고 있는 실천분야**, 사회복지서비스를 제공하기 직·간접적으로 관련되는 모든 분야를 말한다.

(2) 사회복지실천 현장의 분류 [②③⑤⑥⑨⑪⑫⑬⑭⑮⑰⑱⑲㉑㉒]

■ 사회복지실천현장 분류의 기준과 유형 ■

분류 기준	기관의 기능 혹은 목적에 따라	기관의 주체 및 재원조달방식에 따라	이윤추구 여부	서비스전달(제공) 방식에 따라	주거서비스 제공여부
유형	1차 현장 2차 현장	공공기관 **민간기관** →	┌영리기관 └비영리기관	행정기관 **서비스기관** →	┌생활시설 └이용시설

① **기관의 설립 목적에 따른 분류** [⑬⑭⑳㉑㉒]

㉠ **1차 현장**(primary settings, 1차 기관)

기관의 목적 또는 기능이 사회복지서비스의 제공을 위한 것이며, 서비스 제공 주체가(주로 사회복지사들이) 중심이 되어 활동하는 실천현장

> 예) 종합사회복지관, 노인복지관, 장애인복지관, 아동복지시설, 양로시설, 장애인 거주시설, 자활지원센터, 지역아동센터 등
> ⊗ 동주민센터 : 국민기초생활보장 업무 담당하는 사회복지 1차 현장(×)

㉡ **2차 현장**(secondary setting/host settings, 2차 기관)

기관의 설립목적이 사회복지서비스 제공이 아닌 기관으로서 **교육, 의료, 행정업무**를 담당하는 기관이지만 사회복지 서비스가 기관운영과 서비스의 효과성에 미치는 긍정적인 영향으로 인해 사회복지사의 개입이 부분적으로 이루어지고 있는 실천현장

> 예) 학교, 보건소, 어린이집(보육시설), 보호관찰소, 의료기관, 교도소(교정시설), 읍·면·동사무소, 기업 등

② **기관의 설립주체와 재원의 조달방식에 따른 분류** [⑪⑰]

㉠ **공공기관**(public sector, governmental agency, public agency)

㉮ 공공부문으로 알려진 정부기관 또는 공공기관은 정부의 지원에 의해 운영되며 사회복지사의 업무도 정부의 규정이나 지침에 의해 지도 감독된다.

㉯ 행정업무를 주로 담당하는 공공기관인 경우 위계질서가 중시되며 통제적일 수 있다.

> 예) 보건복지부, 동사무소, 주민센터, 지역사회보장협의체 등

㉡ **민간기관**(private agency) → **영리기관과 비영리기관** [⑳]

㉮ 사회복지 관련사업을 목적으로 사회복지법인이나 재단법인, 사단법인, 종교단체, 시민사회단체 등에서 운영하는 비영리기관을 총칭한다.

ⓑ 직접서비스를 제공하는 서비스기관과 간접서비스나 행정지원을 위해 조직된 협의체로 나뉜다.
ⓒ 민간 사회복지기관의 경우 상대적으로 직무수행에 있어서 자율성이나 융통성이 발휘되며 담당업무를 중심으로 권한이 분산될 수 있다.
> 예) (한국)사회복지협의회, 지역사회복지협의회, 한국사회복지사협회, 한국사회복지관협회, 사회복지공동모금회, 지역아동센터 등

ⓒ 공공-민간기관 혼합 형태

③ **서비스 제공방식에 따른 분류** [④⑰, 지역복지 ⑫]

㉠ 행정기관(간접서비스)
ⓐ 클라이언트를 접촉하지 않거나, 접촉하더라도 직접적인 서비스를 제공보다는 조사나 현황 파악과 같은 행정적인 업무가 주인 행정기관을 말한다.
ⓑ 사회복지서비스 전달체계를 효율적으로 운영하기 위해 행정업무를 수행하고 기관 간의 협의 및 연계업무를 담당한다.
> 예) 보건복지부, 한국사회복지협의회, 사회복지협의회, 사회복지공동모금회, 한국사회복지사협회, 한국사회복지관협회, 아동복지연합회, 청소년개발원, 치매협회, 자원봉사센터, 주민센터 등

㉡ 서비스 기관(직접서비스) → 이용시설과 생활시설
사회복지서비스 대상자들을 직접 접촉하면서 서비스를 제공하는 것에 주된 목적이 있는 기관이다.
> 예) 서비스 대상 및 분야별 시설들(아동복지시설, 청소년복지시설, 노인복지시설 등), 지역자활센터, 지역아동센터 등

④ **주거 제공 여부에 따른 분류** [④⑦⑨⑬⑮⑯⑰⑲㉑㉒]

㉠ 생활시설
클라이언트가 개인적으로 활동을 할 수 없거나 부양가족의 능력이 부족하여 주거서비스를 포함하여 제반 사회복지서비스를 제공하는 현장이다.
> 예) 청소년쉼터, 청소년치료재활센터, 공동생활가정, 모자보호시설, 아동양육시설, 아동일시보호시설, 아동보호치료시설, 장애인거주시설, 노인요양원 등

㉡ 이용시설
주거서비스는 제공하지 않고 자신의 집에 거주하는 클라이언트를 대상으로 사회복지서비스를 제공하는 기관을 의미한다.
> 예) 사회복지관(지역사회복지관), 노인복지관, 장애인복지관, 노인주간보호시설, 노인단기보호시설, 장애인주간보호시설, 주간보호센터, 정신건강복지센터(개정 前 : 정신보건센터), 쪽방상담소, 아동상담소, 아동보호전문기관, 영유아보육시설, 입양시설, 장애인직업재활시설, 가정위탁지원센터, 다문화가족지원센터, 재가복지센터, 지역아동센터 등

2 사회복지사의 역할 [⑬]

(1) 업무 특성에 따른 역할(기능에 따른 사회복지사 역할) [⑫⑬, 기술론 ④]

기 능	주요 역할	역할의 예
직접서비스 제공하기	• 서비스 직접제공자 사회복지사가 클라이언트와 직접 대면하여 직접적으로 서비스를 제공하는 것을 의미	• 상담가, 가족치료사 • 집단사회복지지도자 • 가능케 하는 자/조력자 • 정보제공 및 교육자
체계와 연결하기	• 체계연결자 클라이언트가 사회기관에서 제공할 수 없는 자원을 필요로 할 때 **유용한 자원에 대한 정보나 이용 능력이 부족하기 때문에 사람과 다른 자원을 연결**하는 체계연결자 역할을 수행	• 중개자 • 사례관리자/조정자 • 중재자 • 클라이언트 옹호자
연구 및 조사하기	• 연구자, 조사활용자 평가 가능한 개입방법을 선택하고 그에 대한 효과성을 평가하기 위해 연구 및 조사를 수행하며, 클라이언트의 변화과정을 체계적으로 점검하는 역할	• 프로그램 평가자 • 조사자
체계유지 및 강화하기	• 체계유지와 강화자 사회기관의 구성원인 사회복지사가 서비스 전달체계의 효율성을 저해하는 기관 내 구조, 정책, 기능적 관계를 평가할 책임을 가지고 있으며, 이와 관련된 역할	• 조직 분석가 • 촉진자/추진자 • 팀 성원(팀구성원) • 자문가/자문을 받는 사람
체계 개발하기	• 체계개발자 미충족된 클라이언트의 욕구, 서비스 간의 괴리, 예방적 서비스에 대한 욕구로 인해 기관의 서비스를 확대 개선하기 위한 체계개발 관련 역할을 수행	• 프로그램 개발자 • 기획가(계획가) • 정책과 절차 개발자

(2) 개입수준에 따른 역할

밀리(Miley)와 그의 동료들(2001)은 사회복지사가 개입하는 수준 혹은 차원(level)에 따라 미시(개인과 가족에 대한 개입), 중범위(조직이나 집단에 대한 개입), 거시(지역사회나 사회에 대한 개입), 전문가 차원으로 구분하였다.

① **미시적 차원(개인, 가족)에서의 사회복지사 역할** [③⑧]

미시적 차원에서의 사회복지사의 역할은 개인 가족과 같은 차원에서는 **상담자, 조력자, 중개자, 옹호자, 교사의 역할**로, 클라이언트가 처한 문제를 잘 극복할 수 있도록 상담을 비롯한 문제해결과정에 참여하여 클라이언트가 문제해결 능력을 기르고 서비스나 자원을 확보할 수 있도록 돕는 것으로 정의된다.

㉠ **조성자 혹은 조력자(enabler)** [⑬⑯]
  ㉮ 보다 효과적인 문제해결능력을 스스로 개발하고 향상시키며 필요한 자원을 찾아낼 수 있도록 돕는 역할을 하며, 클라이언트의 위기 상황에서 다양한 스트레스에 대처하도록 돕는 역할을 한다.
  ㉯ 사회복지사는 단순히 서비스 제공자나 치료자가 아닌 **동반자로서 클라이언트를 격려하고 지지하며 안내하는 역할을 담당**하기 위해 사회복지사는 건전한 전문적 관계 형성에 필요한 능력과 자질을 갖추어야 한다.
  ㉰ 조력자의 역할에 필요한 기술은 희망을 전하고, 저항이나 양가감정을 줄여주며, 감정을 인식하고 관리하며, 개인의 강점이나 사회적 자원을 발굴하고 지지해 주는 것, 전문적 관계형성에 필요한 능력과 기술 등이다.

㉡ **중개자(broker)** [①⑩⑫⑯⑰㉑㉒, 기출론 ①]
  개별 클라이언트 차원에서의 직접적인 개인이나 의뢰를 통해 **클라이언트에게 적합한 자원과 서비스를 연결(연계)하는 역할**로서 사례관리의 핵심적 기능을 수행한다.
  ⓔ 학대받아 온 아내를 쉼터에 연결시켜 주는 것, 독거노인의 식사지원을 위해 지역사회 내 무료급식소 연계, 거동이 불편한 독거노인에게 병원에 동행할 자원봉사자를 연결해 주는 것, 전문상담기관에 의뢰하는 것 등
  ⓧ 중개자 : 돌봄서비스를 받고 있는 노인과 직원 간 갈등 해결(×)

㉢ **조정자(coordinator = case manager, 사례관리자)** [⑪⑲㉔]
  ㉮ 클라이언트의 욕구를 사정하고 **다른 자원에서 제공된 필수재화와 서비스 전달을 연결·조정**하고 클라이언트가 시의 적절한 방식으로 서비스를 제공받을 수 있도록 개입한다.
  ㉯ 갈등을 감소시키고 지지망의 효과성을 증진시키기 위해 원조자들과 의사소통을 한다. 즉 **클라이언트와 원조자 간의 관계에서 조정과 타협의 책임**이 있다.
    ⓔ 사례관리자 A는 담당 사례에 대해 방문서비스가 중복해서 제공되는 문제를 발견하고, 지역 내 재가서비스기관 모임을 통해 효율적인 서비스를 제공하고자 하는 것 등
    ⓔ 클라이언트는 경제적 지원과 건강 지원을 요구하지만, 현재 종합사회복지관, 노인복지관, 경로당, 무료 급식소에서 중복적으로 급식 지원을 제공받고 있으며, 정서 지원도 중복되고 있다. 사례관리자는 사례회의를 통해서 평일 중식은 경로당에서, 주말 중식은 무료 급식소를 이용하고, 종합사회복지관은 경제적 지원을, 노인복지관은 건강지원을 제공하는 데 합의하였다.

㉣ **옹호자(advocate)** [⑤⑨⑩⑯⑰⑲㉑㉒]
  ㉮ **사회정의를 지키고 유지**하려는 목적으로 개인이나 집단, 지역사회의 입장에서 직접적으로 대변과 보호, 개입, 지지를 하며 일련의 행동을 제안하는 것이다.
    ⓐ **클라이언트가 필요한 것을 얻을 힘이 없을 때 적절**하다.
    ⓑ 자원연결의 측면에서 볼 때 클라이언트를 대신하여 자원과 서비스를 획득하는 활동 과정을 의미한다.
  ㉯ 지역사회에서 필요한 자원이나 서비스를 찾거나 이러한 자원의 확보에 어려움을 겪는 사람들을 위해 **클라이언트 개인이나 가족의 권리를 옹호하고 정책적 변화를 모색하기 위한 활동**을 한다.
    ⓔ 이주노동자의 임금체불을 제기하고 해결하려는 역할, 가정폭력 피해 여성들의 인권침해 문제에 대해 피해 여성들의 사회적 권리 확보를 위한 활동, 미등록 이주노동자 자녀가 교육받을 수 있도록 관계법 개정 제안 등

ⓜ **교사(teacher, 교육자)** [⑩⑬⑰㉑]
개별 클라이언트 차원에서 사회적 기능이나 문제해결능력을 향상시키는 데 도움이 되는 적절한 정보를 제공하며 적응기술을 익히도록 **클라이언트를 가르치는 역할**을 한다.
- 예) 자녀양육기술, 취업면접기술, 분노조절기법, 스트레스 관리기법 등을 교육하는 것
- 교육자 : 지식과 기술 전수(O)
- 교육자 : 교육, 역할 연습 등을 통한 클라이언트 역량 강화(O)

② **중범위 차원(기관이나 조직적 차원)에서의 사회복지사의 역할**
중범위 차원의 사회복지사의 역할은 **촉진자, 중재자, 훈련가의 역할**로, 기관이나 조직차원의 사회복지사의 역할은 기관 내부의 상호작용이나 기관 간의 연결망을 강화하며 조직차원에서의 전문성 개발을 위한 교육을 담당하는 역할이다.

㉠ **촉진자(facilitator)** : 기관이나 조직의 차원에서 **조직의 기능이나 상호작용, 직원들 간의 협조나 지지 그리고 정보교환을 촉진**시키며, 조직 간의 연결망(네트워크)을 강화시키는 역할로서, 이를 효과적으로 수행하기 위해서는 기관업무를 기획하고 실행하는데 행정가로서의 능력이 강조된다.

㉡ **중재자(mediator)** [⑩⑬⑯⑰㉑㉒, 기술론 ⑫]
㉮ 미시, 중범위, 거시체계 사이의 갈등을 해결하는 역할을 담당하며 서로 간에 있어 중립을 유지하며 서로의 입장을 이해하고 있는가를 확인하는 것이다.
㉯ 기관이나 조직의 차원에서 자원개발을 위해 관계망 내의 조직이나 집단을 모으며, 공동의 목표나 문제해결을 위해 **기관 간 또는 기관 내의 의사소통의 갈등이나 의견 차이를 조정하는 역할**을 한다.
- 정보제공자 : 개인이나 집단의 갈등 파악과 조정(X)
- 평가자 : 청소년기 자녀와 갈등을 겪고 있는 부모와 자녀 사이에 개입하여 상호 만족스러운 합의점을 도출함(X)

㉢ **훈련가(trainer)** : 기관이나 조직의 차원에서 전문가적 계발을 위한 직원 오리엔테이션, 세미나, 워크숍, 사례발표, 슈퍼비전 등의 활동에 참여하여 **교육이나 훈련을 담당하는 역할**을 한다.

㉣ **자문가(consultant)** [③⑥]
다른 직종의 전문가 또는 동료 사회복지사에게 클라이언트의 문제해결을 위한 자문을 제공하는 역할을 한다.
- 예) 사회복지사가 동료 사회복지사에게 청소년 프로그램 계획 수립에 관한 지도를 하였을 때의 역할 등

③ **거시적 차원(지역사회, 전체사회, 국가)에서의 사회복지사의 역할** [④⑥, 기술론 ⑫]
거시적 차원에서의 사회복지사의 역할은 **계획가, 행동가, 현장개입가로서의 역할**로, 클라이언트의 삶에 영향을 미치는 지역사회나 전체사회, 혹은 국가의 복지체계 같은 체계에서의 개입활동이다. 지역사회문제를 해결하고 사회적 불평등을 줄여나가기 위한 적극적인 역할로서, 정책수립과 프로그램 개발 그리고 사회변화를 위한 연대적 활동, 홍보, 교육활동 등이 포함된다.

㉠ **계획가(planner)** [⑰㉒] 계획자 : 변화과정 기획(O)
정책적 또는 거시적 차원에서 지역사회나 사회구조에 관심을 갖고 주민 전체의 욕구를 파악하며 지역사회 성원들이 필요로 하는 **서비스를 개발하고 기존의 서비스를 개선해 나가는 데**

필요한 목표나 정책을 수립하며 프로그램을 계획하는 역할이다.
- ⓒ **행동가(activist)** : 지역사회나 거시적 차원에서 **클라이언트의 이익과 권리를 저해하는 사회적 불평등이나 문제점을 인식하고 인간으로서 기본적 권리를 행사할 수 있는 사회로의 변화를 위한 활동에 참여**한다(사회행동을 통한 사회변화를 유도 및 유지).
- ⓒ **현장개입가(outreach worker)** : 지역사회나 거시적 차원에서 서비스를 필요로 하는 개인들을 파악하고 서비스 대상자가 적절한 서비스를 찾을 수 있도록 원조하기 위해 지역사회에 들어가 활동한다.

④ **전문가집단 차원에서의 사회복지사 역할**

동료, 촉매자, 연구자의 역할로서, 이론적, 실천적으로 전문직의 발전과 서비스의 개선을 이루기 위한 활동이 포함된다.
- ㉠ **동료(colleague)** : 건전한 사회사업 실무나 전문직으로 발전을 위해 전문가로서의 윤리나 기준을 준수하도록 격려한다. 전문가협회와 같은 전문가 조직의 참여를 통해 **동료 간의 지지를 제공하는 역할**이다.
- ㉡ **촉매자(catalyst)** : 전문가 차원에서 보다 효과적인 서비스 전달체계의 발전을 위한 활동을 하는 것으로, 올바른 사회적 환경적 정책 변화를 위해 사회복지 전문직뿐만 아니라 타 전문직에 협조를 구하며 전문가 조직을 통한 국가적 또는 국제적 활동을 하기도 한다.
- ㉢ **연구자/학자(researcher/scholar)** [⑰] ⊗⊙ 연구자 : 개입효과 평가(○)
관심 있는 주제에 관한 문헌연구나 자신의 실무에 대한 평가, 프로그램에 대한 분석, 지역사회욕구 조사 등의 활동을 통해 **전문직 이론을 발전시키고 사회사업 실무나 프로그램을 향상시키는 역할**을 한다.

MEMO

김진원 OIKOS 사회복지사1급 통합이론서 2교시

제2부

사회복지실천의 접근방법

제5장 사회복지실천의 관점 : 통합적 접근

CHAPTER 05 사회복지실천의 관점 : 통합적 접근

제2부 **사회복지실천의 접근방법**

제5장 회차별 출제빈도, 출제비중 및 출제논점 1, 2, 3순위

10회 2012	11회 2013	12회 2014	13회 2015	14회 2016	15회 2017	16회 2018	17회 2019	18회 2020	19회 2021	20회 2022	21회 2023	22회 2024
4	4	3	3	3	4	5	4	4	4	4	3	4

출제 비중	출제 논점		
	1순위 ☺	2순위 ※	3순위 ☆
3 4 5	① 핀커스와 미나한의 4체계 모델 ② 콤튼과 갤러웨이의 6체계 모델 ③ 권한부여(Empowerment, 임파워먼트) 모델	① 통합적 접근의 등장 배경 ② 통합적 실천을 특징짓는 주요 요소	① 통합적 접근의 주요 이론 ② 펄만(Perlman)의 문제해결모델

1순위 스마일표시(☺) : 출제 빈출도가 높은 부분으로 무조건 시험에 출제되는 영역
2순위 당구장표시(※) : 나왔다 안 나왔다 하는 영역이지만 출제가능성 높은 영역
3순위 별 표(☆)   : 출제 된 적이 있긴 하지만 다시 출제될 가능성은 다소 떨어지는 영역

MAP

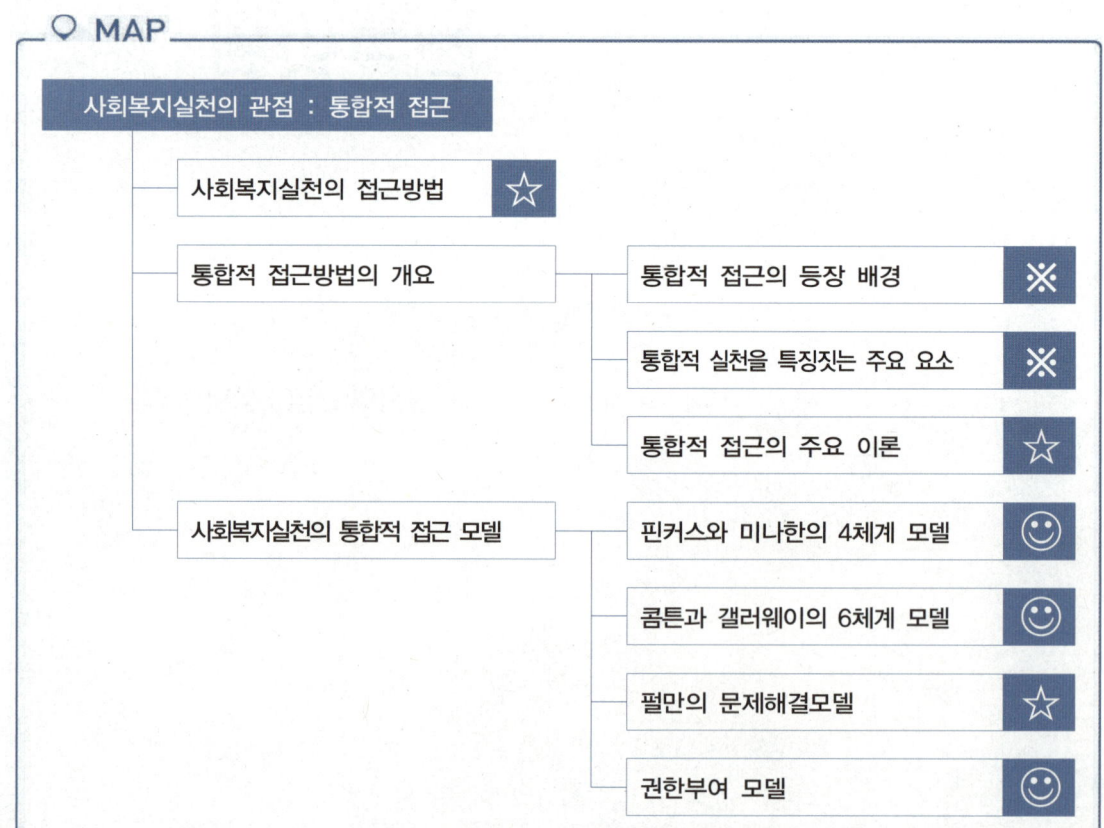

01 사회복지실천의 접근방법

1 사회복지실천의 구분 [②③⑦]

(1) 개입대상인 클라이언트 체계 수준에 따라 구분 : 사회복지실천의 3대 방법론
① 개인을 대상으로 한 개별지도 혹은 개별사회사업(casework)
② 집단을 대상으로 하는 집단지도방법(group work)
③ 지역사회를 대상으로 한 지역사회조직(community organization)

(2) 사회복지실천의 개입수준
① 개인, 집단, 가족, 지역사회를 중심으로 한 실천으로 사회복지실천에서의 세 가지 수준의 활동
  ㉠ **미시적 수준(micro level)** : 개인과 1 : 1을 기본으로 하는 활동
  ㉡ **중간수준(mezzo level)** : 가족과 소집단을 중심으로 하는 활동
  ㉢ **거시적 수준(macro level)** : 지역사회 또는 법, 정책의 변화를 모색하는 활동
② 사회복지실천의 6가지 개입수준
  ㉠ 개별(개인) 수준의 사회복지실천
  ㉡ 가족 수준의 사회복지실천
  ㉢ 집단 수준의 사회복지실천
  ㉣ 지역사회 수준의 사회복지실천
  ㉤ 통합적 접근에 기초한 사회복지실천
  ㉥ 사례관리를 통한 사회복지실천

2 최근 경향

최근에는 전통적 방법의 한계를 보완하고자 활발하게 제안되고 수정 보완되어 발전해온 접근인 **통합적 방법론과 사례관리가 보편적으로 사용**되고 있다.

02 통합적 접근방법의 개요

1 통합적 접근의 등장 배경 [④⑤⑥⑦⑨⑩⑱⑳]

(1) 방법론의 분화와 전통적 방법론의 한계
① **방법론의 분화** : 메리 리치몬드의 「사회진단」을 계기로 개별사회사업(casework)이 등장하게 되었으며, 1920~30년대는 집단지도, 1930년대에는 지역사회조직사업, 1950년대에는 사회복지행정과 사회복지조사가 발달하였는데, 이러한 방법론을 전통적 방법론(separate methods approach)이라 칭한다.

② 분화된 전통적 방법이 지닌 문제점 및 한계
　㉠ 최근 사회의 변화에 따른 새로운 복잡한 문제상황 하에서는 전통적 방법을 이용한 원조기술을 가지고는 도저히 처리할 수 없는 극히 복잡하고 곤란한 여러 가지 문제가 많이 발생하고 있기 때문에 전통적 방법이 외부적 제조건에 의해서 **한계점에 도달했다**는 점이다.
　㉡ 전통적 방법은 지나친 분화와 전문화되어 왔기 때문에 **서비스의 파편화 현상을 초래**함과 함께 다양한 문제와 욕구를 가지고 있는 클라이언트에게 다양한 기관이나 사회복지사들을 찾아다녀야 하는 부담을 주게 됨으로써 사회복지사가 클라이언트에게 최선의 서비스를 제공할 수 없다는 점이다.
　㉢ 전문화 중심의 교육훈련이 **사회복지사들의 분야별 직장 이동에 도움이 안 된다는 점**이다.
　㉣ 공통기반을 전제로 하지 않은 분화와 전문화가 각각 별개의 사고와 언어 및 과정을 보여줌으로써 **사회사업 전문직의 정체성 확립에 장애**가 되었다는 점이다.
③ **통합방법론의 필요성** : 기존의 효과적인 방법론을 버리고 새로운 방법을 찾는 것보다는 3대 방법론의 공통기반을 찾아 통합될 수 있도록 하는 것이 효율적임을 깨닫게 되었고, 복잡하고 다양한 환경 속에서 클라이언트 문제를 효율적으로 해결할 수 있는 통합방법론이 필요하게 되었다.
④ **체계이론적 관점과 생태학적 관점을 활용하면서 이론적 기반이 형성**

　　※ 통합적 방법 : 사례관리가 실천현장에서 일반화된 이후 등장하였다.(×)

(2) 사회복지실천방법의 내·외부의 통합화 시도
① 사회복지 내부의 통합화 시도
　㉠ **1929년 밀포드(Milford)회의**
　㉡ **통합화 시도의 첫 출발** : 미국사회복지사협회(NASW)가 1958년 제출한 「사회사업실천의 작업 정의」라는 보고서를 첫 출발점으로 한다.
　㉢ **사회복지방법의 공통적인 기초 정리** : 바틀렛(Bartlett)은 1970년 출간한 『사회사업실천의 공통기반』(The common Base of Social Work Practice)이라는 책에서 공통된 사회복지실천방법의 지식과 가치가 각종 다양한 방법을 규정하고 있음을 강조하면서 그 공통된 기초를 묶어 내었다.
　㉣ **통합적인 접근방법에 대한 이론 구축** : 골드스타인(Goldstein), 핀커스와 미나한(Pincus & Minahan), 콤튼과 갤러웨이(Compton & Galaway), 플랜저(Flanzer), 시포린(Siporin), 메이어(Mayer), 무릴로(Murillo) 등이 이론 구축을 위해 노력했다.
　㉤ **단일방법론의 모델화 시도** : 1973년 핀커스와 미나한(Pincus & Minahan), 골드스타인(Goldstein), 1975년 콤튼과 갤러웨이(Compton & Galaway) 등 많은 학자들이 단일방법론의 모델화를 시도하였다.
② **사회복지 외부의 통합화 시도** : 체계이론, 일반체계이론, 생태체계이론 등의 다양한 이론을 사회복지의 주요 이론 틀로 활용하면서 복잡한 문제에 대해 접근할 수 있는 기틀을 마련하였다.

2 통합적 접근방법의 개념과 형태

① **개념** : 개별사회사업, 집단사회사업, 지역사회조직사업에 공통적으로 적용할 수 있는 원리를 개발하여 접근하는 것을 말한다. [㉒]
  - 통합적 접근 방법 : 전통적 접근 방법인 개별사회사업과 집단사회사업을 지역사회조직으로 통합하였다.(×)

② **통합적 방법의 세 가지 측면의 형태**
  ㉠ **결합적 접근방법(combination approach)** : 클라이언트의 문제 및 상황에 따라 전문 분화된 각종 방법을 단독 혹은 복수의 형태로 임기응변식으로 사용된다.
  ㉡ **중복적 접근방법(multi-method approach)** : 각 방법상의 원리와 기술을 비교해 공통성, 유사성, 차이성, 다양성을 확인하고 이들 방법 간의 상호관련성을 조합하여 사용한다.
  ㉢ **단일화 접근방법(unitary approach) 또는 일반적 접근방법(generic approach)** : 전문직으로써 사회복지실천의 공통된 기반을 재확립하고 방법을 특징짓는 총체적 관점과 틀을 확정하여 방법의 재편성을 도모한다.

③ **일반주의(Generalist) 실천 = 제너럴리스트 접근**
  ㉠ 전문적 방법을 지향(Specialist, 전문가주의)하기보다는 각 방법의 공통성, 통합성을 지향하는 것으로, 광범위한 지식과 기술을 지니고 문제를 포괄적으로 사정하고 해결하는 사회복지실천이다.
  ㉡ 일반주의 실천가는 다양한 이론과 모델, 기법을 자유롭게 활용하면서 모든 클라이언트와 상황에 접근한다.
  ㉢ 미시적 수준에서 거시적인 수준에 이르기까지 다양한 개입 초점을 둔다.
  ㉣ 영역별 전문가(specialist) 사이의 의사소통을 촉진함으로써 그들의 노력을 통합시키고 보호의 연속성을 조성한다.
  - 통합적 방법 : 고도의 전문화를 통해 해당 실천영역 고유의 문제에 집중한다.(×)
  - 통합적 방법 특징 : 일반주의(generalist) 실천에서 활용되는 접근방법이다.(○)

3 통합적 실천을 특징짓는 주요 요소(McMahon) [⑦⑧⑩⑪⑫⑮⑯⑱⑲⑳㉑]

① **생태체계적 관점 유지(systems perspective, 체계론적 관점)** : 일반사회복지실천의 이론적 관점은 일반체계, 사회체계, 생태학적 이론을 결합(체계와 체계의 환경 간의 관계를 중요시, 인간과 환경의 상호작용 중시, 순환적 인과관계)하고 있다. → **병리보다 강점을 강조(강점관점), 클라이언트의 잠재력에 대해 미래지향적 관점, 클라이언트의 참여와 자기결정권 강조, 인간의 행동은 환경과 연결되어 있음을 전제**
  - 통합적 접근 특성 : 단선적 사고(linear thinking)(×)
  - 통합적 방법 특징 : 인간에 초점을 두거나 환경에 초점을 두는 2궤도 접근이다.(×)
  - 통합적 접근에 관한 사회복지실천의 특징 : 클라이언트의 자기결정을 최소화한다.(×)

② **포괄적인 문제 초점 → 일반주의적 접근(generalist approach)**
  일반사회복지실천에서의 문제는 이슈, 욕구, 의문 또는 난관 등을 언급하는 매우 광범위하고

포괄적인 개념으로서 받아들여지고 있다.
- 통합적 접근 방법 : 광범위하고 포괄적으로 문제를 규정한다.(O)

③ **다양한 수준에서의 접근 → 다중체계 개입(multi-level intervention)**
  ㉠ 상이한 크기의 체계에 대해 다양하게 접근하며 여기에서 클라이언트 체계는 개인, 가족, 집단, 지역사회일 수도 있고, 이 중 하나가 표적체계나 행동체계가 될 수도 있다.
  ㉡ 사회복지사는 생태체계적 관점에서 사정된 문제의 초점에 따라 어떠한 수준에도 관여하고 실천할 수 있다.
  - 통합적 방법 : 다양한 클라이언트 체계와 수준에 접근할 수 있다.(O)
  - 통합적 방법 특징 : 사회복지사는 미시적 수준에서부터 거시적 수준의 실천까지 다양한 체계에 개입한다.(O)

④ **이론과 개입의 개방적 선택**
  사회복지사가 어느 하나의 이론적 접근에 국한하지 않고 클라이언트의 문제에 따라 다양한 이론과 개입방법을 선택적으로 활용할 수 있어야 한다는 것을 의미한다. → **다양한 모델과 기술을 활용, 경험적으로 검증된 개입방법을 우선 적용(과제통합적 방식을 취함)**
  - 통합적 접근 방법 : 이론이 아닌 상상력에 근거를 둔 해결방법 지향(×)

⑤ **문제해결 과정**
  ㉠ 통합적 방법론의 제 모델들의 사회복지실천과정은 상이한 용어로 진술되지만 이들 사이에 유사성과 중복성이 함께 있다.
  ㉡ 즉 공통적으로 문제해결을 위한 목표 달성을 향해 나아가는 점진적 단계로 이뤄져 있다는 것을 알 수 있다.

4 통합적 접근의 주요 이론

(1) **환경 속의 인간(PIE : person in environment) 관점** [④⑨⑩]
  ① 이중적 관심(이중적 초점, dual focus) = 인간과 환경의 균형
    ㉠ 인간과 환경의 **상호작용관계** 파악 중시
    ㉡ 개인의 **심리 내적인 특성** 외에도 **환경**까지 고려
  ② PIE 체계 구조 : 사회기능 상 문제, 환경 상 문제, 정신건강 상 문제, 신체건강 상 문제

(2) **일반체계이론(general system theory)** [⑰⑳, 기술론 ⑲]
  ① **일반체계이론의 특징**
    ㉠ 단선적인 관계가 아니라 상호적인 관계 → 순환적 인과관계
    ㉡ 사회체계의 생활은 참여자 활동을 단순 합산한 것 이상 → **비총합성(비합산성)**
  ② **주요 개념**

체계	상호의존적이고 상호작용하는 부분들로 구성된 전체
홀론	전체 체계인 동시에 체계의 부분 또는 구성분자가 되는 현상
경계	체계의 외부와 내부 또는 한 체계와 다른 체계를 구분해 주는 구획, 선, 침투성을 지닌 테두리

개방체계		다른 체계와 에너지, 정보, 자원 등 상호교류, 반투과성 경계, 넥엔트로피 **속성**
폐쇄체계		다른 외부체계들과 상호교류가 없거나 혹은 교류할 수 없는 체계, 엔트로피 **속성**
수평적 상호작용		체계 내에서 이루어지는 상호작용
수직적 상호작용		경계를 넘어 두 체계 간에 발생하는 상호작용
균형		체계가 고정된 구조, 현상유지 위해 외부환경과 상호작용 교류 안함(에너지 투입 없이) → **폐쇄체계**
항상성		위협을 받았을 때 균형 회복하려는 경향 → 일정한 수준의 개방체계를 전제
안정상태		에너지를 계속사용하고 있는 상태 → **균형이나 항상성보다 더욱 개방적·역동적**(가장 개방체계)
엔트로피		체계 구성요소들 간 상호작용이 감소함에 따라 유용한 에너지가 감소 → 폐쇄체계 **특징**
넥엔트로피		체계 내부에 유용하지 않은 에너지가 감소 → 개방체계 **특징**
체계의 작용 과정	투입	체계가 환경으로부터 에너지, 사물, 정보 등을 받아들이는 과정
	전환	투입된 에너지를 적절하게 변형시키게 되는 재조직화 과정을 거치게 되는 것
	산출	체계 내에서 변형된 에너지를 환경으로 방출하는 것
	환류	체계의 작동을 점검하고, 적응적 행동이 필요한지를 판단하여 수정하는 능력
환류	정적 환류	현재의 변화가 지속되거나 증폭 → **체계가 한쪽 방향으로 계속 이탈되어 가는 것**
	부적 환류	어떤 상태나 변화, 새로운 행동이 부적절하므로 원래 상태로 돌아가게 하는 환류 → **체계의 이탈을 수정하거나 변화시키는 것**
동귀결성		"다양한 출발에서 시작해서 동일한 결과에 이른다."는 뜻
다중귀결성		"똑같은 출발에서 다양한 결과에 이른다."는 뜻

⊗ 동귀결성을 적용하여 어떤 결과에 어떤 하나의 원인이 작용하였는지를 밝힌다.(×)

(3) 생태학적 이론(ecological theory, 생태체계이론) [⑫⑱]

① **생태체계이론의 특징**
  ㉠ **인간과 환경의 지속적인 상호작용을 강조** → '환경 속 인간'이라는 **총체적 인간관**
  ㉡ 인간에 대한 **낙관론적 관점**
  ㉢ 변화를 위한 유일한 전략이 있는 것이 아니라 **다양한 전략이 있다**고 보는 것
  ㉣ 하나의 사례에 대한 개입에 있어 다양한 이론들의 개입을 가능하게 함

② **주요 개념**
  ㉠ 적합성 : 인간의 욕구와 환경자원이 부합되는 정도
  ㉡ 생활영역(niche, 적소) : 지역사회 성원들이 차지하고 있는 직접적 환경이나 지위

③ **사회체계(환경체계)에 대한 이해(생태적 체계의 구성)**

미시체계(소속체계)	개인 혹은 인간이 속한 가장 직접적인 사회적, 물리적 환경들
중간체계	소속체계 간의 연결망에 해당하는 것 → 소속체계들로 구성
외체계(외부체계)	개인이 직접 참여하지 않은 체계이지만, 유기체 발달에 영향을 주는 환경체계
거시체계	개인이 소속한 문화나 하위문화로 개인에게 간접적 영향을 미침

⊗ 생태체계에 관한 설명 : 내부체계는 개인 내면의 심리적인 상호작용이다.(×)

④ 사회복지실천에의 유용성
  ㉠ 과거의 어떠한 실천 모델보다 넓은 관점과 관심영역을 포괄하며 문제에 대한 **총체적인 이해가 가능**
  ㉡ 문제를 전체체계의 총체성 속에서 이해하도록 하기 때문에 **개입을 할 때에도 어느 한 부분에 치중하지 않고 전체 체계를 변화시키는 전략을 세우도록 해줌**
  ㉢ 문제의 원인을 **순환적인 인과관계로 파악하는 데 유용한 틀**을 제공
  ㉣ 개입을 위한 실천 모델을 활용함에 있어 어느 한 가지 모델에 치우치지 않고 보다 **다양한 모델을 절충적으로 선택하고 활용**
  ㉤ 개인, 집단, 공동체를 포함한 다양한 크기의 사회체계(다체계적 접근)에 적용
  ㉥ 인간과 환경 간의 균형을 강조하며, 문제에 대한 포괄적인 이해의 틀을 제공
  ㉦ 개인으로부터 나오는 정보에만 의지하던 과거의 방법보다 훨씬 **다양하고 객관적인 정보를 획득**
  ㉧ **사정(assessment)의 도구**로도 직접적인 유용성이 있음

03 사회복지실천의 통합적 접근 모델

1 핀커스와 미나한(Pincus & Minahan)의 4체계 모델 [②③④⑤⑧⑯⑳]

(1) 개 요
  ① 1970년대 초 핀커스와 미나한(Pincus & Minahan)은 통합적 방법론을 직접적으로 활용할 수 있는 4체계 모델을 제시하였으며, 그들은 이 모델이 일반체계 접근법에 근거하여 개발되었음을 밝히고 있다.
  ② **이 모델에서의 사회복지사의 초점** : 사람들과 사회환경에 존재하는 **체계들 사이의 상호작용**
    ㉠ 사람은 만족스러운 삶을 영위하기 위해서는 주변 환경의 체계에 의존하기 때문에 사회복지사는 **체계의 변화에 초점**을 맞추어야 한다.
    ㉡ 이러한 체계에는 ㉮ 가족이나 친구, 동료와 같은 **비공식 지원체계**와 ㉯ 지역사회집단이나 협회와 같은 **공식적 지원체계**, ㉰ 병원이나 학교와 같은 **사회적 지원체계**가 있다.

(2) 체계의 구성 [②③⑤⑭⑱]
  ① **클라이언트 체계(the client system)**
    ㉠ 서비스나 도움이 필요한 사람(들)을 지칭하며 사회복지사(변화매개인)와 계약이 이루어졌을 때 클라이언트가 된다.
    ㉡ 사회복지사에게 서비스를 요청하거나 승인하는 체계로서 **서비스로부터 편익을 얻는 것이 기대되는 체계**이다.
  ② **변화매개 체계(change agent system)** [②]
    ㉠ 도움을 주는 사람으로서 **사회복지사와 사회복지사를 고용하고 있는 기관 및 조직**을 의미한다.
    ㉡ 사회복지기관은 그 기관 자체의 일반적인 서비스 초점을 개발하며, 기관의 목표는 기관의 정책으로 해석되기도 하는데 사회복지사에게 영향을 미친다.

ⓒ 사회복지사는 자신이 달성하고자 하는 결과목표가 있을 수 있으나 클라이언트의 목표에 우선해서는 안 된다.

⊗ 이웃이나 가족 등은 변화매개체계에 해당한다.(×)

③ **표적 체계(the target system, 목표체계)** [③]
  ㉠ **변화매개인이 변화 또는 그의 목표를 달성하기 위해 영향을 미칠 필요가 있는 사람들**로서 클라이언트 체계와 동일할 수도 있고 상이할 수도 있다.
  ㉡ 표적체계는 클라이언트 체계 외부에 있을 때 클라이언트 체계의 목표에 동조적이거나 적대적일 수 있다.

④ **행동체계(the action system)** [⑤]
  변화매개인들이 **변화노력을 달성하기 위해 상호작용하는 사람들**을 말하는데 **이웃, 가족, 전문가 등이 포함**된다.

  예 학교폭력 피해자가 클라이언트인 경우 가족, 학교, 동료체계, 청소년 관련 단체 등

(3) **클라이언트 체계와 표적체계의 관계**

① **클라이언트 체계 = 표적체계**
  클라이언트 체계와 표적체계가 일치하는 경우, 즉 클라이언트 자체가 문제해결을 위한 변화의 대상이 되거나 영향을 받게 되는 경우이다.

  예 자신의 우울증 문제 해결을 위해 상담을 받으러 온 중년의 클라이언트

② **클라이언트 체계 ≠ 표적체계**
  변화 매개인이 클라이언트 체계의 문제해결을 위해 다른 사람이나 대상을 변화시키는 경우이다.

  예 담임 선생님이 비행청소년을 학교 사회복지사에게 의뢰한 경우(담임 선생님–클라이언트 체계, 비행청소년–표적체계), 법원의 명령으로 인지행동치료를 받으러 온 학교폭력 가해자의 경우(법원–클라이언트 체계, 학교폭력 가해자–표적체계)

■ Pincus와 Minahan의 기본 사회복지실천체계(중복 여부) ■

체 계	대 상	체계들 간 관계(중복 여부)
클라이언트 체계	• 서비스나 도움이 필요한 사람(들)을 지칭하는 것 • 서비스로부터 편익을 얻는 것이 기대되는 체계	클라이언트체계 변화매개체계 표적체계 행동체계
변화매개체계	• 사회복지사 + 사회복지사를 고용하고 있는 기관 및 조직	
표적체계	• 변화매개체계가 목적을 성취하기 위해 **변화시키고자 하는 개인이나 집단 및 조직**	※ **행동체계와 표적체계 중첩** : 부모의 양육방식 변경 **(표적체계)**, 부모가 아동의 행동점검**(행동체계)**
행동체계	• 변화매개체계가 목적을 위해 **함께 일하는 개인, 가족, 이웃, 집단 및 조직, 전문가 등** 예 학교폭력 피해자 CT 경우 : 가족, 학교, 청소년관련 단체 등	

제5장 **사회복지실천의 관점 : 통합적 접근**

2 콤튼과 갤러웨이(Compton & Galaway)의 6체계 모델(신문제해결모델) [⑤⑧⑩⑭⑰⑲]

① **콤튼과 갤러웨이**는 1950년대 펄만(Perlman)에 의해 개발된 문제해결모델을 다듬고 확장시켜, 1975년에 보다 정교화된 **신문제해결모델을 개발**하였다.

② 핀커스와 미나한이 제시한 기존의 4체계(변화매개체계, 클라이언트 체계, 표적체계, 행동체계)에 **전문가 체계와 문제인식체계(의뢰-응답체계)의 2가지 유형을 첨가하여 6가지 체계 유형을 분류하여 정의**하고 있다.

(1) **전문 체계(professional system)** [⑧⑱㉑]

① 사회복지사들의 전문가 단체, 사회복지사를 준비시키는(전문가를 육성하는) 교육체계, 그리고 전문적 실천의 가치와 사회적 인가(재가, 허가) 등으로 구성된다.
   - 4체계 모델 : 전문가 육성 교육체계도 전문체계에 해당한다.(×)

② 사회복지사의 권익과 이익을 대변하며 전문성 신장을 위해 노력하는 **협회 및 학회**를 들 수 있다. 협회와 학회는 사회복지사들이 전문적 지식과 가치 및 윤리를 가지고 활동할 수 있는 집합단위의 활동을 하고 있으며, 이러한 전문체계는 사회복지사의 활동을 보다 발전적이고 객관적으로 할 수 있는 기반이 되어 준다.

(2) **의뢰-응답체계(referral-respondent system, 또는 문제인식체계)** [⑱]

의뢰-응답체계는 클라이언트 체계와 구별된다. 즉 클라이언트가 다른 사람의 요청이나 법원, 경찰 등에 의해 **강제로 사회복지기관에 오는 경우, 일반 클라이언트 체계와 구별하기 위해 사용**된다.

① **의뢰체계(referral system)** : 법원이나 경찰, 외부 전문가 등 서비스를 요청한 사람

② **응답(자)체계(respondent system)** : 요청 및 강요에 의해서 서비스기관으로 오거나 보내진 사람(체계)

   - 예) 학교의 경우 학교교칙을 위반하여 학교로부터 혹은 교사로부터 학교사회복지실로 의뢰되는 경우 : 의뢰체계는 학교 및 담임교사, 응답자는 의뢰명령을 받아 오게 된 학생들, 응답체계는 그렇게 의뢰되어 온 학생들 전체
   - 4체계 모델 : 비자발적인 클라이언트는 의뢰-응답체계에 해당한다.(×)

3 펄만(Perlman)의 문제해결모델 [기술론 ⑫]

1950년대에 **펄만(Perlman)에 의해 개발된 것**으로, 진단주의 모형에서 분리된 것으로 정신역동이론에 기초를 두면서 기능주의 이론을 도입한 것이다. 즉 **진단주의와 기능주의의 두 가지 영향을 동시에 받고 있는 절충주의의 대표적 모델**이다.

(1) **개 요**

① 펄만은 1957년 『케이스워크 : 문제해결과정』(Social Casework : A Problem-Solving Process)을 발간하면서 문제해결모델을 사회복지분야에 소개하였다.

② 이 모델은 진단주의 학파와 자아의 의지(will)를 강조하는 기능주의 학파의 오랜 논쟁을 종식시키는 통합적 실천 모델로 각광을 받았으며, 이후의 핀커스와 미나한의 4체계 모델의 기초가 되었다.

③ 펄만 자신은 진단주의 학파이지만, 기능주의의 장점을 받아들임으로써 절충적인 입장에서 모델을 형성하였다.

④ **문제해결모델**은 **자아심리학, 듀이(Dewey)의 합리적 문제해결, 역할 이론, 상징적 상호작용이론 혹은 사회심리학, 문화인류학**의 영향을 받았다. 후에 1970년대부터 사회복지실천에 새로운 관점으로 각광받아 온 생태체계적 관점이 콤튼과 갤러웨이 등에 의해 도입되어 문제해결모델에 통합되었다.

(2) 기본 전제와 특징

① **펄만 이론의 기본 전제** : 삶이란 갈등의 연속이며, 결정은 매일 계속해서 이루어지고 문제 또한 매일 계속 일어난다는 것이다. 그리고 인간은 문제에 대처할 능력이 있다는 것이다.

② **문제해결모델의 특징**
㉠ 사회복지사가 질병을 치료하듯 클라이언트의 문제를 해결해 주는 것이 아니라, 클라이언트 체계의 성장과정에 참여하여 클라이언트를 도우면서 삶을 보다 효과적으로 대처해 갈 수 있도록 클라이언트의 능력을 강화시킬 것을 강조한다.
㉡ 현재의 위기 극복을 통해 클라이언트 스스로 미래에 발생할 문제에 보다 효과적으로 대처해 나가는 방법을 습득할 수 있다고 가정하였다.
㉢ 문제해결모델의 핵심은 성공적 개입은 변화를 향한 클라이언트 체계의 동기, 능력, 기회에 근거한다는 점이다. 문제해결과정에서 사회복지사는 클라이언트의 능력을 고려해야 하며, 기회는 클라이언트가 상호작용하는 환경 내에서의 자원 활용 가능성과 관계된다.

(3) 펄만의 문제해결과정 4P와 6P [⑪⑳]

① "**문제(problem)**를 가지고 있는 **사람(person)**이 어떤 **장소(place)**에 자신의 문제를 가지고 도움을 얻기 위해 찾아오게 되면 문제해결에 필요한 자원을 보완해 주는 **과정(process)**을 활용하는 것이다."

　　계획(plan)(×), 프로그램(program)(×)

② 펄만은 이후에 **전문가(professional)**와 사회적 지지나 재화, 관계 등을 제공하는 **제공물(provision)**의 개념을 추가하여 6P로 확대했다.

4 저메인과 기터맨(Germain & Gitterman)의 생활모델(life model)

① 1970년대 초에 **저메인과 기터맨(Germain & Gitterman)**이 생태체계적 관점을 이론적 준거틀로 도입하여 개발한 모델이다.

② 생활모델의 개입 목표는 개인과 그 외 환경 특성, 인간의 욕구와 환경자원 간의 적응수준을 향상시키는 것이다.

5 골드스테인(Goldstein)의 단일화 모델(unitary model)

① 통합적 이론의 대표적 모델로서 **사회체계모델, 사회학습모델, 과정모델 등을 결합한 모델**로서 **골드스테인(Goldstein)**이 체계화하였다.
② 4체계 모델이 클라이언트 및 자원체계와 사회복지사와의 상호기능을 중시한 데 비해, 단일화 모델은 **사회학습에 관한 사회복지사의 기능에 더 많은 관심을 집중**시켰다.
③ 사회학습을 매우 광범위한 일반적인 의미로 제시하여 중요한 변화목표로서 개인이나 소집단 체계에 국한시키지 않고 **사회학습과정을 통해서 보다 큰 체계들(조직, 지역사회 등)이 변화될 수 있음을 강조**한 것이다. 또한 사회복지사의 자원확보와 폭넓은 활용을 통하여 사회변화가 가능함을 강조하였다.

6 권한부여(Empowerment, 임파워먼트) 모델 [②⑥⑨⑪⑮⑰⑲②②, 기술론 ⑬]

(1) 개 요

① **권한부여** : 사회적, 조직적 환경에 대한 클라이언트의 통제력을 증가시키고자 하는 임상실제의 과정, 개입, 기술을 의미한다.
② **인보관 운동은 권한부여 모델의 뿌리**가 되었다. 임파워먼트 실천을 이끈 중요한 역사적 선례로 19세기 미국 흑인 여성들 및 소수집단들의 사회개혁 노력들, 초기 그룹워크 이론가들, 그리고 급진주의적 정신의료사회사업가였던 Reynolds의 활동 등을 들 수 있다.

> 임파워먼트모델 : 모델의 이념적 근원은 레이놀즈(B. Reynolds)의 활동에서 찾을 수 있음(×)

③ 1970년대에 생태체계 관점에 근거한 강점지향 혹은 해결중심접근의 중요성이 대두되었고, 이는 체스탕(Chestang), 솔로몬(Solomon), 핀더휴(Pinderhughes) 등의 학자들을 통하여 1970년대 중반 권한부여 모델로서 새롭게 나타났다.
④ 클라이언트를 문제중심으로 보는 것이 아니라 **강점중심으로 봄으로써 클라이언트의 잠재역량(potential competence) 및 자원을 인정하고 클라이언트 내외에 회복력(resiliency)이 있음을 전제**하여, 클라이언트가 삶을 결정할 수 있도록 권한 혹은 힘을 부여하고자 하는 것이다.

(2) 강점관점-권한부여-역량강화의 관계

① 강점관점은 권한부여 과정을 활용하여 클라이언트의 역량을 향상시키고자 하는 사회복지사에게 중요한 준거틀이 된다.
② **생태체계적 관점의 적용** : 사회복지사가 권한부여적 관계를 형성하고 클라이언트체계의 자원을 발견하며 클라이언트체계의 역량을 강화하는 개념도구로 활용된다.

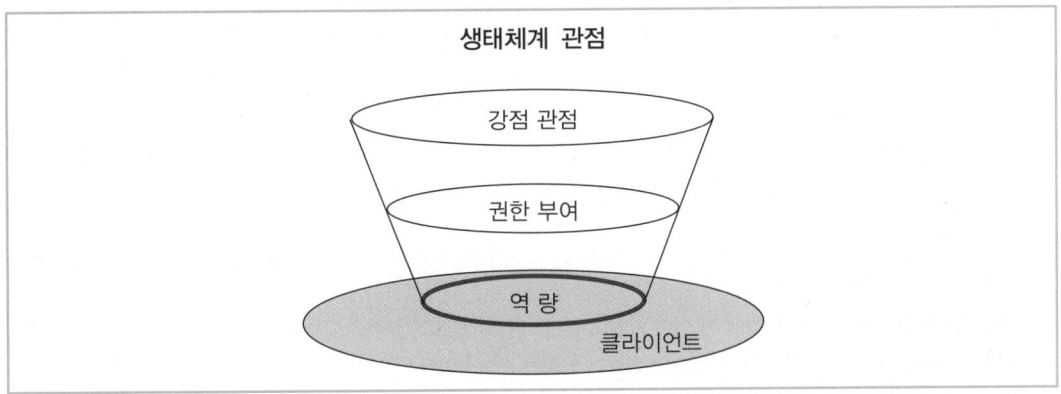

■ 강점관점-권한부여-역량강화의 관계 ■

(3) **강점 관점**(strength perspective) [②⑥⑬⑭⑮⑯⑰⑱⑲⑳㉑]

① 대표적인 학자로 **샐리비**(D. Saleebey), **밀리**(K. Miley), **버거와 루크만**(Berger & Luckman) 등이 있다. 특히 샐리비는 강점이론의 실체와 성과를 체계화한 사람으로, 1992년 「사회복지 실천에서의 강점관점」이란 저서를 출간함으로써 이론적 발달의 커다란 기반을 형성하였다.

② 문제 자체에 대한 관심보다는 **해결점을 발견하고 강점을 강화시키는 데 초점**(병리가 아닌 강점을 강조)이 있으며, 클라이언트를 독특한 존재로서 다양성을 인정하고 존중하여 클라이언트의 **역량을 실현해 나가도록 돕고자 하는 것**이다.

③ 병리관점에서의 문제는 강점관점에서 **변화를 위한 하나의 도전**(challenge)으로 간주(문제가 아닌 도전을 강조)되며, 병리적 관점이 과거지향이라고 한다면, 강점 관점은 **현재**(here & now)를 기반으로 한 미래를 강조한다는 것(과거가 아닌 미래를 중시)이다.

■ 병리적 관점과 강점 관점의 비교(Saleebey) ■

병리(pathology) 관점	강점(strength) 관점
개인을 '사례', 즉 진단에 따른 **증상을 가진 자**로 규정한다.	개인을 독특한 존재, 즉 **강점을 가진 기질, 재능, 자원을 가진 자**로 규정한다.
치료의 초점이 문제에 있다.	치료의 초점이 **가능성**에 있다.
클라이언트의 진술은 전문가에 의해 재해석되어 진단에 활용된다.	**클라이언트의 진술은 그 사람을 알아가고 평가하는 중요한 방법 중 하나이다.**
사회복지사는 클라이언트의 진술에 회의적이다.	사회복지사는 클라이언트의 진술을 인정한다.
어린 시절 상처는 성인기의 병리를 예측할 수 있는 전조이다.	**어린 시절의 상처는 개인을 약하게 할 수도 있고 강하게 할 수도 있다. 즉 외상과 학대경험은 클라이언트에게 도전과 기회의 원천**이 될 수 있다.
치료(개입)의 핵심은 실무자에 의해 고안된 치료계획이다.	**치료(개입)의 핵심은 개인, 가족, 지역사회의 참여**이다.
사회복지사는 클라이언트 삶의 전문가이다.	개인, 가족, 지역사회가 클라이언트 삶의 전문가이다.

개인적 발전은 병리에 의해 제한된다.	개인적 발전은 항상 개방되어 있다.
변화를 위한 자원은 전문가의 지식과 기술이다.	**변화를 위한 자원은 개인, 가족, 지역사회의 장점, 능력, 적응기술이다.** 모든 환경 속에 활용가능한 자원이 있다.
원조 목적(돕는 목적)은 행동, 감정, 사고, 관계의 부정적인 개인적, 사회적 결과와 증상의 영향을 감소하는 것이다.	원조 목적(돕는 목적)은 그 사람의 삶에 함께 하며 가치를 확고히 하는 것이다.

- 강점관점 : 사회복지사는 클라이언트의 진술에 대해 회의적이기 때문에 재해석하여 진단에 활용한다.(×)
- 강점관점 : 사회복지사는 클라이언트의 진술을 긍정적으로 재해석하여 활용한다.(×)
- 강점관점 : 현재 강점을 갖게 된 어린 시절의 원인 사건에 치료의 초점을 맞춘다.(×)
- 강점관점 실천의 원리 : 클라이언트의 성장과 변화는 제한적이다.(×)
- 역량강화모델 : 클라이언트를 자신 문제의 전문가로 인정한다.(O)

(4) 권한부여 모델의 주요 실천적 개념 [⑨⑬⑮⑯㉒, 기술론 ⑮⑲]

① 협력과 파트너십

  ㉠ 클라이언트는 변화과정에 능동적으로 참여하는 상호 협력적 파트너이며, 클라이언트는 자신이 처한 환경과 능력을 가장 잘 알고 있는 사람으로 간주된다.

  ㉡ 사회복지사와 클라이언트의 협동작업이 이루어질 때, 클라이언트에게 최선의 도움이 주어질 수 있다.

   - 권한부여모델 : 사회복지사의 주도적 개입(×), 전문가 중심주의(×)
   - 임파워먼트 모델 : 클라이언트의 적극적인 참여를 강조한다.(O)

② 클라이언트에 대한 '소비자' 시각

  ㉠ 기존 사회복지실천모델의 제공자-수혜자(beneficiary)에서 제공자-소비자(consumer)*의 관계 개념으로 기본철학의 변화를 초래하였다.

  > **소비자(consumer)**
  > 소비자란 용어는 사회복지사와 클라이언트체계의 파트너십 내에서 클라이언트의 자기결정권 보호와 활동적인 역할을 강조하는 것임

  ㉡ 서비스를 수혜가 아닌 하나의 권리로서 이해하는 것이며, 클라이언트에게 서비스에 대한 능동적인 선택권을 부여(자기결정권 강조)하는 것을 의미한다.

  ㉢ 클라이언트가 자신을 환자, 서비스 수혜자, 도움을 받는 사람들이라는 낙인에서 소비자로 재규정할 때 **자신의 삶에 대한 통제력은 증가**하게 된다.

   - 임파워먼트 모델 : 제공자와 수혜자의 관계(×), 독특성을 인정하는 개별화(O)
   - 임파워먼트 모델 : 전문성을 기반으로 사회복지사는 클라이언트를 통제한다.(×)
   - 역량강화모델 : 클라이언트를 개입의 객체가 아닌 주체로 보기 때문에 자기결정권이 잘 보호될 수 있다.(O)

③ **역량(competence)**

  ㉠ 인간체계의 구성원을 돌보는 기능을 수행할 수 있으며, 다른 체계와 효율적으로 상호작용하고, 사회적, 물리적 환경의 자원체계에 기여할 수 있는 능력을 말한다.

  ㉡ 개인 특성, 대인상호관계, 사회적·물리적 환경의 세 차원이 잘 기능할수록 각 개인의 환경

에 대처할 수 있는 역량은 향상된다.

④ **사회변화를 위한 행동에 참여** : 사회 내에 존재하는 모든 형태의 억압현상을 비판하고, 개인적 변화와 사회적 변화를 연결하는 방법과 전략을 개발해야 한다.

⑤ **억압받는 집단에 대한 역사적 관점 이해**
　㉠ 역량강화는 사회복지실천의 새로운 경향으로 억압받는 집단에 매우 유용한 개념으로 논의되고 있다.
　㉡ 억압받는 집단과 관련된 사회정책의 비판적, 역사적 분석을 비롯하여 억압의 역할을 학습하여야 한다.

(5) 임파워먼트모델(역량강화모델)의 개입과정 [⑬⑱⑲, 기술론 ⑨⑪⑫⑭]

단 계	주요 과업
대화단계	클라이언트와 파트너십 형성(협력관계형성), 강점구체화, 방향설정하기(목표설정), 현재 상황의 명확화 등
발견단계	수집된 정보 조직화하기, 강점확인 및 강점사정(자원능력 사정하기), 해결점 형성하기 등
발전단계 (발달단계)	성공을 인정하기, 기회 확장하기(기회의 확대), 달성한 것을 통합하기, 새로운 자원 활성화하기 등

김진원 OIKOS 사회복지사1급 통합이론서 2교시

제3부

사회복지실천의 관계론과 면접론

제6장 사회복지실천의 관계론
제7장 사회복지실천의 면접론

사회복지실천의 관계론

제3부 **사회복지실천의 관계론과 면접론**

제6장 회차별 출제빈도, 출제비중 및 출제논점 1, 2, 3순위

10회 2012	11회 2013	12회 2014	13회 2015	14회 2016	15회 2017	16회 2018	17회 2019	18회 2020	19회 2021	20회 2022	21회 2023	22회 2024
2	3	4	2	2	3	2	4	3	4	3	4	3

출제 비중	출제 논점		
	1순위 ☺	2순위 ※	3순위 ☆
2 3 4	① 전문적 관계(원조 관계 형성)의 기본 요소 ② 비에스텍(Biestek)의 7대 관계원리	① 관계형성 장애요인: 비자발성, 저항, (역)전이...	① 전문적 관계(원조 관계)의 특징

1순위 스마일표시(☺) : 출제 빈출도가 높은 부분으로 무조건 시험에 출제되는 영역
2순위 당구장표시(※) : 나왔다 안 나왔다 하는 영역이지만 출제가능성 높은 영역
3순위 별 표(☆)   : 출제 된 적이 있긴 하지만 다시 출제될 가능성은 다소 떨어지는 영역

MAP

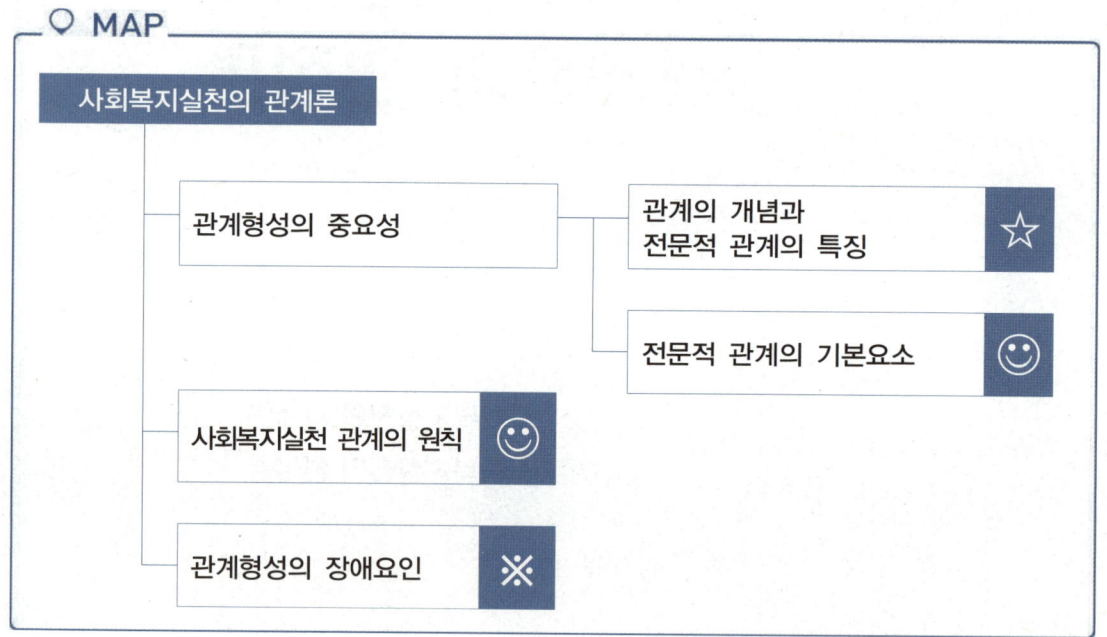

01 관계형성의 중요성

1 관계의 개념과 전문적 관계의 특징

(1) 관계의 개념
① 관계란 **공통된 이해관계**를 지닌 두 사람 사이에 정기적 또는 일시적으로 감정의 상호작용이 일어나는 조건이다.
② 클라이언트와 사회복지사 간에 정서적인 교감을 기초로 이루어지는 관계이기 때문에 전문성, 의도적인 분명한 목적, 시간제한, 권위 등의 특성을 포함하는 관계이다.

(2) 원조 관계(helping relationship) 또는 전문적 관계의 특징 [⑥⑨⑰⑱⑲㉑㉒]

① **항상 목적을 지향**한다(**의도적 목적성**).
  ㉠ 사회복지사와 클라이언트 간 관계는 전문적 목적을 달성하기 위해 형성된 관계이다.
  ㉡ **사회복지사와 클라이언트가 상호 합의한 의식적인 목적을 성취**하고자 한다.
  - 전문적 관계의 특성 : 사회복지사와 클라이언트 사이에 합의된 목적이 있다.(O)
  - 전문적 관계의 특성 : 전문가가 설정한 목적 달성을 위해 형성된다.(×)

② **시간 제한적이며 체계적 구조**를 가지고 있다.
  - 전문적 관계의 특성 : 시간에 제한을 두지 않는다.(×)

③ **클라이언트에게 초점**을 맞추어야 한다. 즉, **클라이언트의 문제와 욕구**가 중심이 된다.

④ 클라이언트의 이익과 욕구 충족을 위한 것으로 **일방적 관계이다**(클라이언트의 이익을 위한 헌신).
  - 전문적 관계에 관한 설명 : 사회복지사의 이익과 욕구 충족을 위한 일방적 관계이다.(×)
  - 전문적 관계의 특성 : 사회복지사와 클라이언트는 반드시 상호 간의 이익에 헌신하는 관계이다.(×)

⑤ **전문적인 관계이며 문제해결을 지향**하며, 전문가는 전문성에 기반을 둔 권위를 가진다.
  - 전문적 관계의 특성 : 클라이언트는 전문성에서 비롯된 권위를 가진다.(×)
  - 전문적 원조관계 : 전문가의 권위는 부정적 작용을 한다.(×)

⑥ 사회복지사와 클라이언트는 **파트너십 과정**이다. 파트너십은 클라이언트를 동반자 또는 협조자로 인정하는 것과 클라이언트와 평등한 수평적 관계를 추구함을 의미한다.
  - 전문적 원조관계 : 클라이언트는 전문가의 지시에 무조건 따라야 한다.(×)

⑦ 전문가가 자신의 **감정(정서)을 통제**하는 관계이다(**통제적 관계**).
  - 전문적 관계의 특성 : 사회복지사는 자신의 반응을 통제하면 안 된다.(×)

⑧ 관계의 전반적인 과정에 대해 **사회복지사가 전문적 책임**을 지게 된다. 그 이유는 전문적 관계는 일반적인 인간관계와는 달리 클라이언트는 도움을 요청하고 사회복지사는 전문가로서 도움을 주는 관계이기 때문이다.
  - 전문적 원조관계의 특성 : 관계의 전반적인 과정에 대해 사회복지사와 클라이언트가 공동으로 책임진다.(×)

⑨ **비밀보장**이 철저히 지켜져야 한다.

제6장 **사회복지실천의 관계론**

❷ 전문적 관계(원조 관계 형성)의 기본요소 [①⑧⑫⑮] → 예술적 기반에 해당

(1) 개 요

① 전문적 관계는 클라이언트의 문제해결 및 적응이라는 분명한 목적을 가지고 제한된 시간 동안 이뤄지는 특수한 관계이다.

② 원조 관계 형성을 위한 기본요소

　㉠ 브라운(Brown, 1992)은 원조 관계가 확립되기 위해서는 8가지 요소가 중요하다고 했는데, ㉮ 온정, ㉯ 수용, ㉰ 감정 이입, ㉱ 돌보는 것, ㉲ 진실성, ㉳ 정직, ㉴ 신뢰, ㉵ 일치 등이다.

　㉡ 콤톤과 갤러웨이(Compton & Galaway)는 전문적인 관계의 요소에는 **타인에 대한 관심, 헌신과 의무, 수용, 감정이입, 명확한 커뮤니케이션, 진실성, 권위와 권한, 목적성, 존경심, 구체성, 진실성, 직면, 직접성, 자아노출, 따뜻함, 자아실현**이 필요하고 하였다.

　㉢ 원조관계가 제대로 이루어지기 위해서는 이 밖에도 **소명의식과 책무, 따뜻함, 이해, 존경, 자기를 관찰하는 능력, 성숙함, 창조성, 용기, 민감성** 등이 필요하다고 한다.

　　※ 바람직한 원조관계 형성에 방해되는 행동 : 클라이언트를 감동시키려고 노력함(○)

(2) 기본 요소

① **타인에 대한 관심**

　㉠ 클라이언트에게 일어난 일에 대해 진심어린 관심을 가지며, 이들의 **감정에 대해 교류할 수 있어야 함을 의미**한다.

　㉡ 타인에 대한 관심은 좋아한다거나 싫어한다는 개념이 아니라 이를 초월하여 **타인을 배려하는 것**을 말하며, 이는 클라이언트의 삶과 욕구에 대한 '**조건 없는 긍정적 인정**'을 의미하는 것이기도 하다.

② **무조건적 긍정적 관심(unconditioned positive regard)** [⑳]

　㉠ 사회복지사가 클라이언트를 충분히 수용하며, 클라이언트에 대한 순수한 관심을 전달하려는 것을 의미하는 것이다.

　㉡ 클라이언트가 말하고 행동하는 것에 대해 '만약 ~하면'이라는 **조건을 달지 않고 클라이언트에 대해 관심과 보살핌, 호의, 수용, 온정, 존중을 표현하는 것**을 의미한다.

③ **감정이입(empathy, 공감)** [⑧⑪⑫]

　㉠ 클라이언트의 감정과 그 감정의 의미를 정확하게 민감하게 인식하고 전달하는 사회복지사의 능력(타인의 감정과 생각에 자신을 투사시키는 능력)으로, **사회복지사가 원조과정에서 자신의 관점을 유지하면서 클라이언트의 느낌과 경험에 몰입할 수 있는 능력**을 말한다.

　㉡ 감정이입을 통하여 클라이언트는 사회복지사라는 중요한 타인으로부터 충분히 이해받고 있다고 느끼면서 **자기인식(self-awareness)이 확장됨과 동시에 자신의 문제를 탐색하고 정체성을 발견**하며 자신에 대한 현실적 목표를 세우고 이를 달성하기 위해 나아가게 된다.

　㉢ 공감은 동감(sympathy)이나 동정(pity)과 구별되어야 한다.

④ **이해(understanding)** : 상담 내지 모든 인간관계의 기본적인 기술로서 다른 사람, 즉 **상대방의 마음을 읽고 상대방의 눈을 통해 세상을 볼 수 있는 능력**이다.

⑤ **수용(acceptance)** : 클라이언트를 자신의 감정과 사고에 대한 권리를 가진 독특한 개인으로서 **배려**하고 클라이언트에 대한 진실된 관심과 인식, 경청하는 태도, 그들의 행동에 대한 주의 집중, 돕고자 하는 열망의 전달, 클라이언트에 대한 진실된 염려를 의미한다.

⑥ **존경심(respect)과 보살핌(caring)** : 클라이언트도 자신의 문제 내지 자신의 인생에 대하여 무엇인가 할 수 있는 능력을 갖고 있다는 것을 확신하고 있다는 감정을 클라이언트에게 전달할 수 있는 능력의 표현이다.

⑦ **진실성과 일치성(genuineness, authenticity)** [⑩⑫⑯⑳]
 ㉠ **진실성**은 사회복지사가 자신의 진실된 반응(reactions)을 신뢰하고, 그러한 **감정 또는 반응을 있는 그대로 클라이언트에게 전달하는 능력**이다.
  ㉮ 사회복지사가 클라이언트와 관계를 맺을 때 일관성 있고 **정직한 개방성을 유지**하여야 한다.
  ㉯ 진실성을 갖기 위해 사회복지사는 **자신에 대한 정직하고 올바른 자기인식을 추구**해야 한다.
  ㉰ 타인에 대한 관심, 수용, 헌신 등 전문적 관계에서 요구되는 기본요소들에 대한 내면화를 추구해야 한다.
  ㉱ 진실한 사회복지사는 방어적이지 않고 자발적인 것이며, **말과 행동이 일치**한다.
   ✖️ 사회복지실천에서 관계 : 선한 목적을 위해 클라이언트에게 진실을 감추는 것은 필수적으로 허용된다.(×)
 ㉡ **일치성**은 클라이언트와 관계 형성 시 일관성 있고 정직한 개방성을 유지하며, 대화의 내용과 행동이 항상 일치하면서도 전문가로서의 자아와 가치체계에 부합해야 함을 의미한다.

⑧ **따뜻함(warmth)** : 클라이언트의 안녕과 복리를 위하여 언어 내지 비언어적인 방법으로 보살핌 내지 관심을 전달할 수 있는 능력이다.

⑨ **헌신(commitment)과 의무(obligation)** [⑩⑰⑲⑳㉒]
 ㉠ 원조 상황에서의 **책임감을 의미**하는 것으로서 **일관성을 포함하는 개념**이다. 즉, 관계의 목적을 이루기 위해 서로를 신뢰하고 일관된 태도를 유지한다.
  ✖️ 헌신과 의무 : 원조 관계에서 책임감을 갖고 절차상의 조건을 따르는 관계형성의 기본요소(○)
  ✖️ 헌신과 의무 : 원조관계의 목적을 달성하기 위해 필요하다.(○)
 ㉡ 사회복지사 뿐만 아니라 클라이언트도 관계에 대한 헌신과 의무를 가져야 한다. 즉, 클라이언트는 문제와 상황을 솔직하게 말해야 하고, 사회복지사는 클라이언트의 변화와 성장을 위해 노력해야 한다.
  ✖️ 사회복지실천에서 관계 : 사회복지사와 클라이언트 모두에게 요구되는 의무와 책임감이 있다.(○)
 ㉢ 사회복지사와 클라이언트가 함께 관계의 목적과 조건을 위해, 그리고 상호의존적 교류관계를 위해 헌신을 다할 때 클라이언트는 안전하다는 느낌을 갖게 된다.

⑩ **권위(authority)와 권한(power, 힘)** [⑳]
 ㉠ **권위**는 **클라이언트와 기관에 의해 사회복지사에게 위임된 권한(power)**으로 정의된다.
 ㉡ 지식, 전문적 기술, 사회복지사가 전문적 자격을 얻기 위해 투자했던 노력, 기관 등으로부터 부여되기도 하지만 또한 클라이언트에게 미친 영향력에 의해 클라이언트로부터 받기도 한다.

⑪ **구체성** : 클라이언트로 하여금 그의 행동, 사고 그리고 감정을 그 자신의 독자적인 방법으로 정확하게 묘사 내지 표현할 수 있게 도와줄 수 있는 능력이다.

⑫ **자기노출(self disclosure, 자기개방)** [⑧⑪⑫, 기술론 ⑧⑱]
  ㉠ 사회복지사와 클라이언트의 관계가 1 : 1의 동등한 인격적 관계라고 할 때에 효과적인 도움의 기술로 활용될 수 있을 것이다.
    ㉮ 로저스(Rogers) 같은 인본주의 치료자들은 사회복지사의 개방적이고 진실한 면이 치료적 관계의 필수 요소라고 하였다.
      ※ 자기노출은 비윤리적이므로 피해야 한다.(×)
    ㉯ 사회복지사의 자기노출은 '**양자효과(dyadic effect)**'에 의해 클라이언트의 자기노출을 유도할 수 있다.
      ⓐ **자기노출이 적절하게 사용되면** 클라이언트로 하여금 민감한 주제에 대해 이야기하거나 사회복지사와 클라이언트가 좀 더 편안하게 관계할 수 있도록 하는 효과가 있다.
      ⓑ **자기노출이 부적절하게 사용되면** 클라이언트로 하여금 사회복지사의 정서적 안정성이나 사회복지사의 전문적 능력에 대해 의문을 가지게 되고, 때로는 사회복지사에게 조종당한다는 느낌을 받을 수도 있다.
  ㉡ 자기노출의 두 가지 형태
    ㉮ **감정을 표현하는 것** : "당신의 변화가 무척 기쁩니다." 혹은 "당신이 자꾸 자기비하 하는 말들을 해서 속상합니다."
    ㉯ **자신의 경험을 얘기하는 것** : "저도 전에 그런 문제를 겪은 적이 있어요."
  ㉢ 사회복지사가 자기노출 시 주의해야 할 점
    ㉮ 어느 정도의 라포가 형성되어 클라이언트가 개인적 관계를 맺고자 할 때까지 **직접적 경험의 노출은 최소화**해야 한다. 즉, 관계형성의 초기단계에서는 피해야 하고 다른 시기에도 적게 사용되어야 한다. ※ 적극적인 자기노출(×), 자주 자기노출(×)
    ㉯ 불안정한 성격, 무능력 등에 대한 **지나치게 솔직한 자기노출은 피해야 한다**.
    ㉰ 노출의 **내용과 감정이 일치**되어야 한다.
    ㉱ **면접의 목적과 관련이 없는 개인적 경험**을 사회복지사가 이야기하는 것은 **적절하지 못하다**.
    ㉲ **클라이언트의 반응에 따라 자기노출의 양과 형태를 조절**해야 한다.
    ㉳ **자기노출의 긍정적 면과 부정적 면을 균형있게 사용**해야 한다.

> **주의**
> "자기노출의 긍정적인 면과 부정적인 면을 균형있게 사용한다."는 문장은 자기노출을 적절하게 사용되는 것과 부적절하게 사용되는 것을 의미하지는 않는다. 자기노출을 부적절하게 사용해서는 안 되기 때문이다. 자기노출의 긍정적인 면(감정을 노출할 때 긍정적인 면)은 "선생님이 그간 해 온 일에 대해 정말 기분이 좋네요"와 같이 긍정적인 감정을 노출하는 것이다. 반면에 자기노출의 부정적인 면(감정을 노출할 때 부정적인 면)은 "일주일 만에 소개해준 일을 그만두겠다고 하니 실망스럽네요."와 같이 부정적인 감정을 노출하는 것이다. 이와 같이 자기노출은 긍정적일 수도 있고 부정적일 수도 있지만, 이를 균형있게 사용해야 한다는 것이다.

⑬ **민감성(sensitivity)** [⑳]
  ㉠ 사회복지사가 특정한 단서 없이도 클라이언트의 내면세계를 느끼고 감지할 수 있는 능력을 말하는 것으로, 선입견과 고정관념의 틀에서 벗어나 클라이언트의 감정과 사고에 사회복지사 자신을 투입하는 능력이 요구된다.
  ㉡ 클라이언트의 감정을 잘 관찰하는 것과 경청하는 과정에서 비롯되며, 클라이언트가 언어적으로 표현한 것뿐만 아니라 표현하지 않은 비언어적 내용들도 파악한다.

⑭ **문화적 민감성**: 집단 내의 다양한 문화 속에서 그 차이점과 유사점을 인식하는 능력 [⑦⑤⑥⑰⑲⑳]
  ㉠ 사회복지사는 스스로의 태도와 행동을 지속적으로 점검하고 인종차별주의, 편견, 선입견, 차별적 행동에 기반하여 판단하고 있지 않은지 경계해야 한다.
  ㉡ 사회복지사는 다문화 배경 클라이언트가 스스로를 규정하고 다른 사람들과 다르게 느끼는 많은 방법들을 이해해야 한다.
  ㉢ 사회복지사는 출신국가, 피부색 간에 존재하는 권력적 위계관계를 인식하고, 선입관과 고정관념의 틀에서 벗어나도록 노력해야 한다.
  ㉣ 사회복지사는 자민족 중심주의(ethnocentric)를 경계해야 하며, 다문화 생활경험과 가치에 맞는 개입전략을 개발하여야 한다.

  ※ 다문화주의는 문화상대주의이다.(○)
  ※ 다문화사회복지실천에서 사회복지사에게 요구되는 문화적 역량 : 주류문화에 대한 동화주의적 실천 지향(×)
  ※ 사회복지실천에서 관계 : 클라이언트는 사회복지사와의 문화적 차이를 수용해야만 한다.(×)

02 사회복지실천 관계의 원칙

1 인간의 기본 욕구와 사회복지실천관계

비에스텍(Biestek)은 1957년 「케이스워크 관계」를 출간하여 사회복지원조에서의 전문적 관계를 7가지 원칙들로 집약하여 설명했는데, 사회복지사의 도움을 받으러 오는 **클라이언트는 7가지의 기본적인 욕구**를 가지고 있으며 그러한 욕구는 사회복지사에 의해서 사회복지실천과정에서 충족되어지기를 바라고 있다고 하였다.

■ 클라이언트와 사회복지사 간의 태도와 감정의 역동적인 상호작용 ■

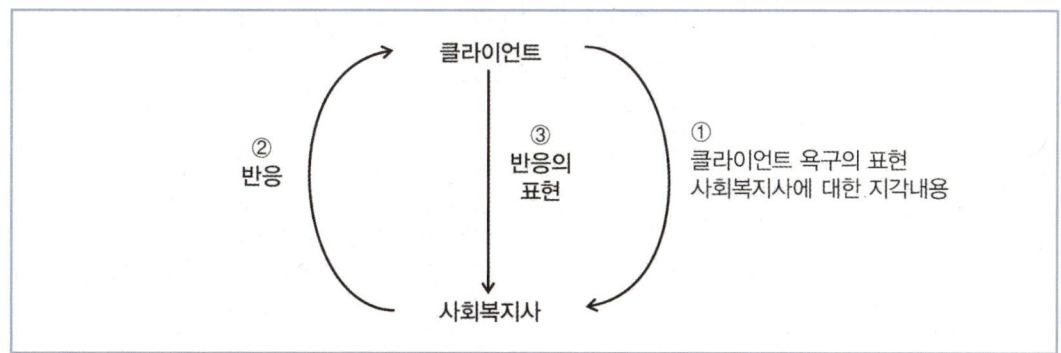

■ 비에스텍(Biestek)의 7대 관계원리 ■

클라이언트의 욕구	관계원칙	핵심 내용
다른 사람과 다른 독특한 한 인간으로서 취급되기를 바라는 욕구	개별화	• 각 클라이언트의 독특한 자질을 인정하고 이해하는 것으로 다른 사람과 다른 차원에서 인정해주고 취급해주는 것 • 클라이언트에게 맞는 원리와 방법을 다르게 적용하여 돕고자 하는 것 ⊗ 유형화, 표준화, 일반화, 정형화(×)
자신의 감정을 자유롭게 표현하고자 하는 욕구를 인정하는 것	의도적 감정표현	• 부정적 감정일지라도 비난이나 비판의 두려움 없이 자유롭게 표현하도록 해 주는 것
클라이언트의 언어적·비언어적 표현에 민감하게 반응하고 동정적인 이해와 반응을 구하는 욕구	통제된 정서적 관여	• 사회복지사의 감정을 통제하면서 클라이언트의 정서에 대한 의도적이고 적절한 반응 • 클라이언트의 감정에 대한 사회복지사의 민감성과 그 감정들이 의미하는 것 ⊗ 클라이언트의 감정을 통제하면서 반응하는 것(×)
자신의 삶에 주체적으로 관여하고 스스로 선택하고 결정하고 싶어하는 욕구	클라이언트의 자기 결정	• 클라이언트가 사회복지사나 외부의 영향을 받지 않고 스스로 결정하도록 하는 것 • **자기결정의 한계** : ⓐ 클라이언트의 신체적·정신적 능력, ⓑ 도덕적 제한, ⓒ 법률적 제한, ⓓ 사회기관의 규정 • **사회복지사는 클라이언트의 문제해결에 대한 다양한 의견을 제시할 수 있음**
오랫동안 혼자만 간직하고 있던 내밀한 비밀사항이 다른 사람들에게 알려지고 싶어하지 않는 욕구	비밀보장	• 클라이언트에 관한 정보를 사회복지사가 전문적 치료목적 외에 타인에게 알리지 않고 지켜주는 것 • **비밀보장의 한계** : ⓐ 클라이언트 자신의 내적 갈등, ⓑ 타인의 권리, 사회복지사의 권리, 사회기관의 권리, 사회의 권리와의 충돌, ⓒ 타 기관 및 전문가와 연계, ⓓ 실습생 교육, ⓔ 동료집단의 슈퍼비전, ⓕ 생명보호를 우선 해야 할 상황
클라이언트가 이전에 어떤 사람이었는지에 관계없이 존엄성을 가진 한 인간으로서 인정받고자 하는 욕구	수용	• 클라이언트의 강점과 약점, 바람직한 성격과 바람직하지 못한 성격, 긍정적 감정과 부정적 감정, 건설적이거나 파괴적인 태도 및 행동 등을 **있는 그대로 인정하고 존중** • 수용의 대상은 선한 것(the good)이 아니라 참된 것(the real, 있는 그대로의 현실) ⊗ 일탈적인 태도나 행동을 승인(agreement, 동의) (×)
자신의 행위에 대해 긍정적이든 부정적이든 판단을 받고 싶지 않은 욕구	비심판적 태도	• 문제나 욕구의 원인이 클라이언트의 잘못 때문인지 아닌지, 혹은 어느 정도의 책임이 있는지 등을 심판하지 않는다는 원칙 → **평가적 판단을 내려서는 안 된다는 것을 의미하는 것은 아님** ⊗ 클라이언트의 태도와 행동을 객관적으로 심판(×) ⊗ 문제의 원인과 상황을 객관적으로 판단하는 것(○)

> **암기법**
> 개(개별화)에게도 감(의도적 감정표현)정(통제된 정서적 관여)이 있다. 자(자기결정)비(비밀보장)를 베풀지 않으면 수(수용)비(비심판적 태도)한다! 어릴 적 시골에서 개를 잡아먹으려고 하자, 개가 마루 밑으로 들어가서 나오지 않았던 기억!!

2 관계형성의 원칙 : 관계의 7대 원칙 [②③④⑤⑥⑦⑧⑨⑩⑪⑬⑭⑮⑯⑰⑱⑳㉑]

(1) **개별화**(individualization) [②⑦⑩⑬⑮⑯⑱⑳㉑]

① 의 미
  ㉠ 각 클라이언트의 독특한 자질을 인정하고 이해하는 것으로 다른 사람과 다른 차원에서 인정해주고 취급해주는 것이다.
  ㉡ 원조과정에서도 클라이언트를 다른 사람과 동일하게 취급하고 적용하는 것이 아니라 해당 **클라이언트에게 맞는 원리와 방법을 다르게 적용하여 돕고자 하는 것이다**.
  ㉢ 편견이나 고정관념 없이 클라이언트 개인의 경험을 존중하는 것이다.
  > 관계 원칙 : 클라이언트의 욕구를 범주화해야 한다.(×)

② 클라이언트의 욕구/사회복지사의 반응/결과 및 효과
  ㉠ **클라이언트의 욕구** : 모든 클라이언트는 각각 독특한 개인으로 대해지는 것을 원한다.
  ㉡ **사회복지사의 반응(관계의 원칙)** : 개별 클라이언트의 특별한 욕구를 충족하고 클라이언트가 문제해결을 위해 자신의 능력과 자원을 사용할 수 있도록 각기 다른 원칙과 방법을 활용한다.
  ㉢ **결과 및 효과** : 클라이언트는 자신이 특정한 범주나 유형으로 구분되는 것이 아니라 특별한 개인으로서 이해되었다고 느낄 때 원조관계에 본격적으로 몰입할 수 있다.

③ 사회복지사에게 필요한 역량 [⑱]
  ㉠ 사회복지사는 인간에 대한 **편견이나 선입관으로부터 벗어나야 하며**, 클라이언트의 문제를 해결하거나 돕기 위해서는 정확한 원인을 확인하고 객관성을 유지해야 한다.
  > 개별화하기 위해 사회복지사에게 필요한 역량 : 편견과 선입관에 대한 자기인식 능력(○)
  ㉡ 인간행동과 발달에 관한 **전문지식을 갖고 활용**할 수 있어야 한다.
  ㉢ 클라이언트의 **언어적 · 비언어적 표현을 잘 경청**하고 관찰해야 한다.
  ㉣ 클라이언트가 현재 처해 있는 곳에서 출발하여 **클라이언트의 이야기, 감정표현 및 행동변화를 나타내는 속도**에 보조를 맞추어야 한다.
  ㉤ **클라이언트의 감정에 대해 민감하게 반응**하고, 클라이언트의 감정과 경험을 사회복지사 자신의 경험으로 받아들여 이해하고 느껴야 한다.
  ㉥ 클라이언트가 속한 **환경을 포함한 전체상황을 이해**하고 관여할 수 있어야 한다.
  ㉦ 클라이언트의 사회적 · 신체적 · 지적 요소들을 이해할 뿐만 아니라 이들 요소 간의 **상호작용의 영향력과 파급성**, 그리고 미래에 전개될 일들을 조망할 수 있어야 한다.
  > 개별화하기 위해 사회복지사에게 필요한 역량 : 질환에 대해 진단할 수 있는 능력(×)

제6장 **사회복지실천의 관계론**

(2) **의도적 감정표현(purposeful expression of feelings)** [④⑦⑨⑪⑬⑭⑯㉑㉒]
   ① **의미**
      ㉠ 클라이언트로 하여금 **자신의 감정을 자유롭게 표현하도록 돕는 것**인데, 부정적 감정일지라도 비난이나 비판의 두려움 없이 자유롭게 표현하도록 해 주는 것이다.
      ㉡ **중요성**
         ㉮ 클라이언트를 스트레스나 긴장에서 완화시켜 주며, 문제를 분명하고 객관적으로 보게 한다.
         ㉯ 사회복지사는 클라이언트 및 그의 문제인식을 좀 더 잘 하게 되어 정확한 조사, 사정, 개입이 이루어진다.
         ㉰ 클라이언트의 감정표현을 진지하게 경청하는 것 자체가 클라이언트에게 심리적 지지가 된다.
         ㉱ 외적인 문제보다 문제를 둘러싼 감정 자체가 클라이언트의 진정한 어려움일 수 있으며 특히 부정적인 느낌이 진정한 문제일 수 있다.
   ② **클라이언트의 욕구/사회복지사의 반응/결과 및 효과**
      ㉠ **클라이언트의 욕구** : 자신의 감정, 특히 부정적인 감정을 자유롭게 표현하고자 하는 욕구가 있다.
      ㉡ **사회복지사의 반응(관계의 원칙)** : 클라이언트가 자신의 감정, 특히 부정적인 감정을 자유롭게 표현하고자 하는 욕구가 있음을 인식하고 이를 위해 클라이언트를 격려하고 촉진시킨다.
      ㉢ **결과 및 효과** : 클라이언트는 스트레스나 긴장이 완화되어 문제를 분명하고 객관적으로 보게 된다.
   ③ **사회복지사에게 필요한 역량**
      ㉠ 클라이언트가 자신의 **감정을 자유롭게 표현할 수 있도록 환경을 조성**한다.
      ㉡ 클라이언트가 자유롭게 감정을 표현할 수 있도록 **허용적 태도와 편안한 분위기를 마련**해 주어야 한다.
      ㉢ 자유로운 감정표현을 하기 위해서 클라이언트의 감정과 행동의 차이점을 인식할 수 있어야 하고, **감정을 표현하기에 가장 좋은 시간과 장소를 선택**할 수 있도록 해야 한다.
      ㉣ 자유로운 감정표현을 위하여 **클라이언트에게 정서적 지지를 제공**하여야 한다.
      ㉤ 클라이언트가 감정을 환기시킬 수 있도록 도움을 주는 사람으로서 **클라이언트의 감정상태를 파악**해야 한다.

(3) **통제된 정서적 관여(controlled emotional involvement)** [①②③⑤⑬⑮⑯⑲㉑]
   ① **의미**
      ㉠ 클라이언트의 감정에 대한 사회복지사의 민감성과 그 감정들이 의미하는 것에 대한 이해, 클라이언트의 감정에 대한 의도적이고 적절한 반응을 말한다.
      ㉡ 사회복지사는 관계를 통해 클라이언트의 감정에 반응을 보임으로써 정서적으로 '관여(involvement)' 하게 된다.

ⓒ 통제란 사례의 전체적 목적에 따라서, 면접에서의 클라이언트의 욕구에 따라서, 그리고 사회복지사의 전문적 판단에 따라서 그 방향이 설정되어야 한다는 것을 의미한다.
② 클라이언트의 욕구/사회복지사의 반응/결과 및 효과
ⓐ **클라이언트의 욕구** : 문제에 대한 공감적 반응을 얻고 싶어 한다.
ⓑ **사회복지사의 반응(관계의 원칙)** : 클라이언트의 표현된 감정에 반응을 보임으로써 정서적으로 관여한다.
ⓒ **결과 및 효과** : 클라이언트는 수용된다는 느낌, 자신의 문제가 이해되는 느낌으로 심리적 안정을 찾는다.
③ **사회복지사에게 필요한 역량, 또는 통제된 정서적 관여의 구성 요소**
ⓐ 클라이언트의 감정에 대한 사회복지사의 **민감성**(sensitivity)
ⓑ 클라이언트의 감정이 의미하는 것에 대한 이해(**감정이입적인 이해**)
ⓒ 사회복지사의 클라이언트의 감정에 대한 **의도적이고 적절한 반응**(response)

(4) **클라이언트의 자기결정(self-determination)** [⑧⑬⑮⑱㉑]
① 의 미
ⓐ 클라이언트가 사회복지사나 외부의 영향을 받지 않고 스스로 결정하도록 하는 것을 말한다.
ⓑ 사회복지실천의 전 과정에서 **모든 의사결정과정에 클라이언트가 참여할 수 있도록 하며, 주요 결정을 스스로 결정할 수 있도록 지지하는 것**이다.
ⓒ 사회복지사가 클라이언트를 위해 무엇을 해주는 것이 아니라 클라이언트와 함께 해결해 나가는 것을 의미하므로 **전문적 관계의 파트너십을 강조**하게 된다.
② 클라이언트의 욕구/사회복지사의 반응/결과 및 효과
ⓐ **클라이언트의 욕구** : 자신의 삶에 대해 스스로 선택과 결정을 내리고 싶어 한다.
ⓑ **사회복지사의 반응(관계의 원칙)** : 클라이언트 스스로 자기가 나아갈 방향을 결정하려는 것을 존중하며 그 욕구를 결정하는 잠재적 힘(강점)을 자극한다.
ⓒ **결과 및 효과** : 클라이언트가 자신 속에 내재한 인격적 자원을 발견하고 활용할 수 있게 되며, 문제해결에 적극적으로 참여하게 된다.
③ **클라이언트의 자기결정 원리를 실천적 측면에서 고려해야 할 네 가지 측면**
ⓐ 클라이언트가 자기결정을 하기 위해서는 직면한 문제를 해결하기 위한 다양한 대안들을 알고 있어야 하므로, **사회복지사는 클라이언트와 함께 문제해결에 가능한 대안들을 탐색해야 한다**.
ⓑ 사회복지사는 문제를 가진 사람이 클라이언트이므로 **문제해결의 1차적 책임 역시 클라이언트에게 있음을 인식**할 필요가 있다.
ⓒ 자기결정의 원리가 사회복지사로 하여금 어떠한 의견이나 제안도 할 수 없다는 것을 의미하지는 않는다. **사회복지사는 클라이언트의 문제해결에 대한 다양한 의견을 제시할 수 있다**.
ⓓ 자기결정의 원리는 법적으로 강제성이 부여되는 사회복지사의 기능에서도 존중되어야 한다. 즉, 감옥이나 보호관찰과 같은 업무를 수행할 때 **클라이언트의 자기결정은 법적인 한도 내에서 존중**되어야 한다.

④ 자기결정의 한계
  ㉠ 클라이언트의 신체적·정신적 능력을 넘어서는 자기결정 능력을 기대할 수 없다.
  ㉡ 도덕적 제한이 있다.
  ㉢ 법률적 제한이 있다.
  ㉣ 사회기관의 규정에 따라야 한다.

⑤ 사회복지사에게 필요한 역량 [⑱]
  ㉠ 클라이언트가 자신의 문제와 욕구를 전체적 관점에서 관찰하고 이해할 수 있도록 돕는다.
  ㉡ 클라이언트가 지역사회 내 인적 자원을 포함한 **활용 가능한 자원이 존재하고 있음을 알려주는 역할**을 한다.
  ㉢ 클라이언트 **자신의 잠재적 자원을 적극적으로 개발하고 활용**할 수 있도록 자극을 준다.
  ㉣ 클라이언트가 사회복지실천 전 과정에 적극적으로 참여할 수 있도록 돕고, **경청하고 수용적 태도로** 클라이언트가 자신이나 자신의 문제에 대해 보다 깊이 이해할 수 있도록 원조한다.
  ㉤ 클라이언트가 자신의 문제와 관련하여 의사결정을 해야 할 경우, **의사결정과정에 참여하여 스스로 판단하고 결정할 수 있도록 돕는다**.
    자기결정 돕는데 필요한 사회복지사 역량 : 클라이언트에게 필요한 것을 결정하여 이를 관철시키는 능력(×)

(5) **비밀보장(confidentiality)** [②⑤⑨⑩⑫㉑㉒]
  ① 의미
    ㉠ 전문적 관계에서 알게 되는 **클라이언트에 관한 정보를 사회복지사가 전문적 치료목적 외에 타인에게 알리지 않고 지켜주는 것**이다.
    ㉡ 비밀보장은 클라이언트의 비밀을 보존하는 목적이 있는 것이라기보다는 **클라이언트의 다른 권리를 보호하기 위하여 필요한 수단**이다.
  ② 클라이언트의 욕구/사회복지사의 반응/결과 및 효과
    ㉠ **클라이언트의 욕구** : 비밀보장을 받고 싶어 한다.
    ㉡ **사회복지사의 반응(관계의 원칙)** : 전문적 관계에서 나타나는 클라이언트에 대한 정보를 보호하며, 사회복지사가 전문적 치료 목적 외에 타인에게 알려서는 안 된다.
    ㉢ **결과 및 효과** : 원조관계, 과정에 대해 신뢰감을 갖게 되어 적극적으로 참여하며, 클라이언트가 자기방어기제를 사용하여 자신을 왜곡하는 현상을 줄일 수 있으며, 사회복지사와 클라이언트 간 상호작용이 촉진된다.
  ③ 비밀보장의 한계 [⑩⑫]
    ㉠ **클라이언트 자신의 내적 갈등** : 클라이언트가 자신의 비밀을 보존하려는 권리와 다른 권리와 의무 간에는 명백한 갈등이 존재한다. 즉 클라이언트가 그의 비밀을 보존함으로써 그의 다른 권리와 의무를 실현할 수 없는 경우에 갈등이 생긴다.
    ㉡ **타인의 권리와의 충돌** : 클라이언트의 비밀을 지킴으로써 타인의 권리를 침해하게 될 때 그의 비밀을 지킬 것인지, 아니면 비밀보장을 포기하고 다른 사람의 권리를 보호할 것인지에 대한 갈등을 초래할 수 있다.

ⓒ **사회복지사의 권리와의 갈등** : 클라이언트의 비밀을 보호하려면 사회복지사 자신의 개인적 권리의 상실을 의미하는 경우에 클라이언트의 비밀을 지킬 것인지 아니면 사회복지사 자신의 권리를 추구할 것인지 간에 갈등상태에 빠지게 된다.

ⓓ **사회기관의 권리와의 충돌** : 클라이언트의 비밀을 지킴으로써 기관은 그 자체의 목적과 권리 및 의무에 반대되는 행동을 하도록 강요될 경우 비밀을 보장하는 것과 기관의 권리행사 간에 갈등이 생기게 된다.

ⓔ **사회의 권리와의 충돌** : 개인의 이익과 공공의 이익 간의 갈등, 개인의 권리와 공공복지 기관 간의 갈등이다. 클라이언트의 비밀을 지키는 것이 사회 전체에 좋지 못한 영향을 미치게 될 경우 개인의 비밀을 지키는데 갈등이 따른다.

ⓕ **타 기관 및 전문가와 연계** : 다중 문제에 대한 적절한 서비스를 전달하기 위해 기관 안팎의 타 전문가와 연계할 경우 필요한 정보를 공유하지 않을 수 없다.

ⓖ **실습생 교육** : 학생이나 초심자의 경우 지도감독을 위해 슈퍼바이저에게 사례를 상세히 보고할 수 밖에 없다.

ⓗ **동료집단의 슈퍼비전** : 기관에 보관되는 기록이나 동료와의 사례회의(case conference)에서도 비밀보장의 원리는 지켜지기 어렵다.

ⓘ **생명보호를 우선해야 할 상황** : 타인이나 클라이언트 자신의 생명을 위협하는 상황이 발생할 위기에 처했을 때 생명의 보호가 우선되므로 비밀보장의 원리는 유보될 수밖에 없다.

(6) 수용(acceptance) [⑩⑮⑳㉒]

① **의 미**
㉠ 클라이언트를 있는 그대로 인정하고 받아들이려는 노력이다. 즉 사회복지사가 클라이언트의 강점과 약점, 바람직한 성격과 바람직하지 못한 성격, 긍정적 감정과 부정적 감정, 건설적이거나 파괴적인 태도 및 행동 등을 **있는 그대로 인정하고 존중해 주는 것**을 말한다.

㉡ 한 인간으로서의 클라이언트의 가치, 그의 있는 그대로의 현실, 그의 감정을 받아들이는 것이지, **그의 일탈적인 태도나 행동을 승인(agreement, 동의)하는 것은 아니다.**

　　수용 : 사회규범에서 벗어난 행동도 허용할 수 있다.(×)

㉢ 수용의 대상은 **선한 것**(the good)이 아니라 **참된 것**(the real)이다.

② **클라이언트의 욕구/사회복지사의 반응/결과 및 효과**
㉠ **클라이언트의 욕구** : 가치 있는 인간으로 인정받고 싶어 한다.
㉡ **사회복지사의 반응(관계의 원칙)** : 클라이언트의 장점과 약점, 바람직한 성격과 그렇지 못한 성격, 긍정적인 감정과 부정적인 감정 등을 다 포함하여 있는 그대로 인정하고 존중해 준다.
㉢ **결과 및 효과** : 클라이언트는 수용 받는 경험을 통하여 있는 그대로의 자신을 표현하고 안정감을 느낀다. **클라이언트 자신에 대한 수용과 자신의 문제를 현실적이고 객관적인 방법으로 대처할 수 있게 된다.** 클라이언트가 바람직하지 않은 방어를 하지 않도록 해서 그가 자신을 드러내고 자신을 있는 그대로 보고 자신의 문제를 더욱 현실적으로 다룰 수 있게 한다.

　　수용 : 클라이언트가 안도감을 갖게 하여 현실적 방법으로 문제 대처를 할 수 있도록 돕는다.(○)

③ 수용의 장애요인
   ㉠ 인간행동양식에 관한 불충분한 지식
   ㉡ 사회복지사로서 어떠한 면을 받아들이지 못하는 태도
   ㉢ 자기 자신의 감정을 클라이언트에게 맡겨 버리려는 것
   ㉣ 편견과 선입견
   ㉤ 보장할 수 없으면서 말로만 안심시키는 태도
   ㉥ 수용과 허용의 혼돈
   ㉦ 클라이언트에 대한 존경의 결여

④ 사회복지사에게 필요한 역량
   ㉠ 클라이언트를 수용하기 위해 사회복지사가 갖추어야 할 기본적 태도는 **클라이언트에 대한 완전한 이해**이다.
   ㉡ **사회복지사는 클라이언트와 가치관 차이를 극복**해야 하며, 클라이언트를 수용하는 일에 사회복지사의 가치관이 작용해서는 안 된다.
   ㉢ **수용(acceptance)하는 것과 동의(agreement)하는 것과의 차이를 인식**하고 있어야 한다.
   ㉣ **수용에 있어 장애물을 줄이는 전략을 수립**하여야 한다.

(7) 비심판적 태도(nonjudgemental attitudes) [④⑨⑩⑬⑯㉑]
   ① 의미
      ㉠ 문제나 욕구의 원인이 클라이언트의 잘못 때문인지 아닌지, 혹은 어느 정도의 책임이 있는지 등을 심판하지 않는다는 원칙이다.
      ㉡ 사회복지사가 자신을 조금이라도 비난하고 있다고 생각되면 비난받는다는 두려움에서 클라이언트는 실천과정 동안에 자신을 방어하느라 많은 시간을 소비하게 되므로 자신의 문제와 욕구에 대해 논의할 수 없게 될 것이다.
      ㉢ 비심판적 태도를 가진다는 것이 **클라이언트의 태도, 기준 또는 행동에 대해 사회복지사가 평가적 판단을 내려서는 안 된다는 것을 의미하는 것은 아니다.**
         ⊗ 비심판적 태도는 문제의 원인과 상황을 객관적으로 판단하지 않는 것이다.(×)

   ② 클라이언트의 욕구/사회복지사의 반응/결과 및 효과
      ㉠ **클라이언트의 욕구** : 심판 받지 않으려는 인간의 욕구에 기반한다.
      ㉡ **사회복지사의 반응(관계의 원칙)** : 문제의 원인이 클라이언트의 잘못 때문인지 아닌지, 혹은 클라이언트에게 책임이 있는지 등을 심판하지 않고, 클라이언트의 특성 및 가치관을 비난하지 않는다.
      ㉢ **결과 및 효과** : 치료적 관계의 성립을 도와준다. 클라이언트는 방어 없이 편안하게 자신의 문제와 욕구에 대해 논의할 수 있게 되며, 문제해결도 원활해진다.

   ③ 사회복지사의 비심판적인 태도에 저해요인
      ㉠ 클라이언트에 대한 편견이나 선입관

ⓒ 너무 빠른 결론에 도달하는 것(성급한 확신)
ⓒ 다른 사람과 비교하거나 유형화하려는 시도
ⓔ 사회복지사에 대해 좋지 않은 감정을 갖게 된 클라이언트

03 관계형성의 장애요인(변화를 방해하는 관계) [⑫]

❶ 사회복지사에 대한 클라이언트의 불신 [⑦]

① **불신의 원인** : 사회복지사에 대해 클라이언트가 불신하는 것은 대부분 과거에 경험한 중요한 다른 관계에서 유래된다. 또는 클라이언트에게 부정적 감정의 반응을 낳게 하는 사회복지사의 전형적인 행동(클라이언트가 경험하는 중요한 감정을 인식하지 못하는 것, 클라이언트를 무시하는 것, 과도하게 충고하는 것 등)과도 관련된다.

② **사회복지사의 대처** : 클라이언트는 자신의 부정적 감정의 반응에 대해 토의하지 않으려 하기 때문에 **클라이언트의 비언어적 단서들을 포함한 부정적 반응들을 지각하는 것이 필요**하다.

❷ 비자발성(비자발적 클라이언트) [⑥⑨⑩⑫⑬, 기술론 ⑫]

(1) 개 요

① 비자발적 클라이언트는 **변화의 동기 없이 타인에 의해 전문적 도움을 받도록 강요받은 사람**으로 개입 과정에 대한 불만과 적대적 감정을 표현하기 쉽다.
   ※ 사회복지실천에서 관계 : 비자발적인 클라이언트는 원천적으로 배제한다.(×)

② 비자발적인 클라이언트 동기화를 위한 행동지침 [⑫]
   ⊙ 클라이언트가 참여해야 하는 이유에 대해 사실적인 정보를 밝힌다.
   ⓒ 희망을 갖게 하고 용기를 주며, 지금까지 견뎌온 것을 격려한다.
      저항하는 클라이언트는 수치감과 비난으로부터 자신을 보호하거나 방어하려 하므로, 희망을 갖게 하고 용기를 주며 격려하는 것도 중요하다.
   ⓒ 저항의 실체를 있는 그대로 이해하고, 부정적인 감정을 표출하도록 유도한다.
      사회복지사와 강제로 만나게 된 것에 대해 클라이언트가 부정적인 감정을 가질 수 있다고 생각하고, 클라이언트의 부정적 감정을 표현하도록 돕는 기본적 면접기술을 사용하는 것이 좋다.
   ⓔ 다른 노력이 실패한 경우 거래전략을 사용한다.
      사회복지사는 클라이언트가 특정한 과업을 완수하거나 협조한 대가로 클라이언트의 불편을 줄여 주는 일을 하거나 클라이언트가 원하는 것(합법적이고 정당한 것)을 얻도록 돕는 데 동의한다.
   ⓜ 클라이언트에게 부여된 법적 제약과 한계 내에서, 클라이언트에게 가능한 많은 선택권을 준다.
      클라이언트가 선택할 수 있고 사소한 것에라도 어느 정도 통제권을 갖게 되면 클라이언트의 저항은 감소하게 된다.

③ 개입방법 [⑬]
  ㉠ 클라이언트의 메시지를 이해하기 위해 비언어적인 단서들을 찾는다.
  ㉡ 클라이언트 저항을 고려하여 대응이나 직면은 자제한다.
  ㉢ 양가감정을 인식하도록 클라이언트에게 성찰의 기회를 준다.
  ㉣ 사회복지사 개인의 경험을 노출할 때 역전이를 주의한다.

(2) 법에 의해 의뢰된 비자발적 클라이언트의 저항 다루기
  ① **클라이언트의 부정적 감정(분노) 다루기** : 클라이언트의 분노를 사회복지사 개인에게 갖는 감정이 아니라 클라이언트의 좌절감을 나타내는 것으로 받아들이는 것이 중요
  ② **촉진적으로 직면하기** : 권위로 밀어붙이기보다 촉진적 관계를 형성하면서 직면기술을 활용
  ③ **가능한 계약을 협상하기** : 일단 치료적 계약으로서는 미흡하더라도 개입을 가능하게 하기 위한 협력적 관계를 만들어야 함

❸ 저항(resistance) [⑧]

(1) 개념과 유형
  ① **개념** : 사회복지사가 원하는 방향과 반대되는 클라이언트의 행동으로 사회복지사와 클라이언트의 관계에서 **변화를 방해하는 힘**을 저항이라고 한다.
  ② **저항의 유형**
    ㉠ **침묵** : 갑자기 말을 하지 않거나 할 말이 생각나지 않는다거나 혹은 말하고 싶지 않다고 하는 경우를 말한다.
    ㉡ **핵심에서 벗어난 주제를 말하기** : 쓸데없는 이야기를 장황하게 하다가 막상 핵심적인 주제는 그냥 뛰어넘는 것으로 저항의 한 형태이다.
    ㉢ **무력함을 표현하는 것** : "잘 될 리가 없다.", "난 해봤자 뻔하다.", "그것도 해봤는데 소용 없었다."라는 식으로 계속 잘 안 될 거라는 무력함을 나타내는 것이다.
    ㉣ **문제를 축소하거나 마술적 해법을 기대하는 것** : "별로 심각한 이야기는 아니다.", "원래 이런 일은 시간이 지나면 해결된다." 하는 식의 반응으로 변화에 대한 노력을 기울이지 않으려고 하는 것이다.
    ㉤ **저항의 심리를 행동으로 나타내는 것** : 지각하거나 결석하는 것, 면담 중 안절부절하며 몸을 움직이거나 지루해하며 하품을 하는 등의 행동 역시 변화를 거부하는 것이다.

(2) 저항의 원인과 저항다루기
  ① **저항의 원인(저항의 근원지)**
    ㉠ **양가감정** : 양가감정은 저항과 밀접하게 관련되는데 변화를 원하는 것과 원하지 않는 마음이 동시에 공존하는 것이다.

ⓒ **서비스 개입에 대한 오해와 선입견** : 서비스와 개입에 대한 잘못된 이해를 갖고 있거나 혹은 익숙하지 못한 상황에 대한 잘못된 이해를 갖고 있거나 혹은 익숙하지 못한 상황에 직면하는 것이 두려워 저항을 보일 수 있다.

　　ⓓ **사회복지사에 대한 부정적 감정(전이)** : 클라이언트가 치료자를 의존적 욕구나 비현실적 기대를 만족시킬 수 있는 대상자로 보고 개입 목표보다 치료자에 대한 환상에 집착하는 현상이다.

② **저항 다루기** : 전반적인 태도
　　㉠ 저항이 변화로의 진전을 심각하게 방해할 경우에만 다루는 것이 바람직하다.
　　㉡ 저항의 저변에 있는 현재의 감정에 초점을 둔다.
　　㉢ 클라이언트가 익숙하지 못한 상황에 직면하거나 압도될 때 경험하는 염려와 두려움 등에 대해서 클라이언트의 두려움을 탐색하고 시범과 역할극을 통해 상황에 익숙해지도록 돕는다.
　　㉣ 서비스와 개입의 절차를 클라이언트가 잘못 이해하는 것에서 비롯된 저항은 서비스와 기관의 특성을 명확히 설명해 주고 서로의 역할을 분명히 하며, 클라이언트의 자기결정을 옹호하는 것이 필요하다.
　　㉤ 저항을 부정적인 것으로만 받아들이지 않고 변화의 자연스러운 과정으로 생각하는 것도 중요하다.

③ **클라이언트의 침묵 다루기** [⑦⑥⑨]
　　㉠ 침묵에는 여러 가지 의미가 있기 때문에 침묵의 의미를 파악하는 것이 필요하다.
　　㉡ 짧은 침묵은 정중한 침묵으로 대응하는 것이 좋다. 만약 침묵이 길어지면 사회복지사는 그 침묵을 탐색해야 한다.
　　㉢ **신참사회복지사가 침묵에 대처하면서 행하는 가장 일반적인 잘못은 주제를 바꾸는 것이다.** 이는 클라이언트가 조용한 것에 대해 사회복지사가 불편함을 느껴서 나타나는 현상으로, **짧은 순간의 침묵에 견디기 힘들어 다른 주제로 바꾸려는 시도는 삼가야 한다.**
　　　　⊗ 화제전환(×), 클라이언트가 침묵하는 경우 즉시 이유를 묻는다.(×)
　　　　⊗ 초기단계에서 사용하는 면접 기술 : 침묵을 허용하지 않고 그 이유에 대해 질문한다.(×)
　　　　⊗ 클라이언트의 침묵은 저항이므로 힘들더라도 대화를 지속하도록 촉구해야 한다.(×)

④ **클라이언트의 양가감정 다루기** [⑥]
　　㉠ **변화되고 싶어 하는 마음과 변화를 거부하는 이중적인 감정 상태**로서, 원조 과정에 대한 회의적 태도나 의심, 두려움 등으로 나타나거나 정보제공에 소극적 태도, 집단에 참여하는 경우 다른 사람들의 뒷전에서 구경만 하거나 지루하다는 태도를 보이는 것으로 나타난다.
　　㉡ 사회복지사는 클라이언트에게 양가감정은 자연스러운 것임을 알려주어 클라이언트가 양가감정을 수용하고 자유롭게 표현할 수 있도록 돕는다.

4 전이와 역전이

(1) 전이(transference) [6⑭]

① 개념
- ㉠ 클라이언트가 과거에 다른 사람(대개 부모, 부모를 대신하는 사람, 형제자매)과의 관계에서 겪었던 **두려움이나 슬픔, 또는 소망이나 그리움과 같은 감정을 사회복지사에게 투사해 보이는 것**이다.
- ㉡ **사회복지사에 대한 비현실적인 인식과 반응**을 전이라고 한다.

② 전이반응 다루기
- ㉠ 클라이언트의 반응이 비현실적임을 지적하고 사회복지사에 대한 현실적인 관점을 갖도록 도와야 한다.
- ㉡ 사회복지사에 대한 감정을 과거에 다른 사람에게도 느낀 적이 있는지 알아보고 그 근원에 대해 클라이언트가 깨닫도록 도와준다.
- ㉢ 클라이언트가 어린 시절, 신체적 또는 성적 학대 등 외상성 스트레스를 경험했다면, 과거 경험을 차분하게 설명하게 하고 탐색하는 것이 중요하다.
- ㉣ 과거에 지나치게 초점을 두는 것은 역효과를 일으키며 현재의 문제해결 노력을 다른 데로 돌리도록 하며 불필요하게 치료를 연장하게 만든다.

(2) 역전이(counter-transference) [⑦]

① 개념
- ㉠ **역전이는 전이와 반대 현상**으로 사회복지사가 클라이언트를 마치 자신의 과거 어떤 시점의 인물이나 관계로 느끼고 무의식적으로 그렇게 반응하는 것이다.
- ㉡ **사회복지사가 과거에 경험한 관계에서 파생된 감정, 소망, 무의식적 방어유형과 관련이 있는 것**으로, 왜곡된 인식과 감추어진 부분, 소망과 치료를 방해하는 감정반응과 행동을 만들어내면서 관계를 악화시킨다.

② 역전이 다루기
- ㉠ 사회복지사는 자신의 감정의 기원에 관심을 갖고 자신과의 분석적 대화를 시도하며, 자신의 문제보다는 클라이언트의 현실적인 관계에 관점을 갖도록 노력해야 한다.
- ㉡ 역전이로 인해 관계를 지속할 수 없을 경우에는 클라이언트에게 사회복지사 자신의 문제로 인해 관계를 지속할 수 없음을 알리고 다른 사회복지사에게 의뢰해야 한다.

> 전문적 원조관계 형성의 장애요인 : 변화에 대한 저항, 클라이언트의 전문가에 대한 부정적 전이, 전문가의 클라이언트에 대한 역전이, 클라이언트의 불신(O)

MEMO

사회복지실천의 면접론

제3부 **사회복지실천의 관계론과 면접론**

제7장 회차별 출제빈도, 출제비중 및 출제논점 1, 2, 3순위

10회 2012	11회 2013	12회 2014	13회 2015	14회 2016	15회 2017	16회 2018	17회 2019	18회 2020	19회 2021	20회 2022	21회 2023	22회 2024
3	3	3	2	2	2	2	2	3	2	3	2	2

출제 비중	출제 논점		
	1순위 ☺	2순위 ※	3순위 ☆
2~3	① 질문기술: 면접에서 피해야 할 질문 ② 면접기술: 명료화, 반영, 해석, 초점화...	① 면접의 종류: 정보수집, 사정, 치료면접 ② 질문기술: 질문의 유형	① 사회복지실천에서의 면접 특징 ② 관찰기술: 관찰의 내용 ③ 경청기술

1순위 스마일표시(☺) : 출제 빈출도가 높은 부분으로 무조건 시험에 출제되는 영역
2순위 당구장표시(※) : 나왔다 안 나왔다 하는 영역이지만 출제가능성 높은 영역
3순위 별 표(☆)   : 출제 된 적이 있긴 하지만 다시 출제될 가능성은 다소 떨어지는 영역

MAP

- 사회복지실천의 면접론
  - 면접의 개념과 특징 ☆
  - 면접의 종류 ※
  - 면접의 조건 ☆
  - 면접의 기술
    - 관찰기술 ☆
    - 경청기술 ☆
    - 질문기술 ☺
    - 기타 면접기술 ☺

01 면접의 개념과 특징

❶ 사회복지실천에서의 면접(interview, 면담) 개념

① **사회복지사와 클라이언트 사이의 일련의 의사소통**으로 사회복지 개입의 주요한 도구이다.
② 전문적 관계에 바탕을 두고 정보수집, 과업수행, 클라이언트의 문제나 욕구해결 등과 같은 목적을 수행하는 **시간제한적인 대화**이다.
③ 사회복지실천에서 면접은 **정보수집뿐만 아니라 그 자체가 클라이언트와의 대화를 통해 치료적 효과**를 갖기도 한다.

■ 면접과 대화 비교분석(이종복 외, 2007) ■

면 접	대 화
면접의 내용은 목적 달성을 촉진시키며, 명백한 목적이 있다.	중심 주체가 없다.
목적 달성을 위해 상호작용을 리드할 책임자가 있어야 한다(면접자와 피면접자의 역할관계가 구조화된다).	역할 담당에 관한 선택적 역할 행동이 없다.
면접은 비상호적 관계로 전문가가 주로 클라이언트의 이익을 제공하도록 계획되어 있다.	대화에서 상호작용은 클라이언트의 문제를 해결하는 데 도움이 되지 않는다.
면접자의 행동은 계획적이고 심사숙고된 것이며 의식적으로 선택된 것이다.	대화에 참여하는 사람의 행동은 자발적이고 비계획적이다.
전문가는 면접을 위해 클라이언트의 요구를 수용할 의무를 갖는다. 면접자의 개인적 이유로 종결할 수 없다.	대화는 중단하기가 쉽다.
공식적으로 준비된 만남이다(시간, 장소, 지속시간이 실천된다).	대화는 비공식적 만남이다.
면접은 불쾌한 사실과 감정을 피하지 못한다.	대화에서는 은연 중에 불쾌한 감정을 피할 수 있다.

❷ 사회복지실천에서의 면접의 목적과 특징

(1) 사회복지실천에서의 면접 목적 : 클라이언트와 문제에 대한 충분한 이해와 적절한 원조 [20]

① 브라운(Brown, 1992)은 면접의 목적을 ㉠ 자료수집, ㉡ 치료관계의 확립과 유지, ㉢ 클라이언트에게 정보제공, ㉣ 원조 과정에서 장애를 파악하고 제거하는 것, ㉤ 목표 달성을 향한 활동을 파악하고 이행하는 것, ㉥ 원조 과정을 촉진하는 것 등으로 제시하였다.
② 사회복지실천에 있어 면접의 목적은 **클라이언트에 대한 정보를 수집하고 도움을 제공하여 클라이언트의 문제를 해결함으로써 클라이언트의 삶의 질 향상과 성장을 달성**하는데 있다.

※ 면접에 관한 설명 : 목적은 클라이언트의 삶의 질 향상을 위한 것이어야 한다.(○)

(2) 사회복지실천에서의 면접 특징 [③⑤⑫⑱㉑]

① **맥락이나 세팅**을 가지고 있다.
  ㉠ 클라이언트에게 서비스를 제공하는 특정한 기관(세팅)이 있다.
  ㉡ 면접 내용은 특정 상황(맥락)에 한정되어 있어 특정 상황과 관련되지 않는 요인들은 제거된다.

② **목적과 방향**이 있다.
  ㉠ 면접은 클라이언트와 사회복지사가 목적 달성을 위한 일련의 과정을 밟기로 상호 합의한 상태에서 진행함을 의미한다.
  ㉡ 면접은 우연히 만나 정보를 교환하는 것이 아니라 구체적 목표를 달성하기 위해 수행되는 과정(의도적으로 이루어지는 목적 지향적 활동)이며, 의사소통은 개입 목적에 관련된 내용들로 제한된다.
      - 면접에 관한 설명 : 목적보다는 과정 지향적 활동이므로 목적에 집착하는 것을 지양한다.(×)

③ **한정적이고 계약에 의해 이루어지는 것**이다.
  ㉠ 사회복지 면접은 사회복지사 개입에 대한 동의가 있어야 하며, 이는 사회복지사와 클라이언트와의 계약에 의해 정해진다. 즉 사회복지사와 클라이언트가 목적 달성을 위해 함께 활동하며, 상호 합의한 상태에서 진행된다.
  ㉡ 계약은 면접의 시기ㆍ기간ㆍ장소ㆍ내용 등을 포함하는데, 이러한 계약을 하는 이유는 불필요한 요소를 제거하기 위해 필요하다.
      - 면접에 관한 설명 : 시간과 장소 등 구체적인 요건이 필요하다.(○)
      - 면접에 관한 설명 : 목적이 옳으면 기간이나 내용이 제한되지 않는 활동이다.(×)

④ **특정한 역할관계가 규정**된다.
  ㉠ 면접자(사회복지사)와 피면접자(클라이언트)는 각각 정해진 특정한 역할이 있고 그 역할에 따라 상호작용한다.
  ㉡ 면접에서 사회복지사와 클라이언트의 특수한 역할관계가 수반된다.

⑤ **공식적이고 의도적인 활동**이다.
  개인적이거나 사적인 차원에서 이루어지는 것이 아니다.

02 면접의 종류 : 목적에 따른 사회복지실천의 면접

1 정보수집 면접(사회력 면담 또는 사회조사) [⑰㉒]

(1) 개 념

① 일반적으로 **사회조사(social study)**라 하기도 하며, 여기서는 **클라이언트의 개인적, 사회적 문제와 관련된 인구사회학적 배경과 개인성장 발달사에 관한 정보를 수집**한다.

② 클라이언트에 관한 모든 것을 하나도 빠짐없이 알기 위해서가 아니라 **클라이언트의 배경을 앎으로써 문제를 좀 더 잘 이해하기 위해서이다.**
   - 예) 학대의심 사례를 의뢰받은 노인보호전문기관의 사회복지사는 어르신을 만나 학대의 내용과 정도를 파악하고 어르신의 정서 상태와 욕구를 확인하는 면접을 진행하였다. 이때 사회복지사가 진행한 면접의 유형이 정보수집면접이다.

(2) 특 징

① 사회 기능적인 면에서 개인, 집단, 지역사회의 중요한 사실을 수집하는 것이다.

② 면접의 목적은 모든 정보를 파악하는 것이 아니라 **클라이언트의 문제를 해결하고 도울 수 있는 데 필요한 정보만을 수집하는 것**이다.

③ 클라이언트에 대한 정보는 생육력, 사회력과 같은 객관적인 것과 클라이언트의 주관적 감정(심리적 상태) 등이며 이는 클라이언트 자신과 그의 상황을 이해하고자 함이다.

④ 일반적으로 **나이, 성별, 학력, 직업** 등의 조사와 문제의 특성, 아동기의 발달단계, 경험, 가족배경, 결혼력, 직업력, 접촉했던 사회복지기관, 사회적·직업적 기능, 일반적 인상 등이 파악된다.

⑤ 정보수집은 초기 단계에서 끝나는 것이 아니라 **클라이언트를 돕는 전 과정에서 계속적으로 이루어진다**.

2 사정면접 [⑧⑩⑯]

(1) 개 념

클라이언트가 기관의 서비스를 받을 수 있는지 여부, 즉 서비스 적격성 여부를 평가하기 위한 면접으로, 자료를 해석하고 의미를 부여하여 실천방향 및 개입방향을 결정하는 일이다.

> 예) 정신장애인의 경우, 사정면접을 통해 어떤 치료 방법을 사용할 것인지를 결정하게 된다. 이러한 결정을 위해서는 장애가 어느 정도 심각한지, 정신장애의 유형과 진단은 무엇인지, 약물치료의 효과와 재활치료의 효과는 어느 정도로 예측되는지를 판단하고, 정신장애인과 가족, 그리고 지역사회의 기존의 자원과 능력 등을 평가한다.

(2) 특 징

① **주로 서비스 접수 단계에서 이루어지는데** 국민기초생활보장수급자 적격 여부 판단을 위해 가정방문을 통해 실시되는 면접이나 정신보건센터 등에서 제공되는 서비스의 자격조건을 판단하기 위해 실시되는 면접 등이 해당된다.

② 기관 또는 사회복지사가 어떤 필요한 결정을 하는 필요한 정보를 얻고자 함이므로 **모든 정보를 파악하지 않고 선택적인 정보만 수집**한다.

③ **사회복지사와 형성된 라포와 충분히 얻은 정보를 바탕**으로 이루어진다.

④ 클라이언트의 현재 문제상황, 그 문제해결의 목표, 그리고 목표 달성을 위한 개입방법의 결정 등이 사정면접을 통해 이뤄지게 된다.

(3) 사정을 위한 면접 시의 질문

① 누가 이 문제상황에 관여되어 있나?

② 클라이언트는 문제에 어떤 의미를 부여하나?

③ 어디서, 언제, 얼마나, 언제부터 문제행동이 일어났는가?

④ 문제에 대한 클라이언트의 반응은 무엇인가?

⑤ 클라이언트의 욕구는 무엇이며 문제해결을 위해 필요한 자원은 무엇인가?

⑥ 클라이언트의 강점은 무엇인가?

3 치료적 면접 [②⑨⑪⑫]

(1) 개 념

① 클라이언트가 긍정적 변화를 일으키고 그의 주변 상황까지 변화시킴으로서 클라이언트가 보다 나은 적응을 하도록 하는 것이다.

② 치료적 면접의 목적에는 **클라이언트의 변화를 돕기 위한 것**과 클라이언트의 더 나은 사회적응을 위해 환경을 변화시키는 것이 있다.
  ㉠ 클라이언트의 변화를 돕기 위한 치료면접
  ㉡ 환경변화(사회상황 변화)를 목적으로 하는 면접

  ※ 면접의 유형 : 사정면접 - 클라이언트의 사회적응을 위해 환경변화를 목적으로 클라이언트와 관련 있는 중요한 사람과 면접을 진행함(×)

(2) 특 징

① 면접 자체가 어떤 정보만을 얻고자 함이 아니라 심리적, 사회적으로 치료가 될 수 있도록 심리학적인 원리와 절차를 통해 진행되며, **면접 자체가 치료도구로 활용**된다.

② 변화를 추구하는 클라이언트가 면접에 나타나지 않을 경우 클라이언트의 생활에 있어서 중요한 사람들과 면접을 할 수 있는데, 사회복지사는 클라이언트를 대신하여 중재자나 대변자로서 활동한다.

03 면접의 조건 : 효과적인 면접의 구성요소

1 라포(rapport) 형성 [①]

(1) 개 념

① '마음의 유대'란 뜻으로 서로의 마음이 연결된 상태, 즉 서로 마음이 통하는 상태를 뜻하며, **사회복지실천과정에서의 라포는 클라이언트와 사회복지사 사이의 상호이해와 작업관계의 수립을 가능하게 하는 조화, 공감, 화합의 상태**이다.

② 라포 형성은 서로를 소개하는 초기에 형성되어 면담이 진행되는 동안 유지되어야 하는 것이다.

(2) 라포 형성을 위한 사회복지사가 할 수 있는 노력

① 클라이언트의 개인적 문제로 들어가기 전 가벼운 대화로 준비기간(warm-up period)을 갖는 것이다.

② 클라이언트에 대한 존중을 표현하는 것 역시 라포 형성에 매우 중요하다.

③ 클라이언트의 감정을 충분히 이해하고 있다는 것을 언어적·비언어적 메시지로 전달함으로써 라포 형성을 촉진할 수 있다.

④ 사회복지사가 보이는 진실성(authenticity)과 순수성(genuiness)이 라포 형성을 촉진하게 된다.

② 구조적 요인

(1) 물리적 환경(면접장소) [⑧⑬]
① 면접에 집중할 수 있는 곳으로 **클라이언트가 선호하는 장소, 사례의 특성이나 사정 등을 고려**하여 주변조건을 제어할 수 있는 장소로 **융통성 있게(유동적으로) 선택**할 수 있다.
② 클라이언트의 긴장을 완화시키고 집중도를 높일 수 있는 편안한 의자를 제공하고, 물리적인 환경이 열악한 경우 이에 대해 설명한다.

(2) 면접시간 [⑧⑬]
① 사회복지사와 클라이언트 상호 간 약속에 의해 시간이 정해지고, 그 시간은 예기치 못한 급한 사정이 없는 한 반드시 지켜져야 한다(**클라이언트의 시간에 맞추어 정한다**).
② 클라이언트의 주의 집중 능력이나 의사소통 능력에 따라 면접시간을 조절한다.

(3) 면접기록
① 면접 내용을 기록하는 것은 필수적이다. 그러나 기록은 간혹 면접 자체를 방해할 수 있으니 주의가 필요하다.
② 면접 도중 기록은 간단하고 꼭 필요한 사항만 기록하고 대부분은 면접 이후에 기억을 떠올리며 하거나 피면접자의 동의를 얻어 녹음 등을 이용할 수 있다.

(4) 면접의 비밀성
장소나 시간 등에서 비밀이 보장되어야 할 뿐 아니라 면접 내용이 밖으로 유출되지 않도록 클라이언트와 신뢰관계를 구축하는 것이 필요하다.

(5) 면접자의 예비지식
훌륭한 면접자는 단지 이론에만 능통한 것이 아니라 특수한 상황과 특별한 클라이언트를 다룰 수 있는 지식과 기술이 필요하다.

(6) 면접자의 태도
① **옷차림과 행동 : 신체적 접촉도 고려해야 한다.** 성인이 눈물을 흘릴 때는 화장지를 건네주는 편이 낫고, 손을 붙잡거나 어깨에 손을 올리는 행위는 신중해야 한다.
② **호칭** : 사회복지사와 클라이언트는 사교적인 관계가 아니라 전문적인 관계이므로 형식성을 띤다. ~선생님이란 호칭을 사용하는 것이 좋다.
③ **관심, 따뜻함, 신뢰 보여주기** : 클라이언트에 대한 존중을 내포하는 자세로, 클라이언트의 얘기에 경청하고 끊임없이 반응해 줌으로써 긍정적인 존중의 관계를 맺을 수 있게 된다.

04 면접의 기술

1 관찰기술

(1) 개 요
① **개념** : 관찰은 사회복지실천의 모든 과정 동안 사용되는 기술로서 **클라이언트가 말하고 행동하는 것에 주의를 기울이는 것**이다.
② 면접 중에는 클라이언트의 언어적 표현 뿐 아니라 비언어적 표현에도 민감해야 한다.
③ 사회복지사는 클라이언트를 자신의 관점에 따라서 관찰하고 판단하기 때문에 자신의 관찰이 정확하다고 생각해서도 안 되며 또한 쉽게 속단해서도 안 된다. 관찰을 통해 얻은 클라이언트에 대한 정보가 다른 정보와 일치하는지를 판단하여 사용해야 한다.

(2) 관찰의 내용 : 무엇에 주목할 것인가? [5]
① **신체언어(클라이언트의 언어적/비언어적 표현)** : 클라이언트가 앉아 있는 모습, 얼굴표현, 목소리의 색조의 변화, 손가락으로 탁자를 치는 행동 등이 무엇을 전달하고 있는가?
② **처음 꺼내는 말과 종결하는 말의 내용(시작하는 말과 종결하는 말)** : 이 내용은 클라이언트가 자신의 자아나 환경에 대해 어떤 태도를 갖고 있는지 암시를 준다.
③ **화제의 이동(대화 중 화제 바꾸기)**
  ㉠ 클라이언트의 무의식 중에 그 두 이야기는 밀접하게 관련되어 있을 가능성이 크기 때문에, 클라이언트가 갑자기 화제를 바꾸는 경우가 있는데 이때 면접자는 클라이언트가 이전에 했던 이야기와 이후에 시작한 이야기의 주제를 파악해야 한다.
  ㉡ 대화 도중 어떤 주제가 나올 때 화제를 바꾸는 경우는 특별한 주제가 고통스럽거나 토론하기 싫다는 것을 의미하기 때문에 그 이유를 나중에라도 알아낼 필요가 있다.
④ **반복적인 주제의 제시(반복되는 언급)** : 클라이언트가 계속해서 한 주제를 제시하는 경우에는 클라이언트에게 매우 중요한 문제이거나 클라이언트가 도움을 받기 원하는 문제이다.
⑤ **진술의 불일치(비일관성)**
  ㉠ 클라이언트의 이야기는 한결같지 않은 경우가 많다. 이때 이러한 것이 지속적으로 계속된다면 이 부문은 주목할 필요가 있다.
  ㉡ 클라이언트의 진술 간에 차이가 나는 것은 면접내용이 클라이언트 자신에게 매우 위협적인 것이거나 공개하고 싶지 않다는 것을 시사한다.
⑥ **감추어진 의미** : 면접자는 클라이언트가 말하는 것만큼 클라이언트가 의미하는 것을 듣는 데 주의해야 하며, 특히 클라이언트의 말실수나 태도 등을 잘 관찰하면 클라이언트의 입장에서 감추어진 의미파악이 가능하다.
⑦ **침묵** : 언제 어떤 대화 도중에 침묵이 발생했는지를 정확히 파악하는 것이다.

2 경청기술 [①②㉑㉒]

(1) 개념

① 단순히 듣기가 아니라 **클라이언트의 사고와 감정을 이해하기 위한 적극적인 활동**으로, 클라이언트의 어려움에 공감하고 그에게 필요한 반응을 해가면서 적극적으로 잘 듣는 것이다.

> 경청에 관한 내용 : 클라이언트의 이야기에 반응하지 않아야 한다.(×)

② 감정적, 정서적으로 억압된 클라이언트의 감정표현을 돕도록 하기 위해 잘 들어주는 것뿐만 아니라, 클라이언트의 표정이나 몸짓도 관찰하여 의미를 파악하고, 클라이언트가 자유로이 표현할 수 있도록 적극 격려하는 것을 포함한다.

> 면접에서 경청에 관한 설명 : 클라이언트의 진술을 즉각적으로 교정해주는 것이 핵심이다.(×)

(2) 중요성

경청은 클라이언트의 고민에 대한 공감과 적극적인 반응으로 클라이언트의 마음의 공감이 형성되어 **관계(신뢰) 형성**이 저절로 되고 클라이언트의 자기개방이 증진되어 문제해결에 도움이 될 수 있다.

> 면접에서 경청에 관한 설명 : 클라이언트와 사회복지사 사이의 신뢰 관계 형성에 도움이 된다.(○)
> 경청에 관한 내용 : 클라이언트의 이야기에 반응하지 않아야 한다.(×)

(3) 적극적인 경청의 기술

① **환언(paraphrasing, 바꾸어 말하기)** [기술론 ⑯]

㉠ 클라이언트가 말한 내용을 말의 뜻에 초점을 맞춰 재진술하는 것으로, 클라이언트가 말한 내용의 어의적 뜻을 사회복지사가 자신의 언어로 바꾸어서 다시 말해 주는 것이다.

㉡ 클라이언트가 이야기한 것을 분명하게 하는 데 도움을 주고, **클라이언트가 계속해서 자신의 의견을 표현하도록 고무하는 데** 필요하다.

> 예) 클라이언트 : "아버지께 화내서 너무 죄송해요. 왜냐하면 아버지께서 당뇨를 앓고 계시거든요. 더구나 당뇨관리가 제대로 안되어 다리 절단의 위기에 처해있는데도 술을 계속 드실 때에는 화를 내게 돼요. 나는 왜 우리가 잘 지내지 못하는지 모르겠어요."
> 사회복지사 : "아버지를 걱정하고 관계가 향상되길 바라지만 때때로 아버지와 함께하는 것이 매우 어려운 것 같군요."

② **반영(reflection)**

말하고 있는 클라이언트의 감정을 분명하게 파악하고 그것을 다시 그 사람에게 전달하는 것으로, 말 속에 내포되어 있는 감정과 태도를 표면으로 이끌어 내서 마치 거울처럼 당사자에게 보여주는 것이다.

> 예) 클라이언트 : "고용사무실의 그 사람은 정말 바보 같아요. 그가 사람을 어떻게 다루는지 압니까? 난 거기 갈 때면 갓난애가 되는 것처럼 느껴져요."
> 사회복지사 : "당신이 그 고용사무실에서 당황하고 좌절감을 느꼈다는 것으로 들리는군요."

③ **요약(summarization)**

㉠ 몇 가지 메시지의 내용과 감정적 요소를 한데 모으는 것으로, 클라이언트가 말한 내용을 축약하여 정리하는 것이다.

㉡ 클라이언트가 진술한 여러 가지 내용을 좀 더 분명히 정리하는 데 도움을 준다.

제7장 사회복지실천의 면접론

3 질문기술

(1) 질문의 개념

① 질문은 정보를 이끌어 내기 위해 사용하는 기술로 질문을 통해 문제해결에 도움이 되는 정보를 얻을 수 있고 클라이언트의 내면을 탐색할 수 있다.

② 클라이언트에 관한 정보를 습득하는 것도 있지만 클라이언트와 충분한 커뮤니케이션을 하기 위해 필요하다.

(2) 질문의 유형

① **개방형 질문과 폐쇄형 질문** [②④⑨⑭⑱㉑]

㉠ 개방형 질문 : 질문에 대한 대답에 자유로워서 클라이언트의 생각을 무엇이든지 말할 수 있고 광범위한 대답을 요구하는 질문이다.
- 예) "어제 아드님이 방문했을 때 무슨 일이 있었나요?" "우리 복지관에 대해 무엇을 알고 있나요?"
- 폐쇄형 질문은 클라이언트의 상세한 설명과 느낌을 듣기 위해 사용한다.(×)

㉡ 폐쇄형 질문 : 클라이언트의 초점을 제한하고 확실한 사실에 대해서만 묻는 방식이다.

㉮ '예, 아니오'라는 대답만 요구하여 정보를 확실히 이해하기 위해 사용되지만 클라이언트가 대답할 수 있는 방법을 제한하기 때문에 이해 폭을 좁힌다.
- 예) "어르신은 현재 혼자 살고 계세요?"

㉯ 주소, 연령 등과 같은 아주 간략한 답을 할 수 있는 질문으로 정보를 한 조각 얻어낼 수 있지만 설명은 더 이상 이어지지 않는다.
- 예) "어디에 사십니까?" "실례지만 연세가 어떻게 되시죠?"
- 클라이언트가 지나치게 말을 많이 하는 경우, 폐쇄형 질문만을 사용하여 초점 모으는 것 필요하다.(×)
- 폐쇄형 질문 : "결혼하셨습니까?"(○)
- 개방형 질문은 '예', '아니오' 또는 단답형으로 한정하여 대답한다.(×)

② **구조화된 질문과 비구조화된 질문** [⑨]

㉠ 구조화된 질문
주제를 제한하되 클라이언트가 원하는 대로 대답하게 하는 것이다.
- 예) "자녀의 학업성적이 좋지 않아서 많이 화가 나셨던 것 같은데 자녀의 학업성적에 대해 좀 더 자세하게 말씀해 주시겠어요?"

㉡ 비구조화된 질문
주제의 선택도 클라이언트에게 맡기는 것이다.
- 예) "그 외에 무엇이 당신을 힘들게 합니까?" "오늘 무슨 이야기로 시작할까요?"

③ **직접질문과 간접질문**

㉠ 직접 질문 : 문장의 형태가 의문문이다.
- 예) "이것 네가 했지?"

㉡ 간접 질문 : 서술문의 형태이다.
- 예) "이것, 누가했는지 모르겠네.", "그것이 가능하다고 믿는지 궁금합니다.", "당신의 의견이 궁금합니다.", "당신은 이미 결론에 도달했는지도 모르겠군요."

④ 사적인 질문과 언급 [④⑯㉑]
  ㉠ 클라이언트가 사회복지사에게 사적인 질문을 하는 동기
    ㉮ 단순한 사회적 호기심, 즉 일반적으로 사물을 처음 대할 때처럼 클라이언트 또한 처음 만난 사회복지사를 탐색해야 할 대상으로 본다.
    ㉯ 사회복지사로서 자질과 도움이 될 만한 점들을 가지고 있는 지 알아보기 위한 시도이다.
    ㉰ 사회복지사와의 관계를 주도하면서 사적인 우정을 만들기 위해서, 또는 전문적 관계에서 야기되는 문제를 피하기 위해 사적인 관계를 만들려는 시도에서이다.
    ㉱ 사회복지사에 대한 감정의 표현이다.
    ㉲ 클라이언트 자신에 대한 감정의 표현이다.
  ㉡ 사적 질문 다루기
    ㉮ 일상적인 맥락의 질문이고, 사회적으로 충분히 수용될 수 있는 질문이라면 **간략하고 직접적으로 대답**하고 초점을 다시 돌리는 것이 좋다.
    ㉯ **사회복지사의 전문적 자질에 관련된 질문에는 솔직히 말하되 자신감을 가지고 대답**하고, 추가로 분위기를 전환시킬 수 있는 반문을 제기한다.
    ㉰ 사회복지사의 인간적 자질을 우려하는 질문을 할 수 있는데, **사회복지사는 자신이 갖지 못한 지식이나 경험을 마치 가진 것처럼 하는 것은 바람직하지 않다**. 따라서 자신은 클라이언트와 유사한 경험이 없으므로 그 경험을 완벽하게 이해하는 데에 한계가 있다는 점을 명백히 인식시킨다.
    ㉱ 사회복지사의 나이에 대해 물어볼 때는, "○○○씨께서 경험한 일을 이해하기에는 제가 너무 젊다고 생각하시는 군요."라고 대답할 수도 있고, 이런 예측이 틀릴 수도 있으므로 다소 조심스럽게 반문하는 형식으로 대답한다.
    ㉲ 사회복지사가 클라이언트와 전문적 관계를 맺고 있는 동안에는 **사적인 우정은 피하는 것이 좋다.**

    예) 클라이언트 : "저기...우리 사회복지사님은 결혼하셨나요?"
        사회복지사 : "결혼을 했는지가 궁금했었군요."
        클라이언트 : "네."
        사회복지사 : "그런데, 그 사실을 알면 모를 때와 뭐가 달라지죠?"

    ※ 사회복지사에 관한 사적인 질문은 가능한 한 간결하게 답하고, 초점을 다시 클라이언트에게로 돌린다.(○)
    ※ 사회복지사에 관한 사적인 질문에 대한 답변은 자세히 말한다.(×)

(3) 면접에서 피해야 할 질문 [①⑨⑫⑮⑯⑲⑳㉑]
  ① **복합형 질문(폭탄형 질문, 복수질문, 중첩형 질문)** : 한꺼번에 쏟아 붓는 질문. 이중 또는 삼중질문 한꺼번에 많은 질문을 하면 클라이언트는 피상적인 답을 하게 되는 경우가 많으며, 클라이언트를 당황하게 만들 수 있으므로 한 가지씩 분리해서 한 번에 하나씩 질문을 하는 것이 좋다.
    예) "의사는 뭐라고 그러던가요? 아들을 왜 때렸으며 그때 누가 같이 있었죠?"

② **유도형 질문** : 유도하는 질문
  ㉠ 클라이언트가 바람직한 결과를 이끌어 나가기를 바라는 마음에서 사회복지사의 감정이나 견해를 해결책의 형태로 간접적으로 나타내는 것이며, 클라이언트에게 특정한 방향의 응답을 하도록 이끄는 질문이다.
    ⊗ 유도형 질문은 비심판적 태도로 상대방을 존중하기 위해 사용한다.(×)
  ㉡ 클라이언트가 가졌던 감정이나 생각을 솔직히 드러내도록 돕기보다 방어적인 입장에서 또는 사회복지사의 비위를 맞추기 위해 솔직하지 않은 답을 하도록 압박을 가할 수 있다.
    예 "그 친구를 따돌리고 싶은 생각이 애초부터 마음 속에서 서서히 일어나고 있었던 거죠?"

③ **"왜?"라는 질문**
  ㉠ 클라이언트를 방어적인 태도로 만드는 경향이 있기 때문에 질문을 받으면 사회적으로 허용하는 대답을 하게 된다. 즉, 책임을 추궁하거나, 몰아세우는 인상을 주며, 모르는 상황에 대해서 답변을 강요할 수 있으므로 가급적 피해야 한다.
  ㉡ 클라이언트의 행동이나 상황에 대해서 "왜?" 대신에 "무엇", "언제", "어디서", "어떻게" 등에 초점을 두는 질문을 사용하는 것이 좋다.
    예 "그 민감한 상황에서 왜 그런 말을 하셨지요?"

④ **모호한 질문** : 대명사를 많이 사용하거나 혹은 상황에서 벗어난 질문을 할 때 많이 발생하며, 특히 대인관계가 복잡한 상황에서 누가 누구와 어떤 관계 속에서 문제가 발생하였는지를 파악할 때 많이 발생한다.
    예 "당신에 대해서 말씀해 주시겠어요?" "오늘은 어떠세요?"

4 기타 면접기술

(1) 명료화(clarification, 명확화) [⑬⑭⑱]
① 클라이언트가 보다 더 명시적으로 말하도록 격려하고 클라이언트가 말한 것에 대해 사회복지사가 이해했음을 입증하기 위해 질문하는 것이다.
② 명확화는 클라이언트가 자신의 상황에 대해 더 분명하고 자세하게 그리고 객관적으로 인식할 수 있도록 도와주는 질문기법이며, 클라이언트의 말이 모호하고 이해가 잘 되지 않는다는 것을 밝히고 클라이언트에게 자신의 말을 재음미하거나 구체적 예를 들어 명확히 해 줄 것을 요청하는 것이다.
    예 클라이언트 : 내 인생은 끔찍해요. 나는 일들을 바로 잡을 수 있을지도 모르지만 불가능해 보여요.
       사회복지사 : 나는 알아듣기가 힘드네요. 당신은 기대했던 것보다 사정이 너무 느리게 변하고 있다는 것인가요? 아니면 당신의 상황이 과거보다 더 나빠졌다고 말하는 겁니까?

(2) 반영(reflection) : 감정에 반영하기 [⑤. 기술론 ㉑]
① 클라이언트의 말 속에 내포되어 있는 감정과 태도를 표면으로 이끌어 내서 마치 거울처럼 당사자에게 보여주는 것으로, 말하고 있는 개인의 감정을 분명하게 파악하고 그것을 다시 그 사람에게 전달하는 것이다.
② 클라이언트로 하여금 자신이 느끼고는 있지만 말로 표현하지 못하고 있는 감정을 소리내어 말로 표현하도록 돕는 것이다.
    예 클라이언트 : "고용사무실의 그 사람은 정말 바보 같아요. 그가 사람을 어떻게 다루는지 압니까? 난 거기 갈 때면 갓난애가 되는 것처럼 느껴져요."
       사회복지사 : "당신이 그 고용사무실에서 당황하고 좌절감을 느꼈다는 것으로 들리는군요."

(3) 직면하기

① 직면하기는 맞닥뜨림이라고도 표현하는데, 클라이언트의 행동과 표현하고 있는 말 사이의 불일치를 사회복지사가 지적해 주는 것이다. 여기서 불일치 행동은 클라이언트가 무의식적으로 표현한 것들이다.

② 직면하기는 클라이언트가 스스로 깨닫지 못했던 말과 행동을 지적하여 자기인식을 증진시키고 변화를 촉진시키기 위한 기술이다.

> 예) 사회복지사 : "○○○씨가 어제 '어머니하고는 터놓고 지냅니다'라고 말했는데, 방금 전에 말씀하신 내용으로는 사실상 어머니하고 터놓고 지내는 사이가 아닌 것 같은 데요?"

(4) 해석하기 [⑭⑰]

① 클라이언트의 표현과 행동상황 저변의 단서를 발견하고 그 결정적 요인들을 이해하여 그것을 클라이언트가 깨달을 수 있도록 도와주는 방법이다.
  ㉠ 클라이언트가 보여준 언행들의 의미와 관계에 대한 가설을 제시한다.
  ㉡ 클라이언트가 자신의 행동, 감정, 생각을 새로운 시각으로 볼 수 있게 한다.

② 사회복지사는 클라이언트와 이야기되었던 내용을 분석하고 내용과 관련된 이론, 전문가적 경험, 클라이언트의 문제에 대한 정보에 따라 문제에 대한 또 다른 접근 방법을 제안할 가능성이 있는 상황의 가설을 세우게 되는데 이것이 해석하기이다.

> 예) 클라이언트 : "제 남편은 가정적인 것과는 거리가 너무 멀어요. 요즘 남자가 어디 그래요? 친구들 이야기를 들어보면, 자상하고 애들한테도 잘해주고, 살림도 많이 거들어 준대요."
> 사회복지사 : "남편에 대한 불만이 그 동안 많이 쌓여 있네요."

(5) 요약하기(summarization) [기술론 ㉑]

① 면접을 시작하거나 마칠 때, 혹은 **새로운 주제로 전환하려 할 때** 클라이언트가 이전 면접에서 언급한 것을 간략히 요약하고 내용을 분명히 하는 기술이다. 요점을 되풀이하여 말하는 것, 또는 면접의 제한적인 단위(세션이나 전반, 후반부 등)를 짧게 다시 살펴보는 것으로 중요한 것을 부각시키면서, 무엇이 적절히 다루어졌고 또 부가적인 주의가 필요한 것이 무엇인지를 말하는 것이다.

② 면접 동안 다루어진 내용이나 진전된 사항을 파악할 수 있고, 중요 이슈나 요점을 다시 한번 생각할 수 있는 기회를 가지며, 면접 내용이 정확한지를 확인하는 기회를 제공한다.

> 예) 사회복지사 : 당신의 말에서 난 매우 많은 걸 들었습니다. 당신은 일자리 찾기에 필사적이었는데 찾지 못해서 분노와 우울감을 느꼈습니다. 당신은 고용사무실을 찾아갔지만 좌절감은 더 커졌지요. 우선 당신이 고등학교를 중퇴해 버린 것에 대해 깊은 회한을 느끼고 있는 것이죠. 여기까지가 당신이 제게 말한 내용이 맞습니까?

(6) 지금-여기에 초점맞추기

초점을 과거에서 현재로, 즉 지금 여기로 옮기는 반응으로, 현재의 감정과 과거의 경험이 공존할 때 감정에 초점을 맞추는 것은 사회복지사가 직접적으로 반응과 행동을 관찰할 수 있어 편견과 실수를 제거할 수 있다.

> 예) 클라이언트 : "주변사람들이 그렇게 말하는 게 신경쓰였어요. 너무 싫었거든요."
> 사회복지사 : "제가 방금 ○○에 대해 피드백을 했는데 지금은 기분이 어떤가요?"

(7) 정보, 제안, 조언

① **정보주기** : 의사결정이나 문제해결에 필요한 정보를 제공하는 것으로, 클라이언트가 이해하고 수용할 수 있는 수준에서 말이나 문서로 정보를 제공한다.

② **제안하기** : 클라이언트가 생각하는 데 도움을 줄 수 있는 관련된 요인이나 아이디어에 집중할 수 있게 한다. 면접자가 선호하는 접근방법을 단순히 표현하는 것이 아니라, 클라이언트에게 생각할 여지를 주는 것이다.

③ **조언하기** : 클라이언트가 해야 할 것을 추천하거나 제안하는 것으로, 사회복지사는 정확한 정보와 그에 따른 결과를 설명하고 클라이언트가 스스로 결정을 내리는 데 도움을 주어야 한다. 사회복지사는 클라이언트가 자유롭게 조언을 받아들이거나 거절할 수 있다는 것을 전달하는 것이 중요하다.

(8) 관심보여주기 : 클라이언트에게 집중하기 [⑩]

① **개념** : 클라이언트에게 계속 관심을 유지하는 것으로서 클라이언트의 언어적·비언어적 메시지를 주의깊게 듣고 알아차리는 능력이 필요하다.

② **적용**
  ㉠ 클라이언트를 향해 앉기
  ㉡ 개방적이고 공손한 자세 취하기
  ㉢ 클라이언트를 향해 몸을 약간 기울이기
  ㉣ 클라이언트 눈을 직시하기

(9) 감정이입(empathy)

① 다른 사람의 입장에서 생각하거나 다른 사람의 감정·욕구·사고·행위들을 이해하는 능력이나 그러한 태도를 의미하는 것으로, 클라이언트의 주관적 경험과 감정을 정확하게 인지하고 표현하는 것이다.

② 감정이입할 때 면접인은 클라이언트의 느낌을 나누고, 결과적으로 클라이언트의 느낌과 마음의 상태를 더 잘 이해할 수 있는 위치에 있게 된다.

(10) 초점화(focusing) 혹은 초점맞추기 [⑭, 기술론 ㉑]

① 제한된 시간에 최대의 효과를 가져와야 하는 전문적 관계에서 불필요한 방황과 시간 낭비를 막아주는 효과적인 기법이다. 즉 클라이언트가 두서없이 말을 장황하게 하거나 어떤 주제를 회피하고자 할 때 사회복지사가 간단히 질문을 하거나 언급함으로써 다시 초점을 맞추는 것이다.

② 초점 기술을 통해 클라이언트의 산만한 사고와 감정을 정리하여 중심이 되는 문제를 좀 더 깊이 탐색하고 원하는 변화를 이끌어낼 수 있도록 도와준다.

> 예) 아이의 학습부진 문제로 면접을 하는 과정에서 아이의 어머니가 동네의 유해 환경에 대해 장황하게 설명할 경우, 사회복지사는 '유해 환경도 중요하지만 먼저 아이의 학교생활에 대해 좀 더 이야기를 나눈 뒤 그 이야기를 하는 것이 좋을 것 같습니다'라고 하여 아이의 학습부진으로 다시 초점을 맞추는 것이다.

(11) 바꿔말하기(paraphrasing, 부연하기)

① 숙련된 사회복지사는 클라이언트가 한 말의 어의적 뜻뿐만 아니라 그 말과 관련된 정서적 구성요소에도 초점을 둔다. 이를 효과적으로 하기 위해서 사회복지사는 바꿔 말하기와 반영을 자주 사용한다.

② 반영이 감정이나 메시지의 정서적 요소의 표현인 데 반하여 바꿔 말하기는 클라이언트가 말한 내용의 어의적 뜻을 다시 말하는 것이다. 즉 클라이언트 말에 덧붙여 말하는 것이다.

③ 클라이언트가 한 말을 자신의 말로 다시 한번 반복해줌으로써 그 의미를 분명히 하는 것으로 앵무새처럼 똑같은 말을 반복하는 것이 아니다.

(12) 침묵의 탐색(exploring silence) [⑩⑲]

적극적 경청에서는 클라이언트가 침묵을 지키고 있을 때 주의를 기울이는 것이 필요하다. 침묵은 의미를 가진 행위이며 때때로 그 의미를 밝히는 것이 중요하다.

① 신참 사회복지사가 침묵에 대처하는 가장 일반적인 실수는 주제를 바꾸는 것이다.

② 짧은 침묵은 정중한 침묵으로 대응하는 것이 가장 좋다. 만약 침묵이 길어지면 사회복지사는 그 침묵을 탐색해야 한다.

> 예) 클라이언트 : (생각에 잠겨 침묵)
> 사회복지사 : "당신은 무언가를 골똘히 생각하고 있는 것 같군요. 내게 무얼 생각하고 있는지 말해 줄 수 있나요?"

(13) 지지하기(sustainment)

① 클라이언트에 대한 사회복지사의 신뢰나 존중, 돕고자 하는 태도 등을 직접적인 표현으로 전달하며, 클라이언트가 문제해결능력이 있다는 확신을 표현하는 것이다.

② 클라이언트가 원조를 요청할 때 느끼게 되는 긴장이나 불안감을 덜어주고 자기의 상황에 대해 솔직하게 이야기할 수 있게 해주며 자기 존중감을 증진시킨다.

③ 지지하기 기법에는 재보증과 격려하기 등이 있다.

김진원 OIKOS 사회복지사1급 통합이론서 2교시

제4부

사회복지실천의 과정론

제 8장 접수 및 자료수집
제 9장 사정단계
제10장 계획수립단계
제11장 개입단계
제12장 종결과 평가단계

접수 및 자료수집

제4부 **사회복지실천의 과정론**

제8장 회차별 출제빈도, 출제비중 및 출제논점 1, 2, 3순위

10회 2012	11회 2013	12회 2014	13회 2015	14회 2016	15회 2017	16회 2018	17회 2019	18회 2020	19회 2021	20회 2022	21회 2023	22회 2024
1	3	3	–	2	2	1	2	2	2	2	1	1

출제 비중	출제 논점		
	1순위 ☺	2순위 ※	3순위 ☆
0**2**3	① 접수단계의 과제	① 자료수집의 정보출처	① 초기 면접지(intake sheet) 포함 할 내용

1순위 스마일표시(☺) : 출제 빈출도가 높은 부분으로 무조건 시험에 출제되는 영역
2순위 당구장표시(※) : 나왔다 안 나왔다 하는 영역이지만 출제가능성 높은 영역
3순위 별 표(☆)   : 출제 된 적이 있긴 하지만 다시 출제될 가능성은 다소 떨어지는 영역

MAP

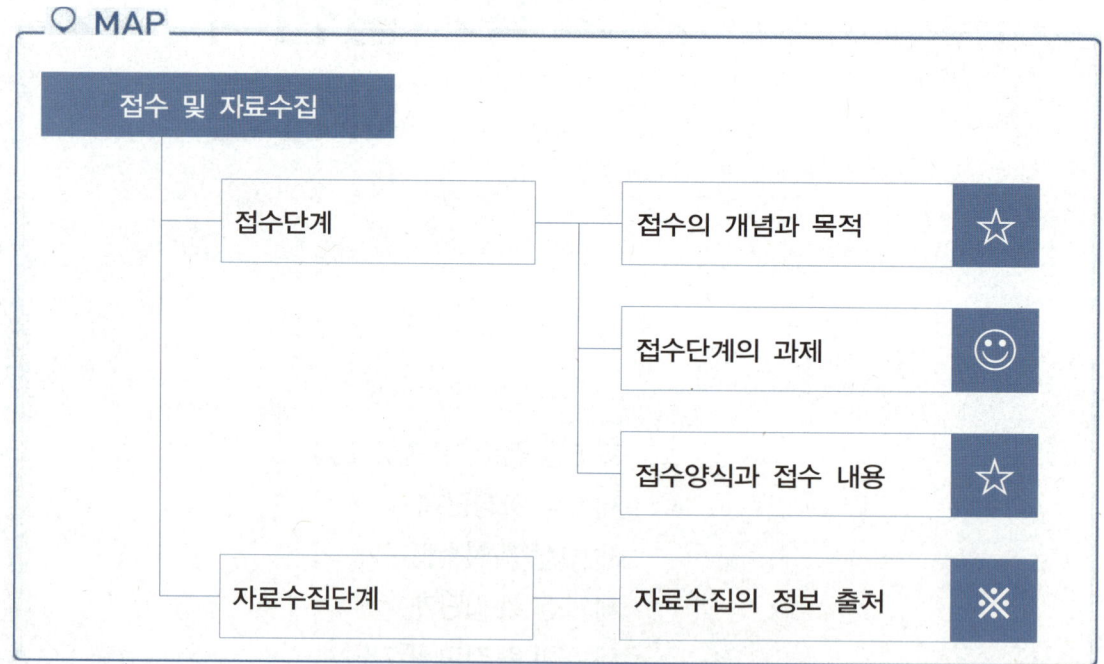

> **OIKOS UP   사회복지실천의 과정**
>
> 사회복지실천의 과정은 **사회복지사와 클라이언트가 함께 참여하는 역동적인 활동으로, 클라이언트의 문제해결이라는 목적을 위해 연속적으로 수행되는 일련의 전문적 활동**이라 할 수 있다.
> ① 과정은 몇 개의 단계(phase)로 구성되며, 모든 단계에는 특정의 목표가 있고 이를 달성하기 위해 기대되는 사회복지사의 역할과 과제가 있다.
> ② 사회복지실천의 과정이 원활하게 진행되기 위해서 클라이언트를 만나는 단계에서부터 평가가 이루어지기까지 일련의 과정은 학자에 따라 사회복지실천과정을 3단계에서부터 7단계까지 구분하고 있으며, 클라이언트의 문제해결에 실질적인 도움을 제공하고 대처능력을 향상시킨다는 궁극적 목적을 가지면서 각 단계별 목표와 주요과업, 적절한 기술을 필요로 한다.
> ③ 학자에 따라 3단계에서부터 7단계까지 구분하고 있으나, 접수 및 자료수집 → 사정 → 계획 수립 → 개입 → 평가와 종결 순으로 내용을 정리하였다.

1 접수단계

(1) 접수의 개념과 목적

① **접수의 개념**
  ㉠ **접수(intake)** : 위기상황에 처해 있거나 욕구와 문제를 가진 사람이 전문가의 도움을 받고자 사회복지 관련 기관에 찾아왔을 때 **사회복지 전문가가 그의 문제와 욕구를 확인하고 그것이 기관의 정책 방향과 서비스에 부합되는지의 여부를 판단하는 과정**이다.
    ※ 접수단계의 주요 과업 : 클라이언트의 문제가 기관의 자원과 정책에 부합되는지 판단(○)
  ㉡ **잠재적 클라이언트 → 클라이언트**
    ㉮ 접수과정을 통해 서비스를 받을 자격요건을 갖추었다고 판단될 때 사회복지사를 찾아온 사람(잠재적 클라이언트)은 클라이언트가 된다.
    ㉯ 접수단계에서의 자료수집은 클라이언트 문제와 기관의 서비스 간 부합여부를 판단하는 데 필요한 정도면 충분하다.

② **접수단계의 목적**
  ㉠ 잠재적 클라이언트의 욕구가 기관의 목적과 서비스 내용에 적합한지 아닌지를 판단하여 접수 여부를 결정하는 것이다.
  ㉡ 클라이언트와 긍정적인 관계를 맺어 앞으로의 개입 과정에서 클라이언트가 최대한 참여하도록 유도하는 것이다.

(2) 접수단계의 과제 [①②③④⑤⑥⑦⑨⑪⑫⑭⑮⑰⑱⑲⑳]

① **클라이언트의 문제 확인**
  ㉠ 접수 시의 문제 확인이란 잠재적 클라이언트(=신청자)의 문제가 무엇인지를 확인하는 것을 말한다. → 문제 확인표(problem checklist) 활용
  ㉡ **관계형성과 동시에 이루어지며** 서로에게 영향을 미치는 활동이다.
  ㉢ 사회복지사는 클라이언트의 실제 문제가 무엇인지 정확하게 파악하고 그에 대한 우선순위의 결정과 기관에서 서비스를 제공할 수 있는지(**서비스 제공의 적합성 여부 판단, 클라이언**

트의 적격성 여부 판단) 그리고 제공할 수 있는 서비스의 종류 등에 대한 명확한 평가가 이루어질 수 있도록 해야 한다.

② **클라이언트의 욕구와 기대 확인**
  ㉠ 기관에서 제공하고 있는 서비스 및 그 이용절차를 클라이언트가 이해할 수 있도록 상세히 설명해 주어야 한다.
  ㉡ 만약 기관의 서비스가 클라이언트의 욕구와 부합되지 않는다면 다른 적절한 사회복지기관에 의뢰하는 것도 이 단계에서 사회복지사가 수행해야 할 과제 중 하나이다.

③ **서비스 수혜 여부의 결정 및 의뢰**
  ㉠ **서비스 수혜 여부의 결정** : 클라이언트가 서비스에 대한 충분한 정보를 얻게 되면 서비스의 수혜 여부를 결정하게 된다.
  ㉡ **의뢰(referral)** [③⑥⑦⑨⑪⑰]
    ㉮ 클라이언트의 문제와 욕구를 확인해 본 결과 당 기관에서 해결을 할 수 없을 때 **다른 적합한 기관으로 클라이언트를 보내는 것**을 말한다.
      ⓐ 의뢰할 때는 **클라이언트의 동의가 필요**하므로 다른 기관에서 제공하는 서비스와 기관에 대한 충분한 토론이 있어야 한다.
        ✕ 의뢰 : 반드시 클라이언트의 동의가 필요한 것은 아니다.(✕)
      ⓑ 클라이언트가 거부감을 느끼지 않도록 정서적으로 지지해 주고 적절한 정보를 제공해야 한다.
      ⓒ 의뢰된 기관에서 클라이언트가 서비스를 적절히 받는지 확인한다.
    ㉯ **의뢰를 하게 되는 이유** : 기관의 인력부족, 필요한 전문기술을 가진 인력의 부재, 클라이언트의 문제가 기관의 목적과 기능에 부합되지 않을 때, 당 기관보다 다른 기관이 클라이언트 문제해결에 더욱 적합하다고 판단될 때, 클라이언트의 문제에 우선적 책임을 지는 기관이 있을 때 등

④ **관계형성을 통한 참여 유도** : 클라이언트가 개입 과정에 적극적으로 참여하도록 유도하기 위해서는 클라이언트와의 관계형성, 동기화, **저항감 해소, 양가감정 수용**과 같은 과업이 필요하다.
  ✕ 양가감정은 초기 접촉단계가 아닌 중간단계에서부터 다루어져야 한다.(✕)
  ✕ 사회복지사가 접수단계에 수행하는 역할 : 클라이언트의 저항감이 파악되면 완화시킨다.(○)

⑤ **기관 서비스에 대한 정보 제공** : 클라이언트에게 어떤 서비스가 어느 정도 주어질 수 있는지를 분명하게 설명함으로써 클라이언트에게 서비스를 선택할 수 있는 기회를 제공하고 클라이언트 스스로 자기결정을 통하여 문제 해결 노력을 할 수 있다는 능력감을 경험하도록 해 준다.

⑥ **원조 과정에 대한 안내** : 클라이언트에게 **서비스 수혜에 대한 규칙과 조건(자격요건)**, 비용, 그리고 원조 과정(이용절차)에서의 사회복지사와 클라이언트가 각기 수행해야 할 역할 등에 대하여 설명을 해주는 것을 말한다.

⑦ **관련 서식 작성** : 초기 면접 시 서비스에 관련한 일정한 서식인 **인테이크 기록지**(intake sheet, 접수 면접지)를 사용하며, **정보제공 동의서**를 작성한다. [⑫]
  ✕ 접수단계의 주요 과업 : 서비스에 대한 클라이언트의 동의 확인(○)

(3) 접수양식과 접수 내용

① **초기 면접지(intake sheet, 접수 면접지)**
  ㉠ 초기 면접지란 **사회복지사가 신청자를 접수한 내용을 기록하는 양식**으로, 서비스에 관련한 일정한 서식을 사용하는데 그에 따라 작성한다.
  ㉡ 클라이언트가 기본적인 내용을 기록하기도 하고, 사회복지사가 면접을 하면서 혹은 면접이 끝난 후에 기록하기도 한다.

② **접수양식/초기 면접지(intake sheet)에 포함되어야 할 내용** [①⑩⑯]
  ㉠ **신청자의 기본적인 인적 사항** : 성명, 성별, 생년월일, 주민등록번호, 주소 또는 주거지, 연락처, 학력관계, 가족생활에 관한 기초적이고 간단한 기록
  ㉡ **원조를 요청하게 된 과정에 대한 기록(기관에 오게 된 동기, 의뢰 이유)** : 기관을 어떻게 알고 찾아오게 되었는가 하는 것으로서 타 기관의 의뢰인지, 기관 소개 광고를 보고 왔는지, 누구로부터 소개를 받았는지 등
  ㉢ **신청자가 요청한 사항(주요 문제)** : 고통과 억압을 경험하게 하는 문제상황, 도움을 요청하는 내용이나 충족되기를 바라는 욕구, 신청자가 자기 문제를 보고 느끼는 방식 등
  ㉣ 신청자가 이전에 서비스를 받았던 기관과 서비스를 받은 내용
  ㉤ **기본적인 가족관계** : 현재 동거 중인 가족을 중심으로 가족원의 이름, 나이, 직업, 교육정도, 종교, 관계 등
  ㉥ **접수담당 사회복지사의 의견** : 신청자의 문제와 욕구에 관한 의견 진술, 기관과 사회복지사의 기능, 원조 범주와의 일치성 판단 등

2 자료수집단계 [②⑤⑧⑮⑲㉑]

(1) 자료수집단계의 개요

① **자료수집의 개념** : 말 그대로 정보(사실적 자료들)를 모으는 일로서, 클라이언트의 문제를 이해하고 분석하며, 문제를 해결하기 위해 필요한 자료를 모으는 것을 말한다.

② **특 징**
  ㉠ 수집된 자료를 바탕으로 사정을 하므로 자료수집이 사정에 선행되어 이루어져야 할 것으로 보이지만 **실제 자료수집과 사정은 거의 동시에 반복적으로 이뤄진다.**
  ㉡ 클라이언트의 문제를 이해하고 분석 및 해결하는데 필요한 자료를 모으는 과정으로 **접수단계에만 국한된 것이 아니라 개입 과정 전체를 통해 이루어지고, 지속적인 과정**과 수집된 자료를 바탕으로 클라이언트의 문제를 사정한다. **이 단계에서 집중적으로 수행**한다.
    ✗✗ 자료수집은 실천의 전 과정에 걸쳐 이루어지는 지속적인 과정이다.(○)
    ✗✗ 자료수집에 관한 설명 : 실천의 전 과정을 통해 이루어진다.(○)

(2) 자료수집단계의 과업 [⑤⑧⑩]

① **자료수집의 목적** : 자료수집단계를 통해 클라이언트의 문제를 파악하여 개입 가능성을 판단하고 담당자에게 도움이 될 수 있는 자료를 마련한다. 나아가 클라이언트의 강점과 잠재적 역량을 이해한다.

② **사회복지사가 해야 할 일**
  ㉠ 클라이언트의 문제와 욕구를 명확하게 하여 개입 방향을 설정한다.
  ㉡ 접수 면접지 자료에 대한 정확한 파악이 필요하다.

(3) **자료수집의 정보 출처** [②⑤⑧⑨⑳㉑㉒]
  ① **클라이언트의 구두보고**(= 클라이언트의 진술, 클라이언트의 이야기, 클라이언트의 자기보고)
    ㉠ 클라이언트의 구두보고는 가장 주요한 1차적 출처이면서 문제를 가지고 있는 클라이언트 자체이다.
    ㉡ **구두보고가 가진 제한점** : 사회복지사가 직접 관찰하지 않았다는 점에서 2차적 자료이며, 이에 따른 제한점을 가지고 있다.
      ㉮ 클라이언트가 잘못 기억하였거나, 왜곡하여 인지하였거나, 편견을 가졌거나, 자아 인식이 부족하였거나 하는 등의 여러 제한점을 내포하고 있다.
      ㉯ 클라이언트의 구두보고가 때로는 사회복지사에게 당혹감, 편견, 왜곡된 지각 및 강한 정서적 감정에 의해 왜곡된다는 것을 알아야 한다.
      ㉰ 경우에 따라 클라이언트는 고의로 정보를 숨기려고 하거나 심지어 왜곡하기도 한다.
  ② **클라이언트가 작성한 양식**(= 클라이언트가 작성한 가정환경서와 같은 서류)
    ㉠ 접수 시 작성한 서식에는 주로 클라이언트의 인적 사항(예 이름, 나이, 성별, 학력, 직업, 종교, 주소, 전화번호, 고용주, 결혼 상태 등)과 문제의 서술(예 클라이언트가 원조를 요청하는 문제), 가족관계(예 가족 구성원의 이름 등), 기관에 오게 된 경위 등의 정보가 기록되어 있다.
    ㉡ 클라이언트로 하여금 일정한 양식에 기재토록 함으로써 얻게 된 정보는 클라이언트를 이해하는 중요한 정보원이 될 수 있다.
    ✗ 클라이언트로부터 얻은 정보가 가장 중요하므로 클라이언트가 직접 작성한 자료에만 의존한다.(×)
  ③ **부수적 정보**(= 부수적 자료원천, 주변인으로부터 정보 획득)
    ㉠ 친구, 친척, 이웃, 의사, 다른 사회기관, 교사, 고용주, 그리고 관련된 정보를 제공하는 다른 사람 등으로부터 수집되는 정보를 말한다.
    ㉡ 부수적 자료원천으로부터 클라이언트에 대한 정보를 수집할 경우 **비밀보장 문제와 관련하여 클라이언트로부터 반드시 허락을 받는 것이 원칙**이다.
    ㉢ 부수적 정보를 얻는 과정에서 때로는 상반된 정보가 있을 수 있으며, 다양한 관점과 인식을 반영할 수 있도록 **상반된 정보를 제공하는 자료도 수집**한다.
  ④ **클라이언트의 자기 모니터링**(self-monitoring)
    ㉠ 클라이언트의 문제양상에 대한 자기인식을 돕기 위해서 또는 클라이언트가 자기문제를 명확하게 인식하지 못하는 경우, **문제행동빈도와 문제행동발생시 감정 등을 스스로 체크해 보도록 하는 것**을 의미한다.
    ㉡ **장점** : 자기모니터링은 자신의 문제해결에 적극적인 참여를 유도하는 효과를 가진다. 이는 **클라이언트의 무력감을 감소(임파워먼트 효과)**시키고, 상황에 대한 **통찰력을 증진**시킬 수 있다.

⑤ 심리검사
  ㉠ 심리검사는 자료와 행동을 수량화하는데 유용한 방법이지만, 해당 심리검사에 대한 이론적 기반 및 지식을 충분히 갖추어야 효과적으로 활용할 수 있다.
  ㉡ **필요시에는 전문가의 자문을 얻어 제대로 활용하는 것이 바람직하다.**
⑥ 클라이언트의 비언어적 행동에 대한 직접관찰
  ㉠ 경험이 많은 사회복지사일수록 비언어적 단서에 많은 관심을 기울이고 이를 파악하여 해석을 하게 된다.
  ㉡ 비언어적 단서(예 몸짓, 자세, 호흡 형식, 눈동자, 옷의 선택, 눈맞춤, 음조, 혈색 등)는 클라이언트가 실제로 무엇을 생각하고 느끼는지를 아는 데 매우 귀중한 가치를 지닌다.
    ※ 언어적 표현과 비언어적 행동이 일치하지 않을 경우 언어적 표현에 더 주의한다.(×)
⑦ 중요한 사람(유의미한 타자)과의 상호작용의 직접관찰 및 가정방문
  ㉠ 클라이언트의 생활에 유의미한 영향을 미치는 사람으로부터 많은 정보를 수집할 수 있다. 이들 유의미한 타자로는 가족 구성원, 가까운 친척, 동료, 친구, 선생님, 이웃 등이 있다.
  ㉡ 가정방문은 클라이언트가 유의미한 타자와 상호작용을 어떻게 하고 있는지 뿐 아니라 클라이언트에게 영향을 미치는 환경 요인에 대한 정보를 제공한다.
⑧ 직접적 상호작용에 의거한 사회복지사의 직관(= 클라이언트에 대한 사회복지사의 개인적인 경험, 직접 상호작용하면서 느끼는 사회복지사의 감정)
  ㉠ 클라이언트와의 직접적인 상호작용에 근거한 사회복지사의 개인적 경험 역시 주요한 출처가 된다.
  ㉡ **한계점** : 사회복지사 자신의 직관을 활용하는 것은 한계가 있음을 인식해야 한다. 어떤 클라이언트는 자신의 독특한 면을 사회복지사에게 나타내지 않기 위해 일상적 상호작용을 하지 않을 수 있다.

(4) 자료수집 방법
① **자료수집 방법** [②⑳]
  ㉠ 현재의 상황만을 파악하는 것으로는 클라이언트를 이해할 수 없으므로 문제해결에 도움을 주기 위해 과거에 있었던 사실의 내용들을 조사하도록 하여야 한다.
  ㉡ 자료나 정보를 수집함에 있어서 일반적으로 사용되는 방법은 **구두면접, 관찰, 자기보고식 검사지, 가정방문, 질문지 활용** 등이 있다.
    ※ 초기면접은 비구조화된 양식만을 사용하여 기본적인 정보를 수집해야 한다.(×)
② **자료수집 단계에서의 구체적인 실천기법과 지침**
  ㉠ 클라이언트에게 직접적인 질문하기
  ㉡ 사회복지사나 훈련된 관찰자가 자연스러운 환경에서 클라이언트를 관찰하기
  ㉢ 실제생활과 유사한 상황을 설정하여 관찰하기(역할놀이, 상황관찰 등)
  ㉣ 문서화된 기록 도구를 이용하여 클라이언트가 자기점검과 자기관찰을 하게 하기
  ㉤ 보관되어진 기록 활용하기(기관기록, 신문, 학교기록, 의료기록, 위원회보고서 등)

CHAPTER 09 사정단계

제4부 **사회복지실천의 과정론**

제9장 회차별 출제빈도, 출제비중 및 출제논점 1, 2, 3순위

10회 2012	11회 2013	12회 2014	13회 2015	14회 2016	15회 2017	16회 2018	17회 2019	18회 2020	19회 2021	20회 2022	21회 2023	22회 2024
2	2	1	2	2	–	2	2	1	1	1	1	1

출제 비중	출제 논점		
	1순위 ☺	2순위 ※	3순위 ☆
01₂	① 사정의 특성	① 사정단계의 과업	① 사정의 개념과 목적

1순위 스마일표시(☺) : 출제 빈출도가 높은 부분으로 무조건 시험에 출제되는 영역
2순위 당구장표시(※) : 나왔다 안 나왔다 하는 영역이지만 출제가능성 높은 영역
3순위 별 표(☆)   : 출제 된 적이 있긴 하지만 다시 출제될 가능성은 다소 떨어지는 영역

MAP

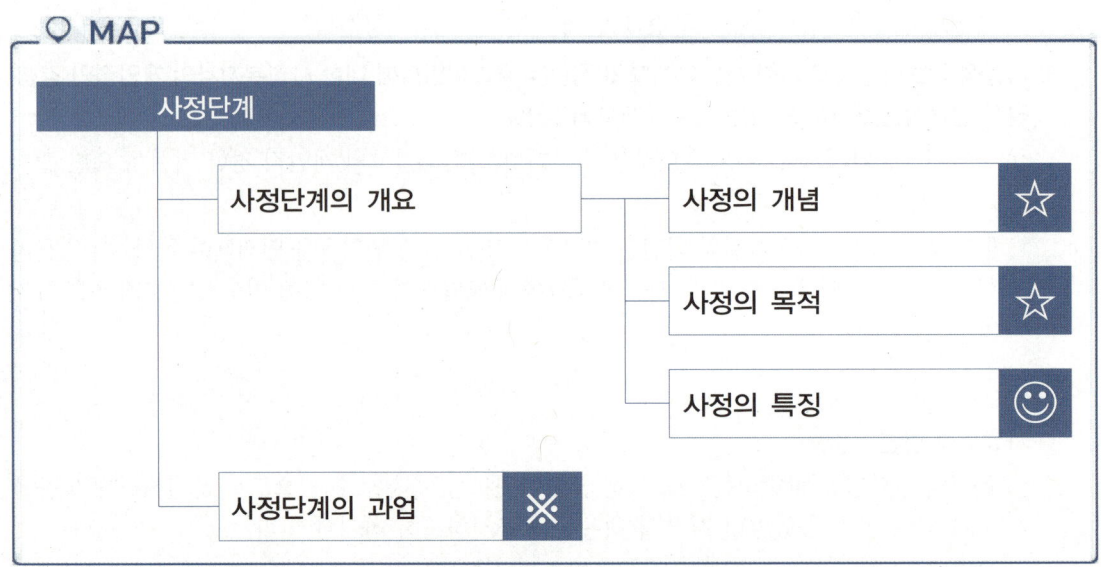

1 사정단계의 개요

(1) 사정(assessment)의 개념

① **개념**
  ㉠ 클라이언트의 수집된 자료를 해석하고 자료로부터 문제를 추론하는 지적인 활동이다.
  ㉡ 클라이언트의 문제가 무엇인지, 어떤 원인인지 파악하여 그 문제를 해결하거나 감소시키기 위해 **자료를 수집하여 분석, 종합하는 과정**이다.

> **주의**
> 사정을 과거 전통적인 사회사업에서는 진단(diagnosis)이라고도 했으나 진단이라는 용어는 의료모델에서 나온 것으로 개인이나 가족, 집단에게 질병이나 역기능적인 문제가 있는 것으로 보고 주로 '무엇이 잘못되었는지'에 초점을 두는 것이다.
> ❌ 사정에 관한 설명 : 의료모델에서 나온 용어이다.(×)

② **자료수집과 사정의 비교**
  ㉠ 공통점 : 클라이언트에 대한 정보를 파악한다는 점과 사회복지실천 과정 전체에서 지속적으로 이루어진다는 점이다.
  ㉡ 차이점
    ㉮ 자료수집은 클라이언트에 관한 상세한 정보, 즉 자료를 수집하는 것에 그치지만 **사정은 이러한 자료를 바탕으로 자료해석, 의미부여, 문제규정, 개입방향을 총체적으로 다루어 결정하는 것**이다.
    ㉯ 자료수집은 사회복지사가 중심이 되어 클라이언트에 관한 자료를 수집하는 것이라면 사정은 사회복지사와 클라이언트가 상호 협동적으로 이루어지는 과정이다.

(2) 사정의 목적 [⑨]

① 클라이언트의 주요 문제를 클라이언트의 신체적·심리적·경제적·문화적인 요인과의 상호작용 측면에서 다각적으로 파악하는 것이다.
② **시포린(Siporin)이 지적한 사회복지실천가들이 사정과정에서 성취해야 할 4가지 목적**
  ㉠ 사회복지사는 문제에 대한 진술을 분명하게 해야 하며, 이는 사회복지사가 어디에 초점을 두어야 할지를 파악하는데 도움이 된다.
  ㉡ 사회복지사는 클라이언트 체계에 대해 명확하게 기술해야 할 필요가 있다.
  ㉢ 사회복지사는 클라이언트 체계가 상호작용하고 있는 다른 체계들과 어떻게 기능하는지를 설명해야 한다.
  ㉣ 사회복지사는 이들 모든 정보를 종합하여야 한다.

(3) 사정의 특성 [③④①②③④②②]

① **전과정에서 지속되는 과정**, 즉 서비스의 최종 국면까지 계속된다.
  ㉠ 클라이언트에게 서비스를 지원하는 과정 내내 지속되는 과정이다.
  ㉡ 실천과정 동안 새로운 정보가 드러남에 따라 자료를 수집하고 분석하며 종합적으로 판단하는 유동적이고 역동적인 과정이다.
  > 사정의 특성 : 사회복지실천의 초기 단계에서만 이루어진다.(×)

② 복합적 수준에서 **개인적이고 환경적인 강점을 사정(이중초점)** 한다.
  ㉠ 수집된 정보를 바탕으로 상황 속의 클라이언트를 이해하고 계획의 근거를 마련하는 이중 초점(이중적 관점)을 갖는다.
  ㉡ 모든 인간은 그를 둘러싼 작은 체계와 좀 더 큰 체계에 속해 있다는 개념을 반영한 것이다.
  > 사정의 특성 : 클라이언트의 강점을 포함해야 한다.(○)

③ **사회복지사와 클라이언트 간 쌍방적 활동**으로, **클라이언트와 사회복지사 간의 상호과정**이며 클라이언트의 관여가 필요하다.
  ㉠ 자료수집이 사회복지사와 클라이언트의 상호과정 속에서 이루어지므로 사정 역시 상호작용 속에서 클라이언트의 반응을 이해하며 진행된다.
  ㉡ 사회복지사와 상호이해 및 신뢰를 바탕으로 자신과 자신의 상황에 대해 새롭게 바라보는 시각이 생길 수 있으며 클라이언트로 하여금 행동변화를 가져올 수 있다.

④ 수집된 정보를 바탕으로 전체적인 상황을 이해하는 **사고의 전개과정**으로, 사정의 과정 내에도 일련의 단계들이 있다.
  ㉠ 수집된 정보들을 이용하여 클라이언트 상황을 이해하며, 부분적인 이해를 모아 전체적인 맥락 속에서 통합하여 사고하는 전개과정이 포함된다.
  ㉡ 사회복지사는 상황 전체를 이해하기 위해 필요한 정보를 확인하고 전체적으로 파악하기 위해서 노력하는 과정이다.

⑤ **횡적(수평적) 및 종적(수직적) 탐색 모두 중요**하다.
  ㉠ 수평적인 정보(현재의 관계, 능력, 기능)를 중심으로 클라이언트의 욕구를 발견하고 시간이 흐르면서 수직적인 탐색(과거력, 개인력, 문제의 역사 등)을 통해 정보를 수집하는 수평적-수직적 탐색이 조화를 이루면서 진행되어야 한다.
  ㉡ 사회복지사는 필요에 따라 수평, 수직탐색을 적절하게 사용할 수 있어야 한다.

⑥ **클라이언트 이해를 위한 지식적 근거**로, 인간행동에 대한 이해와 인간의 다양성, 가족관계, 지역사회 및 정책과 행정 등에 관해 지식과 특정 관련 분야에 대한 지식(정신의학, 심리학, 아동, 노인 등)이 필요하다.

⑦ 생활상황 속에서 **욕구의 발견과 문제 정의, 의미와 유형을 설명**한다. 클라이언트와의 상호작용 속에서 발견하게 되는 욕구와 욕구 충족에 방해가 되는 것 등 그것과 관련된 문제를 발견하고 명확히 하기 위한 과정이다.

⑧ **클라이언트 및 생태체계의 강점과 자원들을 확인**한다.

⊙ 개입 중에 클라이언트의 강점들이 구축되도록 하기 위해 사정은 클라이언트 및 생태체계의 강점들을 확인한다.
ⓒ 목표 및 과업을 클라이언트와 함께 설정함에 있어 신체적, 정신적, 정서적 및 행동적 강점들에 대한 면밀한 사정이 우선되어야 한다.
⑨ 사정은 개별적으로 다루어지며, **클라이언트의 문제와 욕구에 따라 개별화**한다. 각 클라이언트의 독특한 상황과 관련되어 있으므로 모든 인간이 같을 수 없다는 점에서 인간의 각 클라이언트의 다양한 상황을 이해하고 특성별로 사정해야 한다.
⑩ 사정에서 **판단은 중요한 측면**을 이룬다. 어떤 부분을 고려해야 할 것인지, 클라이언트의 욕구는 무엇인지, 어떤 지식에 적용할 것인지, 클라이언트를 어떻게 관여시킬 것인지, 문제를 어떻게 규정할 것인지 등에 대한 수많은 결정을 내려야 한다.
⑪ **클라이언트를 완전히 이해할 수 없는 한계**가 있다.
  ⊙ 상황에 대한 완벽한 이해는 불가능할 뿐만 아니라, 클라이언트에게 도움을 주기 위해 필요한 정도의 정보와 이해만 있으면 되기 때문에 완벽한 이해는 바람직하지도 않다.
  ⓒ 사회복지사는 원조를 주는 데 필요로 하는 이해의 정도 및 종류를 결정해야 하고 그러한 도움을 계속 심화시키는 새로운 이해와 정보들에 대해서도 민감해야 한다.
  🔍 사정의 특성 : 클라이언트를 완전히 이해하는 것이 가능하다.(×)

② 사정단계의 과업

(1) 욕구와 문제의 발견

① 사정의 첫 번째 작업은 욕구와 문제를 발견하는 것으로, 이것은 접수 및 자료수집 단계에서의 문제 확인보다 좀 더 심층적으로 문제의 성격과 원인을 이해하는 것이다.
② 문제 정의는 클라이언트 중심으로 그의 가치와 상황 속에서 정의되는 것이므로 사회복지사는 클라이언트의 문제에 대한 이해를 존중하고 그가 문제 정의를 잘 할 수 있도록 도와야 한다. **문제의 정의는 클라이언트의 과업이다.**
③ 접수 및 자료수집 단계에서의 문제 확인이 주로 클라이언트 스스로가 말하는 문제에 기초한다면 **이 단계에서의 문제 규정은 문제에 대한 사회복지사의 평가에 더 큰 비중이 실린다**는 점에서 차이가 있다.

(2) 문제형성(formulation of problem, 문제규정) [⑥⑰]

① 클라이언트가 호소하는 문제와 욕구 그리고 욕구충족을 방해하는 요인들을 고려하여 문제를 형성하고 그것을 통해 목표 설정과 개입계획을 세우는 것이다. 따라서 문제형성은 **그 동안 얻어낸 정보들을 분석하여 사회복지사가 전문적 소견으로 판단하는 것**이다.
② 문제를 발견하고 이와 관련된 자료를 수집하였으면 이러한 정보를 바탕으로 클라이언트의 문제, 즉 해결되어야 하고 전문적 개입을 필요로 하는 문제를 사회복지사가 전문적 능력을 발휘하여 문제로 규정하는 것이며, **여기에서 규정된 문제는 개입 목표를 세우고 계획을 수립하기 위한 토대가 될 것이다.**

③ 문제형성을 하기 위해서는 첫째, 무엇보다도 우선 충족되지 못한 욕구를 찾아내고, 둘째, 어떤 요인들이 욕구충족을 방해하는지를 고려해야 한다.

- ㉠ **'충족되지 않은 욕구가 구체적으로 무엇인가?'라는 질문** : 클라이언트가 제시한 문제를 충족되지 못한 욕구와 필요로 바꾸어 재진술해야 클라이언트를 돕기 쉽다.
  - 예 클라이언트가 제시한 '남편의 일중독' 문제를 '자신이 남편에게 중요한 존재임을 느끼고 싶어 하는' 욕구로 바꾸어 진술하는 것이다.
- ㉡ **'욕구충족을 방해하는 요인들은 무엇인가?'라는 질문** : 무엇보다 욕구가 분명히 규정되었을 때 가능한데, 욕구가 분명히 규정되면 그 욕구를 충족시키지 못하게 하는 요인들이 무엇인지 파악하여 문제형성을 하게 된다.
  - 예 부부의 욕구만족을 방해하는 요인은 새로운 환경에의 적응(남편은 새로운 직장에의 적응이 필요, 부인은 새로 이사 온 지역 사회에의 적응이 필요)과 대화능력 부족(남편은 자신이 새로운 직장에서의 어려움과 파면의 불안을 부인에게 표현하지 못하고, 부인은 아이가 없어 남편이 결혼관계를 후회할 수 있다는 불안을 남편에게 표현하지 못함)으로 정리할 수 있다.

(3) 정보의 수집(= 문제를 좀 더 잘 이해하기 위한 정보의 발견)

브라운과 레빗(Brown & Levitt)은 사정 시 정보를 수집하는 데 유용한 지침을 다음과 같이 12가지 질문으로 제시하였다(양옥경 외, 2010).

① **누가 문제체계에 관여되어 있는가?**라는 질문의 답은 우선 클라이언트가 제시한 문제에서 찾을 수 있다. 처음에 제시된 문제에 따라 문제에 관여된 주요 인물들은 쉽게 발견되지만, 사례가 진행되면서 클라이언트의 문제에 관여된 개인, 집단, 조직이 점차 확대되기도 한다.

② **참여자들은 어떻게 관여하고 있는가?**라는 질문은 문제체계에 관여된 사람들이 서로 어떻게 상호작용하여 문제를 일으키는가 하는 것이다.

③ **클라이언트가 문제에 어떤 의미를 부여하는가?**라는 질문은 클라이언트가 문제행동에 부여한 의미를 통해 그 행동을 하게 된 동기를 이해할 수 있을 뿐만 아니라 왜 변화가 일어나지 않는지 또한 이해하게 하기 때문이다.

④ **어디서 문제행동이 일어나는가?**라는 질문은 문제행동을 촉진시킨 상황적 요인을 발견하는 데 도움이 된다.

⑤ **언제 문제행동이 일어나는가?**라는 질문은 어디서 일어나는가라는 질문과 마찬가지로 문제행동을 촉진시키는 시간적 요인을 발견하는 데 도움을 준다. 문제행동이 일어나는 시기와 줄어드는 시기의 차이점을 통해 유발요인을 발견하여 그 요인에 관련된 사람들의 행동을 더 깊게 탐색해 나갈 수 있다.

⑥ **문제행동이 일어나는 빈도는 어느 정도인가?**라는 질문은 문제행동이 얼마나 클라이언트의 전반적인 삶에 폭넓게 영향을 미치는지를 이해하는 데 도움을 준다.

⑦ **문제행동은 언제부터 있어 왔는가?**라는 질문은 문제행동의 역사를 알아보는 것이다. 즉, 문제행동이 언제 발생하여 어떤 과정을 거쳐 진행되었는가 하는 것이다.

⑧ **문제와 관련하여 채워지지 않은 욕구는 무엇인가?**라는 질문은 사회복지사의 뛰어난 공감력으로 발견해야 하는 부분이다.

⑨ **문제에 대한 클라이언트의 정서적 반응은 어떠한가?**라는 질문은 감정이 지나칠 경우 오히려 문제가 더 악화될 수 있고, 경우에 따라 행동보다 감정이 더 문제가 되어 감정을 일으킨 선행 문제행동의 중요성이 가려지기도 하기 때문에 매우 중요한 질문이다.

⑩ **클라이언트는 그 동안 문제에 어떻게 대처해 왔으며 문제를 해결하는 데 어떤 기술이 필요한가?**라는 질문은 클라이언트가 스트레스를 감당하는 수준과 그의 문제해결 및 대처기술의 정도를 파악하는 데 많은 도움이 된다. 또한 과거 이와 유사한 어려움에 어떻게 대처해왔는지, 그리고 지금은 무엇 때문에 과거와 같은 대처를 하지 못하는지에 대한 실마리를 제공해준다.

⑪ **클라이언트는 어떤 장점과 기술을 가지고 있는가?**라는 질문은 클라이언트의 문제를 해결하기 위해 활용 가능한 자원이 무엇인지를 발견할 수 있게 해준다. 사회복지사는 클라이언트가 스스로 보지 못하고 있는 장점을 볼 수 있도록 돕고 그가 가지고 있는 문제해결에 필요한 기술이 무엇인지 적극적으로 찾아내어 활용하도록 해야 한다.

⑫ **필요로 하는 외적 자원은 무엇인가?**라는 질문을 통해 사회복지사는 클라이언트가 필요로 하는 자원을 얻을 수 있는 자격과 과정에 대한 정보를 제공하여 자원과 클라이언트를 연결해 주는 매개자의 역할을 할 수 있다.

❸ 사정도구 [②③⑤⑥⑧⑨⑩⑪⑭⑯⑰⑱⑲㉑㉑]

구 분	핵심내용	
가족생활주기 (family life cycle, 가족생애주기)	**가족이 변해가는 과정**으로, 사회복지사가 그 가족이 수행하지 않으면 안 되는 기능이 무엇인지를 이해하게 하고, 보다 넓은 맥락에서 가족의 기능수행을 사정하며, 가족의 강점과 문제를 보다 잘 이해하는 데 도움	
	생활주기표(life cycle matrix, 생애주기표) • 클라이언트와 그 가족구성원의 생활주기 및 각 발달단계의 주요 과업을 하나의 표로 나타낸 것 • 표를 사용하는 것은 가족성원과 특정 생활단계 관련의 신체적, 심리적, 사회적, 영적 욕구에 대한 생각을 조직화하는 데 도움을 줌	
가계도 (family genograms)	2~3세대에 걸친 가족관계 그림으로 표현 → **다세대 가족관점** 적용한 사정도구	
	알 수 있는 정보	• 가족의 구조 • 가족의 역할 및 유형 : **세대 간의 반복 유형** • 가족의 각 구성원과의 관계 : 구성원 간 단절 또는 융합, 밀착 • **가족관계** : 결혼, 입양, 별거, **동거가족** 등 혈연 또는 인위적인 관계 • 가족 구성원에 대한 상세한 정보 : 성별, 나이, 출생, 결혼관계, 동거, 병력 등 • 약물남용(알코올중독)과 정신적 혹은 신체적 문제
생태도 (ecomap)	• **앤 하트만**(Ann Hartman)에 의해 개발 → 클라이언트의 환경사정 도구 • 가족내부에 대한 이해와 외부와의 연결(자원동원의 특징)과 적응 정도를 파악	
	알 수 있는 정보	• 클라이언트 양육환경과 유지환경의 종류, 관계의 질(관계 방향과 정도) • 가족과 주변의 환경체계들 간의 관계와 자원 교환을 어떻게 하고 있는지(원가족 관계 파악) • 스트레스와 관련된 자료, 중재되어야 할 갈등들을 보여줌 • 자원의 유무와 교류 정도를 객관적으로 이해하고 수용할 수 있도록 해줌

		• ○의 크기에 따라 개인에게 영향을 미치는 정도가 다르다. • ○이 가계도를 중심으로 떨어졌는지에 따라 관계의 정도가 다르다. • →의 굵기에 따라 영향력의 크고 작음을 구분할 수 있다.
생활력 도표 (life history grid)		• Anderson과 Brown이 개발 → 생활력을 간결하게 도표화하여 조직, • 시기별 혹은 연도별로 순서대로(시계열적으로) 정리
	특성	• 클라이언트가 아동이나 청소년일 경우 더욱 효과적으로 적용 • 클라이언트나 가족이 겪고 있는 문제의 발생시점과 촉발사건이나 시점 등을 파악
사회적 관계망표 (social network grid, 사회적 관계망 격자)		트레이시(Tracy)가 개발, 개인의 사회지지체계의 사정, 가족의 사회적 지지체계의 사정에 사용
	알 수 있는 정보	• 사회적 관계망의 중요한 인물, 지지를 받는 생활영역, 지지의 특정유형과 정도(중요도) • 지지의 성격(상호적, 일방적), 개인적 친밀감 정도, 접촉 빈도, 관계기간 ※ PIE 분류체계 : 주변인과의 접촉 빈도 및 사회적 지지의 강도와 유형(×)
소시오그램 (사회도, sociogram)		• 모레노와 제닝스(Moreno & Jennings)가 개발, 집단 내 성원 간 상호작용을 표현한 그림 • 소시오메트리(각 성원에 대해 호감도 1점~5점 평가)를 관계 선을 통해 표현
	알 수 있는 정보	• 집단성원의 성별, 성원 간 친화력과 반감 유형과 방향, 하위집단의 형성여부, 삼각관계 형성 여부 등 • 집단 내의 소외자, 2인군, 결탁, 경쟁관계, 경쟁적 연합, 하위집단 등을 파악 • 결속의 강도(친밀한 성원끼리는 가깝게, 소원한 성원은 멀게 그림), 집단성원 간의 선호도와 무관심

MEMO

계획수립단계

제4부 **사회복지실천의 과정론**

제10장 회차별 출제빈도, 출제비중 및 출제논점 1, 2, 3순위

10회 2012	11회 2013	12회 2014	13회 2015	14회 2016	15회 2017	16회 2018	17회 2019	18회 2020	19회 2021	20회 2022	21회 2023	22회 2024
1	1	1	2	1	1	1	–	1	–	1	–	1

출제 비중	출제 논점		
	1순위 ☺	2순위 ※	3순위 ☆
01₂	① 계획수립단계의 과업(계획의 주요 단계)	① 표적문제 선정 지침 ② 목표설정 지침, 목표의 평가기준 (SMART)	① 계획수립단계의 개요 ② 계약에 포함될 내용

1순위 스마일표시(☺) : 출제 빈출도가 높은 부분으로 무조건 시험에 출제되는 영역
2순위 당구장표시(※) : 나왔다 안 나왔다 하는 영역이지만 출제가능성 높은 영역
3순위 별 표(☆)   : 출제 된 적이 있긴 하지만 다시 출제될 가능성은 다소 떨어지는 영역

MAP

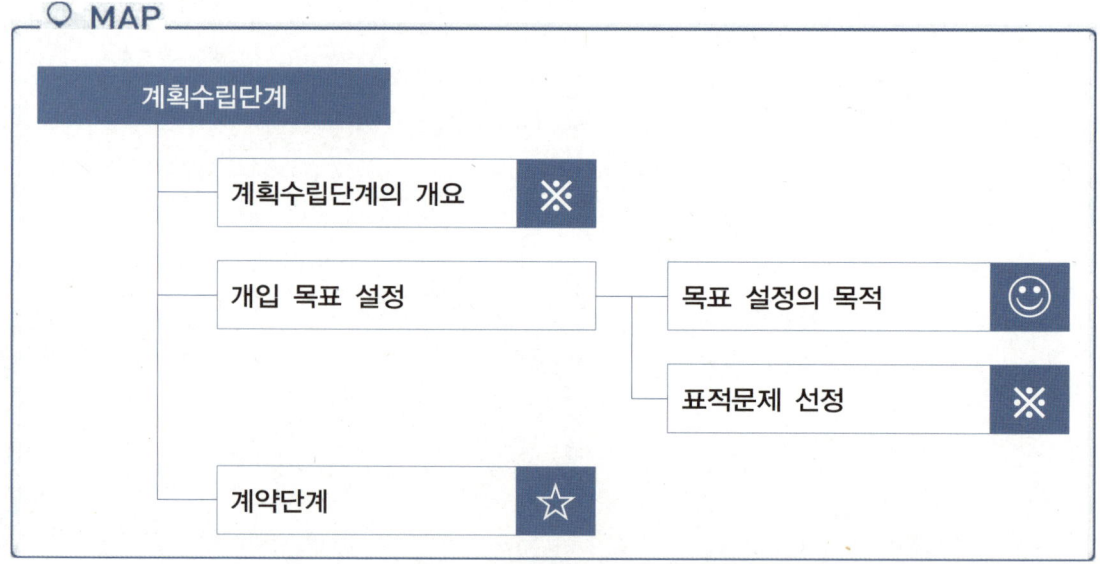

1 계획 수립 단계의 개요 [⑥⑭]

계획 수립 단계에서는 목적의 설정, 목적달성 방법의 구체화 그리고 행동과정의 선택을 포함하는데, 여기서는 계획 수립 단계의 핵심을 차지하고 있는 것은 **표적 문제 선정, 개입 목표(목적) 설정**과 **계약(계약서 작성)**이다.

(1) 계획 수립 단계의 기본적 특징

① 계획 수립의 개념
  ㉠ 자료수집과 사정을 통해 수집된 정보를 바탕으로 사회복지사가 클라이언트와 협동으로 공동의 목표를 수립하고 우선 순위를 정하며 문제해결을 위한 중재계획을 서로 협상하는 과정이다.
  ㉡ **계획 수립 단계에서 중요한 것은 목표를 수립하는 것과 목표 달성을 위한 효과적인 개입전략을 세우는 것인데, 이때 사회복지사 단독으로 행하는 것이 아니라 클라이언트를 참여시켜 공동협력을 통해 이루어나가는 것이다.**

② 사회복지실천과정은 계획된 변화를 유도하는 과정으로 개입단계 혹은 그 이후 단계까지 변화를 일으키기 위한 것이므로 **계획은 사정단계와 개입단계 사이의 연결과 같은 기능을 수행**한다.

(2) 계획의 주요 단계 [⑬⑭]

① 1단계 : **표적 문제 찾기**(클라이언트와 함께 작업하기)
② 2단계 : **문제의 우선 순위 정하기**(=표적 문제 선정)
③ 3단계 : 문제를 욕구로 전환하기
④ 4단계 : 개입수준 평가하기-전략의 선택
⑤ 5단계 : 목적 설정하기(개입의 성과목표 정하기)
⑥ 6단계 : 목적을 목표로 구체화하기(클라이언트의 과업을 구체화)
⑦ 7단계 : 계약의 공식화

  ※ 개입 계획을 수립하는 과정 순서 : 표적문제를 찾는다. → 문제의 우선순위를 정한다. → 개입의 성과목표를 정한다. → 클라이언트의 과업을 구체화한다.(O)

2 개입 목표 설정 [①④⑤⑩⑫]

(1) 목표 설정의 목적

목표는 개입 과정의 방향을 제시해 주고 변화과정에서 클라이언트를 적극적으로 참여하게 하는 수단으로 제공된다.

(2) 목표 설정의 과정

■ 표적 문제 선정과 개입 목표 설정 간의 순서 ■

문제형성	→	표적 문제 선정	→	개입 목표 설정
사정단계		계획 수립 단계		

① 표적 문제 선정 : 목표 설정 이전단계 [⑤⑯⑱]
  ㉠ 표적 문제의 정의 : 사정과정에서 드러난 복잡한 여러 가지 문제 중에서 가장 중요하고 시급히 해결해야 할 문제를 말한다.
    ㉮ 클라이언트의 문제는 여러 가지 요소가 얽혀 있는 복합적인 형태를 띠므로 **여러 문제 중에서 가장 중요하고 시급히 해결해야 할 문제를 선정**해야 한다.
    ㉯ 클라이언트의 입장에서 주어와 서술어의 형식으로 구체적으로 서술한다.
      - 표적문제는 전문적 용어로 기술하는 것이 바람직하다.(×)
  ㉡ 표적 문제 선정의 지침
    ㉮ 클라이언트가 중요하게 생각하고, **시급히 해결되기를 원하며 문제상황을 대표**하며, 해결 가능성이 비교적 뚜렷한 문제로 선정한다.
    ㉯ 주어진 시간 안에 모든 문제를 다루기가 어려우므로 **2~3가지 정도만 선정**하는 것이 좋다.
      - 표적 문제는 가능한 많이 선정한다.(×)
    ㉰ **사회복지사와 클라이언트 간의 협의가 중요**하며, **사회복지사 자신의 지식과 기술을 고려**한다.
      - 표적문제의 우선순위를 정할 때, 사회복지사의 전문적 판단을 중심으로 한다.(×)
    ㉱ 사회복지사와 클라이언트 양자가 모두 '문제'라고 여기며 해결하기를 바라는 합의된 문제를 표적 문제로 선정해야 한다. 어느 한쪽만의 의견에 따라 정하면 안 된다.
      - 사회복지사와 클라이언트 중 어느 한쪽에서 문제로 인식하는 것을 모두 표적문제로 선정한다.(×)

② 개입 목표 설정
  ㉠ 개입 목표 설정의 의미
    ㉮ 사정단계에서 무엇이 문제인지 문제형성이 끝나면, 그 문제를 해결하기 위해 개입의 목표를 설정한다.
    ㉯ 개입의 목표란 클라이언트가 현 상황에서 벗어나기 위한 바람직한 변화의 방향이다. 즉, 문제가 해결된 상태, 개입을 통해 일어나기를 바라는 변화를 의미한다.

> **주의**
> 목적(goal)은 목표와 달리 개입의 노력을 통해 얻고자 하는 장기적이고 궁극적인 결과이다. 반면 목표(objective)는 목적을 세분화한 것으로 단기적이며 구체적이다.
> - 목적은 장기적이고 긍정적인 결과의 형태로 제시되어야 한다.(○)

  ㉡ 목표 설정의 중요성 [⑤⑳]
    ㉮ 개입 목표를 설정하게 되면 구체적으로 **개입방법을 결정**할 수 있다.
    ㉯ 개입의 방향을 명확히 제시해 준다는 점과 개입이 종결된 후 그 결과를 평가할 때 목표가 기준이 된다는 점과 목표 설정을 위해 사회복지사와 클라이언트 간에 합의 과정이 들어간다는 점이다.

ⓓ 사회복지사와 클라이언트에게 개입 과정의 방향을 명확히 제시해 주어 방황 없이 진행할 수 있도록 도와준다.
ⓔ **무엇을 목표로 할 것인가에 대해 사회복지사와 클라이언트는 합의해야 하며**, 만일 관점이 일치하지 않는다면 합의가 될 때까지 기다려야 한다. 이때 합의되지 않은 상황에서 진행될 때 두 개의 이슈가 존재한다면 그 결과는 양쪽 모두에게 만족스럽지 못하게 된다.
  - 접수단계 과제 : 개입 목표의 우선순위 합의(×)
ⓕ 개입이 끝난 뒤에는 그 결과를 효과적으로 평가할 수 있다.
ⓖ **목표 설정에 클라이언트가 참여함으로써 변화의 의지가 커지며, 원조과정에 효과적으로 참여**하게 된다.

ⓒ 목표 설정을 위한 지침 [⑩⑪⑫⑳]
ⓐ **클라이언트를 위한 바람직한 결과를 나타내 주어야 한다**. 따라서 클라이언트가 바라는 바와 연결될 수 있어야 하고, 결과 지향적으로 설정되어야 한다.
ⓑ 미시적 수준과 거시적 수준에서 **클라이언트의 변화를 고려**한다.
ⓒ **실현(달성) 가능**해야 한다.
ⓓ 실현 가능성과 비슷한 개념으로 **기관의 능력과 기능 수준에서 목표가 설정**되어야 한다.
ⓔ **분명하게 진술**, 즉 명확하고 적절한 용어로 규정되어야 한다.
ⓕ **성장을 강조하는 긍정적 형태**로 진술되어야 한다.
ⓖ **명시적이며 측정 가능하게 설정**되어야 한다.
ⓗ 클라이언트 및 클라이언트의 문제에 대한 분석과 관련이 있어야 한다.
ⓘ 사회복지사가 설정해 놓은 목표에 클라이언트가 동의하도록 하는 것을 피해야 한다.
ⓙ 기관의 기능과 일치하는 것이어야 한다.
ⓚ 사회복지사의 지식과 기술에 맞는 것이어야 한다.
ⓛ 사회복지의 주요 가치를 추구해야 한다.

ⓓ 목표의 평가 기준[에간(G. Egan)의 목표 선정지침] : SMART Objectives [⑬. 행정론 ③⑦⑪]
ⓐ S(Specific) : 구체적으로 명료하게 작성한다.
ⓑ M(Measurable) : 측정 가능하게 양적으로 작성한다.
  - 조절 가능성(manageable)(×)
ⓒ A(Attainable) : 실현 가능하게 작성한다.
  - 적합성(adequate)(×)
ⓓ R(Result-Oriented) : 결과 지향적으로 작성한다.
  - 합리성(reasonable)(×)
ⓔ T(Time frame) : 시간구조를 갖도록(제한시간이 있도록) 작성한다.

3 계약단계 [⑭]

(1) 계약의 개념과 중요성

① **계약의 개념**

사회복지사와 클라이언트가 수립된 목표에 대해 합의를 하고, 각자의 역할과 과업에 대해 동의를 하며, 문제 해결을 위해 책임성을 가지고 최선을 다하자는 약속의 과정이라 해석될 수 있다.

※ 계약서는 클라이언트만 작성하여 과업과 의무를 공식화한다.(×)

② **계약의 중요성** [⑳]

㉠ 계약을 작성함으로써 개입활동의 성공 여부를 높여준다. 즉 클라이언트의 할 일과 역할을 분명하게 인식할 수 있게 한다.

㉡ 계약은 클라이언트로 하여금 아직 실시되지 않은 개입 과정에 대해 막연함과 두려움, 불안, 의심 등을 줄여줄 수 있는 기능을 한다. 계약은 계획을 달성하는 데 있어서 서비스의 소비자인 클라이언트의 권리를 보장해 주고, 클라이언트의 마음을 편안하게 한다.

㉢ 계약 자체는 사회복지사와 클라이언트 간의 상호 협약이므로 클라이언트의 적극적인 참여를 유도할 수 있는 장점도 있다. 즉 클라이언트의 개별성과 자기결정을 보호할 수 있다.

㉣ 계약은 클라이언트로 하여금 문제해결과정에서 자신이 수동적인 존재가 아니라 중심적인 역할을 하며 사회복지사와 동등한 인격으로 대우받는다는 사실을 일깨워줄 수 있다.

㉤ 계약은 클라이언트의 의견을 반영할 수 있다는 점에서 계약 시 합의가 되지 않는 부분이 있다면 사회복지사와 합의가 될 수 있도록 조정한 뒤 계약서를 작성하게 된다.

㉥ 계획을 수립하고 수행하는 데 있어 클라이언트의 통제 능력을 증대시킨다.

㉦ 계약은 사회복지사에 의해 일방적으로 좌지우지되지 않고, 클라이언트의 의견이 충분히 반영될 수 있게 한다.

㉧ 계약은 클라이언트에게 개입의 구조와 구체성, 그리고 참여감을 주기 때문에 문제와 과업을 수행하려는 동기를 촉진시킨다.

㉨ 클라이언트 자신의 활동을 통해서 합의된 목적과 목표에 도달하는 것은 클라이언트의 자아존중감을 향상시키고 상황에 영향을 줄 수 있다는 자신감을 갖게 한다.

② **계약에 포함될 내용** [②③④]

㉠ 서비스의 수행(개입)목표(클라이언트와 사회복지사가 합의한 목표)

㉡ 시간적 조건(서비스의 종류 및 개입기간, 세션의 빈도와 시간 등)

㉢ 참여자(사회복지사와 클라이언트)의 역할 및 서명/사인

㉣ 클라이언트의 기대

㉤ 계약변경 조건

㉥ 개입기법 등

㉦ 평가기법 등

(2) 계약단계에서의 사회복지사와 클라이언트의 역할

① 사회복지사의 역할

㉠ 클라이언트가 문제를 충분히 이해할 수 있도록 돕는다.

㉡ 전문가로서 새로운 관점에서 문제를 볼 수 있도록 원조한다.

㉢ 클라이언트가 미처 생각해보지 못한 해결책을 제시하고 이를 고려해 볼 수 있는 기회를 갖게 한다. 그러나 최종 결정은 클라이언트에게 있음을 명심해야 한다.

㉣ 목표 성취에 장애가 되는 요인들을 예측하고 장애요인들을 극복하거나 최소화할 수 있는 전략을 수립할 수 있도록 원조한다.

② 클라이언트의 역할

㉠ 클라이언트는 계약단계에 적극적으로 참여하여 자신의 감정이나 욕구, 원하는 바 등을 분명히 표현하고 계약에 반영될 수 있게 한다.

㉡ 문제를 해결하는 주체는 사회복지사가 아니라 클라이언트 자신임을 인식하고 문제해결에 사회복지사는 협력적 동반자로 참여하고 도울 수 있도록 한다.

개입단계

제4부 **사회복지실천의 과정론**

제11장 회차별 출제빈도, 출제비중 및 출제논점 1, 2, 3순위

10회 2012	11회 2013	12회 2014	13회 2015	14회 2016	15회 2017	16회 2018	17회 2019	18회 2020	19회 2021	20회 2022	21회 2023	22회 2024
–	1	1	–	2	2	–	–	1	–	1	2	1

출제 비중	출제 논점		
	1순위 ☺	2순위 ※	3순위 ☆
01₂	① 개입기술: 직접적 개입 vs 간접적 개입	① 개입단계의 과업	

1순위 스마일표시(☺) : 출제 빈출도가 높은 부분으로 무조건 시험에 출제되는 영역
2순위 당구장표시(※) : 나왔다 안 나왔다 하는 영역이지만 출제가능성 높은 영역
3순위 별 표(☆) : 출제 된 적이 있긴 하지만 다시 출제될 가능성은 다소 떨어지는 영역

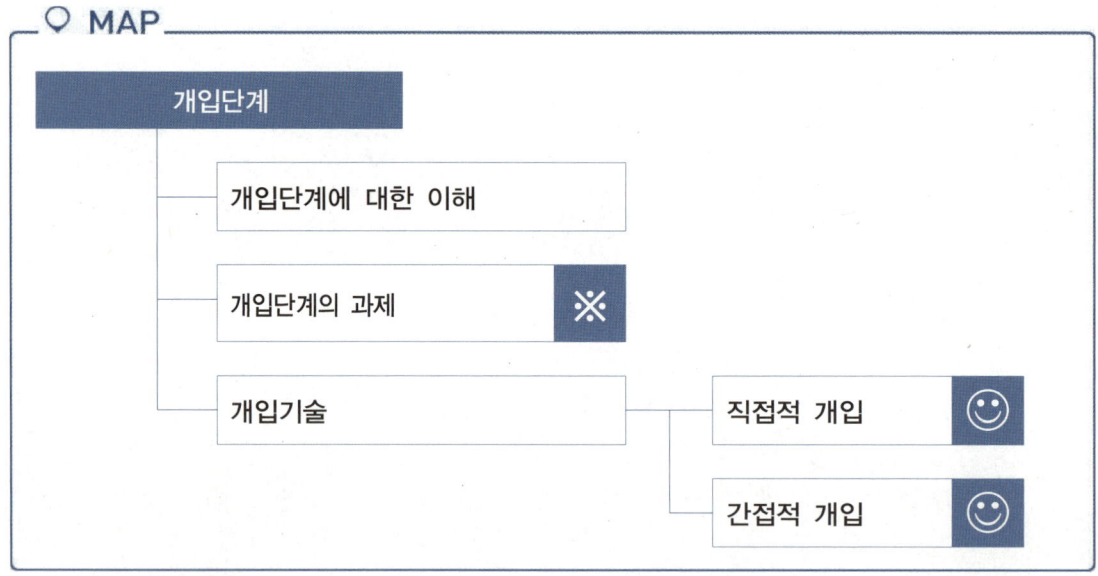

1 개입단계에 대한 이해

(1) 개입단계의 개념

① 사회복지사와 클라이언트가 합의하여 결정한 문제(표적 문제)를 해결하기 위한 계획(목표와 계약)을 실천하는 단계이다.
② 문제해결을 위해 다양한 실천이론을 현장에서 기술적으로 적용하는 이른바 **변화전략을 수행하는 과정**이다.
③ **구체적인 행동을 통해 의도적인 변화가 일어날 수 있도록 지원하는** 단계로서 사회복지실천과정에서 가장 핵심적인 부분이다.

(2) 개입단계의 목표와 원칙

① 개입단계의 목표
  ㉠ 문제해결을 위한 구체적인 변화전략의 수립
  ㉡ 개입, 원조, 교육, 동기유발, 자원연결, 행동변화 등을 통한 변화의 창출
  ㉢ 지속적인 점검(monitoring)을 통한 변화 정도의 유지와 평가

② 개입단계의 원칙
  ㉠ **경제성** : 선택된 활동은 사회복지사와 클라이언트의 시간과 비용을 최소화하고, 클라이언트가 혼자서 할 수 없는 일만 사회복지사가 한다.
  ㉡ **클라이언트의 자기결정** : 개입의 전 과정에서 클라이언트 스스로 의사결정을 하도록 한다.
  ㉢ **개별화** : 클라이언트의 특성을 잘 이해하고 그에 따라 개입활동을 조정하는데 클라이언트의 능력과 상황에 맞는 접근이 필요하다.
  ㉣ **발달** : 개입의 전체 방향은 클라이언트 체계의 발달적 단계에 적합한 것이어야 한다.
  ㉤ **상호의존성** : 사회복지사 활동의 일부는 클라이언트의 활동에 달려있다. 즉 클라이언트의 활동과 변화능력을 고려한 뒤 개입이 시작되어야 한다. 따라서 두 관계는 서로 의존하고 있어 상호보완적이어야 한다.
  ㉥ **서비스 목표에 초점두기** : 사회복지사와 클라이언트의 모든 활동은 어떤 식으로든 두 사람이 합의된 계획의 목표에 부합되어야 한다.

2 개입단계의 과제 [⑱]

(1) 문제해결을 위한 구체적인 변화 전략을 수립한다.

① 문제를 해결하려는 클라이언트의 변화 노력을 지원하기 위해 문제해결을 위한 구체적인 변화 전략을 수립한다.
② 직접적 개입, 지역사회와의 자원 연계 및 새로운 자원의 개발, 사회적 지지집단의 활용, 교육, 정보제공 등 다양한 전략을 수립한다.

(2) 교육, 동기유발, 자원연결, 행동변화 등을 통해 클라이언트의 변화를 창출한다.

직접적 개입이나 간접적 개입 등 다양한 개입방법과 기술을 적용하여 클라이언트와 클라이언트를 둘러싼 환경체계에서 변화가 일어날 수 있도록 원조한다.

(3) 지속적인 점검(monitoring)을 통한 변화를 유지하고 평가한다.

① 개입 과정에서 일어나고 있는 변화가 지속될 수 있도록 점검한다.
② 사회복지사는 개입과 동시에 클라이언트가 개입 과정에 계속 참여할 수 있도록 점검한다. 즉 변화노력을 방해하는 장애물이 있는지 점검한다.
③ 문제해결과정이 잘 진행되고 있는지에 대해 클라이언트에게 정기적으로 환류와 지지를 제공한다.
④ 개입활동에 대한 효과 여부를 설정된 목표에 비추어 계속적으로 평가한다.
⑤ 설정했던 목표나 개입방법이 적절하지 못한 경우에는 목표를 수정할 수도 있다.
⑥ 개입방법이 적절치 못하거나 효과성이 없다고 판단되는 경우에는 개입방법을 바꾼다.

> 개입단계의 과업 : 제공된 서비스에 대한 과정 및 총괄평가(×)
> 개입단계의 과업 : 계획 수정 필요 시 재사정 실시(○)

❸ 개입기술 : 직접적 개입과 간접적 개입 [⑫⑭⑯⑳㉑]

(1) 직접적 개입

① 주로 클라이언트의 정서적 지지, 인지구조의 변화, 문제행동의 변화, 문제상황과 자원에 대한 통찰력 향상을 목적으로 하고 있다.
  ㉠ 클라이언트의 심리적·내적 측면의 욕구나 문제 등에 초점을 두며, 클라이언트가 생활에서 필요한 대처 능력을 향상시키는 데 목적이 있다.
  ㉡ 클라이언트의 감정, 주관적 사실, 사고와 행동방식에 초점을 두어 장애가 되는 태도나 행동, 그리고 인간관계의 왜곡을 수정하려고 하는 것이다.

> 직접적인 개입 활동 : 역기능적 가족 규칙 재구성(○)

② Hamilton은 **직접적 치료방법**이라고 하여 **심리·내적 측면에 대한 개입**이라고 하였다.

(2) 간접적 개입

① 환경적인 자원을 통해 클라이언트의 변화를 돕는 활동들이다.
② 클라이언트의 변화를 위해 사회복지사가 행하는 환경에 대한 개입활동
  ㉠ **가족 환경자원의 보충** : 도시락 배달, 일상생활수행 지원 등 재가중심 서비스를 통한 가사지원으로 실질적인 가족환경자원의 보충
  ㉡ 서비스 조정에 관련된 활동(사례관리)
  ㉢ 프로그램 계획과 개발을 위한 활동
  ㉣ 환경조작(클라이언트를 다른 환경으로 배치)
    > 예) 학대받은 가족의 경우 자녀, 아내, 노인의 안전을 위해 쉼터를 통해 일시보호하면서 부모교육과 집중적인 가정중심 서비스와 같은 가족지원을 통한 가족환경의 변화를 꾀함
  ㉤ 옹호활동

■ 직접적 개입과 간접적 개입 ■

직접적 개입	간접적 개입
• 클라이언트와 직접 관계하면서 변화를 추구 • 개인, 가족이나 소집단 체계 자체의 변화나 주변환경과 연결된 개인, 가족, 소집단의 기능과 관련된 것 • 정서, 인지에 개입하는 기술 • 행동변화 기술 • 문제 해결 향상 기술 등	• 클라이언트를 돕기 위해 클라이언트 외의 개인, 소집단, 조직 또는 지역사회에 주의를 기울이는 행동 • c't를 둘러싼 체계 환경을 대상으로 개입 • **사회적 지지체계 개발·증진** • **서비스 조정에 관련된 활동(사례관리)** • **프로그램 계획과 개발** • **환경조정, 옹호, 새로운 자원개발 등**

CHAPTER 12 종결과 평가단계

제4부 **사회복지실천의 과정론**

제12장 회차별 출제빈도, 출제비중 및 출제논점 1, 2, 3순위

10회 2012	11회 2013	12회 2014	13회 2015	14회 2016	15회 2017	16회 2018	17회 2019	18회 2020	19회 2021	20회 2022	21회 2023	22회 2024
1	1	–	2	1	–	1	1	1	1	1	–	–

출제 비중	출제 논점		
	1순위 ☺	2순위 ※	3순위 ☆
01.2	① 종결단계의 과업	① 사후지도(follow-up sessions, 사후 세션, 사후관리)	① 평가단계: 평가방법

1순위 스마일표시(☺) : 출제 빈출도가 높은 부분으로 무조건 시험에 출제되는 영역
2순위 당구장표시(※) : 나왔다 안 나왔다 하는 영역이지만 출제가능성 높은 영역
3순위 별 표(☆)   : 출제 된 적이 있긴 하지만 다시 출제될 가능성은 다소 떨어지는 영역

MAP

1 종결단계

(1) 종결의 개념
① 종결은 사회복지실천의 마지막 과정으로 목표 달성 여부와 관계없이 사회복지사와 클라이언트 간의 전문적 개입 과정을 끝맺는 것이다.
② 종결과정에서는 클라이언트의 목표 달성과 긍정적인 성과가 달성된 것에 대한 평가와 종결로 인한 정서적인 감정의 문제를 처리하는 것들이 중요한 과제가 된다.

(2) 종결의 유형 [①]
① **시기상조의 클라이언트의 일방적인 조기 종결, 클라이언트에 의한 일방적이고 미숙한 종결(계획되지 않은 종결)**
  ㉠ 클라이언트가 갑자기 약속을 어기고 약속시간에 나타나지 않거나, 이런 저런 피상적인 이유(핑계)를 대면서 올 수 없다고 알리거나 자기문제를 노출시키지 않으면서 종결을 원하는 경우
  ㉡ 사회복지사는 종결의 중요함을 알리고 신중히 생각할 것을 권한다. 그러나 결정은 클라이언트에게 맡기면, 언제든지 다시 오면 서비스가 제공될 수 있음을 알려준다.
② **기관의 기능과 관련된 시간의 제약(시간적 구속요인)에 의해 결정된 종결(계획된 종결)**
  ㉠ 실습생이 실습을 종결하는 경우, 실습생이 맡았던 프로그램이나 면접은 종결된다. 입원기간 내에 제공되는 서비스, 학기 중에만 제공되는 서비스 등이 해당된다.
  ㉡ 실습기간이 끝나 종결하는 것이라면, 실습생은 자신이 지도·감독받고 있는 학생이라는 것과 기관을 떠나는 시기에 대해 클라이언트에게 미리 알려야 한다.
  ㉢ 미리 알리는 종결이므로 클라이언트는 종결에 대해 준비를 할 수 있고 충분한 시간을 갖고 준비할 수 있다.
③ **시간제한적인 개입모델에 따른 종결(계획된 종결)**
  처음부터 사회복지사와 클라이언트가 기간을 정하고 시작하며, 정서적 애착과 의존이 줄어들고 종결에 따른 상실감도 감소한다.
④ **시간제한이 없는 개방형 모델에서의 계획된 종결(계획을 세워나가는 종결)**
  ㉠ 종결의 일반적 기준
    ㉮ 종결은 사회복지사의 욕구가 클라이언트의 욕구에 근거해서 이루어져야 한다.
    ㉯ 클라이언트에게 서비스가 더 이상 필요하지 않거나 서비스를 제공하는 것이 현 시점에서 더 이상 이득이 되지 않는다고 판단될 때 종결을 하는 것이 원칙이다.
  ㉡ 사회복지사의 주요 과제
    ㉮ 종결 시기를 정하는 것이 중요한 과업이다.
    ㉯ 개입 과정 중에 얻는 것이 점차 감소한다고 판단될 때가 일반적으로 종결할 때이다.
⑤ **사회복지사의 사정으로 인한 종결**
  ㉠ 사회복지사의 사정, 즉 사회복지사의 개인적 사정으로 인해 중단하는 경우, 사회복지사가 갑자기 이직하거나 퇴직하는 경우, 클라이언트의 비협조와 동기 부족 등으로 개입이 도움이 되지 못한다는 판단으로 종결하는 경우이다.

ⓒ 클라이언트는 계속적인 원조를 원하므로 클라이언트와 사회복지사 모두에게 어려움이 있을 수 있다. 클라이언트는 배신감, 거부당한 느낌 등으로 자존심에 상처를 입을 수 있다. 사회복지사는 클라이언트의 부정적 감정을 표현할 기회를 주고 극복할 수 있도록 도와준 후 다른 사회복지사에게 의뢰한다.

(3) **종결단계의 과업** [①②③④⑤⑦⑧⑪⑭⑯⑰⑱⑲⑳]

① **적절한 종결의 시기결정**(= 종결 계획하기)

② **정서적 반응의 상호해결**(= 정서적 반응다루기, 부정적 정서적 반응의 해결, 양가감정 다루기) : 종결로 인해 발생할 수 있는 성취감, 자부심과 함께 발생할 수 있는 감정으로 헤어짐에 따른 슬픔, 상실감을 갖게 된다. 이에 사회복지사는 종결로 인해 발생되는 정서적 반응을 해결해야 한다.

③ **효과의 유지와 강화**(= 변화의 안정화, 결과의 안정화) : 획득된 성과(성취된 목표)를 유지하고 일반화하고 계속 발전할 수 있도록 계획한다.
　　종결단계에서의 사회복지사의 과업 : 성과유지 전략 확인(○)

④ **목표 달성의 평가**(진전수준 검토, 클라이언트 변화결과에 대한 최종 확인) : 사회복지실천에 개입 활동이 효율적이고 효과적으로 결과에 작용하였는지를 사정한다. 즉 클라이언트의 목표가 성취되었는지를 재확인하는 것이다.
　　종결단계에서 사회복지사의 과업 : 목표달성을 위한 서비스 제공(×)

⑤ **미래의 상황에서 클라이언트가 원조를 요청할 수 있도록 격려하기**

⑥ **다른 기관 또는 외부 자원으로 클라이언트를 의뢰**(referrals) : 사례가 종결되었지만 클라이언트에게 새로운 서비스가 더 필요하거나 해결되지 않은 문제가 있는 경우 의뢰한다.

⑦ **사후관리 계획 수립**
　　종결단계 : 클라이언트의 혼합된 정서적 반응을 정리하고 사후관리를 계획하는 단계(○)

2 평가단계 [③⑧, 기술론 ②③⑧⑪]

(1) **개 요**

① 변화의 과정과 변화의 성과 모두를 측정하기 위해 객관적인 조사 방법을 적용하는 것이다.

② **평가단계의 과제**
　㉠ 사회복지실천활동이 효과적이었는지, 효율적이었는지를 판단
　㉡ 변화 과정과 변화 성과 모두를 측정하기 위해 객관적인 조사 방법을 적용

(2) **평가방법**

① **단일사례연구 설계** : 개입방법의 효과를 규명하려는 것으로, 개입과정의 변화 정보를 제공

② **목표달성 척도**(GAS : goal attainment scale, 목적성취척도) : 클라이언트가 개별화된 목표에 도달한 정도를 측정 → 개별화의 원리와도 일치

③ **표준화된 측정** : 표준화된 측정방법에는 검사, 설문지, 평정척도, 도구, 체크리스트 등이 활용

④ **과업성취척도**(task achievement scale) : 사례에 대한 개입활동이 기초선을 설정하거나 단일사례설계를 이용하기 어려울 때 유용하게 활용

⑤ 동료평가
⑥ 클라이언트 만족도 설문(=만족도 평가)

3 사후지도(follow-up sessions, 사후세션, 사후관리) [①②⑬]

(1) 개 요

① 사후관리는 **개입 과정에서 얻은 이득을 유지, 강화하기 위해서 시도되는 또 다른 방법으로 종결이 이루어진 후 일정 기간이 지나서 클라이언트가 잘 적응하고 있는지를 점검하는 과정**이다.
② 종결한 후 2~6개월이 지났을 때 클라이언트의 변화를 평가하고 유지하기 위해 필요하다.

(2) 사후관리의 이점 [⑬]

① 변화의 지속성을 평가하는 기회가 되는데, 원조관계의 일시적인 영향 이상으로 얻은 것을 클라이언트가 유지하는지 측정할 수 있다.
② 사회복지사가 지속적으로 관심을 갖고 있다는 것을 보여줌으로써 종결로 인한 클라이언트의 충격을 완화시켜 준다.
③ 클라이언트의 적응 상태를 확인하고, 문제가 있는 경우 재개입 할 수 있다.

김진원 OIKOS 사회복지사1급 통합이론서 2교시

제5부

사례관리

제13장 사례관리

사례관리

제5부 **사례관리**

제13장 회차별 출제빈도, 출제비중 및 출제논점 1, 2, 3순위

10회 2012	11회 2013	12회 2014	13회 2015	14회 2016	15회 2017	16회 2018	17회 2019	18회 2020	19회 2021	20회 2022	21회 2023	22회 2024
3	3	2	3	2	3	3	3	3	3	2	4	2

출제 비중	출제 논점		
	1순위 ☺	2순위 ※	3순위 ☆
2 3 4	① 사례관리의 등장배경 ② 사례관리의 특징과 목적 ③ 사례관리의 개입원칙 ④ 사례관리의 과정	① 사례관리자의 역할 : 직접 실천 + 간접 실천	

1순위 스마일표시(☺) : 출제 빈출도가 높은 부분으로 무조건 시험에 출제되는 영역
2순위 당구장표시(※) : 나왔다 안 나왔다 하는 영역이지만 출제가능성 높은 영역
3순위 별 표(☆) : 출제 된 적이 있긴 하지만 다시 출제될 가능성은 다소 떨어지는 영역

MAP

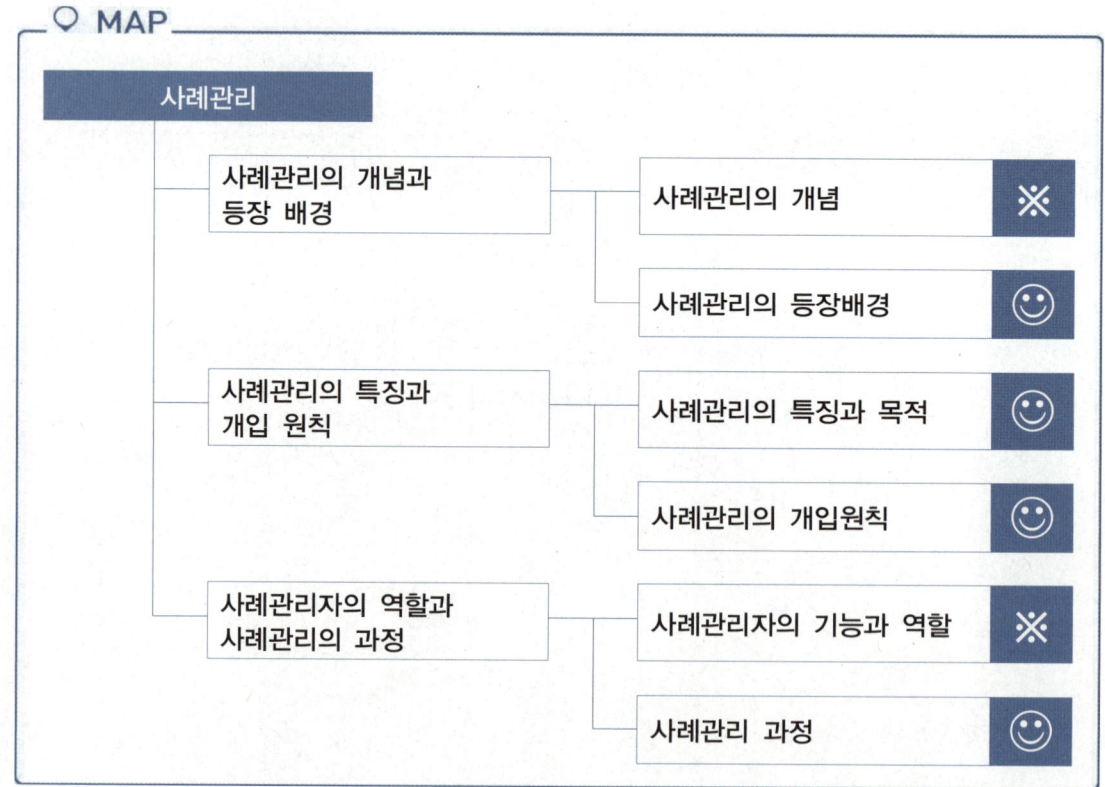

01 사례관리의 개념과 등장 배경

1 사례관리의 개념

(1) 사례관리의 정의 [⑤⑱⑲]

① **복합적인 문제나 욕구를 가지고 있는 클라이언트를 대상으로 지역사회의 다양한 기관 및 자원을 동원하고 연결하여 지속적, 효과적, 효율적으로 사회복지서비스를 제공함으로써** 클라이언트의 문제 해결을 도모하는 것이다.

> **사례관리**
> 사례관리(case management)는 임상적 개입의 의미가 강한 사례와 행정적 의미가 강한 관리가 합쳐진 용어로, 사례는 직접적 개입의 형태를 관리는 간접적 개입의 형태를 의미함

② **장기간 서비스를 제공받아야 하는 복합적인 문제를 가진 클라이언트에게 서비스를 제공하는 중재방법**이라고 할 수 있다. → 종결이 어려운 장기적 욕구를 갖는 대상자에게 적절

  ※ 사례관리의 등장 배경 : 장기보호에서 단기개입 중심으로 전환(×)

③ **용어** : 보호관리(care management), 사례조정(case coordination) 등

(2) 사회복지의 전통적 실천방법과의 비교 [⑤]

① 사례관리(일반주의, Generalist) vs 전통적 실천방법(전문가주의, Specialist)
② **통합적 접근모델**로서 클라이언트에게 더 **포괄적이고 지속적인 서비스**를 제공하고자 한다.
③ 사례관리는 **클라이언트 중심의 서비스**이고 적극적인 **지역사회보호 중심의 서비스**이다.
  ㉠ **클라이언트 중심의 서비스** : 클라이언트를 기존의 프로그램에 맞추기보다는 클라이언트 욕구에 기초한 서비스의 개발과 제공을 강조한다는 의미이다.
  ㉡ **적극적 지역사회보호** : 단편화되고 분산된 지역사회서비스를 조정하고 통합한다는 의미이다.
  ※ 사례관리의 등장 배경 : 시설보호에서 지역사회보호로 전환(○)
④ 사례관리는 사회복지통합방법론의 하나로 Specialist(전문가주의)가 아닌 Generalist(일반주의)실천에 해당하는 것이다.
  ※ 클라이언트를 위해 전문가 주도의 구조화된 서비스를 제공(×)
  ※ 클라이언트에 대한 시설보호와 치료적인 접근을 강조(×)
  ※ 사례관리는 전통적인 사회복지방법론과 전혀 다른 실천방법이다.(×)

2 사례관리의 등장배경 [⑪⑬⑱⑲㉑, 기술론 ③④]

(1) 탈시설화의 영향(지역사회보호 필요성 증가)

① 대규모 수용시설이 가장 의미 있는 환경체계인 가족 및 지역사회와 격리시키는 결과를 초래하여 지역사회 환경과의 상호작용을 차단시키고 지역사회로의 복귀를 불가능하게 만들었다.
② 탈시설화 된 클라이언트를 지역사회 내에서 지속적으로 보호, 관리할 수 있는 방법으로 대두된 실천모델이 사례관리이다.

(2) 서비스 전달의 지방분권화(=복잡하고 분산된 서비스 체계)

미국의 경우 각 지방에 여러 기관과 서비스 사이의 조정을 할 수 있는 장치가 충분히 준비되어 있지 않은 상태에서 사회복지 서비스 및 프로그램 운영과 책임을 연방정부에서 지방정부로 이양시키는 경우가 발생하였다.

> 사례관리의 등장배경 : 행정의 중앙집권화(×)

(3) 클라이언트와 그 가족에게 부과되는 과도한 책임

① 지방분권화 정책은 클라이언트나 가족의 입장에서 볼 때 엄청난 부담으로 작용하였으며, 어디서부터 어떻게 시작해야 할지 모를 정도의 혼란을 초래하였다.

② 사례관리자는 기관 경계의 전반에 걸쳐 서비스를 조직화하고, 클라이언트에게 서비스를 제공해야 할 책임 있는 기관들과 함께 노력하여 지방분권화에 따른 부정적 영향을 감소시키는 전문가(혹은 전문가 팀의 일원)로서 활동하게 되는 것이다.

(4) 복합적인 욕구를 지닌 인구의 증가

① 만성적이고 **복합적인 문제를 가지고 지역사회에서 함께 살아가야 할 사람들이 점차 늘고 있는 상황**에서, 사회적 통합을 달성하고 지역사회 생활에서의 다양한 욕구를 충족시키기 위한 것이다.

② 사례관리자는 이러한 사람들이 지역사회에서 살아가는 것을 가능하게 하기 위한 수단으로서 필요한 서비스들을 조직화하는 일을 도와주도록 요청받게 된다.

> 사례관리 : 단편적인 문제를 가진 클라이언트의 증가로 등장하였다.(×)

(5) 기존 서비스의 분산성(=기존 서비스의 단편성, 분산된 서비스의 조정기능 부재) [⑪]

① 단편적으로 분산되어 있는 서비스를 조정할 필요성에 의해 등장하였다. → 서비스의 파편화

② 사례관리자는 범주별 체계 속에서 클라이언트 욕구가 차단되거나 방해받는 것을 막을 수 있도록 서비스 제공자들과 함께 연계하여 일하는 데 목적을 두고 노력해야 한다.

파편화(단편화)
하나의 전달체계에서 제공되는 사회복지급여가 저마다 문제해결을 하는 과정에 도움이 되지만, 전체적으로 볼 때 상호연결이 부족하여 문제해결을 달성하는데 어려움이 있는 경우를 말함

(6) 사회복지서비스 공급주체의 다양화

클라이언트가 다양한 공급주체의 서비스에 대해 쉽게 인식하고 접근하며, 서비스의 중복과 낭비를 막아 서비스의 효율성을 높이고, 적절하고 포괄적인 서비스가 제공될 수 있도록 하기 위한 필요성으로 사례관리가 제기되었다.

> 사례관리의 등장배경 : 사회복지서비스 다양화(×), 공급주체 단일화(×)

(7) 사회적 지원체계와 지지망의 중요성에 대한 인식 증가

① 클라이언트의 상당수가 가족, 친척, 인구, 일상적 조력자들로부터 실질적인 도움, 안내, 정서적 지지를 제공받는다.

② 사례관리자는 대인 서비스를 제공하는 공식적 전문가와 더불어 비공식적 지지를 제공하는 개인이나 집단 간에 사회적 상부상조 관계를 형성하도록 조정하는 데 중요한 역할을 담당한다.

(8) 대인복지 서비스의 비용효과(=서비스 비용 억제와 서비스 전달의 효과 극대화)
① 최소한의 비용으로 자원의 무한적 투입을 억제하려는 공공 영역에서의 경영학적 관심과 평가가 중요시되면서 비롯되었다.
② 지방분권화의 경향은 클라이언트 수준에서 관련된 서비스의 비용 수준과 중복성을 점검해야 하는 결코 쉽지 않은 전문기술을 필요로 하였다.
③ 효과적인 서비스 전달을 최대화하려고 노력하는 반면, 동시에 비용을 억제하려는 수단으로서 사례관리를 활용해야 할 것이다.

(9) 사회복지 비용의 삭감(복지국가 위기기)
사회복지의 공공부문비용 삭감으로 민간부문 역할이 증대되면서 지역사회에 잠재되어 있는 사회자원 개발 및 활용, 비공식 지원체계의 클라이언트에 대한 보호기능 강화, 제한된 자원 내에서 서비스 전달의 효과 최대화, 서비스 전달의 비용억제 등의 노력이 나타나기 시작하여 사례관리 등장 요인으로 작용하였다.

　　사례관리 : 공공부문의 역할을 확대하기 위한 목적에서 시작되었다.(×)

02 사례관리의 특징과 개입 원칙

1 사례관리의 특징과 목적 [⑫⑬⑭⑰㉑, 기술론 ④]

(1) 사례관리의 특성
① **다양하고 복합적이며 장기적인 욕구를 가진 클라이언트**를 대상으로 한다.
② 클라이언트의 **문제해결과 치료보다는 욕구충족과 보호에 더 중점**을 둔다. 즉 기관과 프로그램 중심이 아닌 **클라이언트의 욕구 중심**이다.
　　사례관리의 특성 : 임상적 욕구를 가진 클라이언트에게는 치료적 상담을 실시한다.(○)
　　사례관리의 특성 : 클라이언트 욕구에 초점을 두어 기관 내 서비스로 한정하지 않는다.(○)
③ 클라이언트의 사회적 기능과 독립을 극대화하기 위해서 **보호의 연속성과 책임성을 보장**한다.
④ **서비스의 효과성과 효율성(efficiency)을 높이기 위해** 포괄적인 서비스를 제공하고 서비스의 조정과 점검을 실시한다.
⑤ 클라이언트와 그의 사회환경과의 상호작용에 관심을 집중시키며, **다양한 지원체계의 광범위한 서비스를 활용**한다.
⑥ 출장원조, 안내와 의뢰 등과 같은 **적극적인 클라이언트와의 접근을 강조**한다.
⑦ 클라이언트 수준에서 **클라이언트 각자의 욕구를 개별화**하며, 개입 과정에서 **클라이언트의 참여와 자기결정을 촉진**시킨다.
⑧ 체계이론과 생태체계이론 등을 토대로 한 통합적 접근법이다.
⑨ 개별적인 실천기술과 지역사회 실천기술을 통합한 형태이다. 즉 직접서비스와 지역사회서비스를 결합한 형태이다.

(2) 사례관리의 목적

① **보호의 연속성(continuity of care) 보장**
  ㉠ 첫째, 처음 의뢰에서부터 종결 혹은 그 이후까지 중단하지 않고 서비스를 제공하는 것을 의미한다.
  ㉡ 둘째, 제공하는 보호의 포괄성을 의미하는 것으로, 이것은 치료적 개입과 함께 클라이언트의 가족과 중요한 타인의 관계지속, 위기개입, 그리고 단순한 서비스 연계를 넘어서는 사회적 관계망 형성 등의 환경적 지지를 의미한다.
  ㉢ 사례관리자는 클라이언트의 복합적이고 장기적인 욕구를 충족시키기 위해 다른 서비스 제공자들과의 포괄적이고 지속적인 관계를 연속적으로 서비스를 제공한다.

② **서비스의 통합(integration of services) 확보**
  ㉠ 다양한 서비스를 결합하여 클라이언트를 원조하기 위한 계획을 세워 실행하는 것을 의미하며, 사례관리자는 클라이언트의 복합적 욕구를 해결하기 위해서 **많은 기관과 전문가들의 활동을 통합**한다. → 한 기관 내에서의 팀 협력 및 지역사회 타 전문 분야의 협력이 중요
  ㉡ 이러한 서비스 통합은 서비스 분열과 중복을 감소시키고 제공된 서비스 간의 긍정적 상호작용을 촉진한다.

③ **평등한 서비스 접근(equal access to services, 서비스 접근성 강화)**
  ㉠ 서비스에 대한 평등한 접근은 원조가 필요한 모든 사람들이 사례관리서비스에 접근하여 신청하고 사용하기 위해서 동등한 기회를 갖는 것을 의미한다.
  ㉡ 이를 위해서 사례관리는 출장원조(out reaching), 안내와 의뢰(information and referral) 등과 같은 적극적 접근방식을 통해 클라이언트의 접근성을 증진시킨다.

④ **책임성의 증진(사회적 책임성 제고)**
  ㉠ 서비스 제공자들에게 대한 조정과 점검을 통해 클라이언트에게 적절한 서비스가 제공되도록 보장하고, 그러한 서비스의 제공이 클라이언트의 욕구를 충족시키는 결과를 가져올 수 있도록 책임을 지는 통합적인 서비스 전달방식이다.
  ㉡ 사례관리는 지정된 한 명의 케어매니저 또는 한 기관이 서비스 체계의 전반적인 결과에 대하여 책임을 지도록 하기 때문에 책임성을 증진시킬 수 있게 된다.

⑤ **개별화된 서비스 제공(individualized service)** → **클라이언트의 사회적 기능의 향상**
  ㉠ 사례관리는 클라이언트 개개인이 가지고 있는 고유한 문제를 해결하기 위해서 **각 클라이언트에게 가장 적합하고 개별화된 서비스를 제공**해야 한다.
  ㉡ 클라이언트의 독특한 신체적·정서적·사회적 상황에 따라 **각 클라이언트의 욕구에 맞게 서비스가 제공**되어야 한다.

⑥ **효과성과 효율성 강화**
  ㉠ 사례관리는 **효과적 자원의 개발과 분배를 통해 자원의 한계성을 극복하여 서비스 효과성을 극대화**할 수 있다. 또한 클라이언트가 적절한 서비스를 적절한 시기에 받을 수 있도록 함으로써 **효율성을 강화**할 수 있다.

ⓒ 사례관리자는 클라이언트들이 직면하는 많은 복잡한 문제들을 해결하기 위해 **서비스 효과성을 높여서 서비스 전달에 따른 비용을 감소하여 비용효과성을 증가**시켜야 한다.

⑦ 1차 집단의 보호 능력의 향상

　　㉠ 산업화·도시화로 인한 가족구조의 변화와 복지국가의 위기 이후의 사회복지비용의 삭감으로 가족을 포함한 **1차 집단**(가족, 친척, 친구, 이웃 등)**의 보호와 사회적 지지에 대한 인식이 점차 증가**하고 있다.

　　㉡ 사례관리는 가족을 포함한 1차 집단과 클라이언트와의 연결 및 상호작용을 촉진하고, 1차 집단으로 하여금 보호의 연속성의 보장, 즉각적이고 적절하며 안락한 서비스의 제공, 사회적 지지와 안정감의 제공 등을 행할 수 있도록 함으로써 **1차 집단이 클라이언트에 대한 보호 기능을 최대한 발휘**할 수 있도록 하고 있다.

2 사례관리의 개입원칙 [③④⑦⑨⑩⑫⑬⑯⑱⑲㉒]

(1) 서비스의 개별화

① 서비스들은 클라이언트의 확인된 욕구들마다 각기 구체적으로 개발되거나 고안되어야 한다.

② 클라이언트의 개별적인 욕구와 상황에 맞는 맞춤형 서비스를 제공한다.

(2) 서비스 제공의 포괄성

① **포괄적 서비스란** 클라이언트 생활의 모든 부분들, 즉 주거, 여가선용, 고용, 정신보건, 사회적·경제적·의료적 보호 등을 모두 포함하는 것으로서 **충족되지 않은 욕구가 없도록 원조함에 중점을 두는 것**이다.

② 클라이언트의 다양한 욕구를 충족시키기 위해 광범위한 지지를 연결하고 조정, 점검한다.

　　※ 사례관리의 원칙 : 임상적인 치료에 집중된 서비스 제공(×)

(3) 클라이언트의 자율성 극대화(= 자기결정권의 존중)

① 사례관리의 주요 초점 중의 하나는 클라이언트를 가능한 한도 내에서 최대한으로 자조하도록 함에 있다.

② 클라이언트의 자기결정을 최대화시킴으로써 자신을 스스로 돌볼 수 있도록 하는 것을 의미한다.

(4) 서비스 지속성(연속성)

① 사례관리에서는 클라이언트가 차후의 발달단계로 옮겨가는 동안 욕구에 대한 모니터를 지속적으로 해야 한다.

② 사례관리의 대상이 되는 클라이언트의 대부분은 만성적 문제들로 인해 고통 받는 경우가 많으며, 빠른 회복을 기대하기는 어렵기 때문에, 이들은 인생 전체의 시기에 걸쳐 도움을 필요로 하며 이에 부응하기 위해 지속적 관리가 필요하다고 할 것이다.

(5) 서비스 연계성
① 복잡하고 분리되어 있는 서비스전달체계를 연결한다.
② 지역사회에 분산되어 있는 서비스 정보를 제공하고 서비스들을 서로 연결하여 서비스의 효과성을 높인다.
  - 사례관리의 원칙 : 서비스의 분절성(×)

(6) 서비스의 접근성
① 복잡한 프로그램이나 자격조건 등이 다르거나 까다로워서 서비스 접근에 어려움이 있는 경우 사례관리자는 서비스 제공자와 접촉하여 중개역할을 하여 좀 더 쉽게 자원에 접근할 수 있게 한다.
② 클라이언트가 서비스를 이용하는 데 있어 장애가 되는 심리적 조건이나 물리적 요소 혹은 사회문화적 경제적 요소들이 존재하는지 살피며, 이를 최소화하여 서비스에 대한 접근성을 높인다.

(7) 서비스의 체계성
① 서비스 간 중복을 줄이고 서비스의 비용을 효율적으로 관리하기 위해 서비스와 자원들 간에 조정을 한다.
② 사례관리자는 서비스를 제공하는 **공식적 지원체계 간의 조정뿐만 아니라** 가족이나 친구, 혹은 친지 같은 **비공식적 지원체계를 통합**하고 기능적으로 연결하여 다양하고 체계적인 지지망을 구축한다.
  - 사례관리 : 공적 책임을 강화하기 위해 비공식적 지지망의 활용을 최소화한다.(×)
  - 사례관리 : 공식적인 자원체계만을 중요시한다.(×)

03 사례관리자의 역할과 사례관리의 과정

❶ 사례관리자의 기능과 역할

(1) 사례관리자의 핵심적 기능
① 클라이언트의 포괄적인 욕구를 인식하는 기능
② 클라이언트의 욕구를 충족시킬 수 있는 서비스에 클라이언트를 연계하는 기능
③ 클라이언트에게 제공되는 서비스를 모니터링하고, 적절성과 효과성을 사정하며 피드백을 주는 기능

(2) 사례관리자의 역할 : 직접 실천 + 간접 실천 → 복합적 기능 수행 [⑬⑮⑱⑲㉑, 기술론 ⑩]
① **직접적 서비스 제공** : 이행자(실행자), 안내자, 교육자, 정보제공자, 지원자로서의 역할을 수행
② **간접적 서비스 제공** : 중개자, 연결자, 옹호자로서의 역할을 수행
  - 클라이언트를 직접 상담하는 치료자 역할을 수행하지 않는다.(×)
  - 사례관리자는 어떠한 상황에서도 클라이언트를 대신하여 행동해서는 안 된다.(×)

2 사례관리 과정 [⑦⑩⑪⑭⑮⑯⑰⑱㉑, 기술론 ③]

■ 제 학자들의 사례관리의 과정 ■

학 자	사례관리의 과정
Steinberg와 Carter (1983)	① 가입(사례발견, 사전적격심사, 접수), ② 보호기획을 위한 사정, ③ 목표설정과 서비스 기획, ④ 보호계획의 수행, ⑤ 재사정과 종결
Weil과 Karls (1985)	① 클라이언트 확인과 출장원조, ② 개별적인 사정과 진단, ③ 서비스기획과 자원확인, ④ 클라이언트와 필요한 서비스의 연결, ⑤ 서비스의 실행과 조정, ⑥ 서비스 전달의 점검, ⑦ 옹호, ⑧ 평가
White와 Goldis (1986)	① 사례발견(출장원조, 적격성 결정, 접수), ② 사정(현재의 상태와 욕구의 확인), ③ 보호기획(욕구를 열거한 계획의 개발), ④ 계획수행(서비스 전달의 조정), ⑤ 사후검토(클라이언트와 서비스 점검), ⑥ 재사정(평가)
Moxley(1989)	① 사정, ② 기획, ③ 개입, ④ 점검, ⑤ 평가
Rothman (1991)	① 기관에 대한 접근, ② 접수, ③ 사정, ④ 목표설정, ⑤ 개입기획 또는 자원확인과 목록작성, ⑥ 클라이언트와의 연결, ⑦ 점검과 재사정, ⑧ 결과평가
이근홍(2005)	① 접수(사례발견, 적격심사, 계약), ② 사정(욕구사정, 능력사정, 보호사정), ③ 기획(목표설정, 보호계획), ④ 실행(보호연결, 계획수행, 보호조정), ⑤ 점검(보호점검, 재사정), ⑥ 평가(결과평가, 종결)
이윤로(2005)	① 클라이언트 발견(아웃리치), ② 사전심사, ③ 문제 상황 사정(측정), ④ 보호계획 작성, ⑤ 서비스의 조정과 전달, ⑥ 옹호, ⑦ 모니터링, ⑧ 재사정(재측정), ⑨ 종결

- 아웃리치 – 사정 – 계획 – 점검 – 재사정(O), 사정 – 계획 – 연계 및 조정 – 점검(O)
- 사례관리에 관한 내용 : 계획-사정-연계·조정-점검의 순으로 진행한다.(×)

(1) 사례발견(Case Finding) : 인테이크(Intake) 또는 접수

① 사례 발견과 아웃리치(outreach)와 의뢰(referral) 및 스크리닝(screening)하는 과정을 모두 포함하며, 클라이언트가 사례관리대상으로 적합한가를 스크리닝 하는 것이 선행되어야 하고, 이때 기관과 적합하지 않은 경우 타 기관에 의뢰해야 한다.

② 사례관리에서는 잠재적 클라이언트를 적극적으로 발견하고 서비스를 제공하는 아웃리치(outreach)가 강조된다.

(2) 사정(Assessment)

클라이언트의 복합적 욕구와 문제, 현재의 기능, 장점과 잠재능력, 공식·비공식 지원체계의 그들에 대한 보호능력 등에 관하여 전반적 자료를 수집하고 종합적으로 분석하는 과정이다.

① 클라이언트의 욕구와 문제 사정
② 클라이언트의 능력 사정
③ 지원체계의 능력 사정(자원의 사정)
④ 장애물 사정

- 사정과정에서 클라이언트의 욕구 및 참여보다는 사회복지사의 전문성이 더 우선시된다.(×)

(3) 계획(Planning) : 클라이언트의 개인적인 서비스 욕구, 서비스 연결과 감독, 평가에 대해 계획

① [1단계] 상호 목적수립하기 : 사회복지사와 클라이언트의 신뢰관계, 클라이언트에 대한 현재 상황을 충분하게 사정하는 것이 전제조건이다.
② [2단계] 우선 순위 정하기 : 욕구를 명확하게 하고 문제를 파악해서 우선 순위를 정한다.
③ [3단계] 전략수립하기 : 목적을 달성하는 전략(개입, 기법)을 정하는데, 클라이언트와 브레인스토밍 할 수 있다.
④ [4단계] 전략선택하기 : 클라이언트의 상황, 능력, 여건 등을 고려해서 그 중 최선의 전략을 선택한다.
⑤ [5단계] 전략실행하기 : 실행할 시간과 절차 등을 구체적으로 정한다. 실행 후 평가하여 목적을 달성하지 못한 경우, 목적설정이나 계획과정으로 다시 돌아간다.

(4) 개입(Intervention)

① **직접적 개입** : 사례관리자가 클라이언트의 기술과 능력을 향상시키거나 문제를 경감시키기 위해 직접적인 활동을 수행하는 것으로, 이때 사례관리자는 **실행자, 안내자, 교육자, 정보제공자, 지원자로서 기능**한다.
② **간접적 개입** : 클라이언트 주변체계나 클라이언트와 체계 간의 관계를 변화시키기 위해 활동하는 것으로, 이때 사례관리자는 **중개자, 연결자, 옹호자로서 기능**한다.

(5) 점검(Monitoring) : '서비스와 지원이 원활 한가' [⑪⑰㉑]

① 점 검
  ㉠ 클라이언트의 완성된 계획에서 정해진 서비스와 지원의 전달과정을 추적하는 방법으로 사례관리자에 의해 행해지는 활동적이고 유동적인 과정을 의미한다.
  ㉡ **서비스전달을 지속적으로 감시하고 감독하는 것이다.**
② **'점검'의 목적** : 서비스 계획이 적절하게 이루어졌는지, 서비스와 지원계획의 목표에 대한 성취를 검토하고, 서비스와 사회적 지지의 산출결과를 검토하며, 클라이언트의 욕구 변화를 점검하여 서비스 계획의 변화 여부를 검토한다. ✍ 점검 : 서비스의 최종 효과성을 검토(×)
③ 사례관리자의 과업
  ㉠ 개입의 진행 정도를 파악한다.
  ㉡ 개입계획의 수정 여부를 검토한다.
  ㉢ 필요 시 문제 해결 전략을 수정한다.
  ㉣ 클라이언트의 욕구변화를 사정한다.

(6) 재사정

클라이언트에게 제공되는 서비스의 적합성, 개입계획 변경의 필요성, 변화 방식 등을 결정하는 과정으로, 보통 3개월이나 6개월 단위로 시행되는 공식적 점검의 일환으로 볼 수 있다.

(7) 평가(Evaluation) 및 종결(Termination)

MEMO

2교시
사회복지실천

제2영역
사회복지실천기술론
Skills and Techniques of Social Work Practice

교과목 개요

사회복지실천의 전문성에 대한 이해와 이러한 전문성을 뒷받침하는 주요 실천모델과 개입기술을 습득한다. 특히 사회복지실천의 대상이 되는 개인, 가족, 집단, 지역사회의 특성과 욕구를 이해하며 사례연구 및 역할연습을 통해 실천기술과 기법, 상담, 관찰, 기록, 지침 등을 실천대상에게 적용하고 평가하는 방법을 익히도록 한다.

교과목 목표

1. 사회복지실천의 전문성에 대한 이해
2. 주요 사회복지실천 모델과 개입기술에 대한 학습
3. 개인, 가족, 집단, 지역사회 개입을 위한 기술 및 기법 등에 대한 학습
4. 개입과정을 기록하고 평가하는 방법에 대한 학습

출제 경향 분석

이해 틀	목차 (교과목 지침서에 준함)	10회 2012	11회 2013	12회 2014	13회 2015	14회 2016	15회 2017	16회 2018	17회 2019	18회 2020	19회 2021	20회 2022	21회 2023	22회 2024
사회복지사의 전문성	제1장 사회복지사의 전문성	–	–	–	–	–	–	2	–	3	1	1	1	2
사회복지 실천모델과 개입기술	제2장 정신역동 모델	3	–	1	1	1	1	1	1	1	1	1	1	1
	제3장 심리사회 모델	2	3	2	–	1	1	1	1	1	–	1(1)	1	1(1)
	제4장 인지행동 모델	2	3	3	3	2	3	3	2	2	1	3(2)	4	1(3)
	제5장 과제중심 모델	1	1	1	1	1	1	1	1(1)	–	1	1(1)	(1)	1
	제6장 역량강화 모델과 위기개입 모델	–	2	2	2	2	2	2	1(2)	3	3	1(1)	1(3)	1(4)
가족대상 사회복지 실천과 기술	제7장 가족에 대한 이해	4	2	3	4	1	1	3	2	2	1	2	2	
	제8장 가족문제 사정	2	3	1	1	2	1	–	1	2	1	1	2	–
	제9장 가족대상 실천기법: 가족치료의 다양한 접근	5	5	5	4	7	6	3	5(1)	4	8	6	4	5(2)
집단대상 사회복지 실천과 기술	제10장 집단대상 실천기법	3	3	2	4	4	2	2(1)	1(1)	2(2)	1	1	2	1
	제11장 집단의 역동성	1	3	2	–	–	–	2	2(1)	(3)	3	2	–	2
	제12장 집단발달 단계	4	2	2	3	2	4	2	4	2	3	3	3	4
기록과 평가	제13장 사회복지 실천기록	1	1	1	1	1	1	1	1	1	1	1	1	1
	제14장 사회복지 실천평가	1	2	1	1	1	2	2	1	1	–	1	1	1
	※ 사례관리	1	–	–	–	–	–	–	–	–	–	–	–	–

※ 표 안에 ( ) 안의 숫자는 단독 출제되지는 않았으나 문제의 지문상에 해당 부분의 내용이 출제된 것을 의미합니다.
※ 제12회 시험부터 영역별 30문제에서 25문제 출제로 변경되었으므로 출제빈도는 12회시험부터 눈여겨보시기 바랍니다.

김진원 OIKOS 사회복지사1급 통합이론서 2교시

제1부

사회복지사의 전문성

제1장 사회복지사의 전문성

사회복지사의 전문성

제1부 **사회복지사의 전문성**

제1장 회차별 출제빈도, 출제비중 및 출제논점 1, 2, 3순위

10회 2012	11회 2013	12회 2014	13회 2015	14회 2016	15회 2017	16회 2018	17회 2019	18회 2020	19회 2021	20회 2022	21회 2023	22회 2024
–	–	–	–	–	–	2	–	3	1	1	1	2

출제 비중	출제 논점		
	1순위 ☺	2순위 ※	3순위 ☆
01₃		① 사회복지실천의 전문적 기반: 과학성 + 예술성	① 사회복지실천기술의 특징 ② 사회복지지식의 구성수준

1순위 스마일표시(☺) : 출제 빈출도가 높은 부분으로 무조건 시험에 출제되는 영역
2순위 당구장표시(※) : 나왔다 안 나왔다 하는 영역이지만 출제가능성 높은 영역
3순위 별 표(☆)   : 출제 된 적이 있긴 하지만 다시 출제될 가능성은 다소 떨어지는 영역

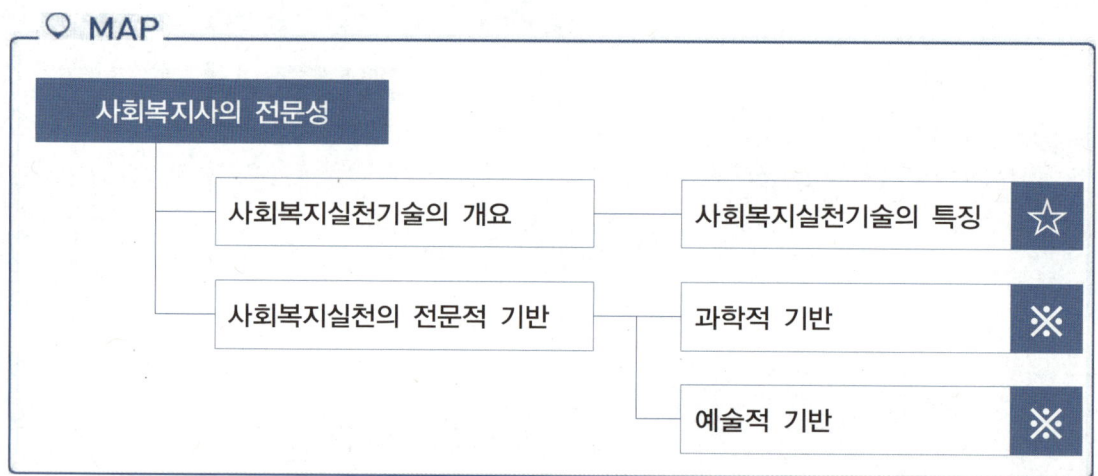

01 사회복지실천기술의 개요

1 사회복지실천기술의 개념

① 사회복지사가 실천활동을 수행함에 있어서 **지식을 효과적으로 이용하고 적용할 수 있게 해주는 능력이나 방법**을 말하는 것으로, **클라이언트의 관심과 욕구에 맞춰 지식과 가치를 행동으로 전환**하는 사회복지실천의 구성요소이다.
  ㉠ 클라이언트의 문제, 욕구, 능력이 무엇인지 사정하며 자원을 개발하거나 사회의 구조를 변화시키는 데 있어서의 숙련성을 의미한다.
  ㉡ 관심과 욕구에 맞춰 지식과 가치를 행동으로 전환하는 사회복지실천의 구성요소이고 특정의 목표나 활동의 복잡한 행위 체제로서, 클라이언트의 욕구에 반응하여 클라이언트의 사회적 기능을 향상시키려는 목적을 가진다.
② 사회복지실천을 기계처럼 모든 클라이언트, 모든 문제, 모든 상황에 똑같은 방식으로 적용할 수 있는 기법적(technical) 활동으로 보아서는 안 되며, **사람-문제-상황의 특성과 욕구에 적합한 기술들을 선택하고 조합하고 적용**할 수 있어야 한다.

2 사회복지실천기술의 특징 [②]

① 사회복지실천기술은 단순한 테크닉(technique)이 아니라 사회복지가 전문직으로 가지고 있는 **가치와 전문적 지식을 바탕으로 한 일련의 행위**이다.
② **가치, 지식, 기술을 통합**할 수 있을 때 단순한 기술자의 역할을 넘어 자주적인 전문가의 역할을 할 수 있다.
③ 전문적 실천이란 **단순한 공식이나 단계별 처방에 기초하지 않는다.**
  ㉠ 클라이언트의 독특한 문제의 복잡성을 이해하고 그 이해를 바탕으로 개입 전략을 발전시키는 것으로 어떤 경우에도 개입 양상은 모두 다르며 서로 바꾸어서 적용할 수 없다.
  ㉡ 상황에 따라 다른 기술을 적용하기 때문에 특정 상황에 맞는 실천기술을 선택하고 활용할 수 있는 능력이 필요하다.
④ **로봇처럼** 모든 클라이언트, 모든 문제, 모든 상황에 **똑같은 방식으로 사회복지 실천기술을 적용할 수는 없다.**
⑤ 특정이론에만 제한되어서는 안 되며 **다양한 이론이나 방법적 요소들을 특정상황이나 문제에 맞게 적절하게 선택해서 사용할 수 있는 능력이 필요하다.**
⑥ 사회복지사가 가지고 있는 기본적 자질에 따라 달라질 수 있지만 **지식을 기반으로 하기 때문에 개발될 수 있고 학습이 가능하다.**

3 사회복지실천기술의 유형

(1) 로젠버그와 돌고프(Loewenberg & Doloff)의 분류
   ① 기본적인 원조 기술
   ② 관여 기술
   ③ 관찰 기술
   ④ 의사소통 기술

(2) 미국사회복지사협회(NASW)에서 제시한 사회복지의 12가지 필수적인 기술
   ① 이해와 목적을 가지고 다른 사람의 말을 경청하기
   ② 사회력과 사정, 보고서를 준비하기 위해 관련 정보를 끌어내고 관련 사실들을 수합하기
   ③ 전문적 원조 관계를 형성하고 유지하기, 관계 안에서 자신을 활용하기
   ④ 언어적, 비언어적 행동을 관찰하고 해석하며, 성격이론과 사정 방법에 관한 지식을 활용하기
   ⑤ 클라이언트들(개인, 가족, 집단, 지역사회)이 스스로 자신들의 문제를 해결하고 신뢰할 수 있도록 관여하기
   ⑥ 민감한 정서적 문제들을 위협적이지 않은 지지적 방식으로 토론(토의)하기
   ⑦ 클라이언트 욕구에 대한 혁신적 해결책 제시하기
   ⑧ 치료적 관계의 종결과 어떻게 종결할 것인가를 결정하기
   ⑨ 조사연구를 수행하거나 혹은 기존 연구결과나 전문적 문헌 이해(해석)하기
   ⑪ 갈등을 보이는 당사자들을 화해(중재)시키거나 협상하기
   ⑫ 조직 간의 연계(연락) 서비스를 제공하기
   ⑬ 후원자, 대중, 입법자와 관련된 사회적 욕구들을 해석하고 의사소통하기

02 사회복지실천의 전문적 기반

사회복지실천은 과학과 예술(art)의 조화이다. **과학성과 예술성은 서로 대립되는 개념이 아니라 상호보완적이며 상호의존적인 관계이다.**

(1) 과학적 지식에만 의존하는 실천은 기계적인 수행에 그치게 되며 과학성이 결여된 예술성만으로는 효과적인 실천이 이루어질 수 없게 된다.

(2) **사회복지사에게는 과학성과 예술성의 상호보완적이고 통합적인 실천역량이 요구된다.** [20]

   ⊗ 사회복지실천에 관한 설명 : 과학성과 예술성을 통합적으로 활용한다.(O)

1 과학적 기반(과학성) [⑧⑲, 실천론 ⑩]

(1) 과학적 지식의 원천

① 사회복지사는 개인과 가족, 집단, 지역사회, 조직체를 대상으로 하므로 **기초 과학과 사회학, 인류학, 문화 분석을 포함해서 더 큰 체계를 연구하는 원리**를 알아야 한다.

② 인간의 감정과 행태는 생리적 현상이고 일부는 유전에 의해 결정되며 감정과 행동을 조절하기 위해서 약물치료를 하므로 **사회복지사는 유전학, 생물학, 행태과학에 대하여 지식**이 있어야 한다.

③ 인간은 자연세계의 일부이고 환경과 상호작용을 하므로 사회복지사는 클라이언트가 연계망을 이루고 있는 물리적·사회적 환경 등을 이해하기 위해서 **생태과학에 대한 지식**이 있어야 한다.

④ **심리학, 사회학, 경제학, 인류학, 정치학 등에 대한 지식뿐만 아니라 의학, 정신의학, 가족치료 등과 같은 전문지식과 관련된 지식**도 갖추어야 한다.

⑤ 사회복지실천의 과학성은 **사회복지를 전문직으로 인식하도록** 한다.
   - 예) 경험적 사실의 수집, 실험적 조사, 이론적 설명, 객관적 관찰, 기술 훈련
   - ✗ 사회복지실천의 과학성은 예술성보다 중요하다.(×)

(2) 과학자로서 사회복지사

① **과학적이 되기 위해 활용하는 방법**
   ㉠ 사람들의 사회적 기능을 나타내는 **자료들을 수집하고, 조직화하고 분석**한다.
   ㉡ **새로운 기법**을 만들고, 새로운 실천지침을 형성하고, 새로운 프로그램과 정책을 개발하기 위한 관찰, 경험, 그리고 공식적 연구를 활용한다.
   ㉢ 사회복지 개입을 안내하는 계획과 개념적 준거틀을 세우기 위해 **기초가 되는 자료를 활용**한다.
   ㉣ 개입과 개입이 사람들의 사회적 기능 수행에 미치는 영향을 **객관적으로 검토**한다.
   ㉤ 전문직에서 다른 사람들이 설명하는 **아이디어, 연구, 그리고 실천을 교환하고 비평적으로 평가**한다.
   - ✗ 이론과 실천의 준거틀을 적절하게 이용하는 것은 예술적 기반에 해당된다.(×)

② **사회복지사가 갖추어야 할 과학적 지식**
   변화 과정을 촉진하기 위하여 사회복지사는 과학적 기반이 되는 사회적 조건과 문제, 사회정책과 프로그램, 사회현상, 사회복지전문직, 다양한 실천이론과 관련된 지식을 도출할 수 있어야 한다.
   - ✗ 사회복지사가 가져야 할 지식의 내용 : 인간행동과 발달, 인간관계와 상호작용, 사회복지정책과 서비스, 사회복지사 자신에 관한 지식(O)

OIKOS UP 사회복지지식의 구성수준(홍선미, 2004 : 197) [16회]

① 패러다임(paradigm)은 한 시대를 지배하는 과학적 인식, 이론, 관습, 사고, 관념, 가치관 등이 결합된 총체적인 틀 또는 개념의 집합체를 의미이다. 패러다임은 개념적 틀로서 세계관을 지배하고 현실에 대한 인식의 방향을 결정하는 데 영향을 미친다.

② 패러다임의 하위 수준에 있는 관점/시각(perspective)은 개념적 준거틀(conceptual framework)로서 관심영역과 가치, 대상들을 규정하는 사고체계이다.

③ 이론(theory)은 특정 현상을 설명하기 위한 가설이나 개념, 의미의 집합체로서, 관점/시각의 추상성을 한 단계 구체화한 특성을 갖고 있다. 즉, 이론은 가치나 의미, 사고 등을 보다 객관적으로 규명하고 이를 일반화시키는 과정 속에서 받아들여지기 때문에, 관점/시각에서 다루는 내용을 조작화시키고 경험적으로 검증하는 작업을 요구한다.

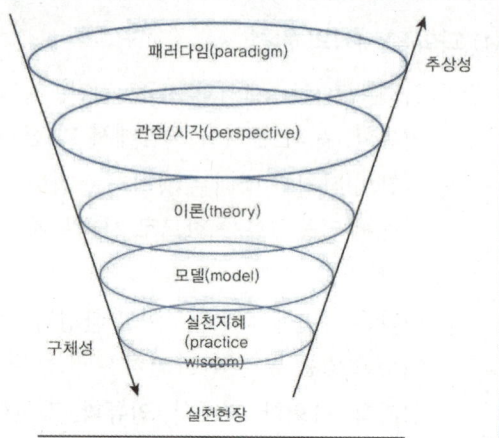

④ 모델(model)은 문제와 상황을 분석하고 개입방법을 계획하고 실천과정을 진행시키는 데 직접적으로 필요한 기술적 적용 방법을 제시함으로써 실천 활동의 원칙과 방식을 구조화하는 데 도움을 준다.

⑤ 실천지혜(practice wisdom) 또는 직관(intuition)/암묵적 지식(tacit knowledge)도 실천현장에서 널리 활용되는 지식의 종류이다. 이들은 의식적으로 표현되거나 구체화될 수 없는 지식으로서 개인의 포괄적 가치체계와 개인적 경험으로부터 도출된다. 실천을 통한 앎(knowing-in-action/learning-by-doing/reflection-in-action)을 강조하는 사회복지실천에서 경험적으로 얻어지는 이러한 유형의 지식은 사회복지사의 인지적 틀(cognitive schema)을 통제하면서 사회복지사의 활동에 절대적인 영향을 미친다.

2 예술적 기반(예술성) [①⑤⑥⑦⑧⑯⑲, 실천론 ⑩]

(1) 예술가로서의 사회복지사

① 예술이란 "능숙한 수행을 하는 데 필요한 특수한 기술로 학습만으로는 배울 수 없는 직관적인 능력을 발휘해야 하는 것"이라고 정의된다.

② **사회복지실천의 예술적 기반에 포함되는 요소**로는 타인의 고통에 함께 동참하는 동정, 인간의 고통에 직면할 수 있는 용기, 의미 있고 생산적인 원조관계를 형성할 수 있는 능력, 변화를 창조하는 창의성, 변화과정에 에너지와 희망을 불어넣는 능력, 건전한 판단 능력, 개인의 가치, 자신의 전문가 스타일을 형성하는 것이 있다. 이러한 **예술적 기반은 타인에 의해 조사되어도 동일한 결과가 발생할 수 있도록 객관적이어야 한다.**

　예) 창의적 사고, 적합한 가치, 직관적인 능력, 건전한 판단력, 사회적 관심

(2) 예술적 기반에 해당하는 요인들

① 동정과 용기

　㉠ 동정(compassion) : 타인의 고통에 함께 동참해서 그 괴로움에 몰입하려는 의지

　㉡ 용기 : 인간의 고통과 혼란, 인간의 부정적이고 파괴적인 행동에 직면할 수 있는 것

② **전문적인 관계(진실된 인간관계)** : 클라이언트를 가장 밀접한 수준에서 이해하려면 감정이입, 온화함, 진실성을 갖추어야 한다.
  ㉠ **감정이입** : 사회복지사가 **다른 사람을 이해하고 싶다면 먼저 그 사람의 사고, 신념, 생활경험 속으로 들어가야 한다.** 그러나 그렇게 하려면 먼저, 자신의 가치, 태도 그리고 판단을 먼저 접어두어야 한다.
  ㉡ **온화함(소유하지 않은 온화함, nonpossessive warmth)** : 감정에 치우치지 않는 "온화함"은 **다른 사람을 존중하면서 수용하고 의사소통하고, 다른 사람의 안녕에 관심을 갖는 관계 특성**을 말한다. 이러한 온화함을 나타내기 위해서는 수용과 비심판적 태도가 중요하다.
  ㉢ **진실성** : 감정이입과 온화함을 연결하는 매개로, 온화함과 감정이입은 "진실성"이 있어야 한다. 사회복지사는 가식 없는 사람으로 행동하고, 진심으로 사람을 좋아하고, 그들의 안녕을 돌보아야만 한다.

③ **창의성(창의적 사고)** : 사고, 사실, 아이디어 등이 새롭고, 상호관련 속에서 연합된 것으로 각 **부분의 총합 이상을 의미하며,** 이는 상상력, 융통성, 인내심을 바탕으로 한다.
  ㉠ **상상력** : 다양한 접근방법을 확인하고 그 문제에 적용해서 해결할 수 있는 능력
  ㉡ **융통성** : 그 문제와 관련된 모든 사람의 관점에서 상황을 이해할 수 있는 능력
  ㉢ **인내심** : 어려움과 좌절에도 불구하고 지속적으로 행동을 취하는 능력

④ **희망과 에너지**
  ㉠ **희망** : 인간의 기본적인 선함, 긍정적인 방향으로 변화하려는 능력, 공동의 선을 위해 다른 사람들과 협력해 활동하려는 의지에 대하여 확고하게 믿는 신념을 의미
  ㉡ **에너지** : 지속해서 진행되도록 하고, 결과를 얻고, 실패와 실수에서 회복할 수 있는 능력을 의미

⑤ **판단(건전한 판단 능력, 직관적 능력)** : 클라이언트의 상황을 사정하는 것, 대안의 해결책을 제시하는 것, 원조 과정을 계획하는 것, 변화활동을 수행하는 것, 서비스를 종료할 때를 결정하는 것 등 **사회복지실천 전 과정을 거쳐 사회복지사는 무엇이 적정한지를 판단해야 한다.**

⑥ **개인의 가치** : 딜레마 상황에서 개인적 가치와 사회적 가치 그리고 전문적 가치 사이에서 적절한 윤리적 결정을 한다는 것은 전문적 사회복지사만이 할 수 있는 일이다.

⑦ **전문가 스타일(전문적 스타일을 형성하는 것)**
  ㉠ 각 사회복지사마다 독특한 자신만의 실천 스타일을 갖게 된다. 이러한 전문가 스타일은 상황, 클라이언트, 기관에 적합해야 한다.
  ㉡ 사회복지사의 독특한 의상, 헤어스타일, 자세, 언어 그리고 그들이 누구이고 자신과 타인에 관해 어떤 생각을 하고 있는지에 대한 메시지를 전달하는 여러 가지 다른 선택과 행동을 통해 표현된다.

⑧ **전문가 가치** : 기본적 권리에 대한 존중, 사회적 책임감, 개인적 자유에 관한 헌신성, 자기결정에 대한 지지 ❌ 사회복지 전문가로서 가지는 가치관은 예술적 기반에 해당된다.(O)

김진원 OIKOS 사회복지사1급 통합이론서 2교시

제2부

사회복지실천 모델과 개입기술

제2장 정신역동모델
제3장 심리사회모델
제4장 인지행동모델
제5장 과제중심모델
제6장 역량강화모델과 위기개입모델

정신역동모델

제2부 **사회복지실천모델과 개입기술**

제2장 회차별 출제빈도, 출제비중 및 출제논점 1, 2, 3순위

10회 2012	11회 2013	12회 2014	13회 2015	14회 2016	15회 2017	16회 2018	17회 2019	18회 2020	19회 2021	20회 2022	21회 2023	22회 2024
3	–	1	1	1	1	1	1	1	1	1	1	1

출제 비중	출제 논점		
	1순위 ☺	2순위 ※	3순위 ☆
1	① 정신역동모델의 개입목표 ② 정신역동모델의 개입기법	① 정신역동모델의 기본 개념 ② 정신역동모델의 한계점	

1순위 스마일표시(☺) : 출제 빈출도가 높은 부분으로 무조건 시험에 출제되는 영역
2순위 당구장표시(※) : 나왔다 안 나왔다 하는 영역이지만 출제가능성 높은 영역
3순위 별 표(☆)   : 출제 된 적이 있긴 하지만 다시 출제될 가능성은 다소 떨어지는 영역

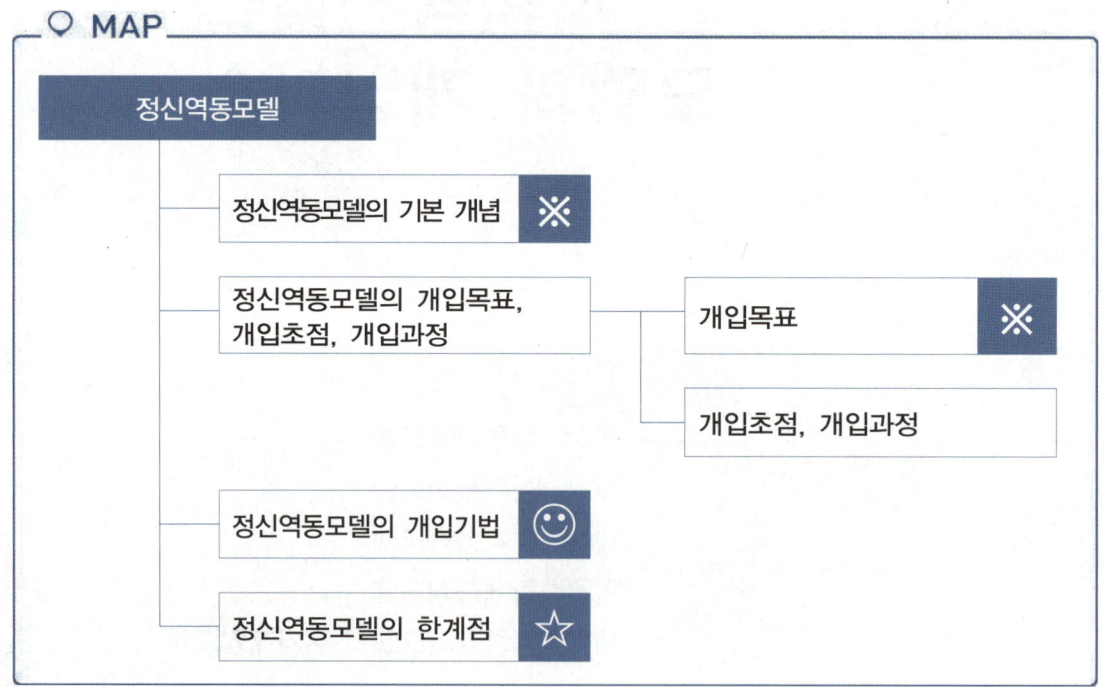

1 정신역동모델의 기본 개념

(1) 개요 [⑩⑭⑱]

① 정신분석이론은 프로이트(Sigmund Freud)에 의해 만들어진 성격 이론이면서도 심리치료 기법에 관한 최초의 심리학 이론이다.

> 정신역동모델 : 사회구성주의적 관점에 근거한다.(×)

② **프로이트의 정신분석이론(psychoanalysis)의 또 다른 이름은 정신역동모델**이다.
   ㉠ **정신역동적이라 부르는 이유는** 인간행동은 심리 내부의 움직임과 상호작용에서 나온다고 강조하며, 정신이 행동을 자극하는 방식과, 정신과 행동이 인간의 사회 환경에 영향을 주고받는 방식을 강조하고 있기 때문이다.
   ㉡ 무의식으로 작용하는 정신적인 힘(에너지)이 인간의 행동을 지배한다고 보는 것이다.
   ㉢ 개인의 행동과 감정, 생각 등이 우연히 일어난 것이 아니라 **무의식적인 성적·공격적 충동에 의한 것이므로 정신(심리)결정론적 관점에 바탕**을 두고 있다.

③ 사회복지사는 **클라이언트의 현재의 문제를 이해하기 위해서 과거의 무의식적으로 내재되어 성적·공격적 충동을 이해**하고 클라이언트가 이런 경험과 충동을 통찰력을 갖고 인식할 수 있도록 함으로써 현재의 문제를 이해할 수 있도록 도와주는 것이 주요 역할이다.

④ 정신역동모델의 접근방법이나 기술은 **자기분석을 통해 성장을 이루고자 하는 의지가 높은 클라이언트에게 적용하기 용이**하다.
   ㉠ 정신역동모델의 접근방법이나 기술은 자기분석을 통해 성장을 이루고자 하는 의지가 높은 클라이언트에게 적용하기 용이하다.
   ㉡ 자아성장을 위해 오랜 시간 동안 자기분석에 관심을 갖고 있는 클라이언트를 대상으로 장기적인 치료를 제공할 수 있다.

> 정신역동모델은 성장의지가 높은 클라이언트에게 효과적이다.(○)
> 신역동모델은 자기분석이 가능한 클라이언트에게 적합하다.(○)

(2) 사회복지실천과의 관계 [⑦]

① 1909년에 정신치료를 위한 이론으로 미국에 소개되면서 사회복지실천에 많은 영향을 주기 시작하였다. **1920년대에 의료적 모델에 기초한 사회복지실천의 진단주의 학파를 태동**시켰다.

> 정신분석모델은 사회복지실천모델인 기능주의에 영향을 미쳤다.(×)
> 정신역동모델 : 기능주의 학파의 이론적 기초가 되었다.(×)

② 1930년대에는 심리사회적 이론의 개별사회사업 모델로 확대되면서 현재까지도 사회복지실천의 중요한 이론적 토대가 되고 있다. 즉 개별사회사업의 실천과정에서 개인이 가지고 있는 문제의 원인을 이해할 수 있는 이론적 틀을 제공하였으며, 이 이론의 주요 기술을 수용·활용하게 되었다.

2 정신역동모델의 개입 목표, 개입초점, 개입 과정

(1) 개입 목표 : '무의식의 의식화'를 통한 자기통찰(self-insight) [⑥⑩⑬⑭⑮⑱]

① 클라이언트에게 행동의 패턴, 의미, 원인에 대하여 해석해줌으로써, **과거의 경험에서 갖게 된 불안한 감정이나 무의식적 갈등을 의식화**하여 이러한 것들이 자신의 행동에 어떻게 영향을 주고 있는지 통찰력을 얻게 하여 증상의 의미를 이해하도록 하는 것이다.

　※ 통찰보다 치료적 처방에 초점을 둔다.(×)
　※ 클라이언트의 무의식적 충동과 미래의 의지를 강조한다.(×)

② 정신역동모델의 심리치료는 **클라이언트의 과거에 대한 내적인 심리적 조건을 재구조화하여 현재의 어려움에 대한 통찰을 얻게 하여 증상의 의미를 이해하도록 하는 것이다.** → 클라이언트의 통찰력 혹은 문제인식능력과 이해력을 향상시키는 것에 초점

　㉠ 자아(ego)를 강화시키는데, 이것은 무의식적 정신과정에 대한 의식적 통제력을 향상시키기 위한 것이다.
　㉡ 자아를 초자아(superego)에 덜 의존적이게 만들고, 자아의 지각의 장을 확대하고, 자아의 조직을 복구하고, 증축하여 원초아(id)가 자아가 되도록 하는 것이다.

③ 정신역동적 심리치료의 목표는 부적응적 행동을 변화시키고, 증상을 제거하며, 심리장애로 인해 중단 또는 지연되었던 발달과정을 재구성하는 것이다.

(2) 개입초점

① **성격구조 내의 갈등을 찾아내고 갈등의 성격을 규정하는 것**으로, 개인의 내부적 갈등과 개인 상호 간의 갈등 모두에 초점을 두며 분석을 통한 지속적인 사정(assessment)을 강조한다.

② 개입에서는 **과거를 탐색함으로써 현재의 상황과 유아기의 발달경험 간의 관계를 규명하고 현재와 과거의 연관성을 구성하는 데 주력**한다. 이 과정에서 클라이언트가 비판적, 분석적으로 자기 자신을 검토함으로써 성숙한 인격을 갖게 한다.

(3) 개입 과정 [②]

① 관계 형성 단계
② 동일시를 위한 자아 구축 단계
③ 클라이언트가 독립된 자아정체감을 형성하도록 원조하는 단계
④ 클라이언트의 자기이해를 원조하는 단계

3 정신역동모델의 개입기법

(1) 자유연상(free association) [⑫⑬⑰⑱, 인행사 ⑦]

① 정신분석적 치료의 주된 기법 중의 하나로, 프로이트는 환자의 저항 수준을 낮추기 위해 '자유연상'이라는 절차를 고안해 냈다.

㉠ 검토하거나 순서대로 생각하지 않은 채(일상생활의 상념과 선입견을 제거하고 어떤 감정이나 생각도 억압하지 않은 채) 긴장을 풀고 마음 속의 모든 생각을 떠오르는 대로 즉시 말하게 하는 **방법**이다.
㉡ 언어 연상을 주의 깊게 경청함으로써 프로이트는 그가 무의식적 욕구와 공포의 표현이라 믿었던 일관된 주제를 간파하였다.
② 환자의 머릿속에 떠오르는 것을 편안한 자세에서 아무런 방어 없이 자유롭게 연상하다 보면 무의식 속의 고통스런 자료들이 의식으로 떠오르게 되고 사회복지사는 연상된 자료들의 연관성을 해석해 줌으로써 통찰력을 가질 수 있도록 돕는다.

> 예) 클라이언트가 '오늘 기분이 좋군요'라고 말한다고 할 때 사회복지사는 '기분이 좋으면 무엇이 생각납니까?'라고 질문을 한다. 이에 대한 클라이언트의 반응을 또 다른 무엇인가에 연계토록 하는 것이다.
>
> 정신역동모델의 개입기술 : 자유연상을 시행하는 경우 주제와 관련 없는 내용은 억제시킨다.(×)
>
> 정신역동모델 : 자유연상, 훈습, 직면의 기술을 사용한다.(○)

(2) 꿈의 분석 [⑫⑬]

① 프로이트는 꿈에는 사람들의 무의식적인 소망과 욕구, 두려움이 표현되어 있기 때문에 꿈을 **'무의식으로 가는 왕도'**라고 보았다.
㉠ **수면 동안에는 방어가 낮아지고 억압된 감정들이 표면화**된다.
㉡ 무의식적 자료를 드러내고 클라이언트가 해결하지 못한 문제들을 통찰하도록 하는 절차이다.
② 프로이트는 꿈의 내용이 종종 개인의 무의식과 관련된 일종의 단서들을 제공한다고 주장하고, 꿈의 3대 구성요소로서 잠재몽(latent dream)과 현재몽(manifest dream), 꿈의 작업(dream work)을 들었다.
㉠ **잠재몽** : 초자아의 기준에 맞지 않으며, 잠자는 사람을 깨우려고 위협하는 무의식적 관념과 소망
㉡ **현재몽** : 잠재몽의 내용이 그대로 적나라하게 나타나면 괴로워지기 때문에 초자아의 검열을 받아 자아가 받아들일 수 있는 형태로 상징화 또는 변형시켜서 나타난 것
㉢ **꿈의 작업** : 잠재몽의 내용이 현재몽으로 전환되는 무의식적 정신작용(방어기제)을 꿈의 작업이라고 함
③ 꿈의 분석에 있어서는 **자유연상과 상징의 해석 등이 사용**되지만, 보편적인 상징에 대한 분석보다는 자유연상을 토대로 분석하는 것이 꿈의 분석에 있어서는 더 중요하고 보다 정확한 것으로 되어 있다.
④ 프로이트는 자유연상이 어떤 저항에 부딪혔을 때 꿈에 대해서 말하게 하여, 이를 분석하고 해석함으로써 자유연상을 돕게 된다는 점에서 **꿈을 자유연상의 보조수단**으로 삼았다.

> 꿈의 분석 : 꿈을 통해 나타나는 무의식적 소망과 욕구를 해석하여 통찰력을 갖도록 한다.(○)

(3) 훈습(working-through) [⑤⑧⑫⑮⑰⑱⑲]

① 클라이언트가 자신이 겪고 있는 내면적인 문제나 갈등이 전이나 저항과 같은 것으로부터 왔다는 것을 통찰하도록 함으로써 현실상황에서 비슷한 문제가 발생했을 때 능동적으로 대처할 수 있도록 일정한 상황을 만들어서 **반복 경험하게 하는 개입 기법**이다.
  - ㉠ 클라이언트가 전이와 저항을 하고 있다는 것을 이해시키고 이러한 통찰과 이해를 보다 확대하고 반복함으로써 이해의 통합을 가져오는 기법이다.
    - 훈습 – 저항이나 전이에 대한 이해를 반복해서 심화, 확장하도록 한다.(O)
  - ㉡ 클라이언트의 불안은 최소화되고 클라이언트가 삶의 기쁨을 갖게 되면서 적합한 방법으로 자신의 문제를 이해할 수 있는 능력을 기르게 되는 것이다.

② **훈습의 목표** : 전이현상이나 생활문제의 갈등, 과거문제의 갈등 등에 대한 클라이언트의 이해 및 관점의 수준을 확장시켜 자신의 문제나 상황을 좀 더 통합적인 관점으로 이해하게 하는 것이다.

③ **사회복지사의 역할**
  - ㉠ 아직 충분히 통합되지 않았지만 점점 의식화되어 가는 자료를 클라이언트가 계속 탐색하고 이해할 수 있도록 반복적으로 상황을 설명하고 이해시킨다.
  - ㉡ 클라이언트가 가장 잘 이해하도록 문제에 대해 조리있게 설명을 반복적으로 전달하여 통찰이 발달하고 자아통합이 확대되도록 도와주어야 한다.

(4) 경청

① 정신역동이론에 근거한 사회복지사의 중요한 과업 중 하나는 경청이다. 클라이언트가 주제를 꺼내면 사회복지사는 질문을 통해 주제가 보다 상세하게 표현될 수 있도록 돕는다.

② 사회복지사는 클라이언트의 표현에 대해 공감적인 태도를 보이고 주의 깊게 듣는다.

(5) 직면(confrontation) [⑨⑩②③⑤⑱⑲②, 실천론 ⑭⑤②]

① 사회복지사가 클라이언트의 이야기를 경청해 온 결과, 클라이언트가 말한 내용과 행동 사이에 어떤 모순점이나 다른 점이 발견되면 이를 지적하는 것이다.
  - ㉠ 클라이언트가 특정 문제에 대한 해결과정에 있어 저항과 비순응적인 태도를 보이거나, 클라이언트의 말과 행동 사이의 불일치나 모순이 있을 때, 그것을 직접적으로 지적하는 것이다.
  - ㉡ 클라이언트의 행동이 역기능적이 되거나 언어적 메시지와 비언어적 메시지가 일치하지 않을 때 사용한다.
  - ㉢ 클라이언트의 말과 행동 간에 모순이 있으나 클라이언트가 이를 부인하고 인정하기를 거부하는 경우에 사용될 수 있다.
    - 정신역동모델의 개입기술 : 직면 – 핵심이 되는 문제에 초점을 맞춘다.(×)
    - 정신역동모델의 개입기술 : 훈습은 모순이나 불일치를 직시하도록 원조하는 단회성기법이다.(×)

② 주로 클라이언트의 행동이 변화에 장애가 되거나 타인에게 위협이 될 때, 이를 재인식하도록 하기 위한 목적으로 사용된다.

③ **직면기술에 대한 지침**
  ㉠ 직면하기 위해서는 긍정적인 관계의 형성이 필수적이다. 즉, 클라이언트와 신뢰관계가 충분히 형성된 뒤에 사용하는 것이 유용하다.
  ㉡ 클라이언트가 극심한 정서적 긴장 상태에 있을 때는 사용하지 않는 것이 좋다.
  ㉢ 클라이언트에게 방어적 반응을 불러일으킬 수 있으며, 분노, 화, 고통에서부터 안도감 등 다양한 반응이 나타날 수 있다.
  ㉣ 면담 목적에 맞게 직면해야 하며, 도움을 주기 위해 직면하는 것임을 명심한다.
    예) 사회복지사 : "지난 면담에서 절대 체벌을 해서는 안 된다고 말씀하셨는데 오늘은 체벌만큼 효과적인 교육법이 없다고 하시니 제가 혼란스럽네요."
    예) 45세 남성 A는 음주문제로 사회복지사와 상담을 진행 중이다. A는 술을 그만 마시겠다고 가족들과 약속하였으나 여전히 술을 자제하기 어려움을 사회복지사에게 호소하고 있다.
    사회복지사 : "당신은 가족들과의 관계를 발전시키고 싶어 하면서도, 여전히 술을 마시고 있군요!"

OIKOS UP 도전(challenge) [⑯, 실천론 ⑭]

① 클라이언트가 자신의 문제해결에 있어 상충되거나 왜곡된 것, 불일치하는 상황을 다룰 때 또는 클라이언트가 문제를 부정하거나 회피하고 합리화할 때 활용하는 기술이다. 클라이언트가 상충되는 상황을 충분히 이해·인식하고 있을 때 활용되면 사회복지사와 클라이언트의 전문적 관계가 강화된다.
  예) 가정폭력 가해자인 남편이 수감명령을 받아 면담에 응할 때 "제가 왜 이런 곳에 와야 하는지 이해가 되지 않습니다. 문제는 아내인데, 집안일 미루고 밖으로 돌아다니면 화가 안 나겠어요?"라고 말하는 남편에 대해 도전기술을 사용할 수 있다.
② 도전기술을 필요로 하는 행동(Eagan)
  ㉠ 문제를 문제로 인식하지 않는 것
  ㉡ 문제를 해결할 수 있는 형태로 정의하지 않는 것
  ㉢ 중대한 경험이나 행동, 감정을 잘못 해석하고 있는 것
  ㉣ 문제의 회피, 왜곡 혹은 장난치는 것
  ㉤ 행동의 결과를 예측하거나 이해하지 못하는 것
  ㉥ 새로운 관점을 실행하기 주저하거나 의지가 없는 것

(6) **명료화(clarification, 명확화)** [④⑤⑯]

클라이언트의 메시지가 추상적이고 애매모호할 때 보다 구체적으로 표현하도록 하는 것으로, 클라이언트가 보다 더 명시적으로 말하도록 격려하고 클라이언트가 말한 것에 대해 사회복지사가 이해했음을 입증하기 위해 질문하는 것이다.
  예) 클라이언트 : 내 인생은 끔찍해요. 나는 일들을 바로잡을 수 있을지도 모르지만 불가능해 보여요.
    사회복지사 : 나는 알아듣기가 힘드네요. 당신이 기대했던 것보다 사정이 너무 느리게 변한다고 말하는 겁니까? 아니면 당신의 상황이 과거보다 더 나빠졌다고 말하는 겁니까?

(7) **해석(interpretation)** [⑩⑫⑰⑲㉑]

① 해석은 **클라이언트의 통찰력 향상을 위해 사회복지사의 직관과 직관력에 근거하여 설명**을 하는 것이다.
  ✗○ 해석의 목적은 통찰력 향상에 있다.(O)

② 해석의 세 가지 유형
- ㉠ **발견적(uncovering) 해석** : 감추어진 소망들이 의식으로 드러나는 것을 의미
- ㉡ **연결적(connective) 해석** : 클라이언트의 현재 상황이 과거와 어떻게 연결되어 왜곡되어 있는지 파악하는 것을 의미
- ㉢ **통합적(integrative) 해석** : 다양한 자원들로부터 협력하는 것을 포함

③ 사회복지사는 클라이언트의 통찰력 향상을 위해 클라이언트의 사고, 감정, 환상의 정신역동적 의미와 꿈, 자유연상, 저항, 치료관계에서 나타나는 행동의 의미를 클라이언트에게 지적하고 설명하고 가르칠 목적으로 해석을 활용한다.

    정신역동모델 : 클라이언트와 라포가 형성되기 전에 해석을 제공하는 것이 관계형성에 도움이 된다.(×)

(8) **사이코드라마(psychodrama)**
① **인간의 정신 또는 마음을 드라마라는 행위로 표현하는 것**으로, 심리치료를 위해 즉흥극을 활용하는 치료기법이다.
② 사이코드라마의 주인공이 된 클라이언트는 자신이 현실 속에서 표현하지 못한 감정들을 말과 행동으로 마음껏 표현함으로써 부정적인 감정들을 해소하는 정화(catharsis)를 경험하고, 자신에 대해 자각과 통찰을 얻게 되며, 역할 훈련을 통해 자신에게 필요한 역할을 학습할 수 있게 된다.

(9) **저항(resistance)의 분석** [⑳]
① **클라이언트가 치료의 목적에 상반되는 태도를 보이는 것**으로, 저항은 **클라이언트가 사회복지사의 치료적 노력을 방해하거나 감퇴시키는 것을 의미**한다.
② 저항은 장시간의 침묵이나 중요한 주제를 회피하는 형태로 나타날 수 있으며, 이전에 논의되었던 주요 문제나 통찰력을 '잊는 것', 지능화(intellectualization)의 저변에 깔려 있는 감정을 숨기는 것, 면담시간에 늦거나 안 오는 것 등의 형태로 나타날 수도 있다.

    (같은 반 친구를 때린 중학생 B) 비협조적 태도는 저항에서 비롯된 것으로 그 원인까지 탐색할 필요는 없다.(×)
    (같은 반 친구를 때린 중학생 B) 원치 않는 의뢰과정에서 생긴 억눌린 감정을 표현할 수 있는 기회를 제공한다.(○)

(10) **전이(transference)의 분석** [③④⑰⑲㉑]
① **클라이언트가 이전에 알았던 사람과 현재의 사람을 동일시하여 이전에 느꼈던 감정을 현재의 사람에게 옮기는 현상**이다.
② 클라이언트가 보이는 전이의 행동과 정서적 반응을 분석하고 해석하여 클라이언트가 자신의 기본적인 반응형태를 통찰해 볼 수 있도록 돕고 새로운 반응형태를 모색하고 습득할 수 있도록 돕는다. → **전이의 분석을 통해 클라이언트의 통찰력을 증진**

    정신역동모델 : 전이는 정신역동 치료에 방해가 되므로 이를 이용해서는 안 된다.(×)
    정신역동모델 : 사회복지사가 클라이언트에게 갖는 전이를 치료기법으로 활용한다.(×)
    정신역동모델의 개입기술 : 전이는 반복적이며 퇴행하는 특징을 갖는다.(○)

(11) **역전이(count-transference)의 이용** [⑥⑨]

사회복지사가 과거에 다른 사람에게 가졌던 감정을 현재의 클라이언트에게서 느끼는 현상을 가리켜 역전이라고 한다. 역전이로 인해 사회복지사는 현재의 클라이언트가 갖고 있는 문제를 객관적으로 볼 수 없게 될 뿐만 아니라 치료적 전문적 관계를 위협하기도 한다.

> 예) 사례관리자들은 A사례관리팀장의 슈퍼비전에 불만이 많다. 다른 사례관리대상자들에게는 허용되지 않는 행동이 B클라이언트에게만 항상 예외다. 서비스 이용규칙이나 계약을 이행하지 않는 B의 불성실한 행동에 대해 "기회를 줘야 한다. 알콜중독자인 아버지에게 당한 학대의 후유증이다. 당해보지 않은 사람은 모른다."고 자신의 경험을 예로 들며 B를 감싸기만 한다. A의 행동 설명에 유용한 개념이 역전이이다.

4 정신역동모델의 한계점

① 사회복지실천에 있어 의료적 모델을 탈피하고자 하는 노력으로 인해 정신분석적 치료기법은 점차 통합적 방법에 흡수되어 그 본래의 자취를 찾아보기 힘들다.

② 단기간에 궁극적인 해답을 원하는 클라이언트에게는 정신분석을 권장하기 어렵다.

③ 통찰력이나 문제인식 및 이해가 결핍되거나 미약한 클라이언트에게는 저항감을 불러일으키게 된다.

④ 비자발적이고 문제해결의 의지가 약한 클라이언트에게 저항감과 전이의 섣부른 해석이나 직면은 클라이언트의 반감을 가져올 수 있다.

심리사회모델

제2부 **사회복지실천모델과 개입기술**

제3장 회차별 출제빈도, 출제비중 및 출제논점 1, 2, 3순위

10회 2012	11회 2013	12회 2014	13회 2015	14회 2016	15회 2017	16회 2018	17회 2019	18회 2020	19회 2021	20회 2022	21회 2023	22회 2024
2	3	2	–	1	1	1	1	1	–	1(1)	1	1(1)

출제 비중	출제 논점		
	1순위 ☺	2순위 ※	3순위 ☆
01 2	① 심리사회모델의 특징, 주요 원칙 　(기본 가치) ② 심리사회모델의 개입기법	① 심리사회모델의 이론적 기반 ② 심리사회모델의 한계점	① 역사적 기원과 발전과정

1순위 스마일표시(☺) : 출제 빈출도가 높은 부분으로 무조건 시험에 출제되는 영역
2순위 당구장표시(※) : 나왔다 안 나왔다 하는 영역이지만 출제가능성 높은 영역
3순위 별 표(☆) : 출제 된 적이 있긴 하지만 다시 출제될 가능성은 다소 떨어지는 영역

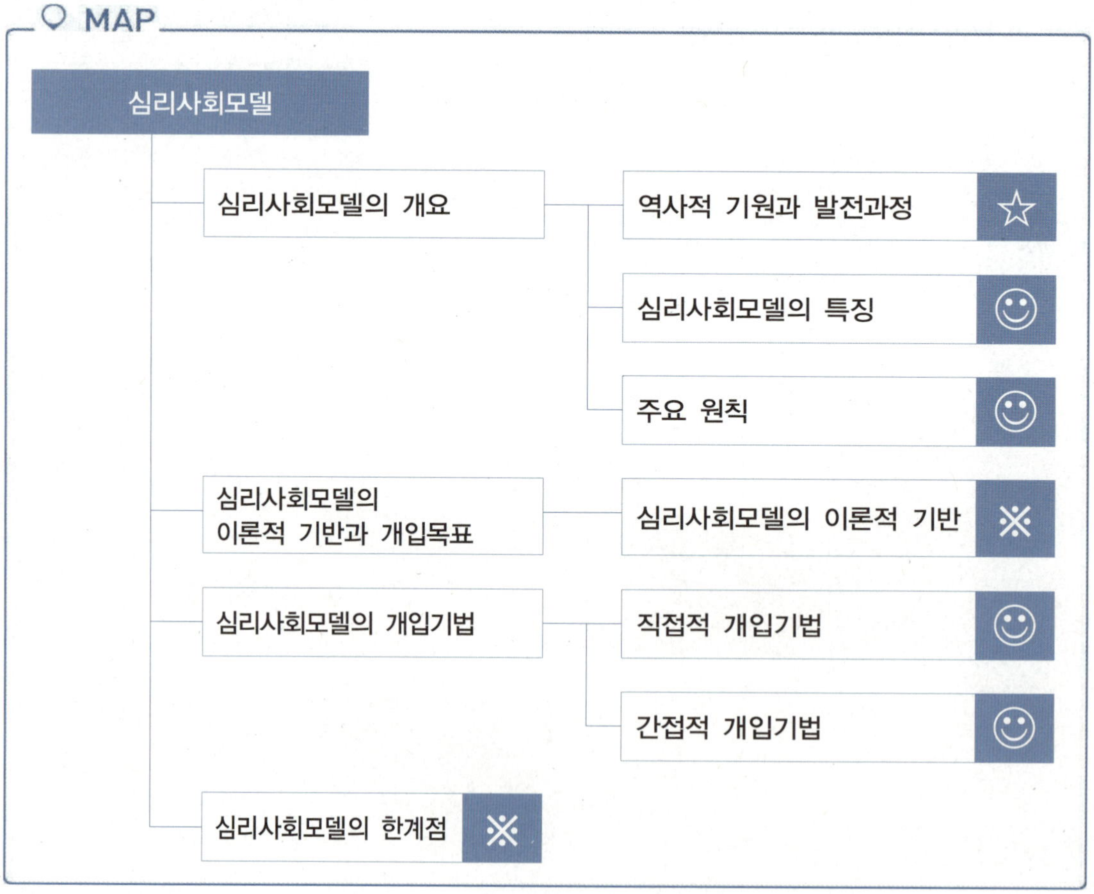

MAP

- 심리사회모델
  - 심리사회모델의 개요
    - 역사적 기원과 발전과정 ☆
    - 심리사회모델의 특징 ☺
    - 주요 원칙 ☺
  - 심리사회모델의 이론적 기반과 개입목표
    - 심리사회모델의 이론적 기반 ※
  - 심리사회모델의 개입기법
    - 직접적 개입기법 ☺
    - 간접적 개입기법 ☺
  - 심리사회모델의 한계점 ※

1 심리사회모델의 개요

(1) 역사적 기원 및 발전과정

① **이론의 기원** : 역사적으로 **정신분석이론의 발달과 자아심리학의 출현**, 사회과학적 지식들의 도입(특히 사회학의 발달과 그 영향)과 더불어 메리 리치몬드(Mary Richmond)의 연구에 의해 발전하였다.

② **이론의 정착** : 진단주의를 이론화시킨 **고든 해밀턴(Gordon Hamilton)**은 1940년『케이스워크의 이론과 실천』(Theory and Practice of Social Case Work)에서 '**심리사회적**'이라는 용어를 사용하였다.
 ㉠ 심리사회적이란 용어는 1931년 한킨스(Hankins)에 의해 사회복지실천 문헌에서 처음 사용되었으나, 1940년대 해밀턴(Hamilton)에 의해 본격적으로 활용되기 시작했다.
 ㉡ 사회복지실천에서 '진단주의'로 알려져 있는 해밀턴(Hamilton)은 심리적 관점을 "**상황 속의 개인**"이라는 개념으로 발전시켰다.

③ **이론의 체계화** [②②]
 ㉠ 사회복지실천이론과 접근방법으로 구체화되고 체계적으로 발전한 것은 1960년대 **플로렌스 홀리스(Florence Hollis)**에 의해서이다.
  ⊗⊗ 심리사회모델을 체계화 하는데 홀리스(F. Hollis)가 공헌하였다.(O)
 ㉡ 심리사회모델은 홀리스(Hollis)가 집필한『케이스워크 : 심리사회치료』(Casework : A Psychosocial Therapy)라는 사회복지실천 방법 교재를 통해 집대성되었다.

④ **계속적인 발전** : 진단주의를 기반으로 한 심리사회적 접근은 가렛(Annette Garrett), 오스틴(Lucille Austin), 레이놀즈(Reynolds) 등에 의해 계속 발전되었다.

(2) 심리사회모델의 특징 [①⑤⑥]

① **개인뿐만 아니라 환경의 변화까지 추구**
 ㉠ 환경 속의 인간이란 관점을 중시하기 때문에 사회복지실천의 목적도 클라이언트와 사회환경 간의 상호작용에서 나타나는 사회적 역기능을 해결하는 것으로 정의된다.
 ㉡ 사회복지사는 클라이언트에 문제를 야기시키는 사회환경을 변화시켜야 함은 물론 이러한 변화를 통해 클라이언트의 성격과 행동도 함께 변화시켜야 한다.
 ㉢ 사회복지사의 이중적 개입방법은 사회복지실천을 타 전문직과 차별화시키는 근거가 되었으며, **오늘날의 직접개입(direct practice)과 간접개입(indirect practice)을 구분케 하는 효시**라고 할 수 있다.

② **다원성과 개별성을 중시**
 ㉠ **다원성** : 심리사회적 이론의 사회복지실천은 **클라이언트의 다양한 생활사(life history)를 다각적으로 사정**하는 것을 매우 중요하게 생각한다.
 ㉡ **개별성** : 클라이언트의 개별성을 이해하기 위해 지금-여기(now and here)의 상황에서 클라이언트의 문제인지 방법과 이에 대처하는 클라이언트의 독특한 반응 형태를 파악하는 것이 중요하다.

③ '상황 속의 인간(person-in-situation)'이라는 개념이 중요 [②]
  ㉠ 개인의 생물학적 요소, 내부 심리 및 정서의 흐름, 사회환경 및 물리적 환경, 이들 요소들 간의 상호작용 등을 모두 동일한 비중으로 존중해 왔다.
  ㉡ 개인의 심리적 특성 뿐 아니라 신체, 생리적인 현상과 사회적 환경(bio-psycho-social)까지 고려하는 '**상황 속의 인간**'(person-in-situation)이란 관점을 제시하면서 사회복지실천의 고유한 이론으로 발전하였다.
  ㉢ 인간의 문제는 개인적 요인(성격, 대처 전략, 지적 능력, 자아기능)과 환경적 요인(불행한 가족력, 동료관계, 사회제도, 환경적 장애물)에 그 뿌리를 두고 있기 때문에 환경적 영향력과 개인을 분리시킬 수 없다.

④ 절충주의 및 포괄적·전체적 시각을 취함
  ㉠ 어떤 특정 이론에 근거하여 발달하였다고 하기보다는 사회복지실천의 과정에서 여러 요소들이 절충되어 이루어졌다고 할 수 있다.
  ㉡ 클라이언트 상황에서의 정신 내부적, 대인관계적, 환경적 측면들을 완전하게 이해하기 위해 **새로운 이론과 다양한 지식을 받아들이는 개방체계로서의 성격**을 가지며 절충주의를 취하고 있다.
  ㉢ 정신요법이나 카운슬링의 '심리적' 관점과는 달리 '심리사회적' 관점을 갖는다는 점에 그 특색이 있다. 즉 **인간을 생리적·심리적으로 뿐 아니라 인간을 둘러싼 사회경제적 상황을 포함한 포괄적·전체적 시각을 '심리사회적'으로 표현**하고 있는 것이다.

⑤ 사회복지사와 클라이언트와의 관계 중요
  ㉠ 클라이언트에게 일어나는 변화가 치료적 관계에서 비롯되기 때문에 클라이언트와 사회복지사의 관계를 중요하게 여기고, 관계를 형성하기 위해 클라이언트를 수용하고 개별화하며 '**클라이언트가 있는 곳에서 출발**'(start where the client is)하는 등의 실천원칙을 강조한다.
  ㉡ 심리사회모델의 주요 이론적 배경은 정신역동이론이며, '상황 속의 인간'의 시각을 강조하지만 개입의 초점은 역시 **클라이언트의 심리내적인 과정에 치중**되어 있다.
    ※ 심리사회모델 : 인간의 내적 갈등보다 환경을 강조한다는 비판을 받는다.(×)
    ※ 심리사회모델은 상황 속 인간을 고려하되 환경보다 개인의 내적변화를 중시한다.(○)

(3) **주요 원칙(기본적 가치)** [⑩]
  ① **수용(acceptance)** : 다른 사람의 내적 감정이나 주관적인 상태에 들어가고 받아들이는 능력인 **공감 혹은 감정이입(empathy)을 갖추어야 하며, 이는 수용의 주요한 구성요소이다.**
    ※ 수용 : 온정과 친절한 태도로 클라이언트의 감정이나 주관적인 상태에 감정이입을 하며 공감한다.(○)
  ② **자기지시(self-directive) 또는 자기결정(self-determination)**
    ㉠ 클라이언트의 중요한 권리로서, 심리사회이론에서는 이 권리를 매우 중요시한다.
    ㉡ **클라이언트 스스로 자신의 행동에 대해 결정**을 내리고, 사회복지사는 클라이언트의 자기결정을 최대한 존중해 주는 것이다.
  ③ **사회복지사 - 클라이언트의 전문적 관계형성 원칙**
    ㉠ 긍정적인 치료관계 혹은 전문적 관계는 사회복지사가 클라이언트에게 희망을 보여주고 전문적인 자신감을 전달할 수 있는 능력으로부터 나온다.

ⓒ **사회복지사 – 클라이언트의 관계는 협력적인 관계**이어야 하며, 클라이언트는 사회복지사의 능력을 신뢰할 수 있는 용기와 희망, 그리고 동기를 가져야 한다.

2 심리사회모델의 이론적 기반과 개입 목표

(1) 심리사회모델의 이론적 기반 [④⑦⑩⑪]

심리사회모델은 사회복지실천 양식이 정형화되고 발달되는 과정에 직·간접적으로 영향을 미친 여러 가지 요소들이 절충되고 선택되어 이루어진 모델이다.

① **정신역동이론 → 심리사회모델의 가장 주요한 이론**
② 대상관계이론
③ 자아심리학, 에릭슨의 심리사회이론
④ 기타 사회과학이론 : 체계이론(생태체계이론), 인류학, 역할이론, 의사소통이론

> 심리사회모델 : 정신분석이론, 자아심리학, 대상관계이론에 영향을 미쳤다.(×)

(2) 심리사회모델의 개입목표 및 과정

① **초기단계** : 초기단계에서 기본적으로 해야 될 과제로 왜 접촉하는가(왜 만나야 하는지)를 클라이언트가 이해하도록 돕는 일, 클라이언트가 사회복지사의 원조를 활용할 수 있도록 전문적 관계를 확립하는 일, 클라이언트를 원조 과정에 참여시키는 일, 환기(ventilation)와 지지를 제공하고 치료적 개입을 시작하는 일, 심리·사회적 진단과 치료에 필요한 정보를 수집하는 일 등이 있다.

② **심리사회적 사정과 진단단계**
　ⓐ 초기의 심리사회모델을 진단주의라고 하는데, 이는 개별사회사업의 수행을 위해서는 진단이 기본이라고 보았기 때문이다.
　ⓑ 진단은 문제의 성격을 상세하고 엄밀하게 이해하기 위해 클라이언트와 상황의 복합체와 도움이 요청되는 문제에 대해서 비판적으로 검토하는 것이다.

③ **개입단계**
　ⓐ **목표수립** : 심리사회모델의 개입 목표는 **클라이언트의 어려움을 경감**시키고, **클라이언트와 환경체계의 기능상의 부적응을 감소시킴으로써 클라이언트의 자기실현을 향상**시키는 것이다.
　ⓑ **개입계획 수립** : 사회복지사가 클라이언트의 심리 내적 변화를 추구하는 직접적 개입을 할 것인지, 클라이언트의 환경에 관련된 대인관계에 개입하거나 클라이언트와 사회환경의 변화를 추구하는 간접적 개입을 할 것인지, 아니면 통합적으로 개입을 할 것인지를 선택하여야 한다.

④ **종결단계** : 클라이언트의 문제상황이 개선되어 개인 및 가족의 안녕 상태가 회복되고, 개인이나 가족의 사회적 기능이 회복되었으며, 대인관계가 향상되었거나, 개입의 목표가 어느 정도 달성되었다고 사회복지사와 클라이언트가 동의하면 개입이 종료된다.

3 심리사회모델의 개입기법 [②③④⑤⑥⑦⑧⑩⑪⑫⑭⑰⑱②②]

심리사회모델에서의 개입기법은 클라이언트의 심리 내적 변화를 추구하는 **직접적 개입기법**과 클라이언트의 환경에 관련된 대인관계에 개입하거나 클라이언트와 사회환경의 변화를 추구하는 **간접적 개입기법**으로 나눈다.

구 분	핵 심 내 용
직접적 개입	• **클라이언트의 심리 내적 변화**를 추구 • 기법 : 지지하기, 직접적 영향주기(지시하기), 탐색-**묘사(기술)**-환기(정화), 개인(인간)-환경에 대한 (반성적)고찰, 유형-역동성에 대한 고찰, 발달적 고찰 ⊗ 탐색-소거-환기(×)
간접적 개입	• **클라이언트의 환경**에 관련된 대인관계에 개입하거나 클라이언트와 사회환경의 변화를 추구 • 클라이언트가 필요로 하는 **자원을 발굴하여 제공**하며 **클라이언트에 대한 옹호 및 중재활동**을 하거나, 클라이언트 스스로가 주변을 변화시킬 수 있도록 원조

(1) 직접적 개입기법 → 클라이언트의 심리 내적 변화를 추구

① **지지하기(sustainment)** : 클라이언트의 감정과 행동을 지지하기 [③④⑧②]
  ㉠ **목표** : 클라이언트의 불안을 감소시키고 동기화를 촉진시켜 원조 관계를 수립
  ㉡ **내 용**
    ㉮ 사회복지사가 클라이언트를 수용하고 클라이언트를 원조하려는 의사와 클라이언트의 문제 해결 능력에 대한 확신감을 표현함으로써 클라이언트의 불안을 줄이고 자아존중감을 증진하기 위한 과정이다.
    ㉯ 클라이언트 스스로 환경에 적응하고 문제해결에 적극적으로 나설 수 있는 긍정적 변화를 유도하기 위해서이며, 이를 위해 사회복지사가 클라이언트에게 공감적 이해를 바탕으로 한 신뢰관계를 구축하는 것이다.
      ⓐ 지지과정은 언어적 의사소통뿐만 아니라 따뜻한 표정, 어깨를 두드리는 등 비언어적 의사소통을 모두 포함하고 있다.
      ⓑ 클라이언트가 당면한 문제에 대해 실질적 도움(예 가정봉사원, 보육서비스, 경제적 지원, 자원봉사자 연결 등)을 제공함으로써 사회복지사가 클라이언트를 수용하고 지지함을 나타낼 수 있다.
  ㉢ **기법** : 경청, 관심, 수용, 격려, 재보증, 신뢰감의 표현, 선물주기 등
    ㉮ **공감적 경청(empathic Listening)**
      ⓐ 공감적 이해를 동반한 경청으로, 경청은 클라이언트의 복지에 대한 사회복지사의 관심을 클라이언트에게 전달하는 것이다.
      ⓑ 사회복지사는 말보다는 얼굴표정, 어조, 말의 선택, 경청 자세 등과 같은 비언어적 표현에 의해서 그의 관심을 클라이언트에게 더욱 잘 전달하게 된다.
    ㉯ **수용(acceptance)** : 클라이언트가 자신에 관하여 이야기한 것을 사회복지사가 그것을 시인하든 안하든 클라이언트에 대해 긍정적이고 이해적인 태도를 계속 전달하는 것을 의미한다.

- ㉰ **재보증(reassurance, 재확신 또는 안심)** [⑮⑯. 실천론 ⑫⑭㉑]
  - ⓐ 클라이언트가 가진 죄의식, 불안, 분노의 감정에 대해 사회복지사가 클라이언트를 이해하고 있고 그런 감정이 생기는 것이 정상적인 반응임을 재보증함으로써 **클라이언트를 안심시키는 기술**이다.
  - ⓑ 합리적인 생각과 결정에 대해 클라이언트가 의구심을 갖거나 자신 없어 할 때 사용하는 기법으로, 재보증의 진술은 현실(사실)에 기초해야 한다.
    - 예) 어린 자녀에게 심하게 화를 내는 것에 대해 죄책감에 시달리는 어머니에게 분노와 화나는 감정을 이해한다는 표현("그런 느낌들은 자연스러운 거예요")을 함으로써 어머니를 안심시키는 것을 들 수 있다.
    - 예) "당신은 지난 달에 세 가지 직업기술을 배웠습니다. 아직 두렵겠지만 난 당신이 이 새로운 일을 다룰 수 있을 거라고 확신합니다."
- ㉱ **격려(encouragement)** [⑮. 실천론 ⑭]
  - ⓐ 다른 사람이 두려움을 극복하도록 용기를 주는 것을 의미하는 것으로, 클라이언트가 특정 행동이나 경험 혹은 생각에서 벗어나도록 하거나 그런 쪽으로 행동을 취할 수 있도록 도움을 주는 것이다.
  - ⓑ 사회복지사의 격려의 말은 진실해야 하고 클라이언트의 상황에 따라 개별화되어야 한다.
    - 예) "A씨는 충분히 잘할 겁니다. 그 동안 준비를 잘했으니 긴장을 풀고 침착하게 하면 잘 할 수 있어요."
- ㉲ **선물주기**
  클라이언트를 지지하는 하나의 형태로 **물질적인 지지라기보다 '애정(마음)의 선물'** 이라 할 수 있으며, 사회복지사의 선의의 구체적인 증거를 필요로 하는 아동을 다룰 때 효과적이다.
  - 예) 머리를 쓰다듬어 주는 것, 안아주는 것 등
- ㉣ **지지하기의 예**
  - ㉮ **언어적** : "그런 느낌은 자연스러운 것예요.", "계속 얘기해 보세요."
  - ㉯ **비언어적** : 미소, 따뜻한 표정, 고개끄덕임, 눈을 마주치고 도닥거리기, 머리를 쓰다듬어 줌, 안아 줌 등

② **직접적 영향주기(direct influence, 지시하기)** : 문제를 해결하기 위해 제안이나 조언(충고) 등을 통해 직접 영향주기 [③④⑦⑩⑬⑱㉑㉒]
- ㉠ **목표** : 사회복지사가 조언이나 지시 등을 함으로써 **클라이언트의 행동을 향상시키고, 클라이언트의 사회생활 기능에 있어 장애가 되는 요인을 제거**한다. 문제해결을 위해 사회복지사의 의견을 강조한다.
- ㉡ **내 용**
  - ㉮ 클라이언트 행동의 향상이나 변화를 촉구하기 위해서 **사회복지사가 클라이언트에게 조언이나 제안, 더 나아가 충고나 지시를 함으로써 사회복지사의 의견을 클라이언트가 따르도록 하기 위한 과정**이다.
  - ㉯ 원칙적으로는 클라이언트가 스스로 자신의 문제를 해결하는 결정을 해야 하겠지만 **위급한 상황에서 행동이 지연되거나, 아무런 결단을 내리지 못하거나, 지나치게 불안해 하는 경우**에 사회복지사가 전문적 판단을 통해 직접적으로 영향을 미칠 수 있다.

※ 심리사회모델 : "직접적 영향주기"는 언제나 사용 가능한 기법이다.(×)
- ㉰ 직접적 영향을 미치기 위해 사회복지사는 의견진술 → 제안 → 강조 → 촉구 → 주장의 순서로 지시를 해 준다.
- ㉢ **기법** : 클라이언트 자신의 제안을 격려하고 강화하거나 장려하기, 현실적인 제안을 설정하기, 직접적인 조언(충고)하기, 대변적인 행동하기 등
- ㉣ **직접적 영향주기의 예** [③⑩]
  - ㉮ "그런 상황에서 만약 저라면……했을 것 같아요!"
  - ㉯ "아이들을 위해서라면 어머니께서는……하는 것이 좋을 것 같군요!"
  - ㉰ "그런 행동은 가족 모두에게 도움이 되었을까요? 가족을 생각하신다면……이렇게 하는 것이 더 적절하지 않을까요?"
  - ㉱ "어머니에게 편지를 써보지 않으시겠어요?"

③ **탐색(exploration)-묘사(description, 기술)-환기(Ventilation, 정화)** [②③⑥⑪④⑤⑱②②]
- ㉠ **목표** : 클라이언트에게 사실 및 사실과 관련된 감정을 이해하도록 돕고 표출하게 하여 긴장을 완화시킨다. 즉 클라이언트와 환경과의 상호작용에 대한 사실을 기술하고 감정을 표현하도록 한다.
  ※ 유형 역동성 고찰 : 상황을 드러내고, 그에 따른 감정을 표현함으로써 감정전환을 도모한다.(×)
- ㉡ **내용**
  - ㉮ 클라이언트의 감정(긍정적 혹은 부정적)을 자유롭게 표현하도록 함으로써 긴장을 풀어주는 기법(클라이언트에게 사실이나 사실과 관련된 감정을 표출하게 하여 긴장을 완화시키는 기법)이다.
    - ⓐ 탐색 : 자신의 주변에 어떤 일이 일어나고 있는지 상황을 둘러보는 것
    - ⓑ 기술 : 단순히 자신이 보는 그대로의 사실을 말하는 것
    - ⓒ 환기 : 사실과 관련된 감정을 이끌어냄으로써 카타르시스(감정의 정화)를 경험하도록 원조하는 것
  - ㉯ **탐색-기술-환기는 병행되어야 하며** 사회복지사는 탐색-기술 과정에서 드러나지 않고 있는 감정에 대해 민감해야 한다.
- ㉢ **기법** : 초점잡아주기, 부분화하기, 화제전환하기 등
  - ㉮ **초점화(focusing)** [④②⑭㉑]
    - ⓐ 클라이언트가 자기 문제를 언어로 표현할 때 **산만한 것을 점검**해 주고 말 속에 선입견, 가정, 혼란을 드러내어 자신의 사고과정을 명확히 볼 수 있도록 해준다.
    - ⓑ 제한된 시간 내에 최대의 효과를 추구해야 하는 전문적 관계에서 **불필요한 방황과 시간낭비를 막아주는 효과**가 있다.
      예) "K씨께서 지금까지 이야기 한 것 중 가장 중요한 것이 무엇이라고 느끼십니까?"
  - ㉯ **환기(ventilation)** [⑤⑯, 실천론 ⑭㉑]
    - ⓐ 클라이언트의 **억압된 감정**, 특히 **부정적 감정인 분노, 슬픔, 죄의식** 등이 문제 해결을 방해하거나 그러한 감정 자체가 문제가 되는 경우, 이를 **표출하도록 함으로써** 감정의

강도를 약화시키거나 해소시키는 기술이다.

　　※ 심리사회모델 : "환기"는 클라이언트의 긍정적 감정을 표출시킨다.(×)

　ⓑ 클라이언트의 기능에 부정적인 영향을 줄 수 있는 감정을 표현할 수 있도록 돕는 것으로, 해소되어야 할 감추어진 감정이 표면으로 표출될 수 있도록 하는 방법이며, 이런 감정을 탐색하고 고려해 볼 수 있는 기회를 제공한다.

　ⓒ **남에게 말하지 못한 여러 문제를 클라이언트가 표현하도록 도와주는 기법**을 말한다. 혼자서 꾹 참고는 있으나 힘들었던 감정을 표현하는 것만으로도 상당한 치료효과가 있다는 것이다.

㉰ **세분화**(partialization, 부분화) [실천론 ⑱]

　ⓐ 얼핏 해결하기 어려워 보이는 문제를 더 쉽게 다룰 수 있도록 구성요소별로 나누는 것이다.

　ⓑ 클라이언트는 너무 크고 복잡한 문제에 부딪치면 압도되어 무력감을 느끼는 경우가 많다. 문제가 몇 가지 더 작은 관심사로 나누어지면 덜 위협적으로 보이고 클라이언트는 해결책에 더 잘 초점을 둘 수가 있다.

　　예 "지금의 문제에 대해 조금 더 이야기를 해보세요. 당신과 가족이 같이 있을 때 어떤 일이 일어났나요?", "그때 어떻게 느끼셨어요?"

④ **인간-상황에 대한 (반성적)고찰**(reflection of person-situation configuration) : '**상황 속의 인간**'**의 관점에서 고려하기** [④⑭⑱, 실천론 ⑭]

　㉠ **목표** : **클라이언트를 둘러싼 현재의 최근 사건에 대해 고찰하게 하여 현실적으로 파악하게 한다**. 즉 **사건에 대한 클라이언트의 지각방식 및 행동에 대한 신념, 외적 영향력 등을 평가**한다.

　　※ 지지하기 : 클라이언트의 현재 또는 최근 사건을 고찰하게 하여 현실적인 해결방법을 찾는다.(×)
　　※ 인간-상황에 대한 고찰 : 사건에 대한 클라이언트의 지각방식 및 행동에 대한 신념, 외적 영향력 등을 평가한다.(○)
　　※ 격려(encouragement) : 클라이언트의 사고, 감정, 행동을 현재의 사건과 연결하여 명료화하는 기법이다.(×)

　㉡ **내 용**

　　㉮ 클라이언트 주변의 사건을 고찰하게 함으로써 클라이언트가 잘못 받아들이고 있는 것들을 현실적으로 이해하도록 하는 것이다.

　　㉯ 클라이언트와 그를 둘러싸고 있는 환경 및 주변 인물들과의 상호작용에 초점을 두며, 사회복지사가 클라이언트에게 자신과 환경의 상호작용과 관련된 인식, 사고와 감정들을 잘 알 수 있도록 원조하는 것이다.

　　　예 "딸이 그토록 반항심이 커지게 된 것이 무엇 때문인가요? 딸의 어떤 행동이 ○○씨를 곤란하게 하나요?"

　㉢ **기법** : 논리적 토의 및 추론, 설명, 일반화, 변화, 역할극, 강화, 명확화, 교육 등

　㉣ **인간-환경에 대한 고찰의 예** : 친구들이 보는 앞에서 아들을 심하게 야단치고 심지어 때리기까지 한 엄마는 아들의 생각이나 감정에 대해서는 고려하지 않고 나온 행동일 것이다. 그러나 아들은 친구들 앞에서 자신의 체면을 높이고 싶어서 약간 과장되게 엄마를 무시하는 듯한 행동을 한 것이다. 엄마에게 맞은 아들은 그 이후 자꾸 엇나가는 행동을 했을 것이고, 엄마는 단지 아들의 버릇을 고치려고 한 것이라는 생각에서 머물 것이다. 이때 사회복지사가 이렇

게 질문을 할 수 있다. "친구들 앞에서 아들을 때렸을 때 아들의 표정이나 말 그리고 반응은 어땠나요?"

⑤ **유형-역동성에 대한 고찰(Patten-dynamic reflection, 유형-역동의 반영적 고찰) : 성격과 행동, 심리내적 역동 고찰하기** [③⑤⑫②]

  ㉠ **목표** : 클라이언트의 패턴을 스스로 자각할 수 있도록 사회복지사가 고찰하게끔 유도하는 것(행동과 사고유형에 대한 클라이언트의 이해를 증진시키는 것)이다.
    ㉮ 클라이언트의 사고, 감정, 행동의 경향을 명료화하는 기법이다
    ㉯ 클라이언트로 하여금 사건에 대한 특정한 행동이나 사고방식을 이끄는 클라이언트의 행동 경향 혹은 사고와 감정유형을 규명하는 것을 말한다.
      ✗⭕ 유형의 역동 성찰은 성격, 행동, 감정의 주요 경향에 관한 자기이해를 돕는다.(O)

  ㉡ **내 용**
    ㉮ **인간-환경에 대한 고찰은 특정 개인에게 영향을 미치는 환경과의 관계를 파악하고 이해하게 하는 것이라면, 유형-역동성에 대한 성찰은 인간 내부의 심리적, 정신적 역동성을 이해할 수 있도록 하는 기법**이다.
    ㉯ 클라이언트의 변화를 촉진시키기 위해서는 자신의 성격 유형이나 특징, 그리고 행동유형이나 방어기제, 초자아와 자아의 기능 수행 정도 등 심리 내적 역동에 대해 클라이언트 스스로 이해해야 한다.

  ㉢ **기법** : 명확화, 해석, 통찰의 개발 등

  ㉣ **유형-역동성에 대한 성찰의 예**
    ㉮ "당신의 생각을 평가절하거나 비판하거나 하는 것은 어떻게 알게 되나요?"
    ㉯ "가까워지는 게 어려운 사람과 가까워지려는 경향이 있나요?"
    ㉰ "어르신은 사회복지사 선생님이 자신을 무시한다는 것을 어떻게 알 수 있나요?"
    ㉱ "실망하셨나 봅니다. 지금은 어떤 느낌이 드는지 설명해 주실 수 있으세요?"
    ㉲ "○○씨가 남편에게 불만을 느낄 때 아들과 싸우는 것 같지 않나요?"

⑥ **발달적 고찰(development reflection, 발달과정의 반영적 고찰) : 과거 경험이 현재 기능에 미치는 영향 고찰** [③⑤⑧⑪④⑧]

  ㉠ **목표** : 유년기의 문제와 현재 행동의 인과관계를 클라이언트가 자각하게 하는 것으로, **과거로 돌아가 현재에 미치는 요인을 고찰하도록 하는 것**이다.
      ✗⭕ 발달적 성찰 : 현재 클라이언트 성격이나 기능에 영향을 미친 가족의 기원이나 초기 경험을 탐색한다.(O)

  ㉡ **내 용**
    ㉮ **현재의 인격과 기능에 영향을 주는 원가족이나 초기 생활의 경험을 클라이언트가 생각해 보도록 하는 것**이다.
    ㉯ 성인기 이전의 생애경험이 현재의 기능에 미치는 영향에 대해 고찰한다. 즉 과거의 상황과 개인의 감정이 연결되도록 돕는 것이다.

  ㉢ **기법** : 명확화, 해석, 통찰, 논리적 토의 및 추론, 설명, **일반화**, 변호, 행동시연(역할극), 강화, 직면, 교육 등

ⓔ 발달적 고찰에 대한 성찰의 예 [⑤⑩]
  ㉮ "선생님께서는 이 문제가 학창시절과 어떤 관련이 있다고 생각하십니까?"
  ㉯ "선생님께서는 이전에도 이런 문제를 경험한 적이 있습니까?"
  ㉰ "어린시절에도 이와 같은 감정을 가진 적이 있습니까?"
  ㉱ "당신의 청소년기와 현재의 문제는 어떤 관계가 있다고 생각하나요?"
  ㉲ "당신의 아버지에게 느꼈던 대로 선배 앞에서는 위축되고 불안합니까?"

OIKOS UP 일반화(universalization) [실천론 ⑭⑤㉑]

클라이언트가 자기만이 이런 문제가 있다고 괴로워하는 것에 대해 비슷한 상황에 있는 사람들이 대개 공통적으로 그런 경험을 겪는다든지, 또는 특별하게 자신만이 가지고 있다고 생각하는 사고, 감정, 행동에 대해 **대개 사람들이 공통적으로 겪는 것임을 지적해 줌**으로써 클라이언트가 자기 자신을 다른 사람들로부터 소외시키거나 일탈감을 갖는 것을 막아주는 기법이다.

  초점화 : 클라이언트가 겪는 일이 자신만이 가지고 있는 문제가 아니라는 것을 인식하게 하는 기법이다.(×)

(2) **간접적 개입기법 → 환경 관련 대인관계에 개입, 사회환경의 변화 추구** [⑦②②]
  ① **목표** : 클라이언트를 둘러싼 인적·물적 환경에 관계된 문제를 해결한다.
  ② **내 용**
    ㉠ **환경을 조정하는 개입기술**로 목표는 클라이언트를 둘러싼 인적·물적 환경에 관계된 문제를 해결하는 것이다.
      심리사회모델 : 간접적 개입기법으로 "환경조정"을 사용한다.(○)
    ㉡ 주 내용으로는 환경에 관련된 사람과의 관계에 개입하거나 사회환경적인 변화를 추구하는 활동이다.
      직접적 영향은 주변인에게 영향력을 행사하여 환경을 변화시키는 기법이다.(×)
    ㉢ 클라이언트가 필요로 하는 자원을 발굴하여 제공하며 클라이언트에 대한 옹호 및 중재활동을 하거나, 클라이언트 스스로가 주변을 변화시킬 수 있도록 원조한다.
    ㉣ 세부 기법들은 직접적 개입 기술들이 활용된다.
  ③ **기법** : 클라이언트에게 필요한 자원을 발굴하고 제공하며, 클라이언트와 다른 체계 사이를 중재하기도 하며, 클라이언트를 옹호한다.

4 심리사회모델의 한계점

이론적 틀을 체계이론에 두고 있어서 새롭게 제시되는 이론과 연구결과를 수용·적용하는 절충주의적 접근방법을 택하고 있기 때문에 이론적·실천적 범위가 확장될 수 있는 가능성을 열어놓고 있지만 다음과 같은 한계점이 있다.
① 개인의 외부환경을 무시하고 내면적 갈등을 강조한 정신역동모델의 한계점을 넘어선 개입방법으로 평가되고 있지만, **실질적인 개입방법에 있어서는 환경에 대한 개입기술이나 전략이 미흡**하다.
② 개인에 대한 개입에 비중을 두고 있으며, **개입의 효과성에 대한 평가에서도 경험적 사례연구에 의존**하고 있는 형편이다.

CHAPTER 04 인지행동모델

제2부 **사회복지실천모델과 개입기술**

제4장 회차별 출제빈도, 출제비중 및 출제논점 1, 2, 3순위

10회 2012	11회 2013	12회 2014	13회 2015	14회 2016	15회 2017	16회 2018	17회 2019	18회 2020	19회 2021	20회 2022	21회 2023	22회 2024
2	3	3	3	2	3	3	2	2	1	3(2)	4	1(3)

출제 비중	출제 논점		
	1순위 ☺	2순위 ※	3순위 ☆
234	① 인지행동모델의 개입목표 ② 인지행동모델의 개입 기법들: 경험적 학습, 체계적 둔감화, 사회기술훈련 등	① 엘리스(Albert Ellis)의 합리적 정서치료 ② 벡(Aron Beck)의 인지치료	① 인지행동모델의 한계점

1순위 스마일표시(☺) : 출제 빈도가 높은 부분으로 무조건 시험에 출제되는 영역
2순위 당구장표시(※) : 나왔다 안 나왔다 하는 영역이지만 출제가능성 높은 영역
3순위 별 표(☆)   : 출제 된 적이 있긴 하지만 다시 출제될 가능성은 다소 떨어지는 영역

MAP

- 인지행동모델
  - 인지행동모델의 기본 개념 ※
  - 인지행동모델의 개입 목표와 원칙
    - 개입목표 ☺
    - 개입원칙 ※
  - 인지행동모델의 개입
    - 엘리스의 합리적 정서치료 ※
    - 벡의 인지치료 ※
  - 인지행동모델의 개입 기법들 ☺
  - 인지행동모델의 한계점 ☆

01 인지행동모델의 기본 개념 [②④⑧⑩⑫⑰]

1 개요

① 인지행동모델은 인간이 생각하고(사고), 판단·추리하며, 정보를 처리하는 과정인 인지과정에 관한 **인지이론(Cognitive theory)과 행동주의 이론(Behavioral theory) 및 사회학습이론(social learning theory)을 통합 적용한 이론**(정신내적 결정주의와 환경결정주의 간의 절충을 시도한 것)이다.
  ㉠ **개인의 행동은 환경이 제공한 정보와 개인의 인지적 과정이 상호작용한 결과 형성**된다고 본다.
  ㉡ 인간은 내적 심리세력에 의해서만 영향을 받는 것도 아니고 환경적 영향에 의해서만 행동하는 존재도 아닌 개인적, 환경적 그리고 인지적 영향력 사이의 끊임없는 상호작용에 의해 행동한다.
② **인지행동모델의 등장 배경** : 정신역동모델의 치료에 대한 거부감 및 그 효과성에 대한 의문을 갖게 되고, 다양한 클라이언트와 복잡한 문제에 모두 적용될 수 있는 통합이론의 필요성, 클라이언트와 환경 간의 상호작용에 대해 포괄적으로 이해할 수 있는 이론 및 모델에 대한 필요성이 제기되어 등장한 이론이라 할 수 있다.

2 개입 목표 [⑬⑭⑮⑯⑰⑲㉑]

인지치료적 방법으로 **교육**을 통해, 클라이언트 자신의 상황을 왜곡하여 해석하는 방식을 인지하게 함으로써 정서의 변화를 꾀하는 동시에 관찰학습을 통해 새로운 기능적 행동기술을 습득하게 하고, 실제상황에 적용하도록 격려하면서, 행동주의적 강화를 통해 행동의 변화를 유지시키는 것을 목표로 한다.

① 클라이언트 자신의 상황을 왜곡하여 해석하는 방식을 인지(인식)하게 함으로써 정서의 변화를 꾀한다.
  ㉠ **클라이언트의 주관적 경험의 독특성과 인식을 중시**한다. 이는 각 개인이 갖는 삶의 사건과 정서반응의 독특한 의미, 현실을 조직하는데 작용하는 정보전달과정, 신념, 신념구조와 같은 주관적 경험의 독특성을 의미한다.
  ㉡ 개인이 가지고 있는 **비합리적인 신념체계나 인지적 오류, 자기패배적 사고를 변화하게 함으로써 그의 감정이나 행동을 수정**하게 한다.
  ㉢ 인지체계 변화를 위한 **구조화된 접근을 강조**하며 대체 사고와 행동을 학습하는 **교육적 접근을 강조**한다.
    ⓧ 인지체계 변화를 위한 비구조화 된 접근을 강조한다.(×)
    ⓧ 심리사회모델의 개입기법 : 클라이언트의 인지오류와 신념체계를 탐색한다.(×)
  ㉣ 클라이언트가 자기 자신과 다른 사람들, 그리고 삶에 대해 정확하고 객관적인 평가를 내리게 함으로써 좀 더 긍정적인 인지들을 창출하거나 발전할 수 있도록 원조한다.
② 동시에 관찰학습을 통해 새로운 기능적 행동기술을 습득하게 하고, 실제상황에 적용하도록 격려하면서 행동주의적 강화를 통해 행동의 변화를 유지시킨다.

3 인지행동모델의 구분과 종류

① **인지재구조화 접근**
  ㉠ 엘리스(Albert Ellis)의 **합리적 정서치료**(Rational Emotive Therapy : RET)
  ㉡ 몰츠비(Maxie Maultsby)의 **합리적 행동치료**(Rational Behavior Therapy : RBT)
  ㉢ 벡(Aron Beck)의 **인지치료**(Cognitive Therapy)
  ㉣ 미켄바움(Meichenbaum)의 **자기지시훈련**(Self-Instructional Training)

② **대처기술 접근**
  ㉠ 쉰과 리차드슨(Suinn & Richardson)의 **불안관리훈련**(Anxiety Management Training)
  ㉡ 미켄바움(Meichenbaum)과 터크(Turk)의 **스트레스 면역 훈련**(Stress Inoculation Training)

③ **문제해결치료 접근** : 즈릴라와 골드프라이드(D'Zurilla & Goldfried)

02 인지행동모델의 기본 가정과 원칙

1 기본 가정 [⑲]

① **자신과 타인에 대한 무조건적인 존경**
  ㉠ Ellis는 인간 문제의 주요 원인이 자신에 대한 부정적인 평가라고 주장하면서 많은 문제가 자신을 가치있게 평가하지 않은 데서 비롯된다고 하였다.
  ㉡ 따라서, 클라이언트가 자신의 가치에 대해 긍정적으로 평가할 수 있도록 도울 필요가 있다.

② **주관적인 경험의 독특성** : 각 개인이 갖는 삶의 사건과 정서반응의 독특한 의미, 현실을 조직하는 데 작용하는 정보전달과정, 신념, 신념구조와 같은 주관적 경험의 독특성을 의미한다.

③ **자신의 책임** : 클라이언트가 자신의 정서적·행동적 문제를 다른 사람의 탓으로 돌리지 않고 자신의 책임으로 수용하는 것을 의미한다.

④ **협력적인 노력** : 클라이언트의 문제해결은 클라이언트와 치료자의 협력적인 노력에 의해서 이루어진다고 가정한다.

⑤ **구조화되고 직접적인 접근** : 치료자가 문제해결을 위해 구조적인 절차를 가지고 있으며, 클라이언트와 사회복지사 간의 협조적인 관계와 노력 그리고 적극적 참여를 기반으로 하고 있다.
  ※ 인지행동모델 : 클라이언트와 사회복지사의 협조적인 노력을 중시하고, 클라이언트의 능동적인 참여를 권장한다.(O)

⑥ **교육적 모델** : 문헌치료, 쓰기 과제, 오디오와 비디오테이프 사용, 강의와 세미나 참여 등 직접적 교육을 포함한다.

⑦ **소크라테스적 방법과 질문** : 클라이언트의 문제를 논박을 통해 인지적 왜곡이나 오류가 있음을 밝혀내고, 질문을 통해 자기발견과 타당화의 과정을 거치게 되어 사건이나 행동의 의미를 재발견하는 것이다.

2 개입 원칙 [19,21]

① 인지행동모델은 클라이언트의 문제를 인지 용어로서 공식화하고 이를 기초로 이뤄진다.
② 인지행동모델은 건강한 치료적 동맹을 필요로 한다.
③ 인지행동모델은 **상호협의와 클라이언트의 적극적 참여를** 강조한다.
④ 인지행동모델은 목표 지향적이고 문제 중심적인 치료이다.
⑤ 인지행동모델은 지금 여기서의 상황을 강조한다.
⑥ 인지행동모델은 **교육적이고 클라이언트 자신이 스스로 치료자가 될 수 있도록 교육하는 것을 목표**로 하며, 재발방지를 강조한다.
⑦ 인지행동모델은 **단기적이고 시간제한적인** 치료를 목표로 한다.
⑧ 인지행동모델은 **구조화된 치료**이다.
⑨ 인지행동모델은 환자들이 자신의 역기능적인 사고와 믿음을 식별하고 평가하며 반응하도록 가르친다.
⑩ 인지행동모델은 사고, 기분, 행동을 변화시키기 위하여 다양한 기법을 사용한다.

03 인지행동모델의 개입

1 엘리스(Albert Ellis)의 합리적 정서치료(Rational Emotive Therapy : RET) [5,6, 인행사 ③⑪]

(1) 개 요

① **등장 배경**
　㉠ 엘리스는 Columbia 대학에서 임상심리학을 전공한 후 정신분석에 기초한 심리상담을 실행하다가 그 한계성에 접하였다.
　㉡ 정신분석적 접근보다 좀 더 직접적이고 지시적이며 생활상의 문제를 다룰 수 있으며, 과거가 아닌 현재 부딪치는 상황에서 문제해결책을 발견할 수 있다고 확신하여 인본주의적, 철학적, 행동적 치료를 결합하여 '합리정서치료'를 창안하였다.

② **주요 내용** : 인간의 사고와 감정은 매우 연관되어 있으며, 부정적인 감정과 증상들은 비합리적 신념에서 비롯된다고 주장
　㉠ **초점** : 부정적인 감정이 아닌 **비합리적 신념에 초점**
　㉡ **치료의 목표** : 부정적 감정의 뿌리가 되는 **비합리적 신념을 규명하고 도전함으로써** 이를 재구조화

③ **주요 개념**
　㉠ **합리적 신념** : 우리의 **행동을 합리적이고 효과적으로 통제하는 것**으로 객관적 현실에 근거하여 불필요한 갈등을 피하고, 편안한 감정을 느낄 수 있도록 하는 사고

ⓒ **비합리적 신념** [인행사 ⑪]
  ㉮ **근거가 없는** 비실제적인 **믿음**으로서 자기 자신이나 다른 사람에 대해서 지나치게 완벽하게 또는 절대적인 신념을 품게 되어 스스로 이기적, 독단적, 모순적인 행동을 만들어 내는 원인으로 작용된다.
  ㉯ 비합리적 신념은 태어나면서부터 가지고 나오는 것이 아니라 성장 과정을 통해서 주변 환경, 즉 주요 타자의 영향을 받아 학습되고 강화되는 특성이 있다.
  ㉰ 비합리적 신념은 아무 근거도 없는 과도한 당위성을 강조하며, 이러한 신념들은 대부분 깨어지기 쉽고 그에 따라 여러 가지 정서적·행동적 문제를 야기한다.

■ 11가지 주요 비합리적 신념의 범주리스트(노안영 외, 2003) ■

유형 구분	내 용
인정의 욕구	• **내용** : **모든** 주요 타자들로부터 사랑과 인정을 받는 것은 성인에게 절대적으로 필요하다. • **반박** : 모든 사람으로부터 사랑과 인정을 받는 것은 바람직한 일이지만 필수적으로 이루어지는 것은 아니기 때문에 비합리적이다.
과도한 자기 기대감	• **내용** : 가치 있는 사람이 되기 위해서는 가능한 모든 면에서 **완전히** 능력이 있고, 적절하며, 성취적이어야 한다. • **반박** : 이런 믿음을 가진 사람은 항상 자신을 다른 사람과 비교하지만, 다른 성공적인 사람들의 능력과 성취를 통제할 수 없는 상황에서 자신을 이들과 비교하는 것은 의미가 없다.
비난적 성향	• **내용** : 자신에게 해를 끼치거나 악행을 저지르는 사람은 나쁘고 사악한데, 이런 사람들은 자신들의 악행에 대해 **반드시** 심하게 비난받고 처벌받아야 한다. • **반박** : 선과 악에 대한 절대적 기준이 없다는 판단이 오히려 인간의 비합리적인 편견일 수 있으므로 그것은 비합리적인 생각이다.
좌절적인 반응	• **내용** : 원하는 대로 상황이 되지 않는다면 이는 끔찍하고 **파멸적**이다. • **반박** : 원하지 않는 상황이나 사람을 싫어할 수는 있지만 현실이기 때문에 매우 괴로워한다면 이는 비합리적이다.
정서적 무책임	• **내용** : 불행은 외부적 요인에 기인하며, 사람들은 자신의 슬픔과 근심을 조절할 능력이 거의 없거나 **전혀** 없다. • **반박** : 자신의 부정적인 감정은 다른 사람들이나 사건들보다는 자기 자신이 만드는 것(자기의 내부에서부터 생기는 것)이다.
과도한 불안	• **내용** : 위험하거나 두려운 것에 대해서는 **매우** 염려해야 하며, 이것이 일어날 가능성을 늘 염두해 두어야 한다. • **반박** : 사전에 대비하는 것은 필요하지만 아직 일어나지 않은 것에 대해 지나치게 염려하고 불안해하며 두려워하다면, 오히려 이에 대한 대처능력을 떨어뜨린다.

문제에 대한 회피	• **내용**: 인생의 어려움과 책임을 대면하는 것보다는 **회피**하는 것이 쉽다. • **반박**: 싫더라도 자신이 수행해야 하는 것들은 불필요한 고통을 최소화하기 위해 자신이 수행하는 것이 바람직하다.	
의존성	• **내용**: 우리는 다른 사람들에게 **의존**해야 하고, 의존할 수 있는 강한 사람을 필요로 한다. • **반박**: 다른 사람에게 의존하면 할수록 더 의존하게 되고, 결국 인생이 자신의 사고와 행동보다는 다른 사람들의 처분에 의해 결정된다.	
무력감	• **내용**: 과거는 현재 행동의 **전적인** 결정요인이며, 과거에 영향을 미친 것은 현재에도 비슷한 영향을 미친다. • **반박**: 이 신념은 어떤 상황에서 옳은 것이 모든 상황에서 옳다는 과잉일반화(overgeneralization)이다.	
지나치게 다른 사람 염려	• **내용**: 우리는 다른 사람들의 문제에 대해 **매우** 근심해야 한다. • **반박**: 문제나 사람을 변화시킬 수 있는 실제 능력이 부족한 상황에서 다른 사람들의 문제에 대해 매우 근심해야만 한다는 생각은 비합리적이다.	
완벽주의 (완전무결주의)	• **내용**: 인간 문제에는 옳고 정확하며 **완벽한** 해결이 있으며 이런 해결책을 찾지 못한다면, 이는 파멸적이다. • **반박**: 여러 가능한 해결책과 대안들 중에서 가장 현실적인 선택을 하는 것이 바람직하다.	

㉣ 비합리적 신념에는 '**반드시**', '**절대로**', '**모든**', '**완전히**', '**전혀**', '**파멸적인**'(catastrophic), '**해야만 한다**' 등이 저변에 깔려 있다.

　　비합리적 신념의 예: 어떤 문제든지 완전한 해결책은 없다.(×)

③ **성격 형성**

㉠ 합리적 정서치료에는 **성격을 형성하는 기본적인 요소**가 일상적인 일련의 **자기언어**(self-talk, 자기독백, 자기 자신에게 하는 말)라고 생각한다.

　㉮ 사람들은 어떤 사건이 일어나면 자동적으로 익숙한 자기언어를 보이게 되고 이것이 반복되면서 태도, 가치, 신념을 형성하게 된다.

　㉯ 모든 정서적 문제의 주요 원인이 그 상황에 대해 스스로 말하는 자기언어에 달려 있다고 전제한다.

㉡ 비논리적, 비이성적, 혹은 경직된 사고가 혼란스럽거나 뒤틀린 감정 및 행동을 유발하며, 생각은 **자술언어**(self-verbalization), '**자기 자신에게 하는 말**'(self-talk) 혹은 '**내면화된 문장들**'(internalized sentences)이다.

㉢ 이것이 결국 자신에 대한 개념(자아 개념)에 영향을 주어 그 개인의 전반적인 감정과 행동을 결정하게 되며, 이것이 성격이라 할 수 있다.

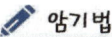 암기법

이상한 나라 **엘리스**는 **비합리적 신념**을 가지고 있고 혼자서 중얼 중얼 **자기 독백**을 한다.

④ 왜곡된 사고 [20]
  ㉠ **개념** : 심리적 혼란이나 부정적 감정의 근원이 되는 비합리적 신념의 특징으로 인지의 왜곡화를 제시했다.
    인지행동모델은 왜곡된 사고에 의한 정서적 문제의 개입에 효과적이다.(○)
  ㉡ **내용**
    ㉮ **당위적 사고**
      ⓐ must(해야 한다), must not(해서는 안 된다) 등의 당위적 사고가 지나치게 강한 것으로 "나는 반드시 1등을 해야 한다."와 같이 강요하거나 요구하는 생각이 지배적인 특징을 보인다.
      ⓑ Want나 Wish(또는 May)와 같은 사고로 전환될 때 합리적이 될 수 있다.
    ㉯ **단정적·독단적 사고**
      ⓐ "내가 이런 실수를 하다니 나는 쓸모없는 인간이야."라는 사고 형태는 자신의 한두 가지 특성을 전체적으로 평가하는 것이다.
      ⓑ "내가 이런 실수를 하는 것을 보니 ○○ 상황에서는 적절히 대응하지 못하였다."라고 특정 상황에서 발생된 현상으로 교정해 주어야 한다.

(2) 개입 목표와 방법
  ① 개입 목표
    ㉠ 부정적 감정의 뿌리가 되는 비합리적 신념을 규명하고 도전함으로써 이를 재구조화하는 것이다.
    ㉡ 클라이언트의 주된 자기패배적 신념을 최소화하고 더욱 현실적이고 관대한 인생철학을 얻도록 하는 것으로, 클라이언트의 근본적인 성격과 인생관의 변화를 촉구하는 것이다.
  ② 개입방법
    ㉠ **비합리적 신념에 대한 교육** : 클라이언트가 부정적 감정이나 행동과 연관된 비합리적 신념을 찾아내고, 그것이 옳은지 그른지 사회복지사와 토론함으로써 비합리적 신념과 합리적 신념을 구분해 내도록 교육한다.
    ㉡ **소크라테스식 문답법(dialogic method, 산파술)** [6⑳㉒]
      ㉮ 소크라테스식 문답법은 계속적인 질문과 대답으로 이어지는 대화법인데, 논박술(elenchos)과 산파술(maieutike)로 나뉘어진다.
        ⓐ **논박술** : 계속적이고 다양한 질문을 통하여 상대의 화자로 하여금 그가 지니고 있는 지식의 그릇됨을, 즉 스스로의 무지를 깨닫게 해주는 방법

구 분	내 용
논리적 논박	• 그러한 신념이 타당하다는 논리적 근거는 무엇인가? • 항상 그러해야 한다는 것이 논리적으로 어떻게 옳을 수 있습니까?
경험적 논박	• 그러한 신념이 타당하다는 사실적 또는 경험적 근거는 무엇인가? • 다른 모든 사람이 당신을 항상 사랑하고 인정한다는 것이 현실적으로 가능한 일입니까?
실용적/기능적 논박 [⑳]	• 그러한 신념이 당신이 추구하는 목적을 달성하는데 도움이 되는가? • 당신이 그러한 생각을 가지고 스스로 고통을 받는 것이 어떤 도움이 됩니까?
철학적 논박	• 그러한 신념이 과연 당신을 행복하게 하는가?
대안적 논박	• 이 상황에서 좀 더 타당한 대안적인 신념은 없는가?

ⓑ **산파술** : 상대자가 이미 갖고 있는 지식에서 출발하여 미지에로 이르게 함으로써, 결국 상대방으로 하여금 적극적으로 새로운 지식을 얻게 하는 방법

㉯ **소크라테스식 문답법의 목적**

ⓐ 지식을 주입하는 것이 아니라 인간 내부에 존재하는 지식에 이르는 장애를 제거하는 것, 즉 선입견이나 편견을 제거하는 것이다.

> 예 '당신이 이것을 반드시 해야 하는 근거가 어디에 있습니까?', '당신이 이것을 원하면 반드시 이것을 해야 한다고 어떻게 생각할 수 있습니까?' 등

ⓑ 중요한 인지현상을 용이하게 밝혀주고, **클라이언트로 하여금 자기발견과 타당화의 과정을 갖게 하는 것**이다.

㉢ **과제 혹은 숙제(written homework)** : 과제는 클라이언트가 자신의 문제에 대한 인식을 향상시킬 뿐만 아니라 새로운 행동을 획득하거나 과거의 반응을 제거할 수 있도록 돕는다.

③ **개입과정** : ABCDE모델의 적용

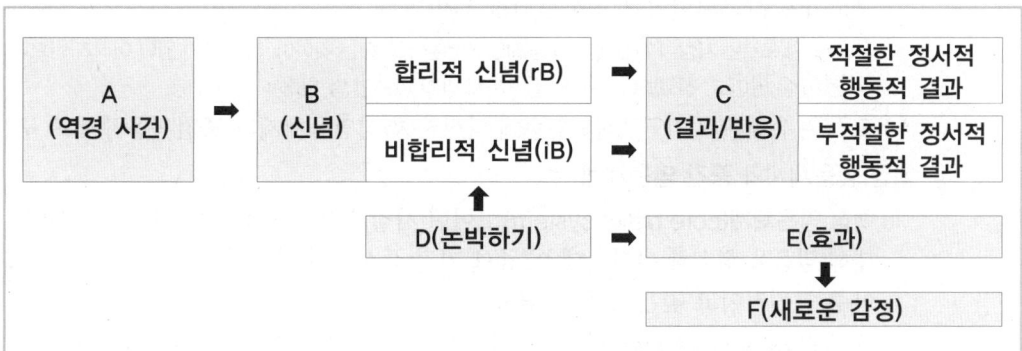

㉠ **A(Activating event, 역경사건)** : 개인에게 혼란을 야기하는 실재하는 어떤 사건 또는 행위

㉡ **B(Belief system, 신념체계)** : 어떤 사건이나 행위 등과 같은 자극에 대해 개인이 갖는 태도 혹은 사고방식으로, 합리적일 수도 있고 비합리적일 수도 있음

㉢ **C(Consequence, 결과)** : 그 사건을 신념에 의거하여 해석해서 느끼게 되는 정서적·행동적 결과

㉮ 합리적 신념 ➡ 적절한 정서적·행동적 결과(예 희망, 소망, 가능성, 기쁨, 만족 등)
㉯ 비합리적 신념 ➡ 부적절한 정서적·행동적 결과(예 불안, 우울, 낮은 자존감, 분노, 자포자기 등)
㉣ D(Dispute, 논박) : 클라이언트가 가지고 있는 비합리적인 신념이나 사고에 도전하고 그것이 사리에 맞는지를 검토하는 것 → **개입을 실시하는 단계**
㉤ E(Effect, 효과) : 클라이언트의 비합리적인 신념에 대해 논박하여 합리적인 신념으로 대체한 뒤 느끼게 되는 수용적이고 긍정적인 태도와 감정의 결과 및 효과
㉥ F(Feeling, 새로운 감정) : 성공하면 새로운 감정이 창출되는 것

② 벡(Aron Beck)의 인지치료(Cognitive Therapy) [③④⑥⑦⑧⑨, 인행사 ⑪⑬]

(1) 개 요

① 주요 내용
  ㉠ 벡(Beck)에 의하면, 인간은 자극에 대해 선별적으로 주의를 기울이면서 자극을 유형으로 결합하고 상황을 개념화한다.
  ㉡ 인간은 **특정상황에 처하게 되면, 상황과 연관된 도식을 활성화하고 이 도식에 따라 정보를 조직화하고 처리**한다.
  ㉢ 정서문제를 가지고 있는 사람은 논리적 오류가 있는 **역기능적 도식에 따라 정보를 처리**하게 되고 결과적으로 현실을 부정적으로 왜곡한다.

② 주요 개념
  ㉠ 인지 도식(schema, 스키마)
    ㉮ 기저에 깔려있는 가정이나 신념으로, 핵심 믿음을 수반하는 '정신 내의 인지 구조'로 정의된다.
    개인이 어떤 경험을 받아들이고 해석하거나 경험의 일부 측면을 설명하는데 사용되는 **구조화된 사고패턴이나 행동패턴을 의미**한다.
      예 누군가 모르는 사람이 자신에게 말을 걸면 자신을 좋아하는 것이며, 비가 오면 엄마 아빠가 반드시 부부싸움을 하는 날이고, 전화벨이 3번 울릴 때까지 받지 않으면 날 피하는 것이다 등
    ㉯ 도식은 유지된 기간과 믿음 수준에 따라서 **핵심믿음체계와 중간믿음체계로 구분**된다.
  ㉡ 핵심 믿음체계와 중간 믿음체계
    ㉮ 핵심 믿음체계(core belief system) : 어린 시절부터 자신과 다른 사람들, 그리고 세상에 대해 믿음을 형성해 나가는데 이 중에 가장 중심적인 믿음체계를 핵심믿음이라고 하며, 아주 근원적이고 깊은 수준의 믿음이다.
    ㉯ 중간 믿음(intermediate belief) : 핵심 믿음은 중간 믿음의 형성에 영향을 주며, 이러한 믿음은 어떤 상황을 보는 관점에 영향을 주게 되고 그것은 또다시 그 사람이 어떻게 생각하고 느끼고 행동하는지에 영향을 준다.
  ㉢ 자동적 사고(automatic thinking) : 한 개인이 어떤 상황에 대해 내리는 즉각적이고 자발적인 평가를 의미한다.

■ 자동적 사고의 원리 ■

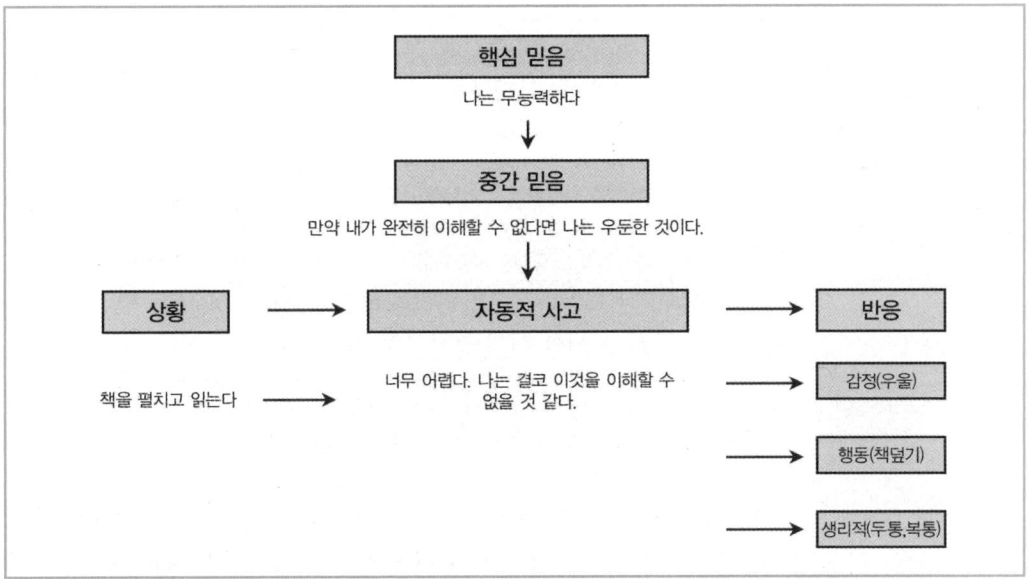

③ **인지적 왜곡(인지적 오류, 잘못된 정보처리)** : 그릇된 가정 및 잘못된 개념화로 이끄는 생각에 있어 체계적 오류이며, 정보처리가 부정확하거나 비효과적일 때 나타나며 대개 비현실적인 세계관을 나타내거나 비논리적인 추론과 관련된다. **부정적 자동적 사고라고 불린다.**

■ 인지적 왜곡의 유형 ■

유형 구분	설 명
임의적 (자의적) 추론 [③⑧⑨ ⑫⑱㉑]	• 충분하고 적절한 증거가 없고, 오히려 반대 증거가 있음에도 불구하고 특정한 결론을 내려 버리는 것 　예 (상대방이 쳐다보지 않자) "저 사람은 날 싫어해" 　예 (객관적으로 좋은 상황에 있어도) "나는 되는 일이 하나도 없어." 　예 '내가 너무 뚱뚱해서 사람들이 다 나만 쳐다보는 것 같아' 　예 (의사가 고개를 갸우뚱하는 것을 보고) "나는 불치병에 걸렸음에 틀림이 없어" 　※ 과잉일반화는 정반대의 증거나 증거가 없음에도 불구하고 어떤 결론을 내리는 것이다.(×) 　※ 임의적 추론은 상반된 사고의 경향성을 보이는 것이다.(×)
선택적 사고 (선택적 요약, 선택적 축약, 선택적 추론) [⑨⑫⑱㉑]	• '증거무시하기(ignoring the evidence)' 또는 '정신적 여과(mental filtering)'라고도 불리는데, 일부 정보들만을 본 후 결론을 내리는 것으로 이러한 왜곡은 상황의 긍정적인 양상을 여과하는데 초점이 맞추어져 있고 극단적으로 부정적인 세부사항에 머무르는 것임 　예 3과목의 시험 성적 중 2과목 우수, 1과목 평균 이하 → 전체적으로 성적 향상 → 잘못한 과목에만 집착하여 자신의 무능력을 탓하는 것 　예 필기시험은 우수한 성적을 거두었으나 실기시험 결과가 스스로 만족스럽지 못할 때 전체시험을 망쳤다고 판단하는 경우 　※ 선택적 사고는 상황에 대한 자신의 관점을 지지하기 위해 특정 자료들을 걸러 내거나 무시하는 것이다.(○)

과잉일반화 (과도한 일반화) [③④⑫⑱]	• 단일 사건 또는 사소한 사건에 기초하여 극단적인 신념을 가지고 그것들을 유사하지 않은 사건들이나 장면에 부적절하게 적용하는 과정 ◉ '한 남자에게 학대당했다. 모든 남자가 학대한 것이다.' ◉ '내가 너무 못생겨서 남자친구가 떠났으니 결혼도 하기 어렵겠지' ◉ 자신이 원하는 곳에 취업원서를 넣었다가 낙방한 사람이 자신은 무능력하고 되는 일이 없는 무가치한 사람이라고 결론을 지었다. ◉ 좋아하는 여학생에게 데이트를 신청했다가 거절당한 남학생이 자신은 못생겼으며, 제대로 하는 것이 하나도 없는 무가치한 사람이라고 결론을 내리는 경우이다. ⊗ 개인화는 하나의 또는 별개의 사건들을 가지고 결론을 내린 후 비논리적으로 확장하는 것이다.(×)
개인화 [③⑧⑨ ⑫⑱㉑]	• 자신과 관계없는 외부의 사건을 자신의 탓으로 여기는 경우로, 거의 혹은 전혀 근거가 없는 경우에도 외적 사건과 자신을 연관시킴 ◉ '내가 어머니와 함께 그 곳에 갔더라면, 어머니는 심장마비 같은 걸 일으키지 않았을 거야' ◉ '내가 신고만 빨리 했어도 지하철 화재로 사람이 죽지 않았을 텐데' ◉ 여행가서 비가오면 "재수 없는 내가 오랜만에 여행을 오니 역시 재수 없는 일이 일어난다"라고 결론을 짓는 경우이다. ⊗ 과장과 축소는 하나의 사건 혹은 별개의 사건들의 결론을 주관적으로 내리는 것이다.(×)
과장(확대)과 축소 (극대화와 극소화, 과대평가와 과소평가) [③⑥⑧⑨⑱]	• 대개 사람들은 자신의 **실수나 결점(확대)** 또는 개인들의 **재능(축소)**을 바라볼 때에는 그것들을 실제보다 좀 더 큰 것처럼 보게 되는 경향이 있고, 반면에 자신의 장점이나 타인들의 문제를 대할 때에는 축소하여 사건들이 작고 멀게만 보임 ◉ '난 항상 이래 잘하는 것이 하나도 없어', '내가 한 것은 누구나 할 수 있는 일이야' • 어떤 사건, 한 개인이나 경험이 가진 특성의 어느 한 측면을 그것이 실제로 지니는 중요성과 무관하게 과대평가 또는 과소평가하는 경우로, 사건의 의미나 크기를 왜곡하는 것임 ◉ 물론 나는 내가 하는 일에 뛰어나지, 하지만 그게 무슨 상관이야? 나의 부모는 나를 무시하는데라고 했을 경우, 자신의 능력에 대한 과대평가와 부모가 무시한다는 생각 때문에 초래된 자신에 대한 과소평가가 동시에 나타나 있다.
이분법적 사고 (흑백논리, 절대적 사고, 양극적 사고) [③⑨⑫㉑]	• 완전한 실패 아니면 대단한 성공과 같이 중간지대 없이 극단적으로 흑과 백으로 구분하려는 경향이나 완벽주의 등을 포함. 즉 흑백논리로 사고하고 해석하거나, 경험을 극단으로 범주화하는 것으로, 결함이 전혀 없는 사람 아니면 결함투성이, 성자 아니면 죄인, 순수하지 않은 것은 더러운 것 등으로 이해하는 경향 ◉ '나는 완전히 망했어', '난 다 틀렸어', '1급 사회복지사 자격시험에 떨어진다면 나는 사람도 아니야' ◉ '최고가 아니면 모두 실패자인 거야'
정서적 추론	• 자신의 정서적 경험이 마치 현실과 진실을 반영하는 것인양 간주하여, 이에 근거해서 그 자신, 세계 혹은 미래에 관해 추리를 하는 경우 ◉ 논리는 '나는 느낀다. 고로 나는 존재한다'임. '나는 부적절하다고 느낀다. 고로 나는 쓸모없는 사람이다'고 추론하는 것

(2) 벡의 인지치료 방법과 과정

① 세 가지 원리

㉠ 역기능적이고 자동적인 사고, 역기능적인 스키마, 신념, 가정, 그리고 역기능적인 대인관계 행동의 영향력을 강조한다.

      ⓛ 치료자는 클라이언트의 자동적 사고를 수정하여 정서나 행동을 변화시키는 데 역점을 두는
        한편, 클라이언트의 기분이나 행동이 그의 기억이나 지각과 같은 사고과정을 왜곡하는 점에
        도 관심을 가진다.
      ⓒ 치료자는 클라이언트의 이러한 역기능적인 사이클(cycle)을 깨는 데 주력한다.
   ② **개입과정** [⑦]
      ㉠ 부정적인 자동적 사고(automatic thoughts) 파악하기
      ㉡ 인지적 오류의 역기능적 가정과 믿음 발견하기
      ㉢ 왜곡된 사고의 현실검증하기
      ㉣ 현실지향적인 사고로 해석하기
      ㉤ 긍정적 사고틀로 변경하도록 학습하기

04 인지행동모델의 개입 기법들 [③⑤⑦⑨⑪⑮⑰⑳]

1 내적 의사소통의 명료화 [⑪⑳㉑]

① 클라이언트 스스로 **자신에 대해 독백하고 사고하는 것**으로, 이에 대해 사회복지사가 피드백을 주기 때문에 효과적이다.
② 클라이언트는 **자기 자신과 다른 사람에게 하는 말 속에 숨겨진 잘못된 생각과 비합리적인 신념에 대해 더 잘 이해**할 수 있게 된다.
   - '내적 의사소통의 명료화'를 통해 자신의 독백과 생각의 비합리성을 이해할 수 있다.(○)
   - 내적 의사소통의 명료화 – 클라이언트 스스로 자신에 대해 독백하고 사고하는 과정이다.(○)

2 설명 [⑪]

① 클라이언트에게 **감정이 어떻게 행동에 영향을 미치는지**에 대한 ABC 모델을 설명하기 위해 사용된다.
② 촉발사건(A)이 있은 후에 클라이언트는 자신의 신념(B), 사고 혹은 사건에 대해 스스로에게 이야기하며, 이 신념, 인지, 자기대화로부터 야기된 감정적 결과를 설명하는 것이다.
   - '설명'은 클라이언트의 행동이 어떻게 생각에 영향을 미치는지를 알려주어 인지변화를 유도한다.(×)

3 기록과제(수행) [⑪⑳]

① 과제는 클라이언트가 자신의 문제에 대한 인식을 향상시킬 뿐만 아니라 **새로운 행동을 획득하거나 과거의 반응을 제거**할 수 있도록 돕는다.
② 과제를 부여할 때는 클라이언트로 하여금 정서에 대한 엘리스의 ABC 모델을 활용하는 방법에 대해 읽고 기록할 수 있도록 양식을 제공할 수 있다.

4 경험적 학습 [⑦⑪⑰]

① 왜곡된 인지에 도전하고 변화하도록 유도하는 것으로 **인지적 불일치*** 원리로 설명된다.

> **인지적 불일치**
> 자신의 행동, 행위 또는 생활양식에 부합하지 않는 태도나 신념을 변화시키려는 경향을 의미

② 클라이언트에게 자신의 인지적 오류에 부합하지 않는 특정한 행동을 하도록 함으로써 클라이언트가 자신의 인지적 오류를 발견하고 수정하도록 하는 데 **자기주장훈련, 모델링, 역할극, 사회기술훈련, 심리극 등을 활용**할 수 있다.

　'경험적 학습'은 왜곡된 인지에 도전하여 변화를 유도하는 것으로 인지적 불일치 원리를 적용한다.(○)

5 역설적 의도(역설적 지시) [⑤⑦⑫⑬]

어떤 불유쾌한 구체적 행동이 자꾸 발생할 것을 불안해하여 그 행동을 오히려 더 발전시킬 경우에 사용될 수 있다.

① 클라이언트의 불안에 대한 **인지적 오류에 도전하고 두려워하는 행동을 하도록 지시**하게 된다.

② 사회복지사가 클라이언트에게 **이중구속적인 메시지를 전달**하는 것이며, 클라이언트는 이중구속적인 메시지에 관계없이 변화를 일으키게 된다.

　우울한 클라이언트에게 "계속해서 우울하게 지내세요."라고 말하면, 클라이언트는 우울한 것을 유지하기 위해 노력하게 되고 이는 자신의 문제에 대한 통제력을 계속 유지하므로 인해 자신감이 생기는 반면, 이러한 메시지에 반대해서 우울해지기를 거부하면 증상으로부터 호전되는 것이다.

6 역동적·실존적 반영(역동적·실존적 숙고 치료활동)

① **역동적 반영** : 클라이언트의 문제와 문제해결에 초점을 맞춰 활용되며, 이는 증명할 수 있고 객관적이며, 경험적이고 이론적인 지식에 목적을 두는 문제해결의 반영을 의미한다.

② **실존적 반영** : 개인 삶의 의미와 의미의 잠재성의 발견에 초점을 두며, 사회복지사는 클라이언트의 회복된 의미와 의미의 잠재성을 사용하고 인식하는 데 도움이 될 수 있는 문제해결 전략을 개발하고 발전시키도록 돕는다.

7 인지재구조화 [③⑪⑫]

① 클라이언트가 자신의 기능에 부정적인 영향을 미치는 **역기능적 사고와 관념을 인식할 수 있도록 돕고, 이를 현실에 맞는 신념과 행동으로 대치하여 기능을 향상**시킬 수 있도록 하는 기술이다. → 잘못된 신념체계를 찾아 재수정하는 것

　'인지재구조화'는 역기능적 사고와 신념을 현실에 맞는 것으로 대치하도록 하여 기능 향상을 돕는다.(○)

　역설적 의도(paradoxical intention) : 클라이언트의 역기능적 사고를 인식하고 이를 현실적인 사고로 대치한다. (×)

② **인지재구조화의 절차**

㉠ 클라이언트는 생활사건에 대한 자신들의 정서적 반응을 매개할 가정이나 신념을 갖고 있다. 따라서 사회복지사는 클라이언트가 이 점을 수용할 수 있도록 돕는다.

ⓒ 클라이언트가 문제에 내재해 있는 역기능적인 신념과 사고과정의 유형을 파악할 수 있도록 돕는다.
ⓒ 클라이언트가 자신의 역기능적 인지를 유발한 상황을 파악할 수 있도록 돕는다.
ⓔ 클라이언트가 자학적인 인식을 대치할 만한 긍정적이고 순기능적인 대안적인 자기기술로 대체할 수 있도록 돕는다.
ⓜ 클라이언트의 성공적인 대처노력을 클라이언트 스스로 보상할 수 있도록 돕는다.

8 모델링(modeling) [③⑨⑯⑰㉑, 실천론 ㉑㉒]

① '행동 및 사회학습방법의 하나로 클라이언트가 활용하기를 바라거나 필요로 하는 절차에 대해 시범을 보이는 것'을 의미한다.
   ※ '모델링'은 클라이언트가 타인이 하는 바람직한 행동을 보고 모방함으로써 행동의 변화를 가져오는 개입 기술이다.(O)

② 모델링의 구성요소
   ㉠ 변화를 필요로 하는 구체적인 행동을 파악한다.
   ㉡ 모델을 제시한다.
   ㉢ 클라이언트가 모델링에 주의와 관심을 갖도록 한다. → 주의 집중 단계(주의과정)와 파지단계(보존과정, 기억유지과정)
   ㉣ 모델의 행동을 따라하도록 한다. → 운동 재생 단계(행동적 재현과정, 생산과정)
   ㉤ 따라한 행동을 강화한다(학습된 모델을 강화하기). → 동기화 단계

③ 모델링 순서 : 모델 제시 → 모델에 대한 관심과 주의환기 → 모델을 따라 하도록 하기 → 학습된 모델을 강화하기

9 시연(rehearsal) [⑯㉑㉒]

① 클라이언트가 습득한 행동기술을 현실세계에서 직접 실행하기에 앞서 사회복지사 앞에서 습득한 기술을 반복적으로 연습하는 것이다.
② 집단상담을 통해 여러 사람의 피드백을 동시에 받을 수 있다는 점에서 매우 효용가치가 높다.

10 자기지시기법 [⑳㉑]

① 클라이언트가 변화시키기 원하는 행동을 대상으로 구체적인 목표를 설정하고, 이에 따른 실천 행동지침을 작성하며, 이를 실행에 옮기는 과정을 말한다.
② 과제나 기술 혹은 문제해결과정의 수행을 안내할 자기 언어화를 활용하는 것으로, 단계별로 자기 진술을 활용하여 자신감을 개발하는 것이다.

11 체계적 둔감화(systematic desensitization, 체계적 탈감법) [5⑭⑯⑰㉑㉒]

① 특정 자극에 대해 조건화된 공포 및 불안 반응을 극복하게 하는 것으로, 이 치료기법은 올페(J. Wolpe)가 **파블로브의 고전적 조건형성이론에 기반(고전적 조건화의 원칙에 근거)**해서 만든 기법이다.

② 근육이완 상태에서는 불안이 발생되지 않는다는 원리를 이용해서 조건화된 자극(불안)과 무조건적인 자극(불안이 발생되지 않는 이완훈련)을 역조건 형성시키는 절차를 통해 불안을 소거하는 것이다.

③ 클라이언트에게 가장 덜 위협적인 상황에서 가장 위협적인 상황까지 상황들을 순서대로 제시하면서 불안자극과 불안반응 간의 연결이 없어질 때까지 불안을 일으키는 자극들을 반복적으로 이완 상태와 짝짓는 것이다. → 불안감을 경험하는 상황에 노출시킴

예) 다른 아이들과 잘 어울려 놀지 못하는 소심한 아이가 유치원에 혼자 가려고 하지 않고 떼를 쓰며 운다. 먼저 어머니가 이 아이를 유치원 놀이터에 데려가 놀아주었다. 다음으로 유치원 선생님이 어머니와 아이와 함께 놀아주었다. 그 다음 놀이터에서 어머니가 빠졌다. 이와 같이 단계적인 행동을 통해 아이의 행동을 변화시켰다.

12 이완훈련 [⑦⑯]

① 클라이언트가 겪을 수 있는 스트레스 상황에 적절히 대처할 수 있도록 돕는 기술이다.

② 이 기술은 클라이언트에게 특정 근육을 수축, 이완하는 기술을 가르치고, 깊고 규칙적인 호흡방법, 즐거운 사고나 심상방법 등을 훈련함으로써 일상생활에서 유발되는 스트레스에 대처할 수 있도록 가르친다.

13 자기주장훈련(assertiveness training) [⑦]

① **자신과 타인의 권리를 동등하게 존중하면서 자신의 사고, 감정, 원하는 것, 성취하고자 하는 것, 의견 등을 단호하게 요구하거나 표현하는 것을 의미**한다.

② 이런 자기주장이 때로는 비난이나 거부, 처벌을 가져올 수 있지만 자기주장을 하는 당사자는 이를 감당할 부담을 안고 자기주장을 하는 것이다.

14 행동형성(shaping, 행동조성) [⑤⑰㉑]

① 복잡한 행동이나 기술을 학습시키는데 유용한 방법으로, 기대하는 반응이나 행동을 학습할 수 있도록 기대에 부응하는 **목표행동을 세분화하여, 연속적이고 단계적으로 강화함(강화원리를 따름)**으로써 행동을 점진적으로 만들어 가는 것이다.

② 기존의 행동목록에 포함되어 있지 않은 행동은 강화시킬 수 없으며, 이미 일어나고 있는 행동 중 목표로 삼고 있는 바람직한 행동에 가까운 것을 찾아내는 데서 시작된다.

15 강화와 처벌 [⑥⑪⑮]

① **강화(reinforcement)** : 행동 재현의 가능성(빈도수)을 높이는 것으로, 어떤 행동에 따르는 결과가 그 행동을 다시 야기하도록 하는 가능성을 높이는 자극이다.

② **처벌(punishment)** : 어떤 행동에 뒤따르는 결과가 그 행동을 다시 야기하도록 하는 가능성을 감소시키는 자극이다.

과정 \ 결과		강화(reinforcement) 반응 혹은 행동의 증가	처벌(punishment) 반응 혹은 행동의 감소
정적	제공	유쾌한 자극 제공	혐오스런 자극 제공
부적	제거	혐오스런 자극 제거	유쾌한 자극 제거

16 소거와 자발적 회복

① **소거(extinction)** [16②②]

이전에 강화되었던 행동이 더 이상 이전과 같은 결과를 가져오지 않는 것으로, 일상생활에서 특정 행동을 무시하는 형태를 말하는데, 여기서 특정행동이란 이전에 관심을 받아 이미 강화된 것을 말한다.

> 예) 학급에서 바보처럼 행동하는 아동의 경우, 선생님과 다른 학생들은 그 아이의 우스꽝스러운 행동에 관심을 기울이지 않고, 웃지도 않기로 약속한다. 이러한 조건하에서 처음에는 아동의 우스꽝스러운 행동의 빈도가 증가하지만 결국 아동은 그런 행동을 중단하게 된다.

② **자발적 회복(spontaneous recovery)** : 소거를 통해 완전히 감소된 행동이 다음에 발생할 기회가 주어졌을 때 다시 나타나는 것을 말한다.

> 예) 마약 중독에서 회복되었다고 생각하는 코카인 중독자가 흰색 파우더와 같은 마약과 강한 연합을 이루고 있는 자극을 갑자기 접한다면, 마약을 다시 사용하고자 하는 극심한 충동을 경험

17 강화계획(reinforcement schedule) [⑮]

① 행동증가를 목적으로 사용하는 강화물을 제시하는 빈도를 말한다.

② 강화 간격과 강화 비율이라는 두 가지 기준에 따라 구분

㉠ **연속적 강화계획** : 행동이 일어날 때마다 강화물을 제시하는 것

㉡ **간헐적 강화계획** ⊗⊙ 간헐적으로 강화된 행동은 소거하기 어렵다.(O)

㉮ 스케줄을 간격이나 비율에 따라서 강화를 주며, 고정적으로 주거나 일정치 않게 강화를 제공

㉯ 최고 높은 비율의 반응을 발생시키는 강화 스케줄 순서 : 변수비율 스케줄 〉 고정비율 스케줄 〉 변수간격 스케줄 〉 고정간격 스케줄

18 타임아웃(time out, 격리) [17⑵]

① 신체적 처벌을 사용하지 않는 대신 사용할 수 있는 것으로 **신체적인 규율에 대한 대안**이다.
② **부적처벌원리를 이용한 것**으로 부적응적 행동을 했을 때 긍정적 강화를 받을 수 있는 기회를 박탈함으로써 부적응적 행동을 소거하려는 기법이다.
   - 타임아웃은 정적강화원리를 이용한 것이다.(×)
③ 타임아웃의 목적은 원하지 않는 행동을 강화시키는 환경으로부터 클라이언트를 일정기간 이동시킴으로써 문제행동을 감소하거나 제거시키는 것이다.
   - 예) 장난감이 많은 방에서 어린 동생과 싸우는 자녀를 장난감도 흥미 있는 책들도 전혀 없는 방으로 이동시키는 방법

19 사회기술훈련(Social skill training) [2⑴⑪⑫⑭⑱⑳⑵]

① **사회기술훈련의 개념**
   ㉠ **사회적 기술(Social Skill)**은 개인이 어떤 사회적 과제를 완수할 수 있는 특수한 능력으로, 대인적 상황에서 자신의 목적을 달성할 상대로부터 기대된 반응을 얻는 능력이다.
   ㉡ **사회학습이론에 근거한** 사회학습의 원칙에 기반하고 있으며, **사회화집단에서 많이 사용**한다.
   ㉢ 클라이언트가 취약하거나 사회적으로 소외되고 특정 기술을 익혀야 할 때 제공되며, **클라이언트에게 현재의 환경과 생애단계에 따라 예상되는 역할관계에서 효과적으로 기능하기 위해 필요한 기술을 배울 수 있는 기회를 제공**한다.
   ㉣ 대인관계에서 불편함을 느끼거나 부끄러워하는 사람들, 공격적인 사람 혹은 자기중심적이며 다른 사람들에게 관심이 없는 사람들을 대상으로 그들의 사회기술을 향상시키기 위해 실시하는 프로그램이다. → **사회복귀지원 프로그램에 적용 가능**
      - 예) 대화를 시작하고 유지하는 기술(말하기와 경청하기 등과 같은 의사소통기술), 분노를 조절하는 기술, 문제 해결 기술, 친구를 사귀는 기술, 아동 양육기술, 버스나 공중전화를 이용하는 기술, 자기주장기술 등

② **사회기술훈련의 특징**
   ㉠ 다양한 행동주의 기법들이 많이 사용되는데, **모델링, 역할연습, 행동시연, 강화, 코칭, 직접적 지시, 문제해결기술에 대한 교육, 과제부여(과제제시), 피드백, 자기옹호 등이 포함**된다.
   ㉡ 사회기술훈련의 요소로는 **행동의 반복이나 지시 및 긍정적 강화와 피드백, 과제 제시 등 행동적 요소와 자기목표의 설정, 상황에 대한 인지의 재구성, 분노나 다른 감정의 통제 및 수정 등 인지적 요소**들이 있다.
   ㉢ 사회기술훈련 프로그램이 효과적으로 이루어지기 위해서 학습을 해야 할 행동을 먼저 보여주고(모델링 혹은 역할연기), 이를 따라하거나 상대 역할을 한 사람에게 즉각적으로 긍정적인 피드백을 주어야 한다. 이러한 긍정적 피드백은 강화역할을 하여 바람직한 행동의 증가를 가져오지만, **처벌을 하거나 부정적 경험을 주는 것은 옳지 않은 방법이다.**
   ㉣ 문제가 발생하는 실제 상황을 자세하게 파악해야 하며, **특정행동의 복잡한 유형을 세분하여 이해하고 훈련**해야 한다.
      - 사회기술훈련에서 사용되는 행동주의모델기법 : 직면(×)

③ 사회기술훈련의 필수 요소
  ⊙ **사회기술훈련의 필요성에 대한 이해** : 개별성원들이 변화의 필요성을 강하게 느끼고 훈련에 참가해야 하는데, 사회복지사는 훈련이 개별성원과 관련성이 있고 훈련에 참가하여 얻을 수 있는 이점에 대해 논의하도록 하여 훈련참가의 동기를 높일 수 있다.
  ⓒ **문제가 발생하는 실제상황을 자세히 확인** : 이를 통해 훈련과정 동안 개별성원이 연습할 수 있는 목표, 상황, 대인관계 장면을 개별성원들이 구체적으로 정하도록 도울 수 있다.
  ⓒ **기술의 구성요소에 대한 확인** : 특정 행동의 복잡한 유형을 세분화하여 이해하고 훈련하는 것이 필요하다.
  ⓔ **역할연습의 활용** : 역할연기를 하는 성원과 상대배역을 맡은 사람에게 어떻게 행동하고 반응해야 하는지 구체적으로 지시해야 한다.
  ⓜ **긍정적인 강화** : 역할연기 예행연습을 할 때마다 항상 즉각적으로 긍정적 피드백을 주도록 하고, 다른 성원들도 칭찬과 지지를 표현하도록 격려해야 한다.
  ⓑ **모델링** : 참가자들은 시범 연기자의 행동을 직접 관찰함으로써 많은 것을 배운다.
  ⓢ **반복된 연습** : 클라이언트가 처음보다 잘할 수 있도록 구체적으로 지시하면서 반복적인 예행연습을 하도록 하는 것이 중요하다.
  ⓞ **과제** : 매 사회기술훈련시간 끝에 실제 생활에서 연습할 수 있는 과제를 주어야 한다.
    ㉮ 조성화(shaping)의 원칙에 따라 처음에는 쉬운 과제를 주다가 사회기술 및 자신감이 증가함에 따라 난이도와 복잡성을 점차 올려가야 한다.
    ㉯ 난이도는 클라이언트가 해낼 수 있지만 그 과정에서 약간의 도전을 받도록 어느 정도 어려워야 한다.

④ **사회기술훈련을 위한 단계**
  ⊙ **1단계** : 사회기술을 학습하는 데 흥미를 갖고 훈련과정에 적극적으로 참여하도록 **사회기술훈련의 필요성, 목적, 표적사회기술 학습의 중요성을 설명**한다.
  ⓒ **2단계** : **표적사회기술은 많은 요소로 구성되고, 각 구성요소가 갖는 중요성을 설명**한다.
  ⓒ **3단계** : 사회복지사나 집단성원 중 자원자가 **사회기술을 시범적으로 시연**한다.
  ⓔ **4단계** : 집단성원이 **역할극을 통해 돌아가면서 각 요소들을 연습**하고 피드백을 주고받으면서 표적기술을 더욱 발전시키도록 한다. → **반복적인 예행연습을 통해 원하는 기술 수준에 도달하도록 해야 함**
  ⓜ **5단계** : 각 집단성원의 **역할극에 대한 평가**를 실시한다.
  ⓑ **6단계** : 다양한 구성요소들을 역할극을 통해 연습하고 숙달된 후 **표적사회기술요소를 결합하여 교대로 연습**한다.
  ⓢ **7단계** : **표적사회기술을 실제 사회상황에 적용**해 본다.
    ※ 사회기술훈련의 단계 순서 : 시연 → 역할극 → 평가 → 적용(O)

05 인지행동모델의 한계점(엄명용 외, 2010) [13⑤]

① 클라이언트가 자신의 사고, 감정, 행동의 관계 및 인지행동이론에서 적용하고자 하는 기술을 충분히 이해할 수 있어야 하기 때문에 **지적능력이 낮은 클라이언트에게는 효과성이 제한적이다.**
   - 인지행동모델 : 지적 능력을 가진 클라이언트에게 적용이 보다 용이하다.(○)

② 일반적으로 4~14회기 정도의 치료기간이 소요되므로 **즉각적인 위기개입을 해야 하는 클라이언트에게 적용하기 어렵다.**

③ 새로운 시도를 해보려는 의지가 있어야 하며, **특정 개입기술의 사용에서 윤리적 문제가 발생할 수 있다.**

④ 문제해결을 위해 클라이언트는 새로운 시도를 해보려는 의지가 있어야 하는데, **의지가 약한 클라이언트에게 적용이 어렵다.**

⑤ **사회복지사는 개입·치료과정에 있어서 적극적이어야 한다.**
   - 인지행동모델 : 사회복지사의 적극적 역할수행이 어렵다.(×)

MEMO

과제중심모델

제2부 **사회복지실천모델과 개입기술**

제5장 회차별 출제빈도, 출제비중 및 출제논점 1, 2, 3순위

10회 2012	11회 2013	12회 2014	13회 2015	14회 2016	15회 2017	16회 2018	17회 2019	18회 2020	19회 2021	20회 2022	21회 2023	22회 2024
1	1	1	1	1	1	1	1(1)	–	1	1(1)	(1)	1

출제 비중	출제 논점		
	1순위 ☺	2순위 ※	3순위 ☆
0**1**1(1)	① 과제중심모델의 주요 특징	① 과제중심모델의 이론적 배경 ② 과제중심모델의 주요개념: 표적문제, 과제 ③ 과제중심모델의 개입 과정	① 과제중심모델의 개요

1순위 스마일표시(☺) : 출제 빈출도가 높은 부분으로 무조건 시험에 출제되는 영역
2순위 당구장표시(※) : 나왔다 안 나왔다 하는 영역이지만 출제가능성 높은 영역
3순위 별 표(☆)   : 출제 된 적이 있긴 하지만 다시 출제될 가능성은 다소 떨어지는 영역

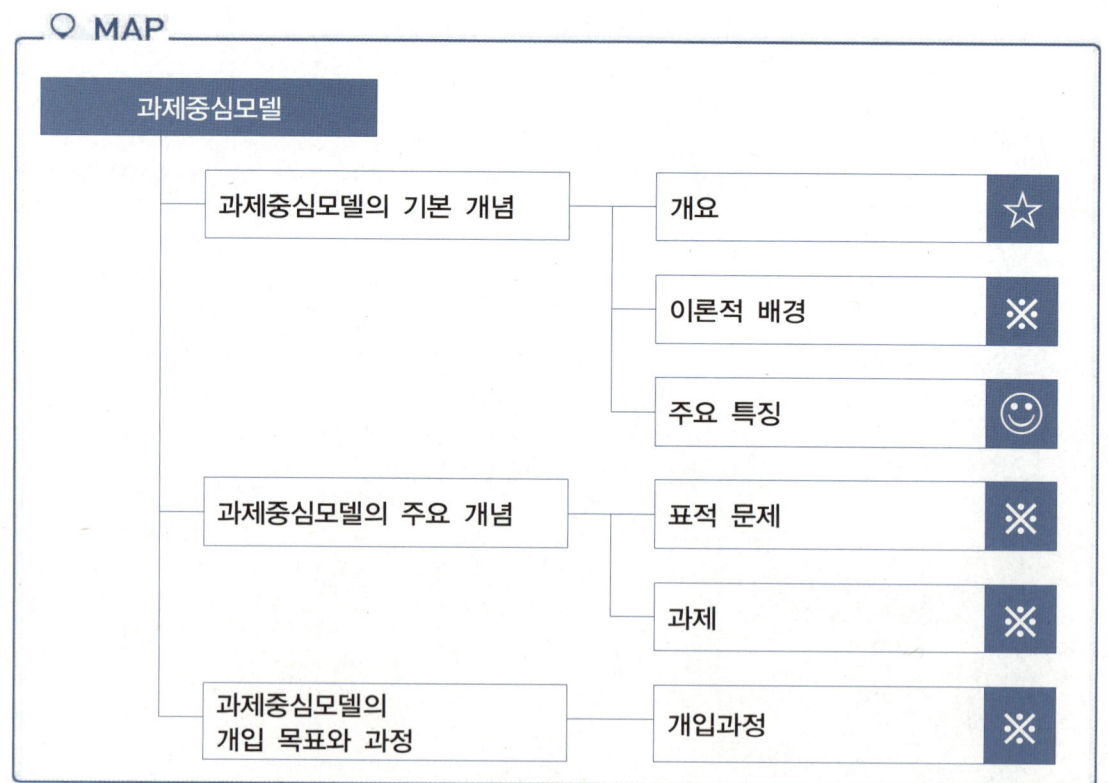

1 과제중심모델의 기본 개념

(1) 개요 [⑰]

① 시카고 대학의 리드(Reid)와 엡스타인(Epstein)이 「Task-Centered casework(1972)」를 발표(개발)하면서 소개된 모델로, 특정 심리사회적 문제를 가진 개인이나 가족을 도우려고 계획된 **단기형태(단기치료) 혹은 시간제한적 형태**이다.
  - ㉠ **약 3년간 모델을 설계**하였고, 설계한 모델을 다양한 사회복지기관에서 실제 사례에 적용하고 평가하는 검증작업을 거쳤다.
  - ㉡ **펄만(Helen Perlman)의 문제 해결 접근의 요소**, 스투트(Elliot Studt)의 클라이언트 과제에 대한 개념, 케이스워크기법의 접목에 대한 앞선 작업들을 통합하여 형성되었다.

② 클라이언트 중심 모델이나 인지행동모델처럼 **분명한 이론적 기반은 가지고 있지 않으나, 과제가 구체적 목표, 즉 결과에 정확히 연결된다는 점**에서 다른 모델과 다르다.

(2) 이론적 배경

① **단기치료의 영향**: 과제중심모델은 1960년대 본격적으로 시작된 단기치료의 영향을 받아 생성된 모델이다.
  - ※ **단기치료(단기개입)**: 인지행동모델, 과제중심모델, 위기개입모델, 해결중심(단기치료)모델 등 [⑪⑲]

② **경험적 기초**: 경험적인 조사연구를 토대로 그 체계가 형성된 점을 특징으로 들 수 있는데, 실천을 통한 노하우나 검증되지 않은 이론에서 획득된 지식이 아닌 조사연구에 기반을 둠으로써 지식체계의 우위를 강조하고 있다. → **이론보다 조사에 근거한 경험적 자료중심**

  과제중심모델: 경험적 자료보다 발달이론을 중심으로 개입한다.(×)

OIKOS UP 단기치료의 공통된 속성(양옥경 외, 2010) [⑨⑲]

① 단기치료(Brief Therapy)
  - ㉠ 원래 정신분석적 심리치료는 단기간의 치료였던 것이 프로이트와 그의 제자들에 의해 장기화된 것으로 볼 수 있다. 그러나 1940년대 들어와 정신분석의 치료기간을 감소하는 데 관심이 새로이 나타났는데, 시카고 출신의 정신분석 지도자인 알렉산더(Alexander)와 펜치(Fench)가 과다한 치료연장의 위험성을 지적하고 치료의 초점이 무엇이어야 하는지에 관한 새로운 견해를 제시하였다.
  - ㉡ 단기치료는 1960년대 본격적으로 시작되는데 사회복지사인 하워드 파라드(Howard Parad)와 그의 동료들이 사회적 문제를 풀어야 한다고 요구하며 위기개입이론을 제시한 것을 볼 수 있다. 위기개입에 뒤이어 계획된 시간제한적인 치료들에 대한 관심과 발전이 이뤄지고 각종 실험들이 시작됐다.
  - ㉢ 단기치료에서의 현재 갈등에 관한 초점적인 관심으로의 전환이 이루어진 2가지 요인
    - ㉮ 장기치료가 반드시 단기치료보다 우세하지 않다는 점
    - ㉯ 사람들은 과거의 상처를 되풀이하지 않고 갈등해소와 현재의 문제해결에 집중할 수 있는 능력을 가지고 있다는 기본가정의 변화와 함께 작업과정은 느리고 정적으로 진행될 필요 없이 활동적이고 방향성 있는 과정이 될 수 있다는 점이다.
  - ㉣ 단기치료는 전문적 개입방법으로 하나의 뿌리를 형성해 왔으며, 인지행동모델, 과제중심모델, 위기개입모델 등으로 발전되어 왔다. [⑨⑲]

② 공통된 속성
㉮ 신속하게 개입한다.
㉯ 문제는 초기에 규명한다.
㉰ 문제해결이 체계적으로 진행된다.
㉱ 면접은 초점화되며 현재 중심적이다.
㉲ 초기에 빠른 사정을 한다.
㉳ 감정의 표출이 허용된다.
㉴ 과정은 시간제한이 있다.
㉵ 선택된 초점을 전 과정에 걸쳐 유지한다.
㉶ 목표가 비교적 구체적이다.
㉷ 면접방식은 직접적이고 활동적이다.
㉸ 실천에는 융통성이 있다.
㉹ 긍정적인 치료관계는 치료효과에 영향을 준다.

(3) **주요 특징** [④⑤⑧⑩⑭⑮⑲㉑㉒]

① **시간제한적인 단기개입(단기치료, 계획된 단기성)** : 주 1~2회 면접을 약 2~3개월 동안 8~12회기 전후로 이루어지며, 대개 4개월 이내에 사례를 종료한다는 특징을 가지고 있다.
   - 과제중심모델 : 개입 초기에 빠른 사정을 한다.(O)

② **클라이언트가 인식한 문제를 중심(클라이언트가 납득하는 문제에 초점 두기)** : 사회복지사의 관점이 아니라 클라이언트가 인식한 문제를 중심으로 클라이언트와 사회복지사가 표면적으로 계약한 구체적인 문제의 해결에 초점을 둔다.

③ **과제중심으로 조직(문제해결행동)** : 변화는 기본적으로 클라이언트가 세션 내·외부에서 행한 문제해결행동, 즉 과제를 통해 달성된다.

④ **구조화된 접근(단계별 구조화, 구조화된 개입)** : 모두 5단계(시작 → 표적 문제의 규명 → 계약 → 실행 → 종결단계)로 이루어지며, 각 단계에서 사회복지사와 클라이언트가 다루어야 하는 구체적인 내용들이 자세하게 제시된다.
   - 과제중심모델 : 시작-표적문제의 규명-계약-실행-종결단계와 같은 구조화된 접근을 강조한다.(O)
   - 과제중심모델 : 단기치료의 기본원리를 강조한 비구조화된 접근이다.(×)

⑤ **클라이언트의 자기결정권에 대한 강조** : 개입활동을 할 때에도 클라이언트가 동의한 해결방법이 사용되어야 하며 클라이언트도 자기결정에 대한 권리를 주지하여 어떤 도움이 어떤 방식으로 제공될 것인지를 알 권리를 가진다.
   - 과제중심모델 : 사회복지사는 적극적으로 개입하지 않고 클라이언트가 주체적인 역할을 하도록 한다.(×)

⑥ **이론보다 조사에 근거한 경험적 자료 중심(실증연구에 대한 입장, 경험적 기초)** : 실증적 연구에 의해 검증되고 지지되는 방법과 이론을 선호한다.

⑦ **클라이언트의 환경에 대한 개입의 강조** : 문제와 관련한 자원에 대해 탐색하고 이를 활성화하기 위한 방안을 개입의 모든 과정에서 강조한다. → **심리적 문제만이 아니라 환경적 문제에 초점**
   - 과제중심모델 : 클라이언트의 문제는 자원 혹은 기술의 부족으로 이해한다.(O)

⑧ **개입의 책무성(책임성)에 대한 강조** : 모델을 개발하기 위한 목적 자체가 실천의 책무성을 증진하기 위한 것이었으므로, 모델의 거의 모든 요소들이 이런 목적과 연관된다.

⑨ **절충적 접근시도(통합적 접근, 통합적인 자세)**
   ㉠ 다양한 접근방법, 즉 문제해결, 인지적·행동적·구조적 접근 방법 등으로부터 경험적으로 이끌어진 이론과 방법들을 선택적으로 사용한다. → **단기간의 종합적인 개입모델**

ⓒ 어떤 특정 이론이나 개입방법을 고집하지 않고 일반체계이론, 의사소통이론, 인지이론, 학습이론의 기본 원칙들을 통합하는 **절충주의적 접근을 시도**한다.
　　　※ 과제중심모델 : 단일 이론에 근거하여 실천의 효과성 및 효율성을 증진시킨다.(×)
　　　※ 과제중심모델은 여러 모델들을 절충적으로 활용하며 개입의 책임성을 강조한다.(○)
　⑩ **클라이언트와 협조적 관계(공조관계, 협조적인 관계)** : 클라이언트의 문제에 관해 클라이언트와 사회복지사가 협력해서 과제 또는 문제해결 활동을 조직하게 되며, 사회복지사는 클라이언트가 이러한 과제를 수행하도록 돕는 데 그의 노력을 집중하면서 통찰력을 키우고 강화에 이르기까지 절충적 중재를 한다.
　⑪ **직접적 치료기법이 아님** : 어디까지나 특정한 문제에 대해 그것을 해결하기 위한 유효 적절한 기법을 선택하여 그것을 클라이언트 스스로 실행할 수 있는 과제로 대치하여 클라이언트가 수행할 수 있도록 **지도나 절차를 마련해 주는 것**이다.

❷ 과제중심모델의 주요 개념

(1) **표적 문제(target problem)** [⑥⑨㉑]
　① **개 념**
　　㉠ 클라이언트가 직면하고 있는 문제 중 당장 해결해야 할 표적이 되는 문제, 즉 **클라이언트가 자신의 문제를 인식**하고 경감·해결하기를 원하며, **사회복지사도 전문적인 판단에 의해 인정한 문제**로서 클라이언트와 사회복지사가 변화시키기로 계약한 문제를 말한다.
　　㉡ 클라이언트의 초기 면접에서 문제에 대한 정보를 획득하여 클라이언트와 협조 하에 표적 문제를 잠정적으로 결정하며, 클라이언트의 욕구를 근거로 우선순위를 매겨 **최대 3개까지 선정**하고, 지속적 탐구를 통해 표적 문제를 상술한다.
　② **유형** : 대인관계의 갈등, 사회적 관계에 대한 불만, 사회적 역할 수행상의 어려움, 사회적 지위·역할·상황의 변화에 따른 문제, 정서적 문제, 스트레스 문제 그리고 자원부족 문제 등
　③ **문제선정(표적 문제의 설정)에 있어 고려되어야 할 중요한 세 가지 원칙**
　　㉠ 클라이언트가 인정하는 문제를 대상으로 삼아야 한다.
　　㉡ 대상이 되는 문제는 클라이언트 자신의 노력을 통해서 해결될 수 있는 것이어야 한다.
　　㉢ 대상이 되는 문제는 비교적 구체적인 특정문제이어야 한다.

(2) **과제(task)** [③④⑥⑨⑮㉑]
　① **개 념**
　　㉠ 목표를 달성하기 위해 클라이언트와 사회복지사가 해야 하는 활동으로서, **특정유형의 문제해결활동(problem-solving action)**이다.
　　　㉮ 사회복지사보다 클라이언트가 제시하는 문제나 욕구를 고려하여 선정한다.
　　　㉯ 과거보다 현재에 초점을 두며, 과제 수는 가급적 3개를 넘지 않게 한다.
　　　　※ 과제중심모델 : 과제달성 정도는 최종평가 시 결정되므로 과제수행 도중에는 점검하지 않는다.(×)

ⓒ 클이언트와 사회복지사가 함께 계획하고 동의한 후 수행하는 문제 해결 활동으로, 클라이언트뿐만 아니라 사회복지사도 이를 수행하는 경우가 일반적이다.
ⓓ 과제는 사회복지사가 클라이언트에게 일방적으로 부과하는 숙제와는 차이가 있으며, **면접 안에서 뿐만 아니라 면접 밖에서도** 행해지는 활동이다.

② 클라이언트와 사회복지사의 과제
  ㉠ 클라이언트의 과제
    ㉮ 표적 문제를 감소시키기 위해 **클라이언트가 수행하는 활동**이다.
    ㉯ 사회복지사가 클라이언트에게 일방적으로 부과하는 것이 아니라 문제를 개선하기 위한 시도에 **클라이언트가 동의한 것**이다.
  ㉡ 사회복지사의 과제
    ㉮ 같은 문제를 감소시키기 위해 **면접(session, 세션) 진행 동안** 클라이언트의 입장에서 사회복지사가 수행하는 활동이다.
    ㉯ 클라이언트의 활동을 보완하고 클라이언트의 작업을 촉진시키는 일이 되며, **협상하고 의견을 나누는 것**이 사회복지사의 주요한 과제이다.

③ 과제의 유형

구 분	내 용
일반적 과제와 조작적 과제 [⑳]	• **일반적 과제** : 행동의 방향을 대략적으로 기술하는 과제 　예 부모와 자녀 간의 의사소통 증진 • **조작적 과제** : 클라이언트가 수행해야 할 구체적인 활동으로, 대부분 일반적 과제에서 나옴 　예 매일 식사 때 자녀에게 한 가지씩 칭찬하기, 식사 때 긍정적인 대화나누기 등
단일과제와 복수과제	• **단일과제** : 하나의 표적 문제에 하나의 과제를 부여하는 경우 • **복수과제** : 두 개 이상의 과제를 수행하는 것을 말하며, 두 개 이상의 과제가 동시에 수행되는 동시과제와 한 과제를 수행하고 나서 또 다른 과제를 수행하는 연속과제로 구분됨
개방적 과제와 폐쇄적 과제	• **개방적 과제** : 종결이나 도달점이 없는 과제 • **폐쇄적 과제** : 종결점이 설정된 과제
공동과제와 상호과제	• **공동과제** : 두 사람이 같은 목표를 성취하기 위해 함께 수행하는 과제 • **상호과제** : 상호 관련된 과제를 두 사람에게 나누어 주고 이를 수행하는 것
인지적 과제	사고 및 감정 활동과 관련된 과제

　조작적 과제는 일반적 과제에 비해 구체적이다.(○)

3 과제중심모델의 개입 목표와 과정 [③⑦⑬⑰]

(1) 두 가지 중요한 목적
① 클라이언트가 관심을 가지고 있는 문제를 해결하도록 클라이언트를 돕는 것
② 클라이언트가 자신의 문제를 훌륭하게 해결한 경험을 통하여 향후에 부딪치는 어려움을 극복할 수 있는 능력을 향상시키고자 하는 것

(2) 개입 목표 : 클라이언트의 표적 문제를 완화하는 것 → 합의된 목표

사회복지사가 클라이언트의 자기문제를 구체화하는 것을 도와 과제수행계획을 세우고 동기를 부여하여 과제수행을 촉진시키는 과정에서 장애물을 예견하고 제거해 주며, 클라이언트와 함께 문제해결의 수단인 과제의 구조, 수행, 검토에 힘을 기울임으로써 클라이언트가 문제해결의 능력을 습득하고, 향후에도 유지해 나갈 수 있도록 원조해 주는 것이다.

(3) 개입과정 : 시작하기 → 표적 문제의 규명 → 계약하기 → 실행 → 종결

① **제1단계** : 시작하기(Starting Up)

사회복지사가 클라이언트를 만나게 되는 것은 클라이언트가 스스로 사회복지사를 찾아오는 경우와 다른 기관에 의해 의뢰된 경우를 포함한다.

■ 과제중심모델의 세부지도(제1단계 : 시작하기) ■

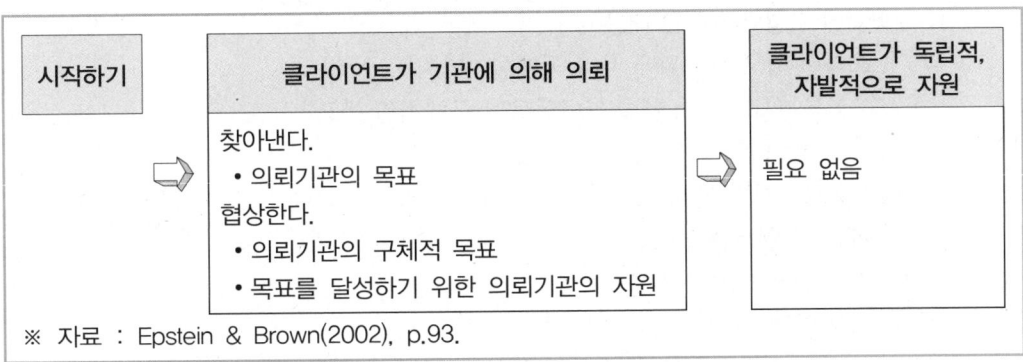

※ 자료 : Epstein & Brown(2002), p.93.

② **제2단계** : 문제규명단계(problem identification, 문제확인)

㉠ **문제규명**

㉮ 클라이언트가 문제로 인식(**클라이언트가 규정한 문제를 파악**)하고 있고, 사회복지사가 전문적 판단에 의해 인정한 **문제를 규정하는 데 주의를 집중**하게 된다.

㉯ **의뢰기관에서 위임한 문제를 파악**한다.

㉡ **표적 문제 설정** : 클라이언트가 제시한 문제들을 탐색한 후에 개입의 초점이 되는 **표적 문제(target problem)를 구체적으로 설정**한다.

㉮ 표적 문제는 구체적으로 설정해야 하고, 제한된 시간 동안 표적 문제를 다룰 수 있도록 하기 위해서 **표적 문제는 우선순위에 따라 진행**한다.

㉯ 표적 문제는 **우선순위에 따라 최대한 세 개까지로 제한**하는데, 이는 2~3개월 사이에 현실적으로 다룰 수 있는 문제의 수에 한계가 있기 때문이다.

㉢ **신속한 초기 사정** : 예비적인 초기 사정을 시행하되, 사정은 신속히 이루어지는 것이 좋다.

문제 규명 단계 : 클라이언트의 수행 과제를 개발한다.(×)

■ 과제중심모델의 세부지도(2단계 : 문제규명단계) ■

제2단계 : 클라이언트의 문제 확인
찾아낸다. • 클라이언트가 규정한 문제들 • 클라이언트의 우선순위(세 개까지) • 의뢰기관의 우선순위(위임된 문제들) • 예비적인 초기 신속 사정

※ 자료 : Epstein & Brown(2002), p.93.

③ **제3단계** : 계약하기(contracting) [㉮]

㉠ 과제가 선택되면 클라이언트와 사회복지사 사이에 **표적 문제, 서비스 목표, 클라이언트의 과제, 사회복지사의 과제, 개입 기간과 일정, 면접 일정, 클라이언트와 사회복지사 외의 참가자 등**에 대해 합의하고 계약을 하게 된다.

㉡ **계약서에 포함되어야 될 내용**
　㉮ 표적 문제(우선순위에 따라 최대한 3가지)
　㉯ 사회복지사가 수용한 클라이언트의 구체적인 목표
　㉰ 클라이언트의 과제
　㉱ 사회복지사의 과제
　㉲ 개입 계획(시간제한)
　㉳ 면접 일정(면접 스케줄)
　㉴ 개입 일정(개입의 지속기간)
　㉵ 개입에 참여할 다른 사람(누가 참여할 것인가?)
　㉶ 면접장소 : 면접이 이루어지는 장소

　　※ 계약서에 포함되어야 할 내용 : 과제수행의 장애물(×)

■ 과제중심모델의 세부지도(3단계 : 계약) ■

제3단계 : 계약
포함한다. • 우선적인 표적 문제들(최대 세 개까지) • 사회복지사가 인정한 클라이언트의 구체적 목표들 • 클라이언트의 일반적 과제들 • 사회복지사의 일반적 과제들 • 개입 과정의 지속 기간(시간 제한) • 면접 일정 • 개입 일정 • 포함해야 하는 참여자

※ 자료 : Epstein & Brown(2002), p.93.

④ **제4단계 : 실행(Implementation)** [③⑪⑯]
   ㉠ 개입과정에서 가장 많은 시간을 할애하는 단계(8회기 개입이라면 제2회기부터 제7회기까지가 실행단계에 해당)이다.
   ㉡ **문제에 대해 집중적으로 사정하고, 대안들을 모색, 결정함, 문제를 해결하기 위한 과제들을 수행하고 과제 수행의 정도를 점검, 모니터하는 단계**이다.
   ㉢ 매 회기마다 클라이언트가 수행한 과제의 내용을 점검하고 상황에 따라 과제를 수정 보완해 나간다.
   ㉣ 문제해결을 위한 과거의 노력과 결과 등에 대해 탐색하고, 문제해결을 위한 대안들을 실행하기 위해 클라이언트와 사회복지사는 **과제들을 개발하고 수행**한다.
   ㉤ 과제를 수행하는 과정에서 예견되는 어려움과 장애물을 검토해 보고 이를 제거, 감소, 변경하기 위한 활동을 계획한다.

   ※ 중기(실행)단계에서 해야 할 과업 : 표적문제의 설정(×)

■ **과제중심모델의 세부지도(4단계 : 실행)** ■

제4단계 : 문제해결, 과제성취, 문제경감 필요에 따라 선택, 실행
표적 문제를 규정하고 구체화한다.(최대한 세 개까지)
문제를 다시 진술하고 명명한다.(변화해야 할 특정 조건과 행동들)
사정한다.(표적 문제와 목표와 연관)
대안을 창출한다.
다른 사람들, 기관들과 지지적이고 협력적인 행동들에 대해 협의한다.
의사결정(목표들을 확인하고 무엇을 할 것인지 선택하며 세부 개입 전략을 계획한다.)
실행(전략을 수행한다.)
수행과제들을 개발한다.
과제수행을 지원한다.
검증한다.(개입의 가능한 효과들을 점검, 검사, 확인, 구체화한다.)
모니터한다(문제상태에 대해 정규적으로 기록한다. - 구조화된 표기법, 차트, 그래프, 간결한 이야기체 코멘트를 사용한다.)
다음의 상황이 발생하면 계약을 수정 혹은 일부 변경한다.
• 진보가 만족스럽지 못함
• 진보가 기대 이상
• 새로운 문제가 발생
• 문제가 다른 성격을 취함
• 과제들이 수행되지 않거나 제대로 수행되지 않음
• 지지와 자원이 비효과적임
• 사회복지사의 과제들이 비효과적이거나 비현실적임

※ 자료 : Epstein & Brown(2002), pp.94~95

⑤ **제5단계** : 종결(Termination)
  ㉠ 종결은 클라이언트와 사회복지사가 모두 예상하고 있는 가운데 이루어진다.
  ㉡ 사회복지사는 개입과정을 통해 성취한 것을 점검하고 필요한 경우, 연장하거나 사후 지도한다. 또한 클라이언트에게 개입에 대한 피드백을 요청하고, 사회복지사 자신의 활동에 대해 평가할 필요가 있다.

■ 과제중심모델의 세부지도(5단계 : 종결하기) ■

제5단계 : 종결하기
종결한다. • 연장한다 – 클라이언트의 헌신이 있는 경우 • 모니터한다 – 법률, 법원명령, 공식적 기관의 요구가 있는 경우

※ 자료 : Epstein & Brown(2002), pp.94~95.

MEMO

역량강화모델과 위기개입모델

제2부 **사회복지실천모델과 개입기술**

제6장 회차별 출제빈도, 출제비중 및 출제논점 1, 2, 3순위

10회 2012	11회 2013	12회 2014	13회 2015	14회 2016	15회 2017	16회 2018	17회 2019	18회 2020	19회 2021	20회 2022	21회 2023	22회 2024
–	2	2	2	2	2	2	1(2)	3	3	1(1)	1(3)	1(4)

출제비중	출제 논점		
	1순위 ☺	2순위 ※	3순위 ☆
1(1)**2**3	① 역량강화모델실천의 개입 과정 ② 위기개입목표(라포포트 제시), 위기개입 주요 원칙	① 위기개입모델: 위기의 정의, 특성, 가정 ② 골란(Golan)의 위기발달단계 ③ 행동수정모델	① 클라이언트 중심 모델

1순위 스마일표시(☺) : 출제 빈출도가 높은 부분으로 무조건 시험에 출제되는 영역
2순위 당구장표시(※) : 나왔다 안 나왔다 하는 영역이지만 출제가능성 높은 영역
3순위 별 표(☆)   : 출제 된 적이 있긴 하지만 다시 출제될 가능성은 다소 떨어지는 영역

MAP

- 역량강화모델과 위기개입모델
  - 역량강화모델
    - 권한부여의 3개 차원 ※
    - 실천원칙 및 적용기법
    - 개입과정 ☺
  - 위기개입모델
    - 위기개입모델의 기본 개념 ☆
    - 주요 개념 ※
    - 위기이론의 가정, 위기발달단계 ※
    - 위기개입의 목표, 주요 원칙 ☺
  - 기타모델
    - 행동수정모델 ※
    - 클라이언트 중심 모델 ☆
    - 현실치료 모델

01 역량강화(Empowerment, 권한부여, 임파워먼트)모델

1 개 요

(1) 권한부여(역량강화)의 개념 [①②③⑥⑱㉑]

① **전통적인 힘(power), 통제력 보유, 다른 사람에 대한 영향력, 법적 혹은 행정적 권위 등의 개념으로 정의**할 수 있으며, 전통적 모델에서 힘은 권리, 자원, 기회의 분배를 결정하는 데 있어 통제력을 갖는다는 것을 의미한다.

② 권한부여는 **다른 사람들에 대한 통제력, 권위, 영향력의 소유**일 뿐 아니라 **스스로의 삶에 대한 통제력**을 얻는 것이라고 볼 수 있다.

> 클라이언트를 문제중심으로 보지 않고, 필요한 자원을 활용하거나 문제에 대처할 수 있도록 지지하여 자립을 가능하게 하는 실천모델은 역량강화모델이다.(○)

(2) 권한부여의 3개 차원 [실천론 ⑰⑱㉑]

① **개인적 차원**
  ㉠ 개인 스스로에 대한 역량감, 지배감, 강점, 변화능력 등을 의미한다.
  ㉡ 인성, 인지, 동기에서의 자신의 삶에 대한 통제감으로, 자기가치에 대한 생각이나 느낌의 수준, 자신을 둘러싼 외부세계와 차별화할 수 있는 수준, 좀 더 영적인 것을 추구하게 하는 수준까지도 나타낸다.

② **대인관계적 차원**
  ㉠ **다른 사람에 대한 영향력**으로, 대인관계 차원에서 권한부여를 한다는 것은 다른 사람과의 관계에서 효율적인 상호작용을 한다는 것이다.
  ㉡ 대인관계에서 어느 일방에 의해 주거나 혹은 받기만 하는 것이 아니라 상호 주고받는 평형관계를 형성하는 것을 의미한다.

③ **제도적(구조적) 차원 : 사회구조와의 관계를 의미**하는데, 사람들은 자기자신을 변화시킴으로써 힘을 얻기도 하지만, 정치적, 사회적 상황과 같은 사회구조를 바꿈으로써 좀 더 큰 힘을 얻고, 새로운 기회를 창출할 수 있다.

> 임파워먼트모델 : 개인, 대인관계, 제도적 차원에서 임파워먼트가 이루어진다.(○)

> 임파워먼트모델 : 대화, 발견, 발전 단계를 통해 클라이언트 집단은 주도적으로 불평등한 사회제도를 개선하였다.(○)

2 실천원칙 및 적용기법

(1) 임파워먼트에 있어서 실천원칙

① **맥락화(contextualization) 원칙** : 사회복지사의 전제나 방침보다는 자신의 '사회적 존재성'에 대한 클라이언트를 나름의 이해에 초점을 맞추는 것을 의미하며, 클라이언트의 현실에 기초하여 대화를 열어 나갈 수 있어야 한다는 것을 말한다.

② **임파워먼트(empowerment) 원칙** : 사회복지사는 클라이언트가 자신의 욕구를 충족시킬 수 있는 다양한 가능성들을 파악할 수 있도록 지지적 도움을 제공하며, 이러한 노력에 있어서의 핵심은 클라이언트로 하여금 자신의 삶에 영향을 미치는 결정들을 스스로 내릴 수 있게 돕는 데 있다.

③ **집합성(collectivity)의 원칙** : 소외감을 줄이고 클라이언트를 대인관계로 연결하는 데 초점을 둔다. 이러한 유형의 사회화 경험은 클라이언트로 하여금 자기 자신의 가치를 보다 강하게 느낄 수 있게 해준다.

(2) **임파워먼트의 기법들**

① **자원의 활성화** : 클라이언트 체계가 개인차원 및 사회환경 내에서 활용 가능한 자원들로 접근하도록 도모하는 것이다.
  ㉠ 개인 효율감의 향상
  ㉡ 대인관계상의 능력 배양
  ㉢ 의식고취의 장려
  ㉣ 강점의 구축
  ㉤ 변화의 유도
  ㉥ 문화적 자원들의 발굴
  ㉦ 개인적 힘의 발휘

② **동맹의 창조(형성)** : 사회복지사들과 클라이언트들은 임파워먼트 집단에서 힘을 한데 모으며, 자연적 지지망 안에서 클라이언트의 기능을 향상시키고 서비스 전달망을 조직하게 된다. 이러한 동맹은 정서적 결속과 지지를 가져다주며 힘의 기초를 형성하게 된다.
  ㉠ 임파워먼트집단의 형성
  ㉡ 비판적 의식의 개발
  ㉢ 자연지지망의 집결
  ㉣ 욕구에 응하는 사회적 서비스 전달체계의 강조
  ㉤ 클라이언트-서비스 동맹의 구축
  ㉥ 대인관계상의 힘의 극대화

③ **기회의 확대** : 사회적 구조 안에서 기회의 확대는 사회개혁, 정책개발, 입법적 옹호활동 및 지역사회의 변화노력 등을 통해 이루어질 수 있는데, 이는 공정한 자원의 분배를 보장하고 공명정대한 사회정책을 개발해야 하는 사회복지의 전문적 의무와 직결되는 것이다.
  ㉠ 환경으로부터의 기회와 위험성을 인식
  ㉡ 지역사회 임파워먼트 및 개발에 종사
  ㉢ 사회행동주의와 사회옹호의 추진
  ㉣ 사회정의의 쟁취
  ㉤ 정치·사회적 힘의 발휘

3 역량강화모델실천의 개입 과정 [⑨⑪⑫⑭㉒, 실천론 ⑬⑱⑲]

(1) 대화단계(The Dialogue Phase) : 권한부여관계 발전시키기

① 사회복지사는 대화를 통해 클라이언트의 현재 상황, 주요 욕구, 강점을 파악해야 한다.
② 이 단계에서 사회복지사는 **클라이언트와 협력적 파트너십 관계를 형성(협력관계 형성)**해야 하며, **관계의 목적을 명확화(목표설정)**해야 한다.
③ 구체적인 과정
  ㉠ **함께 작업하기 위한 준비하기**
  ㉡ **클라이언트와 파트너십 형성하기** : 사회복지사와 클라이언트는 클라이언트의 권리와 특성을 존중하는 관계를 구축한다.
  ㉢ **도전 탐색하기** : 클라이언트의 경험, 상호교류적 차원, 목적 달성에 대한 기대에 도전하고 있는 상황을 사정한다. → **현재 상황의 명확화**
  ㉣ **강점 구체화하기** : 사회복지사는 바람직한 변화를 할 수 있는 클라이언트의 능력을 강조한다.
  ㉤ **방향설정하기** : 클라이언트에게 동기를 부여하고, 자원을 탐색하도록 돕고 1차적 목표를 결정한다.

(2) 발견단계(The Discovery Phase) : 사정, 분석, 계획하기

① 사회복지사와 클라이언트는 '함께' 목표를 설정하고 변화를 위한 계약을 위해서 개인적, 제도적 자원체계를 탐색한다.
② 클라이언트가 보유하고 있는 **자원에 대한 정확한 사정을 통하여 바람직한 결과를 위한 계획을 작성**해야 한다.
③ 구체적인 과정
  ㉠ **자원체계 탐색하기** : 개인 가족, 집단, 조직, 지역사회, 사회적, 정치적 체계 내에서 잠재적 자원을 사정한다. → **강점확인 및 강점사정(자원능력 사정하기)**
  ㉡ **자원능력 분석하기** : 변화를 위한 표적과 자원을 구체화하기 위해서 **수집된 정보를 조직하고 합성**한다. [⑫]
  ㉢ **해결점 형성하기** : 사회복지사와 클라이언트는 구체적인 목적에 동의하고 바람직한 결과를 달성하기 위한 계획을 개발시킨다.

  ※ 역량강화모델의 발견단계에서는 사정, 분석, 계획하기를 수행한다.(O)

(3) 발전단계(The Development Phase) : 실행 및 변화 안정화하기

① 자원을 조직하고 확장하며 결과 목적을 달성하고자 일하며 공식적인 개입 과정을 종결한다.
② 이 단계의 모든 활동들은 **클라이언트체계와 사회적·물리적 환경의 변화를 시작**하게 하며 **강화하고 안정시킨다.**
③ 구체적인 과정
  ㉮ **새로운 자원 활성화하기** : 이미 가지고 있거나 접근 가능한 자원을 활용할 수 있는 방향을

모색한다.
- ㉯ **기회 확장하기** : 사회복지사와 클라이언트는 환경 내에서 현재는 없으나 꼭 필요한 새로운 자원을 형성한다.
- ㉰ **성공 인정하기(성공확인)** : 목적 달성의 측정, 과정의 효과성 평가, 함께 일한 것 등에 대해 서로 파트너로서 인정하는 작업이 필요하다.
- ㉱ **달성한 것 통합하기** : 개입을 종결하며 지속적으로 클라이언트가 독립성을 유지할 수 있도록 클라이언트체계를 권한부여한다.

  - 임파워먼트모델 : 개입과정은 대화-발견-발전 단계로 진행된다.(O)
  - 역량 강화 모델 : 발견단계-대화단계-발전단계의 실천과정 순서로 진행된다.(×)

■ 권한부여과정의 단계(양옥경, 2010) ■

단계	활동	전략	과업들

대화
(Dialogue)
	공유하기
	(sharing)
		클라이언트가 기존에 가지고 있는 역량 및 자원 구체화	1. 상호협력적인 관계 확립
			2. 기존 지식 명확화
			  - 클라이언트의 인지(도전과 강점)
			  - 사회복지사의 인지
			3. 클라이언트가 이미 가지고 있는 것
			4. 초기 방향 설정(개입의 목적 설정)
			5. 관계를 위한 계약하기 및 사정에 동의하기

발견
(Discovery)
	찾기
	(searching)
		클라이언트가 모르고 있는 자원 탐색	1. 쉽게 드러나지 않지만 클라이언트가 가지고 있는 것 확인하기
			2. 부가적인 정보와 사실에 대한 경험과 사고 연결하기
			3. 강점을 사정, 확인, 표현하기
			4. 대인 상호적인 정보 연결하기
			  - 클라이언트체계로부터
			  - 다른 사람으로부터
			5. 자원체계 탐색하기, 자원능력 사정
			6. 그 밖에 클라이언트체계의 욕구 결정하기 (목표 설정)
			7. 해결로 이끌어주는 계획개발하기
			8. 변화를 위한 계약하기

발전
(Development)
	강화하기
	(strengthening)
		클라이언트 체계가 아직 활용하지 않은 부가적인 자원, 역량사정 및 확립	1. 클라이언트 욕구 구체화하기
			2. 클라이언트가 사용하지 않으나 존재하는 자원사정하기
			  - 개인적
			  - 대인상호관계적
			  - 조직적
			  - 지역사회 사회적
			3. 새로운 자원과 기회 만들기
			4. 결론을 위한 계약으로 이끌어 가기

02 위기개입(Crisis Intervention)모델

1 위기개입모델의 기본 개념

(1) 개요 [⑥⑨⑲㉑]

① 위기개입모델은 **위기상황에 즉각적으로 개입하여 전문 원조를 제공하기 위한 모델**이다.
   ㉠ 극심한 스트레스 상황에서 즉각적으로 필요한 서비스의 자원과 격심한 고통 이후에 발생할 수도 있는 심각한 심리적 붕괴 현상의 예방에 관심이 있다.
   ㉡ 긴박한 스트레스 상황 속의 개인이나 가족을 진단하는 준거틀과 임상적 측면에서 예방법으로 일반화할 수 있는 접근방법을 제시해 준다.

② **위기개입이란** 위기로 인한 불균형 상태를 회복하기 위하여 일정한 원조수단을 개인, 가족 및 집단 그리고 지역사회 등에 적용하는 **단기치료과정**이라고 할 수 있다.

(2) 역사적 기원 및 배경

① 1944년 **정신의학자였던 린더만(Lindemann)**은 미국 보스턴의 대화재 사건(493명의 목숨을 앗아간 미국 보스턴 코코넛 그로브 나이트클럽의 대화재 사건) 이후 생존자들의 심리적 증상에 대한 임상논문을 발표하여 사별에 대한 슬픔 즉 비탄과정의 이론에 초석을 마련함으로 위기개입의 문을 열었다.

② **정신의학자인 캐플란(Caplan)**이 2차 세계대전 이후 이스라엘 포로수용소에서 살아남은 아동들의 위기상황에 대한 연구를 통해 위기개입서비스의 필요성을 주창하였다.

③ 1950년대 이후부터는 **정신보건 영역에 사회사업이 개입하게 되면서 위기개입모델이 사회복지실천에도 영향을**미치게 되었다.

④ 1960년와 1970년대에 사회복지학자였던 페러드(Parad)가 문제해결접근법을 위기개입에 적용하는 데 주력함으로써 여러 전문영역들 중에서도 특히 사회복지실천에서 위기이론 및 개입의 급속한 성장을 가져오게 했다.

2 주요 개념

(1) 위기의 정의 [⑤㉑㉒]

① 위기란 '위협적 혹은 외상적 위험사건을 경험함으로써 취약해지면서 여태까지의 대처전략으로는 스트레스나 외상을 대처하거나 경감할 수 없는 **불균형(disequilibrium)의 상태가 되는 것**'을 말한다.

② 위기는 **사건 자체보다는 사건에 대한 개인의 주관적 현실에 기초**하는데, 같은 상황에서도 어떤 사람은 위기를 느끼는 반면, 다른 사람은 위기를 느끼지 않기 때문이다.

   ✗ 위기개입모델에서는 사건에 대한 주관적 인식보다 사건자체를 중요시한다.(×)
   ✗ 위기개입모델 : 위기에 대한 반응보다 위기사건 자체 해결에 일차적 목표를 둔다.(×)

(2) 위기의 유형 [18⑳]

① **상황적 위기** : 사람이 예견하거나 통제할 수 없는 드물고도 극히 이례적인 사건이 발생할 때 나타나는 것(예 자동차사고, 유괴, 강간, 기업 매각으로 인한 직업 상실, 갑작스런 질병, 죽음과 같은 사건)으로 예견할 수 없고, 갑작스럽고 충격적이며, 많은 경우 비극적이라는 점에서 다른 위기와 차이가 있음

② **발달적 위기** : 발달단계에서의 성숙과정(예 청소년기의 진입, 청소년의 정체성 위기, 중년의 위기, 노년의 위기, 결혼, 자녀의 출생, 노화 등 개인의 생애주기에 따른 위기와 가족의 생애주기에 따른 위기를 포함)에서 발생하는 생활사건이나 발달단계마다 요구되는 발달과업에 의한 새로운 대처자원이 필요한 성숙위기 등
  - 청소년의 정체성 위기, 결혼, 자녀의 출산, 중년기의 직업 변화, 은퇴 등 개인의 생애주기에 따른 위기는 발달적 위기이다.(○)

③ **실존적 위기** : 목적, 책임, 독립성, 자유, 헌신 등 인간에게 중요한 이슈를 동반하는 내적 갈등이나 불안과 관련된 위기로, 매슬로우(Maslow)의 자아실현 욕구와 관련된 갈등과 위기로 이해할 수 있음
  - 예 개인의 특정 전문성이나 조직에서 중요한 영향을 주지 못한다는 불안, 60대에 인생에 덧없다고 느끼는 허무감과 위기 등

④ **환경적 위기** : 리차드와 벌(Richard & Burl)이 생태체계이론의 시각에서 추가한 것으로, 일반적으로 자연이나 인간이 야기한 재해가 어떤 잘못이나 행동을 취하지 않은 개인이나 집단 구성원들에게 갑작스럽게 닥칠 때 발생함(예 태풍, 홍수, 지진, 화산, 폭발, 회오리바람, 눈보라, 산불과 같은 자연재앙 및 전염병이나 기름 유출과 같은 생물학적인 문제 등). 같은 환경에 사는 사람 모두에게 부정적인 영향을 준다는 면에서 상황적, 발달적, 실존적 위기와 다름
  - A씨의 문제(코로나19에 감염되어 실직)를 발달적 위기로 사정한다.(×)

(3) 위기의 특성 [⑤]

① **시간 제한적**이다.
  - ㉠ 위협 상황이 매우 긴박하기 때문에 **위기 개입에 임하는 전문가는 시간적으로 매우 제한**될 수밖에 없다.
  - ㉡ 위기 상황에 처한 사람은 이미 안정감을 잃은 상태이기 때문에 **위기개입은 보통 72시간이 결정적 시간이며 4~6주 안에 위기를 해결**할 수 있도록 도와야 한다.

② **위기에 대한 인식은 사람마다 다르다.**
  - ㉠ 위기는 누구나 겪기 마련이지만 살아오면서 어려움에 대처하는 방식과 태도에 따라 형성된 자의식들로 인해 위기는 사람마다 다르게 인식된다.
  - ㉡ 위기의 종류나 그 정도(심각성)에 있어서도 인식의 차이가 발생할 수밖에 없다.

③ 위기는 성장의 계기가 될 수 있다. 즉 **위험(danger)과 기회(opportunity)가 공존**한다.
  - ㉠ 위기에 대처하고 인식하는 것에 따라 위기 동안 겪는 정서적 고통과 경험은 성장의 기회가 될 수 있다. 즉 **개인의 성장을 촉진**할 수 있다.
  - ㉡ 반면에 위기상황에서 헤어 나오지 못하면 더 나쁜 상황에 처할 수도 있다. 즉 **무력감을 초래**하기도 한다.

④ 위기는 **연쇄적 반응을 보이는 경향**이 있다.
  ㉠ 위험스런 사건은 현재의 본능적 욕구에 위협을 줄 뿐만 아니라 과거의 위협과도 쉽게 연결된다.
  ㉡ 과거에 해결되지 않았던 갈등이나 부분적으로만 해결된 무의식적 갈등을 야기 시키기도 한다.

3 위기이론의 가정, 위기발달단계, 개입과정

(1) 위기이론의 가정

① **위험 사건(hazardous event, 사회적 위험)**
  위기는 개인, 가족, 집단, 지역사회, 국가에서 언제라도 일어날 수 있다.
  > 예) 하나의 위험 사건으로는 갑작스런 배우자의 죽음, 교통사고로 인한 장애, 해고, 이혼, 강간, 이민 등을 예로 들 수 있으며, 연속적인 사건으로는 최근 직장에서 상사와 갈등이 있는 여성이 남편의 질환, 시집과의 갈등, 자녀의 성적 부진 등을 연속적으로 경험하면서 위기에 빠지는 예를 들 수 있다.

② **취약상태(vulnerable state, 취약단계)**
  ㉠ 위험 사건으로 항상적 균형을 잃으면 취약 상태가 되는데, 이를 **혼란(upset)단계**라고도 한다.
  ㉡ 최초의 특정 스트레스 사건에 대한 개인의 주관적 반응 단계로서, 주관적으로 개개인이 사건을 인지하는 정도에 따라 나름대로 각자의 방법으로 대처한다.

③ **촉발요인(precipitating factor, 위기촉진요인) 발생**
  긴장과 불안을 최고봉으로 올려놓음으로써 취약 상태를 불균형 상태로 만드는 요인으로, 취약 상태를 불균형의 상태로 전환시키는 여러 가지 연쇄적인 스트레스 유발 사건 및 상황들을 말한다.
  > 예) 최근 이혼한 여성이 운전 중 접촉사고를 당하고 가까스로 유지하여 오던 평형 상태가 깨지면서 실제 위기를 맞는 경우이다.

④ **위기단계(active crisis state, 실제 위기단계)**
  ㉠ 위기단계는 위기개입이 필요한 단계이다. 개인의 주관적 상황에 대한 표현으로, 일단 개인의 항상성 기제(homeostatic mechanisms)가 무너지면 긴장이 최고조에 달하고 불균형 상태가 시작된다.
  ㉡ 캐플란(Caplan)은 불균형의 위기단계는 4주~6주간 지속될 수 있다고 하였다.

⑤ **위기에 대한 인식 차이** : 일부 사람들은 이를 '위협'으로 인식하고, 다른 일부 사람들은 이를 능력에 대한 '상실'로 인식하며, 또 다른 일부 사람들은 이를 '도전'으로 인식하기도 한다.

⑥ **정서적 반응의 차이** : 위기상황을 '위협'으로 인식하는 사람들은 높은 수준의 불안을 경험하고, 이를 '상실'로 인식하는 사람들은 우울, 결핍감, 애도의 반응을 보이며, 이를 '도전'으로 인식하는 사람들은 어느 정도의 불안을 경험하지만 희망과 기대를 갖는다.

⑦ 과거 갈등의 재현

위기상황은 과거에 해결되지 않았거나 부분적으로 해결된 갈등을 재활성함으로써 현재의 대처 능력을 저하시키기도 한다.

> 예 청소년 자녀가 가출한 경우, 자녀양육을 부인의 전적인 책임으로 전가해 온 남편과 이에 대해 항상 불만스러웠던 아내 사이에서 부부 갈등이 재현됨으로써 부모가 자녀의 가출 상황에 적절히 대처하지 못하도록 하는 경우이다.

⑧ 예측 가능한 반응
  ㉠ 위기는 다양한 상황을 포함하지만, 특정 위기상황은 예측할 수 있는 단계를 거치며 각 단계에서 사람들은 예측할 수 있는 정서적 반응과 행동을 드러낸다.
  ㉡ 따라서 특정 단계에 고정되거나 단계를 생략한다는 것은 위기를 해결하기 위해 어떤 부분에 초점을 맞추어야 하는지에 대한 단서를 제공한다.

⑨ 위기의 시간 제한성
  ㉠ 위기는 오랜 기간 동안 지속되는 것이 아니라 시간 제한적이다.
  ㉡ 일반적으로 불균형을 경험하는 실제 위기는 대개 4~6주 동안 지속된다. 따라서 위기개입은 실제 위기기간을 넘지 않는 4~6주 이내에 이루어진다.

⑩ 위기개입의 효율성
  ㉠ 위기상황에서 사람들은 현재 자신의 대처기제가 적절하지 못하다는 것을 경험하고 외부의 영향과 원조에 쉽게 반응한다.
  ㉡ 따라서 외부 원조에 개방적인 위기상황에서 사회복지사는 적은 원조로 큰 효과를 가져올 수 있다.

⑪ 재통합(reintegration, restoration, 회복)
  ㉠ 일어난 문제에 대해 인지적으로 이해하게 되고, 위기 관련 감정을 방출하고 변화를 수용하며, 새로운 대처 행동유형을 개발한다. 또한 위기상황을 극복함으로써 숙달감, 자기 존중감의 증진을 경험하게 된다.
  ㉡ 학습한 새로운 적응기제는 장래 다른 상황을 효과적으로 대처하는 데에 적용될 수 있으나, 위기상황에서 부적절하고 부적응적 행동유형을 학습한다면 앞으로의 상황에 적절하게 대처하는 능력이 손상될 수 있다.

(2) 골란(Golan)의 위기발달단계 [⑤⑭㉑]
  ① 사회적 위험(위험한 사건) → 취약단계 → 촉진요인 → 위기단계(실제위기단계) → 재통합단계(회복)
  ② 위험사건이 발생하면 취약상태가 되고, 긴장과 불안을 한층 고조시켜 취약 상태를 불균형 상태로 만드는 촉발요인이 작용하며, 이어서 혼돈, 불안, 염려, 절망, 분노와 같은 감정을 동반하는 격심한 정서적 혼란 상태, 즉 위기상태에 빠지고, 위기에 대해서 인지하고, 위기와 관련된 감정을 표현하며, 변화를 수용하고, 새로운 대처 능력을 개발하는 재통합 단계로 접어든다고 하였다.

(3) 위기개입의 개입과정 [12②]

① **초기단계**
  ㉠ 위기상황에 대한 초점을 맞추고, 현재 클라이언트의 곤경에 대해 평가하며, 앞으로의 활동에 대해 계약한다.
  ㉡ 클라이언트의 주관적 반응을 이끌어내고, 반응에 대한 해석이나 직면보다는 클라이언트가 감정을 표현함으로써 보다 합리적, 이성적으로 위기상황에 대처할 수 있도록 원조하는 것이 중요하다.

② **중간단계(개입단계)**
  ㉠ 위험사건 이후의 자료를 조직화(자료수집)하고, 단기에 성취할 수 있는 목표와 목표를 달성하기 위한 과제들에 대해 작업함으로써 행동변화를 초래한다.
  ㉡ 사회복지사는 클라이언트가 자율성을 회복함에 따라 소극적 역할로 전환할 필요성이 있으며, 클라이언트가 활용할 수 있는 자원과 지지체계를 찾아내어 클라이언트가 적극 활용할 수 있도록 지원한다.

  ※ 위기개입모델의 개입단계 : 부정적 감정 표현 지지(O)
  ※ 위기개입모델의 중간단계 활동 : 위기상황에 대한 초기사정을 실시한다.(×)

③ **종결단계**
  ㉠ 종결에 대한 클라이언트의 저항뿐만 아니라 사회복지사의 저항을 다루고, 성취한 과제, 목표, 변화와 성취하지 못한 것들에 대해 점검하며, 클라이언트의 활동계획에 대해 논의한다.
  ㉡ 클라이언트가 사회복지사에게 의존하지 않도록 격려하고, 필요한 경우에 사회복지사가 활용할 수 있는 지지원임을 인식할 수 있도록 한다.

4 위기개입의 목표, 주요 원칙 그리고 주요 적용 영역

(1) 라포포트(L. Rapoport)가 제시한 위기개입 목표 [⑥⑧⑨⑬⑯⑰⑲②]

라포포트(Rapoport, 1970)는 위기개입의 목표를 여섯 가지로 제시하고, 처음의 네 가지(①, ②, ③, ④)는 반드시 달성해야 할 목표이지만, 마지막 두 가지(⑤, ⑥)는 상황이나 클라이언트 특성 등이 허락하는 경우에 달성할 수 있는 목표라 하였다.

① 위기 이전의 기능수준으로 **회복**하도록 돕는 데 **1차적 목표**를 둔다.
② 위기로 인한 **증상을 제거**한다.
③ **불균형** 상태를 가져온 **촉발 사건**에 대해 어느 정도 **이해**한다.
④ 클라이언트나 가족이 사용하거나 지역사회 자원에서 이용할 수 있는 **치료기제**에 대해 **규명**한다.
⑤ 현재의 스트레스와 과거의 경험 및 갈등과의 **연관성을 인식**한다.

  ※ 위기개입모델에서는 클라이언트의 과거를 탐색하는 데 우선순위를 두지 않는다.(O)
  ※ 위기개입모델 : 문제의 원인에 대한 이해를 위해 클라이언트의 과거 탐색에 초점을 둔다.(×)

⑥ 새로운 인식, 사고, 정서를 개발하고, 위기 상황 이후에도 사용할 수 있는 **새로운 적응적 대처기**

제를 개발한다.

> 위기개입모델은 위기에 의한 병리적 반응과 영구적 손상의 치료에 초점을 둔다.(×)

(2) 위기개입의 주요 원칙 [⑪⑰㉑]

① **신속한 개입** : 도움은 가능한 한 즉시 제공되어 진다. 즉 위기개입은 즉시 이루어져야 하는데, 일반적으로 위기상태에 들어간 때부터 6주 내에 어떤 형태로든 해결이 되어야 한다.

② **행동** : 사회복지사의 역할은 적극적이며 **주로 행동에 초점**을 둔다. 즉 위기개입은 위기와 그 위기에 대한 클라이언트의 행동에 초점을 둔다. **그러므로 위기개입은 클라이언트의 과거를 탐색하는 데 비중을 두지 않는다.**

> 위기개입모델 : 클라이언트의 감정은 부차적이다.(×)

③ **제한된 목표** : 개입은 시간제한적이며 증상의 완화가 1차적 목표이다. 위기개입의 목표는 직접적으로 위기 상황과 관련된 구체적 문제에 초점을 두고 설정되어야 한다.

> 위기개입모델 : 개입목표는 가능한 한 포괄적으로 설정한다.(×)

④ **희망과 기대** : 위기에 처해 절망감을 지닌 클라이언트에게 희망을 고취시킴은 중요하다.

⑤ **지지** : 실용적인 정보와 확실한 지지가 주어져야 하며 사회적 지지가 동원되기도 한다.

⑥ **초점적 문제해결** : 문제 파악과 해결에 초점을 두면서 클라이언트가 조종할 수 있을 만큼 현실에 직면하도록 돕는다.

⑦ **자기상** : 클라이언트는 실패자로서의 자기상(self-image)을 갖기 쉬우며 사회복지사는 이를 사정하고 이해해야 한다. 현실 테스트와 경험의 직면에 인지적 사안들을 다루면서 건전한 자기상을 확립시키도록 원조한다.

⑧ **자립** : 사회복지사는 상황을 사정하고 개입을 계획함에 있어 클라이언트가 함께 참여할 기회를 제공한다.

(3) 주요 적용 영역 [⑱]

① 주로 **지역사회 정신보건 프로그램, 자살방지센터, 가족서비스센터, 의료체계 등**에 있던 사회복지사에 의해 초기 발달이 이루어졌다.

> 예) 성폭력 피해 대학생인 A씨는 심적 고통을 받고 있으며 서비스 제공자와의 만남도 거부하고 있다. 이에 사회복지사는 A씨가 절망감에 극단적인 선택을 할 가능성이 높다고 생각하여 안전확보를 위한 지지체계를 구성하였다.

② 아동복지체계, 학교, 성폭력상담센터, 가정폭력상담센터, 여성긴급전화 1366, 결혼이민자가족지원센터, 재난구조체계 등의 장으로 위기개입의 활용 영역이 확대되어 사회복지실천현장에서 광범위하게 활용되고 있다.

03 기타 모델

1 행동수정모델(행동주의모델) [⑥⑧⑪⑬⑮⑯⑲㉒]

(1) 개요

① 인간의 '행동의 관찰'을 강조한 파블로브(Pavlov)의 고전적 조건화, 스키너(Skinner)의 조작

적 조건화, 반두라(Bandura)의 관찰학습 등의 이론적 배경을 갖고 클라이언트의 '환경'요인의 중요성을 인정하며, 사회화의 중요성을 강조하고 있는 학습이론에 기초를 두고 있다.
- ㉠ 행동주의이론은 1900년 초부터 시작되었지만 1960년대에 행동수정기법으로 소개되면서 점차 활용되기 시작하였다.
- ㉡ 행동주의자들은 관찰가능한 행동에 초점을 두고 행동을 자극과 반응이라는 도식에 의해 **선행조건-행동-후속결과의 관계(Antecedent-Behavior-Consequence : A-B-C 관계)로 이해하며 특정의 구체적인 문제행동에 초점을 둔다.**
  - 행동수정모델은 선행요인, 행동, 강화요소에 의해 인간행동을 예측하고 통제할 수 있다고 본다.(○)
- ㉢ 행동수정은 현재의 문제행동을 변화시켜서 바람직하지 못한 행동은 감소·제거하고 바람직한 행동을 양성하려는 것이다.

(2) 기본 가정

행동주의에서 제시하는 기본 가정은 행동주의의 여러 학파에 따라 조금씩 다른데, 여기서는 스키너의 행동주의이론과 반두라의 사회학습이론에서 제시하는 기본가정을 비교하고자 한다.

스키너(Skinner)의 행동주의이론	반두라(Bandura)의 사회학습이론
인간의 행동이 강화에 의해 행동의 빈도와 강도가 결정	개인의 인지적 요인과 다른 내적 사건들에 의해 중재되어 최종적으로 표현되는 행동이 결정
인간이 자신의 행동을 통제할 수 있는 힘이 없음	인간은 자기효율성을 성취하는 방향으로 행동을 규제할 수 있음
외적 강화 없이는 행동의 학습이나 수정이 불가능하다고 여김	새로운 행동의 학습은 외적 강화없이도 이루어질 수 있다고 여김

- 행동주의모델에서는 인간을 병리적인 관점에서 바라본다.(×)

(3) 행동수정 원리와 기술

① **조절이론** : 유아기에서 성인기에 이르기까지 사람에게 타인과 자기자신에 의한 조절은 행동을 이끌어내는 강력한 유인으로 작용한다.
② **조작적 행동** : 조작적 행동은 결과에 영향을 받는다. 인간의 행동은 그 행동의 결과가 유쾌한 것이면 강화되고 불쾌한 것이면 감소·소거된다.
③ **정적 강화** : 정적 강화는 행동의 발생빈도와 정도를 증가시킨다.
④ **부적 강화** : 부적 강화는 불쾌한 결과를 미리 피할 수 있게 함으로써 행동을 증가시킨다.
⑤ **처벌** : 처벌을 받는 행동은 발생빈도가 줄어든다.
⑥ **소거** : 행동은 더 이상 강화되지 않으면 약화된다.
⑦ **간헐적 강화** : 간헐적으로 강화된 행동은 소거하기가 어렵다.
⑧ **차별적 자극** : 대부분의 조작적 행동은 결국 선행조건에 의해 일어난다.
⑨ **회피행동** : 불쾌한 사건이 임박했다는 선행조건은 회피행동을 유발한다.
⑩ **조건화** : 조건화를 통해 선행조건은 정서적인 자동적 반응을 불러일으킬 수 있다.
⑪ **모델링** : 대부분의 행동은 다른 사람이 행동하는 것을 보고 모방 학습될 수 있다.

(4) 실천과정

단계		핵심 내용
초기 단계	문제규정	1. 클라이언트의 문제를 관찰가능한 구체적인 행동으로 표현하고, 이 행동을 조작적 행동의 원칙에 따라 행동이 일어나기 전에 전개된 선행자극과 행동, 행동의 결과로 나누어 그 관계를 분석하게 됨 2. 문제행동이 반드시 행동이어야만 하는 것은 아니며, 고치고 싶은 정서적 반응이나 사고가 될 수도 있음
	기초선 자료수집	1. 정확한 기초선 자료를 수집해야만 개입 이전의 문제행동 수준을 알 수 있게 되어 개입의 효과를 측정할 수 있음 2. 기초선 자료는 선행조건과 후속결과 관계(A-B-C 관계)로 표현하며, 문제행동의 현재 수준과 앞으로의 변화를 구체화해서 보여줄 수 있는 방법으로 수집됨
	사정과 목적설정	1. 기초선이 확보되면 이 자료의 분석을 통해 표적문제와 문제의 발생유형을 파악하는 작업이 필요함 2. 사회복지사와 클라이언트는 표적문제를 확실히 하고 해결의 우선순위를 정한 후 목표를 명확히 함
	개입계획 수립	1. 목표를 정하고 표적문제를 구체화함 2. 표적문제를 관찰하여 정확한 기초선 자료를 얻음 3. 계획을 세움
	계약	기초선 자료의 사정이 끝나 표적문제가 확정되고 목표에 따른 개입계획이 수립된 후 클라이언트와 사회복지사의 계약과정이 진행됨

개입 단계	\[1\] **선행조건 영역의 개입기술**
	1. **선행조건의 통제** : 개입목적이 바람직하지 못한 행동의 감소 또는 제거일 때 사용
	  - **선행조건의 회피** : 바람직하지 못한 표적행동을 가져오는 상황이나 사고로부터 거리를 둠으로써 문제행동이 일어나는 것을 방지하는 것 [⑬]
	  - **행동연쇄를 변화시키기** : 행동고리의 어느 부분을 끊어서 전체 과정을 재조정함으로써 문제행동에 이르는 자동적이고 통제불가능한 상황을 변화시키려는 것
	  - **선행조건 압축하기** : 문제행동에 이르게 하는 상황의 범주를 아주 특수하고 작은 범위로 한정하는 기술
	  - **선행조건의 재인식** : 일정한 선행조건에 접했을 때 문제행동을 하도록 인식하는 클라이언트의 인식체계를 변화시키는 것 [⑬]
	  - **멈춤** : 문제행동이 일어나려는 기미를 느끼게 되면 심호흡을 한다든지, 숫자를 센다든지 하여 문제행동이 발생하는 것을 예방하는 방법 [⑯]
	2. **선행조건의 개발** : 개입목적이 바람직한 행동을 증가시키는 것일 때 사용
	  - **언어적 지시** : 언어적 지시는 행동을 통제하는 데 강력한 힘이 있음을 응용한 것
	  - **사고중단** : 바람직하지 못한 생각이 들 때, 바로 스스로에게 '멈춰!'라고 말하는 것
	  - **자극통제** : 클라이언트의 바람직한 행동유발을 자극하도록 사회환경을 조정하는 것
	  - **자극 일반화** : 특정자극이 아니더라도 바람직한 행동을 할 수 있도록 특정한 자극을 점차 일반화해 가는 것
	  - **선약속** : 바람직하지 못한 행동을 유발하는 촉매를 잘 알고 있다면 바람직한 행동을 유발할 수 있는 촉매도 존재하도록 미리 준비해 두는 것	

	② 행동영역의 개입기술 1. **정적 강화** : 바람직한 행동을 할 때마다 보상을 함으로써 그 행동이 더 자주 일어나도록 하는 것 2. **대체행동의 사용** : 금연을 실시하고 있는 사람에게 담배를 피우고 싶을 때마다 은단이나 껌을 씹도록 하여 행동을 통제하는 것 [⑬] 3. **리허설** : 발달시키고자 하는 행동을 반복적으로 연습하는 것 4. **모델링** : 원하는 행동을 훌륭하게 수행하고 있는 다른 사람들을 관찰하고 모방함으로써 행동을 익히는 것 5. **행동형성** : 최종적인 목표행동에 도달하기 위해 점진적으로 이를 진행시키는 것 [⑬] ③ 후속결과에 대한 개입기술 1. **소거** : 어떤 행동에 대해 더 이상 강화를 해주지 않음으로써 그 행동의 발생을 약화시키는 기술 [⑬] 2. **처벌** : 어떤 행동이 발생했을 때 불쾌한 결과를 동반시킴으로써 그 행동을 약화시키는 방법
종결 단계	1. 평가의 기준은 초기단계에서 작성한 계약으로, 계약상에 드러난 목적과 관련하여 그 진전도를 평가하고 얻어진 결과를 점검함 2. 종결 결정이 내려지면 바람직한 행동의 유지를 위한 조건을 설정하고, 최소한 4주 정도는 문제행동의 진전상황을 기록하도록 함

(5) 행동수정모델의 한계점

① 클라이언트를 조종하고 클라이언트의 변화를 촉진하는 데 있어 대인관계과정의 역할을 무시한다는 비판을 받는다.

② 인간의 행동을 자극과 반응의 단순한 도식을 이해하고 자극을 변화시켜 행동변화를 가져올 수 있다는 가정이 인간의 자유의지나 자기결정의 권리를 간과하고 있다.

2 클라이언트 중심 모델(인간중심모델) [⑤⑰㉑㉒]

(1) 개 요

① 미국의 심리학자 칼 로저스(Carl Rogers)가 1940년대에 체계화한 모델로, **인본주의 철학을 중심**으로 모든 사람이 자아실현을 할 수 있으며 자기문제를 스스로 해결할 수 있는 능동적인 존재라는 가정을 전제하고 있다.

② 무의식적 결정론에 근거한 정신분석이론과 환경결정론에 근거한 행동주의 이론에 반대하는 입장에서 사회복지사와 클라이언트의 위계 관계를 **수평적인 관계(협력적 관계)로 전환**하였다.

> 클라이언트중심모델에서는 사회복지사의 권위적인 역할이 강조된다.(×)

(2) 주요 내용

① 인간을 합목적적이고 전진적이며 건설적이고 현실적인 존재인 동시에 아주 신뢰할 만한 선한 존재로 본다.
  ㉠ 인간에 대한 긍정적 시각을 가지고 클라이언트의 능력에 대한 신뢰를 기본으로 한다.
  ㉡ 인간의 발달은 고정적인 것이 아니라, 되어 가고 있는 진행 중의 단계로 본다.

② 클라이언트로 하여금 자신의 유기체적인 경험들(organismic experiences)과 자아 사이의 부조화를 인식하도록 돕는 데에 있다.
  ㉠ **전문가는 비지시적**이며, 클라이언트에게 접근할 수 있는 충분히 가능한 해결책 조차도 제시하지 않는다.
  ㉡ 상담의 과정이나 **문제해결에 대한 클라이언트의 책임과 주체성을 강조**한다.
    ❌⭕ 클라이언트중심모델은 문제해결에 대한 클라이언트의 책임을 강조한다.(O)
  ㉢ 개입방향에 대한 일차적인 책임이 클라이언트의 문제에 대한 **과거사보다는 '지금-여기(here & now)'를 강조**한다.
    ❌⭕ 클라이언트중심모델에서는 과거의 경험보다 현재의 경험을 강조한다.(O)
③ 클라이언트의 긍정적 변화를 위해 사회복지사와 클라이언트 사이의 공감적 이해, 무조건적인 긍정적인 관심과 수용, 그리고 진실성의 3가지를 중요하게 여긴다.
④ 클라이어트가 현재 직면한 문제들과 앞으로의 문제들을 극복할 수 있도록 성장 과정을 도와주는 것이다.

3 현실치료(reality therapy) 모델

(1) 개 요
① 미국의 정신과 의사인 글래서(William Glaser)에 의해 개발된 현실치료는 현실요법이라고도 불리며, 워볼딩(Wubbolding)에 의해 실제 적용기법이 더욱 구체화되었다.
② 초기의 현실치료는 치료요소로서 성공 정체감 형성을 강조하기 때문에 임상개입 과정에서 비행청소년 집단에 매우 효과적인 것으로 입증되었으나, 워볼딩에 의해 그 실천기법이 점차 정교해지면서 개입대상 폭이 점차 확대되어 결혼, 가정상담, 약물중독, 노인, 범죄자 등에도 중요한 치료기법으로서의 역할을 하고 있다(양옥경 외, 2000).

(2) 주요 내용
① **클라이언트의 현재 행동에 초점**을 두고, 클라이언트가 자신을 정확히 발견하고 현실을 직면하여 성공 정체감을 갖도록 도와주는 치료방법이다.
② 글래서는 정신질환은 개인들이 자신의 행동에 책임을 질 수 없다는 것을 가정하고 있기 때문에, **정신질환이라는 고전적 개념을 거부하였으며, 의식적인 믿음이야 말로 치료에 접근할 수 있는 유일한 영역이라고 간주**한다.
③ **자기결정을 존중하고 클라이언트의 책임을 강조**한다. 워커는 클라이언트가 자신의 문제를 극복할 능력이 있다는 확신을 가지며 클라이언트에게 많은 관심을 표하는데, 클라이언트로 하여금 워커가 자신을 돌보고 있다는 것을 깨닫게 하지만, 클라이언트의 변명이나 합리화는 받아들이지 않는다(이윤로, 2010).

MEMO

김진원　OIKOS　사회복지사1급　통합이론서　2교시

제3부

가족대상 사회복지실천과 기술

제 7장 가족에 대한 이해
제 8장 가족문제사정
제 9장 가족대상 실천기법
　　　: 가족치료의 다양한 접근

가족에 대한 이해

제3부 **가족대상 사회복지실천과 기술**

제7장 회차별 출제빈도, 출제비중 및 출제논점 1, 2, 3순위

10회 2012	11회 2013	12회 2014	13회 2015	14회 2016	15회 2017	16회 2018	17회 2019	18회 2020	19회 2021	20회 2022	21회 2023	22회 2024
4	2	3	4	1	1	3	2	2	1	1	2	2

출제 비중	출제 논점		
	1순위 ☺	2순위 ※	3순위 ☆
12**4**	① 가족에 대한 이론적 관점: 사회체계로서의 가족	① 가족에 대한 이론적 관점: 의사 소통 이론, 사이버네틱스	① 가족의 기능(역할), 가족의 변화 ② 가족에 대한 이론적 관점: 사회구성주의 시각

1순위 스마일표시(☺): 출제 빈출도가 높은 부분으로 무조건 시험에 출제되는 영역
2순위 당구장표시(※): 나왔다 안 나왔다 하는 영역이지만 출제가능성 높은 영역
3순위 별 표(☆) : 출제 된 적이 있긴 하지만 다시 출제될 가능성은 다소 떨어지는 영역

MAP

1 가족에 대한 기본적 이해

(1) 개념

사회제도 가운데 가장 오래된 것으로서 인간의 성장과 발달에 필요한 것을 가르치고 양육하는 **1차적인 집단**이다.

① **협의의 정의** : 혼인, 혈연, 또는 입양에 의해 연결된 사람들로 구성되며, 한 공간에서 단일가구를 형성하고 그 안에서 각 구성원들은 남편, 아내, 부와 모, 자녀, 형제로서의 사회적 역할을 수행하는 상호작용 집단이다.

② **광의의 정의** : 가족 해체과정에서 나타나는 개인의 가족생활에 대한 편견과 낙인을 배제하며, 가능한 한 모든 가족 유형들이 가족복지의 대상이 될 수 있도록 가족에 대한 정의는 포괄적일 필요가 있다.

　㉠ 미국사회복지사협회는 가족을 자신들 스스로가 가족이라고 생각하고 전형적 가족의 임무를 수행하는 2인 이상의 사람들이라고 규정하였다.

　㉡ 슐츠(Schultz, 1977)는『변화하는 가족(The changing Family)』이라는 저서에서 '가족이란 하나의 복잡한 변수로서, 생물학적 요구에 기인하는 보편적 구조도 아니며, 종교 혹은 문화적 신조에 기반한 보편적 규범의 이념일 수도 없다. 가족이 사회적 필요성에 기인하는 정도만큼, 이것은 우리들을 기성 문화에 적응시키는 한편, 무엇이 바람직한 가족인가에 대해 우리들에게 변화하는 개념을 부여한다'라고 지적하였다.

(2) 가족의 기능(역할) [⑭, 인행사 ⑨]

① 인구의 재생산 기능(자녀의 출산과 양육, 성관계를 통한 세대 유지 기능)
② 가족원에 대한 보호 기능(아동을 보호하는 기능)
③ 가족의 사회화 기능
④ 성행동을 규제(부부의 성적 기능)
⑤ 애정의 원천(정서적 지지 기능, 정서적 교류)
⑥ 경제적 기능(경제적인 협조의 단위로서 기능)
⑦ 지위와 사회적 역할 부여
⑧ 가족의 문화와 전통 계승

(3) 가족의 변화 [⑦⑮⑯⑱②]

① 전통적인 가족과의 단절 의식이 확산
② 가족성원 권력구조의 평등화
③ 가족의 보호 기능 및 부양 기능의 감퇴 → 양육, 보호, 교육, 부양 등에서 사회 이슈 발생
④ 부부가족의 일반화
⑤ 가족규모의 축소 및 단순화 → 세대구성이 단순화되면서 확대가족의 의미 약화
⑥ 가족생활주기의 변화

⑦ 기혼여성의 취업 증가
⑧ 가족 간의 축소와 변화 → 이혼율이 차츰 증가하는 경향
⑨ 가족 문제의 대두 및 가족형태의 다양화
⑩ 조혼인율(인구 1,000명 당 혼인건수)이 지속적으로 내려가 저출산 문제 심각(무자녀 부부 증가)
   ❌ 가족에 관한 설명 : 정서적 기능보다 가계계승과 같은 제도적 기능이 중시되는 방향으로 변화하고 있다.(×)
   ❌ 가족의 특성 : 현대 가족은 점차 정서적 기능이 약화되고 있다.(○)

2 가족에 대한 이론적 관점

(1) 사회체계로서의 가족

① **사회체계론적 관점(가족체계이론)에서 가족** [⑨⑮⑯⑲, 인행사 ⑧⑩⑬]
   ㉠ 전체로서의 가족은 가족구성원들의 개인적 특성의 합보다 크다. → **비총합성**(nonsummativity)
   ㉡ 체계의 움직임은 **어떤 일반적 규칙(family rule, 가족규칙)에 의해 지배**되고 있다.
   ㉢ 모든 체계는 **경계(boundary)를 가지고 있으며**, 이와 같은 경계의 특성은 체계가 어떻게 기능하는가를 이해하는 데 중요하다.
   ㉣ 체계 **한 부분의 변화는 가족체계 전체의 변화를 초래**할 수 있다.
   ㉤ 가족체계는 완전하지 않으므로 **항상 비교적 안정된 상태를 유지하려는 경향**이 있다. 즉 가족은 변화와 안정성의 균형을 맞추려고 노력한다.
      ❌ 가족체계는 성장과 발전을 추구하면서도 지나친 변화는 제어하며 일정한 안정성을 유지하고자 한다.(○)
   ㉥ 체계 간의 **의사소통(communication)이나 피드백(feedback) 기능이 중요**하다.
   ㉦ 가족 내에서의 개인의 행동은 직선적(linear) 인과관계보다는 원인이 결과이며, 결과가 원인이 될 수 있다는 **순환적(circular) 인과관계**로 보는 것이 이해하기 쉽다.
   ㉧ 다른 개방체계와 마찬가지로 **가족체계는 목적을 추구**한다.
   ㉨ 체계는 하위체계에 의해 성립되며, 그 체계는 지역사회와 같은 보다 큰 상위체계의 일부분이다. 즉 **가족은 보다 큰 사회체계에 속하며 많은 하위체계를 포함**한다.
   ㉩ **가족 내의 구조가 변하면** 가족구성원들의 위치, 역할, 기능이 변하게 되므로 결과적으로 **가족구성원 개인의 행동도 변한다.** → 가족구성원 간 상호 영향은 지속적이다.
   ㉪ 이 관점에서 보는 **가족의 중요한 과업은 가족구성원의 사회화와 사회통제**가 된다.
   ㉫ 가족은 **시간이 지나면서 반복되는 상호작용 패턴, 즉 적응과 균형을 추구**한다.
   ㉬ 가족마다 권력구조와 의사소통 형태를 갖고 있다.
   ㉭ **한번 구성원은 영원한 구성원으로 남아 있다.**

② **가족체계의 특성** : 기능적 혹은 역기능적 가족체계 [⑱ 인행사 ④]
   ㉠ **기능적 가족체계**
      ㉮ 성원 사이에 분명한 경계와 높은 자율성이 있다.
      ㉯ 서로에 대한 깊은 신뢰감이 있다.

㉰ 가족규범은 상호작용을 통해 일정하게 유지되면서도, 가족생활주기에 맞게 변화하고, 유연성이 있다.
　　㉱ 부모체계는 서로 연합하여 권력을 가지지만 가족성원에게 위협성이 없다.
　　㉲ 가족생활주기에서 요구되는 과업수행에 융통성이 있고, 적응적 경계인 개방형 가족체계이다.
　　㉳ 환경체계와 구분되면서 개방적이고 융통성이 있고, 적응적 경계인 개방형 가족체계이다.
　　㉴ 가족성원의 역할이 분명하고, 가족생활주기에 따라 유연성이 있다.
　　　※ 가족의 특성 : 기능적인 가족은 응집성과 적응성, 문제해결력이 높은 가족이다.(○)

　㉡ **역기능적 가족체계**
　　㉮ 외부체계와 폐쇄적이며, 교류가 없다.
　　㉯ 가족성원 간에 집착도가 심하거나 지나치게 무관심하다.
　　㉰ 성원에게 정형화된 역할부여, 혼란스럽고 모호한 의사소통을 한다.
　　㉱ 발달과업의 수행에 유연성이 없고, 경직되어 있다.
　　㉲ 가족 간 의사소통의 불일치가 있다.
　　㉳ 가족규범이 융통성이 없다.

③ **가족의 하위체계(subsystem)** [19 20]
　가족에는 부부하위체계, 부모하위체계, 형제하위체계, 여성하위체계, 남성하위체계, 부녀하위체계, 모자하위체계, 부자하위체계 등 수많은 하위체계가 존재할 수 있다.
　㉠ **부부하위체계(spouse subsystem)** : 서로 다른 성을 가진 두 성인이 생리적·심리적·사회적 욕구를 만족시키기 위해 합해질 때 형성되고, 부부는 가족체계의 시작이고 핵심이므로 부부하위체계의 정서적 안정과 원활한 기능은 가족체계의 안녕을 좌우한다.
　㉡ **부모하위체계(parental subsystem)** : 자녀가 출생하면서 부부는 부모로서 기능하게 되며, 부모·자녀관계는 민주주의를 강조한다. 부모하위체계의 중요한 기능은 자녀의 발달을 위한 양육과 적절한 지도·통솔, 그리고 자녀의 사회화이다.
　㉢ **부모-자녀하위체계** : 부모와 한 자녀, 부모와 모든 자녀는 한 영역 내에서 하나의 기능적인 단위로서 상호작용한다. 다른 하위체계와 다른 점은 다른 세대의 사람들로 구성된 체계라는 점이다.
　㉣ **형제하위체계(sibling subsystem)** : 자녀들 간의 협동·경쟁심·협상·지지를 배우고 동료관계를 배우는 체계이다.
　　※ 가족은 사회환경의 하위체계이나 그 내부는 하위체계가 없는 체계다.(×)
　　※ 가족은 하위체계이면서 상위체계이다.(○)

④ **순환적 인과관계와 파문효과** [10 11 13 16 18 19 21 22]
　㉠ **순환적 인과관계(circular causality, 순환적 인과성 원칙)**
　　㉮ 단선적 또는 직선적 인과관계(linear causality)와 대립되는 개념으로, 결과로 나타난 한 현상은 그 앞의 원인변수에 의해 한 방향으로 영향을 받아서 나타난 것이 아니라 상호영향을 주고받는 순환과정에서 나타난 현상(A ⇆ B)이다.

㉯ 순환적 인과관계 관점을 가지고 가족단위 개입을 할 경우에는 **문제에 초점을 맞춰 문제의 직접적인 원인을 추궁하기보다는 악순환적인 상호작용관계의 맥락이나 양상을 파악하려는 노력이 더욱 중요**하다.

　　※ 순환적 인과성 : 체계적 관점에서 악순환적인 연쇄고리를 파악한다.(○)
　　※ 누가 가족문제를 일으키는 원인제공자인지 확인하기 위해 순환적 인과관계를 적용한다.(×)

ⓒ 파문효과(ripple effect)

㉮ 체계 내 순환적 인과관계로 인해 등장한 개념으로, 상호작용의 고리를 형성하고 있는 체계의 한 구성요소에 변화를 주면 그 효과는 다른 구성요소에 영향을 주고 결국 전체체계에 영향을 주게 된다는 것이다.

　　※ 순환적 인과성 : 파문효과(ripple effect)와 관련이 있다.(○)

㉯ 하위체계의 변화효과는 상위체계까지 미칠 수 있다.

㉰ 문제를 일으킨 성원 또는 다른 성원의 변화를 통해 가족의 역기능적 문제가 해결된다.

　　ⓐ 문제를 표출시키고 있는 사람이나 상호작용 연쇄고리에 들어 있는 가족구성원들 중 가장 변화하기 쉬운 누군가를 먼저 변화시킬 수 있다면 이 효과가 파문처럼 이리저리 번져나가, 결과적으로는 문제를 표출시키고 있는 사람(index person : IP)*의 행동이나 상태에 변화를 가져오는 것이다.

> **IP(index person)**
> 순환적 인과관계 관점으로 보면 문제를 나타내고 있는 가족구성원은 환자나 문제인물이 아닌 증상을 표출시키는 사람(symptom bearer) 또는 가족에 의해 환자로 지목된 사람(index person)임

　　ⓑ 먼저 변화시킬 사람으로는 **문제해결에 가장 적극적인 사람, 문제로 인해 가장 큰 괴로움을 호소하는 사람, 변화동기가 강한 사람** 등으로 이들은 최초 변화시도에 가장 민감하게 반응할 것이다.

⑤ 환류고리(feedback loop) [⑰]

㉠ 가족 성원들은 환류고리에 따라 가족규범을 서로 강화하고, 규범으로부터 지나치게 벗어나려는 행동을 부적(negative) 환류과정을 통해 제지함으로써 항상적 균형에 기여한다.

　　예 여고생 자녀가 남자 친구를 사귀는 것을 허용하지 않는 부모는 자녀가 남학생과 어울리는 것에 대해 꾸중하거나 자녀의 휴대폰의 사용을 금지하는 등 부적 환류를 통해 가족 규칙을 준수하도록 요구함

㉡ 가족체계는 항상성을 유지하는 동시에 체계 내외의 변화에 적응하려하며, 가족성원들은 정적(positive) 환류과정을 통해 변화에 대한 적응에 기여한다.

　　예 여고생 자녀가 부모의 꾸중에도 남학생들과 어울리자 부모는 자녀를 더욱 야단을 치고 이에 자녀는 부모에게 대항하여 가출한 경우, 부모는 정적 환류를 통해 가족 규칙을 재검토하고 자녀의 주장을 어느 정도 수용하는 변화를 가져올 수 있음

　　※ 환류고리 : 가족규범이 유지되거나 변화되는 과정을 설명한다.(○)

(2) 그 외 가족단위 개입의 관점 [⑨]

체계이론과 함께 가족개입에 영향을 준 중요한 이론들로 의사소통이론, 사이버네틱스 그리고 최근에는 사회 구성주의 이론 등을 들 수 있다.

① **의사소통이론** [⑨⑪⑬⑯⑰]
  ㉠ **의사소통** [⑰]
    ㉮ 가족성원의 모든 행동은 언어적 혹은 비언어적 의사소통에 해당한다.
    ㉯ 의사소통의 2가지 기능
      ⓐ 내용(content) 기능 : 사실적인 정보, 의견, 감정을 전달
      ⓑ 관계(relationship) 기능 : 정보가 전달되는 과정에서 관계의 속성을 규정
        예) 한부모가정의 어머니가 맏딸에게 방과후 동생들을 돌보도록 요청한다면, 요청하는 내용 자체는 내용적 기능이지만 어머니가 맏딸에게 의존하고 있는 정도를 나타내는 메시지는 관계적 기능임
        ✗ 가족의사소통 : 내용기능이 관계기능보다 더 중요하다.(×)
    ㉰ 가족성원들은 오랜 기간 동안 지속적인 의사소통을 함으로써 의사소통에서 서로의 관계를 규정하는 과정을 고정화한다.
  ㉡ **구두점(punctuation)** [⑨⑬]
    ㉮ 연속적으로 지속되는 의사소통의 흐름 가운데 **어느 지점에 구두점을 찍느냐에 따라 어떤 상황의 원인과 결과가 달라질 수 있음을 나타내는 상징**이다.
    ㉯ 의사소통상 구두점은 순환적 인과관계의 문제상황 속에 있는 사람들이 각자의 구두점을 어디에 두느냐에 따라 동일한 문제현상에 대해 수많은 다른 원인들이 등장할 수 있다.
      예) 어머니와 딸 사이의 갈등의 원인에 관한 상황
        • **어머니의 의사소통상 구두점** : '딸이 늦게 들어오니 내가 잔소리 한다'라고 하면서 상황 묘사의 마침표를 찍었다. 이러한 어머니의 입장에서 자신에게 변화시켜야 할 부분이나 행동은 없으며, 딸의 행동이 변화되면 자신의 행동은 자연스럽게 변화될 수 있다는 생각이 내포되어 있다.
        • **딸의 의사소통상 구두점** : 딸의 입장에서 상황의 시작점은 어머니의 불필요하고 심한 잔소리다. 어머니의 잔소리가 없어지거나 줄어든다면, 자신의 늦은 귀가 문제는 자연스럽게 해결될 수 있는 문제라는 상황인식이 딸의 생각 속에 존재할 수 있다.
  ㉢ **이중구속(double binds)** [⑨⑪⑬⑯]
    ㉮ **어떤 한 사람에게 두 개의 상반되는 메시지가 거의 동시에 전달**됨으로써 메시지를 받은 사람이 혼돈의 상황에 빠지게 됨을 의미한다.
    ㉯ 이때 **전달되는 메시지의 수준은 서로 같을 수도 있고 다를 수도 있다.** 즉, 언어적 수준에서 한 메시지가 전달되고, 비언어적 수준에서 다른 내용의 메시지가 동시에 전달될 수 있다.
      예) 비행소년인 아들에 대해 대해 양가감정을 갖고 있는 어머니가 아들에게 사랑을 확인시켜 줘야 한다는 필요를 깨닫고 "나는 너를 항상 사랑한다. 나에게 안기렴."하고 말하면서 팔을 크게 벌린다. 막상 아들이 자신의 가슴에 안길 때 어머니의 몸은 경직되면서 거부 반응을 보인다.
      예) 아버지는 아들에게 "가족회의에서는 자신의 의견을 소신 있게 밝힐 줄 알아야 한다."라고 평소에 강조한다. 그런데 막상 아들이 가족회의에서 자신의 의견을 말하면, "너는 아직 어리니 가만히 있어!"라고 하면서 면박을 준다.
        ✗ 이중구속은 가족의 유대관계를 강화한다.(×)

② 사이버네틱스(cybernetics) [⑨]
  ㉠ 개 념
    ㉮ 사이버네틱스*는 의사소통, 제어(control), 피드백(feedback) 등의 용어를 사용하여 하나의 체계의 기능을 설명하려 한다.

    > **사이버네틱스(cybernetics)**
    > 영어로 steersman(조타수, 조종자)의 의미를 지닌 그리스어(kybernetes)에서 유래된 말로, 체계의 의사소통이나 제어(control, 통제) 원리를 설명하는 것임

    ㉯ 체계이론은 주로 체계의 구조(structure)에 초점을 맞춰 체계를 설명하려 하는 반면, **사이버네틱스는 체계가 어떻게 기능(function)하는가를 설명하는데 초점을 두고 있다.** 체계의 구조와 기능이 따로 설명될 수 없는 것이기 때문에 사이버네틱스와 체계이론은 동전의 양면으로 보일 수 있을 것이다.
    ㉰ 사이버네틱스는 어떤 체계가 다른 체계나 체계 내부의 구성요인들과 어떻게 의사소통하고 의사소통을 통한 피드백은 어떻게 처리되는가 그리고 체계가 행동을 어떻게 통제하는가 등에 관심을 둔다.
  ㉡ 1차 수준 사이버네틱스와 2차 수준 사이버네틱스 [⑨⑰]
    ㉮ 1차 수준 사이버네틱스
      ⓐ 한 체계의 사이버네틱스 작용현상을 **객관적 입장에서 그 작용 자체에 영향을 주지 않으면서 관찰 가능하다고 보는 입장**이다.
      ⓑ 가족 내부에서 발생하고 있는 여러 가지 행동과정을 전문가가 객관적으로 발견해 내서 일부 또는 전부에 수정을 제안하거나 직접 수정을 위한 행동을 취할 수 있다는 것이다.
      > 1차 수준 사이버네틱스 : 전문가가 가족 내부의 의사소통과 제어과정을 객관적으로 발견한다.(○)
      > 일차적 사이버네틱스에서 가족은 스스로 창조하고 독립된 실제이며 사회복지사를 가족과 완전히 분리된 사람으로 보지 않는다.(×)
    ㉯ 2차 수준 사이버네틱스
      ⓐ **체계를 관찰하는 사람과 관찰을 당하는 체계 사이에는 상호작용이 존재**하므로 관찰자와 관찰을 당하는 체계를 포함하는 보다 큰 체계가 사이버네틱스의 대상이 되어야 한다는 것이다.
      ⓑ 체계 자체의 의사소통과 제어과정을 연구하기보다는 관찰자와 피관찰자(관찰당하는 체계) 간 상호작용이 관찰당하는 체계에 어떤 영향을 미치는가를 연구하는 것이다.
      ⓒ 이는 곧 가족을 대하는 전문가는 자신의 가치, 전문지식, 이론적 관점 등을 통해 가족 내부 행동과정을 파악하려 하기 때문에 동일한 가족의 양상이라 하더라도 **어떤 전문가가 개입하느냐에 따라 다양하게 파악되고 수정될 수 있다는 것이다.**

③ 사회구성주의 시각 [⑨]
　㉠ 1970년대 들어서면서 **복잡한 사회현실이란 객관적으로 존재하는 것이 아니라 관찰자가 그것을 어떻게 구성하느냐에 따라 달라진다는 것**, 즉 그 문제를 바라보는 관점에 따라 얼마든지 다르게 파악되고 그에 따라 해결방법도 다양해질 수 있다는 주장이 등장하게 되었는데, 이런 이론을 **사회구성주의 관점**이라고 한다.
　㉡ 가족문제는 객관적으로 존재하는 것이 아니라 가족문제를 경험하고 있는 당사자의 주관적 정의에 의해 만들어지는 것이다.
　㉢ 사람들이 이해하는 현실은 각기 다르기 때문에 유사한 현실이라 할지라도 현실에 처한 당사자들이 자신들의 인식과 언어체계로서 그들의 상황을 어떻게 인식하고 묘사하느냐에 따라 문제 정의와 문제해결방법은 달라질 수 있는 것이다.
　㉣ 가족개입은 다양한 사회·경제·문화·가치적 배경을 갖고 있는 사회복지실천 대상자 **가족의 문제를 사회복지사가 갖고 있는 관점에서가 아닌, 클라이언트 자신들의 관점에 따라 파악하고 대처하는 데 유용하게 사용**될 수 있다.
　㉤ 해결중심가족치료, 이야기치료 등이 사회구성주의 관점에 기초해서 등장한 가족개입방법들이다.

CHAPTER 08 가족문제사정

제3부 **가족대상 사회복지실천과 기술**

제8장 회차별 출제빈도, 출제비중 및 출제논점 1, 2, 3순위

10회 2012	11회 2013	12회 2014	13회 2015	14회 2016	15회 2017	16회 2018	17회 2019	18회 2020	19회 2021	20회 2022	21회 2023	22회 2024
2	3	1	1	2	1	-	1	2	1	1	2	-

출제 비중	출제 논점		
	1순위 ☺	2순위 ※	3순위 ☆
01.2	① 가족사정도구: 가족생활주기(생활주기표), 가계도, 생태도, 생활력 도표, 사회적 관계망표	① 가족사정에 포함되는 요소 : 가족의 경계, 가족규칙(family norm, 가족규범)	① 가족사정의 내용

1순위 스마일표시(☺) : 출제 빈출도가 높은 부분으로 무조건 시험에 출제되는 영역
2순위 당구장표시(※) : 나왔다 안 나왔다 하는 영역이지만 출제가능성 높은 영역
3순위 별 표(☆)   : 출제 된 적이 있긴 하지만 다시 출제될 가능성은 다소 떨어지는 영역

MAP

- 가족문제사정
  - 가족사정의 개요
    - 가족사정의 정의와 목적 ☆
    - 가족사정의 내용 ☆
    - 가족사정에 포함되는 요소 ※
  - 가족사정도구
    - 가족생활주기 ☺
    - 가계도 ☺
    - 생태도 ☺
    - 생활력 도표 ☺
    - 사회적 관계망표 ☺

01 가족사정의 개요

1 가족사정의 정의와 목적

① **정의**: 가족 내부 및 외부환경체계 그리고 이들 간의 상호 작용을 파악하기 위해 자료를 수집하고 분석·종합하여 그 가족에 대한 개입계획을 수립하는 일련의 과정을 말한다.

② **목적**: 가족에 대한 이해에만 그치는 것이 아니라 가족의 욕구와 문제를 파악하고 가족의 강점과 자원을 활용함으로써 가족의 목표를 달성하도록 지원하기 위함이다.
  ㉠ 어떤 유형의 개입이 적절하며, 어떤 변화가 필요한지를 결정
  ㉡ 현실적인 목표에 기초한 장·단기목표 수립
  ㉢ 가족이 변화를 위해 채택할 수 있는 환경, 지역사회 자원, 가족의 강점과 자원을 확인
  ㉣ 개입 결과를 평가하기 위한 기초자료로 사용

2 가족사정의 내용 [⑤⑦]

① 가족의 소속감이나 가족역할, 가족의 물리적 환경, 가족규범 등과 같은 가족의 객관적 상황에 관한 '**객관적 자료**'와 사건이나 과정에 대한 클라이언트 개인의 반응과 의미 그리고 사건에 대한 가족성원의 느낌과 같은 '**주관적 자료**'에 대한 파악이 필요하다.

② **가족사정 시 포함되는 내용**: 가족의 주변 배경, **가족체계의 경계선**(가족체계의 외부경계선, 내부경계선), **가족의 하위체계**, 가족의 권력구조, **가족역할**, 가족목표, **가족규범**, **가족규칙**, **가족문화**, **가족성원의 의사소통 양식(유형)**, 가족의 의사결정 과정, 가족의 생활주기, 가족신화와 인식성향, 가족의 정서와 감정표현 범위, 가족의 강점, **가족 외부체계와의 상호작용** 등

3 가족사정에 포함되는 요소

(1) 가족 역기능의 종류 [④]

① **역기능적인 의사소통**
  ㉠ 이중구속메시지(double-bind message)
  ㉡ 미혹화 의사소통
   > 예) 남편이 교묘하게 외도를 해 부인이 확실한 증거는 없으나 여러 가지 느낌으로 남편의 외도를 의심한다. 오히려 남편이 부인에게 의부증에 걸렸으니 정신과에 함께 가자고 종용한다. 이러한 일이 계속적으로 반복되고, 주위 사람들도 부인이 잘못 생각하고 있다고 거든다면, 부인이 실제로 정신과 환자가 될 가능성이 높다.
  ㉢ 위장(mystification, 신비화 혹은 거짓꾸밈)
   자기 행동을 통해 분명 상대방으로 하여금 어떤 생각을 품게 했으면서도 그 생각을 말로 표현하면서 자신의 행동을 부인하는 것을 의미한다.
   > 예) 퇴근하여 돌아온 남편이 엉망인 집안을 보고 화가 나, 문을 쾅 닫고 신경질적인 반응을 보이자, 부인이 "집안이 엉망이어서 화가 났느냐?"라고 물었다. 이때 남편이 "내가 언제 화를 냈느냐?" 하는 것이 위장인데, 이는 가급적 갈등을 피해 현상을 유지하겠다는 의미이다.

② 너 전달법(You-message)

나 전달법인 'I-message'와는 반대되는 것으로 '너(you)'가 주어가 되는 대화 형식으로, 상대방에게 잘못이 있다고 말하는 것이며 말로 공격하는 것이다.

예 "너는 꼭 바보처럼 행동하는구나.", "너는 항상 그래."

② 밀착·유리된 가족
　㉠ 밀착(enmeshment)된 가족
　㉡ 유리(disengagement)된 가족

③ 속죄양(scapegoating, 희생양) : 가족 중 환자로 지적된 사람(identified patient : IP)이 가족의 균형을 유지하기 위해 병리적인 문제를 짊어지고 있으므로 속죄양으로 표현된다.

④ 가정폭력과 알코올 및 물질남용

⑤ 지속적인 가족신화

가족의 의식, 역할, 규칙의 상호작용으로 전개되는 가족에게 스며있는 이데올로기의 한 부분으로, 그 특징은 모든 가족 구성원이 의심 없이 공유하는 믿음과 기대라는 점이다.

예 "싸우지 않는 가족은 행복한 가정이다.", "화합하는 가족은 모두 의견이 같아야 한다.", "부부는 서로 말을 하지 않아도 통한다.", "우리 가정은 남자가 더 우월하다.", "우리는 좋은 가족이다."

⑥ 부모화 : 부모가 제기능을 못하는 가족에서 자녀가 가족 내에서 자녀로서 수행해야 할 역할이 아니라 부모나 배우자의 역할을 대신 수행하는 것을 말한다.

⑦ 삼각관계(triangule)

상호관계에서 압력, 무력감 또는 실망을 경험한 사람이 제3자를 두 사람의 상호작용 체계로 끌어들여 형성되는 관계이다.

예 부부 사이에 긴장관계를 해소하기 위해 한쪽 부모가 지나친 관심을 자녀에게 쏟고 그 자녀가 문제행동을 보이는 경우

(2) 가족구조와 기능에 대한 사정

① 가족하위체계
　㉠ 하위체계 경계가 느슨한 경우 : 자녀들이 지속적으로 부모를 돌보고 정서적으로 지지하며 부모역할을 수행한다, 부모가 자녀들의 사생활에 지나치게 간섭한다.
　㉡ 하위체계 경계가 경직된 경우 : 부모가 자녀들과 상호작용하거나 협의하기를 거절한다, 자녀들이 부모의 지도와 상호작용 관계를 거절한다, 부모가 자신들을 배제하는 자녀들을 배제한다.
　㉢ 삼각관계 : 자녀가 한쪽 부모를 배제하고 다른 한쪽 부모와 편을 이룬다, 부모가 부부 간 다툼에서 자신의 편을 들도록 자녀들에게 요청한다.
　㉣ 세대 간 연합 [⑬]
　　세대의 성원이 특정 성원들을 배제하고 다른 세대의 성원과 연합한다.
　　예 한쪽 부모가 조부모와 연합하거나 부모를 배제하고 조부모가 손자와 연합한다.

② **가족의 경계** [②④⑩⑪⑬⑤②⑫]

ㄱ **가족체계의 내부 경계선**: 가족 구성원 간의 상호작용에 따라 보이지 않는 선으로 구분된 것으로서 **가족 내 하위체계의 경계유형은 투과성 정도에 따라 나눌 수 있으며,** 경계의 투과성은 경계를 사이에 두고 경계 밖과 안 사이에 에너지 및 정보교환이 어느 정도 자유롭게 이뤄지느냐에 따라 결정된다.

㉮ **밀착된 경계선(모호한 경계선, 애매한 경계선)**: 모든 정보를 공유하며, 모든 문제에 관해 서로가 지나치게 얽혀서 필요 이상으로 관여하여 경계 간의 문이 항상 열려 있다.

  ⓧ 가족 하위체계 간 경계가 모호하면 그 관계가 소원해진다.(×)

㉯ **분리된 경계선(유리된 경계선, 경직된 경계선)**: 가족 간의 상호작용이 거의 없는 유리된 가족으로서 생각이나 감정을 나누지 않고 지극히 개인적으로 생활하는 가족이다.

㉰ **분명한 경계선(명료한 경계선, 유연한 경계선)**: 정상적인 가족, 부부하위체계는 자녀체계에 지나치게 참여하는 것을 허용하지 않는 스며들지 않는 경계선을 가지고 있다. 그러나 부부는 아버지와 어머니의 역할 안에서는 자녀와 여러 가지 관여를 하게 된다. 따라서 경계가 유연하다.

  ⓧ 유연한 경계를 가진 가족은 구성원 간 경계가 모호하다.(×)

■ 가족 구조 내의 경계선 ■

| | 분리된 경계
(경직된 경계선) | 분명한 경계
(정상 경계선) | 밀착된 경계
(불명확한 경계선) |

구 분	내 용
밀착된 경계선 = 모호한 경계선 = 애매한 경계선	• 가족 구성원 간의 상호작용에서 그 관계가 지나치게 밀착되어 있고 강력해 **서로의 생활에 지나치게 관여하고 과잉염려를 하는 것을 일컫는다.** • 가족 구성원들 사이의 경계선이 개방적이며 거리감이 없고 소속감이 강한 반면, 독립과 자율성은 부족하다. ⓔ 과잉보호, 과잉염려
분리된 경계선 = 유리된 경계선 = 경직된 경계선	• **경계선이 유리된 경우 가족 내의 경계가 심하게 분리되어 가족 성원들 사이의 경계는 경직되어 있고, 지나치게 분명하며, 가족 구성원 간의 상호교류를 하지 않는 것을 의미한다.** • 반응이 필요할 때 반응을 나타내지 않는 경향이 있으므로 의사소통에 어려움이 있고, 가족은 보호적인 기능을 수행하기 힘이 든다. ⓔ 부부와 부모・자녀관계에서 지나치게 무관심한 기능부전가족
분명한 경계선 = 명료한 경계선 = 유연한 경계선	• 분명한 경계선은 **안정되고 융통성이 있는 것을 의미**하며, 명확한 경계는 가족 안에서 하위체계 사이에 분리성을 유지하는 데 도움이 되고, 전체 가족체계에 소속되어 있는 것을 강조한다. • 분명한 가족체계에서 가족 성원들이 서로 지지적이며, 상호 간의 자율성을 존중한다. • 경계선이 분명할 때 부모와 자녀들은 가족체계에 속해 있으면서 서로 간에 적절한 독립성과 의존관계를 유지한다.

ⓛ **가족 외부와의 경계로 구분한 가족유형** [2⑪㉒] : 가족이 외부의 다른 체계에 대해 얼마나 개방적인가와 유연하게 대처하는가에 따라 폐쇄형 가족체계, 개방형 가족체계, 방임형 가족체계로 구분한다.
  ㉮ **폐쇄형 가족체계** : 외부환경과 교환이 없고 가족체계 경계 안에서만 작용하는 가족으로서 침투력이 없는 가족이다(**경직된 경계**).
     ⊗ 경직된 경계 : 가족이 다수의 복지서비스를 이용(×)
  ㉯ **개방형 가족체계** : 가족 외부와의 경계가 명확하면서도 침투력이 있는 가족이다(**명확한 경계**).
  ㉰ **방임형 가족체계** : 가족 외부와의 구분이 거의 없다(**혼돈된 경계**).
     ⊗ 방임형 가족은 가족 외부와의 구분이 거의 없다.(○)
③ **가족규칙(family norm, 가족규범)** [⑩⑪⑰㉒]
  ㉠ 가족집단 내에서 무엇이 적절한 행동으로 받아들여지는가를 구체화하는 규칙이다.
     ⊗ 가족 규칙은 가족 항상성에 영향을 준다.(○)
  ㉡ **기능적 가족규칙과 역기능적 가족규칙**
     ㉮ **기능적 가족규칙** : 잘 기능하는 가족에서 규칙은 변화하는 상황에 따른 변화를 고려하며, 모든 가족구성원들이 자신의 의견을 자유롭게 말할 수 있다.
     ㉯ **역기능적 가족규칙** : 대부분 내밀한 규칙들로서 그것들은 대부분 감정의 교환이 관계되어 있어서 가족에게 고통을 야기시킨다.
  ㉢ **명시적 가족규칙과 암묵적 가족규칙**
     ㉮ **명시적 가족규칙** : 가족이 인정하고 인식하며 알고 있는 신념으로 강제력이 있어 가족의 행동을 규제하는 규칙이다.
        예 늦으면 반드시 전화할 것, 외출에서 돌아오면 먼저 씻을 것, 매주 일요일이면 교회에 가는 것 등
     ㉯ **암묵적 가족규칙** : 가족원들에 의해 논의되지 않았고 분명히 인식되지 않은 채 숨겨진 규칙으로, 눈에 보이지 않으므로 오히려 더 강한 규칙이 되고 행동지침이 된다.
        예 명절은 가족과 함께 지내기, 홀로 되신 부모님은 자식이 모시기 등
        ⊗ 가족규칙 : 암묵적인 규칙은 역기능적이므로 제거되어야 한다.(×)
④ **가족역할(family roles)** [⑩]
  ㉠ '가족의 기대와 규범에 의해 강화되는 개별적으로 규정된 행동패턴'이다. 가족에 있어서 이런 역할은 가족에게 이익이 되는 행동을 포함한다.
  ㉡ 공식적 역할 이외에도 비공식적 역할이 있을 수 있다.
     예 문제아, 억눌린 자, 유명한 스타, 모든 일에 비난을 받는 자(희생양), 완벽주의자, 투사 혹은 말썽꾼 등이 비공식적 역할에 해당된다.
⑤ **가족체계 내에서의 권력의 균형(가족권력)** [⑪]
  ㉠ 권력(power)은 "한 성원이 다른 가족 성원의 행동을 변화시키는 능력이다." 권력은 명백하게 구체화하기 어려운 모호한 개념이다.
  ㉡ **가족은 다중적인 힘의 구조를 갖고 있다.** 즉 각 성원은 상이한 문제에 대해 상이한 정도의

힘을 갖는다.
　　ⓒ 가족 사정에 있어서 가족성원들이 권력의 배분이 적절하고 공정하다고 인식하는지 여부가 중요하다. **가족권력이 어떤 한 가족 구성원에게 치우쳐 있으면 갈등 가족이 될 수 있다.**

(3) 기타 사정 내용

① **가족 외부환경에 대한 사정** : 가족의 사회적 지지망이 가지고 있는 도움 제공 능력에 대한 사정과 가족이 기능을 수행하는데 환경이 어떻게 장애가 되는지 사정해야 한다.

② **가족의 강점과 자원 확인** : 하나의 단위로서의 가족 기능의 긍정적 양상, 개개 가족원의 독특한 강점과 기여도 그리고 다른 체계와의 상호작용에 있어서 가족의 강점을 탐구하도록 돕는다.

③ **가족생활주기 사정**

④ **가족목적(가족목표)** [⑥]
　　㉠ 가족 내 상호작용 패턴은 부분적으로 목적을 성취하기 위한 것이므로, 사회복지사는 체계의 목적에 대한 고려 없이 가족의 상호작용을 사정한다면, 상호작용 패턴의 의미를 제대로 파악할 수 없다.
　　㉡ 가족목적이 명료할수록, 주요 목적과 관련하여 합의가 존재할수록 그리고 가족 개개인의 욕구와 관심에 기여할수록, 가족목적은 강점으로 작용하게 된다.

⑤ **가족 구성원의 의미 체계(meaning system)** [⑬]
　　㉠ 가족 구성원들이 주변 사물에 대해 인식하고 평가하는 경향을 나타내는 것으로, 개인이 향후 경험하게 될 내·외부 상황을 어떻게 파악하고 해석하며, 그 경험에 대해 어떻게 반응할 것인가를 미리 파악하는 데 도움이 되는 개념이다.
　　㉡ 가족의 의미체계를 파악하기 위한 방법
　　　㉮ 가족구성원 간 상호작용과정에서 나타난 어떤 현상이나 사건에 대해 한 개인이 어떤 의미를 부여하느냐 하고 직접 질문하는 것
　　　㉯ 가족구성원의 행동을 관찰하는 것

⑥ **가족항상성** [⑤⑰㉑㉒]
　　㉠ 가족 내에서 일어나는 내적이고 지속적인 관계를 유지시켜 주는 상호작용적 과정을 뜻하며 내적인 균형을 보장해 준다.
　　　㉮ 항상성이란 가족의 모든 행동양식 가운데 가족이 허용하는 일정 선을 넘는 행위를 차단함으로써 유지된다고 볼 수 있다.
　　　㉯ 가족은 그들이 원하는 고유한 행동양식들만 유지하면서 나름대로의 안정상태를 유지한 채 살아가게 된다.
　　㉡ 가족항상성은 가족규칙을 활성화하여 지속적인 관계를 유지하도록 하며, 가족은 가족항상성을 통해 다른 가족과 구별되는 정체성을 갖는다.
　　㉢ **가족의 항상성은 전문가에 의한 가족개입과정에서 변화에 대한 일종의 저항으로 나타날 수 있다.** 즉, 문제가 있는 현재 상태가 외부 전문가의 개입 후 변화된 가족상태보다 더 편하고 익숙하기 때문에 직접·간접적으로 전문가에 의한 변화시도를 거부하는 것이다.

> **주의**
> 항상성이란 가족의 모든 행동양식 가운데 가족이 허용하는 일정선을 넘는 행위를 차단함으로써 유지된다고 볼 수 있는 데, 전문가에 의한 가족 개입 과정에서 변화에 대한 일종의 저항으로 가족의 항상성이 나타날 수 있다. 가족문제를 해결하기 위해 외부 전문가에게 도움을 요청한 가족이라 할지라도 진정한 변화를 달가워하지 않는 경우가 흔히 나타나는데, 이것은 가족의 항상성에서 유래된다고 볼 수 있다.
> 전문가의 가족 개입 과정에서 가족의 항상성이 작동될 수 있다.(O)

02 가족사정도구

1 가족생활주기(family life cycle, 가족생애주기) [③⑤⑦⑧⑨⑩⑭⑮⑰, 실천론 ②⑥]

(1) 의미

① **가족이 변해가는 과정**으로, 결혼을 통한 가족형성부터 배우자 사망까지의 가족의 구조적 변화를 말한다.
② **사회복지사가 그 가족이 수행하지 않으면 안 되는 기능이 무엇인지를 이해하게 하고, 보다 넓은 맥락에서 가족의 기능 수행을 사정하며, 가족의 강점과 문제를 보다 잘 이해하는 데 도움**을 줄 수 있다.
　㉠ 가족구조와 발달과업의 변화를 파악하는 데 활용한다.
　㉡ 가족이 형성된 시점부터 배우자 사망에 이르기까지의 생활변화를 볼 수 있다.
　㉢ 가족이 발달하면서 경험하게 될 사건이나 위기를 예측하는 데 도움이 된다.
　㉣ 가족생활주기의 단계는 가족유형이나 사회문화적 배경에 따라 상이할 수 있다.
　㉤ 각 단계의 구분은 가족구성원의 유입과 배출에 관련된다.

(2) 카터(Carter)와 맥골드릭(McGoldrick)의 가족생활주기의 단계

① **1단계 : 원가족으로부터 독립기(소속되지 않은 성인)**
　㉠ 최초의 단계는 자신이 태어난 원가족과 앞으로 자신이 만들어 갈 가족의 중간에 있으며, 자신의 원가족에서 분리되어 어떤 가족에도 소속되지 않는 성인이다.
　㉡ 이 단계에 속한 사람은 무엇보다 원가족으로부터 자기분화 의식을 가지는 것이 중요하며, 자아실현이 가능한 적절한 직업의 선택과 그 속에서 동료와 친밀한 관계를 발전시켜 가는 능력을 몸에 익혀야 한다.
② **2단계 : 결혼을 통한 가족 형성기**
　㉠ 결혼에 의한 가족의 결합을 축으로 새로운 부부체계가 형성된다. 확대가족이나 친구 사이에 생기는 관계를 적절히 조절할 수 있어야 하며, 특히 부부는 기본적 규칙 등을 만들어 갈 필요가 있다.
　㉡ 배우자와 원가족과의 관계 사이에 균형을 갖지 못하면 부부갈등이 생기기 때문에 원가족과 배우자의 관계에서는 적절한 균형을 유지하는 것이 중요하다.

③ **3단계**: 아동을 둔 가족기(어린 자녀를 가진 단계)
  ㉠ 첫아이의 출생과 태어난 아이가 전적으로 부모에게 의존하는 상태에서 출발하는 단계이다.
  ㉡ 이 시기에 가족을 둘러싼 과제는 모와 자녀 사이의 균형과 자녀의 자립성, 가족에 대한 소속감, 충성심이 균형을 이룰 수 있도록 노력하는 것이다.

④ **4단계**: 청년기 자녀를 둔 가족기
  ㉠ 자녀들이 사춘기에 접어들면서부터 부모를 떠나는 과정이 서서히 시작된다. 이 단계의 자녀는 가족체계를 들락거리게 가족의 경계는 점차 유연해지며 가족경계가 확대되는 경향이 있다.
  ㉡ 주요 과제는 부모자녀관계를 재정립하는 것이다. 즉, 자립과 책임과 통제라는 제각기 다른 세 부분이 기본적 신뢰관계를 파괴하지 않으면서 통합될 수 있도록 해야 한다.

⑤ **5단계**: 자녀 진수기(자녀의 자립단계)
  ㉠ 자녀가 청년기를 맞이하면서 가정에 소속되지 않는 성인의 단계에 들어가며 가족으로부터 떨어져 밖의 세계에서 새로운 정체감을 확립하는 단계이다.
  ㉡ 자녀가 자립한 성인이 되면서 어른과 어른이라는 평등한 관계에서 새로운 부모자녀관계를 정립해야 한다. 슬픔도 경험하는데 이런 상태를 빈둥지증후군(empty nest syndrome)이라고 부른다.
  ㉢ 이 단계의 중요발달과제는 부부체계로서의 친밀한 협력을 재구성하는 것이다.

⑥ **6단계**: 노년 가족기(조부모의 세대)
  ㉠ 부부는 둘만 남기에, 그들에게는 새로운 관심이나 사회생활을 만들어 갈 필요가 생겨난다. 동시에 중간세대가 가족 속에서 보다 중심적인 역할을 하게 되므로 조부모 세대는 지금까지 획득한 지식과 경험을 토대로 그들을 도와야 한다.
  ㉡ 이 단계에서의 과제는 지금까지 쌓은 신뢰관계를 손상하지 않고 이러한 상실 경험을 수용하는 것이다.

(3) **생활주기표(life cycle matrix, 생애주기표)** [⑭⑤]
  ① 클라이언트와 그 가족 구성원의 **생활주기 및 각 발달단계의 주요 과업을 하나의 표로 나타낸 것**이다.
    ㉠ 모든 동거 가구원의 발달단계를 그래프로 나타낸다.
    ㉡ 각기 다른 발달단계에 있어 서로 다른 발달과업 및 위기를 경험하고 있는 가족 구성원들의 현재 발달단계와 과업, 위기를 일목요연하게 한눈에 볼 수 있도록 한다.
      ❌ 가족생활주기를 파악하기 위해 가족의 생태도 작성한다.(×)
  ② 표를 사용하는 것은 사회복지사가 가족 성원과 특정 생활단계 관련의 신체적, 심리적, 사회적 그리고 영적 욕구에 대한 생각을 조직화하는 데 도움을 줄 수 있다.

■ 생활주기표의 예 ■

가족성원	발달단계(연령)								
	0~1	2~4	5~7	8~12	13~17	18~22	23~34	35~60	61+
조모									×
부								×	
모							×		
CT			×						

2 가계도(family genograms) [①⑦⑧⑨⑩⑪⑬⑮⑱⑲㉑, 실천론 ②⑯⑰]

(1) 개념

① 가족계보를 중심으로 그 가족의 3세대 이상에 관한 정보를 보여 준다. 즉 2~3세대에 걸친 가족 관계를 간단한 그림으로 표현하는 것(다세대 가족관점을 적용한 사정도구)이다.

② 종이와 필기도구를 사용하는 사정도구로서 상징적인 기호들로 구성되며 가족에 관한 정보는 짧게 기술되는 것이 기본이다.

③ 여러 세대를 통해 가족 속에 흐르고 있는 주요 관계 양상, 영향력 있는 인물, **지배적인 주제와 아울러 가족구조의 변화들이 한 장의 종이에 조직화**될 수 있으며, 이로써 가족의 속성이 종단·횡단, 종합·통합적으로 한눈에 파악될 수 있다.

(2) 가계도를 통해 알 수 있는 정보

① **가족원의 구성과 가족의 구조**(가족 내 하위체계 간 경계의 속성, **가족 내 삼각관계**)

② **가족원의 역할 및 기능**

③ **세대 간 유형의 반복 → 가족 내 반복적으로 나타나고 있는 사건의 연결성**

④ **가족 구성원과의 관계**(구성원 간 단절 또는 융합, 밀착)

⑤ 가족관계(결혼, 입양, 별거, **동거가족** 등 혈연 또는 인위적인 관계)

⑥ 가족 구성원에 대한 상세한 정보(성별, 나이, 출생 및 사망시기, 직업, 교육수준, 결혼관계, 동거, 병력 등)

⑦ 가족구성원별 인생의 중요사건과 이에 대한 다른 가족구성원의 역할 분석

⑧ **가족구성원에 대한 객관적 정보를 파악**

⑨ 종단·횡단, 종합·통합적인 가족의 속성

⑩ **약물남용(알코올 중독)과 정신적 혹은 신체적 문제**

⑪ 가족기능의 불균형과 그것에 기여하는 요인 분석

⑫ 인종집단, 사회계층, 종교와 같은 사회적 정보

　　※ 가계도 : 가족과 환경 간 경계의 속성(×), 가족이 위치한 지역사회의 안정성과 쾌적성(×)

(3) 가계도의 장점

① **치료자 입장**

㉠ 복잡한 가족유형을 한눈에 파악할 수 있다.

㉡ 가족 안에서 **반복적으로 발생하는 행동 유형이나 주요 사건을 파악**할 수 있다.

㉢ 클라이언트의 증상이 원가족과 어떤 관련이 되어 있는지를 진단할 수 있어 치료의 목표나 방향을 설정하기에 용이하다.

㉣ **각 세대의 가족에 대한 중요한 정보**를 얻을 수 있다.

㉤ 가족 내 역동이나 여러 세대에 걸쳐 발전된 가족역할, 유형, 관계 등을 알아볼 수 있으며, **클라이언트와 사회복지사가 가계도를 같이 그려봄으로써** 가족을 하나의 단위로 보는 기회를 제공한다. [⑧]

② **내담자 입장**

㉠ 가계도를 통해 **자신과 자신의 가족 간의 관계를 인식하여 문제를 좀 더 명확히 직시**할 수 있고 이는 문제에 대한 인지적 측면에 크게 도움이 된다.

㉡ **가족 구성원이 자신들을 새로운 시점으로 볼 수 있도록 도와줌**으로써 치료에서 가족과 합류하는 중요한 방법이 된다.

(4) 가계도 기호

■ 가계도 그리는 방법 ■

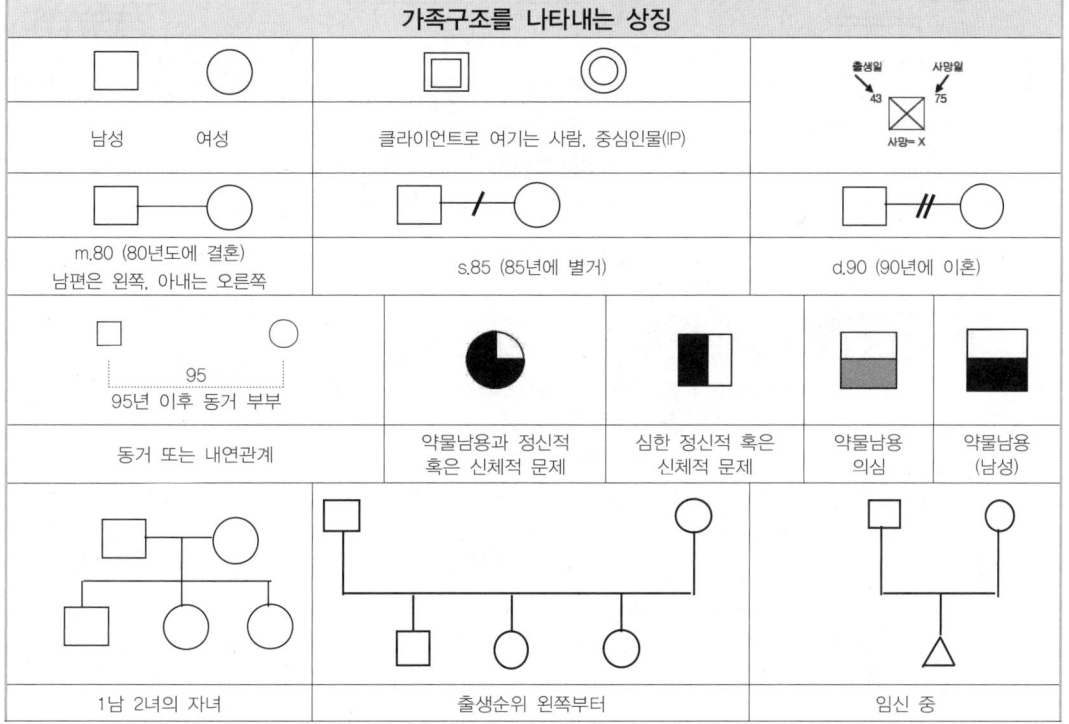

입양 혹은 위탁양육아동	자연유산	사산
인공 유산	이란성 쌍둥이	일란성 쌍둥이
		현재의 부모와 자녀를 점선으로 묶음(IP를 중심으로 한 현재가족을 점선으로 둘러쌈, 친권이 변한 경우는 그 이유를 설명할 것)
	가족 상호작용의 유형	
별 관심이 없는 관계(소원한 관계)	스트레스, 갈등관계	융합(매우 친한 관계)
친밀	이별 또는 단절된 관계 (날짜기록이 가능하면..)	갈등과 친밀한 관계가 공존함 (융합된 갈등관계)

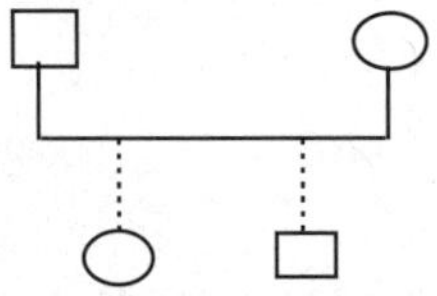

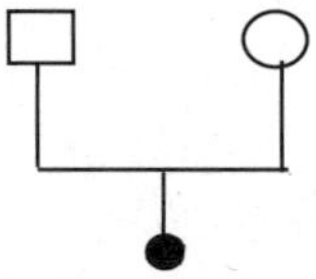

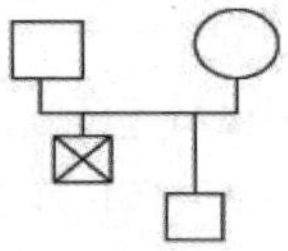

■ 가계도의 예(김혜란 외, 2005) ■

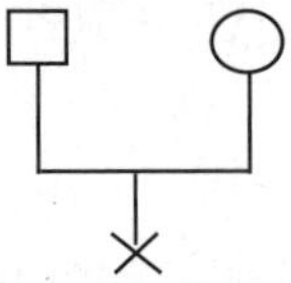

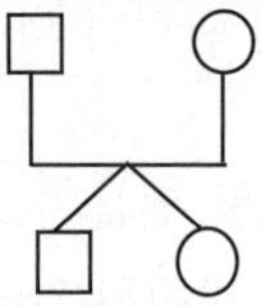

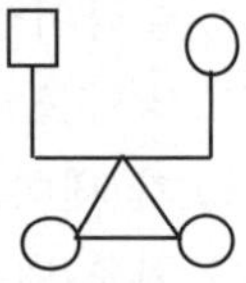

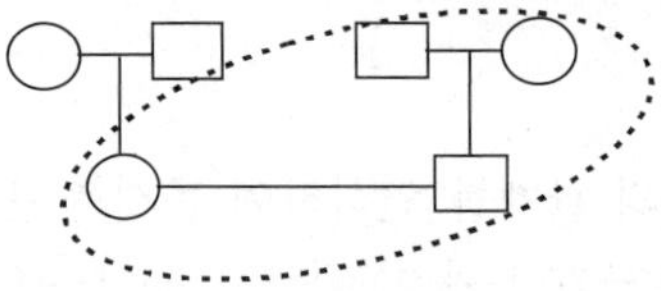

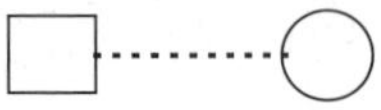

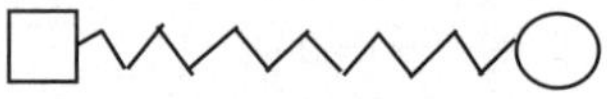

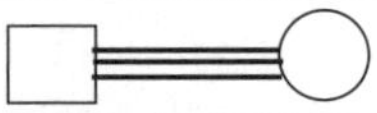

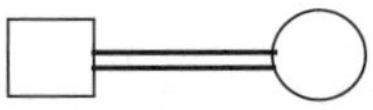

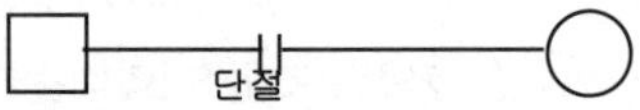

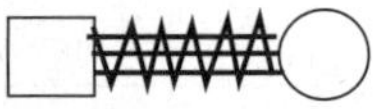

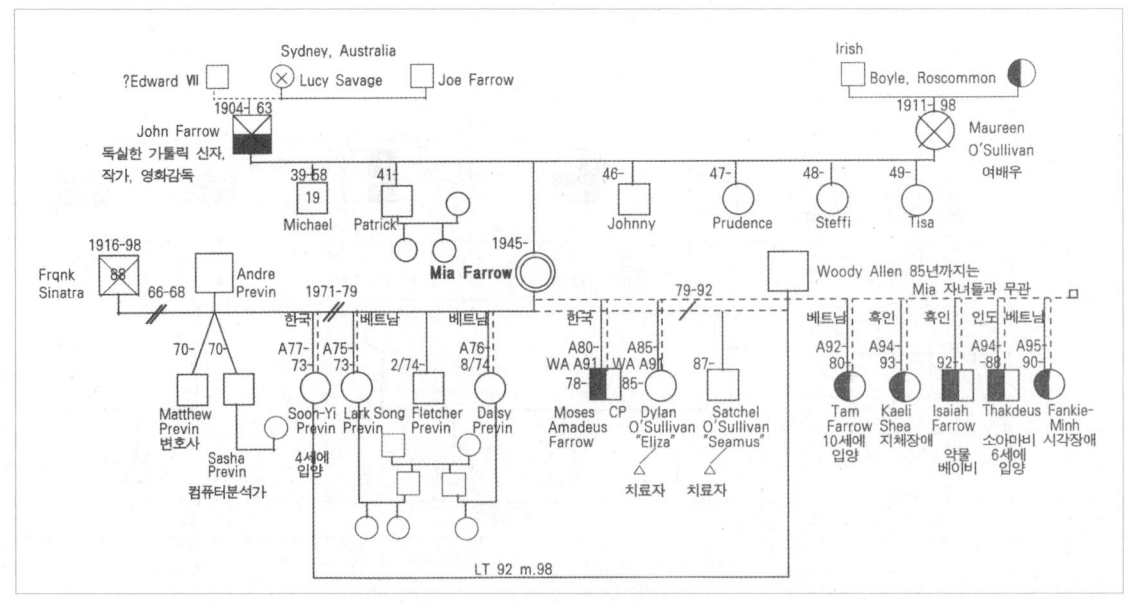

3 생태도(ecomap) [③⑨⑩⑮⑰⑳, 실천론 ②③⑤⑧⑪⑯⑱⑲㉑]

(1) 개 념

① 클라이언트의 상황에서 의미 있는 체계들과의 관계를 그림으로 표현함으로써 특정 문제에 대한 개입계획을 세우는데 매우 유용한 도구로 **앤 하트만(Ann Hartman, 1978)에 의해 개발**되었고, **클라이언트의 환경사정 도구**로 쓰이고 있다.

② 클라이언트의 양육환경과 유지환경의 종류와 관계의 질, 체계 사이의 에너지의 흐름을 보여줌으로써 **가족에 대한 현재 지역사회 자원이나 체계들의 영향과 상호작용의 변화**를 보여 준다. 이를 통해 **가족 내부에 대한 이해와 외부와의 연결과 적응 정도를 파악**(자원동원의 특징 알 수 있음)할 수 있다.

③ **클라이언트와 함께 작성**하여 함께 논의할 때 좋은 개입효과를 얻을 수 있고, 초점체계를 경계 짓는 원을 사용하여 나타내며, 관계를 상징하는 부호와 기호를 사용하는데 가계도와 공통으로 사용하기도 한다.
  ㉠ 사회복지사가 일방적으로 생태도를 작성하고 이에 대해 가족에게 설명하는 것이 아니라 **가족과 함께 생태도를 작성하고 가족이 먼저 분석하도록 격려**해야 한다.
  ㉡ 사회복지사가 분석할 때에는 가족의 피드백을 계속 구하고, **가족의 결핍, 문제보다 강점을 먼저 언급**할 필요가 있다.

④ 개입을 진행하는 과정에서 혹은 개입을 종결하는 과정에서 변화를 확인하기 위한 도구로 생태도를 반복적으로 사용하기도 한다.
  ※ 생태도는 진행과정과 종결과정에서도 활용한다.(O)

(2) 생태도를 통해 알 수 있는 정보

① 클라이언트의 양육환경과 유지환경의 종류와 관계의 질(관계의 방향과 정도)을 보여준다.
② 가족과 주변의 환경체계들 간의 관계와 자원 교환을 어떻게 하고 있는지 알 수 있게 해준다.
③ 스트레스와 관련된 자료, 중재되어야 할 갈등들을 보여준다.
④ 가족을 둘러싼 자원이나 에너지의 유입 또는 유출을 표시할 수 있어서 **가족이 현재 지역사회 자원이나 체계들과 어떤 영향을 주고받는지 알 수 있다**(원가족 관계 파악).
⑤ 가족과 함께 작성되기 때문에 가족이 겪고 있는 **갈등적 요소나 문제 그리고 가족이 보유하고 있는 자원의 유무와 교류 정도를 객관적으로 이해하고 수용할 수 있도록 해준다.
  ※ 생태도로 세대 간 반복되는 유형을 파악할 수 있다.(×)
  ※ 생태도를 통해 알 수 있는 내용 : 클라이언트·가족구성원의 생애동안 발생한 문제의 발전과정에 관한 정보(×)

(3) 생태도 작성방법

① 백지의 중앙에 가족체계를 상정하는 큰 원을 그린다.
② 큰 원 안에 현 가족의 구성원들이 표시된 간략한 가계도를 그린다.
③ 큰 원 주변에 가족 구성원 또는 가족체계에 영향을 미치는 주변 환경체계들을 그린다.

④ 가족체계와 주변 환경체계들과의 교류상황과 외부 환경체계들 간의 교류상황을 파악한다.
⑤ 그 상호교류의 성격을 선으로 표시한다.
⑥ 외부체계가 가족 전체와 연결되어 있으면 외부체계와 큰 원을 선으로 연결하고, 외부체계가 가족 내의 특정 개인과만 연결되어 있으면 그 개인과 외부체계를 선으로 연결한다.
⑦ 간략한 설명을 선 옆에 적는다.

■ 생태도 그리기 ■

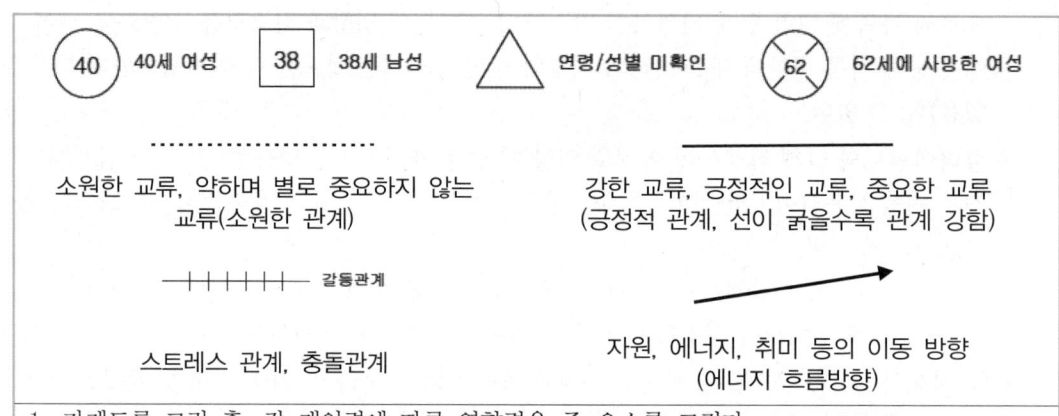

1. 가계도를 그린 후, 각 개인력에 따른 영향력을 준 요소를 그린다.
   (**원은** 자원의 양을 의미하며, **선은** 관계의 속성, **화살표는** 에너지와 자원의 흐름을 나타냄)
2. ○의 크기에 따라 개인에게 영향을 미치는 정도가 다르다.
3. ○이 가계도를 중심으로 가까운지 아니면, 멀리 떨어졌는지에 따라 관계의 정도가 다르다.
4. →의 굵기에 따라 영향력의 크고 작음을 구분할 수 있다.

■ 생태도의 예(남기철 외, 2005) ■

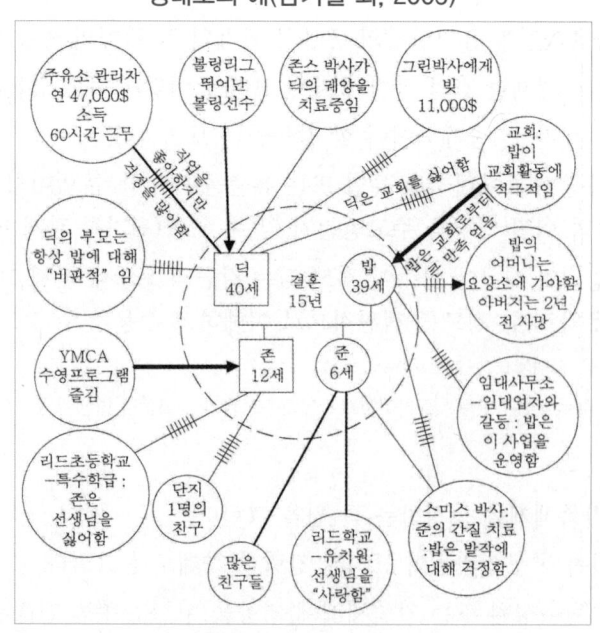

4 생활력 도표(life history grid, 생활력표) [25⑨②⑤⑰②, 실천론 ②⑲]

(1) 개념과 특성

① 생활력 도표는 1980년 Anderson과 Brown이 개발하였는데, **생활력을 간결하게 도표화하여 조직하는 도구로서 이전에 생활력에 대한 서술형식을 발전시킨 것이다.**
  ㉠ 생활력 도표는 클라이언트의 가족 구성원들이 생활하면서 겪었던 주요 사건을 **연대기적으로** 서술하되 표를 활용하여 작성한 것을 말한다.
  ㉡ 사회복지사는 문제나 사건의 발생시점을 묻고 후에 사회력 조사를 작성할 때 이를 **시기별 혹은 연도별로 순서대로(시계열적으로) 정리**할 수 있다.
  ㉢ 클라이언트나 가족이 겪고 있는 문제의 발생시점과 촉발사건이나 시점 등을 파악할 수 있는 장점이 있으며, 사건 간에 보이는 양상이나 사건 간의 관계를 파악할 수 있다.

② 이 도구는 **클라이언트가 아동이나 청소년일 경우에 더욱 효과적으로 적용**되는데 그 이유는 아동이나 청소년들이 성인집단보다 성장과정에서의 사건이 사회심리적으로 더 크게 영향을 받기 때문이다.

③ 사회복지사가 클라이언트의 문제의 원인에 대한 가설을 세우고 심층적 사정이 필요한 영역과 개입영역을 계획하는 데에 매우 유용한 도구이다.

> PIE 척도로 종단적 생활사건을 한 눈에 파악한다.(×)

(2) 생활력 도표의 활용

① 클라이언트의 현재 기능수행에 영향을 미치는 발달단계상 특정시기의 생활경험을 이해하는 데 도움이 된다.

> 생활력표를 활용하여 현재 어려움에 영향을 주는 발달단계 상의 경험을 이해한다.(○)

② 아동과 청소년 대상의 활동에서 유용하게 사용된다.

③ 출생부터 개입시점까지 클라이어트 삶의 다양한 시기에 관련된 여러 특징들을 조사하여 다른 자료들과 종합함으로써 클라이언트의 현재를 이해하는 데 도움이 된다.

■ 생활력 도표의 예 ■

연도	나이	주거지	가족상황	학교	건강	문제
1981	1	부산	부 : 27세 모 : 25세	-	정상출산	-
1983	3	대전	동생1 출생	-	천식발작 입원3일	-
1985	5	서울	동생2 출생	유치원 입학	천식발작 3번 입원	-
1986	6	서울	부 : 음주 심해짐	초등학교 입학	교통사고 다리부상	등교거부 잦은 결석
1987	7	청주	-	전학	-	학교에서 싸움, 말썽
1988	8	공주	부 : 실직	전학	-	-
1989	9	공주	모 : 취업	성적불량	천식발작	도벽

5 사회적 지지망

(1) 개 념

① 클라이언트가 적절하고 효과적인 사회적 지지를 사용하도록 돕기 위해서, 클라이언트를 잠재적인 사회적 지지를 확인하고 사정하는 도구이다.

② 사회적 망지도는 ㉠ 망규모, ㉡ 영역규모, ㉢ 정서적·구체적·정보적 지지의 이용 가능성에 대한 인지, ㉣ 비판성, ㉤ 친밀도, ㉥ 상호성, ㉦ 방향성, ㉧ 안정성, ㉨ 접촉빈도에 대한 정보를 준다.

③ 클라이언트의 사회적 및 환경적 자원에 관한 정보를 체계적으로 수집하는 데 유용, 사회적 지지망의 사회과정에서 가족이 지지망에 대한 통찰력을 가질 수 있도록 돕고, 이의 개선을 위한 대안을 모색하도록 격려한다.

(2) 활용 목적

가족원이 언제 그리고 어떤 상황에서 친구 혹은 가족에게 지지와 조언을 요청할 수 있는지를 명료화시켜 주고, 가족원은 어떻게 지지를 성공적으로 활용하는지 그리고 어떻게 미활용 자원을 탐색할 수 있는지를 규명할 수 있다. 또한 이 도구는 어떤 조건 하에서 그리고 어떤 영역에서 도움을 추구하지 말아야 하는지 보여준다.

■ 트레이시와 휘태커(Tracy & Whittaker)의 사회적 지지망지도 ■

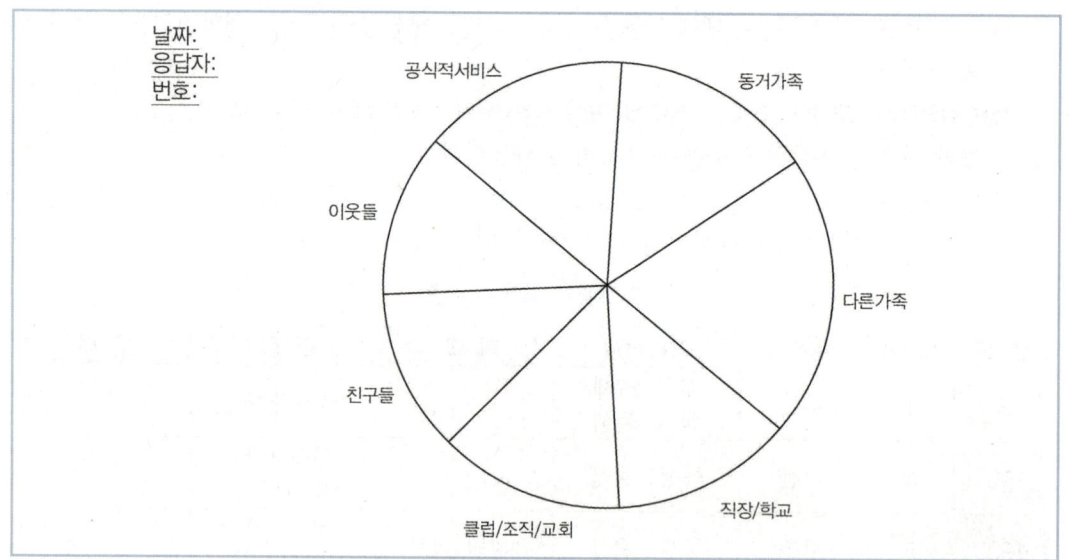

6 사회적 관계망표(social network grid, 사회적 관계망 격자, 사회적 관계망 그리드) [⑩⑭, 실천론 ⑥⑨⑲]

(1) 개 념

① 클라이언트가 사회적 지지를 유효 적절하게 활용하도록 하기 위해서 사회복지사는 개발 가능한 사회적 지지를 찾아내고 사정하도록 클라이언트를 격려해야 한다. 이러한 목적을 위해 트레이시(Tracy)가 개발하였다.

② **사회적 지지의 유형을 구분하고 가족의 환경과 필요한 자원을 파악하는 데 유용**하며, 개인과 가족의 사회적 지지체계의 사정에 사용된다.

> 사회적 관계망표로 사회적 관계에서의 지지 유형과 정도를 파악한다.(○)

③ 그림이나 표로 보여줌으로써 클라이언트의 관계망을 전체적으로 볼 수 있게 해준다.

(2) 사회적 관계망격자를 통해 알 수 있는 정보

① 사회적 관계망의 중요한 인물

② 사회적 지지를 받는 생활영역, 지지의 특정유형과 중요도

③ 사회적 지지의 성격(상호적, 일방적), 개인적 친밀감 정도, 접촉 빈도, 관계기간

(3) 사회적 관계망격자 작성 방법

① 우선 클라이언트가 중요하다고 생각되는 사람 15명을 선택한다. 가족이나 친·인척, 직장동료나 친구, 자신이 속한 단체나 클럽, 동아리의 회원, 친구, 이웃, 전문가 등이 포함된다.

② 이들의 이름은 표의 가장 좌측에 기록하고, 이들과 삶의 어떤 영역에서 접촉하게 되는지에 따라 해당 번호를 기입한다.

③ 그 사람들이 제공한 물질적 지지, 정서적 지지, 정보적 지지, 비판 등이 어느 정도 자주 있었는지에 따라 해당 번호를 기입하고, 이러한 지지의 방향 한 가지를 선택하여 기록한다.

④ 비판에 있어서는 클라이언트에게 비판적인 느낌을 주는 사람을 의미한다. 그리고 이러한 사람들과의 친밀성은 어떠한지, 얼마나 자주 보는지 그리고 얼마나 오랜 기간 동안 보아 왔는지를 파악하여 해당 번호를 기입한다.

■ 사회적 관계망 표 ■

클라이언트 이름		생활영역	물질적 지지	정서적 지지	정보/충고	비 판	원조의 방향	친밀성	만남 횟수	교류 기간
이름	NO	1.동거가족 2.다른가족 3.직장학교 4.조직 5.친구 6.전문가 7.기타	1.거의없음 2.간혹있음 3.거의항상	1.거의없음 2.간혹있음 3.거의항상	1.거의없음 2.간혹있음 3.거의항상	1.거의없음 2.간혹있음 3.거의항상	1.양방향 2.당신이 그들에게 방향 3.그들이 당신에게 방향	1.친밀하지 않음 2.보통으로 친밀함 3.매우 친밀함	0.보지않음 1.몇회/년 2.매달 3.주별 4.매일	1.1년 미만 2.1~5년 3.5년 이상
	1									
	2									
	3									
	4									
	5									
	:									
	15									

※ 출처 : Tracy, E. & Whitaker, J. (1990). The Social Network Map : Assessing Social Support in Clinical Practice. Families in Society, 71, 461-470

가족대상 실천기법 : 가족치료의 다양한 접근

제3부 **가족대상 사회복지실천과 기술**

제9장 회차별 출제빈도, 출제비중 및 출제논점 1, 2, 3순위

10회 2012	11회 2013	12회 2014	13회 2015	14회 2016	15회 2017	16회 2018	17회 2019	18회 2020	19회 2021	20회 2022	21회 2023	22회 2024
5	5	5	4	7	6	3	5(1)	4	8	6	4	5(2)

출제 비중	출제 논점		
	1순위 ☺	2순위 ※	3순위 ☆
35₈	① 미누친(Minuchin)의 구조적 가족치료 ② 보웬식 가족치료: 세대 간(다세대) 가족치료 ③ 사티어(Satir)의 경험적 가족치료: 성장모델 ④ 해결중심 가족치료 ⑤ 전략적 가족치료	① 이야기 치료: 외현화	① 가족 외부 환경에 대한 개입 : 가족옹호

1순위 스마일표시(☺) : 출제 빈출도가 높은 부분으로 무조건 시험에 출제되는 영역
2순위 당구장표시(※) : 나왔다 안 나왔다 하는 영역이지만 출제가능성 높은 영역
3순위 별 표(☆)   : 출제 된 적이 있긴 하지만 다시 출제될 가능성은 다소 떨어지는 영역

1 미누친(Minuchin)의 구조적 가족치료(structural family therapy) [③⑤⑦⑧⑨⑩⑪⑫⑬⑮⑰⑳]

(1) 개 요

① **기본 특징** → "뼈대를 바로 세우자~!!"
  ㉠ 1970년대 미누친(Minuchin)에 의해 창시되어 발전해 온 가족치료 접근법으로, 빈곤가족이나 제3세계 가족 등 구조적 문제를 가지는 가족을 위한 개입방법으로 개발
  ㉡ 가족의 구조적 문제에 대한 개입을 먼저 시도한다. 즉 **가족을 재구조화함으로써 가족이 적절한 기능을 수행할 수 있도록 돕는 가족치료 방법**이다.
    ㉮ 가족구조는 가족 간 상호작용이 지속적으로 일어나는 형태를 말하는 것으로, 가족의 하위체계, 경계, 가족규칙, 역할, 힘과 권력 등을 포함한다.
    ㉯ 구조적 개입이 요구되는 가족들은 빈곤가족이나 제3세계 가족 등 교육수준이 낮은 경우가 많아 가족구조를 재구조화하는 과정에서 사회복지사는 적극적인 개입을 한다.

② **치료 목표** : 가족의 역기능적 구조를 바로잡는 일(**가족구조의 재구조화**)
  ※ 가족치료모델의 개입 목표 : 구조적 가족치료 - 가족관계 역기능을 유발하는 가족 위계와 경계의 변화 도모(○)

(2) 치료기법

구조적 가족치료의 기법은 가족이 보다 바람직한 교류유형을 발달시킬 수 있는 맥락을 만들어 내는 것이 중요하다는 이론에 근거한 것으로, **교류기법은 목적에 따라 교류의 창조, 교류와의 합류, 교류의 재구성화의 세 가지 범주로 나눌 수 있다.**

① **교류의 창조**(creation of transaction) : 치료적 효과와 연결될 수 있는 가족 구성원 간의 교류를 사회복지사가 의도적으로 만들어내는 기법이다.

② **교류와의 합류**(joining with the transaction) : 합류는 사회복지사가 자신을 가족상호작용의 일부분으로 자연스럽게 포함시키는 활동(가족과 인간적인 관여를 하는 것)으로, 라포와 비슷한 개념인데 라포가 치료적 관계의 상태를 의미한다면, 합류는 치료자의 행동을 표현하는 용어라고 할 수 있다.

③ **교류의 재구조화**(restructuring the transaction) : 가족의 교류 유형을 변화시켜서 클라이언트가 문제를 나타내지 않아도 되는 바람직한 가족구조를 만들어 내려는 기법이다.

(3) 구조적 가족치료 개입기법 [⑭⑳]

① **경계만들기**(boundary making) [⑦⑨⑮⑰⑳]
  ㉠ 하위체계 간 경계를 만드는 것으로 가족 내 하위체계들 간의 경계가 지나치게 유리되거나 밀착된 경우에 유리된 경계는 보다 가깝게 하며, 밀착된 경계는 어느 정도 거리를 두도록 만드는 것이다.
    ※ 부모가 청소년 자녀의 사생활에 지나치게 간섭하는 경우, 자녀가 부모의 방해를 받지 않고 자신의 느낌과 주장을 이야기 하도록, 부모는 자녀의 이야기를 경청하도록 요청함으로써 부모와 자녀 사이에 경계를 만들고 자녀가 자율성을 확보하도록 지원한다. "자, 이번에는 철수와 영이가 이야기해 볼래? 다른 사람은 잘 들어보세요."라고 말한다.
    ※ 사회복지사가 자신의 신체를 이용해 분리되어야 할 사람끼리 눈 마주치는 것을 방해하는 것도 경계 만들기이다.(○)

ⓛ 가족의 재구조화를 위해서는 부부체계 간의 명확한 경계와 부모와 자녀의 하위체계 간의 분명한 경계를 설정하는 것이 매우 중요하다.
  ㉮ **밀착된 가족에 대한 개입** : 하위체계 간의 경계선을 강화시키고 **각 개인의 독립성**을 키워준다.
  ㉯ **분리된 가족에 대한 개입 : 가족성원 간의 지지적이고 통제하는 기능을 강화**하여 하위체계 간의 교류를 촉진시키고 경직된 경계선을 완화시킨다.

② **가족지도(family map)** [⑮㉑]
  ㉠ 미누친(Minuchin)이 가족구조를 명확히 하기 위해 사용한 도표로, 면담을 통해 가족 내의 세력관계나 의사소통방법, 정서 등을 관찰하여 이것을 가설로서 조직적으로 도식화하여 가족의 복잡한 문제를 단순화한다.
  ㉡ 명료한 경계, 밀착된 경계, 유리된 경계, 협력관계, 지나친 밀착관계, 갈등관계, 연합, 우회 등을 표시한다.
   ✕ 가족지도로 가족생활주기를 파악한다.(✕)

③ **합류하기(joining)** [⑧⑨⑫⑬⑰⑱⑲⑳]
  ㉠ 사회복지사가 개입 시 가족의 분위기를 파악하여 그에 맞추어 행동하거나 감정을 표현하는 것으로, 가족과 하나가 되어 가족과 섞이는 방법이다.
  ㉡ 사회복지사가 가족을 수용하고 가족에 적응하는 것으로, 개입 초기단계에 많이 활용된다.
   예) 치료자는 가족의 중심인물이 아버지라고 판단되면 면담과정에서 "제가 아들에게 뭘 물어도 좋을까요?"라고 양해를 구하고 가족성원과 교류한다.
   예) 개입 초기 가족의 대변인인 어머니와 의사소통을 시작하였다. 가족이 사용하는 용어를 활용하고 가족의 대화속도에 맞추어 대화를 하여 문제를 파악하고 라포를 형성하였다.

④ **실연(enactment)** [⑨⑮⑲⑳]
  치료면담 중에 가족에게 역기능적인 가족성원 간의 교류를 실제로 재연시키는 것으로 가족들은 치료자 앞에서 가족의 문제나 갈등 상황을 직접 실행해 보게 한다.
   예) "그 점에 관하여 남편에게 직접 이야기해 보시죠"
   예) 아무리해도 말이 안 통한다고 하는 부부에게 "여기서 직접 한 번 서로 말씀해 보도록 하겠습니까?"

⑤ **긴장 고조시키기**
  가족 내의 긴장을 고조시킴으로써 대안적인 갈등해결 방법을 사용하도록 돕는 기법이다.
   예) 모녀 간의 의사소통에 끼어들며 계속 해석하는 장남에게 "잠깐만"이라고 말하면서 의사소통 통로를 차단한 후 딸에게 "계속해서 이야기 하세요."라고 말함. 결과적으로 모녀 간 접촉을 증가시켜줌으로써 가족조직에 융통성이 생기며, 모녀의 하위체계가 가까워지므로 재구조화가 이루어질 수 있다.

⑥ **과제부여(과제주기)** [⑮]
  가족 상호교류에서 자연스럽게 발전될 수 없는 행위를 실연해 보도록 하며, 가족이 행할 필요가 있는 분야를 개발시키기 위하여 과제를 주는 것이다.
   예) 치료면담 중 내릴 수 있는 과제 : "3분 동안 방해하지 마세요.", 혹은 "위치를 바꾸어 서로 좀 더 가까이 앉으세요."라고 사회복지사가 가족에게 요구한다.

⑦ **균형 깨뜨리기(unbalancing)** [⑰㉑]
가족 내 하위체계들 간의 역기능적 균형을 깨뜨리기 위한 기법이다.

> 예) 지나치게 권위적이고 지배적인 남편과 온순하지만 자신의 주장을 갖기 시작한 부인 사이에서 사회복지사는 의도적으로 부인의 편을 듦으로써 역기능적 균형을 깨뜨릴 수 있다.

2 보웬식 가족치료(Bowenian family therapy) : 세대 간(다세대) 가족치료 [⑤⑥⑨⑩⑬⑮⑰⑳㉒]

(1) 기본 특징 → "원가족의 피는 못 속여~!!"

① 한 개인이 원가족과 정서적으로 어떻게 연결되었으며, 그것이 각 개인 삶의 방식에 어떤 영향을 주는지를 이해하려는 것으로 다세대 가족과정에 초점을 맞추며 가족이라는 맥락에서 한 개인을 인식하려는 접근이다.

② **치료목표** : 가족 성원을 부모의 원가족의 자아집합체 또는 정서체계로부터 분리시켜 독립하여 자율적으로 기능할 수 있도록 돕는 것이다. 이상적인 발달은 원가족과 분화가 이루어지고 불안이 낮으며 정서적 접촉이 일어나는 가족이다.

> 가족치료모델의 개입 목표 : 경험적 가족치료 - 가족이 미분화에서 벗어나 가족체계의 변화를 달성(O)

③ **보웬의 이론에서 핵심적인 2가지 변인**
  ㉠ 불안의 정도
  ㉡ 자아분화의 통합(the integration of the differentiation of self) 정도

(2) 주요 개념

① **자아분화** [⑩⑭⑮㉑㉒]
  ㉠ 자아분화는 정신 내적 수준과 상호 대인적 수준의 두 가지 면이 있다.
    ㉮ **정신내적 분화** : 사고로부터 감정을 분리할 수 있는 능력을 말하는 것으로, 자신의 지적 측면과 정서적 측면의 구분을 의미한다.
    ㉯ **대인관계적 분화** : 자신과 자신이 아닌 것을 구별하는 것으로, 타인과 친밀하면서도 독립성을 유지하는 능력을 말한다. 자신의 자아를 발달시키지 못한 사람은 거짓 자아를 가지며 자주적이며 독립적인 행동을 하지 못하고 다른 사람과 융해되려는 경향을 가진다.
  ㉡ **분화정도가 낮은 사람** : 분화 정도가 낮은 사람은 정서적 반응에 좌우되기 쉽고 낮은 수준의 스트레스에도 역기능적으로 반응하는 경향을 보인다.
    ㉮ 미분화된 사람들은 감정으로부터 사고를 구별하기 어렵고 객관적인 사고를 거의 할 수 없다.
    ㉯ 미분화된 사람들은 자신의 생각이나 의견이 중요하지 않고 대신 다른 사람에게 좋은 인상을 주는 것에 관심이 많아 남의 인정이나 요구에 민감하게 반응하고 의존적이다.
    ㉰ 자아분화수준이 낮은 부모는 미분화에서 오는 자신들의 불안이나 갈등을 삼각관계를 통해 회피하려 한다.
  ㉢ **분화정도가 높은 사람** : 분화되면 될수록 개인은 집단 안에서 정서적 접촉을 하는 동안 하나의 개체가 될 수 있다.

㉮ 자아분화 수준이 높을수록 사고와 감정이 균형을 이루며 적응력과 자율성이 커진다.
㉯ 자아분화 수준이 높을수록 삼각관계가 형성될 가능성이 낮으며 타인과 융합하려는 경향이 작아진다.
   ✗ 자아분화 수준이 높을수록 삼각관계가 형성될 가능성이 높다.(×)

② **삼각관계(triangulation)** [㉒]
   ㉠ 어떤 두 사람이 자신들의 정서적 문제에 또 다른 한 사람을 끌어들이는 형태로 기술하는 개념이다.
   ㉡ **삼각관계의 원인이 되는 것은 '불안'**이며, 삼각관계를 강화시키는 요소는 가족의 분화수준과 관계가 있다.
   ㉢ 삼각관계를 형성하는 것은 **가족 관계에서 오는 불안과 긴장을 완화시키기 위해 가족 성원 중 한 사람을 관계로 끌어들이는 행위**라 할 수 있다.
   ㉣ 삼각관계는 문제의 근본적인 해결이 되지 못할 뿐 아니라 새로운 문제를 야기하는데, 상처받기 쉬운 성향을 가진 자녀가 삼각관계에 연루될 경우 여러 가지 문제 증상을 보일 수 있다.

③ **핵가족의 정서적 체계의 구성(핵가족 정서과정)** [㉒]
   핵가족 정서체계란 가족이 융해(fusion)되거나 감정적으로 하나되는 상태를 이르는 말이다. 즉 가족들이 감정적 연결 정도가 얼마나 강한지를 나타내는 말이다.
   ✓ 정서적 체계 : 부모의 긴장관계가 아동 자녀에게 주는 정서적 영향을 파악함(○)

④ **가족투사 과정** [㉒]
   부모가 불안이 증가될 때 그들의 갈등을(자신의 미분화된 정서문제를) 자녀에게 전가하는 과정을 가족 투사과정이라 한다.
   ✓ 가족투사 과정 : 핵가족의 부부체계가 자신들의 불안을 아동 자녀에게 투영하는 과정을 검토함(○)

⑤ **다세대 전이(다세대 전수과정)** [㉑㉒]
   핵가족 안에서 개인뿐만 아니라 여러 세대에 걸친 핵가족을 포함하는 정서적 장애를 의미한다. 즉 **가족정서과정(분화수준, 삼각관계, 융합 등)이 그 세대에서 그치는 것이 아니라 대를 이어 전개되는 것이다.**
   ✓ 자아분화는 여러 세대에 거쳐 전수될 수 있다.(○)
   ✓ 다세대 전이 : 가족의 관계 형성이나 정서, 증상이 여러 세대에 걸쳐 전수되는 것을 파악함(○)

⑥ **출생순위**
   ㉠ 보웬은 **가족 내 형제 순위를 기초로 하여 자녀들의 성격이 일관되게 발달**한다고 하였다.
   ㉡ **자녀의 위치는 분화수준과 관련**이 있는데, 자녀들이 가지고 있는 위치는 부모들의 기대수준과 관련이 있다.
      ㉮ 기대수준이 높은 자녀 위치를 가지고 있는 장남과 장녀는 분화수준이 떨어질 가능성이 있다.
      ㉯ 부모의 기대수준이 낮은 자녀의 위치는 부모와 삼각관계에 잘 매이지 않게 되기 때문에, 자신의 독립된 생각에 의해 행동할 가능성이 많아지며 독립된 생각을 많이 할수록 분화

수준은 올라갈 수 있다.
⑦ **정서적 단절** : 부모와의 관계에서 과거에 해결하지 못한 정서적 애착을 처리하는 과정으로서 원가족과 정서적으로 분리하려는 시도이다.

(3) 상담기법

① **탈삼각화** : 두 성원들의 감정 영역에서 제3성원을 분리시키는 과정 [6⑪⑫⑬⑭㉑]
  ㉠ 삼각관계를 억지로 와해시키는 것이 아니라 **기존의 삼각관계가 아닌 새로운 유형의 삼각관계를 만드는 것이다.**
    ㉮ 새로운 삼각관계에는 사회복지사 또는 치료자가 포함된 관계로서 제3자가 된 치료자가 중립적인 정서적 관계를 만들어내는 것이다.
    ㉯ 새로운 삼각관계는 가족들에게 익숙하지 않은 것이기 때문에 저항이나 비난이 쏟아질 수 있으므로 치료자는 객관적인 자세를 견지하고 가족들을 설득해야 한다.
  ㉡ **활용**
    예) 가족 사정 단계에서 아내는 자신에게서 멀어지는 남편을 대신하여 아들(15세)에게 지나치게 관여해 왔고, 아들은 부모의 관계 회복을 위해 문제행동을 나타내는 것으로 파악되었다. 어머니는 아들의 문제행동 해결을 위해 몇 차례 자녀훈육기술 교육을 받았으나 별효과가 없었다고 한다. 따라서 **사회복지사는 아들의 문제행동을 주요 개입대상으로 삼는 대신 아내가 남편과의 갈등을 직접 해결하도록 돕는** 노력을 하기로 했다.

② **가계도** : 여러 세대에 걸친 가족의 정서체계를 도식화하는 방법이다. [⑮]

③ **교육** : 교육 활동을 위해 사용되는 도구가 앞서 살펴본 '가계도'가 있지만 보웬은 여기에서 더 나아가 가족치료이론을 교육하고자 하였다.

④ **나-전달법(I-position, 나-입장취하기)** [⑮]
  ㉠ 정서적 과정과 지적과정을 분리하는 방법으로 사실과 감정을 혼동하지 않도록 하는 것으로, **타인을 비난하는 대신 자신이 생각하고 느낀 바를 말하며 탈삼각화를 촉진**한다.
  ㉡ 일어난 사건은 사건으로 인식하며 그 사건에 대한 정서적 반응은 본인이 스스로 책임지도록 하는 방법이다.
    예) "매일 남편이 늦게 들어오기 때문에 죽겠다."가 아니라, "남편이 매일 늦어서 내가 걱정되어 죽겠다."이다.
    ※ 나-입장취하기(I-position)는 타인을 비난하는 대신 자신이 생각하고 느낀 바를 말하며 탈삼각화를 촉진한다.(O)

⑤ **코칭(coaching)** [⑪⑰]
  ㉠ 내담자가 직접 가족문제를 해결하도록 치료자는 뒤에서 지지하고 조언하는 역할을 수행하는 것을 말한다.
  ㉡ 치료자는 전문적 코치의 역할을 하게 되는데 이는 중립적이고 객관적인 입장에서 조언을 하며 이를 통해 개인의 분화를 돕는다.

> ✏️ **암기법**
> 보웬은 다세대 파악을 위해 가계도 활용, 가계도는 가족과 함께 그리기에 교육적 효과 있는데, 가족들에게 가족치료이론까지 공부시키려 하고 코칭까지 하려다보니 가족들이 탈(탈삼각화)나(나-전달법)!!

3 사티어(Satir)의 경험적 가족치료 : 성장모델 [①③⑤⑦⑨⑩⑪⑫⑬⑮⑲㉑]

(1) 기본 특징 → "너도 경험해봐야 안다~!! 너도 당해도 싸다(싸티어)~!!"

① 가족 구성원들이 겪고 있는 현재의 문제에 대해 적절한 경험을 하게 함으로써 문제의 해결을 시도한다. 즉 가족과 치료자 간의 상호작용적 경험이 성장의 계기가 된다.

② 전통적인 정신분석학이 치료시간이 너무 많이 걸린다는 단점이 있으므로 **의사소통능력을 척도로 한 새로운 치료 방법**을 고안하게 되었다.

③ 인간을 긍정적으로 이해하고 따뜻한 태도를 견지하는데, 이는 **치료과정에서 가족들의 자존감을 향상시켜 줄 뿐 아니라 분명한 의사소통 방법을 배울 수 있는 기회가 되며 가족의 칭찬할 만한 것들을 찾아내어 확대**시키게 된다.

④ 치료자와 내담자와의 관계가 평등하다는 가치를 가지고 있고, 인간 개개인의 능력을 긍정적으로 바라보기 때문에 **성장모델**로 불리기도 한다.

⑤ 자기가치, 의사소통, 가족규칙, 사회와의 연결망 등 네 가지 측면에서의 개입을 시도하여 성숙, 자아존중감, 가족규칙 그리고 의사소통을 중시하였다.

(2) 주요 개념

① **가족규칙** : 사티어는 고통의 원인을 나쁜 사람에게서 찾는 것이 아니라 나쁜 규칙에서 찾고자 했으며, 의사소통을 관찰함으로써 가족규칙을 발견하는 것에 관심을 두었다.

② **자아존중과 자기가치** [⑤⑲]

㉠ 자아존중이나 자기가치는 자기가 자신에게 가지는 애착, 사랑, 신뢰, 존중과 같은 것으로, 자아존중감이 높은 사람은 자신을 소중하게 여기고 타인을 존중하며 책임감이 큰사람이다.

㉡ **감정측면을 중요시하여 가족성원들의 자존감정을 증가시키는 것을 가족치료의 중요한 과정으로 다루고 가족치료의 목표**로 한다.

　　사티어의 의사소통 가족치료 모델 : 자아존중감 향상을 목적으로 한다.(O)
　　사티어의 의사소통 유형 : 일치형 의사소통 유형이 치료의 목표다.(O)

③ **의사소통 유형** [⑤⑪⑫③⑤⑥⑰⑲⑳㉒]

㉠ **효과적인 의사소통과 자존감은 상호 비례관계**이다.

　㉮ 가족의 의사소통양식은 가족구성원들의 자아존중감을 반영한다.
　㉯ 자아존중감이 낮을 때 의사전달의 문제가 발생할 가능성이 높다고 보았다.

㉡ 의사소통의 두 가지 수준

　㉮ **언어적 메시지** : 표현되는 수준, 즉 문자 그대로의 내용
　㉯ **비언어적 메시지** : 메타 커뮤니케이션 수준, 즉 메시지에 대한 메시지라고 할 수 있는데, 메시지를 전달할 때에 태도로서 눈살 찌푸림, 얼굴 찡그림, 굳은 표정 등의 비언어적인 것과 의사소통을 하는 상황이 메시지와 함께 전달되는 것 → **비언어적 메시지는 보통 사람의 내적 상태(정서)를 반영**

ⓒ 스트레스를 받는 상황에서 자신을 방어하기 위해 역기능적 의사소통을 하게 되는데, **역기능적 의사소통에서 공통적으로 발견되는 현상은 언어적 메시지의 내용과 비언어적 메시지의 내용이 일치하지 않는다는 것이다.**

㉮ 두 종류의 메시지 내용이 일치하지 않는다는 것은 개인의 진실한 내적 감정상태가 상대방에게 전달되지 못함을 의미하고, 의사소통의 상대방은 이중메시지를 받게 되어 어떤 메시지를 진정한 메시지로 받아들여야 할지 고민하게 된다.

　※ 사티어의 의사소통 유형 : 역기능적 의사소통 유형에서 공통적으로 발견되는 것은 언어적 메시지와 비언어적 메시지의 불일치다.(○)

㉯ **불일치하는 의사소통을 구사하게 되는 이유**

　ⓐ 자신이 성장한 가족 안에 존재하는 명시적·묵시적 규칙에 의해 습관화된 경우
　ⓑ 자신의 부모가 하는 이중적 의사소통양식을 보고 배운 경우
　ⓒ 다른 사람의 이중 메시지를 접하고 나서 자신을 보호하고자 하는 생존방식의 발로인 경우

㉰ 대부분의 사람들은 자신과 타인, 주변 환경이라는 생활공간에서 자신이 살아남기 위해 불일치형 의사소통을 구사한다고 보는 것이 사티어의 주된 관점이다.

　※ 사티어의 의사소통 유형 : 가족생활주기는 역기능적 의사소통 유형에 영향을 미친다.(×)

ⓓ 사티어는 가족구성원들이 나타내는 의사소통 유형을 **다섯 가지(일치형과 4가지의 불일치형)로 제시하였다.**

■ 사티어(Satir)의 의사소통 유형 ■

분류		자신	타인	상황	내 용	내적 정서상태	해설
	일치형 (congruent) ⇩ 기능적 의사소통	존중	존중	존중	언어적 메시지와 억양, 표정, 자세, 내부정서 등이 일치함 언어에 진솔한 감정이 묻어남 직접적 의사소통을 함	"나는 나의 본연의 모습과 감정에 충실하다" "타인과 주변 상황도 충분히 존중되어야 한다"	남을 통제, 무시, 공격하거나 자신을 방어하기 위해서가 아니라, 자신이기를 선택하고 타인과 연결되기 위함임
불일치형 ⇩ 역기능적 의사소통	회유형 (아첨형) (placater)	무시	존중	존중	"모두 내 잘못입니다." "당신이 없으면 나는 아무것도 아닙니다." "당신의 말은 무엇이든 옳습니다. 나는 오직 당신을 기쁘게 하기 위해 여기 있습니다."	"나는 쓸모없고, 사랑받을 만하지 못하다." "어떤 일이 있어도 다른 사람의 기분을 상하게 해서는 안 된다." "나는 구제불능이다."	일치형 의사소통을 하는 사람에게는 잘 통하지 않으며, 비난형의 사람이 이 유형의 사람을 받아들임
	비난형 (blamer)	존중	무시	존중	"당신, 잘하는 일이 하나도 없군." "어떻게 된 거야?" "이 모든 것이 당신 때문이야"	"나는 외롭다." "나의 낮은 자존감을 노출시켜서는 안 된다." "나는 실패자다."	취약한 자신을 보호하기 위해 타인과 주변 환경을 괴롭히고 비난함, 상대방이 당당하고 강하게 나오면 쉽게 무너져 내림

계산형 (초이성형) (super -resonable)	무시	무시	존중	"최근의 연구자료에 의하면…." "객관적 사실과 정확한 논리에 의해 판단해 본다면…"	"나는 상처받기 쉽다." "나는 완벽한 내 모습을 나타내 보여야 한다." "감정은 나약한 것이다."	완벽하게 생각하고 표현하기 위해 복잡하고 현학적인 용어를 사용하여 미세한 사실을 장황하게 설명하려는 성향이 있음. 주변의 타인이나 전체사회와 거리를 두고 고립되는 경향이 있음
혼란형 (주의산만형) (irrelevant)	무시	무시	무시	상황과 동떨어진 말을 함 현재 진행되고 있는 화제와 전혀 다른 말을 꺼냄	"나에게 신경을 쓰는 사람 아무도 없다." "내가 설 자리가 없군."	재미있고 익살스러운 모습과 혼동되며, 초이성형과 정반대의 모습, 주의를 끌기 위해 행동

- 회유형 의사소통은 기능적 의사소통이다.(×)
- 초이성형 : 자신 존중, 타인 무시, 상황 무시(×)
- 비난형은 자기 생각을 관철시키려고 어려운 말로 장황하게 설명한다.(×)

암기법
싸티어가 회(회유형)비(비난형)계산(계산형)하는데, (회비 안내려고)싸게 구니까 회비계산하는 사람이 혼란(혼란형)스럽다!

(3) 대표적 기법

① 가족조각(family sculture)기법 [①③⑦⑨⑭⑮⑯⑰⑲㉑]

㉠ 가족구성원들이 자신의 가족관계나 가족끼리의 상호작용 패턴을 **말 대신 몸으로 표현하는 것**인데 활용되는 재료는 가족들로서 위치나 자세를 통해서 표현하는 것이다.

㉮ 가족 중 한 사람이 자신의 생각이나 정서에 따라 다른 가족 성원을 특정 공간 여기저기에 배열한 후 서있거나 구부리거나 창밖을 보거나 하는 등의 몸의 자세 등을 요구한다.

㉯ 가족 간의 상호작용 유형을 파악하는 **무언의 동작표현**으로, 웃거나 이야기하는 일 등은 자기를 드러내지 않으려는 자기방어적 행동일 수 있기 때문에 **가족조각을 하는 동안 가족은 서로 이야기를 하거나 웃지 않도록 해야 한다.**

㉰ 가족을 조각한 사람은 자신을 제외한 다른 가족구성원들을 이용해 가족조각을 마친 후 **조각을 만든 개인도 맨 마지막에 자신이 만든 조각의 어느 한 부분에 들어가 동작을 취해야 한다.**

㉱ 조각이 만들어지는 전 과정에서 사회복지사는 자신의 경험과 통찰력을 이용해서 가족조각을 만들어 가는 가족구성원을 적극적으로 도와주어야 한다.

㉲ 가족조각을 마친 후 사회복지사는 각 가족구성원에게 가족조각에 대해 어떤 생각과 느낌이 묻게 되는데, **가족의 이성적 피드백보다 감정을 나타내는 피드백이 이루어져야 효과적이다.**

㉳ 가족조각에 대한 피드백 주고받기 상황이 끝나면 각 가족구성원들로 하여금 문제를 가지고 있는 현재의 조각이 어떻게 변화되었으면 좋겠는가를 생각해 낸 후 그것을 다시 조각으로 표현하게 한다.

ⓒ 가족조각을 통해 **가족 내 숨겨진 가족규칙, 가족신화, 가족 간의 친밀도, 가족성원들의 감정** 등을 알 수 있다.
  ㉮ 가족끼리의 연합이나 동맹 그리고 갈등 등을 시각적, 감각적 그리고 공간적으로 구체화시킬 수 있는 장점이 있다.
  ㉯ 가족에게 자신들의 문제를 언어 이외의 방법으로 표출하거나 가족이 자신의 감정을 깨닫게 하는 데 유용하다.
    ※ 자녀양육 어려움을 호소하는 가족의 경우 자녀 입장의 가족조각으로 자녀가 인식하는 가족관계를 탐색한다.(○)

② **가족 그림(family drawing)** [⑭]
  ㉠ 서로 연결된 그림을 그리도록 가족들에게 지시한 후에 전체를 통합하여 하나의 통일된 그림으로 완성하게 하는 치료기법이다.
  ㉡ 가족 성원에게 자신이 느끼는 데로 자유롭게 가족에 관해 그림을 그리도록 함으로써, 미처 생각하지 못했거나 대화하지 못했던 상황을 경험하게 돕는 기법이다.

③ **빙산기법** [⑮⑰]
  클라이언트의 변화를 촉구하기 위해서는 표면적인 경험뿐만 아니라, 잠재되어 있는 **내적 과정도 다루어주어 역동적으로 변화시키기 위해 사용**되는 기법이다.
    ※ 사티어의 의사소통 가족치료 모델 : 개인의 내적 과정을 이끌어내기 위해 빙산기법을 활용한다.(○)
    ※ 전략적 가족치료 : 빙산기법을 이용한다.(×)

④ **역할극/역할연습(role play)** : 사회복지사가 **한 가족 성원에게 다른 가족 성원의 역할을 수행해 보도록 요청**함으로써 다른 성원의 느낌과 행동을 다른 성원의 시각에서 경험하도록 돕는다.

⑤ **역할반전(role reversal)** : **가족의 두 성원들이 서로의 역할을 바꾸는 경우**를 말한다.

⑥ **모의가족(simulated family)** : 가족 내의 바람직한 의사소통 방법과 입장을 배우기 위해 **모의형태의 가족이 되어 연기해 보고 연습해 보는 기법**이다.

4 해결중심 가족치료(Solution focused family therapy) [②⑤⑦⑨⑩⑪⑫⑬⑭⑮⑯⑰⑱⑳]

(1) 개요 → "문제중심에서 해결중심으로 전환"
  ① 1978년 설립된 밀워키의 단기 가족치료센터를 중심으로 시작되었다가 **인수 버그(Insoo Kim Berg) 부부가 이론적 토대를 마련하여 발전**시켰다.
    ㉠ **인간과 문제를** 유전적 요소나 성장과정, 가족적 배경에 의해 결정된다고 보지 않고 **변화 가능한 것으로 바라본다.**
    ㉡ **인간의 잠재적 자원, 문제해결능력, 과거의 성공적 경험, 변화욕구 등을 중요시**한다.
    ㉢ **클라이언트 지향적인 접근방법(클라이언트 지향적 모델)**으로, 클라이언트를 자신의 문제를 가장 잘 아는 전문가로 인정함과 동시에 문제해결의 주체로서 전문적 관계의 동반자로 인정한다.
      ※ 해결중심모델 : 클라이언트는 자기 삶의 주체이며, 자신에게 중요한 사람과 일에 대해 가장 잘 아는 전문가이다.(○)
    ㉣ 인간의 경험은 사회적 상호작용과 언어에 의해 크게 영향을 받는다고 보는 **사회구성주의의 전통에서 그 뿌리를 찾을 수 있다.**
      ※ 해결중심모델은 사회구성주의 시각을 가진다.(○)

② 강점 관점(strength perspective)과 해결중심모델
  ㉠ 서로 걸어 온 길은 다르나 **문제-해결(problem-solving)접근과 병리적인 것에 기초한 모델에 만족하지 못함**으로부터 시작 발전된 공통점을 가진다.
  ㉡ 이 두 가지 접근은 모두 클라이언트가 가지고 있는 강점과 능력이 변화를 가져온다는 믿음에 근거를 두고 있다.
③ 기본 특징 [14⑤②②]
  ㉠ 내담자는 자신의 문제를 해결할 수 있는 자원과 능력을 갖고 있다.
  ㉡ 문제원인규명과 문제의 발전과정에 관심을 두기보다는 **해결방안구축과정과 새로운 행동유형을 시작하는 데 초점**을 둔다. 이는 문제에 관한 많은 정보를 수집하는 대신에 클라이언트에게 적절한 해결방안을 모색하는 것이 문제해결에 더 효과적이라는 믿음에 기초한다.
  ㉢ **변화를 불가피한 것으로 인식(내담자의 변화욕구 인정)**한다. 일상생활에서 변화는 있게 마련이며, 그 변화는 문제가 발생할 때도 있고 문제가 발생하지 않을 때도 있다. 문제가 발생하지 않는 상황, 예외적인 상황이 발생하는 이유를 파악함으로써 클라이언트가 갖고 있는 장점을 파악하는 것이다.
    ✗⭕ 해결중심모델 : 삶에서 변화는 불가피하며 작은 변화가 더 큰 변화로 이어진다.(○)
  ㉣ 치료자와 내담자는 협동적인 동료관계, 즉 **클라이언트와의 협동 작업을 중시**한다.
  ㉤ **탈이론적, 비규범적이다.** 다른 이론에서처럼 인간행동에 대한 가설적 이론의 틀에 맞추어 클라이언트의 문제를 사정, 평가하지 않는다.
    ✗⭕ 해결중심모델 : 이론적이고 규범적이다.(×)
  ㉥ **현재와 미래지향적이다.** 과거에 대해 깊이 연구하지 않으며, 현재와 미래에 적응하는 것을 돕는데 관심을 둔다.
    ✗⭕ 해결중심모델 : 과거를 지향한다.(×)
  ㉦ 사회복지사의 **자문가 역할이 강조**된다. 사회복지사는 클라이언트를 변화시키는 전문가가 아니라 클라이언트의 변화에 도움을 주는 자문가의 역할을 한다.
  ㉧ 사회복지사는 변화 촉진을 위한 **질문자 역할을 수행**한다.
    ✗⭕ 해결중심모델 : 다양한 질문기법들을 활용하여 클라이언트와 대화한다.(○)
  ㉨ 사회복지사의 역할은 **클라이언트가 이미 알고 있는 문제해결방안을 생각해 내도록 돕는 역할**을 한다. 클라이언트에게 무엇을 다르게 해야 하는지 직접 가르치거나 행동변화를 하도록 새로운 전략을 가르치지 않는다.
  ㉩ **클라이언트의 자율적인 협력**을 중요시한다. 클라이언트의 목표성취를 위해서는 협력이 중요하며, 이는 사회복지사와 클라이언트가 함께 해결방안을 발견하고 구축하는 과정에서 특히 중요시된다.
  ㉪ **클라이언트의 견해를 존중**한다. 클라이언트가 표현하는 견해와 불평방법을 그대로 수용하며, 클라이언트의 자기결정권과 잠재력 향상, 그리고 개별성을 최대한 존중한다.
  ㉫ **병리적인 것 대신에 건강한 것에 초점**을 둔다. 즉, 클라이언트의 실패보다는 성공 경험 및 그 방법에 초점을 두고 이를 치료에 활용한다.

(2) **치료 기법**

해결중심이론에서 제시하는 주요 기술은 일반적 상담기술, 해결 지향적 질문, 목표설정, 메시지 작성 및 전달, 과제부여 등이 있다.

1 **상담기법 : 사회복지사로서 기본적으로 갖추어야 할 기술**

① 경청과 인정, ② 호기심 갖기, ③ 초대하기, ④ 격려하기

2 **해결 지향적 질문 = 강점관점 실천을 위한 질문**

① 상담 전(면담 이전)의 변화에 대한 질문 = 변화질문(change questions) [⑪⑭⑳㉑]

가족들은 문제가 가장 심각할 때 상담을 신청하여 그 후 상담 날짜가 잡혀 그들을 만나보면 문제의 심각성이 많이 완화되어 있는 경우를 볼 수 있다.

> 예 "전화로 예약을 한 후 일주일이 지났는데요, 그동안 어떤 변화가 있었나요?"

② 예외 질문(exception question) [②⑦⑨⑩⑪⑲⑳㉑]

㉠ 예외란 내담자가 문제로 생각하고 있는 행동이 일어나지 않는 상황이나 행동을 의미하는 것으로, 어떠한 문제에도 예외는 있기 마련이라는 것이 해결중심치료의 기본 전제이다.

㉡ **내담자가 행한 우연적인 성공을 찾아내어 의도적으로 계속 실시하도록 격려**한다.

> 예 "언제 문제가 발생하지 않았나요?", "어떻게 하면 문제가 발생하지 않을 것 같은가?", "문제가 해결된다면 어떻게 알 수 있는가?", "문제가 발생하지 않았다는 것을 어떻게 알 수 있을까요?" 등

③ 기적 질문(miracle question) [⑤⑩⑮⑰⑲⑳]

문제가 해결된 상황을 상상해 봄으로써 해결하기 원하는 것을 구체화하고 명료화하는 데 도움이 되는 것이며, 문제 자체보다는 문제와 별개로 해결책을 생각해보게 하여 기적이 일어났을 때 달라질 수 있는 일들을 실제 행동으로 해보게 하는 것이다.

> 예 "어느 날 밤 당신이 자고 있는 동안에 기적이 일어나서 문제가 해결되었다고 가정해 보십시오.", "기적이 이미 발생하고 있는 것을 알 수 있는 아주 작은 신호가 무엇인가?" 등

> ✗ 해결중심모델 : 문제가 해결된 상태를 가정하는 대처질문을 활용할 수 있다.(✗)

④ 척도 질문 [⑲㉑]

㉠ 내담자에게 문제의 우선순위, 문제 해결 가능성에 대한 확신, 변화를 위해 투자할 수 있는 노력, 진행에 관한 평가 등의 수준을 **수치로 표현하도록 하는 질문**이다.

㉡ 문제의 심각한 정도를 사정하고, 치료 목표 성취 정도를 측정하고, 결과를 구체적으로 평가하는데 있어 매우 유용한 질문이다.

> 예 "처음 상담에 오셨을 때가 0점이고 개입 목표가 달성된 상태를 10점이라고 한다면, 지금 당신의 상태는 몇 점입니까?", "10을 치료 목표가 성취된 상태라고 하고, 1을 치료받으러 왔을 당시의 상태라고 한다면, 오늘의 상태는 몇 점인가?" 등

⑤ 대처(극복)질문 = 생존질문(survival questions) [⑩⑪⑫⑰⑲⑳㉑㉒, 실천론 ⑫]

㉠ 내담자가 **힘든 상황 속에서 어떻게 대처해 왔는지**에 관하여 이야기할 수 있는 질문을 치료자가 하는 것으로, 자신의 미래를 절망적으로 보아 희망이 없다고 하는 클라이언트에게 사용하는 기술이다.

㉡ 어려운 상황에서 견뎌내고 더 나빠지지 않은 것을 강조하고, 위기에서 살아남기 위해 대처해온 것을 발견하고, 이것을 인식, 강화, 확대하기 위해 활용되는 것이다.

예 "이처럼 어려운 상황에서도 어떻게 지금까지 견디어 볼 수 있었나요?", "당신이 오늘까지 지탱하도록 한 것은 무엇인가?", "어떻게 모든 것을 포기하지 않고 오늘까지 지탱해 왔는가?"

※ 대처 질문 – "이렇게 힘들고 어려운 상황을 이겨내기 위해 가족들이 어떻게 대처해야 할까요?"(×)

⑥ **관계성 질문(relationship question)** [⑪⑭⑰⑲㉑]

㉠ 자신에게 중요한 타인의 입장에서 자신을 보도록 하여 새로운 가능성을 탐색하는 것을 돕는 것이다(노혜련 외 2005).

㉡ 클라이언트는 중요한 타인들과의 상호작용 속에서 해결이 이루어지게 되는 방법에 대해서 생각하고 설명할 수 있게 된다.

예 "당신 어머니가 여기 계시다고 가정하고 제가 어머니께 당신 문제가 해결되면 무엇이 달라지겠느냐고 묻는다면 어머니는 무엇이라고 말씀하실까요?", "따님이 그것을 보게 된다면 어떻게 행동할까요?", "만약 아이들이 대답할 수 있다면 이 상황에서 어떤 일들이 일어났으면 좋겠다고 말할까요?", "당신 아버지께서는 문제가 해결된 상황에 대해 어떤 말씀을 하실까요?"

3 **목표설정** [㉒]

① 목표설정은 클라이언트가 이전과 다르고 좀 더 바람직한 방향으로 자신의 삶을 경험할 수 있도록 하는 의미를 포함하고 그 가능성을 높이는 과정이다.

② 클라이언트에게 중요한 것(클라이언트가 중요하다고 생각하는 것)을 목표로 설정하고, 작고 구체적이며 행동적인 것을 목표로 설정할 필요가 있다. 그리고, **클라이언트가 갖고 있지 않은 것보다는 갖고 있는 것에 관심을 둘 필요가 있으며,** 목표를 문제해결과정의 마지막이라고 보기보다는 시작으로 간주하는 것이다.

4 **메시지 작성과 전달, 과제 부여** [⑰]

① **메시지 작성과 전달**

㉠ 상담을 잠시 중단하고 짧은 시간을 이용하여 메시지를 준비하는데, 이는 사회복지사가 클라이언트에게 즉각적으로 반응하는 것으로부터 벗어나 객관적인 사고를 통해 상담과정에서 나눈 이야기를 정리하고 클라이언트의 상황변화에 도움을 줄 수 있는 메시지를 준비하는 것이다.

㉡ **메시지 작성과 전달 방법 :** ㉮ 클라이언트가 이미 실시하고 있는 것이 클라이언트에게 도움이 되고 좋은 것임을 알게 함, ㉯ 가능한 한 클라이언트가 사용한 단어를 사용하여 클라이언트의 협조를 증가시킴, ㉰ 사회복지사는 클라이언트의 목표에 동의함, ㉱ **적절한 시기에 도움을 받으러 왔으며 목표성취가 어려울 것이라는 점을 인식할 수 있도록 도움**, ㉲ 적절한 문장으로 시작을 함, ㉳ 명확하게 과제와 그 목표를 설명할 것 등

※ 해결중심모델의 개입목표 설정 원칙 : 목표수행은 힘든 일이라고 인식하기(○)

② **과제 부여 :** 클라이언트에게 생각, 관찰, 확인, 작은 것 행동하기 등과 같은 과제를 내 줄 수 있는데, 이 때 과제는 잠재적인 문제나 해결해야 하는 문제를 해결되는 방향으로 이끄는 것이어야 한다.

※ 해결중심모델 : 메시지 작성과 전달, 과제를 활용한다.(○)

(3) **한계점** [⑰]

① 사회복지사들 가운데 해결중심이론에 근거한 접근방법을 클라이언트와 대화를 나누는 철학

적 접근방법으로 보기보다 여러 기법의 배합 혹은 절충주의적 접근으로 보려는 경향이 있다.
② 일부 사회복지사들은 해결중심이론에 근거한 접근방법을 문제의 원인을 해결하기 위한 기법보다는 임시대응적인 응급기법으로 여긴다.
  - 해결중심모델 : 임시대응적 기법이라는 비판이 있다.(○)
③ 이 이론을 사용하는 경우 병리적인 것에 초점을 두는 모델과 다른 용어를 사용하므로 다른 전문가들과 협력하는 것이 쉽지 않다.
④ 이 이론에서는 클라이언트가 추후 상담과 종결을 결정하기 때문에 클라이언트에 따라 상담하러 오는 시간간격이 다르므로 사회복지사가 업무일정을 계획하고 실행하는 데 어려움을 경험할 수 있다.

5 전략적 가족치료 [5⑩③⑤⑰②②]

(1) 개 요

① 전략적 관점의 대표적인 인물로는 헤일리(Haley), 피시(Fish), 위크랜드(Weakland) 등을 들 수 있다.
  ㉠ 전체 가족을 재구조화하거나 문제의 원인을 규명하려는 대신, **클라이언트가 문제라고 제시한 바로 그 문제를 해결하는 데 필요한 최소한의 가족 상호관계 변화를 시도**한다.
  ㉡ '전략적'이라고 표현한 이유는 인간의 행동이 왜 일어났는지에는 관심이 없고, 단지 행동변화에만 관심을 가지기 때문이다.
    - 문제해결의 방법보다 문제의 원인을 밝히는 데 주력(×)

② 사회복지사의 역할
  ㉠ 가족이 지금까지 문제상황을 다뤄 온 방법과는 다른 문제해결방법을 발견해 내고, 그것을 시행하기 위한 전략을 구상하며 실행하는 책임을 지는 것이다.
  ㉡ **문제를 둘러싼 지금까지의 파괴적인 역기능적인 악순환의 고리를 깨고 나올 수 있도록 클라이언트를 도와주는 것이다.**
    - 가족치료모델의 개입 목표 : 전략적 가족치료 – 의사소통과 행동 문제의 순환 고리를 끊고 연쇄작용 변화(○)

③ 전략적 가족치료 학파
  ㉠ MRI(Mental Research Institute) 가족치료학파
  ㉡ 헤일리(Haley) 전략적 가족치료
  ㉢ 밀란(Milan) 학파

(2) 개입기법

① **역설적 개입**(pardoxical directives, 역설적 지시) [⑪③④⑤⑲②]
  ㉠ 치료자들은 흔히 가족원에게 상식에 반하는 일을 행하거나 믿게 하려고 노력하는데, 그러한 방법은 역설적인 점이 있으므로 '역설적 개입'이라 불린다.
    ㉮ 변화시켜야 하는 증상에 대하여 변화시키지 말라는 지시를 함으로써 클라이언트는 **치료적 이중구속의 상황**에 빠지게 된다.

ⓑ 사회복지사가 '변화하지 말라'고 지시한 것을 충실히 따른다면 클라이언트는 이미 증상을 통제할 수 있게 되는 것이고, 만일 사회복지사의 지시를 따르지 않는다면 증상을 포기하게 되는 것이다.
ⓒ 병리적 이중구속이 클라이언트에게 동시에 전달되는 두 가지의 상반된 메시지 중 어느 것을 따라 행동해도 실패할 수밖에 없는 상황이라면, **치료적 이중구속은 '패배없는 상황'이 나타날 수 있도록 클라이언트에게 지시하는 것이다.**
- 치료적 이중구속에 관한 설명 : 치료자의 지시를 따르지 않아도 문제가 해결될 수 있다.(○)
ⓓ 가족이 변화에 대한 저항이 클 때, **가족의 동기를 최대화하고 변화에 대한 저항을 우회적으로 다루기 위해** 역설적 지시를 한다.

ⓒ **역설적 개입** : 증상처방, 제지기법, 시련기법 등
  ⓐ **증상처방** : 클라이언트에게 증상행동을 자발적으로 계속하도록 격려하는 지시나 과제를 주는 기법으로 **클라이언트의 저항을 유발해서 증상을 포기**하게 하려는 것
    - 결혼 후에도 지나치게 간섭하려는 부모에게 독립하려고 시도했지만 효과가 없었던 자녀에게 부모님에게 오히려 더 의존하라고 지시함으로써 부모가 자녀의 의존을 부담스러워 해서 더 이상 자녀에게 간섭하지 않게 함
    - 사소한 말다툼이 큰 싸움이 되는 과정에서 서로 상처를 주는 말이 쌓여 부부관계가 악화되었고, 끝내는 이혼을 고려하고 있는 부부를 상담 중인 사회복지사는 다음과 같은 과제를 주었다. "잘 알겠습니다. 그럼 이렇게 해보시죠. 집으로 돌아가셔서 일주일에 이틀을 정해, 두 분이 싸울 거리를 한 가지씩 찾아내어 부부싸움을 30분간 하시는 겁니다."
    - 전략적 가족치료모델 : 가족이 문제행동을 유지하도록 지시함으로써 클라이언트가 통제력을 발휘한다.(○)
  ⓑ **제지기법** : 문제해결을 위해 조급해하는 클라이언트 가족에게 변화의 속도가 지나치게 빠르다고 지적하고 가족원에게 천천히 진행하라고 경고하거나 또는 개선이 생길 때 퇴보에 대해 걱정하는 방법 [⑲]
    - "너무 빨리 문제해결을 바라지 맙시다." "문제가 극적으로 갑자기 해결될 리가 없습니다."라고 말하는 것으로, 사회복지사의 말을 들을 가족은 사회복지사의 조심성이나 소극적 사고가 잘못되었음을 증명해 보여 줘야겠다는 마음을 먹게 되고, 자신들의 문제해결을 위해 스스로 서두르게 된다.
  ⓒ **시련기법** : 변화를 원하는 사람에게 **증상보다 더 고된 체험을 하도록 과제를 주어 증상을 포기하도록 하는 기법**
    - 야뇨증이 있는 아동에게 오줌을 싸면 아동을 깨워서 아침마다 받아쓰기를 시킨다. 오줌을 싸지 않았으면 받아쓰기를 시키지 않는다. 아동에게 받아쓰기는 고통스러운 체험이 되고 증상이 소멸되게 된다.

주의

불면증이 있는 클라이언트에게 밤새워 책을 읽으라고 지시하기나 우울증이 있는 클라이언트에게 날마다 정해진 시간에 집중적으로 우울에 빠져보라고 지시하기는 증상처방이나 시련기법 둘 다에 해당될 수 있다. 가령 불면증의 경우 사회복지사가 독서나 뜨개질 등을 하면서 잠을 자지 말라는 처방을 내릴 경우, 클라이언트가 지시에 대한 저항이 유발되어 잠들게 된다면 증상처방이 될 것이다. 만약 날새는 것이 너무 고된 것으로 여겨 잠을 자게 된다면 시련기법이 되는 것이다.

---

② **재명명(reframing)** [⑨⑲⑳㉑, 실천론 ⑪⑬㉑]
  ⊙ **개념** : 재구성(relabeling) 혹은 재규정(redefinig), 재정의라고도 한다.

㉮ 가족 성원의 문제를 다른 시각에서 보거나 다른 방법으로 이해하도록 돕는 방법으로, 가족 개입에서는 주로 한 성원의 다른 성원에 대한 부정적인 생각이 보다 새롭고 긍정적인 시각으로 변화하도록 돕는 것을 의미한다.
㉯ 문제 상황에 대한 클라이언트의 관점을 변화시키기 위해 **클라이언트가 부여하는 의미를 수정하는 의사소통기법**이다.

ⓒ 재구성의 예
㉮ **부모의 잔소리, 비난** : 자녀에 대한 관심으로 해석
㉯ **우울함** : 주어진 상황과 행동에 대한 개인의 **강한 책임성**을 표현하는 것
㉰ **아들의 과잉행동이 심각** : "아동이 활동적이네요."라고 말해주는 것
㉱ **흉기들고 부인을 쫓아가는 남편** : Haley는 남편이 부인에게 가까이 가기 위한 방법

> 예 ○ 클라이언트 : "저는 정말 나쁜 엄마예요. 저는 피곤하기도 하지만 성질이 나빠서 항상 아이들한테 소리를 지르고......"
> ○ 사회복지사 : "선생님이 자녀에게 어떻게 하는지를 저에게 이야기할 수 있다는 사실은 자녀들과 더 좋은 관계를 가지고 싶다는 뜻이지요."

③ **긍정적 의미 부여(positive connotation)**
㉠ 헤일리(Haley)의 전략적 가족치료의 재정의와 비슷한 Milan 학파의 긍정적 의미 부여는 가족의 응집을 향상하고 치료에 대한 저항을 줄이기 위한 목적으로 **가족의 문제나 행동을 긍정적으로 재해석하는 기법**이다.
㉡ **긍정적 의미 부여의 예** : 등교 거부증이란 용어를 사용하여 부정적 증상행동을 하는 아동의 어머니에게 "자녀가 학교에 가지 않으려는 이유는 집에 혼자 남게 되는 엄마의 말동무가 되고 싶어서랍니다."라는 식으로 긍정적 동기를 부여

④ **순환적 질문하기(Circular questioning)**
㉠ Milan 학파의 독특한 치료기법으로 개인의 증상보다는 **가족체계의 하위체계 간의 관계에 초점**을 둔다.
㉡ 가족 성원들이 제한적이고 단선적인 시각에서 벗어나 문제의 순환성을 깨닫도록 돕기 위한 질문을 연속적으로 하는 기법으로, **가족들이 갖고 있는 견해의 차이점을 인식하도록 돕는 것**이다.

> 예 자녀에게 여동생이 식사를 하지 않으려는 행동에 대해 부모가 각각 어떤 방식으로 반응하는지를 비교하거나 이혼한 이후에 무슨 일이 일어날 것이냐에 대해 생각해보라는 요구를 하게 되면, 가족 성원들 사이에 존재하는 미묘한 시각 차이를 반영할 수 있게 된다.

6 이야기 치료(Narrative therapy)

(1) 기본 특징

① **사회구성주의 관점에 기초**
② 개인을 구속하거나 억압하고 있는 지배적인 이야기(dominant story)를 새롭고 창조적인 대안적 이야기(alternative story)로 바꾸는 작업

> ※ 가족치료모델의 개입 목표 : 이야기 가족치료 – 문제중심 이야기에서 벗어나 새롭고 건설적인 가족 이야기 작성(○)

(2) 개입기법 : 문제의 외현화(externalization) [⑨⑩⑫⑭⑰⑵]

① 가족문제를 개별성원 혹은 가족이 아닌 문제 자체로 보고, 가족을 괴롭히는 하나의 별개 존재로서 문제를 이야기하는 것이다.

② 외현화는 문제를 표출할 때 사람들은 문제의 뒤에서 바라볼 수 있게 된다. → **표출대화**(externalization conversation)

> 예) 남편의 자기 중심성으로 인해 괴로워하는 아내에게 "자기 중심성이 남편을 당신이 괴로워하도록 행동하게 하는군요."라고 말하는 것, "나는 우울한 사람이예요."(내재화된 대화 : 문제를 자신의 안에 놓는 대화)가 아니라 "우울이 당신을 밖에 못나가게 하는 군요?"(표출된 대화)

> 예) 클라이언트 : "저는 조그마한 어려움이 있어도 쉽게 좌절하는 사람이에요."
> 사회복지사 : "좌절감이 당신으로 하여금 새로운 일을 하는 것을 방해하네요."→ 문제의 외현화

■ 가족치료모델과 기법 ■

가족치료모델	기 법
구조적 가족치료	실연, 경계만들기, 합류하기, 긴장 고조시키기, 과제부여, 균형깨뜨리기 등
보웬식 가족치료	가계도 그리기, 교육, 탈삼각화, 나-전달법(나-입장취하기)
경험적 가족치료	가족조각, 가족그림, 역할극, 역할반전, 빙산기법, 모의가족
해결중심적 가족치료	변화질문, 척도질문, 기적질문, 예외질문, 대처질문, 관계성 질문
전략적 가족치료	역설적 지시(증상처방, 제지기법, 시련기법 등), 순환적 질문하기, 재구성, 긍정적 의미부여 등
이야기치료	문제의 외현화

OIKOS UP 가족 외부 환경에 대한 개입 : 가족옹호(family advocacy) [⑱]

① 가족 외부 환경에 대한 개입(환경적 개입)
  ㉠ 가족치료모델은 가족의 세대 간 관계 혹은 가족 내부의 문제에 개입하는 것이지만, 환경적 개입은 존재하지 않는 자원들과 지지를 개발하고, 존재하지만 작용하지 않는 자원들과 지지를 활성화하며, 경미하게 작용하는 자원들과 지지를 강화하는 데 초점을 맞춘다.
  ㉡ 가족에게 필요한 자원과 지지를 제공하기 위해 사회복지사는 옹호자 역할을 수행할 윤리적 책임을 진다.

② 가족옹호(family advocacy)
  ㉠ 가족이 정당한 권리가 있음에도 권리보장이이루어지지 않거나, 서비스가 확대되어야 할 필요가 있는 경우 가족의 권리를 대변하고 서비스를 확충하도록 노력하는 것이다.
  ㉡ 가족옹호의 목표는 민간서비스와 그 전달체계의 향상뿐만 아니라 가족에게 직접적으로 영향을 미치는 체계나 제도에 변화를 도모하는 것이다.

> 예) 가정폭력으로 이혼한 영미씨의 전 남편은 딸의 안전을 확인해야 양육비를 주겠다며 딸의 휴대폰 번호도 못 바꾸게 하였다. 영미씨는 아버지의 언어폭력으로 인한 고통을 호소하는 딸에게 전화를 계속하여 받도록 하였다. 사회복지사는 이에 대한 사정평가 후, 경제적 어려움에 대한 불안감이 가정폭력을 사실상 지속시킨다고 판단하여 양육비이행지원서비스를 받을 수 있도록 지원하고 아버지의 전화를 차단하도록 하였다.

MEMO

김진원 OIKOS 사회복지사1급 통합이론서 2교시

제4부

집단대상 사회복지실천과 기술

제10장 집단대상 실천기법
제11장 집단의 역동성
제12장 집단발달단계

집단대상 실천기법

제4부 **집단대상 사회복지실천과 기술**

제10장 회차별 출제빈도, 출제비중 및 출제논점 1, 2, 3순위

10회 2012	11회 2013	12회 2014	13회 2015	14회 2016	15회 2017	16회 2018	17회 2019	18회 2020	19회 2021	20회 2022	21회 2023	22회 2024
3	3	2	4	4	2	2(1)	1(1)	2(2)	1	1	2	1

출제 비중	출제 논점		
	1순위 ☺	2순위 ※	3순위 ☆
12.4	① 집단사회복지실천의 모델 ② 집단지도자의 기술	① 집단의 유형 ② 공동지도력(co-leader)	① 집단사회복지실천의 원칙, 기본 요건

1순위 스마일표시(☺) : 출제 빈출도가 높은 부분으로 무조건 시험에 출제되는 영역
2순위 당구장표시(※) : 나왔다 안 나왔다 하는 영역이지만 출제가능성 높은 영역
3순위 별 표(☆)   : 출제 된 적이 있긴 하지만 다시 출제될 가능성은 다소 떨어지는 영역

MAP

- 집단대상 실천기법
  - 집단사회복지실천에 대한 이해
    - 집단사회복지실천의 기본요건 ☆
    - 집단의 유형 ※
  - 집단사회복지실천의 모델
    - 사회적 목표모델 ☺
    - 치료모델 ☺
    - 상호작용모델 ☺
  - 집단지도력의 요소와 유형
    - 집단지도력의 정의 ☆
    - 공동지도력 ※
    - 집단지도자의 기술 ☺

01 집단사회복지실천에 대한 이해

1 개요

(1) 집단과 집단사회사업의 정의

① **집단의 개념**
  ㉠ 3인 이상의 집합체로서 일정한 구성원을 가져야 한다.
  ㉡ 성원들끼리 정서적 결속과 함께 상호의존적이며, 상호작용이 이루어져야 한다.

② **집단사회사업(Social Group Work)의 정의** : **의도적인 집단경험을 통해** 개인이 사회경험을 할 수 있는 능력을 높여주고 개인 집단 지역사회의 여러 문제에 보다 효과적으로 대처할 수 있도록 사회자원을 동원하여 원조하는 사회복지의 한 방법이다. [⑱]

  ⊗⊙ 집단대상 실천 : 개별성원의 의도적인 집단 경험을 유도하였다.(○)

(2) 집단개입의 배경

① 집단사회사업 실천의 시작은 19C 후반부터 20C 초이며, 기독교 신앙을 토대로 한 **청소년단체와 인보사업(Settlement house)운동에 의한 소집단 활동이 활발히 전개되면서부터**이다.

② **집단을 활용한 사회복지실천은** 집단사회사업이 사회복지의 중요한 한 방법으로 인식되기 시작한 **1920년대 이후** 지속적으로 그 중요성과 활용이 증대되고 있다.

(3) 집단사회사업의 목적 [⑤]

① 재활(rehabilitation)
② 교육훈련(habilitation)
③ 교정(correction)
④ 사회화(socialization)
⑤ 예방(prevention)
⑥ 사회행동(social action)
⑦ 문제해결하기(problem solving)
⑧ 사회적 가치(social value)

(4) 집단사회복지실천의 원칙 [⑭]

① **개별화의 원칙** : 집단관계를 통한 개인으로서의 입장을 명확히 하고 개인의 욕구에 대응한다는 원칙으로, 집단 그 자체를 하나의 유기체로 다루게 된다.

② **수용의 원칙** : 집단 성원 각자가 여러 태도·행동·감정을 표현하고 어떤 가치관을 가졌다 하더라도 그 사람을 있는 그대로 인정하고 받아들이는 것을 말한다.

③ **참가의 원칙** : 집단 성원의 참가가 없다면 집단은 의미가 없기 때문에 참가의 원칙은 매우 중요하며, 집단 성원의 참여를 촉진하기 위해 지지한다.

④ **체험의 원칙** : 집단 성원들은 그때 그때 상황을 잘 파악하고, 적절한 시기에 각자의 문제 및 과제를 스스로 해결할 수 있다는 느낌을 체험할 수 있어야 한다.

⑤ **갈등해결의 원칙** : 집단 내 갈등이 생겼을 때 갈등으로부터 도피하지 않고, 갈등에 직면하여 문제를 해결하기 위해 노력하는 과정을 중시하는 것이 갈등해결의 원칙이다.

⑥ **규범의 원칙** : 집단활동 과정에서 최소한의 규칙 규범 기본적 태도에 대한 규정설정(예 우선 집단활동을 하기 위해 출석해야 할 책임, 집단에 대한 소속의식 및 책임 등)은 필수적이다.

⑦ **계속 평가의 원칙** : 계속적·연속적으로 집단과정을 분석·평가하고 그 평가에 기초하여 다음 단계로 이행하는 것이 중요하다.

2 집단사회복지실천의 기본 요건 [①]

(1) 집단(집단역동)

① 집단은 구성원들 사이의 상호작용으로 구성되어 있으며, 이러한 상호작용을 바로 **집단과정**(group process)이라고 한다.

② 집단과정은 개별성원뿐 아니라 전체로서의 집단에 영향을 미치는 독특한 힘(forces)을 만들어 내는데, 이러한 힘이 바로 **집단역동**(group dynamics)이다.

(2) 집단 성원

① 집단 성원은 **성장하고, 학습하고, 치료되려는 개인들**이다.

② 집단 성원은 상이한 신체적 특성, 가족력, 가치관, 방어기제, 스트레스에 대한 대처방식 등으로 **집단의 역동성에 영향**을 미친다.

(3) 집단지도전문가(집단사회복지사)

① **집단지도를 담당하는 전문사회사업가**를 집단지도전문가라고 하며, 그의 역할은 집단 성원과 상호작용 속에서 이루어지며 전문가로서 기대되는 일련의 행동유형과 속성으로 구성된다.

② 전문적 역할을 수행해 나갈 때 가장 기본적이고 필수적인 조건은 **전문가가 집단과 그 구성원인 개인들과 맺는 관계**이다.

③ **전문가는 집단 성원이 아니다.** 전문가의 참여는 집단 성원에 대한 그의 전문적 이해에 의해서 규정된다.

(4) 프로그램(프로그램 활동)

① 집단과정은 구체적인 활동 속에서 전개되며, 이 구체적 활동을 기획, 실시, 평가하는 전과정을 집단지도에서는 **프로그램**이라 한다.

② **집단사회사업에서 사용되는 활동들** : 게임, 미술작업, 역할연기, 무용, 요리, 노래부르기, 스포츠 등을 포함하여 매우 다양하다.

> **OIKOS UP** 집단대상 사회복지실천에 대한 오해 [①⑨]
>
> ① 개인대상의 사회복지실천에 비해 경제적이라고 생각하는 것 : 개별성원들에 대한 배려가 개인대상의 사회복지실천만큼 혹은 그 이상으로 요구되기 때문에 시간과 비용측면에서 집단대상의 사회복지실천이 반드시 경제적이라 할 수 없다.
> ② '집단=프로그램'이라고 생각하는 경우 : 집단과 프로그램은 각기 독립적인 개념일 뿐만 아니라 집단과 집단프로그램을 혼용해서는 안 된다. 프로그램은 집단의 내용 가운데 하나이다.
> ③ '집단은 구조화되어야 한다.'라는 생각 : 집단의 구조화는 개입에 있어 효과성 및 효율성을 향상시킬 수 있는 방법이지만, 모든 집단이 구조화될 필요는 없다(예 **장기적인 지지모임**).

❸ 집단의 유형 : 목표(목적)에 따른 집단 분류

구 분	핵심내용
치료집단 (treatment group)	• 집단의 공동목적과 성원 개개인의 목적을 모두 다룬다. • 성원의 사회·정서적 욕구를 충족시키려는 목적을 가지며, 한 집단은 여러 가지 목적을 동시에 갖기도 한다. • 자기개방 수준이 높고, 공개적인 의사소통과 적극적 상호작용을 위해서 성원을 격려한다. • 집단의 성공 여부는 성원들의 치료적 목표가 성공적으로 달성되었는가에 근거한다. • 자기노출 비교 : 교육집단 < 사회화집단 < 치유집단 < 지지집단 < 성장집단

지지집단
(support group)
[⑦⑧⑩⑪⑭⑳]
	• 목적 : **집단 성원끼리 상호 지지**를 통해서 생활상의 문제나 위기를 극복하고 희망과 위로를 얻고자 하는 것, 스트레스 대처능력 향상
	  ✗ 지지집단의 주요 목적 : 동병상련의 경험으로 해결책 모색(○)
	• 특징 : 대개 유사한 문제나 경험을 갖고 있어서 **자기 개방 정도가 매우 높은 편**, 집단개입의 치료적 효과 중 이타심을 이끌어 냄
	  예 자녀양육에 어려움을 겪는 한부모 모임, 장애아동을 가진 부모친목 모임, 정신장애인 사회복귀집단 등

교육집단 (education group) [⑧⑱⑲]	• 목적 : **지식이나 정보를 제공하거나 기술을 습득**하게 하는 것 • 특징 : 자기 개방 정도가 지지집단에 비해 떨어짐. 참여 숫자가 적을 경우 의사소통의 기회가 많아질 수는 있음 예 참부모교육실천 교육집단, 암환자 가족들을 위한 정보제공집단, 청소년 성교육집단 등
성장 집단 (growth group) [③⑥⑧⑫⑲]	• 목적 : **자기인식 또는 자아성찰, 잠재력(잠재능력) 개발** 등과 같은 인간의 내적 개발을 통하여 사회적 기능을 향상시키기 위해 구성된 집단 • 특징 : 상호작용이 많고 피드백을 적극적으로 받아들이기 때문에 자기개방 정도가 뛰어남. 성장집단의 결속력은 성원들이 잠재력을 발전시키도록 서로 도와주려는 가운데 발달함 예 청소년을 위한 가치명료화 집단, 학급임원의 리더십 훈련 모임, 부부를 위한 참만남집단, 인카운터 그룹(encounter group), 퇴직준비집단 등

치료/치유집단 (therapy group) [③⑥⑧⑫⑬⑱⑲]	⊗ 성장집단 : 공동과업의 성공적 수행이 일차적인 목표이다.(×) • **목적** : 성원 문제들이 **치유 받고 회복되거나 증상이 완화될 수 있도록 전문적인 개입** • **특징** : 개별적인 치료 세션보다 새로운 상호작용을 시험해보기 쉽고, 무엇보다도 시간과 인력 차원에서 동시에 여러 사람을 같이 치료할 수 있어 효율적임 예) 약물·알코올·마약중독자 치료집단, 섭식장애 치료집단, 실직자 분노조절 집단, 도박중독 재활집단, 발달장애아동집단, 성학대피해자집단, 비행청소년집단 등
사회화 집단 (socialization group) [⑧]	• **목적** : 사회적 관계에 어려움을 가지고 있는 클라이언트를 중심으로 **대인관계나 의사소통과 같은 사회적 관계 행동이나 태도를 습득**하도록 하는 것 • **사회화 집단 구분** : 사회적 기술훈련 집단, 자치집단, 레크레이션 집단(여가집단) 예) 사회복귀시설이나 지역사회정신보건센터의 정신장애인들, 퇴원한 정신장애인을 위한 사교집단 등
과업집단 (task group) [⑤⑥⑮]	• **목적** : 조직 기관의 **문제해결책 모색, 새로운 아이디어 개발, 효과적인 원조전략 수립** 등의 과업수행 목적 • **특징** : 집단과 함께 일하고 노력할 주제에 대한 관심이 많은 사람이나 특별한 재능을 가진 사람들로 구성, 성원의 개인적 성장보다는 방침을 만들어 나가면서 의사를 결정하고 산출물을 만들어내는 것에 집중 예) 팀, 직원발전집단, 처리위원회, 프로그램의 책임을 맡는 행정집단인 위원회나 자문위원회, 이사회 등
자조집단 (self-help group) [⑧⑨⑭⑮⑱⑲]	• **목적** : 스스로 돕는 집단, 즉 **정신건강 전문가의 도움을 필요로 하지 않거나 전문가들이 돕기에 한계가 있는** 문제를 지닌 사람들을 위한 집단 • **사회복지사의 역할** : **정신건강 전문가보다는** 특정한 문제를 이미 겪었거나 극복한 사람 또는 집단원들이 차례로 돌아가면서 집단을 이끌게 됨 ⊗ 자조집단은 전문가 개입이 필요없다.(X) ⊗ 자조집단에서는 전문가가 의도적으로 집단을 구성하여 정서적 지지와 문제 해결을 지원한다.(X) • **특징** : 집단에 소속된 성원 중 한 사람이 집단지도자 역할을 함 예) 단주모임(AA : Alcohol Anonymous), 단약모임(NA : Narcotics Anonymous), 단도박모임 등 ⊗ 자조집단(self-help group)은 유사한 어려움과 관심사를 가진 구성원들의 경험을 나누며 바람직한 변화를 추구한다.(O)

02 집단사회복지실천의 모델

1 개요

① 1960년대 후반부터 70년대에 이르러 **사회목표모델, 치료모델, 상호작용모델, 인본주의 모델, 사회학습모델의 5가지 모델**로 성장하게 되었다.
② 파펠과 로스만(Papell & Rothman, 1980)은 가장 대표적인 것으로 **3가지 모델(사회적 목표모델, 치료모델, 상호작용모델)**을 제시하고 있다.

2 사회적 목표모델(social goals model) [⑩⑪⑰㉑㉒]

① 와이너(Weiner)와 코일 등의 이론을 코노프카가 발전시켜 형성한 모델로, 집단지도실천의 초기 전통에 근거를 두고 있어서 **민주주의를 유지, 발달시키려는 사회적 목표를 강조**한다.
② **주요 개념(목적)** : 사회적 의식, 사회적 책임이며, 이를 위해 인간관계의 의식적 훈련, 지도력의 실험, 시민참가, 선량한 사회인, 민주적 과정의 습득을 주된 목표로 하고 있다.
   - 사회적 목표 모델 : 성원 간 상호원조체계 구축이 주요 초점이다.(×)
   - 사회적 목표모델은 민주시민의 역량 개발에 초점을 둔다.(○)
③ **모델의 활용 예** : 초기 사회복지기관 및 단체라 할 수 있는 **인보관, 청년봉사단체, YMCA, YWCA, 보이스카우트(Boy Scout), 걸스카우트(Girl Scout), 지역사회센터** 등이 있다.
④ **집단사회복지사의 역할** : **교사, 조력자, 촉진자, 역할모델**이라고 보며, 집단과 친밀한 관계를 발전시키는 동시에 사회의식을 고양시키는 책임이 있으며 영향력을 발휘하는 사람으로서의 역할을 한다.

3 치료모델(remedial model) [⑤⑥⑪⑬㉜]

(1) 개 요

① 레들의 시설보호아동을 대상으로 한 치료가 집단치료의 효시이며, 빈터는 사회적 역할 및 자아심리학 개념에 의존하여 이 모델의 이론적 기반을 구축했다.
② 이 모델의 발전은 집단사회사업이 전문사회복지실천에 통합될 수 있게 하였다.
③ **치료모델의 초점 : 집단을 통해 개인을 치료하는 것**
   ㉠ 집단 과정이 개인들의 역기능을 해소하고 문제를 해결하며 심리·정서적 증상을 치료하기 위한 수단 또는 방법으로 보는 입장이다.
   ㉡ 집단은 **성원들의 행동이나 성격을 변화시켜 그 자신이 문제로 여기는 것들을 해결할 수 있도록 구조화된 활동과 직·간접적인 개입을 하도록 구성**된다.
④ **모델의 활용 예**
   ㉠ 신체적으로나 정신적으로 장애를 가진 사람, 법률상의 범죄자, 격리되거나 소외된 사람을 위하여 교정시설, 병원, 그리고 가족서비스기관 등에서 활용된다.
   ㉡ 이 모델이 적용되는 집단은 우울증 치료를 위한 집단이나 성폭력 피해를 입은 사람들의 심리·정서적 문제해결을 위한 집단, 외상 후 스트레스 장애를 겪는 사람들의 치료를 위한 집단 등이 해당될 수 있다.
⑤ **집단사회복지사의 역할**
   ㉠ 집단사회복지사는 집단을 구성하고, 변화를 주도해 나가며, 관계를 설정하고, 대안을 탐색하며, 변화를 행동화하도록 지원하므로 집단에서 주요한 인물이 된다.
   ㉡ 집단 성원의 일반적 속성을 고려하여 성원을 선별하고, 전체 집단과정을 지도하기 때문에 **전문가(expert), 변화대리인, 조력자, 중개인으로서의 역할**을 수행하게 된다.

(2) **이 모델에서 중요한 것 : 집단 성원 개인적 욕구와 집단사회복지사의 허용 및 제한 균형**
  ① 집단사회복지사에 의한 진단·평가 그리고 계획된 치료적 목적이 강조되므로 사회복지사는 지시적이며 상당한 권위를 갖게 된다.
  ② 집단 성원 개인에 강조점을 두기 때문에 사회복지사는 개인의 심리와 치료에 대한 지식을 갖추어야 하며, 반드시 집단 성원의 욕구에 적응해야 한다.
  ③ 사회복지사는 집단 구성원 개개인의 욕구와 집단의 욕구를 구체적 목표 달성과 관련하여 파악한 후 개입전략을 정하고, 이에 따라 **집단회기의 내용을 미리 구조화**해야 한다.

4 상호작용모델(reciprocal model) [⑪⑬㉜]

(1) **개 요**
  ① **사회목표모델과 치료모델의 혼합 형태**로서 중간모델 또는 인본주의모델로도 불린다.
  ② **상호작용모델의 초점 : 개별 성원과 집단 간의 상호관계에 초점(성원 간 상호원조체계구축이 주요 초점)**을 둔다.
    ㉠ 각 성원들의 문제는 집단과정에서 발생하는 상호작용에 의해 자연스럽게 해결될 수 있다고 보는 것이다.
    ㉡ 개별 성원들이 보다 많은 상호관계를 맺도록 촉진하고 각 성원들의 개인적 기능과 사회적 기능이 동시에 향상될 수 있도록 중재한다.
      ※ 사회적 목표모델은 집단성원 간 투사를 활용한다.(×)
  ③ 이 모델에서는 목표가 따로 정해지지 않고, 개인에 대한 진단도 하지 않으며, 단지 집단 내에서 상호작용하면서 개인을 이해하려 한다. **목표가 필요할 경우 사회복지사와 집단 성원 간의 상호관계 속에서 설정**된다.
  ④ **모델 활용의 예 : 일반적으로 지지집단**이라 불리는 집단이 이러한 상호작용모델에 입각해서 진행되는 대표적인 유형이다.
  ⑤ **사회복지사의 역할 : 중재자 또는 가능케 하는 사람으로서 기능**한다. 집단전문가는 클라이언트 집단과 상호 영향을 주고받는 공동 관심사를 성취하기 위해 협력하는 구성원으로서 역할을 한다. 즉, 클라이언트를 위해 일하는 것이 아니라 클라이언트와 함께 일하는 것이다.
      ※ 상호작용 모델에서 사회복지사는 중재자의 역할을 담당한다.(○)

(2) **이 모델의 특징** [⑱]
  ① 개인과 사회의 조화가 장기적 목적이다.
  ② 사회복지사와 집단 성원 간의 협력을 통해 집단 목표를 설정한다.
  ③ 문제해결을 위한 상호원조체계 개발에 초점을 둔다.
  ④ 사회복지사는 집단 성원과 집단 사이의 중재자 역할을 한다.

■ 집단사회복지실천의 모델 비교 ■

구 분	사회적 목표모델	치료모델	상호작용모델
주과제	필요한 자원제공과 사회적 붕괴의 예방(비공식적 정치 및 사회행동)	사회적 사고 및 위험으로부터 회복과 재활(집단 매개체를 통한 치료)	앞으로 두 모델의 조합(문제해결을 위한 상호원조체계의 개발)
장기적 목적	보다 나은 민주사회 건설	개개인의 사회적응 향상	개인과 사회의 조화
구체적 목표	사회적 의식, 사회적 책임, 책임있는 시민 및 사회·정치적 행동, 소속감의 증대, 민주적 참여에 대한 훈련, 사회에 대한 개인의 적응, 집단 선 추구	역기능 행동을 하는 성원의 치료와 재활, 개인의 목적 성취를 지원하기 위한 수단으로서의 집단강조, 개인선 추구	적정수준의 적응과 사회화를 성취하기 위해 성원 간의 상호원조체계 형성, 대인관계 향상, 집단 및 개인 양자의 선을 위한 집단과 개인간 상호관계 강조
초 점	개인 성숙과 민주시민 역량 개발, 대규모 사회환경에 속한 개인	개인적인 역기능 변화	성원 간의 자조, 상호원조체계 개발
지도자 역할	바람직한 역할모델 제시, 조성자(조력자), 교사	전문적인 '변화매개인(change agent)'의 역할	중재자(mediater)
집단 크기	3~25명 정도	7~10명 정도	상황에 따라 유동적, 15명 넘지 않음
대표적 집단	청소년 유해환경 감시단 지역사회환경 감시단	치유집단	지지집단

03 집단지도력의 요소와 유형

1 집단지도력(group leadership)의 정의 [6⑨⑩]

① 집단의 공동의 목표를 달성하기 위해 구성원들의 행동을 조정하고 지도할 수 있는 능력으로, 성원들과 함께 이루어가는 모든 과정을 포함한다. ↔ 사회복지사의 능력과 기술(×)
② 집단구조상 특정지위를 점유한 사람이 집단의 목표 달성을 위한 활동에 행사하는 영향력이나 힘을 의미하며, 의사소통을 통하여 집단과 집단 성원의 발달을 이끌어 가는 힘과 과정을 말한다.

2 공동지도력(co-leader, 공동진행자) [②⑦⑧⑪⑯⑱]

공동리더십 또는 공동 집단 상담자란 두 사람 이상의 상담자가 서로 협조하여 한 집단을 이끄는 형태를 말한다. 초심 상담자가 임상 경험이 풍부한 상담자와 함께 동일한 집단을 이끄는 형태라고 볼 수 있는데 이때 코리더를 '보조 리더' 또는 '부리더'라고 부르기도 한다.

(1) 공동지도력의 장점

① **소진 가능성의 감소(탈진을 예방)** : 상담 과정에서 소진될 가능성이 많은 경우에 공동지도자가 문제 소지가 있는 집단원에게 주의를 기울임으로써 서로 소진을 줄일 수 있다
② **역할분담** : 집단 상담자들은 서로 협의를 통해 상부상조하며 집단을 이끌 수 있는 반면, 집단원

들은 두 상담자의 관점에서 다양한 도움을 얻을 수 있다.
- 집단대상 실천 : 집단과정을 촉진하기 위해 공동지도자를 두었다.(O)

③ **상호보완** : 한 집단 상담자가 질병이나 기타 사유로 집단에 참석할 수 없는 경우, 다른 집단 상담자가 그를 대신하여 단독으로 집단을 계속 진행할 수 있다.

④ **피드백 교환(역전이 방지에 효과적)** : 집단을 함께 운영하는 집단 상담자는 다른 집단 상담자의 공명판 역할을 할 수 있고 감정의 객관성을 확인할 수 있으며 유용한 피드백을 제공할 수 있다.

⑤ **상호 정보교환** : 집단 상담자들은 서로를 통해 집단을 이끄는 방식과 전략에서 다양한 방법을 배울 수 있다.

⑥ **집단운영방식 본뜨기** : 임상이 풍부한 집단 상담자와 초심자가 함께 집단을 운영하게 되는 경우, 초심 집단 상담자는 다른 집단 상담자의 집단 운영방식을 보고 배우고 익힐 수 있는 기회가 된다(**초심자의 훈련에 가장 효과적인 방법**).

⑦ **상호평가** : 집단 상담자 실습에서 집단 운영 결과에 대해 평가하고 토의하는 기회를 갖는 것은 서로에게 유익한 경험이 될 수 있다.

- 클라이언트가 공동지도력으로부터 얻을 수 있는 것 : 다양한 갈등해결 방법의 모델링(O)

(2) 공동지도력의 단점

① **집단 상담자들 간의 의견 불일치** : 공동지도자 간에 회합을 할 수 없게 되면 호흡의 일치가 안되며, 서로 다른 목적을 추구하게 되어 집단이 양극화 된다.

② **경쟁심 유발** : 두 지도자 사이에 권력 다툼, 갈등, 경쟁관계가 발생할 수 있다.

③ **집단원 편애 가능성** : 한 집단 상담자가 다른 집단 상담자와는 달리 특정 집단원을 편드는 경우가 발생할 수 있다. → **집단분열과 양극화현상**

④ **연합 가능성** : 집단 성원들이 공동 집단 상담자들 사이를 갈라놓으려고 할 수도 있으며, 어느 한 집단 상담자가 집단 성원들과 연합하여 다른 집단 상담자에게 대항할 수도 있다.

⑤ **집단의 이용** : 절친한 지도자들인 경우에는 자신들의 사적인 문제를 해결하기 위해 집단을 이용할 수 있다.

⑥ **자기입장만 고수** : 신뢰나 존경에 근거한 관계가 아닌 경우 상대방의 유능함이나 개입방식을 인정하지 않고 자신의 입장만 고수할 수 있다.

⑦ 비용이 많이 든다.

3 집단지도자의 기술 [②④⑤⑥⑦⑪⑰]

토즈랜드와 리바스(Toseland & Rivas, 1995)는 집단사회복지사가 실무에서 활용할 수 있는 개입 기술을 **집단과정 촉진기술, 자료 수집 및 사정 기술**, 그리고 **행동 기술**의 3가지로 구분하여 각 범주에 해당하는 기술을 제시하고 있다.

(1) 집단과정 촉진기술 [⑭⑯]

① 사회복지사가 집단과정에 영향을 미치려는 의도가 있을 때 사용한다.
② 성원 간의 이해를 증진하고, 개방적 의사소통을 형성하며 신뢰감을 형성하는 데 도움을 준다.

구 분	내 용
집단 성원 참여촉진	• 집단 성원이 집단에 관심을 가지고 참여하도록 원조 • 소외되거나 침묵하고 있는 성원들을 토론에 참여시켜 자신의 생활경험을 나누고 문제해결방법을 찾도록 원조
주의집중 [⑬]	• 각 성원의 말이나 행동을 듣고 이해하고 있다는 것을 나타내는 기술 • **성원의 말이나 행동에 집중하는 반응을 함**
표현기술 [⑬]	• 성원들이 주요한 문제나 과업 등에 대해 느끼고 생각하는 바를 자유롭게 표현하도록 원조하는 것 • **개방적 의사소통을 위해 사회복지사가 먼저 자기노출을 할 수 있음**
반응기술 [⑰]	• 특정 집단과정에 선별적으로 반응하여 다음에 이루어질 집단과정에 영향을 미침 • 사회복지사는 성원의 지속적인 참여가 필요하다면, 집단 성원의 노력을 지지해야 하고, 성원의 행동이나 말을 멈추게 할 의향을 가지고 있으면 반응하지 않아야 함
집단의사 소통의 초점유지 [⑬⑭]	• 집단 과정의 특정 영역에 초점을 둠으로써 관련 없는 부분에 대한 의사소통을 감소시키고 문제에 관해 심도 있는 탐색을 할 수 있게 한다. → **초점 유지 기술** : 명확화, 특정 의사소통의 반복, 토론 범위의 제한 등 • **토론범위를 제한하여 집단목표와 관련 없는 의사소통을 감소시킴**
집단과정의 명료화	• 성원으로 하여금 그들이 어떻게 상호작용하고 있는지를 인식하도록 도와주는 기술 • 집단에 내재하는 규범이나 특정 성원의 역할 또는 특정한 상호작용의 형태를 지적하건, 성원들에게 특정한 상호작용 형태가 만족스러운지 물어볼 수 있음
내용의 명료화 [⑬⑰]	• 집단과정의 명료화뿐만 아니라 집단 성원의 상호작용의 내용을 명료화하는 것 중요 • **성원이 의견을 분명하게 표현하도록 의사소통의 내용을 명확히 하고**, 특정한 메시지를 집단 성원이 잘 이해했는지 검토
집단 상호작용의 지도	• 집단의 상호작용을 특정 방향으로 인도할 수 있음 • 집단의 상호작용에 대한 지도가 필요한 이유 : 하위집단의 역기능적 측면을 수정, 과업 성취를 위해 노력할 수 있는 상호작용을 촉진, 의사소통의 방향을 재조정함으로써 개방적 의사소통을 격려할 수 있기 때문

✖️ 집단과정 촉진 기술 : 성원이 문제 상황을 긍정적으로 인식하도록 재정의 한다.(×)
✖️ 집단사회복지실천 과정에서의 개입기술 : 집단과정 촉진 – 초점화(○)

(2) 자료수집 및 사정기술 [⑦⑭]

① 의사소통 유형에 어떤 영향력을 행사할 것인지를 계호기하고 집단 목적의 성취를 위해 어떤 기술을 사용할 것인지를 결정하는 데 유용하며, 촉진기술과 행동기술의 가교역할을 한다.

② 자료수집과 사정 기술이 없는 개입은 상황에 관한 완전한 이해가 없으므로 서투른 개입이나 과잉단순화된 개입 또는 이전에 비효과적이었던 개입 방법이 될 수 있다.

구 분	내 용
사고, 감정, 행동의 확인 및 묘사 기술	• 성원의 특정 상황을 파악하고 묘사할 수 있도록 원조하는 기술 • 성원이 문제의 속성을 가능한 정확하고 구체적으로 표현하도록 원조 • 문제를 정확히 이해하기 위해 문제와 관련된 현재의 특성뿐만아니라 과거의 특성까지 확인하고 기술할 필요가 있음 • 성원이 상황을 여러 각도에서 볼 수 있도록 다양한 준거틀을 제시하거나 대안적 해석을 제시할 수 있음
정보의	• 상황을 확인하고 묘사하기 위해서 정보제공을 요청, 질문, 탐색하는 기술이 필요

구분	내용
요청, 질문 및 탐색 기술	• 문제와 관심사를 명확히 하고 모든 성원에게 유익한 추가정보를 파악할 수 있음 • 질문할 때 명확하고 답변이 가능한 질문을 해야 함 • 사회복지사의 가치가 내재되어 있거나 매우 민감한 주제에 관한 질문은 성원들이 오해하거나 도전으로 받아들일 수 있으므로 주의
정보의 요약과 세분화 기술	• 집단이 직면하고 있는 문제나 관심사에 대해 토론할 때 요약과 세분화 기술을 사용 • 핵심을 요약하면 성원들은 문제에 관해 다시 한번 생각하고, 자신이 인식한 바를 서로 비교해 볼 수 있으며 문제 해결에 필요한 후속조치를 발견할 수 있음 • 세분화 기술은 복잡한 문제나 이슈를 다룰 수 있는 작은 부분으로 나누는 기술로, 성원들의 문제 해결 동기를 증진시킬 수 있음
사고, 감정, 행동의 통합 기술	• 언어적 비언어적 의사소통을 통합하는 기술 • 성원들의 행동이나 말의 의미를 연결하며, 숨겨진 의제를 표출하고, 명확하지 않은 생각과 느낌을 분명히 하며, 성원의 말과 행동 속에 나타나는 주제나 경향을 지적하는 것 등을 포함 • 성원들에게 그들이 어떻게 타 성원에게 인식되고 있는지에 관한 피드백을 제공하는데 유용
정보의 분석 기술	• 자료의 유형을 파악, 자료 간의 차이 발견, 평가에 필요한 자료를 획득할 수 있는 방법이나 기제를 설정하는 것이 포함

집단사회복지실천 과정에서의 개입기술 : 초기 사정 - 재구조화(×)

(3) 행동기술 [⑭]

집단의 목적과 과업을 성취하도록 원조할 때 사용한다.

구분	내용
지지	• 성원들이 서로 관심사를 공유하고 자신의 의견과 감정을 표현하도록 격려하며, 성원의 장점을 지적하고 그들의 요구에 반응함으로써 성원에게 지지를 나타낼 수 있음
재구조화, 재정의 [⑬⑭]	• 집단이 직면한 관심사와 이슈를 다양하고 보다 긍정적으로 볼 수 있도록 원조, 즉 **성원이 문제 상황을 긍정적으로 인식하도록 재정의함** • 상황을 새로운 관점에서 보기 시작하면 부정적 사항을 문제로만 인식하는 것이 아니라 변화나 성장을 위한 기회로 활용할 수 있음
지시	• 집단의 목적을 명확히 하고, 성원의 프로그램 활동 참가를 원조하며, 토론을 이끌어가고, 정보를 공유하며, 특정문제를 평가할 때, 집단의 활동을 지시 • 사회복지사는 성원의 승인없이 또는 집단의 방향을 결정하는 데 성원은 참여시키지 않고 지시기술을 사용해서는 안 됨
조언, 제안, 교육	• 성원들이 새로운 기술을 습득하고 문제를 이해하며, 문제상황을 변화시킬 수 있도록 원조하기 위해 사용할 수 있음
자원제공	• 집단 내, 외부의 자원을 성원에게 알려 주거나 연결시켜주는 역할을 함
모델링, 역할연습, 예행연습, 지도	• 모델링 : 사회복지사나 성원이 특정 상황에서의 행동에 대해 시범을 보임으로써 다른 성원들이 모방할 수 있게 해 줌 • 역할연습 : 성원이 특정상황을 실시해 보는 것으로 성원의 기능을 평가하고, 대인관계에 필요한 기술을 인식하며, 성원으로부터의 피드백을 통해 개인의 행동을 변화시키는 데 도움이 되도록 함 • 예행연습 : 역할연습이 끝난 후 피드백에 근거해 호전되어야 하는 행동을 연습하는 것 • 지도 : 대인관계에서 반응하는 방법에 대해 자세히 알려주고 시범을 보임으로써 교육하는 것

직면 [⑰]	• 저항을 극복하고 성원을 동기화시킬 수 있는 행동기술 • 성원들이 행동, 사고, 감정의 불일치를 극복할 수 있도록 원조하기 위해 성원의 행동을 명확히 하고, 탐색하며, 도전하는 능력
갈등해결	• 성원 간의 갈등, 집단 외부 환경과의 갈등, 그리고 집단과 기관과의 갈등을 해결하는 기술 • 사회복지사는 집단 내 갈등을 방지하기 위해 집단의 규칙을 개발하고 유지하도록 원조해야 하며, 갈등을 완화하기 위해 조정 협상, 중재기술을 사용할 수 있음
성원 간 의사소통의 연계 [⑰]	• 성원들이 사회복지사와 주로 의사소통을 하도록 하는 것이 아니라 성원 간에 의사소통을 촉진할 수 있도록 원조하는 기술 • 사회복지사는 성원들이 서로 도와주거나 도움을 요청하도록 촉구하거나, 성원의 말이나 행동에 대해 다른 성원들이 생각하는 바를 표현하도록 제안할 수 있음

4 프로그램 활동 [⑬]

(1) 집단에서 프로그램 활동을 사용하는 장점

① 사회적 상호작용을 위한 기본적인 인간욕구를 충족시킨다.
② 비언어적 의사소통이 언어적 의사소통보다 덜 위협적이어서 더 효과적인 경우가 있다.
③ 성원들에게 자신들의 감각을 배우고 경험하는 기회를 제공한다.
④ 특정한 생활상의 과업과 관련된 기술을 발전시킬 수 있다.
⑤ 어려운 토론영역으로 들어가는 시점에서 관심을 표출시키는 데 사용될 수 있다.
⑥ 집단 성원의 공유를 촉진시켜 서로 긍정적 관계로 만들며 집단 응집력을 높여준다.
⑦ 개인과 집단역동을 사정하기 위한 진단적 도구 또는 성원들을 돕기 위해 필요한 정보를 수집하기 위한 도구로 사용된다.

(2) 집단 프로그램 활동을 선택하는 절차

① 집단의 목표 및 목적과 부합하는 활동들을 구체화
② 각 프로그램 활동의 목표를 구체화
③ 주어진 환경, 자원, 시간 내에서 행해질 수 있는 활동을 구체화
④ 성원들의 관심과 동기, 연령, 기술수준, 신체적 정신적 상태, 주의집중력 정도에 기초해서 잠재적으로 가능한 활동들을 나열
⑤ 활동의 특성(소요시간), 신체적(운동근육, 힘)·사회적(상호작용, 언어)·심리적(감정과 생각 표현)·인지적(시간, 장소, 사람에 대한 인식) 요건의 특성에 따라 활동들을 구분
⑥ 구체화된 목표에 가장 잘 맞는 활동을 선택

(3) 집단 프로그램 활동을 선택할 때 사회복지사가 우선적으로 고려해야 하는 사항

① **집단규범과의 적합성** : 새로운 활동을 소개하면서 새로운 행동을 요구하게 될 때, 성원들이 놀랄 정도이어서는 안 되며 집단의 규범에 위배되지 않아야 함
② **집단 성원의 동의** : 집단 성원이 특정 활동에 참가하지 않기를 원하면 그 결정을 존중
③ **수행의 안전성** : 집단 성원들이 위험으로부터 보호되도록 해야 함
④ **시기의 적합성(적절성)** : 집단활동을 지나치게 부과하는 것보다 자연스럽게 활동을 소개하고 현재의 집단과정을 인식하는 것이 필요

집단의 역동성

제4부 **집단대상 사회복지실천과 기술**

제11장 회차별 출제빈도, 출제비중 및 출제논점 1, 2, 3순위

10회 2012	11회 2013	12회 2014	13회 2015	14회 2016	15회 2017	16회 2018	17회 2019	18회 2020	19회 2021	20회 2022	21회 2023	22회 2024
1	3	2	–	–	–	2	2(1)	(3)	3	2	–	2

출제 비중	출제 논점		
	1순위 ☺	2순위 ※	3순위 ☆
012	① 집단역동의 구성요소: 집단응집력, 하위집단, 긴장과 갈등, 집단문화, 집단크기...	① 집단의 치료적 효과	① 집단 슈퍼비전

1순위 스마일표시(☺) : 출제 빈출도가 높은 부분으로 무조건 시험에 출제되는 영역
2순위 당구장표시(※) : 나왔다 안 나왔다 하는 영역이지만 출제가능성 높은 영역
3순위 별 표(☆)   : 출제 된 적이 있긴 하지만 다시 출제될 가능성은 다소 떨어지는 영역

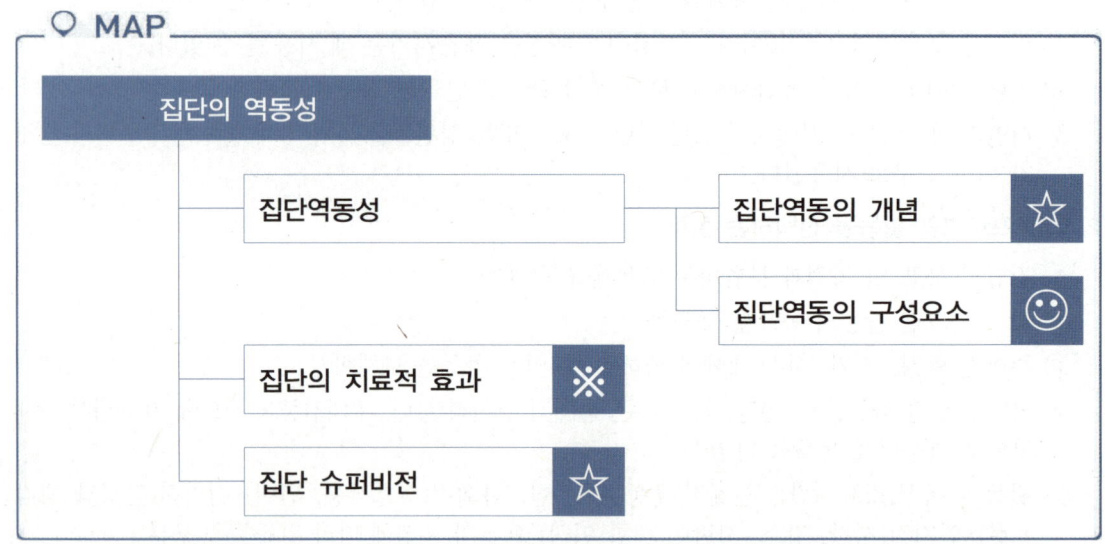

1 집단역동성(group dynamic, 집단역학) [②⑥⑦]

(1) 집단역동의 개념

① 집단 내에서 전문가인 집단지도자를 포함한 집단 성원 사이에서 발생하는 역동적 상호작용을 **집단과정(group process)**이라 하고, 이러한 **집단과정이 전체집단과 성원에게 미치는 힘을 집단역동(group dynamics)**이라 한다.
  ㉠ 상호작용을 통해 나오는 성원들의 힘의 합 이상으로, 개별적인 성원들로는 생각하기 어려운 힘이 그들의 상호작용을 통해 나온다는 것이다.
  ㉡ 집단개입이 가능한 것은 바로 집단 성원들의 상호작용을 통해서 나오는 힘인 집단의 역동 때문이며, 역동은 전체적인 집단과 개별적인 집단 성원들에게 강한 영향력을 미쳐 **집단의 치료적 효과를 가져오게 한다.**

② 집단역동성을 이해하고 활용하기 위해서는 **집단구조, 집단 의사소통, 집단 내 상호작용, 집단응집력, 집단규범과 가치, 집단 성원의 역할, 집단지도력, 집단문화, 갈등 등의 영역에 대한 이해가 필요**하다.

(2) 집단역동의 구성요소 [⑤⑯]

> 사회적 상호작용-의사소통, 집단의 목적, 대인관계, 지위와 역할, 가치와 규범, 긴장과 갈등, 집단응집력, 하위집단, 집단발달단계, 집단의 크기와 물리적 환경, 집단문화, 피드백 등

① 사회적 상호작용 : 의사소통 [⑧⑲]

㉠ 사회적 상호작용이란 사람 간의 접촉이 참여자의 태도와 행동의 변화를 초래하는 역동적 힘의 상호작용을 의미하는 용어로, 이때 의사소통(communication)은 사회적 상호작용의 가장 핵심적인 부분이다.

㉡ 의사소통을 통한 집단 간 상호작용이 원만하게 이루어지기 위해서는 집단 성원들은 자신의 정보와 태도를 다른 성원들과 어느 정도 공유할 수 있어야 한다.

㉢ 사회복지사나 집단의 특정 성원에 의해 모든 의사소통이 이루어지는 사회복지사 중심(leader-centered)보다는 집단 중심(group-centered) 형태가 올바른 의사소통유형이다.

　　※ 집단성원 간 직접적 의사소통을 격려하여 집단역동을 발달시킨다.(○)

② 집단의 목적 [⑲⑳]

㉠ 모든 집단은 궁극적 목표와 최종 목표를 가지고 있으며, 집단의 목표는 집단 성원의 선택, 의사소통의 발달, 집단규범, 집단의 활동, 집단성원 및 집단의 평가기준에 영향을 준다.

㉡ **개별성원의 목적과 집단 전체의 목적의 일치 여부에 따라 집단역동은 달라지기 때문**에, 사회복지사는 집단성원의 목적과 집단의 목적이 조화를 이룰 수 있도록 노력할 필요가 있다.

　㉮ 집단의 목표는 개별 성원들의 목표를 달성하기 위한 것이므로 집단 목표가 설정되면 이를 성취하기 위해 집단 전체가 노력하게 되고 이런 과정 속에서 역동이 일어나게 된다.

　　※ 집단목표는 구성원의 목표와 관련 없다.(×)

　㉯ 사회복지사는 집단성원들을 원조하여 집단성원들의 개별목표와 목표달성을 위한 단계들이 구체화될 수 있도록 해야 한다.

③ 대인관계
  ㉠ 집단 내의 대인관계에서 서로를 인정하고 단합하고자 하는 힘이 집단을 분열시키는 부정적인 힘보다 강할 때 집단이 유지되고 집단의 목적을 달성할 수가 있다.
  ㉡ 사회복지사는 집단이 성장하고 발달하기 위해서는 개별 성원이 자기중심적이기보다는 집단 중심적이고 생각이나 행동이 집단과 통합될 수 있도록 도와야 한다.

④ 지위와 역할
  ㉠ **지위란** 주어진 집단 내의 위계질서에서 한 사람이 다른 사람에 비해 상대적으로 차지하고 있는 위치를 의미한다.
  ㉡ **역할(role)이란** 사회에서 특정한 지위를 점하고 있는 개인에게 기대되는 활동이나 특정 상황에서 행동해야 하는 방식 등을 이르는 것으로, **특정 성원이 집단 내에서 수행해야 할 구체적인 과업이나 기능과 관련된 행동을** 의미한다.

⑤ 가치와 규범
  ㉠ 사람들이 한 집단에 함께 참여하게 되면 가치의 공동체계를 형성하게 되고 이것이 집단 성원에 대한 행동규범을 어느 정도 결정하게 된다.
  ㉡ 집단규범(group norm, 집단규칙) [⑬⑯⑱]
    ㉮ 집단에 어떠한 결과를 가져오든 간에 성원에게 기대되는 행동기준을 일반화시킨 것으로서 가치판단을 포함하는 개념이다.
    ㉯ 집단규범은 **집단 내에서 집단 성원의 행동의 표준을 일반화한 것**으로 집단 성원이 공유하는 기대와 가치체계, 신념 등을 말하며, **집단 성원이 동의**하여야 한다.
      ⓐ 비밀보장 즉, 집단 내에서 집단성원들간 논의된 내용을 집단 밖에서 논의하는 것을 금지하는 규칙을 집단성원에게 알리는 것이 매우 중요하다.
      ⓑ 사회복지사는 집단성원들과 집단성원들의 행동과 관련된 규칙을 논의하고 결정해야 한다.
      ⓒ 집단성원 간 논의를 통해 정해질 수도 있지만, 다른 성원의 행동에 따르는 보상과 벌을 통한 사회학습을 통해서 자연스럽게 형성될 수도 있다.
        집단대상 실천 : 집단규칙은 사회복지사가 제공하였다.(×)
    ㉰ 집단규범을 추론해 낼 수 있는 단서 : 집단의 문제해결 방식, 구성원의 상호 간 정서적인 관여 패턴, 피드백에 대한 구성원의 반응, 지도자에 대한 성원의 자세 등이다.

⑥ 긴장과 갈등 [⑥⑧⑪⑱⑲]
  ㉠ 집단활동이 진행되면서 성원 간에는 다양한 형태의 긴장 및 갈등관계가 형성될 수 있다.
  ㉡ 갈등은 자신과 집단 전체에 부정적 영향을 미칠 수도 있으나 한편으로는 집단관계에 긍정적 힘이 되기도 하므로 **집단과정에서 자연스러운 현상으로 받아들일 필요가** 있다.
  ㉢ 긴장과 갈등을 적절하고 건설적인 방법으로 해결할 때 집단은 더욱 성장할 수 있다.
    긴장과 갈등은 하위집단의 출현을 조장하므로 피해야 한다.(×)
    집단대상 실천 : 성원간의 갈등이 심하여 조기종결을 하였다.(O)

⑦ **집단응집력(cohesion, 결속력)** [③④⑤⑨⑪⑫⑲⑳]
  ㉠ **개별 성원이 집단에 대해 갖는 소속감과 매력을 표현한 것**으로, 집단성원들이 '우리'라는 의식을 갖게 하고 서로 친밀감이 형성될 수 있게 해준다.
    ㉮ 구성원 간 신뢰감이 높을수록 응집력이 높다.
    ㉯ 구성원이 소속감을 가지면 응집력이 강화된다.
  ㉡ **집단응집력은 높은 집단의 특성**
    ㉮ 공동의 목표를 인식하고 달성하고자 하는 열망이 높으며, 집단의 목표를 달성하는 데 있어서 훨씬 효과적이다.
    ㉯ **서로가 자신의 의견을 자유롭게 표현할 수 있는 분위기가 형성된다.**
       ⊗ 응집력이 높은 집단에서는 자기노출을 억제한다.(×)
    ㉰ 특정 성원의 자기표현 또는 개방에 대해 긍정적으로 강화되어 있다.
    ㉱ 집단 성원들 간에 상호작용이 풍부하게 이루어진다.
    ㉲ 구성원의 개인적 욕구와 기대를 충족시키며, 위엄과 지위를 증진시킨다.
    ㉳ 집단 내에서는 경쟁관계가 형성되지 않지만, 다른 집단과는 경쟁관계를 형성한다.
    ㉴ 집단의 과정에 집단 성원이 적극적으로 참여한다.
    ㉵ **응집력이 높은 집단이 낮은 집단보다 생산적인 작업에 더 유리하다.**
  ㉢ **집단응집력은 반드시 긍정적 영향만 주는 것이 아니다.**
    ㉮ 집단에 지나치게 의존적이 된다든지 자아정체감을 상실하게 될 수도 있다.
       ⊗ 집단응집력이 강할 경우, 집단성원들 사이에 상호 의존하려는 경향이 강해진다.(○)
    ㉯ 외부 환경으로부터 새로운 정보를 유입하는 것에 반대함으로써 폐쇄적이 될 수도 있다.
    ㉰ **집단사고(groupthink)*의 유발조건** : 상당히 높은 정도의 응집력, 정책결정집단의 폐쇄적 상태로 인한 고립, 방법과 절차에 대한 규칙이나 규범의 결여 등

> **집단사고(groupthink)**
> 성원들이 상반되는 관점에서 논쟁하기보다는 단순히 수긍해 버리는 동의나 그릇된 합의의 상황으로, 집단성원들이 자신들의 결정을 현실에 비추어수정하지 못하고 단체로 자제력을 잃어버리는 것임

  ㉣ **집단응집력 향상을 위한 원칙** [⑫⑲]
    ㉮ 집단토의와 프로그램 활동들을 적극 활용하여 **집단성원들 간의 상호작용을 촉진**시키도록 한다.
    ㉯ 집단성원 개개인이 스스로를 가치 있고 능력있는 유능한 존재라는 것을 인식할 수 있도록 하여 이를 믿게 되면, 집단성원은 집단에 보다 적극적으로 참여하게 된다.
    ㉰ 집단성원들의 욕구가 집단 내에서 충족될 수 있는 방법을 파악할 수 있도록 돕는다.
    ㉱ 집단성원들이 목표에 초점을 두고 목표를 달성할 수 있도록 원조한다.
    ㉲ **집단성원들의 상이한 인식과 관점을 인정**하면서 성원들이 비경쟁적인 관계를 형성하여, 집단성원들이 협력하는 관계를 형성하도록 원조한다.
    ㉳ 모든 집단성원들이 집단과정에 완전히 참여할 수 있도록 적정한 규모의 집단을 형성하도록 한다.

㉠ 집단성원들이 기대하는 바를 명확히 하고 집단성원의 기대와 집단목적을 일치시키도록 한다.
㉡ **자원, 보상 등 집단에 참여함으로써 얻게 되는 자극제를 집단성원들에게 제공한다.**
㉢ 집단성원들이 참여하고 있는 **집단에 대한 자부심을 느끼도록 돕는다.**
㉣ 사회복지사뿐만 아니라 집단성원도 집단의 내용과 방향에 대한 책임이 있다는 것을 인식하도록 집단성원의 책임성을 강조한다.

⑧ **하위집단** [④⑯⑰⑲]
㉠ 하위집단의 출현을 평가할 때 가장 주목해야 할 점은 **전체집단과의 관계**이며, 하위집단의 갈등이 있는지 또는 상호협조적인지 알아야 하며, 이것이 전체집단의 어떤 관계를 달성함에 어떤 기능을 하는지 분명하게 파악하는 것이 중요하다.
　㉮ 어떤 사람은 **하위집단에 소속함으로써 오히려 전체집단에 참여하는 데 보다 큰 보람을 가지게 되는 경우**가 있다.
　㉯ 하위집단 가운데 **다소 우위에 있는 하위집단은 집단에 대한 통제력을 행사하려고 시도하기 때문에 다른 하위집단과 갈등을 유발**할 수도 있다.
　　⊗ 하위집단은 집단에 부정적인 영향을 미치기 때문에 사회복지사가 개입하여 만들어지지 않도록 한다.(×)
㉡ **사회복지사가 하위집단을 파악하는 방법** : 의사소통의 질, 집단 성원 간의 어울림 등을 관찰함으로써 가능하며, 소시오그램, 소시오메트리를 통해 분석이 가능하다.

⑨ **집단의 크기** [④⑲]
㉠ **집단 성원의 수**를 말하며, 집단의 목적과 유형, 집단 성원의 성숙도와 속성 등에 의해 결정되며, 집단 성원의 만족감, 상호작용, 개별 성원의 목표 달성, 집단 전체의 생산성 및 효과성 등에 영향을 미친다.
㉡ 집단의 크기는 집단의 목적을 달성할 수 있을 만큼 작아야 하지만, 집단 성원을 만족시킬 수 있는 경험을 얻을 수 있을 만큼 충분히 커야 한다.
㉢ 집단의 크기가 클 경우
　㉮ **장점** : 자원이 많아 과제의 성공적 수행에 도움이 될 수 있다, 익명성이 보장되어 집단참여의 압박감이 적어질 수 있다.
　㉯ **단점** : 집단을 통제하기가 어렵다, 집단 성원이 스트레스를 더 많이 느끼게 된다, 의사소통이 어려지기도 한다, 개인적 문제를 표현하거나 다루기 어려워진다.
　　⊗ 집단이 커질수록 구성원의 참여의식이 증가하고 통제와 개입이 쉽다.(×)
㉣ 집단의 크기가 작을 경우
　㉮ **장점** : 집단 성원에 대한 집단지도자의 개별적 접근이 용이하다.
　㉯ **단점** : 집단 성원에 대한 참여의 압박이 커진다, 풍부한 상호작용을 기대하기가 어렵다.

⑪ **집단 문화**(group culture) [④⑧]
㉠ 집단 성원이 집단 내에서 공통적으로 공유하는 가치, 신념, 관습, 전통, 규범, 활동 등을 의미하고, 다른 집단과 구별되는 독특성을 말한다.

- ⓒ 집단문화의 형성
  - ㉮ 집단 성원의 규범에 일치하는 행동으로부터 형성되기도 하며 서로가 의사소통을 통해 이해하고 거기서 공통성을 찾아내어 형성된다.
  - ㉯ **성원들이 동질적일수록 빠르게 형성되고 이질적일수록 늦게 형성된다.**
  - ㉰ 집단 성원들이 공통의 생활경험과 가치체계 등을 공유하면 집단문화에 대한 독특한 관점들을 통합시키는 데 시간이 덜 소요된다.
  - ㉱ 대부분의 집단 성원들은 이미 자신의 독특한 경험과 가치관, 종교의 영향으로 고유한 문화를 가지고 있다. 이러한 개별적인 문화들이 집단 내에서 상호작용 과정을 거쳐 서로 섞이게 되어 새로운 집단문화를 형성하게 된다.
- ⓒ 집단문화는 **일단 수립되고 나면 바꾸기가 매우 어렵기 때문에** 사회복지사는 집단문화가 완전히 설정되기 전에 성원들과 집단문화에 대한 의견을 교환하고, 공유하여야 한다.

⑫ **물리적 환경** [8]
- ㉠ 집단의 모임이 이루어지는 물리적 환경은 집단 성원에게 비밀보장, 친밀감, 편안함, 집중력 등 집단역동에 상당한 영향을 끼친다. 물리적 환경의 크기와 밝기, 가구 및 집기의 배치, 자리의 배치 등이 여기에 해당한다.
- ㉡ 집단의 모임 장소는 외부인의 방해가 없어야 하며, 조용하면서도 필요한 활동을 하기에 충분한 크기여야 한다. 너무 큰 방은 집단의 집중력과 친밀감을 떨어뜨리며, 너무 작은 방은 집단 성원이 공포감과 불안감을 느낄 수도 있다.

  ※ 물리적 환경은 집단문화에 영향을 주지 않는다.(×)

2 집단의 치료적 효과 [②③④⑤⑥⑦⑧⑨⑪⑫⑯⑰⑲㉑㉒]

얄롬(Yalom)은 집단치료의 치료요소로 **희망부여, 보편성, 정보공유, 사회적 지지(이타심), 가족집단으로 재현, 사회화 기술의 개발, 집단응집력, 카타르시스(감정정화), 모방행동, 대인관계 학습, 실존적 요인**을 들었다.

(1) 희망의 부여(installation of hope, 희망의 고취) [⑫]
① 클라이언트에게 그들의 문제가 개선될 수 있다는 희망을 심어주고 이러한 희망은 그 자체가 치료적 효과를 갖는다.
② 집단에서 성원들은 자신보다 더 심한 문제를 가진 사람이 회복되는 것을 보면서 혹은 자신과 유사한 문제를 가진 사람이 효과적으로 문제에 대처하는 것을 보면서 희망을 갖게 되기 때문에 커다란 치료적 가치를 갖는다.

(2) 보편성(universality) [③④⑨㉑㉒]
① 대부분의 집단 성원들은 자신의 문제가 자신만이 겪는 독특한 것이라고 생각을 하기 때문에 더 절망감을 느끼게 된다.
② 집단 프로그램에 참여하게 되면 다른 사람들도 자신과 비슷한 문제를 겪고 있다는 사실을 알게 되면서 자신의 문제가 매우 일반적임을 알게 되어 불안과 긴장 상태에서 안정을 찾을 수 있게 된다.

  예) 자신의 성정체감을 숨겨왔던 동성애자 A는 집단모임에 참여하면서 자신과 비슷한 갈등을 경험한 사람들을 만나 위안을 얻었다.

※ 가정폭력 피해 여성을 위한 집단 프로그램의 치료 요인 : 자신만의 문제가 아닌 보편적인 문제이므로 폭력 상황에 수용적이 되도록 함(×)

※ 집단 사회복지실천의 장점 : 보편성 – 다른 사람들도 비슷한 경험을 하는 것으로 위로를 받는다.(○)

(3) 정보공유 및 전달(imparting information) [⑧]

① 집단 과정을 통해서 집단지도자와 집단 성원들로부터 충고와 제안 그리고 대처방안, 직접적인 안내 등 중요한 정보를 얻을 수가 있다.

② 정보를 주고받는 과정은 자신의 문제에 대한 통찰을 돕고 해결능력을 향상시키는 효과를 가져오게 된다.

(4) 이타심(altruism, 이타주의, 사회적 지지) [⑥⑧㉑]

① 집단 성원들끼리 서로 돕는 과정을 통해서 도움을 주는 자는 자신이 누군가에게 지지나 제안 그리고 충고를 해줌으로써 도움을 줄 수 있다는 것을 경험하면서 스스로에게 가치 있는 존재라는 느낌을 갖게 된다.

② 자신의 문제에만 집착해 있던 클라이언트가 집단 내의 다른 성원들의 문제와 욕구에 관심을 두게 됨으로써, 자신의 문제에서 잠시 벗어날 수 있는 기회를 갖게 되고, 이것 또한 치료적 효과가 있다.

※ 집단 사회복지실천의 장점 : 이타심 – 위로, 지지 등으로 서로 도움을 주고 받는다.(○)

(5) 가족집단의 교정적 재현(corrective recapitulation, 원가족의 교정적 반복) [⑧⑲㉑]

① 집단은 가족과 유사한 환경을 제공하여 집단사회복지사와 다른 집단 성원과의 관계는 부모 및 형제와의 관계를 재현한다.

② 여기서 집단 성원은 간접적 가족경험을 통해 자신의 문제를 발견하고 해결할 수 있는 기회를 갖는다. → 재경험의 기회 제공

(6) 사회화 기술(socializating technique)의 학습(개발) [⑧㉑]

① 집단규범에 의해 집단 성원은 서로의 부적응 또는 반사회적 행동에 대한 피드백을 주고받음으로써, 또는 다른 집단 성원이나 집단지도자의 행동을 모방하고 학습함으로써 기능적인 사회화 기술과 대인관계 기술을 학습하게 된다.

② 집단의 경험은 대인관계의 중요성을 인식하게 하는 계기가 되고, 자신을 이해해 주는 집단지도자와 집단 성원의 지지, 역할놀이와 솔직한 피드백 등을 통해 사회관계상의 문제를 수정하고 자기의 성장과 변화의 기회를 갖는다.

(7) 카타르시스(catharsis, 감정정화) [⑦㉑]

① 집단 내의 보호적인 분위기 속에서는 그 동안 다른 곳에서는 불가능한 정서적 표현을 하기가 용이해진다.

② 집단 과정을 통해 성원들은 자신의 행동에 장애를 초래했던 억눌렸던 감정을 자유롭게 표현함으로써 카타리시스를 경험하게 된다.

예) 집단 내 지지적이고 안정적 분위기 덕분에 억압되고 부정적이었던 감정을 자유롭게 안정적으로 표출할 수 있었어요.

(8) 모방행동(imitative behavior) [②②]

① 집단은 다양한 문화적 배경과 행동양식을 가진 사람들로 구성되며, 집단 성원은 새로운 행동을 학습하는 모델로서 활용될 수 있다. 따라서 집단지도자와 집단의 성원들이 클라이언트에게 훌륭한 역할 모델이 될 수 있다.

② 클라이언트는 유사한 상황에서 다르게 행동하는 집단 성원을 관찰하면서 보다 발전적인 행동을 배울 수 있다.

> 집단 사회복지실천의 장점 : 모방행동 – 기존의 행동을 고수한다.(×)

(9) 대인관계학습을 통한 감정의 교정

① 집단과의 상호작용을 통해 클라이언트는 자신에 대한 통찰력을 얻고 자신이 갖기 원하는 관계형성에 대한 아이디어를 찾을 수 있을 뿐만 아니라 집단은 자신의 새로운 관계형성 방식을 시험해 보는 장이 될 수 있다.

② 긍정적인 대인관계의 경험은 성격발달에 중요하며, 심리적 장애를 이해하고 치료하는 데 모두 사용될 수 있다.

(10) 집단응집력(집단소속감)

① 집단 성원의 집단에 대한 매력으로, 집단 성원이 느끼는 소속감과 친밀감, 존중감 등으로 표현되는 집단응집력은 성공적 집단경험에 있어서 절대적으로 필요한 구성요소이다.

② 집단 내에서 자신이 인정받고, 수용된다는 소속감이나 친밀감은 그 자체로 집단 성원의 긍정적인 변화에 영향을 미치며, 클라이언트에게 위로와 용기를 제공한다.

(11) 실존적 요인(existential factor)

① 집단과정에서 집단 성원은 자신이 다른 집단 성원들로부터 받을 수 있는 지지에 한계가 있다는 것을 알기 시작한다.

② 클라이언트는 집단 성원과의 경험 공유를 통하여 자기 자신이 다른 사람에게 아무리 많은 지도와 지지를 받는다 할지라도 자신들의 인생에 대한 궁극적 책임은 스스로에게 있다는 것을 배운다. 그래서 고독감, 자유, 죽음과 같은 인간의 한계에 부딪히는 힘을 개별적 주체자로서 스스로 키운다.

3 집단 슈퍼비전 [⑥]

집단 슈퍼비전은 집단의 역동을 활용하여 집단 자체의 통일된 목표를 갖고 구성원간 상호작용을 통해 슈퍼비전을 주는 것으로, 집단 규모는 슈퍼바이저가 행정적 책임을 지는 4~5명으로 구성된다.

(1) 집단 슈퍼비전의 장점

① **시간과 노력의 경제성** : 개별 슈퍼비전에 비해 집단 슈퍼비전의 분명한 장점 중 하나는 행정시간과 노력의 경제성이다. 집단슈퍼비전은 예산절감에 따른 비용축소를 위해 슈퍼비전을 재설계할 때 권고된다.

② **다양한 학습방법의 활용** : 집단 슈퍼비전은 다양한 가르침과 배움의 경험을 효율적으로 활용하게 한다.

③ **공유의 기회제공** : 집단 슈퍼비전은 수퍼바이지(supervisee)들이 직무에서 부딪치는 유사한 문제들과 각자가 이들에 대해 처방해온 해결방안들에 대한 경험을 나눌 수 있는 기회를 제공한다.

④ **지지적 효과** : 집단 슈퍼비전은 수평적 가르침의 기회뿐 아니라 여러 종류의 상호부조 기회를 제공한다. 동료들에게 정서적 지지를 제공하고 소속감을 강화시키는 기회를 경험하는 것은 성원들 간의 상호성을 조장한다.

⑤ **긴장감소** : 1대1의 개별슈퍼비전은 슈퍼바이저(supervisor)와 지나치게 강렬한 관계를 맺어야 하는 부담으로 작용할 수 있다. 하지만, 집단 슈퍼비전은 덜 집중적인 관계를 맺고 집단과 상호작용하는 것이 에너지 학습에 사용할 수 있어 일부 슈퍼바이지들의 특이한 교육적 욕구를 충족시켜준다.

⑥ **안정감 제공** : 개별 슈퍼비전에서는 슈퍼바이저의 의견과 슈퍼바이지의 의견이 대립 시 슈퍼바이저의 의견이 우세하지만, 집단 슈퍼비전의 경우 다른 슈퍼바이지로부터 동맹자적 지지를 얻을 수 있어 슈퍼바이지는 집단이라는 세팅에서 다른 의견을 제시할 용기를 가질 수 있다.

⑦ **상호학습 효과** : 집단 슈퍼비전은 사회복지사들에게 다른 사람들의 일을 관찰할 수 있는 기회와 비교의 기준을 제공하며, 슈퍼비전을 통해 동료들과 동료들의 업무에 대해 다른 관점을 가질 수 있어 슈퍼바이저에 대해 덜 위협적인 관점도 얻는다.

⑧ **조직의식 강화** : 집단 슈퍼비전을 통해 개인 슈퍼바이지는 기관 부서에 대한 소속감, 전문적 정체감, 집단 응집감 등을 발전시킬 수도 있다.

⑨ **실제 상황 관찰 효과** : 집단 슈퍼비전에서는 슈퍼바이지가 집단에서 행동하고 있는 슈퍼바이지 자신을 볼 수 있게 해주며, 슈퍼바이저에게 슈퍼바이지가 어떻게 기능수행을 하고 있는가에 대한 추가 관점을 제공한다.

⑩ **역할 분담** : 집단 슈퍼비전은 갈등적인 역할들간 분리를 허용한다. 집단 상황을 다른 사람들에게 위임할 수 있기 때문에 슈퍼바이저의 과업은 어떤 면에서 단순화된다.

> 예 수퍼바이저는 어떤 수퍼바이지와 대결하기 위해 행동하고 있는 동안 집단은 다른 성원들을 안심시키기 위해 행동하기도 함

⑪ **변화에 대한 저항 감소** : 슈퍼바이저는 개별 슈퍼비전보다 집단 슈퍼비전을 통해 슈퍼바이지의 행동을 수정하기가 더 쉽다. 즉, 동료집단의 성원들이 집단토론에서 슈퍼바이저의 관점을 수용한다면, 슈퍼바이지 개인은 변화에 덜 저항적일 수 있다.

⑫ **집단 상호작용 학습 효과** : 집단 상호작용의 학습 모형으로 사용할 기회를 제공하기도 하고 집단 슈퍼비전을 통해 집단 상호작용에 대한 것을 배우기도 한다.

⑬ **독립성과 자율성의 강화** : 기관에서 슈퍼비전을 주는 인력은 모든 사회복지사들의 기능수행이 더 많은 독립성을 가지도록 적극적으로 격려하는 방향으로 움직이며 슈퍼비전의 통제가 완전히 없어지는 방향으로 가야한다.

(2) 집단 슈퍼비전의 단점
　① **개별적 욕구에 대한 집단적 접근** : 개별 슈퍼비전에서는 가르침과 배움이 특정 슈퍼바이지의 욕구를 채워주기 위해 뚜렷하게 개별화 될 수 있지만, 집단 슈퍼비전에서는 어렵다.
　② **라이벌의식** : 집단 상황은 형제자매간의 라이벌 의식과 같은 동료 간 경쟁을 자극하며, 집단 안에서 다른 성원들과의 비교를 걱정할 수 있다.
　③ **집단의 폐쇄성** : 지속성을 가지고 있는 집단은 집단정체성, 상호관계패턴, 역할배분, 파벌과 하위집단의 발달, 일단의 공유지식들을 발전시키게 되기 때문에, 신입자는 기존의 균형을 파괴함에 따라 원망을 받을 수 있다.
　④ **책임감의 둔화** : 개별 슈퍼비전에서 슈퍼바이지는 참여하고 반응하도록 강요되지만, 집단 슈퍼비전에서는 집단이 제공하는 수적 안전 속에 숨을 수 있다.
　⑤ **실수 노출의 위험** : 집단이 가능한 통찰과 지지로서의 보다 큰 안식을 제공하지만, 또한 보다 많은 비판적 피드백의 원천이 되기도 한다. 따라서, 개별 슈퍼비전에서보다 슈퍼바이저의 언행이 더욱 조심 되어야 하는 위험도 있다.
　⑥ **복잡한 상호작용** : 집단 성원수가 증가 할수록 상호작용 가능성은 기하급수적으로 증가하기 때문에, 슈퍼바이저가 적응하고 순응해야 하는 더욱 다양한 정보 단서와 압력들이 존재한다.
　⑦ **1명 대(對) 다수의 의사소통 문제** : 슈퍼바이저는 슈퍼바이지들 모두가 정확하게 수신할 수 있도록 메시지와 단어를 선별해야 하지만 그런 노력에도 어떤 성원의 특정 욕구는 충족시키지 못할 수 있다. 즉, 한 명의 슈퍼바이저와 다수의 슈퍼바이지로 이루어진 집단 슈퍼비전에서 1대 다수의 의사소통 패턴은 문제가 될 소지를 가지고 있다.
　⑧ **통제의 어려움** : 슈퍼바이저가 수적으로 열세인 집단 상황에서는 반대 집단 결속에 부딪칠 때, 상황 통제력의 회복이 어렵다는 것을 발견하게 된다.
　⑨ **집단에 대한 성향과 지식 요구** : 집단 슈퍼비전의 책임의 수용은 많은 개별 슈퍼바이저에게 추가 학습과 초점에 대한 오리엔테이션을 수정할 것을 요구한다.

집단발달단계

제4부 **집단대상 사회복지실천과 기술**

제12장 회차별 출제빈도, 출제비중 및 출제논점 1, 2, 3순위

10회 2012	11회 2013	12회 2014	13회 2015	14회 2016	15회 2017	16회 2018	17회 2019	18회 2020	19회 2021	20회 2022	21회 2023	22회 2024
4	2	2	3	2	4	2	4	2	3	3	3	4

출제 비중	출제 논점		
	1순위 ☺	2순위 ※	3순위 ☆
2 3 4	① 준비단계: 집단구성, 사전모임 ② 초기단계: 집단사정(도구), SW의 역할	① 중간단계: SW의 역할 ② 종결단계	

1순위 스마일표시(☺) : 출제 빈출도가 높은 부분으로 무조건 시험에 출제되는 영역
2순위 당구장표시(※) : 나왔다 안 나왔다 하는 영역이지만 출제가능성 높은 영역
3순위 별 표(☆)   : 출제 된 적이 있긴 하지만 다시 출제될 가능성은 다소 떨어지는 영역

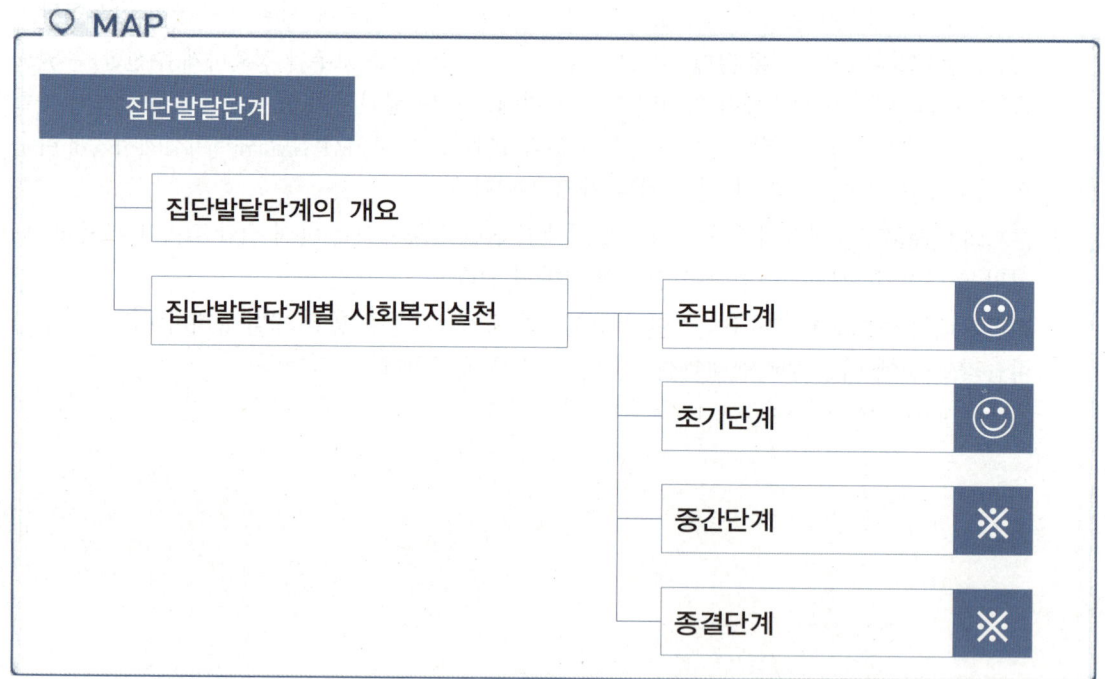

1 집단발달단계의 개요

(1) 집단발달단계의 개념
① 집단은 성원들의 상호작용이 일어나는 과정을 통해서 다양한 역동이 일어나고 이러한 상호작용과 역동에 의해 변화를 만들어 내는데 이러한 집단과정은 집단의 발달에 따라 변화한다.
② 집단발달단계에 따라 집단의 내부구조, 집단 성원의 역할과 지위, 의사소통과 상호작용의 형태, 집단의 과제와 집단운영의 절차, 집단 응집력, 사회적 통제, 집단문화 등이 형성되고 변화되어 간다.

(2) 집단발달단계의 종류
① **시계열적 발전단계**
  ㉠ 집단이 시간의 흐름에 따라 발전하게 되고, 이전 단계의 발전이 어느 정도 이루어졌을 때 다음 단계로 흘러간다는 것으로 반복 없이 다음 단계로 발전된다는 것이다.
  ㉡ 집단은 점진적으로 일련의 단계를 밟아가는데 일반적으로 초기, 중기, 종결단계로 구분된다.
② **반복적 발달단계**
  ㉠ 시간이 지나면서 집단이 발전할 수는 있으나 집단 과정 중에 각 단계가 되풀이 될 수 있다는 입장이다.
  ㉡ 집단이 발달되기 위해서는 단순히 시간의 흐름이 아니라 집단의 과업과 유지의 기능이 수행되는가에 따라 결정된다.

(3) 집단발달단계의 구분
① 집단발달단계에 대해서는 합의된 정의가 없고 학자마다 그 구분이 조금씩 다르며, 한 단계에서 다음 단계로 넘어가는 경계선이 뚜렷하지 않다.
  ㉠ **갈린스키(Galinsky)의 구분(7단계)** : 기초단계 → 형성단계 → 중간단계1 → 재구성단계 → 중간단계2 → 성숙단계 → 종결단계
  ㉡ **트렉커(Trecker)의 구분(6단계)** : 시작단계 → 약한 집단감정/조직/프로그램의 출현 단계 → 유대·목적 및 응집력의 발달 단계 → 강한 집단감정 및 목표 달성 단계 → 흥미저하-집단감정의 감소 단계 → 종결단계
  ㉢ **얄롬(Yalom)의 구분(4단계)** : 오리엔테이션과 의미 탐색 → 갈등단계 → 압도와 반발 → 응집력
② **노든(Northern)의 구분(5단계)** : 준비단계 → 오리엔테이션 단계 → 탐색과 시험단계 → 문제해결단계 → 종료단계

2 집단발달단계별 사회복지실천

(1) 준비단계 [⑤⑦⑧⑨⑩⑪⑫]
① **개 요**
  ㉠ 준비단계는 '**사전단계**'라고도 하고, '**집단형성단계**'라고도 칭하는데, 말 그대로 **집단과정에 들어가기 전에 계획을 수립하고 집단 성원을 선발하는 것과 같은 준비를 하는 단계**이다.

ⓒ 준비단계에서 사회복지사가 할 일 : 우선 기관으로부터 집단 개입의 승인(기관승인)을 받아야 하고, 집단과정에 대한 계획을 수립(집단의 목표설정, 집단 성원의 욕구파악)하는 일인데, 계획서에는 집단의 목적, 집단 구성방식, 집단의 크기와 장소 선정, 모임 횟수와 시간(기간), 집단 성원의 선정과 선정을 위한 홍보활동 등이 포함되어야 한다.

② 집단지도자의 과업
  ㉠ 집단계획서의 구성 내용
    ㉮ 집단의 유형 결정(치료, 지지, 교육, 성장집단 등)
    ㉯ 집단의 구성(성별, 연령, 지적능력, 사회경제적 지위 등)
    ㉰ 집단의 목적과 목표
    ㉱ 집단구성의 필요성
    ㉲ 집단지도자 및 자격조건, 역할
    ㉳ 집단 성원의 선정방법(신청, 의뢰, 면접, 설문지 등)
    ㉴ 집단의 크기(성원의 수), 장소, 횟수, 집단의 지속기간
    ㉵ 집단에서 다루어질 문제 또는 주제
    ㉶ 집단의 규칙
    ㉷ 집단과정에서 사용할 기술의 종류
    ㉸ 평가계획
  ㉡ 집단목적 : 클라이언트 개개인의 욕구를 고려하여 집단지도자 또는 기관 직원에 의하여 결정되며, 기관이나 조직 자체의 승인, 목적, 임무의 틀 안에서 설정된다.
  ㉢ 집단구성 : 집단의 동질성과 이질성 [⑤⑧⑩⑪⑭⑮⑰⑲]
    ㉮ 집단의 대상선정 : 성별, 연령, 학년, 성숙도, 교육수준, 문제의 유형과 관심사, 성격적 특성, 직업 또는 소속기관 등과 같은 요소들을 고려해야 한다.
    ㉯ 집단의 동질성과 이질성 고려
      ⓐ **동질집단** : 공통성으로 인해 서로와의 관계를 증진시키며, **집단의 결속력이 높고**, 훨씬 더 빨리 집단 과업 활동을 착수하게 된다. 그러나 활동의 수준은 이질적인 집단에 **비해 피상적이다.** 즉 성원들이 서로를 잘 이해하고 있다고 생각하므로 서로를 자극하거나 서로에 대하여 반론을 제기하지 않기 때문에 침체되고 현실검증의 기회가 적을 수 있다. 집단성원의 유사함은 집단소속감을 증가시킨다.(O)
      ⓑ **이질적 집단** : 서로 상이한 관점과 비판은 성원들이 자신들의 문제를 여러 가지 다양한 관점에서 검토하고 문제에 관하여 어떤 일을 순차적으로 하도록 자극한다. 그러나 **집단 성원들이 서로 그들의 문제를 노출하고 결속감을 형성하는 데는 시간이 더 오래 걸리고, 초기에는 방어와 저항이 있을 수 있고, 성원들이 탈락할 수 있다.**
  ㉣ 집단구성 : 개방형 집단(open groups)과 폐쇄형 집단(closed groups) [⑩⑬⑭⑯⑰⑲②]
    집단 진행과정에서 새로운 구성원들에게 개방되는가의 여부(집단의 개방수준)에 따라 구분한다.

㉮ **개방형 집단** : 집단이 진행되는 동안 기존의 구성원이 집단을 종결하거나 결원이 생기면 새로운 집단 성원이 참여할 수 있는 집단
㉯ **폐쇄형 집단** : 특정한 구성원 수로 집단이 구성되어 일단 집단이 시작되면 집단이 진행되는 동안 새로운 성원을 받아들이지 않는 집단

■ 개방형 집단과 폐쇄형 집단의 장단점 ■

구 분	개방형 집단	폐쇄형 집단
장 점	• 새로운 집단 성원이 참여함으로써 집단과 성원들에게 자극을 줄 수 있음 • 집단가입과 탈퇴조건이 유연함	• 집단 성원의 역할과 집단규범이 안정적임 • 집단발달단계를 예측하는 것이 용이함 • 집단응집력이 강함
단 점	• 집단 성원의 잦은 교체는 집단의 안정성을 해치거나 집단응집력을 약화시킬 수 있음 • 새로운 집단 성원이 집단소속감을 갖는 데 문제가 있음	• 다수의 성원이 탈퇴할 경우 나머지 집단 성원에게 미치는 영향이 큼 • 집단 성원의 중도 가입이 어려움 • 새로운 정보나 내용이 없을 수 있으므로 지루해 함

❌ 집단이 개방적일 경우, 발달단계를 예측하는 것이 용이하다.(×)
❌ 개방집단은 새로운 정보와 자원의 유입을 허용한다.(○)
❌ 개방형 집단은 폐쇄형 집단에 비해 집단 성원의 역할이 안정이다.(×)

㉤ **집단 성원 모집 및 선발**
㉥ **집단의 크기** [14⑤]
㉮ 집단의 목적에 맞추어야 한다. 즉 목적을 달성할 만큼 작고 경험의 다양성을 제공할 만큼 크게 구성하는 것이 좋다.
㉯ 집단이 작을수록 성원들의 참여 및 친밀성에 대한 요구는 더 많아지며, 집단이 클수록 개인적 문제들을 다루기 위한 시간은 그만큼 더 적어진다.
㉦ **집단의 일정**
㉮ 집단의 지속시간(또는 기간)
ⓐ **시간제한 집단** : **장점은** 시간 간격이 정해짐으로 인하여 생산적인 일을 할 수 있다는 것이지만, **단점은** 집단에 할당된 시간이 집단의 목표를 달성할 수 있을 만큼 충분하지 않을 수도 있다는 점이다.
ⓑ **지속적인 집단** : **이점은** 각 성원들이 문제를 깊이 있게 다룰 수 있는 충분한 시간을 제공한다는 점이지만, **단점은** 의존성을 증가시키며, 시간제한 집단에 비하여 생산적이 못하다는 점이다.
㉯ 집단모임의 빈도수 [13⑤⑰]
ⓐ 집단 원들의 **주의집중 시간의 길이에 따라 결정하는 것**이다.
ⓑ 나이가 어리거나 정신적 기능 수준이 낮은 사람들로 구성된 집단회기는 모임 시간의 길이를 짧게 하는 대신 더 자주 모임을 갖는 것이 좋다.
❌ 아동집단은 성인집단에 비해 모임 시간은 더 짧게 빈도는 더 자주 설정(○)

ⓑ **사전모임(사전면접)** [⑤]
  ㉮ 집단프로그램에 참여를 희망하는 집단원들을 개별면접하는 것으로, 이는 매우 까다로울 수 있고 시간낭비가 될 수도 있지만 필요한 절차이다.
  ㉯ 사전면접을 하는 주된 이유는 집단원으로부터 동의를 받기 위해서, 집단 구성원을 심사하고 선발하기 위해서이다. 또한, 주로 집단의 목적, 집단 내에서 다룰 다양한 주제들, 집단 규칙 등에 대해 알리기 위해 마련된다.
  ㉰ 사전모임(사전면접)의 중요성
    ⓐ 관계형성을 하고 개별적인 관심사를 찾아낼 수 있다.
    ⓑ 추가정보를 얻어서 개입의 방향을 조정할 수 있다.
    ⓒ 참여자에 대한 사전지식으로 집단 내 행동의 의미를 빨리 파악할 수 있게 한다.
    ⓓ 참여자들이 집단 내에서 좀 더 쉽게 개방적이 되도록 돕는다.
ⓒ **기관의 승인** : 사회복지사가 소속된 기관으로부터 승인은 집단을 발전시키고 지도하는데 필수적인데, 기관승인이 제대로 이루어지지 않으면 집단은 실패하기 마련이다.
ⓓ **물리적 환경의 고려** : 성원들이 편안하고 친밀감을 느끼며 집중할 수 있는 공간을 마련하는 것이 중요하다.

■ 준비단계에서 집단 성원 및 사회복지사의 역할(김성이 외, 2004) ■

집단 성원의 특성	집단의 특성	사회복지사의 역할
• 예상 집단 성원의 임시 구성 • 집단의 구조 임시 설정-모임장소, 횟수, 기간, 공간, 규칙 • 집단의 내용, 목적, 목표를 임의 설정 • 집단 성원의 욕구파악 • 집단 개별성원과 사전 접촉-개별목표 설정	(해당 없음)	• 개별성원의 욕구 및 목표 파악 • 집단의 목적을 명료하게 설정하고 설명 • 집단구성에 영향을 주는 요인 파악 (예) 기관의 정책, 장소, 의뢰, co-worker와의 협의)

(2) **초기단계** [③⑤⑥⑧⑨⑩⑫⑮⑰⑲㉑㉑]

① **개 요**
  ㉠ 집단의 구조에 관한 **오리엔테이션과 탐색의 단계**이다. ※ **노든(Northern)의 구분(5단계)**
    : 준비단계 → **오리엔테이션 단계 → 탐색과 시험단계** → 문제해결단계 → 종료단계
  ㉡ 참여자들은 잘 알지 못하는 사람들과 함께 참여해야 하므로 **집단에 대한 불안과 긴장이 높고 자의식이 강하며**, 이와 함께 집단을 통해 자신의 욕구가 충족될 수 있을지에 대한 **기대감을 갖고 있다.**
  ㉢ 이 단계에서는 성원들의 불안감을 해소시켜 주어 적극적으로 자신을 개방할 수 있도록 돕는 것에 초점이 맞추어져야 한다.

② 집단지도자의 과업
　㉠ **오리엔테이션** : 오리엔테이션에 포함될 내용은 **사회복지사에 대한 소개, 집단성원들의 소개, 집단의 목적 및 사회복지사의 역할에 대한 소개, 집단성원으로서의 역할에 대한 소개, 규칙에 대한 소개**로 구성된다.
　　㉮ **사회복지사의 소개** : 사회복지사가 자신의 이름, 직위, 앞으로 운영될 집단프로그램과 관련된 경력 등을 소개한다.
　　㉯ **집단원 소개(자기소개)** : 집단 성원들이 자신을 소개를 하게 되면 다른 성원을 알게 되면서 긴장과 불안감이 조금씩 해소될 수 있다.
　　　💬 집단 초기단계 : 집단에 대한 오리엔테이션이 필요하다.(○)
　㉡ **집단계약** : 계약하기(contracting)는 집단의 목적을 명료화하고, 지도자의 역할과 성원들의 역할을 명료화(사회복지사의 역할을 설명하고 클라이언트의 역할을 명료화)하며, 이러한 일에 관한 피드백을 클라이언트에게 전하는 것이다.
　㉢ **집단의 구조화** : 집단의 목적에 대한 설명과 피드백, 개별성원의 목적설정
　　㉮ 집단 과정을 촉진시키기 위한 틀 또는 뼈대를 세우는 작업으로 직접적인 교육의 성격을 띤다.
　　㉯ **집단의 구조화는 집단의 목적과 기본 규칙 및 과정, 성원들의 개인적 목표설정, 집단지도자의 역할소개, 집단규칙의 설명 및 설정 등을 소개하는 활동**이다.
　　　💬 집단의 목표는 집단과정을 통해 성취하면 되므로 처음부터 설명할 필요는 없다.(×)
　　　💬 집단 초기단계에서 사회복지사의 역할 : 집단과 구성원의 목표를 설정한다.(○)
　㉣ **집단원의 기대돕기, 자기표현 촉진, 참여촉진(참여동기 강화)**
　　㉮ 집단의 목적과 개별성원의 목적이 성공적으로 달성되는 데는 개인의 동기가 중요한 역할을 한다.
　　㉯ 동기는 개별성원들이 갖고 있는 사회복지사의 역할에 대한 기대, 집단과정에 대한 기대, 집단을 통해 이루어질 수 있는 것에 대한 기대에 의해 결정된다.
　㉤ **집단사정** : 집단 성원 개개인(집단개별성원)에 대한 사정뿐만 아니라 **집단 전체에 대한 사정, 집단외부환경에 대한 사정**을 하는 것이 필요하기 때문에 개인을 대상으로 하는 사회복지실천에서의 사정보다 복잡하다. [⑰]
　　㉮ **개별성원에 대한 사정** : 집단성원 개인별 특성은 물론, 대인관계 및 환경 등에 관해 사정하게 된다.

구 분	내 용
집단성원 특성에 대한 사정	성원의 성장발달과정에서 일어난 일·현재의 건강상태·심리상태·정신위생·교육·직업·수익·취미·신념·기대·동기 등에 대한 사정
대인관계와 집단성원간 상호작용	가족과의 관계, 친구, 어떤 문제가 발생했을 때 이야기를 들어주고 정식적으로 의지할 수 있는 인간관계의 유무 등에 관해 사정
집단성원 환경에 대한 사정	성원의 환경이 각자의 목표와 집단 목표달성을 지지하는 환경인지 아닌지를 평가

　　　💬 전체집단 사정에 해당하는 것 : 집단구성원의 변화와 성장(×)

㉯ 전체집단에 대한 사정
ⓐ 개별성원뿐만 아니라 전체로서의 집단에 영향을 미치는 독특한 힘인 집단역동을 이해하고 활용하는 것이 중요하다.
ⓑ 집단역동을 이해하는데 필수적인 영역으로는 **집단구조, 집단 내 의사소통, 집단 내 상호작용유형, 집단에 대한 매력과 응집력, 집단의 사회적 통제(규범과 가치, 역할, 집단지도력), 집단문화, 집단발달단계에 대한 지식** 등을 들 수 있다.
- **집단 내 상호작용** : 구성원간의 신호나 강화물·정서적 결속·힘과 지위·집단의 크기와 물리적 환경·하위집단 등을 이해하고 이용할 줄 알아야 한다.
- **사회통제 수단** : 전체로서의 집단이 기능하게 하기 위해 성원을 순응·복종하게 하는 과정으로, 집단의 규범, 집단 내에서 집단성원이 맡게 되는 지위 및 역할, 지도력 등 다양한 요인들이 상호작용하는 과정에서 만들어진다.
  ⓧ 전체집단 사정에 해당하는 것 : 하위집단 형성, 집단 내 상호작용 방식(O)

㉰ 외부환경에 대한 사정
ⓐ 사회복지사가 소속된 기관이나 시설을 비롯하여 이들 시설 간 환경 및 지역사회 환경에 관해 사정하게 된다.
ⓑ 집단목표의 달성 가능성과 목표도달에 효율적인 방법의 탐색, 필요한 자원의 유무 및 동원 가능성 등을 탐색하는 작업과 연계하여 이루어지게 된다.
  ⓧ 전체집단 사정에 해당하는 것 : 집단을 인가하고 지원하는 기관의 목표(×)

③ **집단의 사정** [⑯⑰⑱⑳]
㉠ **의의차별척도** [⑪⑱⑳]
㉮ 두 개의 양끝 범주들이 이름(주로 형용사)을 가지며, 응답 범주는 한 극단에서 다른 극단에 이르는 중간 범주는 중립을 나타내는 5개 혹은 7개의 범주로 구성되어 있고 **두 개의 상반된 입장에서 하나를 선택하도록 요청**한다.
  ⓧ 소시오그램 : 특정 구성원에 대한 상반된 입장 중 하나를 선택하는 것이다.(×)
㉯ 하나의 개념에 대한 응답자들의 의견이나 태도를 몇 개의 의미 차원에서 직접 평가(어떤 대상이나 낱말이 개인에게 주는 의미를 측정)하도록 함으로써 응답자들이 손쉽고 신속하게 응답할 수 있다.
㉰ **동료성원에 대한 평가, 동료성원의 잠재력에 대한 인식, 동료 성원의 활동력에 대한 인식 등을 평가하는데 활용**할 수 있다.
  ⓧ 상호작용차트 : 집단성원에 대한 다양한 측면의 인식정도를 평가한다.(×)

■ 의의차별척도의 예 ■

```
지시 : 당신이 ○○○에 대해 느낀 바를 가장 잘 묘사하고 있는 곳에 체크하시오.
              5        4       3       2       1
           매우그렇다  그렇다  모르겠다  그렇다  매우그렇다
1. 가치없는   _____   _____   _____   _____   _____   소중한
2. 진실한    _____   _____   _____   _____   _____   허위적인
3. 좋은     _____   _____   _____   _____   _____   나쁜
4. 공정한    _____   _____   _____   _____   _____   불공정한
5. 적극적인  _____   _____   _____   _____   _____   소극적인
```

ⓒ **상호작용차트** [⑱]
  ㉮ 집단 성원들 간의 상호작용이나 집단 성원과 사회복지사 간의 상호작용의 빈도를 기록하는 것이다.
  ㉯ 특정행동이 발생할 때마다 기록하는 방법이나 일정한 시간 동안 특정행동의 발생빈도를 기록하는 방법이 있다.
   ⊗ 소시오메트리 : 성원 간의 상호작용 빈도를 기록한다.(×)

■ 상호작용 차트의 예 ■

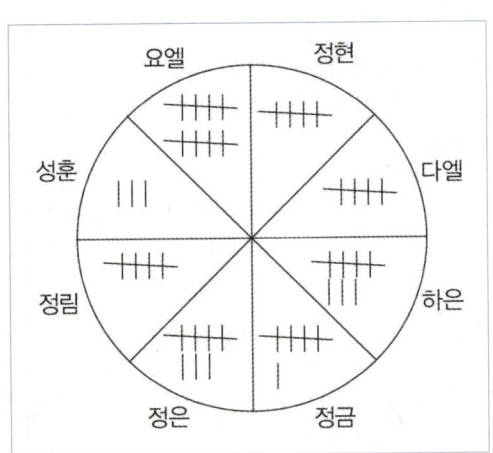

ⓒ **소시오메트리** [⑫⑱]
  ㉮ 사회적 선호도를 측정하는 것으로 집단 성원들이 서로 간의 관계에 대해 인식하고 있는 정도를 사정하는 방법이다.
   예) 집단 성원 간 관심 정도를 측정하기 위한 방법으로 각 성원에 대한 호감도를 1점(가장 싫어함)에서 5점(가장 좋아함)으로 평가한다.
  ㉯ 소시오메트리를 활용하여 집단 성원들 간 관계 선을 통해 표현하는 것이 **소시오그램**이다.
   ⊗ 소시오그램 : 소시오메트리 질문을 활용하여 정보를 파악한다.(○)

㉰ 집단성원이 집단으로부터 얻은 총점을 획득 가능한 최고점수로 나누어 집단성원의 호감도를 계산하기 때문에 집단응집력 또는 매력이 높은 집단의 성원들이 집단응집력이 낮은 집단의 성원들보다 높은 점수를 얻게 된다.

  ✖ 의의차별척도 : 가장 호감도가 높은 성원과 호감도가 낮은 성원을 파악할 수 있다.(×)

㉣ **소시오그램**(사회도, sociogram) [③⑥⑧⑨⑩⑭⑰⑱㉑, 실천론 ⑥⑲]

  ㉮ **소시오그램의 개념** : 모레노와 제닝스(Moreno & Jennings, 1950)가 개발한 것으로 상징을 사용해서 **집단 내 성원 간 상호작용을 표현한 그림**이다.

   ⓐ **집단 성원 간의 개인적 수용과 거부, 집단 내의 대인관계를 평가하기 위한 사정도구**이다.
   ⓑ 집단 내에서 성원들 간의 질적인 관계를 파악하기 위한 도구로 집단 성원들의 수용–거부 과정을 평가하는 방법으로 사용된다.

  ㉯ 집단과 일하는 사회복지사가 **집단 내의 소외자, 집단 성원 간 선호도(호감도)와 무관심, 배척하는 정도와 유형, 하위집단 형성 여부, 연합, 집단 성원 간의 갈등관계 등을 파악할 수 있는 유용한 도구**, 집단 내 성원들 간의 상호작용을 상징하여 그림으로 나타낸 것으로, 다양한 시점에서 작성되어 집단 성원들 간의 안정성과 변화를 볼 수 있다.

  ✖ 소시오그램 : 성원 간의 관계를 표현한 것으로 하위집단의 유무를 알 수 있다.(○)

  ㉰ **소시오그램을 통해 알 수 있는 정보**
   ⓐ 집단 성원의 성별, **성원 간의 친화력과 반감 유형과 방향 그리고 정도, 하위집단의 형성 여부**, 삼각관계 형성 여부 등을 알 수 있다.
   ⓑ 관찰만으로는 파악하기 어려운 집단 내의 소외자, 2인군, 결탁, 경쟁관계, 경쟁적 연합, 하위집단 등을 파악할 수 있다.
   ⓒ **결속의 강도**(친밀한 성원끼리는 가깝게, 소원한 성원은 멀게 그림), **집단 성원 간의 선호도와 무관심**

■ 소시오그램 그리기의 예 ■

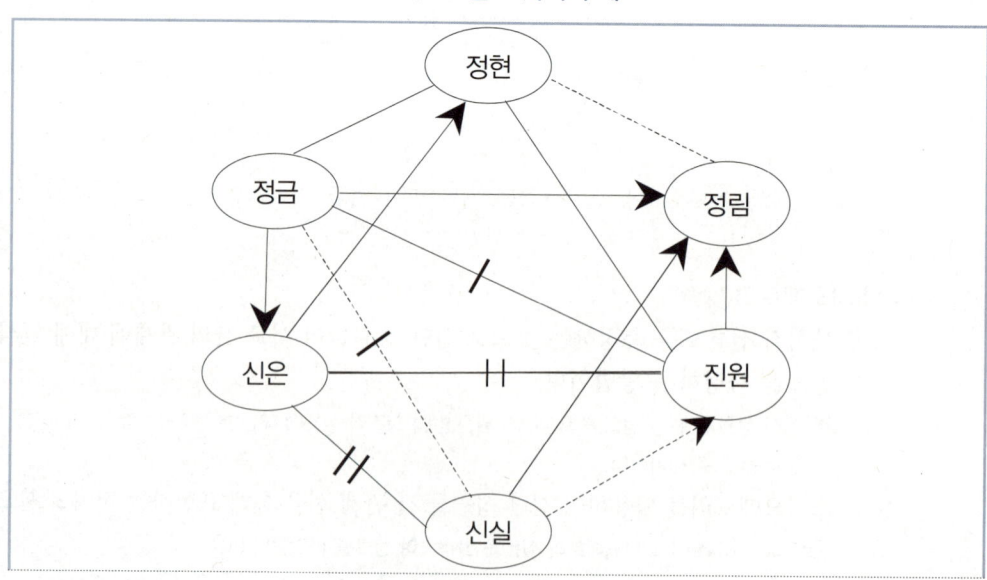

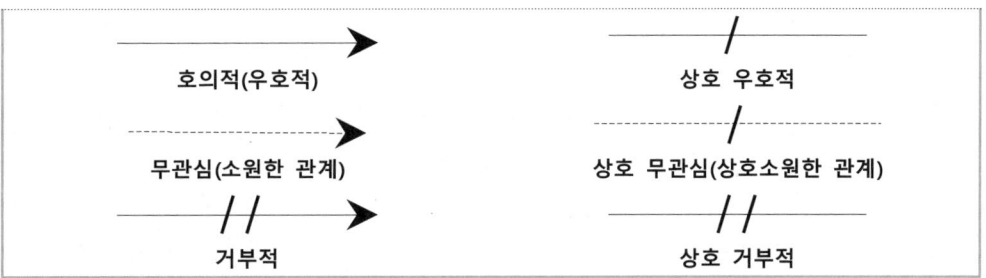

④ 집단운영 : 집단을 시작하고 마무리하는 기술 [⑰]
  ㉠ 집단회기를 시작하는 방식
    ㉮ 집단성원들에게 이번 회기 동안 다루기 원하는 것을 간략하게 질문한다.
    ㉯ 집단성원에게 지난 회기와 관련한 생각과 느낌을 질문한다.
    ㉰ 집단회기 주별로 진행될 경우, 집단성원에게 일주일 동안 경험했던 바에 대해 집단에 보고하도록 요청한다.
    ㉱ 지난 회기에 관한 사회복지사의 관찰, 생각 등을 표현하면서 회기를 시작할 수 있다.
  ㉡ 집단회기를 마무리짓는 방식
    ㉮ **회기 중 제기된 이슈를 다 마무리하지 않고 회기를 마쳐도 된다.** 모든 것이 마무리되었다는 느낌을 가진 채 집단회기를 마무리한다면 집단성원은 해당 회기에서 다루었던 내용에 관해 심사숙고하지 않을 수 있기 때문이다.
    ㉯ 집단성원에게 각자가 회기에 어느 정도 투자하였는지를 질문한다. 만약 집단성원이 회기에 대해 지루해했다면 이를 해소할 수 있는 방안에 관해 토의한다.
    ㉰ 회기에서 다루었던 내용을 요약하는 것은 회기를 마무리하는 효과적인 방법이다.
    ㉱ 참여도가 높은 집단성원을 인정해 주고 긍정적인 피드백을 제공한다.
    ㉲ **회기에서 다룬 내용을 집단 밖의 문제상황에서 어떻게 적용할지에 대한 계획을 묻는다.**
    ㉳ 집단성원에게 **다음 회기에 다루기 원하는 주제나 문제가 있는지를 질문한다.**
    ㉴ 회기에 대한 **사회복지사의 관찰과 생각을 전달**하면서 세션을 마무리짓는다.
      집단회기를 마무리하는 방식 : 회기에 대한 사회복지사의 관찰과 생각을 전달한다.(○)

■ 초기단계에서 집단 성원 및 집단의 특성, 사회복지사의 역할(김성이 외, 2004) ■

집단 성원의 특성	집단의 특성	사회복지사의 역할 [⑯]
• 낯선 사람에 대한 불안, 불신 • 사회복지사와 대화시도 • 탐색 및 거리감 유지 또한 친해지려는 노력을 보임 • 성공할 수 있을 것인가에 대한 불안감 • 집단에서 도움을 받아 성공할 수 있을지에 대한 두려움	• 집단, 사회복지사, 집단 성원에 대한 오리엔테이션 • 집단의 규범, 가치, 대화 양식 등을 설정 • 집단의 목적을 공유 • 집단 성원 간 공통점 모색 : 응집력에 영향을 준다.	• 비밀보장에 대한 설명 • 집단 성원이 사회복지사에게 의존하므로 사회복지사의 적극적인 개입이 요구됨 • 집단 성원의 불안감 감소시킴 • 집단의 목적을 모두가 공유하게 됨 • 집단 성원 간의 공통점을 찾아 연결시킴 • 집단의 규범이 설정되도록 도움

(3) 중간단계(실행, 개입) [④⑥⑧⑬⑱㉒]

① 개요
  ㉠ 집단 성원들은 **집단에 대한 소속감 증가, 다른 집단 성원과 사회복지사에 대한 신뢰감 증가, 집단 성원들의 대인관계기술이 향상**된다.
  ㉡ 이 단계에서는 집단 성원들이 집단지도자를 다양한 방법으로 실험하기도 한다.

② **집단지도자의 과업** : 집단 성원 간의 공통점과 차이점을 파악, 집단의 상호작용, 갈등, 진행상황, 협조체계 등을 파악, 집단 성원이 다양한 경험을 할 수 있도록 도움, 개별성원의 태도, 관계, 행동, 동기, 목표 등을 평가
  ㉠ **집단모임의 준비** : 모임을 위한 의제를 준비하고, 집단 성원의 토론을 자극하고 흥미를 유발할 수 있는 다양한 재료를 준비하며 적절한 시간배분을 해야 한다.
  ㉡ **집단의 구조화** : 집단 성원이 바람직한 방향으로 변화해 가도록 원조하기 위하여 계획적이고 체계적이며 시간제한적인 개입을 한다는 것을 의미한다.
  ㉢ **집단 성원의 참여와 권한부여** : 집단 성원의 참여를 촉진하고 권한을 부여하는 것은 집단을 지도하는 데 있어 집단 성원의 투입과 피드백을 진지하게 고려한다는 의미이다.
  ㉣ **집단 성원의 목적달성 원조**
    ㉮ 집단 성원이 자신의 목적을 인식하도록 돕는다.
    ㉯ 구체적인 개입계획을 발전시키고, 개입계획을 실행에 옮길 수 있도록 원조한다.
    ㉰ 그들이 직면할 수 있는 문제를 극복하고 개입계획을 실행에 옮기려는 의지를 증진시킨다.
  ㉤ **저항적 집단 성원의 독려** [②⑥⑦㉑]
    ㉮ 집단에 저항이 있는 경우, 지도자는 집단 구성원들이 주저하고 불안해하는 것을 인식하고 집단 구성원들이 이를 집단 내에서 해결할 수 있게 격려하는 개방적인 분위기를 조성할 필요가 있다.
    ㉯ 집단 성원들의 불안은 특히 초기단계에 자연스럽게 나타나는 현상임을 인식하고 이를 집단 성원에게 설명하여 준다.
    ㉰ **사회복지사는 집단이나 성원이 저항감을 보일 때 자기결정권을 강조**, 즉 성원들이 이야기하고 싶지 않거나 집단에 참여하고 싶지 않을 때 최종 결정권은 클라이언트 혹은 성원 자신들에게 있음을 알려 줄 필요가 있다.
    ⓧ 집단활동 중 발생하는 저항에 관한 설명 : 목표 달성을 위해서는 저항 이유를 무시해야 한다.(×)
  ㉥ **모니터링**
    ㉮ **집단과정을 점검하고 평가하는 모니터링**을 통하여 집단 성원과 집단사회복지사는 피드백을 얻을 수 있는데, 모니터링은 서면이나 구두로 집단의 전 과정에서 수행되어야 한다.
    ㉯ 평가횟수는 집단에 대한 피드백을 어느 정도 받아야 하는가 하는 필요성에 달려 있으며, 각 집단회기마다 모임이 끝났을 때 집단 성원이 그 모임에 대한 평가를 하거나 아니면 2~3번의 모임마다 한번 정도 평가를 할 수 있다.

③ **개입단계에 필요한 사회복지 실천기술 : 집단과정을 촉진하기 위한 실천기술** [⑪⑬⑯⑱㉒]
  ㉠ **자기노출** : 사회복지사가 자신의 경험, 감정, 생각 등을 집단성원에게 솔직하게 노출하는

것은 집단성원의 자기노출에도 영향을 미칠 뿐만 아니라 사회복지사와 클라이언트 간 신뢰관계 향상에도 기여한다. [⑪⑯]

㉮ **집단 내에서 자기노출을 위한 지침**
ⓐ 자기노출은 집단의 목적 또는 목표와 관련이 있어야 한다.
ⓑ 집단성원들이 특정 집단성원에 대하여 지속적으로 반발을 보이고 이로 인해 집단참여 수준이 영향을 받는다면 이를 집단 전체에 공개하도록 한다.
ⓒ 집단성원들은 무엇을 얼마나 많이 자기노출시킬 것인지를 결정해야 하고, 그로 인해 동반되는 위험을 어느 정도 감당해 낼 수 있는지를 결정해야 한다.
ⓓ **자기노출의 수준은 집단발달단계와 관련이 있다.**

㉯ **주의해야 할 점**
ⓐ 사회복지사가 집단성원의 클라이언트가 아니기 때문에 **사회복지사가 자신에 대해서 너무 많이 노출하는 것은 금물**이다.
  ※ 집단과정을 촉진하기 위한 사회복지사의 실천 활동 : 자신의 경험, 감정, 생각 등을 집단 성원에게 지속적으로 상세하게 노출(×)
ⓑ 초기단계에서 집단성원이 자신의 문제를 지나치게 빨리 노출시키면 다른 성원들에게 부정적인 영향을 주기 때문에 사회복지사의 적절한 개입이 요구된다.
ⓒ 개입단계에서 집단성원의 자기노출이 지나치게 적으면 사회복지사는 개인성원이 보이는 저항감의 원인이 어디에 있는지 파악하고 이에 대해 개입해야 한다.

ⓛ **직면하기** : 불일치를 보이는 집단성원을 직면하는 것은 집단성원이 자신의 행동과 태도를 검토해 볼 수 있는 기회를 제공하기 때문에 집단성원의 성장을 위해 도움이 될 수 있으며, 집단 전체를 보다 생산적으로 만드는 방법이 될 수 있다. [⑱]

㉮ **직면을 위한 3단계**
ⓐ 집단성원의 말과 행동 간의 불일치 또는 집단성원이 전달하는 메시지 내용 간의 불일치를 밝혀내는 것이다.
ⓑ 불일치가 발견되면 불일치의 내용을 집단성원에게 명확히 지적해 주고 이를 해결할 수 있도록 집단성원을 원조한다.
ⓒ 집단성원을 직면하는 것이 그들의 성장과 변화에 어떤 영향을 주었는지 평가한다.
  → **직면하기 기술의 효과성 평가**

㉯ **주의해야 할 점**
ⓐ 직면하기 기술을 사용할 경우 타인을 존중하는 자세를 가져야 한다.
ⓑ 직면의 목적은 집단성원이 아직 인식하지 못했던 부분을 볼 수 있도록 한다는 점을 기억해야 한다.
ⓒ 집단성원의 행동을 구체적으로 지적하고 그 행동이 집단과 다른 집단성원들에게 미치는 영향을 자세히 설명하는 것이 필요하다.
  ※ 직면은 집단 초반에 구성원의 참여를 촉진하는 기술이다.(×)
  ※ 집단과정을 촉진하기 위한 직면하기 : 시작단계에서 가장 많이 쓰는 기법이다.(×)

ⓒ **피드백(feedback)** [⑬]
   ㉮ 어떤 활동을 조절하기 위해서 이전 단계에서 획득한 것에 대한 정보를 서로 교환하는 것을 말하며, **집단 내에서는 집단 성원이 그들의 역할수행이나 서로를 어떻게 보는지에 대해서 명확한 정보를 서로 주고받는 것이다.**
   　ⓐ 집단 성원의 요청이 있을 때 피드백을 제공하는 것이 가장 효과적이다.
   　ⓑ 집단 성원이 활용할 수 있는 만큼의 피드백을 제공한다.
   　ⓒ 집단 성원의 문제 해결 능력 향상을 위해 **장점 및 강점에 초점**을 둔다. 집단성원은 장점으로부터 성장하는 것이지, 단점으로부터 성장하는 것이 아니다.
   　　　집단과정 촉진을 위한 피드백 : 집단 성원의 문제해결능력 향상을 위해 단점에 초점을 둔다.(×)
   　ⓓ 구체적인 행동이나 관계에 대한 피드백을 제공한다. 특정행동에 대한 구체적인 피드백을 제공함으로써 피드백과 그 행동에 대한 자신의 관점을 비교할 수 있는 기회를 제공한다.
   　ⓔ 한 번에 한 가지 정도의 피드백을 제공하는 것이 적당하다. 한 번에 한 가지 정도의 변화를 이루는 것이 일반적이기 때문에 집단성원은 거 정도만 들으려고 한다. 따라서 지나치게 많은 피드백을 동시에 제공하는 것은 효과적이지 못하다.
   　　　집단과정을 촉진하기 위한 활동 : 다차원적인 내용의 여러 가지 피드백을 한 번에 제공(×)
   　ⓕ 집단 성원으로 하여금 상호 간에 피드백을 제공하도록 한다. 즉 피드백을 제공하는 사람과 제공받은 사람간의 관계를 직접적으로 다루는 피드백이 가장 의미있는 피드백이다.
   　ⓖ 효과적인 피드백을 위해서는 피드백을 제공받은 사람이 제대로 이해했는지, 어떻게 받아들였는지 확인해야 한다.
   ㉯ 솔직하고 명확한 피드백은 집단 성원이 자신의 행동이 다른 성원에게 미치는 영향을 이해할 수 있게 하며, 긍정적 변화를 이루는 좋은 계기가 된다.

■ 중간단계에서 집단 성원 및 집단의 특성, 사회복지사의 역할(김성이 외, 2004) ■

집단 성원의 특성	집단의 특성	사회복지사의 역할 [⑬⑰]
• 집단에 대한 탐색이 점차 감소 • 집단 성원 간 짝을 이루고 하위집단 발생 • 하위집단 간 알력이 발생 • 자신의 지위 및 역할을 모색 • 집단 성원의 독특성 인정, 집단에 대한 공헌 모색 • 집단의 중요성을 내면화 • 사회복지사에게 덜 의존하게 되고 자신의 의사표현 시작	• 집단의 문화, 행동, 규범, 갈등이 발생하고 이를 해결 • 집단 성원의 지위, 위계질서, 역할, 리더가 형성 • 집단 성원 및 리더를 실험하고 신뢰할 수 있게 됨 • 집단 성원 간의 공통점, 차이점을 인정하고 존중함, 집단의 응집력 발달	• 집단의 현 위치를 파악(진행상황, 갈등, 협조체계 등) • 각 성원에 대한 평가(태도, 관계, 행동, 동기, 목표 등) • 집단의 목적, 목표를 재확인하고 성원 모두의 참여 유도 • 집단 성원 간의 공통점 및 차이점 파악 • 집단리더에 대한 실험을 인정 • 집단 성원이 다양한 경험을 할 수 있도록 도움 • 직면 • 집단의 갈등해소

(4) 종결단계 [④⑨⑭⑰②②]

① 개 요
ⓐ 종결단계는 집단과정을 마치는 과정으로, 그 동안 집단을 통한 다양한 경험 속에서 통찰과 기술을 터득하게 되었으나 집단에 깊이 관여했거나 스스로 자신감이 부족한 성원들은 불안 감정을 느끼게 되고, 경우에 따라 분노나 슬픔 등의 복합적인 감정이 표출되는 단계이기도 하다.
ⓑ **집단종결의 종류** : 성공적 집단 종결, 미완결 상태에서의 집단 종결, 중도탈락, 집단 성원의 타 기관 의뢰, 집단사회복지사의 떠남

② 집단지도자의 과업
ⓐ **변화노력의 유지 및 변화결과를 생활영역으로 일반화** : 공식적 집단을 마치고 난 후에 추후모임을 할 수 있는 기회를 제공하여 변화를 유지하기 위한 집단 성원의 노력을 재검토할 수 있게 한다.
　※ 집단 종결단계에서 사회복지사의 역할 : 집단과정에서 성취한 변화를 지속적으로 유지하도록 돕는다.(○)
ⓑ **집단에 대한 의존성 감소**
　㉮ 집단 성원이 집단 외부의 지지와 집단 성원 자신의 기술 및 자원을 활용하도록 원조해야 하며, 집단이 끝나기 몇 주 전부터 집단의 종결에 대해서 논의한다.
　㉯ 집단종결단계에서 모임(회합) 간의 간격은 길게 그리고 모임시간은 짧게 한다.
　※ 집단 초기단계에서 사회복지사의 역할 : 구성원이 집단에 의존하는 정도를 감소시킨다.(×)
　※ 중간단계 해당하는 내용 : 집단에 대한 의존성을 감소시키기 위해 모임주기를 조절한다.(×)
ⓒ **종결에 대한 감정의 처리** : 집단 성원들이 헤어짐에 대해 어떻게 생각하고 느끼는지를 집단 내에서 충분히 공개적으로 이야기하고 검토할 수 있게 하는 경우, 집단 구성원들은 헤어짐을 성숙하게 준비할 수 있다. → **종결에 대한 양가감정을 이해하고 이를 반영하여 다룸**
　※ 집단 종결단계에서 사회복지사의 역할 : 종결을 앞두고 나타나는 다양한 감정을 토론하도록 격려한다.(○)
ⓓ **미래에 대한 계획** : 집단 성원들이 부가적인 모임을 갖고자 한다면 재계약을 할 수 있으며, 집단 성원들이 새로운 위기상황 또는 문제의 재발 등으로 서비스가 필요할 때 부가적 서비스를 받을 수 있는 방법에 대해서 확실하게 설명을 해 주어야 한다.
ⓔ 의뢰의 필요성 검토
ⓕ 구성원 간 피드백 교환
ⓖ 평 가

■ 종결단계에서 집단 성원 및 집단의 특성, 사회복지사의 역할(김성이 외, 2004) ■

집단 성원의 특성	집단의 특성	사회복지사의 역할 [⑬⑰]
• 집단성원이 자신의 성공담을 집단에서 표현함 • 대화가 자유로움 • 집단참여가 저조해짐 • 집단의 종결에 대한 양가감정 및 퇴행 발생 • 집단경험이 자신의 생활에서 준거 틀이 됨	• 집단의 종결에 대한 논의 • 집단에서 얻은 성과를 일관되게 유지토록 함 • 집단성원, 집단, 사회복지사에 대한 이별 준비 • 집단종결	• 집단종결을 준비함(집단의 종결이 임박함을 알림) • 집단종결에 대한 욕구와 목표달성 정도, 성과의 유지 정도 등을 점검 • 집단종결에 대한 개별성원의 반응 점검 • 남은 기간 성취해야 할 질과 과정을 토의 • 집단성원의 성과에 대한 논의 • 사회복지사의 감정처리

김 진 원   O I K O S   사 회 복 지 사 1급   통 합 이 론 서   2 교 시

제5부

기록과 평가

제13장 사회복지실천기록
제14장 사회복지실천평가

사회복지실천기록

제5부 **기록과 평가**

제13장 회차별 출제빈도, 출제비중 및 출제논점 1, 2, 3순위

10회 2012	11회 2013	12회 2014	13회 2015	14회 2016	15회 2017	16회 2018	17회 2019	18회 2020	19회 2021	20회 2022	21회 2023	22회 2024
1	1	1	1	1	1	1	1	1	1	1	1	1

출제 비중	출제 논점		
	1순위 ☺	2순위 ※	3순위 ☆
1	① 기록의 용도 및 목적 ② 과정기록, 요약기록, 문제중심기록	① 이야기체기록	① 좋은 기록과 좋지 않은 기록의 특징

1순위 스마일표시(☺) : 출제 빈출도가 높은 부분으로 무조건 시험에 출제되는 영역
2순위 당구장표시(※) : 나왔다 안 나왔다 하는 영역이지만 출제가능성 높은 영역
3순위 별 표(☆) : 출제 된 적이 있긴 하지만 다시 출제될 가능성은 다소 떨어지는 영역

MAP

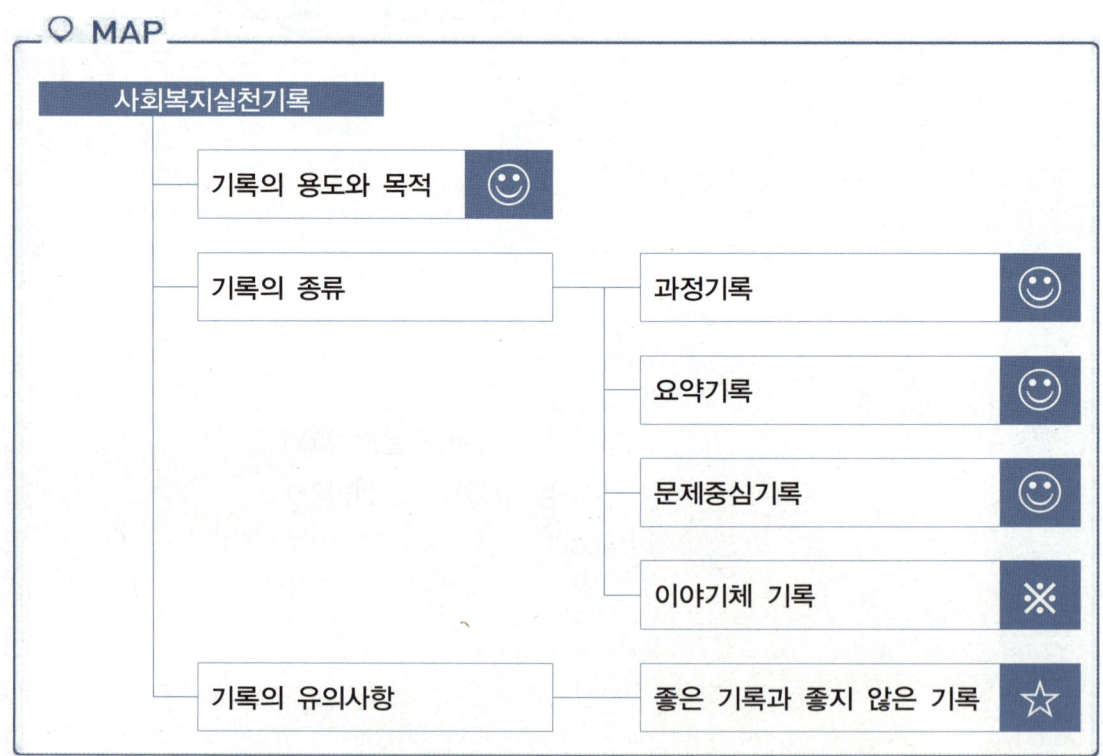

01 사회복지실천에서 기록의 용도와 목적

1 사회복지실천에서 기록의 용도 [⑬⑲]

① 클라이언트의 욕구를 파악하고 개입을 위한 기초자료를 얻는다.
② 해당 기관의 서비스 수급자격을 입증할 문서로 사용된다.
③ 클라이언트와 서비스에 관한 정보를 필요시 이용할 수 있게 보존한다.
④ 서비스를 전달하는 전문가들 사이의 공조체제를 원활히 해준다.
⑤ 사례의 지속성을 보장한다. 사회복지사가 부득이하게 교체되어야 하는 경우에도 기록을 통해 사례에 대한 현재까지의 진행과정을 알 수 있다.
⑥ 사회복지사의 사고를 조직하는 데 도움을 준다.
⑦ 클라이언트와 사회복지사 간의 정보공유를 통해 의사소통을 촉진시킨다.
⑧ 슈퍼비전, 자문, 동료검토를 위한 근거를 제공한다.
⑨ 교육훈련의 자료로 사용된다.
⑩ 연구조사의 자료로 사용된다.
⑪ 서비스의 효율성, 효과성, 질을 평가하는 데 사용된다.
⑫ 사회복지사와 사회복지기관이 행정절차상의 규정이나 기준들을 준수하고 있는지를 보여준다.
⑬ 실무와 행정상의 결정을 위한 정보를 제공한다.
⑭ 전달된 서비스에 대한 비용청구와 프로그램 실시를 위한 재원확보에 사용된다.
　　기록의 목적과 용도 : 기관의 프로그램 수행 자료로 보고하며 기금을 조성하는 근거로 활용한다.(○)

2 사회복지실천에서 기록의 목적 : 어떻게 활용되는가? [④⑤⑨⑬⑭⑯⑲]

① 사회복지실천 활동의 문서화(사회복지사의 전문적 활동을 입증하는 자료로 활용)
② 효과적인 서비스를 위한 평가(효과적인 서비스를 위한 모니터, 개입의 효과성 평가자료)
③ 사례의 지속성(연속성) 유지(사례관리의 효과성 유지)
④ 전문가 간 의사소통의 활성화(타 전문직과의 의사소통 촉진, 학제간의 원활한 의사소통)
　　기록의 목적과 용도 : 기관 내에서만 활용하고 다른 전문직과는 공유하지 않는다.(×)
⑤ 지도감독 및 슈퍼비전의 활성화
⑥ 클라이언트 당사자와 정보 공유
⑦ 행정적 자료(행정적 결정을 내리기 위한 정보제공) 예 서비스 수급자격 입증자료
⑧ 조사연구를 위한 자료 제공(연구조사자료)

02 기록의 종류

1 과정기록(process recording) [20⑪②⑤②]

(1) 특징

① **사회복지사와 클라이언트 사이의 상호작용을 있는 그대로 세밀하게 기록하는 방법**이다. 즉 사회복지사가 클라이언트와 면담하면서 있었던 일을 그대로 기록하는 방법인데, 클라이언트가 이야기한 내용과 클라이언트의 행동이나 사회복지사가 관찰한 것도 기록한다.

② 과정기록의 특징은 마치 대본을 쓰는 것처럼 대화 내용 하나 하나 모두 기록하는 방식이다. 따라서 **비언어적 내용(클라이언트의 표정, 몸짓, 사회복지사의 느낌이나 사고, 분석내용 등)까지 모두 기록에 남겨둔다.**

　　※ 과정기록은 주관적이다.(×)
　　※ 문제중심기록은 사회복지사와 클라이언트의 상호작용을 구체적으로 기록한다.(×)

③ 상호작용 과정을 세밀하게 표현하기 위해서 **면접내용과 사회복지사의 의견, 그리고 슈퍼바이저 코멘트 부분으로 나누어 기록**한다.

④ 대화체를 그대로 기록한 직접인용과 대화를 풀어서 기록하는 간접인용이 있다. 최근에 많이 사용하지 않으며, **교육적 목적을 위해서 부분적으로 활용**한다.

(2) 장점

① 사회복지실습생을 지도하거나 초임 사회복지사를 교육할 때 유용하게 사용될 수 있다(**사회복지실습, 수퍼비전이나 교육적 도구로 매우 유용**).

② **사회복지사는** 서비스를 제공하는 동안에는 파악되지 않았던 것이 자신이 진행한 과정을 세밀하게 기록하는 과정을 통해서 **자신이 무엇을 잘했고, 무엇을 놓쳤는지에 대해 새롭게 인식**할 수 있다.

③ **기관은** 기록한 내용을 보면서 사례진행에 대해 점검하고, 잘못된 경우가 있으면 사전에 문제를 예방할 수 있다.

④ **어려운 사례를 다루거나 새로운 기술 등을 개발할 때 유용**하다.

(3) 단점

① 핵심되는 사항만 기록하는 것이 아니라 비언어적 사항까지 기록해야 하기 때문에 **기록하는 데에 시간이 너무 많이 소요**된다. 따라서 **많은 사회복지기관에서 일상적으로 사용되는 기록 형태는 아니다.**

　　※ 장기간의 사례에 유용한 방법이다.(×)

② 기억을 더듬어서 기록해야 하기 때문에 실제로 일어난 일을 완벽하게 기억하고 재현한다는 것은 불가능하다. 따라서 완전하지 않은 정보, 즉 왜곡된 정보를 제공할 수도 있다.

③ 면담이나 서비스 제공 등에 대해 **사회복지사가 기억하는 능력에 따라 기록의 유용성이 좌우된다.** 사회복지사가 많이, 정확하게 기억하면 좋은 기록이 되지만 반대의 경우 유용성이 떨어진다.

2 요약 기록(summary recording) [②④⑧㉑]

(1) 특징

① 전체적인 서비스 과정을 고려할 때 짧고 쉽게 이용할 수 있어서 **대부분의 사회복지기관에서 많이 활용되는 기록방법**이다.

　　❌ SOAP의 방식 : 사회복지기관에서 가장 많이 활용된다.(×)

② 일정 기간(일반적으로 3개월) 동안의 접촉을 요약하는 방식으로, 시간의 경과에 따라서 일정한 간격(일주일마다, 한 달마다)을 정하여 기록하거나 특정행동이나 사실 등의 기록이 필요할 때 작성한다. → **장기간의 사례에 유용한 방법**

③ 면담이나 개입과정에 대한 모든 내용을 기록하는 것이 아니라 내용만 요약하여 기록하기 때문에 **기록의 내용이나 질이 기록자의 능력에 좌우되는 경우가 많다.**

④ 사회복지사가 제공한 것보다 **클라이언트에게 일어난 변화에 주로 초점**을 두며, 날짜와 클라이언트에 대한 간단한 내용(기본사항)을 적은 후 서비스나 개입내용, 클라이언트의 변화에 대해 짧게 요약한다.

(2) 장점

① **클라이언트를 사회복지사가 장기적으로 접촉하면서 관리할 때 유용하게 사용**될 수 있다. 특히 노인요양원이나 사회복귀시설과 같이 시간의 경과에 따른 계속적인 기록이 필요할 때 시간과 중요사항 중심으로 기록할 수 있어 편리하다.

② **특별히 클라이언트와 작업하면서 과거에 어떤 일이 있었는지에 대한 밑그림을 제공**한다.

③ 복잡한 사례의 움직임에서 **사례의 통일성과 방향을 정확하게 간추림으로써 사례기록의 내용을 강조**한다.

(3) 단점

① 과정기록에서와 같은 비언어적 사항들이 세세하게 기록되기 어렵다. 즉 **클라이언트의 언어적 표현이나 비언어적 표현 등이 사실적으로 전달되지 않을 수 있다.**

② 클라이언트나 사회복지사의 생각이나 느낌이 잘 드러나지 않을 수 있다.

③ **사회복지사의 재량에 아주 많이 의존한다.** 따라서 기록내용이 지나치게 단순할 수 있고, 지나치게 길고 초점이 분명하지 않을 수 있다.

3 문제중심(문제지향적) 기록(problem-oriented recording) [①③⑦⑧⑩⑪⑰⑱]

(1) 특징

① **병원 또는 정신보건센터의 세팅에서 여러 전문직이 함께 일할 때 사용**되는 비교적 최신 형태의 기록이다.

　㉠ 원래 병원에서 의료기록을 표준화하고 수행 정도를 검토하기 위하여 개발된 것으로 **단순히 기록 차원을 넘어서 문제해결에 도움**이 되도록 만들어졌다.

　㉡ **의료보건분야에서 많이 활용**되며, 심리사회적 관심보다는 생의학적 관심에 초점을 맞춘다.

ⓒ 다양한 전문직 간의 의사소통 및 정보교환이 용이하다.
② 문제중심기록은 네 가지 요소로 구성되는데, ㉠ 문제의 파악을 위한 데이터베이스 구축, ㉡ 문제의 분류 번호가 매겨진 특정한 문제의 목록, ㉢ 각 문제에 대한 행동계획의 개발, ㉣ 계획의 실행이다. 이 요소는 **문제해결과정의 기본적인 단계와 관련되어 있어서 특정한 문제에 초점을 맞추도록 하고, 문제해결의 진전에 대한 모니터링과 사후지도를 쉽게 할 수 있도록 하는 장점**이 있다.

(2) SOAP식 구성

① **S (Subjective Information, 주관적 정보)** : 클라이언트의 자기보고에서 나오는 것으로 클라이언트 입장에서 보는 상황(클라이언트가 상황을 어떻게 인식하고 느끼는가)에 대한 정보이다.
　예 ① "요즘 의욕이 없어요. '내가 왜 이렇게 되었나'하는 생각만 해요".
　예 ② "저는 이문제를 해결할 수 없어요. 저를 도와줄 사람도 없고요."

② **O (Objective Information, 객관적 정보)** : 전문가의 직접적인 관찰, 임상적 실험(검사), 체계적인 자료수집 등에서 얻어지는 정보이다.
　예 ① 다소 살이 빠진 모습에 표정 변화는 없지만 용모는 단정하다.
　예 ② 질문에만 겨우 답하고 눈물을 보이며 시선을 제대로 마주치지 못함

③ **A (Assessment, 사정)** : 주관적 정보 및 객관적 정보에 기초하여 사정, 견해, 해석, 분석을 기술한다. 즉 주관적 정보 및 객관적 정보의 검토를 통해 추론된 전문가의 개념화와 결론을 말한다.
　예 ① 자기관리능력을 유지하고 있지만 정서적으로 우울하고 자존감이 저하된 상태로 판단된다.
　예 ② 자기효능감이 저하된 상태로 지지체계가 빈약함

④ **P (Plan, 계획)** : 위의 주관적 정보, 객관적 정보 사정을 기반으로 하여서 확인된 문제에 대하여 무엇을 할 것인지에 대한 계획을 기술한다. 즉 전문가가 특정한 문제를 제기하거나 해결하는 방법을 나타낸다.
　예 ① 우울증 검사 시행 및 최근 상황 변화에 대해 정보를 수집한다.
　예 ② 우울증 검사와 욕구에 따른 인적, 물적 자원연결이 필요함

　　문제중심기록의 특성 : 클라이언트의 문제 상황을 진단하고 개입계획을 제외한 문제의 목록을 작성한다.(×)
　　문제중심기록의 특성 : 클라이언트의 주관적 진술과 사회복지사의 관찰과 같은 객관적 자료를 구분한다.(O)

(3) 장 점

① **여러 상이한 타 전문직과의 의사소통을 촉진**하며, 따라서 여러 분야들 간의 공조를 원활하게 해준다. → **팀 접근 시 활용이 용이함**

② 팀의 구성원(실무자)들은 목록화된 각 문제에 초점을 맞추어 다루어야 하고 모든 치료계획에 대해 문서화된 추후점검(사후지도)을 할 책임이 있으므로 **책무성을 향상**시킨다.
　　문제중심기록의 특성 : 문제유형의 파악이 용이하며 책무성이 명확해진다.(O)

③ 기록이 간결하고 형식이 통일(통일성 있음)되므로, 기록 감독자, 조사 연구자, 외부의 자문가 등이 **보다 쉽고 질 높은 기록검토를 할 수 있다.**
　　문제중심기록의 특성 : 슈퍼바이저, 조사연구자, 외부자문가 등이 함께 검토하는데 용이하다.(O)

(4) 단 점

① 문제의 사정이 부분적이거나 지나치게 단순하며, 클라이언트의 강점, 욕구, 자원은 중요시 하지 않고, 심리사회적 관심보다는 생의학적 관심에 초점을 맞추고 있고, 문제를 강조함으로써 사회복지실천의 관심 폭을 한정시킬 수 있다.
② 개인과 환경의 상호작용보다는 개인을 강조함으로써 관련 현상의 복잡성을 단순화시킬 우려가 있다. 즉 서비스 전달의 복잡성을 간과하는 경향이 있다.
③ **부분화를 강조함으로써 통합적이며 체계적인 쟁점들을 왜곡시킬 우려가 있다.**
　　※ 문제중심기록의 특성 : 현상의 복잡성을 단순화시키고 부분화를 강조하는 단점이 있다.(O)

4 이야기체 기록(narrative recording) [⑧⑩⑪]

(1) 특 징

① 과정기록이나 요약기록처럼 독립적인 기록형태라기보다는 **기록을 할 때 사용하는 문체, 즉 서술방식에 관한 것이다.**
　㉠ 직접인용의 과정기록에서는 면담에서 오고가는 내용들을 직접화법을 이용해서 있는 그대로 작성하지만, **간접인용의 과정기록이나 요약기록에서는 직접화법을 쓰지 않고, 이야기하듯 풀어서 서술하는데, 이러한 방법을 이야기체 기록이라고 한다.**
　㉡ 간접인용의 과정기록이나 요약기록에서 사용하는 문체는 이야기체이며, 이야기체로 작성된 기록을 이야기체 기록이라고 한다.
② **사회복지실천분야에서 보편적으로 활용하는 방법의 하나로서 이야기하듯이 서술해 나가는 기록형태**이다.
　㉠ 면담내용 혹은 서비스 제공과정에서 이야기한 것을 대화 형태로 그대로 표현하는 것이 아니라 내용이 정리되어(= 재구성) 서술된다.
　㉡ 일정한 틀이나 양식이 있지 않으므로, 즉 표준화나 구조화가 덜 되어 있기 때문에 총괄적인 기록이 가능하며 클라이언트의 상황, 서비스의 교류의 특별한 특성들을 잘 나타낸다.
　㉢ 몇 가지 주제 등으로 제목을 정하면 문서가 훨씬 조직화된다.

(2) 장 점

① **기록에 융통성이 있다.** 즉 중요하다고 판단되는 것을 모두 기록할 수 있는 융통성 때문에 널리 사용된다.
② 클라이언트의 사회력과 특정 상황, 서비스의 개입과 그 반응효과 등을 조직적으로 파악하는데 유용하기 때문에 사회복지기관에서 일반적으로 많이 사용되고 있다.

(3) 단 점

① 이야기체 기록은 사회복지에 대한 기본 지식과 인간행동에 대한 기본 인식이 바탕이 되는 기록이므로 **기록하는 사람의 재량이 상당히 많이 좌우**된다. 즉, 지나치게 단순해지거나 너무 길고 초점이 분명하지 않은 기록이 될 수도 있다는 것이다.

② 이야기체 기록의 질은 **제공된 서비스의 질보다 사회복지사의 문장력이나 기록에 소요된 시간** 등에 의해 좌우될 수도 있다.

③ 기록내용을 개별적으로 구성하기 때문에 추후에 원하는 정보를 쉽게 찾기 어렵다.

④ 기록하는 데 시간이 너무 많이 걸려 비효율적이고, 비용이 많이 든다는 문제점이 있다.

⑤ 기록자가 중요하게 생각하는 내용은 반영하고 그렇지 않은 내용은 누락될 수 있다.

⑥ 이야기를 재구성하여 작성하므로 **원래대로 정보를 복구하기 어렵다.**

5 녹음 및 녹화기록

(1) 특 징

① 음성녹음과 화면녹화를 이용하여 면접과정을 관찰하고 재조사하며 분석하는 것이다.

② 면담이나 개입장면의 전체를 기록하는 것이므로 직접 필기하는 것보다 효과적이다.

③ 기록보관의 보충적인 역할로 사용된다.

(2) 장 점

교육용으로 그리고 가족치료 및 실천에 대한 과정지향적인 접근법을 지도, 감독할 때 유용하게 사용된다.

(3) 단점 및 주의할 점

① 클라이언트가 녹화나 녹음을 지나치게 의식하여 집중력이 떨어지거나 평소처럼 자연스럽지 않고 어색할 수 있다.

② 녹음이나 녹화 시 클라이언트에게 사전에 알리고 반드시 동의를 구해야 한다.

03 기록의 유의사항

1 좋은 기록과 좋지 않은 기록의 특징 [⑤⑥]

(1) 좋은 기록의 특징 [⑯]

① 서비스의 결정과 행동에 초점을 둔다.

② 사정, 개입, 평가의 기초가 되는 클라이언트와 상황에 관한 정보가 들어 있다.

③ 각 단계에서 목적, 목표, 계획과정과 진행을 포함하여 서비스 전달에 관한 정보가 들어 있다.

④ 상황묘사와 사회복지사의 견해가 명확하게 분리(구분)되어 별도의 제목 하에 쓰여져서 읽는 사람들이 사회복지사의 관찰사항과 해석을 구분하여 이해할 수 있다.

　　※ 좋은 기록 : 상황묘사와 사회복지사의 견해를 구분하지 않는다.(×)

⑤ **구조화되어 있어서 정보를 효과적으로 문서화할 수 있고, 쉽게 색출해 낼 수 있다.**

⑥ 서비스 전달이 잘 묘사되고 모든 문서가 정확하여 유용하다.
⑦ **기록이 간결하고**, 구체적이며, 타당하고, 명확하며, **논리적이고**, 시기적절하며, 의미있고, **사실에 근거**한다.
⑧ 전문가적 윤리를 바탕으로 한다.
⑨ 수용된 이론에 기초해 있다.
⑩ 전문가의 견해를 담으로면서도 클라이언트의 관점을 무시하지 않는다.

(2) **좋지 않은 기록의 특징**
① 부정확한 사정, 잘못된 판단, 비윤리적 행동, 부적절한 개입을 담고 있다.
② 정보가 너무 많이 또는 너무 적게 쓰여지고 조직화되어 있지 않아 필요한 사람에게 정보를 제대로 제공하지 못한다.
③ 뒷받침이 되는 관찰과 평가없이 결론을 내려 기록상 과잉 단순화가 나타난다.
④ 초점이 없고, 모호하며, 편견에 치우쳐 있고, 추리에 의존하며, 정확하지 않다.
⑤ 맞춤법상의 오류가 있다.
⑥ **반복된 표현**, **장황한 표현**, **진부한 용어**를 사용한다.
⑦ 의미가 없고, 비판적이며, **과장되게 표현**한다.
⑧ 클라이언트와 상황에 대한 독단적인 견해의 표현, 특히 클라이언트에 대한 비난 또는 부정적인 낙인을 붙인다.
⑨ 행위자가 식별되지 않는 **수동태 문장으로 표현**한다.

2 기록과 클라이언트의 사생활 보호의 권리(김혜란 외, 2001)

① 서비스 제공에 필요한 서비스 전달 및 평가와 관련된 것만 기록한다.
② 클라이언트의 매우 사적인 생활이나 비밀스런 행동 등 민감한 정보는 자세하게 기록하지 않으며 일반적인 용어로 기술한다.
③ 정확한 것으로 입증된 정보만 기록하고, 부정확한 것으로 확인되면 삭제하거나 이전에 기록된 정보가 정확치 않음을 추가로 기입한다.
④ 사례기록은 반드시 잠금장치가 되어 있는 곳에 보관하고 기록파일에 빈번히 접근해야 하는 사람만이 잠금장치를 열 수 있도록 한다.
⑤ 특별히 허가된 매우 예외적인 경우를 제외하고는 기록 파일 자체를 기관 외부로 내보내지 않는다.
⑥ 면담 중이나 회의 중에 사례기록을 방치해 두거나 일과 중에 책상 위에 펼쳐주어 아무나 볼 수 있게 해서는 안 되며, 하루일과를 마치면 기록을 제대로 보관하고 퇴근해야 한다.
⑦ 전산화된 기록은 암호장치를 두어 합법적 권한을 가진 사람만이 접근하도록 한다.
⑧ 사회복지기관은 외부기관이나 개인에게 정보를 제공하는 절차에 대해 규칙을 갖고 있어야 하며, 기관의 절차를 사회복지사가 잘 지킬 수 있도록 훈련하고 감독하여야 한다.

사회복지실천평가

제5부 **기록과 평가**

제14장 회차별 출제빈도, 출제비중 및 출제논점 1, 2, 3순위

10회 2012	11회 2013	12회 2014	13회 2015	14회 2016	15회 2017	16회 2018	17회 2019	18회 2020	19회 2021	20회 2022	21회 2023	22회 2024
1	2	1	1	1	2	2	1	1	-	1	1	1

출제 비중	출제 논점		
	1순위 ☺	2순위 ※	3순위 ☆
0 1 2	① 평가방법: 단일사례연구설계	① 평가의 종류: 형성평가, 총괄평가 ② 평가의 종류: 효과성평가, 효율성평가	① 평가방법: 목표달성척도(GAS), 과업성취척도, CT만족도 설문

1순위 스마일표시(☺) : 출제 빈출도가 높은 부분으로 무조건 시험에 출제되는 영역
2순위 당구장표시(※) : 나왔다 안 나왔다 하는 영역이지만 출제가능성 높은 영역
3순위 별 표(☆)   : 출제 된 적이 있긴 하지만 다시 출제될 가능성은 다소 떨어지는 영역

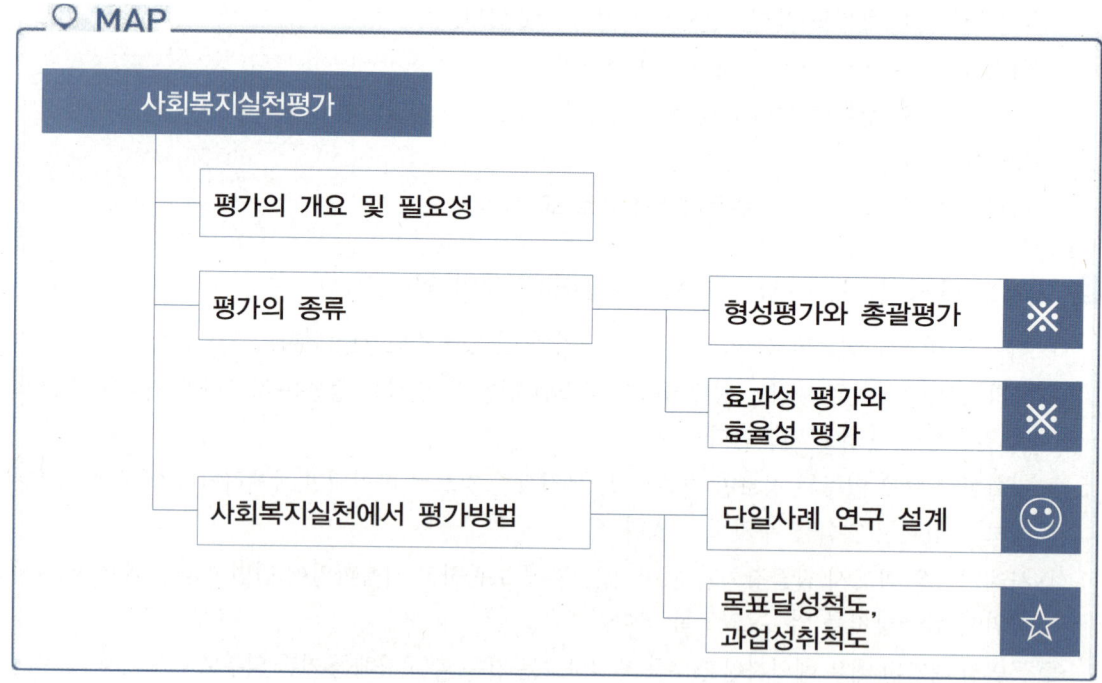

1 평가의 개요 및 필요성

(1) 평가의 개요

① 사회복지분야에서 평가는 기관의 계획이나 정책 혹은 프로그램 전반적으로 적용될 수 있다.
② 평가는 전문적인 활동에 대한 서술, 전문적인 활동의 결과에 대한 조사, 새로운 치료개입 형태에 관한 실험 및 보다 효과적인 개입방법을 개발하기 위하여 설계된 조사를 의미하며 변화의 과정과 변화의 성과 모두를 측정하기 위해 객관적인 조사 방법을 적용하는 것이다.

(2) 평가의 필요성

① **합리적 의사결정**
　㉠ 평가의 목적은 사회복지사의 의사결정을 돕기 위한 것으로 클라이언트 개입을 위해 필요한 정보를 얻고자 함이다.
　㉡ 현재까지 진행된 실천 활동이 어느 정도 효과성과 효율성이 있는지를 파악하여 개입의 축소, 유지, 중단, 확대 등의 여부를 결정하는데 필요한 정보를 제공 받는다.

② **사회복지실천의 지식기반 확대**
　㉠ 평가는 사회복지실천 방법이나 모델을 현장에 적용하여 그 효과성과 효율성을 확인하여 실천방법의 적용 범위를 넓혀준다. 특정 실천방법이 효과적이라는 평가를 받게 되면 수정·보완을 통해 일반화된 이론이나 모델로 발전할 수 있는 계기가 된다.
　㉡ 따라서 평가를 얼마나 과학적이고 체계적으로 하는가에 따라 사회복지실천의 지식기반이 확대되거나 줄어들 수 있는 것이다.

③ **평가는 책임성 이행을 위해 필요하다.**
　㉠ 사회복지실천기관들은 정부로부터 인가를 받고 보조금을 수령하는 곳이 많고 민간의 후원금을 통해 운영되는 곳이 많다. 이러한 기관에서 실시되는 사회복지실천 활동들은 재원에 대한 책임성 뿐 아니라 많은 사람들의 기대에 부응해야만 하는 책임성을 담고 있다.
　㉡ 책임성은 또한 사회복지실천 활동들이 원래 목적한대로 만족스럽게 수행되고 있다는 것을 증명해야 하는 것을 뜻한다.

④ **사회복지기관의 전문성을 형성하는데 평가가 중요하다.**
　㉠ 현대산업사회에서 사회복지프로그램은 전문성을 갖추어야 한다.
　㉡ 프로그램 평가 과정에서 프로그램들이 복잡다양한 사회적 욕구와 문제를 체계적이고 통합적으로 충족시키고 있는지를 평가함으로써 기관의 전문성을 형성하는데 기여할 수 있다.

2 평가의 종류

(1) 목적에 따른 분류 : 형성평가, 총괄평가 [⑯. 조사론 ②④⑤⑥⑦⑳]

구 분	주요 내용
형성평가 (formative evaluation) = 과정평가 = 모니터링평가	• 프로그램을 형성하는데 초점을 맞춘 평가 → 과정지향적 평가 • 프로그램의 개발이나 시행 중인 프로그램을 개선(계속되는 프로그램을 수정-보완)하기 위해 프로그램 운영 도중에 이루어지는 평가 • 프로그램의 성패를 가르는 것과 관련이 없고, 대신에 프로그램 개혁과 수행 및 완성에 도움이 되는 정보를 얻는 데에 초점 • 형성평가에서 프로그램의 분석은 모니터링(monitering)의 형태를 가짐 • 내부평가가 우선되며 외부평가자의 자문을 구함 • 총괄평가에 비해 융통성이 요구됨
총괄평가 (summative evaluation) = 결과평가 = 성과평가	• 프로그램이 종료된 이후 행해지는 평가 → 목표지향적 평가 • 프로그램의 궁극적인 성공 여부를 가려 프로그램을 시작할 것인지, 지속할 것인지, 종결할 것인지와 그 프로그램을 다른 대안적 사항들보다 우선적으로 선택할 것인지를 결정하는 것과 연관 • 주로 외부평가자를 활용하며 내부평가자의 원조와 지원을 받음 • 평가를 위하여 고정화된 틀이 필요함 • 효과성 평가와 효율성 평가

(2) 효과성 평가와 효율성 평가 [⑨. 행정론 ⑬]

구 분	주요 내용
효과성 평가 (Effectiveness Evaluation)	• 프로그램 목표의 달성 정도를 평가하는 조사 → 프로그램이 본래 의도한 목표를 어느 정도 달성했는지, 달성했다면 과연 그것이 프로그램 때문이었는지 등을 분석 • 산출평가(outputs evaluation)와 성과평가(outcomes evaluation) 분류 ㉮ 산출평가 : 주로 프로그램 실시결과의 양적인 면에 대한 평가 ㉯ 성과평가 : 질적인 면까지 고려한 평가
효율성 평가 (Efficiency Evaluation)	• 프로그램 수행의 비용 적절성을 평가하기 위한 조사 • 효율성을 평가하는 두 가지 주요 접근방법 ㉮ 비용효과분석(cost-effectiveness) : 프로그램에 드는 비용과 효과만 고려 ㉯ 비용편익분석(cost-benefit) : 프로그램의 비용과 결과를 금전적 가치로 환산하는 것으로, 서비스로 인해 나타나는 효과(성과)를 화폐가치로 환산해서 편익으로 두고 이를 비용으로 나눈 값

3 사회복지실천에서 평가방법 [②③⑧⑪. 실천론 ③⑧]

(1) 단일사례 연구 설계 [④⑧⑨⑩⑪⑫⑬⑯⑰⑱⑳㉑㉒]

① 단일사례연구의 주된 목적은 개입방법의 효과를 규명하려는 것으로, 개입과정의 변화 정보를 제공해 준다.

㉠ 어떤 개입이 대상문제의 변화를 설명하는지 알 수 있다.

ⓛ 행동빈도의 직·간접 관찰, 기존척도, 클라이언트 자신의 주관적 사고나 감정 등의 측정 지수를 사용한다.
ⓒ 반복적 시행으로 개입효과성의 일반화가 가능하다.
ⓔ 둘 이상의 클라이언트, 둘 이상의 상황이나 문제에 적용 가능하다.

② 단일사례연구의 종류
㉠ BAB설계 : 위기상황에 있어서 즉각적인 개입이 필요할 경우 사용
ⓛ ABCD설계(다중요소설계*) : 하나의 기초선에 여러 개의 각기 다른 개입방법들을 연속적으로 도입
ⓒ 복수기초선설계(다중기초선설계) : AB설계와 동일한 과정을 여러 대상, 표적 문제, 세팅에 적용하는데, 기초선 단계는 동시에 시작하되 개입을 도입

> **다중요소설계(복수요소설계)**
> 반드시 ABCD에 국한되지 않고, ABC, ABCDE, ABAC, ABACAD 등으로 덧붙여 나갈 수 있으며, 구성설계, 띠설계, 순환개입설계, 무작위교환설계, 상호작용설계 등의 형태가 있음

③ 단일사례연구의 기초선 자료수집방법 : 개입이전 종속변수를 측정하는 것 [⑪]
㉠ 빈도, 지속기간, 강도 또는 양으로 측정 가능 → 클라이언트의 주관적 감정 강도
  예) 불안, 우울 등 클라이언트의 감정, 부부가 자녀를 칭찬한 횟수, 음주 및 흡연 욕구 등
ⓛ 표준화된 척도
ⓒ 개별화된 평가척도
ⓔ 목표 달성척도(GAS)

(2) **목표 달성 척도(GAS : goal attainment scale, 목적성취척도)** [⑱ 실천론 ⑧]

① 목표를 설정하고 목표 달성 정도를 측정하기 위해 활용할 수 있는 도구로, 클라이언트가 개별화된 목표에 도달한 정도를 측정한다.
㉠ 개입의 목적과 목표들이 특정 클라이언트에게 해당하는 경우에 적용되며, 목적성취 여부를 결과의 기준으로 잡는다.
ⓛ 목표가 달성되는 정도를 평가하는 방법은 주로 빈도와 주관적 평가가 사용된다.
  ⓧ 목표달성척도 : 목적달성을 위한 집단성원들의 협력과 지지정도를 측정한다.(×)

② 목표 달성 척도의 장점
㉠ 표준화된 척도와는 달리 측정을 위한 차원(내용)이 미리 정해져 있지 않고, 클라이언트의 개인 목표에 따라 자유롭게 정할 수 있다. → **개별화의 원리와도 일치**
  ⓧ 목표달성척도 : 개별화된 목적에 도달한 정도를 측정한다.(O)
ⓛ 클라이언트와 사회복지사의 목표가 의미하는 바를 명확히 이해할 수 있도록 원조하며, 목표 달성 정도를 계량화할 수 있다.

③ 작성 요령
㉠ 구체적인 목표를 정하고 목표의 발전 수준을 자신이 생각하여 빈 칸에 적어 넣음
ⓛ 대상자에 대한 내용일 수도 있고 자신의 개인적인 것일 수도 있음
ⓒ 반드시 자원봉사활동 참여와 관련 있는 내용으로만 구성할 필요는 없음

② 이후 자기 평가 자료로 사용할 수 있으니 심사숙고하여 빈 칸의 내용을 결정함
⑩ 최대한 구체적인 표현을 사용해야 함
⑪ 문장형태로 기입하며 가중치(-2, -1, 0, +1, +2)의 부여가 가능함
⑫ 본격적인 봉사활동 이전의 모습을 반영하는 것에 체크(✔) 표시를 함

④ **목표 달성 척도 작성(엄명용 외, 2009)**

목표 달성 수준	목표 1 (학교출석)	목표 2 (불안)	목표 3 (자아존중감)	목표 4 (자살)
최악의 수준	0%	9점 척도상의 평균점수가 9점	30점 이하	클라이언트가 자살시도를 하였음
기대 이하 수준	25%	9점 척도상의 평균점수가 7 또는 8점	31~50점	한번 이상 자살충동을 느꼈음
기대했던 수준	50%	9점 척도상의 평균점수가 5 또는 6점	51~69점	하루에 3회 이상 자살에 대한 생각을 하였음
기대 이상 수준	75%	9점 척도상의 평균점수가 3 또는 4점	70~79점	하루에 한두번 자살에 대한 생각을 하였음
최고의 수준	100%	9점 척도상의 평균점수가 1 또는 2점	80~100점/ 100점 만점	자살에 대한 생각을 전혀 하지 않았음

(3) 표준화된 척도 : 검사, 설문지, 평정척도, 도구, 체크리스트 등이 활용

① 표준화된 척도에는 상업적으로 출판된 측정도구와 연구나 임상에서 사용되어지고 개발된 측정도구로 클라이언트의 사회적 기능수행을 측정한다.

㉠ 특정 개인 클라이언트나 집단에 사용하기 위해 개발된 개별화된 평가척도와는 달리 표준화된 척도는 많은 다양한 클라이언트의 경험을 측정할 수 있다.

㉡ **표준화된 척도를 사용할 때 3가지 장점**

㉮ 이미 개발되어 검사를 거쳤기 때문에 클라이언트와 사회복지사가 전문적 관계에 필요한 라포를 형성하기 전에도 실천상황에서 즉각 적용하여 진단적 목적으로 활용할 수 있다.

㉯ 특정 클라이언트가 개입기간 동안 나타내는 변화를 확인할 수 있다. 즉 형성평가를 통해 개입계획을 수정할지 유지할지에 대한 실천결정에 활용할 수 있다.

㉰ 사회복지사가 한 클라이언트에 대한 개입의 결과를 종합요약할 수 있게 해주며, 사회복지사에 의해 서비스를 받는 클라이언트 전부 또는 일부의 결과를 종합요약한다.

② **표준화된 측정도구를 사용할 때 사회복지사가 고려해야 할 사항**

㉠ **타당성** : 절차가 측정하고자 하는 것을 실제로 측정하는가?
㉡ **신뢰성** : 비슷한 여건에서 측정을 반복하였을 때 유사한 결과가 나오는가?
㉢ **적용의 용이성** : 측정절차는 간략하고, 이용하기 쉬우며 전문가가 아니더라도 이해할 수 있는가?
㉣ **유용성** : 절차가 사회복지실천에 관련된 것이고 사회복지사와 기관에서 흔히 사용되는 정보를 제공하여 주는가?

ⓜ **민감성** : 측정절차가 상대적으로 적은 수준의 변화와 차이점도 알아낼 수 있는가?
ⓑ **비반응성** : 측정으로 인한 조사대상의 변화나 영향 없이 개입으로 인하여 발생한 변화를 알 수 있는가?

(4) 개별화된 평가척도(individualized rating scale) [⑧]

① 클라이언트의 표적문제를 관찰하기가 용이하지 않을 때 측정도구로 사용할 수 있으며, 클라이언트의 독특한 상황에 맞추어 개발되고 적용된다.
  ㉠ 개별화된 평가척도를 통해 "클라이언트가 서 있는 자리에서 출발"할 수 있고 클라이언트의 관점에서 변화측정을 구성할 수 있다.
  ㉡ 척도가 변수에 대한 클라이언트 자신의 묘사를 반영하게 된다면 척도의 액면타당도가 높아지고 반복측정에서 상대적으로 클라이언트 경험의 정확한 지표가 될 수 있다.

② **개별화된 평가척도의 2가지 유형**
  ㉠ **자기고정적인 척도** : 클라이언트에 의해 결정되며, 내부의 갈등이나 감정의 강도를 측정하는 데 사용할 수 있어 유용하다. 그 이유는 클라이언트가 아니면 아무도 그 자신의 고통, 죄의식, 불안 등을 측정해 줄 수 없기 때문이다.
  ㉡ **관찰자 측정척도** : 클라이언트를 관찰해 온 사람에 의해 결정되며, 보다 행동적인 속성을 가지게 된다.

③ **개별화된 평가척도의 예** : 일반적으로 5점 내지 9점 척도로 만들어짐

```
문제 _____
 1        2        3        4        5
1 = 문제가 거의 없는 수준
5 = 문제가 매우 많은 수준
```

(5) 과업성취척도(task achievement scale) [실천론 ⑧]

① 과업중심의 실천방법론을 정립시킨 Reid와 Epstein에 의해서 개발된 평가도구로 간편하고 탄력적으로 **개입의 주요과업이 어느 정도 성취되었는가를 알아보기 위한 방법**으로 널리 활용되고 있다.
  ㉠ **사례에 대한 개입활동이 기초선을 설정하거나 단일사례설계를 이용하기 어려울 때 유용하게 활용**된다.
  ㉡ 특히 기초선의 설정이나 단일사례설계의 적용이 어려울 때 또는 단기서비스 상황에 적용되는 것으로, 과업중심실천에서 개발되었다.
  ㉢ 정보제공, 의뢰, 식사배달, 주택확보, 독립생활 향상, 생활비 제공 등 유형, 무형의 구체적 자원공급과 서비스 제공의 과정평가에 적합한 평가도구이다.

② 과업중심실천은 목표를 위한 작업을 여러 개의 독립적인 활동과 과제로 세분화하고 이를 약 1~2주 안에 수행하는 것을 목적으로 한다. 이때 합의된 과제가 실제로 달성되었는지를 측정하는 것이 과업성취척도이다.

③ 과업성취척도 사용 예(황성철, 2006)
   ㉠ 개입의 목표를 5개 이내의 주요 과업으로 나눈다.

    목표 : 가정에서 독립생활의 확보 ⇨ ① 가정봉사원 배치
   ② 식사배달서비스 확보
   ③ 치료용 침대 확보
   ④ 이웃주민 원조 확보

   ㉡ 각 과업의 진척을 0~4점까지의 5점 척도로 평가
      ㉮ 0 : 과업에 대해 일을 한 기회가 없었을 때
      ㉯ 1 : 거의 성취되지 않았음
      ㉰ 2 : 부분적으로 성취되었으나 여전히 상당한 노력이 필요함
      ㉱ 3 : 상당히 성취되었으나 약간의 노력이 필요함
      ㉲ 4 : 완전히 성취되었음
   ㉢ 과업성취척도 작성

과업	성취수준	등급
1. 가정봉사원 배치	대기자 명단에 등록하였으며 서비스는 일주일 내 개시될 예정	3
2. 식사배달서비스 확보	클라이언트가 병원으로부터 퇴원 시 바로 배달시작 확정	4
3. 치료용 침대 확보	치료용 침대 임대, 퇴원 시 집으로 배달 약속	4
4. 이웃주민 원조 확보	이웃주민에게 원조를 시도하지 못함	0

(6) 동료평가 : 평가 주체에 따른 분류 중 내부평가에 해당되는 평가방법이다.
   ① 사회복지실천은 매우 다양한 변수가 작용하기 때문에 이론이나 계획대로 이루어지지 않는 복잡한 상황이 전개될 수 있기 때문에 사회복지사와 같은 현장에서 근무하고 있는 동료들로부터 받는 평가 또는 피드백을 통해 개입 전반에 대해 검토할 수 있다.
   ② 동료평가의 대표적인 경우는 사회복지사의 사례개입을 그의 동료들이 검토하는 방법이 있다.

(7) 클라이언트 만족도 설문(= 만족도 평가) [실천론 ⑧]
   ① 프로그램에 참여한 클라이언트로부터 프로그램의 구성 및 진행 등에 대한 전반적인 사항에 대해 의견을 구하는 것이다.
   ② 사회복지사 수준, 즉 전문가적 차원에서 이루어지는 것이 아니라 프로그램 또는 개입 과정에 참여한 클라이언트의 인식과 만족과 같은 내면적이고 주관적인 차원을 알아보는 것이므로 객관성과 과학성은 조금 떨어진다.
   ③ 클라이언트들이 프로그램이나 개입활동에 대해 낮은 평가를 한 경우에도 사회복지사의 능력이 부족했다고 단정 짓는 것은 무리가 있다.

MEMO

2교시 사회복지실천

제3영역
지역사회복지론
Community Welfare & Practice

교과목 개요

지역사회복지론은 지역사회를 개입의 단위로 삼는 사회복지의 다양한 접근법들을 섭렵하되, 특히 전문적 지역사회복지실천의 과정에 관한 이론과 기술의 학습에 역점을 두는 교과목이다. 따라서 지역사회 및 그 구성원들이 지니는 사회적 문제와 욕구의 해결에 관여하는 사회복지사가 갖추어야 할 자질과 역량을 키우는 데 필요한 내용으로 교과목을 구성한다.

이를 위해 지역사회복지 관련 주요 개념과 역사 및 기초이론 등에 대한 이해를 비롯하여, 전문적 지역사회복지실천의 원칙, 모형, 과정, 기술 및 사회복지사의 역할 등 전문적 접근에 필요한 핵심사항을 전반부에서 다룬다. 이어서 후반부에서는 변화하는 지역사회 현실과 그것이 담고 있는 문제 및 욕구를 규명하고, 거기서 대응하는 다양한 지역사회복지 접근법 및 추진체계들을 비판적으로 검토하면서, 전반부에서 학습한 내용을 적용함으로써 합당한 대안을 강구해 보도록 한다.

교과목 목표

1. 지역사회, 지역사회복지, 지역사회복지실천 및 유관용어들의 개념 이해
2. 지역사회복지 역사 개관
3. 지역사회복지실천의 기초이론에 대한 이해
4. 지역사회복지실천의 원칙, 가치, 윤리에 대한 이해
5. 지역사회복지실천의 모형에 대한 이해
6. 지역사회복지실천의 과정과 기술 및 사회복지사 역할에 대한 이해
7. 지역사회복지의 실제와 추진체계 및 발전과제 탐구

출제 경향 분석

이해 틀	목차 (교과목 지침서에 준함)	10회 2012	11회 2013	12회 2014	13회 2015	14회 2016	15회 2017	16회 2018	17회 2019	18회 2020	19회 2021	20회 2022	21회 2023	22회 2024
지역사회 복지의 이해	제1장 지역사회에 대한 이해	2	1	1	1	2	2	1	2	1	2	2	1	1
	제2장 지역사회복지와 지역사회 복지실천의 이해	2	3	1	3	1	1	1	1	2	–	1	2	2
	제3장 지역사회복지 역사의 이해	3	3	2	3	4	3	5	3	3	3	3	3	4
지역사회 복지의 이론과 모델	제4장 지역사회복지의 이론적 기초이해	2	2	3	2	2	2	3	2	2	2	2	3	3
	제5장 지역사회복지의 실천모델에 대한 이해	2	6	3	3	2	2	3	2	2	3	3	3	2
지역사회 복지실천의 과정과 기술	제6장 지역사회복지실천의 과정	4	3	2	4	2	3	3	2	1	1	3	2	2
	제7장 지역사회복지 실천에서의 사회복지사의 역할	1	3	1	1	–	–	1	1	1($\frac{1}{2}$)	–	–	1	2
	제8장 지역사회복지 실천에서의 사회복지사의 기술	3	1	2	3	6	3	2	3	3($\frac{1}{2}$)	4	2	2	2
	제9장 사회행동의 전략과 전술	1	2	–	1	–	–	–	–	1	–	–	–	–
지역사회 복지실천 추진체계	제10장 지역사회보장계획	2	2	–	1	1	1	1	2	1	1	1	1	1
	제11장 공공 지역사회복지 실천의 추진체계	3	–	–	1	1	3	2	2	3	3	2	2	1
	제12장 민간지역사회복지 실천의 추진체계	5	4	5	1	3	3	3	4	3	4	4	3	4
지역사회 복지운동	제13장 지역사회복지운동	–	–	1	–	1	1	1	2	1	2	2	2	1

※ 표 안에 ( ) 안의 숫자는 단독 출제되지는 않았으나 문제의 지문상에 해당 부분의 내용이 출제된 것을 의미합니다.
※ 제12회 시험부터 영역별 30문제에서 25문제 출제로 변경되었으므로 출제빈도는 12회시험부터 눈여겨보시기 바랍니다.

김진원 OIKOS 사회복지사 1급 통합이론서 2교시

제 1 부

지역사회복지의 이해

제1장 지역사회에 대한 이해
제2장 지역사회복지와
     지역사회복지실천의 이해
제3장 지역사회복지역사의 이해

CHAPTER 01 지역사회에 대한 이해

제1부 **지역사회복지의 이해**

제1장 회차별 출제빈도, 출제비중 및 출제논점 1, 2, 3순위

10회 2012	11회 2013	12회 2014	13회 2015	14회 2016	15회 2017	16회 2018	17회 2019	18회 2020	19회 2021	20회 2022	21회 2023	22회 2024
2	1	1	1	2	2	1	2	1	2	2	1	1

출제 비중	출제 논점		
	1순위 ☺	2순위 ※	3순위 ☆
1~2	① 지역사회 정의(Ross): 지리성 + 기능성 ② 지역사회유형: 퇴니스, 뒤르켐, 던햄	① 지역사회 개념의 변화 ② 지역사회의 기능 ③ 지역사회에 관한 이론: 상실 보존 개방	① 지역사회의 기본요소(G.A.Hillery) ② 지역사회의 기능 비교척도(Warren) ③ 좋은 지역사회와 역량 있는 지역사회

1순위 스마일표시(☺) : 출제 빈출도가 높은 부분으로 무조건 시험에 출제되는 영역
2순위 당구장표시(※) : 나왔다 안 나왔다 하는 영역이지만 출제가능성 높은 영역
3순위 별 표(☆) : 출제 된 적이 있긴 하지만 다시 출제될 가능성은 다소 떨어지는 영역

MAP

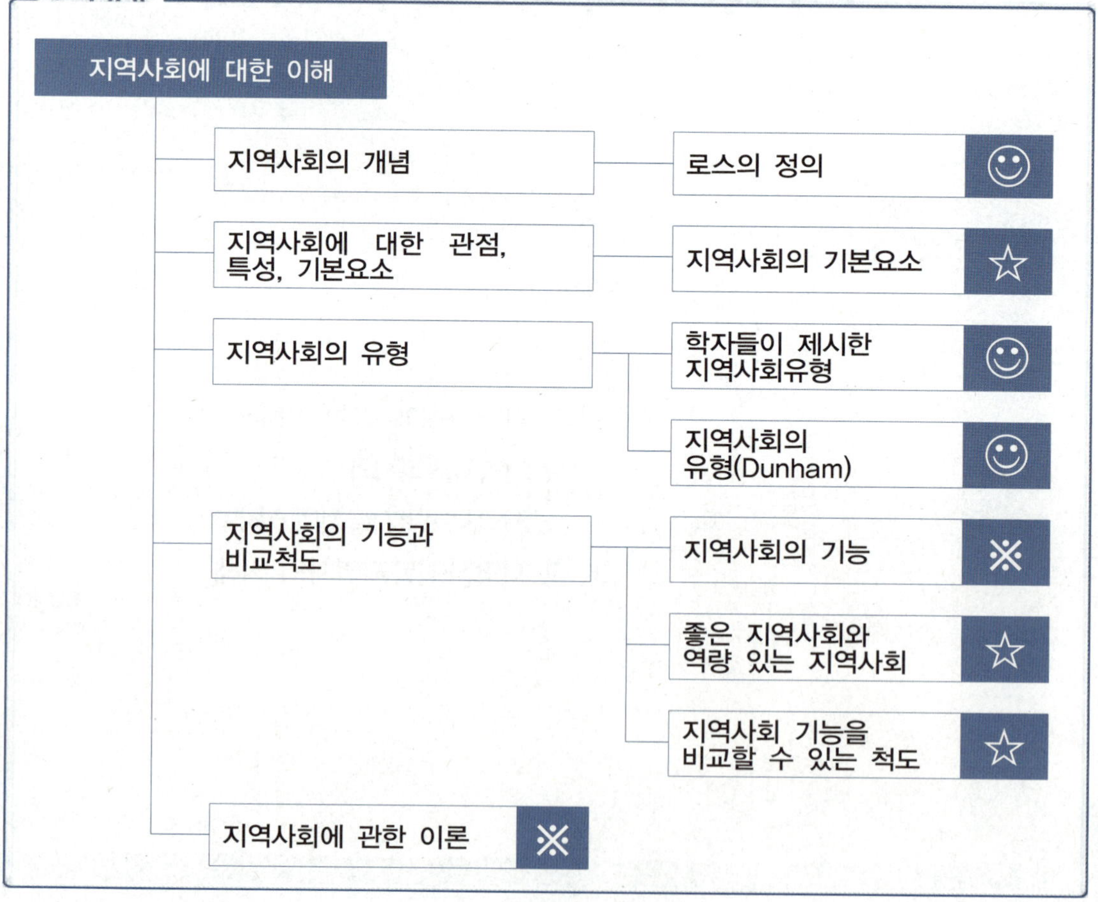

- 지역사회에 대한 이해
  - 지역사회의 개념
    - 로스의 정의 ☺
  - 지역사회에 대한 관점, 특성, 기본요소
    - 지역사회의 기본요소 ☆
  - 지역사회의 유형
    - 학자들이 제시한 지역사회유형 ☺
    - 지역사회의 유형(Dunham) ☺
  - 지역사회의 기능과 비교척도
    - 지역사회의 기능 ※
    - 좋은 지역사회와 역량 있는 지역사회 ☆
    - 지역사회 기능을 비교할 수 있는 척도 ☆
  - 지역사회에 관한 이론 ※

01 지역사회(community)의 개념 [⑭]

1 어의적 개념

영어의 community로서 '공통의(common)' 또는 '공공의(communal)'와 같은 어원을 가지고 있으며, '공동 소유', '공동체(공동사회)', '공동운명체' 등의 뜻을 지닌 사람과 지역 또는 지리적 집합체를 말한다.

① **공동체** : 공동의 관심과 이해관계를 전제조건으로 직업, 취미, 활동 영역 등 기능적 기준에 의해 형성되며, 그 구성원이 공동의 이익을 추구하고, 이해관계를 같이 하는 개인이나 집단조직체
② **지역사회** : 일정한 지리적 구역을 전제조건으로 일정한 지역에 사는 사람들의 집합체

2 로스(Ross)의 정의 [③④⑤⑥⑦⑧⑨⑭⑮⑯⑱⑲]

(1) **지리적인 의미의 지역사회(geographic community, 지리적 공동체)**

지리적 공간을 공유하며 밀접한 상호작용을 하는 사람들의 집단을 의미하며, **특별시, 광역시, 도, 시, 군, 구, 읍, 면, 동**과 같은 행정구역의 집단과 마을, 학교권, 시장권 등과 같이 자연스럽게 형성된 사회적 지역집단이 포함된다.

> 예) 마포구 성산동, 경기도 광주시 퇴촌면 ○○마을, 근린지역사회(neighborhood), 대단위 아파트단지, 노숙인들이 모여 있는 공원 등

(2) **기능적인 의미의 지역사회(functional community, 기능적 공동체)**

① 공간과 상관없이 **특정한 공동의 관심과 기능을 공유하는 사람들의 집단**을 의미하며, '공동체'나 '이익집단'과 같은 의미로도 쓰인다. → 구성원 공동의 이익과 이해관계를 같이하는 공동체를 의미
② **사회적·문화적 동질성, 상호작용성, 합의** 등의 공통된 이해와 관심으로 형성된 집단으로 교회, 회사, 조합, 정당 같은 이익집단을 말한다. [⑬]

> ✗ 지리적 개념은 사회문화적 동질성과 상호작용성에 기초한다.(×)

③ 기능 혹은 이해관계나 정체성을 공유하는 집단으로서의 커뮤니티 개념은 지리적 경계와 상관없는 **멤버십(membership) 공동체 개념**을 말한다.

> ✓ 기능적 공동체 : 멤버십(membership) 공동체 개념을 말한다.(○)

④ 산업화 이후 교통과 정보통신수단의 발달로 지리적 영역을 공유하지 않는 사람들 간에 상호작용이 활발해지면서 기능적 지역사회개념이 필요하게 되었다. → **과거에 비해 기능적 지역사회가 더 많이 나타나게 됨**

> 예) 마포구 성산동 성미산 지키기 주민모임, 춘천시 후평동 조기축구회, 사회복지학계, 재미한인공동체, 기독교계, 교육계, 환경보호운동조직, 동성애자집단, 장애부모회, 저소득층 집단 등 종교, 문화, 인종, 이데올로기, 성정체성, 직업, 취미, 공동의 이익(이해관계), 사회계층 등 구성원 간에 공유된 정체 소속감을 가지고 모이는 집단(노인권익옹호단체, 사회복지사협회, 시민운동단체 등의 활동), **외국인 근로자 공동체, 가상공동체인 온라인 커뮤니티** 등

3 과학적 정의 [⑨⑭]

(1) 지리적인 의미의 지역사회 : 파크와 버제스(Park & Burgess) [⑨]

① 한 지역을 구성하는 사람들과 조직들의 지리적 분포라는 견지(예 특별시, 광역시, 도, 시, 군, 읍, 면, 동)에서 고려될 수 있는 사회와 사회집단에 적용되는 것으로, **모든 지역사회가 사회이지만 모든 사회가 지역사회는 아니다.**

② '지역사회의 생활'이란 한 마디로 '사회를 움직이는 힘(social forces)의 집합체'라고 하였다.

(2) 사회적으로 동질성을 띤 지역으로서의 지역사회

지역사회주민들 간의 합의성, 일체감, 공동생활의식, 공통적인 관심과 가치, 공동노력과 같은 사회적 특성들이 다른 지역과 구별될 수 있는 독립적인 지역이라고 보는 것이다.

학 자	정 의
메키버 (Maciver) [⑭]	인간의 공동생활이 영위되는 일정한 지역을 **공동생활권(area of common life)**이라고 지적하고, 지역사회의 기초는 **지역성과 지역사회 의식이 수반**되어야 한다고 하였다. 즉 지역사회라는 것은 모든 형태의 공동생활지역으로서 부락 혹은 읍, 시, 도, 국가 혹은 더 넓은 지역까지도 의미한다.
스트로우프 (Stroup)	지역사회란 자신들이 상호관련되어 있다는 의식을 갖는 비교적 많은 사람들에 의해 구성되어 있다고 말할 수 있는데, 이들 구성원들은 공동의 생활공간에 서로 의존하고, 제한된 정치적 자율성을 가지며, 복잡하고 변천하는 사회구조 속에서 기본적인 만족을 추구하는 것이다. **지리적 특성보다는 성원 간의 상호관련성을 강조하며, 소수의 부락집단에서 국가에 이르는 모든 형태의 사회조직이 포함**된다.
모르간 (Morgan)	지역사회란 개인들과 가정들이 그들의 공통적인 욕구를 충족시키기 위해 함께 계획하고 실천하는 **구성원들의 결합체(association)**이다. 지역사회란 지리적으로 무한히 확대되는 성질의 것이 아니라 **민주적인 공동생활을 영위하는 '작은 사회'**라는 것이다.
포스톤 (Poston)	지역사회란 **공동의 유대관계가 있고 공동의 기능을 하는 지역(neighborhood)**으로서 다양한 이해관계와 상호부조적인 서비스가 있고, 사람들이 서로에 대해서 알고 지내게 되며, 지역사회의 공동운명에 대해 개인적으로 어느 정도의 영향력을 행사할 수 있는 그러한 조건을 갖춘 지역이다. **지역사회의 발전은 주민의 참여에 의한 민주주의가 실현되는 전제조건임을 밝히고 있다.**
그린 (Green)	지역사회란 상호관련되어 있고 상호의존적인 집단들의 결합체(network)이며 지역사회 내의 역동적인 관계는 집단생활과 조직체들에서 찾을 수 있다. 지역사회의 개념에 있어서 지리적인 특성보다는 **구성원들의 상호작용에 역점**을 두고 있다.
브루너와 할렌벡 (Bruner & Hallenbeck)	지역사회란 **주어진 지역 내에서 상호관련을 맺고 상호작용을 하는 사람들**이며, 이들은 상호작용을 통해서 단합된 지역의식을 갖게 되고, 협력적인 행동을 위한 수단을 찾아내며, 자신들의 자연적인 문화에 수정을 가하고 이에 적응을 하는 것이다. 역동적인 지역사회는 이익과 욕구의 인식에서 또 이 욕구를 충족시키기 위해 마련된 제도 속에서 나타나는 것이다.

(3) 지리적 및 사회적 동질성을 강조하는 자연지역으로서의 지역사회

지역적인 특성과 지역 내에 거주하는 사람들의 상호작용에 있어서의 사회적 동질성을 동시에 고려하는 개념으로, 지역사회는 모든 인간생활의 국면을 포함할 수 있는 가장 작은 지역적인 집단으로 사회를 구성하는 모든 제도와 이익을 포함해야 한다.

학 자	정 의
스테이너 (Steiner)	지역사회는 상호접촉이 가능한 지역 내에 거주하는 일단의 사람들로 구성되어, 이들은 상호보호와 복지를 위해서 그 지역 내에 여러 가지 형태의 사회조직을 형성한다.
데이비스 (Davis)	지역사회는 모든 인간생활의 국면을 포함할 수 있는 가장 작은 지역적인 집단이며, 이 집단은 사회를 구성하는 모든 주요 제도(institutions), 모든 지위와 이익을 포함할 수 있을 정도로 넓어야 한다. 또한 최소의 지역집단이라고는 해도 그 자체로서 온전한 사회일 수 있다는 것이다. 한 지역사회에 있어서 어떤 부분들은 그 지역사회 내의 다른 부분들보다도 타지역사회의 부분들과 오히려 더 많은 관련을 맺을 수 있다고 함으로써 **개방체계(open system)로서의 지역사회개념**을 역설하였다.
엘리어트와 머릴 (Elliott & Merrill)	지역사회는 **지리적인 면과 심리적인 면**을 가지고 있다고 하였는데, 지리적으로는 주민들이 사회제도에 인접해 있는 상태를 의미하고, 심리적으로는 지역 내의 모든 요소들을 역동적이고 생생한 실체로서 연결시켜 주는 것이다.
워렌 (Warren) [⑭]	**심리적인 면에서는** '이익집단(community of interest)'이나 '실업계(business community)' 등의 표현에서 볼 수 있는 바와 같은 공동의 이익, 특성, 혹은 연합을 의미하고, **지리적인 면에서는** 사람들이 함께 모여 사는 특정지역을 의미하고, **사회적으로는 이 두 가지 면을 결합시키는 것이다.** 즉 **지역적 접합성을 가지는 주요한 사회적 기능수행의 단위와 체계의 결합**이다.

4 지역사회 개념의 변화와 정책환경

(1) 지역사회 개념의 변화 [⑦⑨⑮⑱]

① 20세기 이후 지역사회의 개념은 **지리적 의미의 지역사회와 기능적 의미의 지역사회를 동시에 포괄적으로 함축**하고 있다.

　　✖⭕ 지역사회에 관한 설명 : 현대의 지역사회는 지리적 개념을 넘어 기능적 개념까지 포괄하는 추세이다.(○)

② 교통과 정보통신 수단의 발달로 21세기 정보화 사회에서 전통적 의미의 지역적 경계가 무너지고 있다.

③ 사이버공동체, **가상공동체***, 네트워크공동체 등 새로운 지역사회의 형태가 나타나고 있으며, 지구촌(global community)의 형성으로 초광의의 지역사회의 개념이 등장하였다.

> **가상공동체(virtual community)**
> 사람 간 직접적 만남보다 컴퓨터를 통해 의사소통을 하는 사회집단으로, 실질적인 신체 접촉 없이 전자통신망에서 공동체가 작동한다는 의미에서 붙여진 용어

(2) 지역사회 개념과 정책환경

① 서구복지국가의 개혁이 전개된 1980년대 이후 최근에 이르기까지 **다원주의 복지체제 또는 복지의 혼합경제***라는 맥락에서 지역사회중심의 복지가 강조되고 있다.

> **복지의 혼합경제**
> (mixed economy of welfare)
> 복지의 혼합경제는 복지다원주의를 말하는 것으로, 사회복지의 재화나 서비스는 공공부문과 민간부문에서 적절한 역할분담을 통해 제공되어야 한다는 것임

② 주장하는 사람의 이념적, 정치적 입장에 따라 동상이몽 격의 상반된 견해를 보이기도 한다.
　㉠ **신자유주의 이념의 정책적 입장** : 지역사회복지실천에서 민간부문 또는 가족 등 비공식 부문의 역할을 강조한다.
　㉡ **복지국가 역할확대를 주장하는 사회민주주의의 이념의 입장** : 지역사회복지실천에서 국가나 지방정부를 중심으로 하는 공공부문의 역할을 강조한다.

02 지역사회에 대한 관점, 특성, 기본요소

1 지역사회에 대한 지역사회복지학자들의 관점 [⑦]

① **장소로서의 지역사회** : 지역사회에 대한 사전적 의미에 기초하여 하나의 장소에 살고 있는 사람들의 집합체로 지역사회를 바라보는 시각에 기초한다.

② **연대로서의 지역사회** : 지역사회가 공통의 유산을 가지고 있다는 전제에 기초한다. 즉 종교, 민족성, 인종, 문화 언어 등과 같이 공통의 유산을 가지고 있는 지역주민은 강력한 일체감이나 동질성을 갖게 되고, 공동의 가치와 신념체계를 가지고 있을 수 있다.

③ **사회계급으로서의 지역사회** : 사회성층화와 권력구조적으로 지역사회를 바라보는 관점에 기초한다. 즉, 사회계급으로서의 지역사회는 공유하는 권력 또는 힘(power)의 관계로 지역사회를 이해하며 정의한다.

④ **사회연결망(social network)으로서의 지역사회** : 사람들이 연결망을 구성하고 이 연결망이 곧 지역사회를 구성한다는 것을 강조하며, 연결망은 가족, 친척, 동료, 또는 공동의 관심사 주변으로 함께 모이는 사람들로 구성된다.

⑤ **이익으로서의 지역사회** : 지역사회를 서로 간에 이해가 얽혀 있는 조직체로 바라보며, 이러한 지역사회는 공동의 이익이나 관심을 가지고 있는 사람들에 의해 쉽게 조직화될 수 있다.

⑥ **삶의 공간으로서의 지역사회** : 지역사회에 대한 생태적 관점으로, 지역사회인 삶의 공간(Niche)에서 개개인은 편안함과 안락함을 느끼며, 그 공간을 벗어나면 새로운 공간에 적응하여야 한다.

⑦ **갈등의 장으로서의 지역사회** : 지역사회를 갈등의 장으로 보는 시각은 갈등과 변화는 지역사회가 안고 있는 속성이며 발전을 위한 전제라고 바라보며, 지역주민의 이익을 결정하는 과정은 이성적 기획, 제휴, 조정 등에 의해서뿐만 아니라 협상과 갈등을 포함한다고 강조한다.

⑧ **변화의 장으로서의 지역사회** : 지역사회에 사회복지사들이 개입하는 가장 결정적인 원인이 바로 지역사회를 변화시키기 위함임을 강조하며, 변화가 이루어지는 지역사회는 더 나은 삶의 질이 보장되도록 발전된다.

2 지역사회의 특성

(1) 지역성
① 지역사회는 지리적 근접성을 기초로 하는 집단으로, 지역사회는 다른 사회집단이기에 앞서 지역집단이다. 지역사회의 지역성이 기초가 되어야만 사회적 단일성이나 문화적 동일성이 가능해진다.
② 지역사회복지는 주민의 생활권역을 기초로 하여 전개되는 것이며, 생활권역은 주민 생활의 장이면서 동시에 사회참가의 장이므로 지역성을 고려하여야 한다.

(2) 공동체 의식
① 공통경험이 나중에는 그들 간에 차츰 관습화가 되고, 그 관습화가 우리의식(We-feeling) 혹은 소속감인 공동체 의식으로 발전하게 된다.
② 집단사회의 구성원 사이에 동질적 경험이나 체험이나 기억, 관습, 전통을 갖게 되면 그 집단의 공통감과 소속감은 견고해져서 다른 집단과는 뚜렷하게 구별된다.

(3) 공동규범
① 공동규범은 그 지역사회의 가치체계(value system)와 제도(institution)를 그 기초로 한다.
② 지역사회주민은 실현하고 싶은 일정한 가치를 가지고 오랫동안 함께 살아가는 동안 동일한 관습과 전통을 형성하여 그 지역사회의 가치체계를 형성한다.

3 지역사회의 기본요소 : 힐러리(G.A.Hillery)가 제시 [14⑰]

① **지리적 영역의 공유**
  ㉠ 지리적 영역은 주민들의 정신적인 연계가 이루어질 수 있는 공동의 생활터전을 구축하는 데 필요한 공간적 단위라고 할 수 있다.
  ㉡ 이러한 공간적 단위는 주민 간 상호교류가 가능한 근접성, 문화의 단일성, 생활의 통합성 등을 지니고 있어야 한다.

② **사회적 상호작용**
  ㉠ 일정한 지리적 영역 내에서 함께 생활하는 주민들 간의 상호교류작용을 통하여 지역사회가 이루어진다.
  ㉡ 동일한 생활권 내에 살고 있으면서도 상호교류가 단절되고 있고 공동관심사나 유대감이 형성되지 않으면 지역사회로써 구축되지 않는다.

③ **공동의 유대감**
  ㉠ 일정한 지역 내에 거주하는 주민들이 심리적, 문화적 공동의 유대감으로서 서로 이해하고 동류의식을 가질 때 구축된다.
  ㉡ 이러한 것은 태어나면서부터 가지게 되는 혈연 또는 지연 등에 의해서 형성되는 공동체의식이 아닌 상호교류를 통하여 이해관계를 공유하는 것을 의미한다.

  길버트와 스펙트(N. Gilbert & H. Specht) : 지리적 영역, 사회·문화적 상호작용, 공동의 유대 등 3가지로 구성(×)

03 지역사회의 유형

1 학자들이 제시한 지역사회유형

(1) **퇴니스(F. Tönnies)가 제시한 사회유형 : 공동사회와 이익사회** [9③⑤⑥⑨]

도시화, 산업화가 진행되면서 인간의 삶을 자연스럽게 지탱해 주던 전통적인 공동사회(Gemeinschaft)는 점차 붕괴되어 나가고 있으며, 치열한 생존경쟁사회인 이익사회(Gesellschaft)에서 우리는 살고 있다. → 산업화 이후 이익사회가 발전

① 공동사회(Gemeinschaft)
  ㉠ 소규모의 대면적 관계를 강조
  ㉡ 정서적이고 전통적인 관계에 기초하는 사회로 혈연, 가족, 친구관계에 의한 상호부조의 성격을 지닌다.
  ㉢ 자연발생적 관계를 매개로 본능적 의지에 따라 무의도적으로 형성된 집단 예) 가족, 촌락

② 이익사회(Gesellschaft)
  ㉠ 대규모의 비대면적 관계를 강조
  ㉡ 개인주의, 이해관계에 따른 계약과 규칙, 합리적인 이익의 추구에 기초하는 사회로 사회구성원 간의 고립과 긴장상태에 의해 구성원 간의 상호부조의식이 약하다.
  ㉢ 특정 목적을 달성하기 위해 의도적이고 선택적인 의지에 따라 구성된 집단 예) 회사, 정당

(2) **뒤르켐(Emile Durkheim)의 사회분업론 : 사회적 연대(social solidarity)에 관한 이론** [9③]

① 기계적 연대(mechanical solidarity) 사회
  ㉠ 사회적 분업(the division of labor)이 덜 진행되고, 사회적 규범은 억압적이며, 사회통합의 정도가 상당히 높은 전통사회에서 나타난다.
  ㉡ 전통사회는 인간관계의 형식이 운명적으로 결정된 조건(혈연, 지연, 계급 등)들로 이루어져, 개인 간의 차이가 최소화되고 사회 구성원들이 공통의 가치를 강하게 지향한다.
  ㉢ 집합의식을 깨뜨린 자에 대한 규제와 형벌, 응징을 강조하는 **억압적 법률**(repressive law)로써 형법이 발달하며, 이를 통해 사회통합과 사회응집력을 이끌어 낸다.

② 유기적 연대(organic solidarity) 사회
  ㉠ 보다 발전되고 산업화된 사회의 특징으로서 사회적 분업 또는 기능적 분화(differentiation of functions)의 산물이다.
    ✗ 뒤르켐의 기계적 연대는 산업사회의 기능적 분화의 산물이다.(×)
  ㉡ 분업의 발생으로 인해 서로 다르지만 상호 연결되어 있는 **직업집단이 기계적 연대에서의 혈연집단을 대신**하여 공동체를 이루며, 계약관계가 지배적이고 개인 간의 가치관의 차이가 크며(개인의 다양성과 존엄성 인정), 사회통합 또는 사회적 응집도가 낮다.
  ㉢ 개인성을 중심으로 이질성, 다양성의 특징을 띠며 **도덕적 개인주의**를 표방하는데, 유기적 연대 사회에서는 억압적 법률이 아닌 개인과 개인과의 갈등을 해결하는 데에 **배상적 법률**(restitutive law)로서 민법이나 상법이 확대되었다.

2 지역사회의 유형(Dunham) [③④⑥⑲]

지역사회를 유형화하는 방법은 여러 가지가 있지만 일반적으로 사용하는 기준은 인구 크기, 인구 구성 특성, 산업구조, 행정구역, 그리고 기능에 따라 구분하고 있다.

(1) 인구 크기에 따른 기준
① 인구 크기에 따른 구분은 가장 기본적인 유형으로서 지역사회를 구분한다. 구분은 **대도시, 중·소도시, 읍지역** 등으로 구분한다.
② 이러한 구분은 사회조사의 경우 대상자의 성장지를 파악하는 데 많이 사용되고 있다.

(2) 인구 구성의 사회적 특수성에 따른 기준
① 인구 구성 특성을 기준으로 한 구분은 연령 분포, 인종 분포, 성별 분포 등의 내용에 따라 지역사회를 구분한다. 구분은 **저소득 밀집지역, 쪽방촌, 장애인밀집지역, 차이나타운, 외국인 집단거주지역(외국인 밀집지역)** 등으로 유형화하고 있다.
② 이러한 인구 구성의 특성은 지역사회 전체로서의 사회화와 지역사회주민의 상호연대의식에 영향을 미친다.

(3) 산업구조(경제적 기반)에 따른 기준
① 산업구조 유형에 따른 구분은 1차 산업, 2차 산업, 3차 산업 중 어느 산업이 그 지역사회의 주종을 이루는 산업구조를 가지고 있는지를 바탕으로 지역사회를 구분하는 것이다. 즉, 1차 산업이 주종을 이루는 **농촌·어촌지역**, 2차 산업이 주종을 이루는 **광공업지역**, 3차 **산업이 주종을 이루는 도시지역**을 말한다.
② 이러한 구분은 지역사회주민의 경제적·사회적 특성을 파악하는 데 유용하다.

(4) 정부의 행정구역에 따른 기준
① 정부의 행정구역에 따른 구분은 **특별시, 광역시·도, 시, 군, 구, 읍, 면, 동**으로 행정상의 필요에 의하여 구분한 지역사회를 말한다.
② 이러한 유형은 일반적으로 인구의 크기를 중심으로 구분하지만, 반드시 인구의 크기와 비례하지는 않는다.

(5) 기능에 따른 기준
① 우리 사회에 존재하는 많은 이익집단은 조직구성원의 동일한 목표 달성을 위해서 규칙을 지키고 자금을 모으면서 사회적·경제적 이익증대를 위해 동일 업종의 공동사업을 전개하고 있는 각종 사회단체를 기능적 지역사회집단으로 볼 수 있다.
② 이러한 기능에 의한 지역사회 유형은 직장 단위의 지역사회 등과 같이 그 지역사회 내에서 그들의 결속력과 소속감을 증대시키며 밀접한 인간관계가 유지되고 있는 특성을 지니고 있다.

> 던햄(A. Dunham) : 지역사회의 유형을 인구의 크기, 경제적 기반 등의 기준으로 구분(O)

04 지역사회의 기능과 비교척도

1 지역사회의 기능

(1) **길버트(Neil Gilbert)와 스펙트(Harry Specht)가 제시한 지역사회의 기능** [10③④⑥⑧⑳㉑㉒]

① **생산·분배·소비의 기능** : 의식주와 같이 사회구성원들이 일상생활을 위해서 필요로 하는 기본적인 재화(good) 및 서비스를 생산하고 분배하고 소비하는 과정을 말한다.
  - 예) 지역주민이 생산한 채소를 마을 공동 판매장에 진열하여 판매한다.

② **사회화(socialization)의 기능** : 개인들이 사회와 이를 구성하는 사회적 단위들의 지식, 가치, 행동양태를 그 사회구성원들에게 전달하는 과정을 말한다.

③ **사회통제(social control)의 기능** : 구성원에게 **사회의 규범(norms)에 순응**하도록 하는 것 즉, 사회의 구성단위인 개인이나 집단의 동조와 복종을 확보하는 수단 및 과정을 말하며, 그 범위와 형태는 매우 광범위하며 일반적으로 법률, 도덕, 관습, 교육, 신앙 등으로 분류될 수 있다.
  - 예) '갑'마을에서는 인사 잘하는 마을 만들기를 위하여 조례를 제정하고, 위반하는 청소년에게 벌금을 강제로 부과한다. 지역사회에서 안전한 생활영위를 위하여 법률로 치안을 강제하고, 법과 도덕을 지키게 한다.

④ **사회통합(social integration)의 기능**
  ㉠ 사람들 스스로 규범을 준수하여 바람직한 행동을 하도록 하여 사회구성원 간 또는 사회 내의 여러 집단, 단체, 기관이 서로 결속력을 갖도록 하는 것이다.
  ㉡ **사회참여(social participation)** : 워렌(Warren)은 사회통합이라는 용어 대신에 사회참여란 용어를 사용하고 있는데, 이는 지역사회가 제공하는 제반활동에 그 구성원들이 자발적으로 참여하게 하는 것이다.
  - 예) '을'종교단체가 지역주민 어르신을 대상으로 경로잔치를 개최하고 후원물품을 나누어준다.

⑤ **상부상조(mutual support)의 기능** : 위의 네 가지 주요 기능이 자기의 욕구를 충족할 수 없는 경우에 필요한 기능으로, 사회구성원 간에 서로 도와주는 기능을 상호부조 기능이라 한다.
  - 예) 수급자인 독거어르신을 위하여 주민 일촌 맺기를 실시하여 생계비를 연계 지원한다.

■ 사회제도와 1차적 기능 ■

사회제도	1차적 기능
가족	사회화(socialization)
종교	사회통합(social integration)
경제	생산·분배·소비의 기능
정치	사회통제(social control)
사회복지	상부상조(mutual support, 상호부조)

※ 로스(M. G. Ross)는 지역사회의 기능을 사회통제, 사회통합 등 다섯 가지로 구분하였다.(×)

(2) 판토하와 패리(Pantoja & Parry, 1992)는 이 다섯 가지 기능에 방어와 의사소통의 기능을 추가시켜 지역사회의 기능을 설명하고 있다.

① **방어(defense)** : 지역사회가 그 구성원을 보호하고 지키는 방법이다. 이러한 기능은 특히 안전하지 못한 지역사회에서 주요한 기능이 되어 왔다. 이러한 기능은 공간적 지역사회뿐만 아니라 비공간적 지역사회에서도 관련되어 있는 기능이다.

② **의사소통** : 의사소통은 생각을 표현하는 공통의 언어 및 상징(symbols)을 활용하는 것을 의미하며, 그것이 언어나 문자이든지, 그림 또는 소리를 통한 표현이든지 간에 사람들을 결속시키는 접착제적인 역할을 하는 기능이다.

2 좋은 지역사회와 역량 있는 지역사회

(1) 워렌(R. L. Warren)의 좋은 지역사회 [⑪]

① **지역사회 구성원 간에 인격적 관계가 이루어져야 한다.** 이는 인간적인 교류가 필요하다는 의미이다.

② **지역사회 내에 권력이 폭넓게 분산되어야 한다.** 지역사회의 다양한 의사결정구조 속에 많은 사람들이 참여할 수 있는 구조가 마련되어야 한다는 의미이다.

③ **다양한 소득과 인종, 종교, 이익집단이 포함되어야 한다.** 사회통합적 관점으로 저소득계층 밀집지역, 외국인근로자 집중거주지역 등의 특성보다 다양한 계층과 인종의 사람들이 함께 어울려 살아가는 모습이 더 좋은 지역사회이다.

④ **지역사회 구성원들의 자율권이 충분히 보장되어야 한다.** 자신의 삶과 관련된 다양한 측면들이 타인에 의해 강압적이 아닌 스스로에 의해 결정될 수 있어야 한다는 의미이다.

⑤ **정책 형성 과정에서 갈등은 최소화되고 협력은 최대화되어야 한다.** 지역사회와 관련된 정책형성과정에서 가능하면 갈등보다 협력과정이 필요하다.

(2) 펠린(P. F. Fellin)의 역량 있는 지역사회 [⑰⑱]

① 펠린은 **역량 있는 지역사회를 바람직한 지역사회**로 보았으며, 지역사회 역량의 개념은 좋은 지역사회의 한 가지 조건으로 활용된다.

  펠린(P. F. Fellin)은 역량있는 지역사회를 바람직한 지역사회로 보았다.(O)

② **역량 있는 지역사회란** 다양한 지역사회 구성원들이 필요로 하는 것에 적절히 대응하고 지역사회문제와 일상생활에서의 도전을 해결할 수 있는 능력을 가져야 한다고 보았으며, 그 내용은 다음과 같다.

㉠ 내부의 다양한 구성체들이 지역사회 문제와 욕구를 밝혀내는데 효과적으로 협력할 수 있어야 한다.

㉡ 목적과 우선순위에 대해 실제적인 합의를 이룰 수 있어야 한다.

㉢ 합의된 목표를 달성하기 위한 방법과 수단에 대해 의견 일치가 이루어져야 한다.

㉣ 목적을 이루기 위해 요구되는 실천 과정에서 효과적인 협력이 이루어져야 한다.

③ **지역사회 구성원들이 가져야 할 요소**를 다음과 같이 제시하였다.
   ㉠ 지역사회에 대한 헌신적임
   ㉡ 공유가치와 이익에 대한 자기인식
   ㉢ 의사소통에 대한 개방적 태도
   ㉣ 지역사회 의사결정 과정에 대한 광범위한 참여
   ㉤ 지역사회의 효능감과 임파워먼트에 대한 감각

3 지역사회 기능을 비교할 수 있는 척도 : 워렌(Warren) [⑤⑳]

지역사회의 특성을 비교할 수 있는 척도로서 워렌(Warren)은 네 가지 차원, 즉 ① 지역적 자치성, ② 서비스 영역의 일치성, ③ 지역에 대한 주민들의 심리적 동일시, 그리고 ④ 수평적 유형을 들고 있다(최일섭 외, 2001).

(1) **지역적 자치성(autonomy)**
  ① 지역사회가 중요한 기능을 수행하는 데 있어서 **타지역에 어느 정도 의존하느냐**에 관심을 두는 척도이다.
  ② 타지역과의 거래행위는 지역사회의 경제적 기능에 있어서의 자립성과 의존성을 결정짓는 변인으로서 간주된다.

(2) **서비스 영역의 일치성(coincidence of service areas)**
  ① 지역사회의 상점, 학교, 공공시설, 교회 등의 **지역조직(local units)의 서비스 영역이 어느 정도 동일지역 내에서 이루어지고 있느냐**에 관심을 두는 차원을 말한다.
  ② 모든 서비스 영역이 일치하여 모든 지역주민이 동일지역의 제도에 의해 서비스를 공급받게 될 수도 있으며, 한 개인의 학교는 동쪽에, 교회는 서쪽에, 시장은 남쪽에 위치하고 있어서 전혀 공통지역에서 행해지지 않을 수도 있다.

(3) **지역에 대한 주민들의 심리적 동일시(psychological identification)**
  지역사회주민들이 자기 지역을 어느 정도로 중요한 준거집단(reference group)으로 생각하며, **어느 정도 소속감(sense of belonging)을 갖느냐**를 말한다.

(4) **수평적 유형(horizontal pattern)**
  ① 지역사회 내에 있는 **상이한 단위조직들(개인과 사회조직들)이 구조적으로나 기능적으로 얼마나 강한 관련을 갖고 있느냐** 하는 것이다.
  ② 지역사회에 따라서는 주민들의 감정, 행동양태, 사회조직들의 상호관련성이 강하기도 하고 약하기도 하며, 지역적인 특성이 강하게 혹은 약하게 부각될 수 있다.

05 지역사회에 관한 이론

지역사회에 관한 사회학적 접근 이론은 현대사회의 지역사회를 어떠한 관점에서 바라보는가에 따라 지역사회상실이론, 지역사회보존이론, 지역사회개방이론의 세 가지로 나누어진다(오정수 외, 2010).

(1) **지역사회상실이론** [14]

① **과거의 지역사회공동체는 이상적인 것으로 복구될 수 없는 잃어버린 세계(community lost)로 간주한다.**
  ㉠ 산업화 이후에 드러난 지역사회가 가족을 비롯한 1차 집단의 해체, 지역공동체의 쇠퇴, 복잡한 도시산업사회에서의 비인간적인 사회관계의 발전 등을 특성으로 하고 있다고 본다.
  ㉡ 지역사회를 바라보는 이러한 이론의 배경에는 과거 전통사회의 유기적 지역공동체에 대한 낭만적인 향수가 깔려 있다.
② 이 이론이 함의하는 바는 상실된 지역사회의 기능을 대체할 수 있는 새로운 제도적 장치가 필요하다는 것이다.
  예) 복지국가의 유지와 확대를 주장하는 입장
  지역사회상실이론 : 과거의 지역사회공동체는 이상적인 것으로 복구될 수 없는 잃어버린 세계로 간주한다.(○)

(2) **지역사회보존이론** [20]

① 지역사회 상실이론에 대한 반론으로 제기된 것으로서 현대사회의 산업화된 도시에 살고 있는 **도시인도 농촌사회에서와 비슷한 혈연, 이웃, 친구에 의한 사회적 관계망(social network)을 여전히 갖고 있다**는 것이다.
② 현대사회에서도 이러한 사회적 관계망을 육성하고 지지함으로써 전통사회가 가지고 있었던 지역사회의 사회적 기능을 보존(community saved)할 수 있다고 본다.
  예) 복지국가의 제도적 역할을 축소시키고 가족이나 지역사회가 갖고 있는 상호부조 기능 수행을 강조하는 입장
  지역사회상실 이론 – 전통사회가 가지고 있는 지역사회의 사회적 기능을 보존할 수 있다.(×)

(3) **지역사회개방이론** [14]

① 앞 두 이론이 지역성(locality)의 상실과 보존에 초점을 두고 전개된 반면, 이 이론은 혈연, 노동, 주거, 직업, 관심 등과 같은 **폭넓은 관계망(network)의 틀을 고려하고 있으며 사회적 지지망의 관점에서 비공식적인 연계를 강조**한다.
② 순수한 좁은 의미의 지역성에 기초한 개념에서 벗어나 다양한 사회적 관계망의 관점에서 비공식적 연계를 강조하고, 지역성에 기초한 개념과 공통의 이해관계 및 관심에 기초한 개념을 결합시키고 있다.
  지역사회개방이론 : 사회적 지지망의 관점에서 비공식적인 연계를 강조한다.(○)

CHAPTER 02 지역사회복지와 지역사회복지실천의 이해

제1부 **지역사회복지의 이해**

제2장 회차별 출제빈도, 출제비중 및 출제논점 1, 2, 3순위

10회 2012	11회 2013	12회 2014	13회 2015	14회 2016	15회 2017	16회 2018	17회 2019	18회 2020	19회 2021	20회 2022	21회 2023	22회 2024
2	3	1	3	1	1	1	1	2	–	1	2	2

출제 비중	출제 논점		
	1순위 ☺	2순위 ※	3순위 ☆
01*3*	① 지역사회복지의 이념(원리) ② 지역사회복지실천의 원칙	① 지역사회복지실천의 가치 ② 지역사회복지실천과 관련된 개념	① 지역사회복지의 개념, 속성, 특성 ② 가족주의와 국가주의

1순위 스마일표시(☺) : 출제 빈출도가 높은 부분으로 무조건 시험에 출제되는 영역
2순위 당구장표시(※) : 나왔다 안 나왔다 하는 영역이지만 출제가능성 높은 영역
3순위 별 표(☆)   : 출제 된 적이 있긴 하지만 다시 출제될 가능성은 다소 떨어지는 영역

MAP

- 지역사회복지와 지역사회복지실천의 이해
  - 지역사회복지에 대한 이해
    - 지역사회복지의 개념 ☆
    - 지역사회복지 개념의 속성 ☆
    - 지역사회복지의 이념(원리) ☺
    - 가족주의와 국가주의 ☆
    - 지역사회복지와 관련된 개념 ※
  - 지역사회복지실천에 대한 이해
    - 지역사회복지실천의 원칙 ☺
    - 지역사회복지실천의 가치 ※

01 지역사회복지(community welfare)에 대한 이해

1 지역사회복지의 발생 배경

① 지역사회 및 가족기능의 변화에 따라 **가족과 지역공동체가 지니고 있던 복지적 기능이 약화되고 이를 보완하는 서비스가 사회적으로 필요**하게 되었다.
② 복지욕구가 경제적인 면에서 **비경제적인 복지서비스로 옮겨지고 있다.**
③ 종래의 시설 수용 위주의 복지에서 탈피하여 가정과 이웃과의 정상적 생활 속에서 클라이언트에게 서비스를 제공하는 **재가복지서비스가 등장**하게 되었다.
④ **지역사회의 중요성을 점차 인식**하게 되었다.

2 지역사회복지의 개념 [⑦⑬]

(1) 협의의 개념

① 일정한 지역사회 내에서 주민생활 문제를 사회복지사와 주민이 함께 공식적·비공식적 자원을 활용, 개발하여 해결하거나 예방하는 다양한 노력들이다.
② 재가복지를 포함하여 비수용시설에서 클라이언트에게 각종 사회복지서비스를 제공하는 것을 협의의 지역사회복지로 정의하기도 한다(**시설보호와 대치되는 개념**).

(2) 광의의 개념

① **대인서비스보다는 지역사회복지향상을 위한 제도나 정책차원의 개념**이며, 지역사회구성원의 다양한 사회적 욕구를 충족시키는 전달체계는 제도나 정책을 통해 이루어진다.
② **포괄적인 개념으로 지역성이 강조되는 개념**
  ㉠ **전문 또는 비전문인력이 지역사회 수준에 개입**하여 지역사회에 존재하는 각종 제도에 영향을 주고 지역사회의 문제를 해결하고자 하는 일체의 사회적 노력이다.
  ㉡ 지역사회복지활동은 반드시 전문적인 활동이라고 말할 수 없으며, 고대사회의 자연발생적인 민간활동(두레, 품앗이 등)에서부터 오늘날의 **민간자선활동, 지역사회 개발운동(새마을운동이나 4H클럽 등), 그리고 전문적 지역사회사업을 내포하는 포괄적 성격**을 띤다.
  ㉢ 개별 또는 가정복지보다 광범위한 개념이며, 아동복지·청소년복지·노인복지라는 특정 대상층 중심의 복지활동보다는 **지역성(locality relevance)이 강조된다는 점이 그 특성**이라 할 수 있다.
  ⓧ 지역사회복지 : 개인 및 가족 등 미시적 수준의 사회체계와 대립적인 위치에 있다.(X)

3 지역사회복지 개념의 속성 [⑬]

① **지역성과 기능성을 포함하는 일정한 지역사회 내**에서 이루어진다.
② **지역주민의 삶의 질 향상**이라는 목표를 가지고 있다.
③ **지역사회의 문제를 해결**하고 주민의 **복지욕구를 충족**시키는 기능을 갖고 있다.
④ 정부와 민간기관이 공동주체가 되어 **공공과 민간의 협력이 강화되는 추세로 발전**하고 있다.
⑤ 조직적인 활동을 강조하는 **전문적 및 비전문적인 서비스와 방법을 사용**한다.
⑥ **전문 또는 비전문 인력이 지역사회 수준에서 개입**한다.
　　※ 지역사회복지실천은 공식적인 전문가에 의해서만 이루어진다.(×)
⑦ 지역사회 내에 존재하는 **각종 제도에 영향을 준다.**

4 지역사회복지의 이념(원리) [②⑤⑦⑧⑨⑭]

(1) 정상화 [⑨⑭]

① 정상화는 1950년대 덴마크를 비롯한 북유럽에서 시작된 이념으로, 기존의 사회복지서비스, 특히 **지적장애인 처우에 대한 반성에서 지적장애인에게 가능한 한 정상에 가까운 생활을 제공하는 것이 목적**이었다. → 휴먼서비스 영역에서 서비스의 지침이 될 수 있음
　㉠ 1951년부터 **덴마크의 '정신지체장애인 부모회'**의 2년간에 걸친 투쟁과 당시 이들의 주장을 수용하고 옹호한 사회성 행정관 뱅크 미켈슨(Bank-Mikkelsen)의 10년에 걸친 노력의 결실로 **'1959년 덴마크 정신지체법'**이 제정되었다.
　　　※ 정상화 이념 : 1959년 미국의 정신지체법에서 출발하였다.(×)
　㉡ 1959년 덴마크의 정신지체법이 중요하게 인식되는 것은 그 속에 **'정상화'(Nomalization)**라는 용어가 처음으로 포함되었기 때문이다.
② 정상화는 **특별한 장애나 욕구를 가진 사람이라고 해서 지역사회와 격리시킨 상태에서 보호하는 것이 아니라, 재가 상태에서 보호하자는 것**을 말한다.
　㉠ 특별한 욕구의 여부에 관계없이 지역사회에서 생활하는 모든 주민이 사회적으로 가치있는 역할을 수행할 수 있도록 지원하는 것을 말한다.
　㉡ 특별한 욕구를 가진 사람을 모두 일반인으로 만든다는 의미가 아니라, 장애로 인한 불편을 최소화하기 위한 사회적 노력이 필요하다는 것이다.
　㉢ 탈시설화, 사회통합의 이념과 밀접한 관련을 가지고 있다.

■ 지역사회복지의 이념 ■

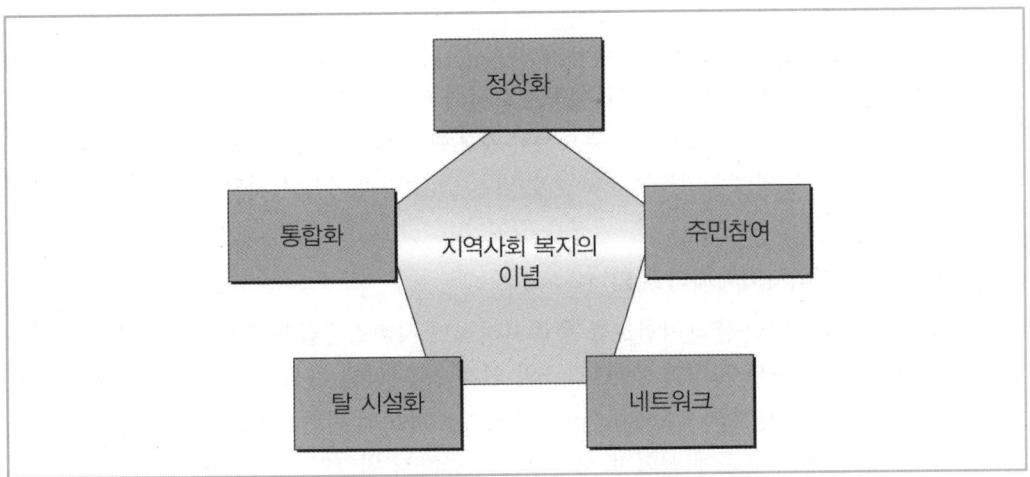

(2) 사회통합(= 통합화) [⑭]

① **사회계층 간의 격차를 줄이고 사회의 전반적인 불평등을 해소함으로써 삶의 질을 제고해 나가는 것을 의미**한다. 또한 지역 간의 차이에서 발생할 수 있는 갈등의 가능성도 줄여나간다는 의미를 포함한다.

② **지역사회 내에서 사회통합이란** 지역에서 보호를 필요로 하는 사람들로서 장애인, 노인 등 지역사회의 취약계층인 보호대상자들이 일반주민들과 함께 안락한 생활을 해나갈 수 있는 조건을 확보하는 것이다.

(3) 탈시설화 [⑨⑭]

① 탈시설화는 시설을 없애자는 말이 아니라 **시설보호를 폐쇄적 체제에서 지역사회가 참여하는 개방적 체제로 전환하자는 것**을 말한다.

　　⊗ 탈시설화는 무시설주의를 지향하는 것이다.(×)

② **시설의 소규모화**로서, 그룹 홈이나 주간보호시설, 단기보호시설 등 소규모의 다양한 형태로 시설을 바꾸는 것을 의미한다.

③ 나아가 시설의 운영을 시설장과 시설직원을 중심으로 운영하여 오던 폐쇄적 체제에서 **지역주민, 자원봉사자, 후원자들이 적극적으로 참여하도록 개방하는 체제**를 말한다. → **시설의 바람직한 개방화**

(4) 주민참여 [②⑭㉑]

① 사회복지의 큰 흐름 가운데 하나가 **공급자 중심의 서비스 제공에서 이용자 중심의 서비스 제공으로의 변화**이다.

　㉠ 이용자 중심의 서비스 제공은 이용자의 욕구를 기초로 한 서비스 제공과 서비스의 선택권이 이용자에게 주어져 있는 것을 전제로 한다.

ⓒ 지역사회복지에서는 이용자뿐만 아니라 지역 내의 주민 전체의 복지욕구를 파악하고 이를 근거로 하여 서비스는 제공체제를 구축하고 실천하는 형태를 취한다.

② 주민은 지역사회복지서비스의 이용자이면서 공급자이기도 하다. 즉 단순히 서비스를 받는 사람으로만 위치하는 것이 아니라 제공자로서의 양면성을 지니고 있다.

③ 지방자치제의 시행으로 더욱 그 중요성이 강조되는 원리로서, 주민참여는 주민의 욕구와 문제해결의 주체로서 주민의 주체성을 강조하는 것이다. → 주민과 지방자치단체와의 동등한 파트너십을 형성하는 방법

(5) 네트워크화(= 지역사회체계의 통합) [⑦⑧⑭]

① 다양한 욕구를 지닌 클라이언트를 충족시키려면 서비스공급체계의 네트워크화(지역사회체계의 통합), 이용자의 조직화, 관련기관의 연계 등 다양한 네트워크의 구축이 필요하다.

② 지역사회복지의 네트워크의 원리는 궁극적으로 **사회적 인간관계의 조직화를 의미하는 것**으로 지역사회 주민의 욕구에 적합한 서비스를 제공하기 위하여 지역주민(당사자)의 조직화, 자원봉사자나 주민 리더의 조직화, 보건·의료·복지의 연계, 사회복지기관·시설의 연계 등을 포함한 포괄적 원리를 의미한다.

③ **네트워크화를 위해서는** ㉠ 이용자 중심의 서비스제공, ㉡ 기관들 간의 협조체계 구축, ㉢ 서비스의 연계성과 통합성 제고, ㉣ 다양한 욕구와 문제에 대한 효과적인 해결, ㉤ 참여자들이 속한 영역에 대한 이해와 재구조화, ㉥ 신축적인 연결망 구축, ㉦ 관련 조직들을 매개하는 중심조직 설정, ㉧ 의사소통 최대화 등이다.

5 가족주의와 국가주의 [⑨]

실천주체와 비용부담의 문제에 있어 누가 중심이 되어야 하느냐는 이념상의 선택의 문제로서 가족주의와 국가주의(집합주의)가 대립하고 있다(오정수, 2010).

(1) 가족주의

① '가족'이 복지정책의 방향을 설정하는 기준이 되는 것으로, 사적 영역의 복지 기능이 붕괴하는 곳에 공적 영역이 개입하여 복지서비스 제공의 책임을 지게 된다.

㉠ **윌렌스키가 구분한 사회복지의 보충적 역할에 해당하는 것**으로, 사회복지서비스는 보호의 가족적 형태와 가장 근접한 형태로 재생산되어야 한다.

㉡ 가족주의 이데올로기 하에서는 **비가족적인 형태는 비정상적인 것으로 간주**되며, 가족이 아닌 다른 형태의 보호를 부정적으로 평가한다.

※ 가족주의에서 비가족적인 형태는 비정상적인 것으로 간주된다.(O)

② 가족중심적 복지의 정책과 실천은 **가족의 보호가 최선의 방책**이라는 규범적 준거틀에 기초한다.

㉠ 의존적인 사람들을 위한 보호는 가정에서 제공되는 것이 최선이라는 것

㉡ 그러한 보호를 제공할 의무는 그들과 혈연관계에 있는 가족에게 있다는 것

③ 가족주의에 따르면 **여성은 가사영역과 관련된 보호의 1차적 책임**을 지게 된다. 즉 아동과 노인 등을 돌보아야 하는 책임을 수행하도록 기대된다.

④ 가족주의 이념은 현대사회의 핵가족모델과 함께 **개인주의와 밀접하게 관련**되어 있다. 즉 가족 단위의 **프라이버시와 자율성이 강조(개인의 독립성과 자율성 강조)**되며, 가족은 외부의 제도, 특히 국가의 침입을 방어하는 보루로서의 의미를 지닌다.

(2) 국가주의

① 가족주의가 개인의 독립성과 자율성에 기초한 가족지향적 보호를 강조하는 반면, **국가주의는 이와 상반된 가치를 강조하며 집합주의(collectivism)**로 일컬어진다.
  ㉠ 모든 인간관계의 단면으로 **의존(dependency)과 상호의존(interdependency)에 관한 인식에 기초**하여 국가주의적 접근을 선호한다.
  ㉡ 국가주의적 접근방법에서는 혈연관계에 의하여 **특정한 개인이 보호의 역할을 강요당하지 않는다.** 국가주의적 보호관계에서는 보호활동의 부담이 분산되어, 특정한 개인에 대한 보호의 압력이나 부담이 생기지 않는다.

② **국가주의적 보호의 기본원칙**
  ㉠ 장애인이나 의존적인 개인이 자신의 생활기회를 책임질 수 있는 위치에 있어야 하며, 여성이 다른 선택의 기회를 희생당하면서 보호의 제공을 강요당해서는 안 된다.
  ㉡ 개인이 원하는 가능한 한 넓고 다양한 범위의 대인관계를 형성할 수 있는 최대한의 기회가 제공되어야 한다.

③ **국가주의의 실천적 구성요소**
  ㉠ **책임성** : 사회의 모든 구성원에 대한 사회적 책임에 관한 것으로, 국가는 사회적 책임을 수행하는 기관이며, 모든 구성원이 사회적 책임을 지고 있는 것으로 간주된다.
  ㉡ **포괄성** : 집합적 책임이 작용하는 영역은 공적, 사적 영역을 모두 포괄한다. 따라서 공공과 사적 영역 간의 구분이 명확하지 않다.

> 국가주의에서 집합적 책임이 작용하는 영역은 공적 영역에 국한된다.(×)

■ **잔여적 사회복지와 제도적 사회복지의 비교** ■

구 분	잔여적(residual) 사회복지	제도적(institutional) 사회복지
시대 배경	前 산업사회(전통사회) ← 산업화 →	산업사회
기능구분	• 보충적(다른 제도의 종속적 제도), 일시적, 대체적	• 제일선의 기능(독자적인 기능과 역할), 제도적 기능 → 1차적 기능 : 상부상조
사회적 가치	• 개인주의	• 집합주의
전 제	• 가족과 시장(사회체제)의 완전성 • 정부실패(정부의 비효율성) 전제	• 가족과 시장(사회체제)의 불완전성 • 시장실패(시장의 비효율성) 전제
사회문제 원인	• 개인의 책임(개인적 결함) ⇒ 과실자기책임의 원칙	• 사회구조적 책임 ⇒ 무과실책임(집합적 책임)
대상 및 결정방법	• 한정적 개념(특수계층이나 계층에 한정) • 선별주의(예외주의) 원칙 ↳ 국가 책임 최소화	• 광의적 개념(모든 국민에게 제공) • 보편주의 원칙 ↳ 국가 책임 점차 확대

빈곤의 해결	• 개별적 해결, 사후·치료적	• 집단적·제도적 해결, 사전·예방적
정책수단	• 공공부조	• 사회보험
단 점	• 사회적 낙인(stigma) 수반 • 사회복지수혜자 : 시혜자선 받는 사람, 비정상적 → 병리적 관점	• 사회적 낙인(stigma) 없음 • 사회복지수혜자 : 권리로서 받음, 정상적

6 지역사회복지의 특성 [②⑪]

지역사회복지는 사회복지의 특성을 바탕으로 하면서도 지역사회라는 독특한 체계를 기반으로 하므로 그 나름의 특성을 가지게 된다(박태영, 2003).

① **예방성** : 지역사회 내의 사회복지 욕구나 해결되지 못한 생활문제를 주민참가라는 구조를 통하여 조기발견하여 대응할 수 있으므로 예방적 효과를 거둘 수 있다는 것을 의미한다.
  ㉠ 클라이언트의 인격 파탄이나 생활파탄의 방지라는 소극적 예방에서부터 삶의 질 향상이나 생활구조의 안정, 강화 등의 복지증진이라는 적극적 예방까지 포함된다.
  ㉡ 복지욕구나 생활문제의 조기발견과 대응에는 **주민참가와 네트워크 구축이라는 원리가 핵심**이라고 할 수 있다.

■ 지역사회복지의 특성 ■

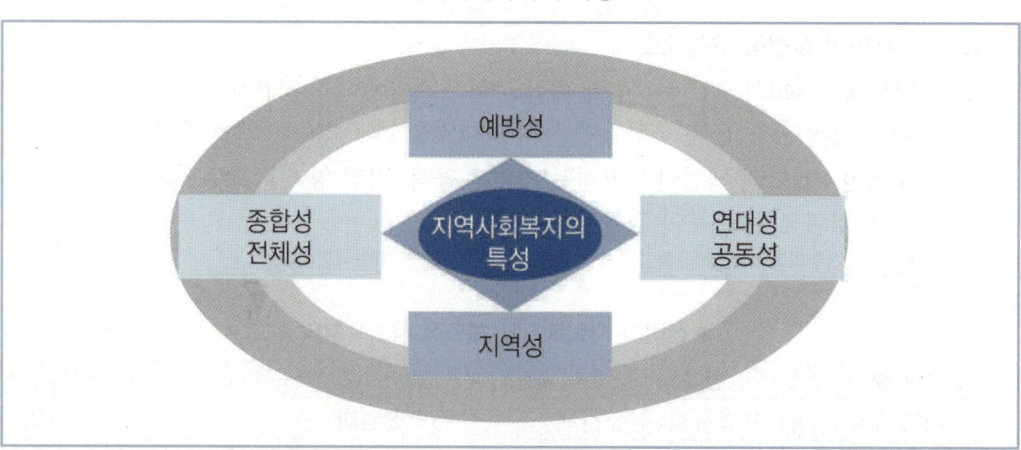

② **종합성과 전체성(포괄성)** : 지역사회복지에서는 분절된 서비스를 통합하여 제공하고 이를 이용하는 구조, 즉 서비스 공급자 측면에서는 종합성의 특성을, 서비스 이용자의 측면에서는 전체성(포괄성)의 특성을 가지고 있다.
  ㉠ **공급자 측면의 종합성** : 서비스 제공기관 간의 연락·조정·협의 등의 네트워크 구축과 이의 실질적인 운용을 통하여 종합성을 확보할 수 있을 것이다.
  ㉡ **이용자 측면의 전체성(포괄성)** : 주민생활에 밀접하게 관련을 맺고 있는 다양한 분야를 포괄적으로 다루어야 함을 의미하는 것으로, 협의의 사회복지서비스뿐만 아니라 보건, 의료, 고용, 교육, 문화, 교통, 안전, 환경 등 주민생활의 전반적인 영역을 포괄하여 접근함을 의미하는 것이다.

③ **연대성과 공동성(共同性)** : 주민 개인의 사적 활동으로는 해결이 곤란한 생활상의 과제를 주민들이 연대를 형성하고 공동의 행동을 통하여 해결하려는 특성이 있다.
  ㉠ 연대성과 공동성은 대외적으로는 주민운동으로 나타나고, 대내적으로는 상호부조활동으로 나타난다.
  ㉡ 주민운동은 지역사회의 생활상의 문제해결이나 예방을 위해 필요한 제도의 마련이나 시설의 설치 등으로 나타나게 되며, 주민들의 상호부조활동은 주민 상호 간의 친목활동뿐만 아니라 인간미 있는 정겨운 공동체를 만드는 것이다.
④ **지역성** : 지역사회복지는 주민의 생활권역을 기초로 하여 전개되는 것이며, 주민의 생활권역은 '주민생활의 장'임과 동시에 '사회참가의 장'이므로 지역적 특성을 고려하지 않으면 안 된다.
  ㉠ 주민의 기초적인 생활권역을 구분하는 기준은 다양하다. 물리적인 거리뿐만 아니라 심리적인 거리까지 포함하여 지역성을 파악해야 한다.
  ㉡ 지역적 특성이 살아날 때, 자신들의 복지욕구 표현과 충족은 물론이고 지역사회주민의 일원으로서 사회참여가 용이해지며 이러한 사회참여를 통하여 행정과 동등한 파트너십을 형성하게 되고 주민자치를 체험하게 되어 실질적인 주민주체를 형성하고 실천할 수 있게 되는 것이다.

7 지역사회복지와 관련된 개념 [16]

(1) **지역사회조직(Community Organization, CO)** [00②]
  ① **전문사회사업의 한 실천방법으로서 지역사회를 구성하는 개인, 집단, 이웃이 사회적 복리를 향상시키기 위해서 지역사회 수준에서 전개되는 일련의 활동**이다.
    ㉠ 보다 조직적이고, 추구하는 변화에 대해 의도적이며, 과학적인 지식과 기술을 사용한다.
    ㉡ 공공과 민간 사회복지기관의 전문사회복지사에 의해 수행된다.
  ② 이 개념은 사회사업의 분류방법인 개별지도, 집단지도, 지역사회조직이라는 **3대 방법에서 나온 것**이다.
  ③ 로스만(J.Rothman)에 의하면, **전문사회사업의 실천방법**으로서 지역사회조직의 모델에는 지역사회개발, 사회계획, 사회행동이 포함된다.

(2) **지역사회만들기(community building)**
  ① 고연령, 저소득층의 이웃들을 생산적인 경제의 자립적인 일원으로 만들기 위한 조직화된 노력을 말하는 것이다.
  ② 지역사회만들기의 핵심가치는 경쟁과 개인주의보다는 **협동과 연대에 기반을 둔 사회를 갈망**하는 데 두고 있으며, 지역사회를 클라이언트로 보는 시각이 강하다고 하겠다.

(3) 지역사회보호(community care) [②]

① 지역사회보호는 **생활시설보호와 함께 지역사회의 하위 개념**으로, 영국을 중심으로 1950년대 말 이후에 생활시설보호(정신장애인과 지적장애인 시설수용보호)에 대한 부정적인 평가(시설보호에 대한 비판)와 함께 발전한 개념이다.
② **사회적 보호가 필요한 사람들의 가정 또는 그와 유사한 지역사회 내의 환경에서 서비스를 제공하는 사회적 보호의 형태**로, 지역사회복지의 가치인 **정상화(normalization)와 관련**이 있다.

(4) 지역사회개발(community development) [②⑯]

① 일정한 지역단위에서 정부나 다른 외부의 지원이 있든 없든 그 지역사회 주민들의 공동 또는 협동적 노력으로, 로스만(Rothman)은 지역사회조직사업의 한 유형으로 지역사회개발을 소개하고 있다.
② 지역주민들의 공동 참여를 전제로 지역주민들의 자발적·자조적 조력에 의해 주민들의 공통 욕구를 해결하고 주민들의 공동 운명의식을 토대로 경제적·사회적·문화적 발전을 도모하는 주민생활 향상을 위한 운동이다.

  ※ 지역사회개발을 통하여 지역사회 구성원들의 사회적 관계를 향상시킬 수 있다.(○)
  ※ 지역사회개발은 지역사회 문제를 해결하기 위해 전문가에 의한 주도적 개입을 강조한다.(×)

(5) 시설보호(institutional care)와 재가보호(domiciliary care)

① **시설보호** : 노인이나 장애인 등 사회적 보호를 필요로 하는 사람들이 일정한 시설에서 보호서비스와 의식주를 제공받으면서 장기적으로 또는 단기적으로 거주하는 형태의 사회적 보호이다.
② **재가보호** : 보호를 필요로 하는 사람들이 자신의 가정에서 보호를 받는다는 개념으로서 여기에는 공공과 민간의 공식적 조직에 의한 보호와 가족, 친척, 이웃 등 비공식조직에 의한 보호가 모두 포함된다.

OIKOS UP   시설의 사회화(=생활시설의 바람직한 개방화) [②⑤⑦]

① 의미 : 시설의 기능과 설비의 지역공개, 시설운영에 대한 지역주민의 참가, 시설처우의 사회화를 의미한다.
② 추진배경 : 폐쇄적인 시설보호에서 벗어나 지역사회와 상호교류를 통하여 시설생활자의 사회적 자립과 인권보장을 위한 방안(시설 생활자의 보호) 뿐만 아니라 지역사회의 요보호자에 대한 서비스를 제공하기 위한 방안으로 등장한 것이다.
③ 내용 : 보호의 사회화, 운영의 사회화, 기능의 사회화. 구체적으로 시설과 서비스의 개방, 시설운영의 개방(지역주민에게 시설개방), 시설생활자의 지역사회참여, 시설의 지역사회활동의 참여와 지원, 지역사회자원의 활용 등, 주민의 시설운영 참여, 시설설비·공간의 활용, 시설 전문인력의 지역네트워크 참여, 재정공개, 지역사회의 행사참여, 시설의 물품을 지역사회에 대여, 시설처우의 사회화 등이다.

02 지역사회복지실천(community welfare practice)에 대한 이해

1 지역사회복지실천의 개요

(1) 개 념

① 개인, 가족, 지역사회를 대상으로 이루어지는 사회복지실천방법을 통합적으로 보는 실천의 관점에서, 특히 **지역사회를 중심으로 이루어지는 사회복지실천을 의미**한다. 따라서 지역사회조직과 거의 내용이 유사하다.

② **모든 사회복지사가 개입된 공통의 영역**일 수 있다. 즉 기본적으로 거시사회복지에 포함되지만 미시사회복지에 포함되는 임상사회복지 또는 사회복지실천 영역에서 일하는 사회복지사들도 개입할 수 있다.

(2) 기본 가정

지역사회복지실천을 통해 지역주민과 지역은 그들의 역량이 강화되어 지역사회문제에 효과적으로 대처할 수 있으며, 그들의 삶의 질을 개선시킬 수 있다는 것이다.

(3) **지역사회복지실천에 대한 관심이 증가하는 이유**

생태주의 환경의 강조(인간과 상호작용하는 환경의 중요성), 지방정부의 역할 증가(지자체의 역할 증대), 민관협력의 강화 [⑥]

2 지역사회복지실천의 목적

① 지역사회 참여와 통합의 강화
② 문제 대처능력의 향상
③ 사회조건과 서비스의 향상
④ **불이익집단의 이익 증대**

3 지역사회복지실천의 기능 [②③]

① 지역사회의 계획과 서비스를 개발하고 활용하는 것으로 지역사회복지를 증진하는 기능
② 지역사회복지의 기준을 세우는 기능
③ 기관 활동의 효과성과 경제성을 증진하는 기능
④ 지역주민의 욕구, 자원, 목적, 계획, 방법 등에 대한 이해를 발전시키는 기능
⑤ 지역사회복지의 활동에 있어서 공적인 지지와 참여를 조장하는 기능
⑥ **지역주민의 조직화 기능**
⑦ 복지자원의 개발, 서비스 연계, 기관 및 단체 간 조정, 지역주민의 욕구발견과 문제해결 등

4 지역사회복지실천의 원칙 [3⑤⑥⑦⑫⑬⑰⑳]

(1) 맥닐(McNeil)의 지역사회복지실천의 7개 원칙 [⑥⑱㉑]

① 지역복지활동은 **사람들과 그들의 욕구에 관심을 가져야 하며, 활동의 목표는** 사회복지자원과 사회복지 욕구 간의 보다 효과적인 적응을 가져오고 유지하여 인간생활을 풍요롭게 하는 데 있다.

② 지역사회복지활동에 있어서 **1차적인 클라이언트는 지역사회**이어야 한다.

③ **지역사회는 있는 그대로 이해되고 수용되어야 한다.** [⑥⑬]

④ 모든 사람은 보건과 복지서비스에 관심을 가지고 있으므로 **지역사회 각계각층의 이익이 대표하는 사람들의 적극적인 참여**가 지역사회복지 활동의 중요한 목표가 된다.

⑤ **욕구의 가변성에 따른 사업과정의 변화에 대해 이해하는 것**인데, 이는 개인의 욕구는 계속 변화하고 집단들 간의 관계도 지속적으로 변화한다는 현실이 지역사회활동에서 인식해야 함을 뜻한다.

⑥ **기관들 사이에 협력할 수 있고 기능을 분담**하여, 모든 사회복지기관과 단체가 상호 의존적으로서 맡은 바 기능을 수행하는 것이다.

⑦ **과정으로서의 지역복지활동이 사회복지실천의 한분야임을 인식하는 것**이다. 방법상의 지식과 기술은 인간의 욕구를 충족시키고자 하는 일체의 지역사회의 노력을 발전시키는 데 필요하다.

(2) 존스(Johns)와 디마치(Demarch)의 지역사회복지실천의 원칙 [⑦⑪⑰㉑]

① 지역사회복지실천은 케이스워크나 그룹워크와 같이 **개인의 생활을 풍요롭게 하고자 하는 수단이지 목적이 아니다.**

② 개인과 집단처럼 지역사회도 서로 상이하기 때문에 지역사회를 효과적으로 돕기 위해서는 지역사회의 특성에 따른 **개별화의 원칙을 준수**해야 한다. [⑬⑰㉒]

　　✗⊘ 지역사회복지실천의 원칙 : 지역사회의 특성과 문제의 일반화(×)

③ **지역사회는 자기결정의 원리를 갖기 때문에** 지역사회조직에서 사회복지사는 지역사회가 자신의 정책, 계획, 사업을 개발하도록 강요해서는 안 된다. [⑬]

　　✗⊘ 지역사회는 개인과 동일하게 자기결정의 권리를 갖는다.(○)

④ 지역복지활동의 개시, 지속, 수정, 종결을 결정하는 요소는 **사회적 욕구로서 지역복지활동의 토대가 된다.**

⑤ 사회복지기관은 자체의 이익보다 **지역사회주민의 욕구를 우선하여 고려**하여야 한다. [⑪]

⑥ 각 욕구 사이의 중재를 위해 **민주적인 태도를 견지**해야 한다.

⑦ 문제해결을 위한 접근방법에 있어서 **다양성을 존중**하도록 해야 하며 접근 방법을 결정짓는 요소는 지역사회의 욕구이여야 한다. [⑬]

⑧ 활동기관(예 사회복지기관협의체 등)은 **광범위한 집단의 이익을 반영**하여야 한다.

⑨ 기관의 효과적인 운영을 위해 다른 기관과 **협력(집중의 원칙)**하는 동시에 **자체의 사업과 이익을 유지하려는 태도(분산의 원칙)**를 지닌다.

⑩ 지역사회 내 집단 간의 의사소통을 가로막는 장애는 제거되어야 하며 전문가의 도움은 필수적이다.
⑪ **지역복지활동 사업을 수행하기 위한 구조는 가능한 한 단순해야 하며,** 너무 복잡한 구조는 지역사회의 복지 욕구를 효과적으로 충족하기 위해 필요한 집단 간의 관계를 맺어 주는 과정에 오히려 방해가 된다. [6⑳]

> 지역사회복지실천의 원칙 : 지역사회 문제의 구조적 요인을 고려한 개입(○)

⑫ **지역사회 서비스는 공평하게 분배되어 모든 사람들이 차별 없이 평등하게 이용**할 수 있어야 한다.
⑬ **지역사회조직은 지역사회에 있는 상이한 집단들 간에 좀 더 자유로운 접촉이 일어나도록 힘써**야 한다.
⑭ **지역사회 조직의 성공에는** 지역사회로 하여금 사회복지의 욕구를 발견하고 규명하고 충족할 수 있도록 **전문가의 도움이 필요**하다.

(3) 로스(Ross)의 지역사회복지실천의 원칙 [3⑤⑩②]

로스(Murray G. Ross)는 지역사회조직사업을 전개하는 주체로서 어떤 종류의 구조나 사회조직체를 강조하고 있으며, 이러한 조직체를 '**추진회**'(association)라고 부르고, 지역사회조직의 일체의 과정은 이 추진회를 중심으로 전개된다고 본다. 이 **추진회를 매개로 하여 전개되는 지역사회조직의 제원칙**은 다음과 같다.

① 지역사회의 현존 조건에 대한 불만(discontent)으로부터 추진회의 결성이 이룩된다.
② 불만은 특정문제에 관한 계획을 세우고 실천에 옮길 수 있도록 집약(focused)되어야 한다.
③ 지역사회조직을 위한 불만은 지역사회주민들에게 널리 인식될 필요가 있다.
④ 지역사회조직을 위한 추진회에는 지역사회 내에 있는 주요한 집단(subgroup)들에 의해 지목되고 수용될 수 있는 **지도자(공적·비공적)들을 참여**시켜야 한다.
⑤ 추진회는 지역사회주민들로부터 고도의 지지를 받을 수 있는 목표와 운영방법(methods of procedure)을 가져야 한다.
⑥ 추진회의 사업에는 **정서적(emotional)인 내용을 지닌 활동들이 포함**되어야 한다.
⑦ 추진회는 지역사회에 존재하는 현재적(manifest)·잠재적(latent) 호의를 활용하려고 하여야 한다.
⑧ 추진회는 그 자체 회원상호 간과 또 지역사회와의 활발하고 효과적인 대화통로를 개발해야 한다.
⑨ 추진회는 협동적인 노력을 위해 참여하고 있는 여러 집단들을 지원하고 강화시켜야 한다.
⑩ 추진회는 정상적인 업무상의 결정과정을 해치지 않는 범위 내에서 절차상에 있어서 융통성을 지녀야 한다.
⑪ 추진회는 지역사회의 현존 조건에 따라 수행하는 사업의 보조(pace)를 맞추어야 한다.
⑫ 추진회는 효과적인 지도자를 개발하는 데 힘써야 한다.
⑬ 추진회는 지역사회 내의 지도자들을 참여시킬 수 있고, 어려운 문제를 해결할 수 있는 능력을 가져야 하며, 안정성이 있어야 하고 지역사회로부터 신망을 얻어야 한다.

5 지역사회복지실천의 가치 [6⑧⑬②]

(1) **지역사회복지실천의 가치**는 지역사회복지실천과정에서 사회복지사가 목표하는 것을 달성하기 위해 중요시해야 할 행동수칙이라고 할 수 있다.

(2) 사회복지사 개개인의 근본철학과 성향을 반영하는 지역사회복지실천의 주요 가치

① **자기결정과 임파워먼트 획득**
  ㉠ 자기결정이란 클라이언트가 전문가의 개입 여부를 결정하고, 개입의 방법과 그것이 가져올 결과 등에 대해서도 선택할 수 있도록 하는 것을 말한다.
  ㉡ 임파워먼트란 대상자 집단의 의사결정 참여를 대단히 소중한(paramount) 것으로 여기는 것을 말하는 것으로, 대상자 집단의 주체의식을 키우고 부정적 자아상을 불식시킴으로써 일종의 치료효과를 가져오는 것으로서의 의미를 지닌다.
  ㉢ 자기결정과 임파워먼트에 초점을 둔 실천은 개인 스스로 환경을 이해하고, 선택하고 선택에 대해 책임을 지며, 조직화와 옹호를 통해서 자신의 삶의 위치에 영향을 줄 수 있도록 개인의 능력을 발전시키고자 한다.

② **다양성 및 문화적 이해(문화적 식견, 문화적 다양성 존중)**
  ㉠ 실천가가 문화를 이해하고, 그것이 인간의 행동과 사회에 대해 행하는 기능을 파악하는 일에 필수적이다.
  ㉡ 지역사회복지실천은 소외된 문화적 집단구성원들을 위한 정책결정과정에 대한 참여와 지원에 대한 동등한 접근을 촉진시키기 위한 행동을 필요로 한다.

③ **비판의식의 개발**
  ㉠ 실천가가 억압을 조장하는 사회의 메커니즘을 인식할 뿐 아니라, 그러한 사회의 구조 및 의사결정 과정을 주시하고 이해하는 것, 더 나아가 이를 서비스 대상자들과 공유함으로써 그들의 비판의식을 제고하는 것까지 기대한다.
  ㉡ 지역이 안고 있는 욕구나 문제를 확인하고 해결하는 것과 더불어 그 문제가 일어난 원인과 효과에 관한 인과관계를 비판적 시각으로 분석하는 것도 중요하다.

④ **상호학습** [㉒]
  ㉠ 실천가가 조직화의 과정에서 파트너인 대상자 집단의 문화적 배경에 대해 배우고자 하는 적극적 학습자가 되어야 함을 말한다.
  ㉡ 실천가와 대상자 집단이 사회변화의 과정에서 동등한 파트너라는 점을 시사하고 있으며, 사회복지사는 변화과정에서 지역주민을 동반자로 인식하는 것이 중요하다.

⑤ **자원의 균등한 배분과 사회정의(배분적 사회정의) 실현**
  ㉠ 억압적이거나 정의롭지 못한 사회현실을 바꿀 책임을 지역사회복지실천가가 포기하지 말 것을 말한다.
  ㉡ 균등하거나 동등한 분배를 통한 사회정의는 모든 사회복지사가 추구해야 하는 사회복지의 실천적 행동가치이다.

MEMO

지역사회복지역사의 이해

제1부 **지역사회복지의 이해**

제3장 회차별 출제빈도, 출제비중 및 출제논점 1, 2, 3순위

10회 2012	11회 2013	12회 2014	13회 2015	14회 2016	15회 2017	16회 2018	17회 2019	18회 2020	19회 2021	20회 2022	21회 2023	22회 2024
3	3	2	3	4	3	5	3	3	3	3	3	4

출제 비중	출제 논점		
	1순위 ☺	2순위 ※	3순위 ☆
2**3**5	① 우리나라의 지역사회복지 역사	① 영국의 지역사회복지 역사 ② 미국의 지역사회복지 역사	

1순위 스마일표시(☺) : 출제 빈출도가 높은 부분으로 무조건 시험에 출제되는 영역
2순위 당구장표시(※) : 나왔다 안 나왔다 하는 영역이지만 출제가능성 높은 영역
3순위 별 표(☆)   : 출제 된 적이 있긴 하지만 다시 출제될 가능성은 다소 떨어지는 영역

01 영국의 지역사회복지 역사

1 개 요

영국 지역사회복지의 역사는 공공부문중심의 사회복지서비스 전달이라는 특성으로 인해 지역사회중심의 지역사회보호(community care)가 주류를 이루고 있다.

2 영국의 지역사회복지 역사 전개

(1) **지역사회복지의 기원(1800년대 후반~1950년대 초)** [②③④⑤⑥⑧⑩⑪⑫⑬⑭⑰②②]

① 1800년대 후반에서 1950년대 초반의 시기에 영국의 지역사회복지가 본격적으로 발달하기 시작하였다.
   ㉠ 자선조직협회운동이나 인보관 운동을 통해 온정주의 전통의 지역사회복지가 발달하였다.
   ㉡ 주택임대료 상승에 대한 저항운동이나 실업운동을 통해서 집합적 지역사회행동 전통의 지역사회복지가 발달하였다.

② 산업혁명 이후 급속히 진행된 산업화로 인해 발생하게 된 계급갈등과 빈곤 및 주거환경 악화 등의 도시문제의 해결 완화를 위해 인도주의적 지역사회복지의 기원으로 볼 수 있는 **자선조직협회운동과 인보관 운동이 시작**되었던 것이다.

■ 자선조직협회와 인보관 운동의 비교 ■

구 분	자선조직협회(COS)	인보관 운동(Settlement House)
주 체	• 상류층(기득권층) 부녀자들이 주도 • 우애방문자들이 빈민가정을 방문하여 구제하고 빈곤상태를 조사	• 젊고 똑똑한 높은 이상을 가진 대학생 중심 • 중류층(지식인 중심) 학자 중심의 사회개량운동 빈민지역에 worker들이 정주 활동하면서 빈민자의 생활개선
빈곤관	• 개인주의 빈곤관 → 빈곤은 개인 책임 • 자유주의 사회개량운동 → 자조윤리강조 • 빈민개량운동 → 빈곤자에게 물고기를 주지 말고 물고기를 잡는 방법을 알려주자.	• 사회환경(사회개혁) • 실직하게 되는 것은 개인의 무지나 게으름과 같은 도덕적인 문제가 아니라 산업화의 착취의 결과라 주장함.
이데올로기	• 사회진화주의 사상에 기반(사회진화론) • 인도주의적 기능과 사회통제적 기능을 동시에 담당함	• 자유주의, 진보주의, 급진주의 성향이 강함 (급진주의) • 중산층의 도덕관념과 다른 계층의 도덕관념이 다를 수 있다는 계층별 도덕성 강조
활동초점	• 빈민개조와 역기능의 수정	• 빈민과의 거주와 사회질서의 비판
활동내용	• 우애방문원의 가정방문	• 각종 서비스와 사회개혁활동
사회문제 해결방법	• 자선기관의 서비스 조정	• 서비스의 직접 제공

서비스	• 경제부조에 초점을 둔 것에서 점차 서비스 조정에 초점을 두기 시작 • 서비스를 제공하는 제공자 중심 • 걸인들로부터 도시를 보호하고자 하는 목적을 두고 원조를 제공	• 서비스 자체 • Client 중심 • 주택문제, 공공위생문제, 고용주로부터 고용 착취 등에 관심을 갖고 사회개혁을 시도함.
주요 내용	• Case work 탄생시킴 • 개별원조기술 최초로 발전시킴 • 기관끼리 협력해서 중복 구제 막음 • 사회복지 구제의 효율성 높임	• 3R운동 : Residence(거주) 　　　　　Research(조사) 　　　　　Reform(사회환경개혁) • 연구조사를 통해 사회제도를 개혁
시사점	• 개별사회사업가의 시조가 됨 • 자원봉사활동 활성화 • 사례회의 발전 기관의 조정역할 • 민간과 공공간의 협력, 민영화의 효시 • 지역사회조직실천방법의 출발	• Group Work 발달의 효시(집단원조기술) • 민간사회복지관활동의 출발 • 빈곤하거나 장애를 가진 소외계층에 대한 권한부여를 주장 • 권한부여모델의 이념적 근원

(2) 지역사회보호의 태동기(1950년대~1960년대 후반)

① '수용시설(열등처우와 격리주의)'의 부정적 평가에 대한 대안으로 약물요법의 발전과 함께 지역사회 내에서의 치료와 서비스가 강조되는 '지역사회보호'를 정부주도하에 마련하면서 공적 체계로 발전하게 되었다.

　㉠ '시설보호로부터 지역사회'라는 새로운 접근방법의 개발과 실천은 제2차 세계대전 이후에 이루어졌다.

　　※ 시설보호로부터 지역사회보호로 전환이 이루어졌다.(O)

　㉡ 노인인구와 정신질환자의 보호를 위한 프로그램이 점차 확대되었으며, 치료방법의 발전과 새로운 치료제의 도입으로 환자의 조기퇴원과 정신병원의 폐쇄를 촉진하였다.

② 1957년 지역사회보호(community care)라는 용어를 공식적으로 사용하기 시작한 왕립정신병법위원회(Royal Commission on the Law Relating to Mental Illness and Mental Deficiency)는,

　㉠ 정신건강문제를 가진 사람들을 병원에서 장기간 보호하는 것보다는 지역사회에서 보호하는 것이 바람직하다고 권고하였다.

　㉡ 이 위원회가 제출한 보고서의 영향으로 1959년 『정신보건법(Mental Health Act)』이 제정되어 지역사회보호라는 용어가 법적으로 명확하게 규정되었다. [⑰⑳㉑]

　　※ 1959년 정신보건법(Mental Health Act) 제정으로 지역사회보호가 법률적으로 규정되었다.(O)

③ 시설의 실패를 입증하는 학술적인 조사연구가 1960년대에 다수 이루어졌으며, 이 연구보고서들은 시설에 대해 검증하는 사회적 이정표가 되었다.

④ 1963년 최초의 지역사회보호계획인 "보건과 복지(Health and Welfare : the Development of Community Care)" 계획이 발표되었으나, 이 계획은 지방자치단체의 정비와 인력확보의 미비로 인하여 1966년에 중단되었다.

(3) 지역사회보호의 형성기(1960년대 후반~1980년대 후반)

정부가 발표한 다양한 보고서가 이 시기의 지역사회보호의 발전에 지대한 영향을 미쳤다.

① **시봄 보고서(Seebohm Report, 1968)** [⑦⑨⑮⑰②]

  ㉠ **의 의**

   ㉮ 초기의 지역사회보호의 개념은 시설로부터 지역사회로 나아간다는 포괄적인 의미를 갖고 있었으며, **지역사회보호로 실질적인 전환의 계기**는 이 보고서의 제출 이후라 할 수 있다.

   ㉯ 1968년 영국 사회복지제도의 개혁을 지향한 '지방자치단체 및 관련 대인사회서비스' 위원회의 보고서로서, 이 위원회의 위원장인 Seebohm의 이름을 따서 명명하게 되었다.

  ㉡ **시봄위원회(Seebohm Committee)의 구성과 보고서 제출** : 1965년 구성된 시봄위원회(Seebohm Committee)는 잉글랜드와 웨일스 지역 지방행정당국 대인사회서비스의 조직과 책임을 검토하고 효과적인 가족서비스 보장을 위해 어떤 변화가 바람직한지를 고찰하는 과제를 부여받았으며, 1968년 시봄보고서(Seebohm Report)를 제출하였다.

  ㉢ **보고서의 중심 주제** : 사회서비스의 행정적인 재조직에 초점을 두었으나, 보고서의 많은 부분이 지역사회에 관심을 두었다.

   ㉮ 1971년 지방정부의 **사회서비스국(SSD, Social Service Department)**을 창설함으로써 **대인서비스의 효율적인 조정을 도모**하였다.

   ㉯ 사회서비스의 수혜자이자 서비스 제공자로서의 지역사회복지의 역할이 강조되었다. **즉, 지역사회는 사회서비스의 수혜자일 뿐 아니라 서비스의 제공자로 인식**되었다.

   ㉰ 사회서비스 부서의 직원은 고립적인 서비스 수행단위가 아니라 지역사회 내의 서비스망의 부분으로 인식되어야 하며, 서비스를 조정하고 지역사회의 자원을 동원하도록 하였다. → **서비스 협력 및 통합의 중요성을 강조**

   ㉱ 지역사회지향의 정책은 **각종 비공식 보호서비스와 시민의 참여를 격려**하였다.

   ⊗ 미국의 지역사회복지 역사 : 1960년대 시봄(seebohm)보고서 이후 지역사회보호가 주류를 이루었다.(×)

📝 암기법

봄(봄)에 **씨(시)**를 뿌린 것처럼 지역사회보호 형성

② **하버트 보고서(Harbert Report)** [⑦⑰㉑]

  ㉠ **발표** : 시봄 보고서의 정책건의결과, 1971년에 창설된 에이번(Avon) 지방정부 사회서비스부의 행정책임자였던 하버트(Harbert)가 이 지방정부에서의 사회서비스 행정경험에 기초하여 작성한 보고서로, 『지역사회에 근거한 사회적 보호(Community Based Social Care)』라는 제목으로 발표되었다.

  ㉡ **보고서의 내용**

   ㉮ 공공서비스는 지역주민의 복잡하고 다양한 욕구를 모두 충족시킬 수는 없으며, 자조집단의 서비스에도 한계가 있어 재정적인 원조와 지원이 필요하다.

ⓒ 공공서비스와 민간서비스 외에도, 가족체계와 지역사회의 근린에 초점을 둔 **비공식 서비스의 중요성을 강조**하였다.
ⓓ 공공과 민간서비스는 가족, 친구, 친척에 의하여 제공되는 **비공식 보호를 지원함으로써 클라이언트의 시급한 욕구를 충족시켜 주는 역할**을 하여야 한다.
ⓔ 다양한 방법으로 제공되는 서비스는 상호보완적이어야 하며, 각각의 서비스는 적절한 재정적 지원을 받을 필요가 있다.

> 1970년대 – 비공식 서비스의 중요성을 강조한 하버트 보고서가 출판되었다.(O)
> 영국 역사 – 지역사회보호가 강조되면서 민간서비스, 비공식 서비스의 역할은 점차 감소하였다.(×)

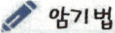
럭키 세븐(70년대)!!을 기대하며 심장! 하트!(하버트)가 바운스 바운스~!!

③ 바클레이 보고서(Barclay Report)
㉠ 1982년 『시봄보고서』 이후 지속적으로 논의된 **사회사업가의 직무와 역할에 대하여 광범위한 제안**을 하였다.
㉡ 대부분의 지역사회보호가 지역사회 주민들의 인간관계망인 비공식 보호에 의해 제공되는 것으로 보고, **공식 보호서비스와 비공식 보호서비스 간의 파트너십 개발을 중요하게 강조**하였다.
㉢ 시봄과는 달리 바클레이는 대부분의 사회적 보호가 공동 또는 민간의 공식 서비스에 의하여 제공되는 것이 아니라 **비공식 관계망의 지역사회 내 주민에 의하여 제공되는 것**으로 보았다.

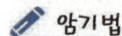
팔(80년대)클레이 보고서~!!

(4) 지역사회보호의 발전기(1980년대 후반~현재)

1980년대 후반에서 현재까지 영국의 지역사회보호는 관리주의를 강화하면서 **민간의 역할을 상대적으로 강조하는 방향**으로 발전해 왔다.

① 그리피스 보고서(Griffiths Report, 1988) [⑦⑯⑰⑲⑳㉑]
㉠ **발표** : 대처(Thatcher) 정부는 1986년 그리피스(Roy Griffiths)경을 위원장으로 하는 위원회를 구성하고, 전반적인 지역사회보호 체계를 검토·보고하도록 하였다.
㉡ **지역사회보호에의 이행을 강조하고, 지역사회보호를 위한 권한과 재정을 지방자치단체에 이양할 것을 제안**하였다.
  ⓐ 그리피스 경은 지방정부가 서비스를 필요로 하는 지역주민들을 위해서 지역주민들의 욕구를 파악하고 서비스의 계획을 세우는 것은 필요하지만, 서비스의 제공 방법은 새로운 대안이 필요하다고 주장하였다.
  ⓑ 즉, 중앙정부와 지방정부가 주도가 되어서 정부 기관이나 비영리기관 등을 통해서 사회서비스를 제공하던 방식을 고집하지 말고, 다른 대안을 찾아야 한다고 주장하였다.
㉢ **보고서의 핵심내용 : 복지다원주의 또는 복지 주체의 다원화**
  ⓐ 지역사회보호의 일차적 책임을 지방당국이 가진다는 점

④ 지방당국은 대인사회서비스의 직접적인 제공자가 아닌 **계획, 조정, 구매자로서 역할**을 수행한다는 점
④ 주거보호에 대한 욕구는 지방당국에 의하여 사정된다는 점
- ⓧ 지역사회보호를 위한 지방정부의 서비스 공급자 역할을 강조하였다.(×)
- ⓧ 영국의 지역사회복지 역사 : 1980년대 그리피스(E. Griffiths) 보고서는 복지 주체의 다원화에 영향을 미쳤다.(○)

② **『국민보호 : 지역사회보호 향후 10년과 그 이후(Caring for People : Community Care in the next Decade and Beyond)』 백서 발표**
㉠ **발표** : 영국 정부는 『그리피스 보고서』에 응답하여 『국민보호 : 지역사회보호 향후 10년과 그 이후』라는 백서를 발표하였다.
㉡ **이 보고서의 원칙** : 국가부조는 관료적이고 비효율적이므로 국가는 보호의 제공자가 아닌 조장자의 역할을 수행하여야 하고, 보호의 구매자와 제공자의 역할을 분리하며, 예산과 예산통제를 이전하여야 한다.

③ **지역사회보호 개혁** : 『국민보건서비스 및 지역사회보호법(National Health Services and Community Care Act), 1990』 제정 공표 [⑭⑯]
㉠ **공표** : 1990년에는 『그리피스 보고서』의 내용에 기초하여 **『국민보건서비스 및 지역사회보호법』**이 제정 공표되었으며, 국민보건서비스 개혁과 지역사회보호 개혁에 대한 내용을 포함하고 있다.
㉡ **시행** : 국민보건서비스 부문은 1991년 4월부터 시행되었지만, 각 지방자치단체의 개혁사항인 지역사회보호개혁은 지방정부의 재정부담으로 1993년 4월부터 시행되었다.
㉢ **이 법의 내용**
  ㉮ 지역사회의 욕구와 자원분석에 근거하여 **지역사회보호계획을 수립**한다.
  ㉯ 보호 욕구에 대한 정확한 판단과 이에 근거한 보호서비스 제공을 위해 **케어 매니지먼트(care management)를 도입**한다.
  ㉰ 공공서비스에 대한 민간서비스의 경쟁 유도, 그리고 욕구에 근거한 서비스 제공 등 **지방자치단체의 역할변화를 모색**한다.
  ㉱ 지역사회보호 개혁과 관련된 외부기관과의 **동반자적 관계를 추구**한다.
  ㉲ 복지서비스에 대한 **감독제도를 강화**한다.
  ㉳ 중앙정부에서 지방자치단체로의 권한과 재정의 이양 등을 통해 **지방자치단체가 지역사회보호에 대한 재량권을 발휘할 수 있도록** 하였다.

④ **이 같은 정책의 변화로 인해,**
㉠ 지역사회보호의 개념이나 실천방향에서 과거와는 다르게 **공공부문이나 지방행정당국의 역할보다는 민간부문의 역할이 상대적으로 강조**되고 있다.
㉡ 1988년에 정부에 제출된 그리피스 보고서 이후 지역사회보호의 개념은 더 다양한 장에서의 광범위한 서비스의 발전을 추구하면서 **지방당국의 역할뿐만 아니라 가족 등의 비공식 부문, 민간부문, 자원부문의 역할이 강조**되고 있고, 소비자의 선택권 증진과 케어 매니지먼트를 도입하였다.

ⓒ 이러한 지역사회보호 실천주체의 다양화는 이른바 신보수주의 이념의 경향 하에서 좁게는 '케어의 혼합경제', 넓게는 복지다원주의(welfare pluralism) 논리에 의하여 뒷받침되고 있다.

02 미국의 지역사회복지 역사

1 개 요

지역사회복지가 여느 사회복지 분야와는 달리 민간의 참여가 두드러지게 나타나는 분야이기 때문에, 국가주도의 사회복지가 확고한 유럽보다는 자원부문(voluntary sector)을 강조해 온 미국을 중심으로 주로 발달하였다.

2 미국의 지역사회복지 역사 전개

(1) 자선조직화운동시기(1865~1914)

① **사회적 상황과 이념** [⑩]

㉠ **사회적 상황** : 남북전쟁이 끝나고 제1차 세계대전이 일어나기까지 약 반세기 동안에 걸쳐서 미국에서는 사회복지에 영향을 미치는 수많은 사건들(산업화, 도시화, 이민문제, 흑인문제 등)이 발생했다.

㉡ **이념적 상황** : 사회진화주의, 급진주의, 실용주의, 자유주의 등을 표방하면서 어느 정도 지역사회복지의 활동에 많은 영향을 미쳤다. 🔍 1900년대 초반 영향을 미친 이념 : 민권운동(×)

㉮ **사회진화주의**(social darwinism) : 사회에 적응하는 강자만이 생존하고 약자는 자연스럽게 도태한다는 사상 → 자선조직협회의 기본 이념 중의 하나

㉯ **급진주의**(radicalism) : 사회적으로 불이익을 받는 사람들의 권익을 보호하고자 하는 사상 → 인보관의 기본 이념 중의 하나

㉰ **실용주의**(pragmatism) : 사회의 고정된 원리와 형식주의를 배제하면서 사회개선에 초점을 두는 사상 → 루스벨트 대통령은 실용주의의 바탕에서 개인의 성장이 이루어지고 사회적·정치적 개혁운동이 실현되어야 한다고 강조

㉱ **자유주의**(liberalism) : 모든 인간의 본성을 합리적이고 유연한 것으로 간주하면서 인권을 최우선으로 하는 사상

② **자선조직협회운동**(Charity Organization Society, COS) : 1869년 영국의 자선조직협회를 본받아 1877년 뉴욕 주 버팔로(Buffalo) 시에서 영국 성공회 소속인 거틴(Stephen H. Gurteen)목사에 의해 창설되었다. [⑫]

㉠ 1893년경에는 미국 전역에 55개소로 증가하였으며, 후에 『미국자선조직협회연맹』이 조직되었고 나중에 『미국가족사회사업조직협회』로 개칭되었다.

㉡ 자선조직협회는 지역사회 내 복지서비스를 조직화하고 지역문제 해결을 위한 **공동모금 능력을 강화**하기 위하여 **사회복지기관협의회로 발달**하게 되었다.

③ **인보관(settlement house) 운동** : 1886년 코이트(Stanton Coit)가 1884년 런던 토인비 홀(Toynbee Hall)을 방문하고 나서 1886년에 뉴욕 동남부 지역에 근린길드(neighborhood guild ; 이후 University Settlement라고 불림)를 설립하면서 시작되었다. 이후 3년 뒤인 **1889년 제인 아담스(Jane Adams) 여사에 의해 시카고의 헐 하우스(Hull-House)를 건립**하였으며, 그 후 인보관 운동은 전국의 도시로 급속히 확대되었다. [⑫⑲]

> **주의**
> 미국의 인보관 활동은 자선조직협회보다 15년 뒤에 시작되었다. 최초의 주단위 COS는 1872년 New York에 설립된 State Charities Aid Association이고, 시단위 COS는 1877년 Buffalo COS이다. 1886년 코이트(Stanton Coit)는 1884년에 세워진 영국의 토인비홀(Toynbee Hall)에 방문하고 뉴욕으로 돌아와 Neighborhood Guild를 세웠다.
> ❌ 미국에서 자선조직협회는 인보관 활동보다 15년 뒤에 시작되었다.(×)

(2) 지역공동모금과 협의회 발전시기(1914~1929) [⑧⑫]

① **사회적 상황과 이념의 변화**
  ㉠ **사회적 상황** : 산업화와 도시화 현상, 그리고 인종 간의 대립과 갈등이 더욱 가속화되고 심화되었으며, 이 기간 동안 흑인들은 생활의 향상을 위해서 많은 노력을 기울였으나 백인들의 박해는 더욱 가중되어 갔다.
  ㉡ **이념적인 면** : 정신분석을 이데올로기로 보기는 곤란하지만 당시의 사회적 상황은 사회사업에 있어서 정신분석을 주요한 지적 세력으로 등장하게 만들었다.

② **지역공동모금제도(community chest and united fund)** [⑧⑨]
  ㉠ 제1차 세계대전이 진행되는 동안 지역사회에 '**전시모금기구(War Chest)**'를 설립하였으며, 이는 공동모금제 발전의 촉진제가 되었다.
  ㉡ 지역공동모금을 위하여 **상공회의소는 1913년에 '자선연합회'**를 세웠으며, 이는 미국 지역공동모금 역사상 가장 획기적인 것이다.
  ㉢ 도시화가 계속됨에 따라 도시빈민의 문제를 다루는 사회복지기관들이 계속 증가되었고, 이 기관들은 재정난에 허덕이게 되면서 모금활동에 대한 여러 가지 논란이 제기되었는데 이 같은 재정난을 해소하기 위해 지역공동모금제가 발족하게 되었다.

③ **사회복지기관협의회** [⑧⑨]
  ㉠ 복지서비스의 조정과 계획에 관심을 가졌던 C.O.S가 사회복지기관협의회의 제도적 선구자였다.
  ㉡ 사회사업 지도자들이 협의회를 조직하고자 한 이유는 사회사업을 합리적으로 조직화하고 지역공동모금회의 모금능력을 강화하여, 자신들과 사회사업기관의 자치성을 보호하기 위해서였다.

(3) 공공복지사업의 발전시기(1929~1954)

① 사회적 상황과 이념의 변화
  ㉠ 지역사회조직사업에 영향을 미친 5가지 사회적 상황
    ㉮ 대공황으로 인하여 실업이 급증하고 은행과 증권시장이 도산하고, 집과 농장과 영세한 사업체가 파산하는 국민이 속출하게 되었다.
    ㉯ 대공황을 타개하기 위해서 경제와 사회분야에 있어서 정부의 개입이 크게 확대되었다.
    ㉰ 대공황은 노동조합운동을 활성화시켰다.
    ㉱ 국제적인 상황으로서는 소련 공산당이 확고한 기반을 다지게 되었고, 스페인, 이탈리아, 독일 등에 '파시스트' 정부가 정권을 장악하게 되었다.
    ㉲ 뉴딜(New Deal)정책으로 말미암아 흑인들에 대한 취업의 기회와 복지혜택은 상당히 신장되었으나 지방에 따라서는 흑인에 대한 차별이 여전히 계속되었다.
  ㉡ **이념적인 면** : 대공황의 영향을 받음.
    ㉮ 사회질서가 개인의 생활에 미치는 영향을 강조하였고, 미국인들이 겪고 있는 정신적·사회적 문제들을 해결하기 위해서는 사회질서를 수정해야 한다는 주장을 내세웠다.
    ㉯ 많은 사람들이 보다 나은 사회건설을 위하여 사기업보다는 정부의 역할이 증대되어야 한다는 생각을 하게 되었다.

② 공공복지사업의 출현 [⑯]
  ㉠ **대공황으로 인해 파생된 다량의 복지수요로 인해 과거 민간복지단체를 중심으로 행해졌던 구빈과 이에 관련된 활동들이 정부기관으로 이양되면서 국가차원으로 확대되었다.**
  ㉡ 제2차 세계대전이 발발하면서 군 관계 노동자와 군인의 수가 급격히 증가하자 이들을 위한 복지서비스의 수요가 늘어나게 되었다.
  ㉢ 이 시기 사회복지 분야의 특기할 만한 사건으로는 **1935년의 사회보장법, 1942년부터 1947년까지의 '전시복지기금(National War Fund)', 연방보장기관을 계승해서 1953년 보건·교육·후생성(U.S Department of Health, Education and Welfare; HEW)이 설립된 것** 등을 들 수 있다.

(4) 지역사회조직의 정착시기(1954~현재) [⑧⑨]

① 사회적 상황과 이념
  ㉠ **1955년 이후** : 흑백차별을 금지하는 대법원 판결(1954년)을 계기로 흑인운동과 더불어 소수 인종운동과 다양한(동성애자, 여성) 사회운동이 발생하였다. 또한 시민권 운동의 성장, **빈곤과의 전쟁(War on Poverty)**, 베트남 전쟁 등과 같은 사회적 상황은 시민참여와 사회정의에 대한 활동을 더욱 촉진시켰다. [⑫⑯⑲] → **옹호적 접근 강조**
  ㉡ **1960년대 지역사회조직사업이 사회사업전문분야의 확고한 위치** : 이 시기 시대적 상황에서 지역사회복지실천은 사회정의와 관련된 이슈에 대해 직접적인 조직화가 이루어졌으며, 다양한 전략과 접근을 활용한 **사회행동 및 옹호계획이 개발**되었다.
    ※ 1990년대 이후에는 지역사회조직에 기초한 옹호론적 접근을 강조(×)

ⓒ **1970년대 초반** : 국가 지향적 대규모 운동에서 물러나 보다 참여적이고, 평등적이고, 공동사회를 건설하기 위한 수단으로 **풀뿌리 지역사회조직화로 복귀**하였다.

> 1990년대 '복지개혁(Welfare Reform)'은 풀뿌리 지역사회조직활동을 강조하였다.(×)

ⓓ **1970년대 보수주의로의 회귀**

㉮ 1970년대 초에는 석유파동과 극심한 인플레이션 등으로 사회복지 예산의 삭감이 불가피하였으며, 참여적 민주주의와 일자리 창출 등으로 **신보수주의의 새로운 사상이 대두**하였다.

㉯ 닉슨 행정부는 '신개척자(New Frontier)'와 '위대한 사회(Great Society)'를 주창하면서 **기존 연방정부의 사회복지예산을 삭감하는, 생산적 복지에 역점**을 두었다.

ⓔ **1980년대 보수주의적 시각 지배적** [②④⑯]

㉮ 1970년대 후반 이후 복지계획에 반대하는 경향이 짙어졌으며, **1980년대 레이건 행정부에 들어와서는 복지에 대한 보수주의적 시각이 지배적**이 되었다. → 1980년대 레이거노믹스로 중앙정부의 지역사회복지 예산축소

㉯ **'작은 정부'로서 반복지주의의 주장과 레이거노믹스의 경향으로 중앙정부의 지역사회복지 예산축소, 연방정부 책임하의 지방정부, 민간기업체, 가족중심 등의 사회복지로 이전**되었다.

ⓕ **1990년대부터**

㉮ 1990년대에도 사회복지서비스의 민영화, 복지축소 논쟁 등 보수주의적 영향은 여전히 지속되었고, **지역사회에 대한 개입방식은 사회복지기관의 행정과 계획, 그리고 평가개발에 주안점**을 두었다.

㉯ **포괄적 지역사회변화운동**이라고 하는 새로운 형태의 합의 중심 모델이 주목, 즉 **지역주민을 조직화하는 과정에서 포괄성과 지역사회건설(community building)을 강조**한다.

03 우리나라의 지역사회복지 역사

1 근대 이전의 지역사회복지

(1) **민속적인 부락협동관행(= 촌락 단위의 협동 관행)** : 전통적인 농경사회와 유교문화로 인해 촌락을 중심으로 당면 문제에 대한 공동의 노력과 상호부조를 위한 공동체를 형성하게 되었다. 이러한 대표적인 조직체들은 두레, 계(契), 품앗이, 향약(鄕約), 사창, 공굴, 부근, 향도, 고지 등으로 오늘날까지도 그 형태가 남아있다.

① **두레** : 농촌에서 모내기나 김매기 등 농번기에 농사일을 협력하기 위해 부락이나 리(理) 단위로 만들어진 **농민 협동체의 조직(촌락 단위의 농민상호협동체)**이며, 지방에 따라 공굴, 공굴이, 조리, 동네 논매기, 향두품어리라고 불리었다. [②⑧③]

② **향약(鄕約)** : 지역사회의 발전과 **지역주민들의 순화, 덕화, 교화를 목적**으로 한 지식인들 간의 **자치적인 협동조직**이라고 정의할 수 있다. [④⑧③②] > 향약 : 지역사회행동과 유사(×)

③ 계(契) : 한국사회 특유의 조합적 성격을 지닌 자연발생적 협동조직으로서 전통적 생활구조의 사회 경제적 측면을 집약적으로 반영한 동시에 우리 사회의 전통적인 모든 자생적 조직의 실체적 구조였다. [⑬]

④ 품앗이 [④⑦⑧⑬]
  ㉠ 일을 하는 '품'과 교환한다는 '앗이'가 결합된 말로, **농촌에서의 협동 노동 형식이다.**
  ㉡ 부락 내 농민들이 **노동력을 서로 차용 또는 교환하는 조직**을 말하는데, 우리나라 농촌의 가장 대표적인 노동협력의 양식이다. → **지역사회 노동교환 형태**
  ㉢ 품앗이는 오늘날 지역사회의 주민들끼리 물품과 서비스를 주고받으며, 지역공동체 속에서 가입회원들 전체 사이에 교역이 이루어지는 체계로서 **지역화폐와 유사한 기능**을 가진다.

⑤ 사창(社倉) : 재앙이나 흉년을 대비하여 미리 향민에게 곡식을 징수 또는 기증받아 저장해 두는 촌락이나 부락 단위의 구휼제도로서 의창, 상평창과 더불어 삼창의 하나였다. **국가적 차원의 구제 제도가 아니었다.**

⑥ 기타 민속적 협동 관행 : 공굴, 부근, 향도, 고지, 부조

(2) **정부에 의한 인보제도(= 국가나 군 현단위의 행정적 복지사업)** : 의창, 상평창, 진휼청 등 상설복지기구를 통해 주로 시행되었으며, 오가통(오가작통) 제도 등이 있었다.

① **오가통(오가통제도, 五家統制度)** [③④⑧⑬②]
  ㉠ 조선시대 **정부에 의해 어느 정도 강제성을 지닌 인보제도**로, 국가가 **인보(隣保)·구빈(救貧)과 함께 지역통제의 목적으로 실시한 제도**이다.
    ※ 오가통(五家統)은 지역이 자율적으로 주도한 인보 제도이다.(×)
  ㉡ 이 제도는 가구원의 수, 재력의 빈부에 관계없이 반드시 인접해 있는 다섯 가구로 일통을 편성함(다섯 집을 1통으로 묶음)을 원칙으로 하고 남는 가구가 있을 때에는 적당히 인접한 통에 첨부시켰다.
  ㉢ **인보복지의 성격**을 갖고 있었으나 지역의 질서유지, 범죄자 색출, 세금징수, 주민의 동태 파악, 부역의 동원 등 **오늘날의 반·통 조직과 유사한 점이 많아 지방행정이 편의를 도모하는 데 공헌하였다.**

② **국가단위의 상설복지기구**
  ㉠ **의창(義倉)** : 흉년이 든 해에 기민을 구제하기 위하여 양곡을 저장·보관해 두는 제도이다. 이는 빈민에 대해 정부가 무상의 구제를 했다는 점에서 **오늘날의 국민기초생활보장사업과 그 기본 성격이 같았다고** 할 수 있을 것이다. [⑧]
  ㉡ **상평창(常平倉)** : 풍년 때 거둬들였다가 흉년에 풀어 먹임으로써 풍흉을 고르게 했다는 뜻에서 상평이란 이름이 붙은 것으로 보이며, 조적을 통한 **물가조절 기능과 가난한 자에 대한 구빈의 두 가지 기능**을 담당하였다.
  ㉢ **진휼청(賑恤廳)** : 의창이나 상평창과 같이 **흉년에 이재민과 빈민을 구제하는 국가기관**이었는데, 조선왕조에 들어와 상평창에 진휼보다는 이곡(利穀)에 치중하게 되면서 생겨난 제도였다. [⑮]

2 근대 이후의 지역사회복지

(1) 일제강점기

① 근대적 복지이념에 의해 시행됐다기보다는 식민정책의 포섭정책으로서 추진되었으며, 일제의 식민정책은 전통적으로 내려오던 다양한 지역사회조직체와 민간협동단체를 와해시켰다.

② **이 당시의 지역사회복지 활동** : 농촌지역을 중심으로 한 협동조합운동, 인보관 운동, 사회복지협의체로 나누어 볼 수 있다.

(2) 미군정시대

① 일본 총독부로부터 인수받은 행정체계를 대한민국 정부가 수립될 때까지 체계화하고 이 행정체계를 기반으로 군정법령과 조선구호령이라는 두 가지 지침을 가지고 임기응변적인 구호시책을 전개하였다.

② 미군정의 사회복지사업은 전쟁복구와 사회적 혼란을 해소하기 위한 임시적, 응급적 성격이 강하다고 할 수 있다.

3 지역사회복지의 태동기(형성기) : 1950년대~1970년대

(1) **카바(Korea Association of Voluntary Agencies, 외국민간원조기관 한국연합회)의 탄생** [②⑯]

① 서비스 제공자 간의 협력과 조정 기능을 강화하여 정보 교환과 사업계획의 통일, 협력체계를 통한 사업의 원활한 추진을 위해 외국의 민간구호단체 7개 기관이 **1952년 3월 부산에서 결성**하였다.

> 1950년대 : 외국공공원조단체 한국연합회 조직(×)

② 원조사업의 내용, 활동 및 전문성 면에서 우리나라의 사회복지사업에 중요한 역할을 하였고, **미국식 전문사회사업의 실천방법과 관련된 이론들을 국내에 전파하는 데 결정적 역할**을 하였다.

③ 이 기관들은 **지역사회조직사업 등 전문화된 사회복지사업을 실천으로 보여주었으며**, 상호교환을 통해 원조의 중복을 피하고 상호 간에 전문적인 지식을 교환할 수 있는 기회를 제공하였다.

(2) **토착 지역사회복지관 설립 증가** [⑧]

① 대학부설 사회복지관이 출현 → 1956년 이화여대에 복지관을 설립

② 1970년대는 외국 민간원조기관의 활동이 감소하고 **우리나라의 토착 사회복지관이 증가하기 시작**하였다.

③ 1975년에는 우리나라는 국제사회복지관연합회 회원국으로 가입하였고, **1976년**에는 22개의 사회복지관이 연합하여 **한국사회복지관연합회**를 결성하였다.

(3) **새마을운동** [⑦⑧⑭⑲㉑]

① 우리나라에서 **지역사회개발사업이 본격적으로 시작**된 것은 1958년 9월 지역사회개발위원회 규정이 공포되면서부터라고 할 수 있다. 1957년 한미합동경제위원회, 1958년 지역사회개발위원회가 구성되어 지역사회개발사업이 실시되는 기반이 구축되었다.

② 1970년대 지역사회개발사업은 **새마을운동사업으로 전환되어 획기적인 전기를 마련**하게 되었다.
　㉠ **1970년 10월부터** 전국 33,000여 개의 자연부락에서 **근면·자조·협동을 주요 정신으로 하여, 마을의 기초생활환경개선을 위한 '새마을 가꾸기 운동'을 전개**한 것이다.
　㉡ 농촌중심의 새마을운동은 1977년에는 공장 새마을운동으로, 1979년에는 **도시새마을운동으로 확대**되면서 전국, 전 직장으로 새마을운동이 전개되었다.
　㉢ 매년 4월 22일은 정부지정 새마을의 날이다.
③ **의의**: 지역사회복지적 맥락에서 체계적인 지역사회개발사업의 기반을 구축했다는 의의가 있다.
　㉠ 1970년대 새마을운동 기록물은 유네스코 세계기록유산에 등재되어 있다.
　㉡ 농촌생활환경 개선운동으로 시작되었으며 소득증대운동으로는 발전하였다.
④ **한계점**
　㉠ 정부의 권고나 지시에 의해 1인 혹은 소수의 지도자가 주도한 사업이라는 점에서 한계가 있다.
　㉡ **관 주도의 운동이라는 점에서 지역사회복지의 자발성 원칙에서 벗어난다.**
　　　새마을 운동은 정부 주도적 지역사회 개발이었다.(○)

4 지역사회복지의 정착기 : 1980년대~1990년대 초반

(1) **지역사회복지관의 발전 : 지역사회복지관에 대한 국고보조금 지급** [16 17 20 21]
① 1983년 개정된 사회복지사업법을 토대로 **사회복지관의 설립 및 운영을 지원하는 근거가 마련**되고, 사회복지관은 종합사회복지관 가형과 나형 그리고 사회복지관으로 나누어지면서 공식적으로 **국가의 지원(국고보조금)을 받게 되었다.**
　　　1970년대 - 사회복지관 운영 국고보조금 지원(×)
② 1986년 「사회복지관 운영·건립 국고보조사업지침」을 수립하였다.
　　　1970년대 사회복지관 국고보조금 지침이 마련되었다.(×)
③ **1989년에는 「주택건설촉진법」 등에 의해 저소득층 영구임대 아파트 건립 시 일정 규모의 사회복지관 건립을 의무화**하여 저소득 밀집지역을 중심으로 사회복지관이 수적으로 증가하고 저소득층 복지향상에 기여하게 되었다.
④ 1989년에는 사회복지관 설치·운영 규정을 제정하여 통일된 사회복지관 운영을 시도하였으며, 사회복지관들의 연합체인 **사회복지법인 한국사회복지관협회가 설립**되었다.

(2) **재가복지서비스 도입(1980년대)**: 우리나라에서 재가복지는 **노인복지와 장애인복지의 민간분야**에서 처음으로 시도되었다. [7 16 18]
① **노인복지분야**
　㉠ **1980년대 초**에 한국노인복지회에서 노인결연사업, 상담사업 등을 추진하여 오다가 가정봉사원 파견 사업으로 확대·실시되었다.
　㉡ 1987년에 한국노인복지회가 국제노인복지회의 지원과 국고보조금으로 가정 봉사원을 파견하는 시범사업을 시작하였다.

ⓒ 가정 봉사원 파견 사업은 구호에 비중을 두는 기존의 방식을 탈피하여 장기적인 서비스 제공 등과 같은 특징을 띠고 있다는 점에서 주목되었다.

② **장애인복지분야**
㉠ **1980년대에** 장애인재활협회, 서울장애인종합복지관 등을 중심으로 지역사회중심재활사업(community-based rehabilitation)이 실시되었다.
㉡ 재가복지서비스 형태로 장애인 가정방문을 통한 상담, 진단치료, 교육프로그램 등이 시행되었다.
　　1970년대 : 재가복지서비스가 도입(×)

(3) 사회복지전문요원제도 도입 [⑥]

① 1980년대 말 국가공무원 임용에서 5급 사회직이 신설되어 사회복지행정에 대한 관심이 고조되었으며, **1987년부터 별정직인 사회복지전문요원제도가 시행(사회복지전문요원이 배치)**되어 공공복지행정의 체계가 마련되었다.
㉠ 1987년부터 읍·면·동사무소에 공공사회복지 담당 공무원을 배치하여 지역의 공공부조업무를 수행하기 위하여 실시되었다. 즉, 서울, 부산, 대구, 인천, 광주, 대전 등 전국의 6개의 대도시 저소득층 밀집지역의 동사무소에 사회복지전문요원이 신규로 임용·배치되기 시작하였다.
㉡ 이 제도는 공공부조사업뿐만 아니라 지역사회 중심의 공공사회복지전달체계가 발달하는 계기가 되었다.

② **1992년 사회복지사업법 개정을 통해 사회복지전담공무원과 복지사무전담기구(사회복지사무소)를 설치할 수 있는 법적 근거를 마련**하였다.
㉠ 1992년 12월 8일 「사회복지사업법」 개정을 통해 **사회복지전담공무원이라는 명칭으로** 이들에 대한 법적인 근거가 마련되었다.
㉡ 1992년 사회복지 직렬을 5급까지 설치하여 전문직에 의한 공공복지행정의 기초를 마련하였다.
㉢ 1999년 9월 행정자치부(現 행정안전부)에서 사회복지전문요원의 일반직 전환 및 신규 채용지침을 승인하였다.
㉣ **2000년 1월 별정직에서 일반직인 사회복지직렬로 전환**하였다.

(4) 지역사회복지운동 활성화 [⑯]

① 1980년대 후반에는 민주화 운동과 더불어 생활권 보장이라는 차원에서 사회운동적 성격의 각종 **지역사회복지운동, 즉 지역사회행동모델이 확대되는** 시기였다.
② 저소득지역에서의 재개발반대운동을 통한 지역조직화사업, 핵발전소 설치반대운동 등 **주민운동의 전개는** 지역사회 차원에서 **기존의 지역사회개발모델과는 달리 사회행동모델로 점차 변화되는 경향**을 보여주었다.
③ 장애인 단체를 비롯하여 장애아동의 부모모임, 노인 등 다양한 자조집단이 상호정보를 교환하면서 자신들의 **권익옹호활동을 적극적으로 수행**하기 시작하였다.

5 지역사회복지의 발전기 : 1990년대~현재

(1) 지역사회복지관 급증 [㉮]

① 1990년대 이후 급속한 양적 확대(기하급수적인 증가)를 가져와 1990년의 58개소에서 2005년 전국에 391개소, 2009년 12월 현재 414개의 사회복지관이 설치·운영되고 있다.

② 2005년부터는 지방재정운용의 자율성을 높이기 위해 **지역분권 재정정책에 의하여 국고보조금이 분권교부세로 전환**되었으며, 사회복지관의 운영은 지방자치단체의 일반재정에 의해 운영되게 하였다.

  ㉠ 중앙정부는 지방이양사무에 필요한 재정을 지방정부에 이전하기 위하여 **2004년 12월 지방교부세법 개정으로 분권교부세를 신설(2005년 분권교부세 도입)**하였다.

  ㉡ 분권교부세제도는 지방이양사업으로 전환된 국고보조사업 예산을 지방정부에 보전해주기 위하여 2005년부터 2009년까지 5년 동안 한시적으로 도입된 제도이다.

  ㉢ 2010년 보통교부세로 통합될 예정이었으나 분권교부세 운영기간을 다시 5년간, 즉 2014년 12월 31일까지 한시적으로 연장되었다.

③ **사회복지사업법 개정(2012.8.3)으로 사회복지관 분야사업**(가족복지사업, 지역사회보호사업, 교육·문화사업, 자활사업, 지역사회조직사업)이 **기능으로 변경**되어, **사례관리 기능**(사례발굴, 사례개입, 서비스연계), **서비스제공 기능**(가족기능강화, 지역사회보호, 교육문화, 자활지원 등 기타), **지역조직화 기능**(복지네트워크구축, 주민조직화, 자원개발 및 관리)으로 **구분**한다.

(2) 시범 복지사무소 설치 [㉰]

① 사회복지사무소 설치에 대한 논의는 1980년대 초부터 지속되어 왔으나, **1992년 「사회복지사업법」에 '복지사무전담기구'에 관한 규정을 신설함으로써 법적 근거를 마련**하였다.

  ㉠ 1995년 7월부터 1999년 12월까지 4년 6개월 동안 전국 5개 지역에서 **보건복지사무소 시범사업을 실시**하였다.

  ㉡ 시·군·구청 소속 복지전담기구를 설치하여 복지업무의 효율화·전문화와 공공부조와 복지서비스의 내실화를 꾀하기 위하여 2004년 7월부터 2006년 6월까지 서울 서초구, 강원 춘천시, 충북 옥천군 등 9개 시·군·구 지역에 **사회복지사무소 시범사업을 실시**하였다(2004년 사회복지사무소 시범사업실시).

② 2006년 6월 시범 사회복지사무소 운영이 종료됨에 따라 그해 7월부터 복지서비스 전달체계가 **주민생활지원서비스 제공방식**으로 개편되기 시작하였다.

(3) 재가복지봉사센터 운영 [㉠㉡㉢㉰]

① 재가복지는 민간분야에서 처음 시도되었으나 1987년 한국노인복지회가 국제노인복지회의 지원과 국고보조금으로 가정 봉사원을 파견하는 시범사업을 전개하면서 재가복지의 토대가 마련되었다.

② **1992년부터 정부는** 가정에서 보호를 요하는 장애인, 노인, 소년소녀가정, 모자가정 등 가족부양기능이 취약한 계층을 중심으로 **지역사회 내 재가복지서비스를 제공하기 위하여 재가복지봉사센터를 설치, 운영**하게 하였다(1992년부터 재가봉사센터의 전국적 설치·운영).
  ⓧ 1970년대 : 재가복지봉사센터 설치 및 운영(×)

(4) 사회복지시설 평가제도의 법제화 [⑥⑧⑩⑭]

① **1997년 사회복지사업법 개정으로 사회복지시설을 3년에 1회 이상 평가**하도록 하여 효율성, 효과성, 책임성 등을 높이는 사회복지행정에 대한 수요가 높아졌다.
  ⓧ 사회복지기관 평가는 기관운영 예산의 삭감을 위해서이다.(×)

② 사회복지사업법이 개정(2014.12.24.)되어 "3년마다 1회 이상"이 "3년마다"로 변경되었다. 즉 현재는 보건복지부장관 및 시·도지사는 **3년마다 시설에 대한 평가를 실시**하여야 한다.

(5) 사회복지공동모금의 활성화 [⑧⑨⑫⑭⑱]

① **사회복지공동모금법이 1997년 3월 27일 제정**되어 1998년 전국 16개 광역시와 도에 **사회복지공동모금회 설립**되고 공동모금활동이 전개되었다.

② 1998년 설립된 사회복지공동모금회는 **민간에 의한 자발적인 복지자원 개발 활동을 지원하고 국민의 자발적인 성금으로 모금**된 재원을 효율적으로 관리 운용하기 위함이었다.
  ⓧ 1990년대 : 사회복지공동모금제도가 실시(○)

(6) 지역자활센터 정착 [⑧⑨㉑]

① 자활후견기관에 관한 규정이 처음으로 도입된 것은 생활보호법이 1997년 개정(1997.8.22. 일부 개정)에서이다. 1997년 생활보호법 개정에서 자활후견기관의 지정, 자활공동체의 설립·운영 등의 제도를 신설하여 생활보호대상자들의 자활을 촉진하는 등 당시의 생활보호제도의 미비점을 개선·보완하였다.

② 1996년에 자활지원센터 출범(시범 5개소 실시)으로 시작되었다. 이 때는 법에 규정된 명칭은 자활후견기관이었지만 자활지원센터라고 했던 것이며, **2000년 10월 자활지원센터가 자활후견기관으로 명칭이 변경**되었다.

③ 자활후견기관은 2006년 12월 28일 국민기초생활보장법 개정으로 '**지역자활센터**'로 그 명칭이 변경되고, 시·군·구에 상시적인 협의체계로서 **자활기관협의체**를 의무적으로 설치하도록 하였다.

(7) 지역사회복지협의체 구성 및 지역사회복지계획 수립 [⑥⑧⑨⑩⑭⑱⑲⑳]

① 2003년 7월 「사회복지사업법」 개정을 통해 종전에 시·군·구에 설치되어 있던 사회복지위원회를 폐지하는 대신, 각 지역의 실정에 맞는 사회복지서비스를 주도적으로 계획하고 수행할 수 있는 **지역사회복지협의체를 구성·운영**하도록 하였다.

  ㉠ 종전에 시·군·구에 설치되어 있던 사회복지위원회를 폐지하고 그에 갈음하여 **시·군·구에 지역사회복지협의체를 설치**하도록 하여 사회복지사업에 관한 중요사항과 지역사회복지계획을 심의하도록 하였다. 이때 설치하도록 한 **지역사회복지협의체의 구조는 대표협의체, 실무협의체, 실무분과로 구성**된다.
    ⓧ 2000년대 이후 지역사회복지협의체에서 실무분과가 생겼다.(○)

ⓛ 지역사회복지를 효율적으로 실시하기 위해 시 도지사 및 시장 군수 구청장은 **지역보건의료계획과 연계하여 시·도 및 시·군·구 지역사회복지계획을 수립·시행**하도록 하고 보건복지부장관 또는 시 도지사는 시 도 또는 시 군 구의 지역사회복지계획의 시행결과를 평가할 수 있도록 하였다.

> 2000년대 : 지역사회복지계획 수립의 법제화(○)

② 2005년 8월부터 시·군·구에서 **지역사회복지협의체를 운영**하였다. 이 협의체는 지역사회복지 부문의 중요사항을 심의 기능, 서비스 부문 간의 연계 강화 기능을 수행한다.

ⓘ **2005년부터 시·도지사 및 시장·군수·구청장이 당해 시·도 또는 시·군·구의 지역사회복지계획을 4년마다 의무적으로 수립**하였다. > 5년 단위 지역사회복지계획 실시(×)

ⓛ 2005년부터 제1기 시·군·구 지역사회복지계획을 수립하였다.

③ 2014년 12월 30일 「**사회보장급여의 이용·제공 및 수급권자 발굴에 관한 법률**」의 제정(2015.7.1.시행)으로 「사회복지사업법」 "제1장의2 지역사회복지계획의 수립·시행" 규정이 삭제되어 옮겨졌다.

ⓘ 지역사회복지계획이 **지역사회보장계획**으로 변경되고 지역사회복지협의체가 **지역사회보장협의체**로 명칭이 변경되었다.

> 시·군·구 지역사회보장협의체는 지역사회복지협의체로 대체되었다.(×)

ⓛ 2015년 7월 시행된 지역사회보장협의체에서 **보건의료 및 사회복지 뿐만 아니라 고용·주거·교육·문화·환경 등의 영역으로 확대**되었다.

(8) 기타 주요 변화

① **지방자치시대** [⑰⑲]

ⓘ 1948년 제헌헌법에 지방자치 관련 조항의 신설과 1949년 「지방자치법」의 제정에 따라, **1952년 제1차 지방선거를 통해서 기초 및 광역의회의 의원을 선출함으로써 시작**되었다.

ⓛ 1961년 「지방자치에 관한 임시조치법」이 시행됨으로써 지방의회가 해산되고, 자치단체장이 임명제로 전환되면서 1991년 지방자치가 부활될 때까지 중단되었다.

ⓒ 1988년 「지방자치법」의 전문개정을 통해서 **1991년 기초 및 광역의회 의원이 선출**되고, **1995년 7월 지방자치단체의 장을 지역주민이 직접 선출**함으로써 본격화되어 현재에 이르고 있다.

② **한국사회복지협의회의 독립법인화** : 1998년에 광역단체 사회복지협의회의 독립법인화 및 기초 자치단체 사회복지협의회의 조직화가 이루어졌다. [⑧]

ⓘ 1983년 5월 21일 법률 제3656호로 사회복지사업법이 개정(**사회복지사 자격의 신설, 사회복지관 설립운영 근거규정, 사회복지협의회의 법정단체화** 등)되면서 법정단체로 규정되어 같은 **사회복지법인이면서도 법적으로 인정받는** 사회복지협의체의 기관으로 자리를 잡았다.

ⓛ **광역단체 사회복지협의회는 1984년에 일부 조직**되면서 현재에는 현재 전국 16개 시·도에 사회복지협의회와 시·군·구 사회복지협의회가 설립되어 운영 중이다. **광역단체 사회복지협의회**는 그 동안 한국사회복지협의회의 정관에 의거하여 조직되어 활동하다가 1998년 사회복지사업법의 개정으로 **독립법인화**되었다. 즉 한국사회복지협의회의 지원 없이 지방사회복지협의회로 독립되어 운영하는 체제로 변화되었다.

ⓒ 2003년 7월 30일에 개정된 사회복지사업법에 따라 **시·도 사회복지협의회는 사회복지법인으로 법적인 근거를 마련**했고, 사회복지기관 간의 교육협력뿐 아니라 주민밀착형 사업들을 수행하고 있다.

③ **2007년 「사회적 기업육성법」 제정** : 새로운 일자리를 창출하여 생산활동을 통해 수익을 올리면서 저소득층에 대한 사회서비스 제공 등 사회적 목적을 추구하는 사회적 기업의 제도적 지원체계를 구축하기 위하여 제정되었다. [⑬]

④ **2007년 지역사회서비스 혁신사업 시행** [⑰]
  ㉠ 지역별 특성과 주민욕구에 부응하여 지역실정에 맞는 사회서비스를 주도적으로 개발·제공토록 지원하는 지역사회서비스혁신사업이 **2007년부터 시행**되었다.
  ㉡ 지역사회서비스혁신사업의 성패는 무엇보다도 사회서비스의 확충과 관련된 지역사회의 복지역량에 좌우될 수밖에 없기 때문에 지역사회복지의 중요성이 새롭게 조명을 받고 있다.

■ 지역사회서비스투자사업 변천 ■

구 분	2007년	2009년 이후	2013년 이후~현재
사업명	지역사회서비스 혁신사업	지역사회서비스 투자사업	지역자율형사회서비스 투자사업

⑤ **2004년 지역아동센터 법제화** : 2004년 정부는 빈곤아동의 빈곤세습을 단절하고자 2004년 1월 29일 「아동복지법」을 개정하여 **지역아동센터를 아동복지시설로 법제화**하였다. [⑥⑨]
  ✕ 2000년 이후 지역아동센터가 법제화되었다.(○)

⑥ **2010년 사회복지통합관리망 출범** [⑱⑲㉒]
  2010년 1월 4일부터 기존 새올행정시스템(시·군·구 업무지원시스템) 중 복지분야를 분리하여 중앙에 통합구축하는 정보시스템으로서 **사회복지통합관리망 '행복e음'이 개통**되었다.

⑦ **2012년 「협동조합기본법」 제정** [⑬⑱]
  ㉠ 「농업협동조합법」 등 기존 8개의 개별법 체제에 포괄되지 못하거나 「상법」에 의한 회사설립이 어려운 경우 생산자 또는 소비자 중심의 '협동조합'을 설립하여 경제적 활동이 가능하도록 하였다.
  ㉡ 취약계층에 대한 사회서비스 또는 일자리 제공, 지역사회 공헌활동 등을 주로 수행하는 '사회적 협동조합'을 별도로 도입하였다.
  ✕ 2007년 「협동조합기본법」의 제정으로 자활공동체가 보다 쉽게 협동조합을 결성할 수 있게 되었다.(✕)

⑧ **2012년 희망복지지원단 운영** [⑪⑰⑱⑲㉑㉒]
  ㉠ 2012년 4월부터 시·군·구별로 조직 및 운영시기 등의 차이가 있으나 상반기 준비기간을 거쳐 하반기부터는 전국 203개 시 군 구에서 희망복지지원단이 설치 운영되고 있으며, **공공영역의 통합사례관리방법을 바탕으로 지역사회가 보유한 자원과 서비스를 총괄적으로 조정하는 컨트롤타워로서의 역할**을 수행하고 있다.
  ✕ 한국 지역사회복지 역사 : 2015년 시·군·구 희망복지지원단 운영으로 통합사례관리 시행(✕)

ⓒ 세부적인 업무내용으로는 기초지방자치단체의 읍·면·동 주민센터에서 발굴한 대상자에 대한 초기상담을 실시하고 통합사례관리체계 내에서 지역사회의 복지자원을 바탕으로 대상자 욕구충족을 위한 맞춤형 서비스를 제공한다.

ⓒ **민·관협력을 통한 맞춤형 사례관리를 지향하며, 사회보장 정보시스템을 활용**한다.

⑨ **2013년 사회보장정보시스템 운영**
  ㉠ **2013년 3월 시행**된 개정 「사회보장기본법」 제6장 제37조(사회보장정보시스템의 구축 운영 등)에서 지금까지 구축된 사회보장 관련 통합정보관리 시스템을 '**사회보장 정보시스템**'**이라 칭하고 보건복지부장관이 운영관리를 총괄**하도록 명시하였다.
  ㉡ 사회보장 정보시스템(행복e음)은 정부 17개 부처 292사업을 연계하여 통합관리하고 있는 것으로, 이를 통해 관리되는 사회복지 급여 및 서비스는 120여 종에 달하며, 44개 기관 532종의 소득·재산자료, 인적 사항 정보, 서비스 이력정보 등이 연계되어 있다. 이 시스템은 복지사업 관련 중앙부처 공무원, 시·도 및 지자체의 복지 공무원, 기타 유관기관의 업무담당자가 소속기관과 업무의 성격에 따라 권한을 받아 이용할 수 있도록 되어 있다.

⑩ **2016년 읍·면·동 복지허브화 사업 실시** [⑮⑯⑰⑱⑲⑳㉑㉒]
  ㉠ **읍·면·동 복지허브화의 개념과 목표**
    ㉮ **개념** : **읍·면·동에 맞춤형복지 전담팀 설치** 및 전담인력 배치를 통해 찾아가는 복지상담, 복지사각지대 발굴, 통합사례관리, 지역자원 발굴 및 지원 등의 서비스를 제공하고, 특히 복지관련 공공 및 민간기관·법인·단체·시설 등과의 지역 네트워크를 기반으로 읍·면·동이 지역복지의 중심기관이 되어 주민의 보건·복지·고용 등의 다양한 문제에 능동적으로 대응해 나가는 일련의 활동을 말한다.
      ⓧ⓿ 복지사각지대 발굴의 효과를 제고하고자 읍·면·동 복지허브화를 추진하였다.(O)
    ㉯ **목표** : '읍·면·동 복지허브화' 전략은 맞춤형 통합서비스를 제공하기 위한 **민·관 협력을 기반**으로 하며, **행정서비스 중심의 읍·면·동 기능을 지역복지의 중심기관으로 변화시켜 국민의 복지 체감도를 제고하고 복지사각지대를 해소**하는 것을 목표로 한다.
  ㉡ 읍·면·동을 중심으로 찾아가는 방문 상담, 사례 관리, 민관 협력 등 지역 복지 기능을 강화하기 위해 **2016년 2월부터** 전국 33개 선도지역을 시작으로 '읍·면·동 복지허브화' 사업이 실시되었으며, 2018년 12월부터 전국 모든 읍·면·동(3,509개소)에 적용되었다.
    ㉮ **맞춤형 복지 전담팀 구성·운영으로 국민의 복지 체감도를 높이는 통합서비스 제공**
      ⓐ **찾아가는 서비스 활성화** : 노인·장애인 등 거동 불편 대상 집중 방문·상담, 취약계층 방문 또는 유선 확인을 통한 모니터링 등
      ⓑ **통합서비스 지원** : 대상자별 욕구에 따라 다양한 서비스를 맞춤형으로 제공, 가구별 서비스 제공계획 수립·연계 등 통합사례관리 실시
      ⓒ **민간조직·자원 적극 활용** : 복지통(이)장 및 지역사회보장협의체, 위원복지기관과 협력하여 지원대상·자원 발굴 확대, 민간자원 연계 활성화
    ㉯ **복지담당 인력 전문성 강화 및 처우개선 등 관리강화**
    ㉰ **민관협력으로 공공복지 보완·강화**
      ⓐ 복지통(이)장제, 읍면동 단위 지역사회보장협의체 등 주민조직 적극 활용
      ⓑ 민·관 복지대상자 상호의뢰 및 자원정보 공유 추진

㉔ **2016년 읍면동 주민자치센터를「행정복지센터」로 명칭 변경** : 찾아가는 복지상담과 맞춤형 통합 복지서비스 제공 등을 통해 주민의 복지체감도를 제고하는「읍·면·동 복지허브화」추진을 위해 읍면동 사무소(읍·면 사무소, 동 주민센터) 명칭을「행정복지센터」로 전환하였다. [⑱]

> 한국 지역사회복지 역사 : 2018년 주민자치센터를 행정복지센터로 명칭 변경(×)

⑪ **2018년 11월 지역사회통합돌봄 기본계획 발표, 2019년 4월부터 선도사업 시행** [⑳㉒, 행정론 ⑲]

㉠ **지역사회 통합돌봄(커뮤니티케어)이란?**

돌봄이 필요한 주민(노인, 장애인, 정신장애인 등)들이 살던 곳(자기 집, 그룹홈 등)에서 개개인의 욕구에 맞는 서비스를 누리고, **지역사회와 함께 어울려** 살아갈 수 있도록 **주거, 보건의료, 요양, 돌봄, 일상생활의 지원이 통합적으로 확보되는 지역 주도형 정책**

> 지역사회 통합돌봄 추진에 따라 생활시설 거주자의 퇴소를 금지하고 있다.(×)

㉡ **추진경과**

㉮ **2018년 11월 지역사회통합돌봄 기본계획을 발표**하고 2019년 4월에 16개 지방자치단체를 선정하여 2년간의 선도사업을 추진하고 있다.

㉯ 이 선도사업을 통하여 지역의 실정에 맞는 다양한 통합돌봄 모형을 개발·검증·보완하고 초고령 사회에 진입하는 **2025년부터 전국적으로 통합돌봄을 시행할 계획**이다.

㉢ **통합돌봄 대상**

㉮ 노화·사고·질환·장애 등으로 돌봄이 필요한 상태로 평소 살던 곳에서 지내기를 희망하는 사람

㉯ 지역사회 통합돌봄은 자산조사 없이 욕구에 기반하여 돌봄이 필요한 자는 누구나 대상이 되는 보편적 제도로 발전시켜 나갈 계획

㉣ **통합돌봄을 운영하기 위한 핵심요소**

㉮ **통합돌봄 주요 서비스**

ⓐ **주거** : 케어안심주택, 자립체험주택, 주택개조, 거주시설 전환 등

ⓑ **보건의료** : 방문 건강관리, 방문의료, 방문약료, 만성질환 관리 등

ⓒ **복지·돌봄** : 재가 장기요양, 재가 돌봄서비스, 스마트 홈 등

㉯ **공통기반 구축**

ⓐ **공통기반 구축** : 통합돌봄창구, 총괄 추진단, 민·관 협의체 등

ⓑ **지역케어회의** : 다(多)직종 전문가가 대상자를 중심으로 문제해결을 위한 협의구조

> 지역사회 통합돌봄 도입으로 전문직종 간 서비스를 연계하여 제공한다.(○)

⑫ **2019년 사회서비스원 최초 설립·운영** [⑱⑲]

㉠ **사회서비스원이란** :「지방자치단체 출자·출연 기관의 운영에 관한 법률」(약칭 : 지방출자출연법)에 따라 **시·도지사가 설립하는 공익법인**으로 긴급돌봄 제공, 안전점검 및 노무·재무 컨설팅 등 민간기관 지원, 종합재가서비스 제공과 국공립시설 수탁·운영 등을 통해 사회서비스의 공공성을 제고하고, 종사자 처우 개선을 통해 사회서비스 품질향상을 목적으로 설립된 지방자치단체 출연기관이다.

> 한국 지역사회복지의 최근 동향 : 중앙정부의 '사회서비스원' 운영(×)

ⓒ 설립연혁 및 현황
  ㉮ 보건복지부는 2019년 공모를 통해 2019년 사회서비스원 시범사업 지역으로 서울특별시, 대구광역시, 경기도, 경상남도를 선정하여 시범사업을 추진하였다.
  ㉯ 2020년까지 총 11개 시도에 설립되었으며, 2021년에는 3개 신규 설립 예정(2019년 서울·대구·경기·경남, 2020년 인천·광주·대전·세종·강원·충남·전남, 2021년 울산, 전북, 제주, 2022년 부산, 충북, 경북)

ⓒ 주요 역할 및 기능
  ㉮ 지방자치단체로부터 국·공립 시설을 위탁받아 운영하고 서비스 종사자들을 직접 고용
    ⓐ 새로 설치되는 국공립 시설을 우선 위탁 받으며, 특히 서비스 수요가 많은 신규 국·공립 어린이집, 공립 요양시설은 필수적으로 운영
    ⓑ 이밖에 위·불법이 발생하거나 평가 결과가 저조한 국공립 시설, 시·군·구청장이 위탁하고자 하는 국공립 시설 등을 운영
      ※ 사회복지행정 환경이 동향 : 사회서비스 확대로 사회적 일자리가 창출되고 있다.(O)
  ㉯ <U>지역사회 통합돌봄</U>(커뮤니티케어) 체계의 하나로 종합재가센터를 설치하여 재가(在家) 서비스를 직접 제공
    ⓐ 종합재가센터에서는 장기요양, 노인돌봄, 장애인 활동지원 등 각종 지역사회 돌봄서비스를 통합·연계하여 제공
    ⓑ 이를 통해 이용자는 맞춤형 통합서비스 이용이 가능하게 되고, 서비스 제공인력은 적정 업무량을 확보하고 고정적으로 월급을 받게 됨
  ㉰ 그 밖에 <U>민간 서비스 제공기관 품질향상</U>을 위해 회계·노무·법률 등에 대한 상담·자문, 대체인력 파견 및 시설 안전점검 지원과, 지방자치단체의 사회서비스 정책수립을 위한 연구·조사 등도 수행
② **사업범위** : 긴급돌봄 제공, 안전점검 및 컨설팅 등 민간제공기관 지원, 종합재가서비스 직접 제공, 국공립시설 수탁·운영 등

MEMO

김진원 OIKOS 사회복지사1급 통합이론서 2교시

제2부

지역사회복지의 실천모델과 기술

제4장 지역사회복지의 이론적 기초 이해
제5장 지역사회복지의 실천모델에 대한 이해
제6장 지역사회복지실천의 과정
제7장 지역사회복지실천에서의 사회복지사의 역할
제8장 지역사회복지실천에서의 사회복지사의 기술
제9장 사회행동의 전략과 전술

지역사회복지의 이론적 기초 이해

제2부 **지역사회복지의 실천모델과 기술**

제4장 회차별 출제빈도, 출제비중 및 출제논점 1, 2, 3순위

10회 2012	11회 2013	12회 2014	13회 2015	14회 2016	15회 2017	16회 2018	17회 2019	18회 2020	19회 2021	20회 2022	21회 2023	22회 2024
2	2	3	3	2	3	2	1	2	2	2	3	3

출제 비중	출제 논점		
	1순위 ☺	2순위 ※	3순위 ☆
1**2**3	① 사회체계이론과 생태학 이론 ② 사회자본이론	① 기능이론과 갈등이론 ② 자원동원론, 교환이론, 다원주의이론	① 사회구성론과 권력의존이론 ② 사회학습이론

1순위 스마일표시(☺) : 출제 빈출도가 높은 부분으로 무조건 시험에 출제되는 영역
2순위 당구장표시(※) : 나왔다 안 나왔다 하는 영역이지만 출제가능성 높은 영역
3순위 별 표(☆)　　 : 출제 된 적이 있긴 하지만 다시 출제될 가능성은 다소 떨어지는 영역

♀ MAP

- 지역사회복지의 이론적 기초 이해
  - 사회체계이론과 생태학이론
    - 사회체계이론 ☺
    - 생태학 이론 ☺
  - 기능이론과 갈등이론
    - 기능이론 ※
    - 갈등이론 ※
  - 자원동원론과 교환이론
    - 자원동원론 ※
    - 교환이론 ※
  - 사회구성주의론과 권력의존이론
    - 사회구성주의론 ☆
    - 권력의존이론 ☆
  - 사회자본이론과 사회학습이론
    - 사회자본이론 ☺
    - 사회학습이론 ☆
  - 엘리트이론과 다원주의이론
    - 엘리트이론 ☺
    - 다원주의이론 ※

01 사회체계이론과 생태학 이론

1 사회체계이론(social systems theory) [⑧⑨⑬⑭㉑㉒]

① 사회체계이론은 지역사회체계 내에 하위체계로 분류되는 다양한 사회제도들을 관련시킨다.
  ㉠ 이런 관점에서 지역사회의 능력을 향상시키기 위해서는 **전체로서의 지역사회체계와 지역사회 내 다수의 사회적 단위로서 하위체계를 동시에 고려**해야 한다. → 지역사회 하부체계 간의 상호작용 중시
    - 사회자본이론 – 지역사회 하위체계의 기능과 역할 강조(×)
  ㉡ 지역사회를 하나의 체계로 간주하고 **지역사회와 환경의 관계를 설명**하며, **보수적 이론으로 비판받지만 지역사회의 구조와 기능을 설명**할 수 있다.
② **지역사회를 하나의 행위자(actor)로 본다.** 즉, 지역사회체계의 총체적 시각을 가지고 하나의 행위자로서 지역사회가 작동하도록 개입함으로써 지역사회 문제를 해결하고자 노력한다.
③ 지역사회복지실천가들은 지역사회 내에 존재하는 많은 하위체계들과 다양한 상호작용의 관계를 바탕으로 수많은 지역사회문제해결 방법을 고민해 볼 필요가 있다.
  - 예) '아동보호를 위한 마을만들기 지원사업'을 시작하기 위한 계획을 할 때, 학교나 병원과 같은 아동관련 하위체계를 조사하고 방문 계획

> **주의**
> 사회체계이론은 구조기능주의 이론과 일반체계이론이 결합된 것으로 독일 사회학자 니클라스 루만(Niklas Luhmann)에 의해 정립되었다. 그래서 사회체계이론의 특징들이 구조기능주의의 내용과 유사한 점을 보인다. 참고로 루만은 구조기능주의 창시자였던 파슨즈(Talcott Parsons)의 제자로, 구조기능주의가 지니고 있었던 문제점들을 보완하고 일반체계이론이 지니고 있는 틀을 도입하여 사회체계이론을 창시하였다.
> - 사회체계이론은 보수적 이론으로 비판받지만 지역사회의 구조와 기능을 설명할 수 있다.(○)

2 생태학 이론(ecological theory, 생태이론, 생태체계이론) [⑨⑩⑪⑭⑯㉑]

① **인간이 환경의 제 요소들과 끊임없이 상호교류를 하면서 적응하고 진화한다는 견해**를 바탕으로 하고 있으며, **지역사회는 공간을 점유하는 인간집합체**로 본다.
  ㉠ 생태체계이론은 자연환경을 연구하는 생태학에서 빌려 온 개념으로, **인간이 환경과 상호작용을 하면서 살아가는 역동적인 존재라는 가정에서 출발**한다.
  ㉡ 지역이 변화에 순응하면 살아남고 순응하지 못하면 도태된다는 자연의 섭리를 강조한다.
  ㉢ 다윈(Darwin)의 생물학적 결정주의인 생존을 위한 최적 상태에 기초하여 동물이나 식물의 생태를 설명하기 위해 등장하였지만, 지역사회를 설명하는 이론으로 적용되었다.
    - 다원주의이론 : 인간과 환경과의 상호작용에 초점을 둔다.(×)
② 생태학 이론의 관점은 **지역사회의 변천과정을 역동적으로 설명하는데 유용한 이론**으로, 지역사회 변천 과정을 설명하는 데 주로 사용되는 개념으로 **경쟁(competition), 지배(dominance), 침입(invasion), 계승(succession), 중심화(centralization, 집중화), 분리(segregation), 통합(integration)** 등이 있다.

구 분	내 용
경쟁 [⑬⑭⑳]	• 보다 나은 토지, 위치를 차지하기 위한 적응과정으로, 한 집단이 지역사회의 제한된 자원에 대한 통제력을 성취하려는 목적을 위해 다른 집단과 분투하는 행동 • 자산가치가 높고 편리한 공간은 기득권 세력이나 고소득계층들이 확보하게 되고 그렇지 못한 세력은 상대적으로 가치가 적은 공간을 차지할 수 밖에 없는 현상
지배	기능적으로 우위에 있는 것이 다른 단위에 대해 영향력을 행사하는 것으로, 경쟁을 통하여 어떤 한 집단이나 사회기관들은 지역사회의 다른 집단을 지배하게 됨
침입 [⑳]	원래의 지역이 외부로 성장하고 팽창하는 것이고, 어떤 지역으로부터 다른 지역으로 영구적으로 이동하는 것임 예 경기도 안산 원곡본동 일대 주택가는 1990년대 중반 전후로 한국인 노동자들이 반월공단과 시화공단에서 빠져나가면서 동남아 외국인 노동자들의 집단촌으로 변모해감
계승 [⑳]	• 침입이 완결된 단계로 어떤 지역의 용도가 완전히 전환되는 것으로, 지역적 현상일 뿐만 아니라 시간적 현상임 • 계승으로 오래된 인구집단들이 새로운 인구집단으로 대치되고, 그 지역에 새로운 제도적 유형들이 출현하게 됨 예 경기도 안산 원곡본동은 동남아 외국인노동자들의 집단촌이 되어 이제 한국인 노동자들이 아니라 외국인 노동자들의 삶의 터전으로 계승되고 있음
중심화 (집중화) [⑪⑬⑭]	• 지역의 기능과 사회시설 및 서비스가 지역의 중심으로 몰리는 것으로, 지역사회의 주요 사회·경제 기관들이 한 곳에 집중되었을 때 지역사회가 집중화됨을 뜻함 • 대부분의 도시지역에서 은행, 교통, 보건 및 휴먼 서비스들과 같은 중요한 서비스들은 전통적으로 시내 지역에 집중화되어 있음
분산 [⑪⑬⑭⑯]	구성원들이 중심으로부터 밀도가 낮은 외곽으로 빠져나가는 것으로, 최근에 정보통신기술의 발전으로 교외 지역으로 중심도시 인구가 이동할 뿐만 아니라 가상 커뮤니티 서비스로 분산화를 가능하게 함
분리 [⑪⑬⑭⑳]	개인, 그룹 등이 사회의 압력이나 개인 선택의 결과로 배경적 특징에 따라 물리적 지역 내에서 서로 떨어져 유사 배경 및 기능을 중심으로 한 데 모이게 되는 것을 말함 예 영구임대아파트가 비영구임대아파트와 함께 설립되지 못한 경우 저소득계층이 밀접하게 되는 것
통합	분리의 반대 현상으로 다양한 집단이 하나의 통일된 기능체로 혼합되는 것을 의미 예 영구임대아파트와 비영구임대아파트 지역주민들 간에 공간적 분리와 정서적 반목을 극복하고 다양한 시도 결과 주민들이 하나가되는 것

③ 인간은 그들의 물리적·사회적 환경을 변화시키며, **환경과의 지속적인 상호작용과정을 통하여 환경에 의해서 역동적으로 변화**된다고 본다.

예 '아동보호를 위한 마을만들기 지원사업'을 시작하기 위한 계획을 할 때, 과거부터 지금까지의 아동관련 지역사회 활동을 조사할 계획

02 기능이론과 갈등이론

1 기능이론(function theory, 기능주의적 관점) [6⑭⑱⑲②]

① 지역사회가 여러 제도로 구성되어 있다고 본다. 이에 **각 제도들은 합의된 가치와 규범에 따라 변화하며, 조화, 적응, 균형과 안정성을 강조**한다.
  ㉠ 사회는 여러 부분들로 구성되어 있으며, 각 부분들은 합의된 가치와 규범에 따라 변화한다.
  ㉡ 사회의 모든 구성요소는 균형 또는 안정지향적이며, 각 요소들은 상호의존적이고 통합적인 기능을 한다.
  ㉢ **사회변화는 점진적이고 누적적으로 진행(점진적·개량주의적)**되며, 사회체제의 유지를 위해 사회구성원들의 공동체 의식을 강조한다.
   ✗ 갈등이론 : 사회문제는 사회변화가 아닌 개인의 사회적응을 통해 해결할 수 있다.(×)

② 지역사회는 하나의 사회체계로 간주되며, 그 기능은, 첫째, 생산-분배-소비의 기능, 둘째, 사회화의 기능, 셋째, 사회통제의 기능, 넷째, 사회통합의 기능, 다섯째, 상부상조의 기능 등으로 구분할 수 있다.

③ 지역사회에 적용되는 기능주의적 접근
  ㉠ 지역사회는 다양한 사회적 제도로 구성된 하나의 체계로 이해할 수 있으며, 그 하위체계는 독특한 제도적 체계로서 지역사회에 따라 차이가 있다. 즉 **지역사회의 중요한 제도적 하위체계는 정치·경제·사회·종교·가족 등으로 구성**되어 있다.
  ㉡ **지역사회 내의 구성원과 하위체계 간에는 상호 관련성이 있으며**, 각 하위체계는 다양한 공동체적 집단으로 형성되어 있다.
  ㉢ **지역사회 내의 모든 체계는 균형상태를 향해서 작용하고 있다.** 이러한 체계들에서 한 구성요소의 변화는 다른 구성요소의 변화를 유도하게 된다. 즉 지역사회의 체계들은 다양한 부분 간의 조절, 조정, 통합 등이 이루어지면서 균형상태를 유지하고 있다.
  ㉣ **지역사회 내의 하위체계는 상호관련성을 지니지만, 이들 역시 하나의 분리된 실체를 이룬다.** 지역사회의 구성원은 의식적으로나 무의식적으로 다양한 경계를 유지하면서 활동한다. 즉 이들은 심리적·사회적·지리적 경계 등을 이루면서 생활한다.
  ㉤ **지역사회의 기능주의적 접근은 지역사회의 유지와 균형에 역점을 두되, 지역사회의 변화와 자원, 권력 등을 둘러싼 괴리를 해소하는 데도 관심을 두어야** 한다.
  ㉥ 지역사회를 하나의 사회체계로 파악하면서 **체계 간의 조절, 조정, 통합 등이 이루어지도록 기능적인 관점에서 접근할 필요**가 있다.

2 갈등이론(conflict theory) [6⑦⑩⑬⑭⑱⑨②]

① 지역사회 내의 각 계층들이 이해관계에 의하여 형성되고, 지역사회의 이익 또는 자원의 차이가 갈등을 유발한다고 본다.

제4장 **지역사회복지의 이론적 기초 이해** 425

㉠ **사회는 분열되어 있고 언제나 갈등은 존재**한다. 즉 **갈등은 보편적인 현상**이며, 이는 한정된 자원과 권력을 두고 지배집단과 피지배집단 간에 발생된다.
- 갈등이론 : 갈등현상을 사회적 과정의 본질로 간주한다.(○)
- 다원주의 이론 - 집단 간 발생하는 갈등을 활용한다.(×)

㉡ **갈등은 변증법적 성격**을 가지고 있어서 하나의 갈등이 해결되면 새로운 갈등이 만들어지고, 그러한 갈등의 결과로 사회는 계속해서 변화하게 된다.
- 갈등이론 : 갈등이 지역사회 내부의 결속력을 강화시켜 준다.(○)

② 지역사회 내의 갈등과 투쟁의 역동성에 의해 다양한 지역문제 현상들이 표면화된다는 가정에 입각하고 있으며, **각 체계들의 갈등을 통해 지역사회복지가 증진한다는 관점에 초점을 둔다.**

㉠ 지역사회 내의 정치·경제·권력·재산 등이 불평등한 배분관계에 의해 지역주민들 간에 갈등이 발생하고, 이러한 **갈등관계를 통해 지역사회제도의 변화를 증진**한다.

㉡ 갈등을 둘러싼 연대와 권력형성의 도구가 될 수 있다는 측면에서 **사회행동 모델에 유용**하다.

㉢ **알린스키(Saul Alinsky)는 갈등이론을 지역사회실천 과정에 적극 활용한 대표적인 인물**로, 소수의 기득권 집단이 미국 사회 전반을 지배한다고 보고 이에 대응하기 위한 저항조직을 만들어 대응하였다.
- 갈등이론 : 알린스키(Alinsky)의 지역사회조직활동에 영향을 미쳤다.(○)
- 구조기능론 : 지역사회 내 갈등이 변화의 원동력이다.(×)

③ **지역사회에 적용되는 갈등주의적 접근**

㉠ 지역사회 내의 갈등은 경제적 문제, 권력이나 권위의 문제, 문화적 가치의 문제, 신념의 차이로 말미암은 문제 등에서 발생한다.

㉡ 지역사회의 갈등이 지속되면 새로운 쟁점이 제기되거나, 특정 쟁점에 대해 상대방에게 직접적인 적대감을 나타내는 경우가 있다.

㉢ 지역사회의 구조에 대한 갈등은 지역사회에 존재하는 사회조직 간의 변화에서 일어나고, 지역사회지도자와 의견상충에 영향을 미칠 수 있다.

㉣ 지역문제나 주민요구를 해결하기 위해서 지역사회에서 존재하는 갈등 요소인 정치·경제·사회·자원·권력 등의 재분배가 이루어지도록 **지역사회행동으로 표출**된다는 점을 강조하고 있다.

03 자원동원론과 교환이론

1 자원동원론

① **권력의존이론(power dependency theory, 힘 의존이론)에 의해 영향을 받은 이론**으로 사회적 불만의 팽배를 사회운동의 직접 원인으로 보는 전통적 시각을 비판하고, 사회행동으로써 **집합행동의 성패에 자원이 미치는 영향을 강조**한다.

- ㉠ 자원에는 지역사회의 돈, 정보, 사람, 조직원 간의 연대성, 사회운동의 목적과 방법에 대한 정당성이 포함된다.
- ㉡ 이러한 **자원이 동원되기 위해서는 1차적으로 조직원이 확보되어야 하며, 조직의 철학과 이념이 잠재적 조직원들에게 전달되어야** 만이 잠재적 조직원 충원에 큰 영향을 준다.
  - 자원동원 이론 – 자원이 집단행동의 성패에 영향을 미치지 않는다.(×)
② 사회운동이 성공하기 위해서는 조직원들의 집합적 정체성 형성을 돕고 이것을 토대로 조직원들의 헌신을 이끌어낼 수 있는 환경의 조성이 필요하다고 주장한다.
- ㉠ 사회운동조직이 대중의 인지와 정당성을 획득하기 위해서 1차적인 방법의 하나인 사회적 항의를 사용한다.
- ㉡ **사회운동의 성패는 조직원 충원과 자금조달 그리고 적절한 조직구조를 개발할 수 있는 능력에 달려 있다**고 본다.
- ㉢ 사회운동을 발전시키기 위하여 회원들을 적극적으로 참여하도록 독려하며, 외부체계와의 종속관계를 약화시키기 위하여 회원의 수를 늘린다.
  - 자원동원론 : 사회운동 조직들의 역할과 한계를 설명한다.(O)
③ 지역사회복지실천 과정에서도 **지역사회자원(물적·인적 자원) 동원이 지역사회발전에 가장 중요한 요인**이다.
- ㉠ 자원의 부족은 다양한 정책이나 사업을 수행하거나 지역사회문제를 해결하는데 어려움을 주며, 이를 통해 의사결정 시 자원 불균형을 고려하고 있음을 알 수 있다.
- ㉡ 지역사회복지실천 주체들의 다양한 활동, 특히 집단행동이 전제되는 활동에서는 자원확보가 필수적으로 이루어져야 하며 실천목적의 구현을 위한 중요한 수단임을 강조한다.

2 교환이론(exchange theory, 사회교환론) [9⑩⑬⑱㉑㉒]

① 호만스(Homans)와 블라우(Blau)에 의해 형성된 이론으로 인간은 합리적인 동물이며, 최대의 이익을 추구하려는 경향이 있다고 전제한다.
- ㉠ 개인이나 집단은 다른 사람이나 집단에게 무엇을 주는 대신 다른 보상을 얻으려고 하거나 얻을 수 있다고 생각할 때 상호작용이 일어난다.
- ㉡ **쌍방 간에 교환의 행위가 반복되다 보면, 개인이나 집단 간의 사회적 관계는 더욱 강화될 것이라고 보는 관점이다.**
- ㉢ **기본개념** : 보상, 교환자원, 대가 등
  - ㉮ **보상** : 개인에게 주는 만족감, 기쁨 등 가치있다고 생각하는 모든 것을 말하며, 심리적, 사회적, 신체적인 것을 모두 포함
  - ㉯ **교환자원** : 교환관계에서 상대방의 욕구나 목표 달성을 위해서 제공하는 것으로 상대방의 필요에 부응하며 상대방이 이용 가능한 물질 및 비물질적 보상
  - ㉰ **대가** : 특정 상황을 선택함으로써 잃게 되는 시간, 노력, 돈, 지위관계, 심리적 보상 등을 의미
    - 갈등이론 : 사회관계는 교환적인 활동을 통해 이익이나 보상이 주어질 때 유지된다.(×)

② **지역사회복지에의 적용**
　㉠ 지역사회복지실천은 교환이 이루어지는 장을 의미한다.
　　㉮ **교환자원**은 상담, 기부금, 지역사회 조직 서비스, 돈, 정보, 아이디어, 정치적 영향력, 선의, 순종적인 행동, 의미를 포함할 수 있다.
　　㉯ 교환이 발생되면, 거래 상태에 있는 양자가 비용에 대한 이익이나 보상이 극대화할 수 있는 교환을 선택하려고 한다.
　㉡ **교환관계의 단절이나 불균형으로 인해 지역사회문제가 발생한다고 본다.** 실제로 사회적 교환에서 거래 상태에 있는 주체들이 모두 다 만족할 수 있는 교환관계가 성립되기는 어렵다.
　㉢ 교환이론은 정부조직, 사회복지서비스조직, 클라이언트 당사자 조직 등 지역사회 내 다양한 조직 간의 권력관계를 설명하는 데 유용하다.
　　㉮ 하드캐슬(Hardcastle) 등은 교환관계에서 권력은 교환 상대방이 필요로 하는 자원을 통제할 수 있는 능력의 기능을 의미한다고 주장한다.
　　㉯ A가 목표를 성취하기 위해 가져야 하는 자원에 대하여 B가 어느 정도 소유하고 있느냐에 따라 B는 A에 대한 권력을 소유하는 것이다. 이런 관계에서 B는 독립적 상태에 있으나, A는 B에 대해 권력-의존적인 상태에 있는 것이다.
　㉣ **교환상의 권력불균형 시정을 위한 권력균형전략(power-balancing strategies)** [⑨⑩⑫]
　　㉮ **경쟁(competition)** : 이 전략은 A로 하여금 B와의 교환보다는 다른 방법을 찾도록 하는 것이다. 만일 A가 F, G에게서 필요로 하는 자원을 얻을 수 있다면 B의 권력은 줄어들 것이다.
　　　　예) A 정신보건센터는 B 정신병원으로부터 클라이언트를 의뢰받고 있다. 최근에 B 정신병원이 클라이언트를 의뢰해 주는 조건으로, 입원환자들을 위한 상담서비스에 A 정신보건센터의 자원봉사자를 활용할 수 있도록 요구하였다. A 정신보건센터는 현재의 자원봉사인력을 고려할 때, 이러한 조건을 들어주기가 어려웠다. 이에 인근에 있는 C 정신병원과 새롭게 연계하여 필요한 클라이언트를 의뢰받기로 하였다.
　　㉯ **재평가(re-evaluation)** : 이 전략에서 가치의 변화든 이데올로기의 변화든 A는 B의 자원에 대하여 관심을 덜 가지게 되며 이에 따라 B의 통제력도 약화된다.
　　㉰ **상호호혜(reciprocity)** : A는 B가 선호하는 자원을 찾아준다. 만일 A가 잠재적 거래 파트너로서 B에게 좀 더 매력적으로 변화할 수 있다면, 의존적 관계는 상호의존적 관계로 변화될 수 있으며 A는 좀 더 힘의 균형을 성취할 수 있을 것이다.
　　　　예) A 지역단체는 지역재활센터를 건립하려고 한다. 이 센터를 짓기 위한 용지를 오직 B 대학이 가지고 있다. 반면에 B 대학이 협소한 교내 주차 공간문제를 해결하고자 학교 근방에 주차지역을 갖기 원하고, A 지역단체는 B 대학에서 학생들의 주차공간으로 사용하려는 용지에 대한 통제권을 가지고 있다.
　　㉱ **연합(coalition)** : A 단독으로 B에 대한 영향력을 행사하지 못할 수 있다. 역시 C와 D도 유사한 상황에 있다고 보자. 하지만 A가 C, D와 연합할 수 있다면, B에 대하여 통제력을 소유할 수 있다. 그래서 A와 연합체는 B와의 관계에서 좀 더 평등한 관계를 행사함으로써 의존성을 줄일 수 있다.
　　㉲ **강압(coercion)** : 강압은 상대편으로 하여금 자신들이 원하는 행동을 하도록 물리적 힘 또는 위협을 사용하는 것을 의미한다. 이 전략은 사회복지 영역에서 전문적으로 수용할 수 없는 전략이다.
　　　　❌ 하드캐슬(Hardcastle) 등이 제시한 권력균형전략 : 자원개발, 상호호혜, 강압(×)

04 사회구성주의론과 권력의존이론

1 사회구성주의론 [9⑰⑲㉑]

① 지식은 객관적인 것이 아니며 유일한 '진리'라는 것이 없다는 것을 제시한다. 대신, 지식은 **문화적 맥락, 정치구조, 경제, 역사적 영향 안에서 사회적 상호작용과 이야기를 통하여 구성**된다고 본다.
  ㉠ 사회문제는 그것을 문제로 보는 집단에 의해 문제가 되는 것이지 처음부터 객관적 현상으로서 문제로 존재하는 것은 아니라고 주장한다.
  ㉡ 이런 관점에서 **지역사회 문제는 지역사회의 한 집단이 다른 집단이 설정한 의미에 동의하지 않아서 그 집단의 의미대로 행동하지 않는 현상**으로 본다.
  > ※ 사회구성주의이론 : 지역사회 문제를 객관적 사실로 인정하지 않고, 특정 집단에 의해 규정된다고 본다.(○)
  > ※ 사회구성(주의) 이론 – 가치나 규범, 신념, 태도 등은 다양한 문화적 집단에 따라 다르게 구성된다.(○)

② 개인이 처한 사회문화적 맥락에 따라서 현실의 문제나 생활을 구성 또는 재구성할 수 있다고 보기 때문에, 클라이언트를 원조하기 위해서는 클라이언트의 문화적 가치와 규범을 이해해야 한다고 주장한다.
  ㉠ **사회복지사는 클라이언트들의 주체성을 인정하고 그들이 자신의 권익의 주선자로서 서도록 도와야 하며 사회복지사와의 교류에 있어 새로운 의미부여를 통한 사회적 현실을 창조하는 데 참여할 기회를 제공**해야 한다.
  ㉡ 사회복지사는 클라이언트의 세계를 이해하고 들어가기 위한 의사소통 기술을 배워야 하며, 클라이언트의 문제에 대해 좀 더 민감하게 사정할 수 있어야 하며, 틀에 박히고 부적절한 진단적 용어 사용을 지양해야 한다.
  > 예 A사회복지사는 결혼이주여성들을 지원하는 과정에서 그들의 행동에 영향을 미쳤던 자국의 사회, 경제 및 정치적 구조를 이해하고 그들의 문화적 가치와 규범에 대한 의미를 해석해야 한다.

2 권력의존이론(power dependency theory, 힘 의존이론) [⑥⑮⑱㉑]

① 자원동원이론 및 교환이론과 매우 밀접한 관련을 가지고 있는데, **지역사회의 다양한 집단들이 가진 권력의 여부에 따라 지역사회가 발전할 수 있다고 주장**한다.
  ㉠ 권력은 각종 자원을 가진 집단과 그렇지 못한 집단 간의 관계에서 나타나는데, **참여자들의 관계를 활용 가능한 자원의 크기에 의해 결정되는 권력균형의 교환과정으로 파악**한다.
  ㉡ 어떤 조직이 자원을 보유하고 있는 조직의 권력에 의존하지 않으려면 **스스로 자원을 보유함으로써 권력을 가지면 되지만 그렇지 못한 경우 외부권력에 의존함으로써 조직을 운영**하게 된다.
  > 예 중앙정부와 지방자치단체 사이에 서로 다른 자원의 크기에 의해 지방자치단체는 더 많은 자원을 보유하고 있는 중앙정부에 의존적일 수 있다는 관점이다.
  ㉢ 지역사회복지 실천기관들이 필요한 자원을 외부에 의존하는 비중이 클수록 자원제공자의 요구에 따를 수밖에 없게 되어 조직이 지니고 있는 고유의 목적을 달성하기 어려울 수 있기

제4장 **지역사회복지의 이론적 기초 이해** 429

때문에, 자원동원 과정에서 힘의 균형이 일어날 수 있도록 다양한 자원출처 개발을 위해 노력해야 한다.

② 이 이론에서는 **사회복지의 실천활동에서 사회복지조직들은 생존의 차원에서 외부 재정적 지원에 의존할 수밖에 없다는 전제**에서 출발한다.
  ㉠ 사회복지서비스 조직의 관리자가 취할 수 있는 효과적 전략으로는 완충전략과 연계전략이 있다.
    ㉮ **완충전략** : 조직이 과업환경으로부터 야기되는 혼란에서 조직을 보호하기 위하여 조직 내의 구조와 주요 절차를 정비하는 방법으로 내부지향적이며 수동적인 환경대응전략
    ㉯ **연계전략** : 조직이 필요한 주요 자원을 획득하기 위해서 환경의 다른 요소 또는 조직과 협력 혹은 공조관계를 형성하고 발전시키는 전술로 외부지향적이고 능동적인 조직의 변화전략
      > 예) 사회복지관은 생존차원에서 외부 재정지원을 필요로 하지만 재정지원자의 요구를 무시하기 어렵다. 이런 상황에서 A사회복지관은 기관운영 재원을 마련하기 위해 다양한 후원기관을 발굴하였고, 이를 통해 직원들은 사업운영의 자율성이 확대되는 것을 경험하였다.
  ㉡ 사회복지조직에서 완충과 연계의 전략이 갖는 단점은 사회복지서비스 대상자에 대한 크리밍(creaming) 현상 등의 윤리적 문제가 야기될 수 있다는 것이다.

③ **지역사회복지실천에의 적용** : 의존성을 탈피하기 위해 고려해야 할 사항
  ㉠ 재정지원에 대한 동일한 가치의 대가를 재정지원자에게 제공한다.
  ㉡ 다른 여러 재원들을 확보하여 서비스를 제공한다.
  ㉢ 서비스의 지원 없이(또는 최소 서비스로만) 생존하는 방법을 클라이언트에게 교육한다.
  ㉣ 재정지원자들이 직접 클라이언트에게 서비스를 제공하도록 만든다.

OIKOS UP 　권력관계이론 [09]

① **권력과 갈등의 중심으로서의 지역사회** : 지역사회를 이해함에 있어서 권력과 정치에 초점을 둔다.
  ㉠ 지역사회는 끊임없는 권력과 희소한 자원의 통제에 대한 갈등과 연결되는 경쟁 집단들로 구성된다.
  ㉡ 일부 집단들은 사회계층이나 인종 때문에 권력에 대한 접근성이 떨어지고, 끊임없이 고용기회, 보건, 주거, 정책과 소방, 교육과 같은 지역사회 자원에 대한 접근성을 획득하기 위해 권력을 지닌 자들에게 도전해야 한다.
② **지역사회복지에 대한 시사점**
  ㉠ 자원획득이 권력 증대의 원천임을 분명하게 가르쳐 주며, 지역사회의 갈등을 부정적으로만 볼 것이 아니라 지역사회를 변화시키는 원동력으로 보아야 한다는 교훈을 배운다.
  ㉡ 사회복지사들이 지역사회의 현존 권력구조에 도전하고, 권력을 박탈당하고 억압된 계층에게 지역사회 문제를 재정의하고, 현상유지에 도전하도록 전략들을 형성하는 데 기여할 수 있다.
    ⓧ 권력관계이론: 지역사회는 구성 부분들의 조화와 협력으로 발전된다.(×)

05 사회자본이론과 사회학습이론

1 사회자본이론 [②③⑤⑥⑲㉑㉒]

① **사회자본(social capital)** : 시민참여, 사회적 연대감, 상호 혜택을 위한 협동을 촉진하도록 개인들 간의 **네트워크와 호혜성, 규범과 신뢰**를 뜻한다.

② 사회자본의 구성요소
  ㉠ **네트워크(network)** : 개인 간 또는 집단 내 사회적 관계와 상호작용을 의미
  ㉡ **규범(norm)** : 한 집단의 구성원들이 가지는 행동규칙이나 기준 및 공통된 가치 등을 말하는 것으로서 신뢰, 상호호혜성 등을 포함함
    ※ 사회적 자본 : 네트워크는 사회적 자본의 전제가 된다.(○)

③ 사회자본의 유형
  ㉠ **결속형(bonding) 사회자본** : 가족이나 친한 친구들과 같이 비교적 집단구성원들과의 관계를 가지며 강한 연대와 개념적 유사성을 지님
  ㉡ **교량형(bridging) 사회자본** : 비교적 거리감이 있는 친구나 동료들 간의 관계를 의미하며 시민운동 혹은 종교 간의 상호 이해를 촉진시키기 위한 집단 등으로, 더 약한 수준이지만 다양한 관계를 나타냄

④ 사회자본의 특징
  ㉠ 노동자에 의해 소유되는 인적 자본과 자본가에 의해 소유되는 물적 자본처럼 개인이 소유할 수 있는 자본이 아니라 **사회적 교환관계 속에 내재하고 있는 자본으로, 수평적 관계에서 형성**된다.
  ㉡ 다른 자본들은 자본의 소유자에게 이익이 배타적으로 돌아가지만, 사회자본은 관계를 맺고 있는 구성원 일부가 아닌 모두에게 또는 일반 대중에게 **이익이 공유되는 특성**이 있다.
  ㉢ 한번 획득되면 소비할 때까지 계속 소유할 수 있는 자본이 아니라, **한번 획득되더라도 언제든지 사라질 수 있는 것**으로 지속적으로 유지하려는 노력이 필요한 자본이다.
  ㉣ 다른 경제적 거래처럼 동등한 가치를 가진 것 사이의 교환이 아니며, 한쪽이 얻으면 다른 쪽이 그만큼 없어지는 영합(zero-sum)의 관계가 아닌 **정합(positive-sum)의 관계가 나타나 사용할수록 총량이 증가**하는 특성을 지닌 자본이다.
  ㉤ **동시에 교환되는 것을 전제로 하지 않기 때문에**, 서로 주고받은 도움에 대해 언젠가 **보상을 받으리라는 믿음이 존재**할 수 있다.
  ㉥ 사회자본은 일반적 호혜성에 기반을 둔 자원으로, 원칙적으로 불안정한 성격을 가지고 있으므로 **언제든지 배반할 수 있다는 특성**이 있다.
  ㉦ 사회적 관계는 사회적이며 효율적일 수 있는 동시에 반사회적이며 비효율적(예 학벌, 재벌, 지역주의 등 특정집단의 사회적 관계)일 수 있기 때문에, **사회적 자본은 경제성장 및 사회의 발전에 양날의 칼이 될 수 있다**.

◎ 신뢰, 네트워크 등의 사회자본이 공동체 의식을 확장시켜 집단행동의 딜레마를 해결할 수 있다.

※ 사회적 자본 : 신뢰는 공동체의 문제를 해결할 수 있는 자원이다.(○)

■ 사회자본, 물적 자본, 인적 자본의 비교(홍현미라 외, 2010) ■

구 분	사회자본	물적 자본	인적 자본
존재의 근원	사회적 교환관계 속에 내재하고 있음	관찰가능한 물리적 형태로부터 옴	개인이 습득한 기술이나 지식 속에 구현됨
실체성	비실체적 존재	실체적 존재	반실체적 존재
형태	사회관계망	토지, 설비, 공장 등	학력, 기술, 자격 등
특성	공공재적 성격	사적 소유의 성격	사적 소유의 성격
생산성	생산적임	생산적임	생산적임

2 사회학습이론(social learning theory) [18 20]

① 지역주민이나 집단들에 영향을 주는 **주변환경에 대한 학습을 통해 지역주민이나 집단구성원들의 역량이 강화**되고, 결국 그들의 역량강화는 지역사회를 발전시킬 수 있는 요인이 됨을 강조한다.
  ㉠ 지역주민 자신이 얼마나 문제해결이나 삶의 안정 또는 번영을 위해 경쟁력이 있는가에 대한 물음에 대한 인식에서 지역사회의 발전이 영향을 받는다.
  ㉡ 주민이 전반적인 지역사회의 인적·물적 환경에 대해서 긍정적으로 보는지 또는 부정적으로 보는지 등의 **자기효과성(자기효능감** : 자기 자신이 만족할 만한 결과를 만들 수 있는가)이나 주변의 환경에 대한 인식이 지역사회 발전에 긍정적으로든 부정적으로든 영향을 미친다.
  ㉢ **집단효과성(집단효능감** : 집단이 만족할 만한 결과를 만들어 낼 수 있는가)은 목적을 성취하기 위한 집단의 능력에 대해 집단구성원들이 공통으로 가지는 인식으로, 집단, 나아가 지역사회를 하나의 전체로서, 그리고 연대의 개념으로 보는데 중요한 개념이다.

※ 이론과 주요 개념의 연결 : 사회교환 이론 – 자기효능감, 집단효능감(×)

② **지역사회복지실천의 분야에서 사회학습이론이 주는 함의**
  ㉠ 지역 내에서 사회복지사의 경험된 행동 또는 인식은 곧 그 사회복지사가 속해 있는 집단이나 단체, 조직 등의 지역사회복지실천 영역에 영향을 미친다.
  ㉡ 지역주민이나 집단, 조직에 참여하는 지역주민의 자기 자신에 대한 확신과 집합적 확신을 높이면 목적한 결과에 대한 높은 기대를 할 수 있으며 주민 연대성이 강화된다.
  ㉢ 지역사회복지실천모델 중 사회행동모델에 이론적 기초를 제공해 준다.

06 엘리트이론과 다원주의이론

1 엘리트이론 [18][19][22]

① 소수의 지배 엘리트 집단이 국가의 정책을 좌우하고 권력을 장악하고 있다고 보는 견해로, 정책이 집단 사이의 갈등이나 요구를 통해 만들어지는 것이 아니라 **파워엘리트 또는 지배엘리트에 의해서 결정된다고 보는 이론**이다.
　㉠ 엘리트에 속하는 사람들은 자신들이 일반 대중을 이끌어나간다고 인식하고, 자신과 주변의 정치력과 자본력 등으로 정부를 통제, 관리하고 정부의 주요 정책에 영향력을 행사한다.
　㉡ 엘리트들은 자신들의 이익이나 영향력 행사를 위해 동류의식이 필요함을 알기 때문에 서로 도움을 주고받으면서 **강한 연대를 무기로 사회정책에 중요한 영향력을 행사**한다.
② 사회에는 지역사회수준에서 서로 결탁하여 권력을 독점적으로 행사하는 **소수의 기업인, 관료, 정치인 등이 존재하는데, 이들에 의해 지역사회가 지배되는 경향**이 있다고 강조한다.
　　· 갈등이론 : 사회나 조직을 지배하는 특정 소수집단의 역할이 중요하다.(×)
　　· 다원주의이론 – 소수 엘리트에 의한 지역사회 발전 강조(×)
　　· 사회자본이론 : 지역사회 내 소수의 엘리트 집단의 권력이 정책을 좌우한다.(×)

2 다원주의이론 [14][15][19][22]

① 정책은 개개인과 집단의 이익대결과 갈등을 정부가 공정하고 종합적인 입장에서 조정한 결과로서의 균형(equilibrium)을 의미하는 것으로 해석한다.
　㉠ 다원화된 현대사회에서 개개인은 특정 목표를 중심으로 여러 집단과 조직을 구성한다.
　㉡ 이러한 **다양한 집단과 조직이 이익을 표출하는 것을 통해 정책과정에 영향을 미칠 수 있다고** 주장한다.
　㉢ 지역사회권력이 집중되는 형태를 갖기보다는 전문성 등에 기반을 둔 다양한 사람들의 참여와 함께 다원화되는 경향이 크다고 설명한다.
② 지역사회에서의 주요 의사결정이 이익집단들의 경쟁과정을 통해 최종정책이 결정되는 점을 전제로 한다.
　㉠ 지역사회복지정책은 이익집단들 간의 갈등과 타협의 산물로 간주된다.
　㉡ 지방자치단체나 지방의회의 주요 역할은 이익집단들 간의 경쟁이나 갈등을 중재하는 것으로 볼 수 있다.
　㉢ 지역사회복지정책 결정은 이익집단들의 상대적 영향력 정도에 따라 달라진다.
　　예) 최근 A지방자치단체와 B지방자치단체는 중앙정부로부터 각각 100억 원의 복지 예산을 지원받았다. 노인복지단체가 많은 A지방자치단체는 지역 노인회의 요구로 노인복지 예산 편성 비율이 전체 예산의 50%를 차지하게 되었고, 상대적으로 젊은 층이 많이 거주하고 있는 B지방자치단체는 노인복지 예산의 편성비율이 20% 수준에 그쳤다.

CHAPTER 05 지역사회복지의 실천모델에 대한 이해

제2부 **지역사회복지의 실천모델과 기술**

제5장 회차별 출제빈도, 출제비중 및 출제논점 1, 2, 3순위

10회 2012	11회 2013	12회 2014	13회 2015	14회 2016	15회 2017	16회 2018	17회 2019	18회 2020	19회 2021	20회 2022	21회 2023	22회 2024
2	6	3	3	2	2	3	2	2	3	3	2	2

출제 비중	출제 논점		
	1순위 ☺	2순위 ※	3순위 ☆
2~3	① 로스만(Rothman)의 모델 ② 웨일과 갬블(Weil & Gamble)의 모델	① 로스만(Rothman)의 변용모델 ② 테일러와 로버츠(Taylor & Roberts)의 모델	① 지역사회복지실천의 목표(Rothman) ② 포플(Popple)의 모델

1순위 스마일표시(☺) : 출제 빈출도가 높은 부분으로 무조건 시험에 출제되는 영역
2순위 당구장표시(※) : 나왔다 안 나왔다 하는 영역이지만 출제가능성 높은 영역
3순위 별 표(☆) : 출제 된 적이 있긴 하지만 다시 출제될 가능성은 다소 떨어지는 영역

MAP

- 지역사회복지의 실천모델에 대한 이해
  - 지역사회복지실천의 목표 ☆
  - 지역사회복지실천모델의 발달사와 특징 ☆
    - 지역사회복지실천모델의 유형과 발달과정을 통해 나타난 특징
  - 지역사회복지실천모델의 유형
    - 로스만의 모델 ☺
    - 테일러와 로버츠의 모델 ※
    - 웨일과 갬블의 모델 ☺
    - 포플의 모델 ☆
    - 최근 변화된 실천 모델

01 지역사회복지실천의 목표

❶ 던햄(Dunham)의 견해

(1) 과업중심의 목표(task goals)

지역사회의 특정욕구를 충족시키거나, 특정문제를 해결(지역사회의 한정된 문제해결에 관심)하기 위해 취하는 구체적인 과업의 완수에 역점을 두는 것(지역사회개입 노력에 따른 성과에 초점을 맞춤)이다.

(2) 과정중심의 목표(process goals)

지역주민들의 참여, 자조, 협동능력을 개발·강화·유지하도록 도와 그들이 문제에 보다 효과적으로 대처할 수 있게 하며, 문제를 해결할 수 있는 능력을 갖도록 해주는 것이다.

(3) 관계중심의 목표(relationship goals)

지역사회와 집단들 간의 관계와 의사결정권의 분배에 있어서 변화를 초래하고자 하며, 지역사회 구성요소 간의 사회관계에 있어서 변화(관계의 향상)를 시도하는 데 역점을 둔다.

❷ 로스만(Rothman)의 견해 [③④⑥⑦]

(1) 과업중심목표(task goals)

① 구체적 사업을 완성하거나, 지역사회의 기능과 관련한 문제를 해결하는 데 관심을 두는 것으로, 지역사회의 욕구와 자원 간의 조정과 균형을 도모한다.
   ㉠ 지역사회의 특정욕구를 충족시키거나, 특정문제를 해결(지역사회의 한정된 문제해결에 관심)
   ㉡ 구체적인 과업의 완수에 역점을 두는 것(지역사회개입 노력에 따른 성과에 초점)
② 서비스를 제공하거나 새로운 서비스를 강구하거나, 특수사회입법을 통과시키는 것을 말한다.
   예 사회서비스 제공, 지역사회불량주택개선, 사회적 일자리 창출, 학교급식조례 제정 등

(2) 과정중심목표(process goals or maintenance goals) : 지역주민들의 참여, 주민들의 자조적 참여 증진, 협동능력을 개발·강화·유지하도록 도와 **지역사회 주민들의 문제 해결 능력을 강화하고 대처능력을 고양**한다.

① **지역사회에 있는 여러 집단 간의 협동적인 관계를 수립**한다.
② 지역사회문제를 해결하기 위해 **자치적(self-maintaining)인 구조를 창조**한다.
③ 지역사회문제를 해결하는 데 필요한 **역량기반(power base)을 향상**시킨다.
④ 지역사회주민들로 하여금 **지역사회의 일에 대해 관심을 갖고 참여하도록 자극**한다.
⑤ 지역사회의 공동사업에 **협력적인 태도와 작업**을 북돋아 준다.
⑥ **토착적 지도력(indigenous leadership)을 증대**시키려 한다는 것이다.

(3) **과정중심의 목표가** 지역사회가 장기간에 걸쳐 제 기능을 하도록 일반적인 능력 향상에 관심을 갖는 다고 한다면, **과업중심의 목표는** 지역사회의 한정된 문제의 해결 그 자체에 관심을 갖는다는 것이다.

(4) 지역사회복지실천의 세 가지 모델 중

　① 지역사회개발사업 → 과정중심의 목표
　② 사회계획 → 과업중심의 목표
　③ 사회행동 → 양 목표의 어느 쪽에도 역점

02 지역사회복지실천모델의 발달사와 특징

1 지역사회복지실천모델의 발달사

지역사회복지실천 활동을 유형화하려는 노력은 사회복지실천의 본산이라 할 수 있는 미국을 중심으로 1960년대부터 활발하게 연구가 되어 왔으며, 웨일(Weil)의 연구를 기초로 지역사회복지실천모델의 역사를 다섯 시기로 구분하여 살펴볼 수 있다.

(1) **지역사회복지실천의 원시적 모델 발생 시기(1890~1910년대)**

지역사회복지실천의 원시적 모델(The Proto-Models of the Taproots)이 발현되는 데에 중요한 뿌리로 이 시기에 발아된 인보관 운동(Settlement House Movement), 자선조직협회운동(Charity Organization Societies Movement), 농촌지역사회개발 등이 있다.

(2) **지역사회복지실천의 개발 시기(1920~1930년대)**

사회복지실천방법론 개발 시기라고 평가되는 이 시기에는 개별사회사업, 집단사회사업이 개발되었을 뿐만 아니라, 지역사회에 있는 다양한 사회복지관련 기관 활동의 통합과 조정, 그리고 지역사회 전체를 대상으로 하는 복지계획 등이 지역사회조직화와 더불어 지역사회복지실천의 중요한 관심대상으로 부각되기 시작했다.

(3) **지역사회복지실천방법의 세분화 시기(1940~1950년대)**

1940년대와 1950년대는 지역사회복지실천방법이 보다 세분화된 시기로, 특히 지역사회계획(community planning)과 풀뿌리 조직의 개발(grassroots organization development) 등에 많은 초점이 모아졌다.

(4) **지역사회복지실천 기본모델의 명료화 시기(1960~1970년대)**

　① 1960년대와 1970년대는 빈곤문제에 대한 재발견, 시민권리에 기반을 둔 시민운동 등과 함께 사회정의 확대 및 사회변화를 위한 시민참여가 보다 강조된 시기이다.
　　㉠ 사회행동모델이 지역사회 문제해결을 위한 지역사회복지실천의 하나로 부상하게 되었다.
　　㉡ Rothman(1967)은 이 시기 미국을 배경으로 지역사회 변화를 위해 활용되었던 지역사회복지실천 기본 모델로 지역사회개발, 지역사회계획, 사회행동의 세 가지 모델을 제시하였다.

② 이 시기는 지역사회개발모델, 사회계획모델, 사회행동모델을 지역사회복지실천의 기본 모델로 명확하게 수용하면서 사회복지교육현장 및 실천현장에서 뚜렷하게 명문화하고 실천할 수 있었다.

(5) **지역사회복지실천모델의 팽창과 세분화 시기(1980년대~현재)**
① 사회·경제·문화적 변화에 따라 새롭게 발생한 여성, 소수민족 등 취약계층의 새로운 욕구를 반영하고, 각 지역사회가 요구하는 새로운 형태의 요구에 대응하기 위해 보다 세분화되었다.
　㉠ **Talyor와 Roberts(1985)는** 지역사회복지실천모델을 지역사회개발모델, 프로그램 개발 및 조정모델, 계획모델, 지역사회연계모델, 정치적 권력강화모델 등의 다섯 가지 모델로 정리하여 제시
　㉡ **Rothman(1995)은** 기존의 세 가지 모델을 재구성하고 확장시킨 혼합모델을 개발과 행동 혼합모델, 행동과 개발 혼합모델, 계획과 개발 혼합모델로 제시
　㉢ **Weil과 Gamble(1995)은** 이를 보다 세분화시켜 근린지역사회조직모델, 기능적 지역사회조직모델, 지역사회의 사회경제개발모델, 사회계획모델, 프로그램 개발과 지역사회연결모델, 정치사회행동모델, 연합모델, 사회운동모델 등의 8가지 모델로 제시
　㉣ 1980년대 중반부터 여성주의 관점에 기초한 여성주의적 실천모델과 소수민족을 대상으로 하는 지역사회복지실천모델도 강화
　㉤ 1990년대 이후에는 개발(development) 중심적 모델, 조직화(organizing) 중심적 모델, 계획(planning) 중심적 모델, 변혁(change) 중심적 모델 등의 내용을 중심축으로 세분화
② 지역사회복지실천모델은 다양한 형태로 팽창해 지역복지실천에서의 접근 양상이 보다 다양한 모습을 갖게 되었다.

2 지역사회복지실천모델의 유형과 발전과정을 통해 나타난 특징 [6]
① 유형화 노력은 미국을 중심으로 1960년대부터 두드러지게 나타났다.
② 지역사회복지실천모델은 시대적 상황 및 개별 국가의 경험을 반영하고 있다.
③ 지역사회복지실천모델의 발전과정은 사회·경제적 배경이나 이데올로기, 사회복지실천의 전문화 경향과 밀접히 연관되어 있다.
④ 지역사회복지실천 모델의 세분화경향을 들 수 있다.
⑤ 모델의 세분화현상에 따라 능력 있는 사회복지사가 요구(역할변화 및 확대)되고 있다.
⑥ 다양한 지역사회복지실천 모델 간 혼합을 고려한다.
⑦ 미시적 접근과 거시적 접근이 혼합발전한다.
⑧ 인권(특히 여성이나 여아에 대한 권리확장 등)이 강조되고 있다.

03 지역사회실천모델의 유형

1 로스만(Rothman)의 모델 [②③④⑥⑦⑧⑨⑩⑪⑫⑬⑮⑯⑰⑱⑲㉑㉒]

(1) 지역사회개발모델(Locality Development Model, Model A)

① **주요 내용** : 지역사회에 거주하고 있는 주민들이 목표를 설정하고 실천행동에 참여하여야 한다는 전제에서 나온 지역사회복지의 가장 전형적인 형태의 모델이라고 할 수 있다.
  ㉠ 자조(自助)기반에 근거하여 지역사회문제해결을 위한 지역사회 능력과 사회통합이라는 **과정목표**를 통해 지역사회를 새롭게 만드는 데 초점을 두고 있다.
    > 지역사회개발모델 : 변화 매개체로서 과업지향의 소집단을 활용한다.(ㅇ)
  ㉡ 지역사회 문제 해결에 있어서 민주적 절차, 자발적 협동, 토착적 지도자의 개발, 교육 등이 특히 강조되고 있다.
  ㉢ 지역사회 내의 모든 집단들이 필수적 요소이자 **잠재적 파트너로 간주**되며, 집단 간의 차이들은 협상, 합의도출, 협력 등의 과정을 통해 극복될 수 있다고 본다.
  ㉣ 기본 변화전략은 자신의 문제결정 및 해결에 다수의 사람이 참여하는 것이며, 변화전술로 **합의를 사용**한다.

② **사회복지사의 역할** : 안내자, 조력자, 조정자, 촉매자, 문제해결 기술훈련자의 역할을 담당

③ **지역사회개발사업의 예** : 도시지역에서 전개되는 지역사회복지관의 근린사업 프로그램, 평화봉사단, 성인과 공중보건교육분야의 지역 활동, 새마을운동 등

(2) 사회계획모델(Social Planning Model, Model B)

① **주요 내용** : 각종 지역사회문제해결을 위한 계획과정에서 합리성에 기반을 두고 비용효과 면에서 가장 적합한 방안을 찾는다.
  ㉠ 비행, 약물, 범죄, 실업, 소득, 주택, 건강, 교육, 복지 등의 **제반 사회문제를 해결하기 위해 기술적(technical)이고 합리적인 방법으로 개입**하는 모델이다.
  ㉡ 공식적 계획과 정책 준거틀에 대한 설계가 핵심적이며, 계획이나 정책집행의 효과성과 효율성을 강조하기 때문에 **과업목적**에 **초점**을 두고 있다.
  ㉢ **합리성과 실증적 자료에 기반을 두고 문제를 해결해 나가기 때문에 지역사회주민 스스로가 주체가 되어 문제를 해결해 나가기보다 전문가에 의한 합리적이고 과학적인 문제해결의 대안을 찾는 데 주력**한다.
  ㉣ '아래로부터 접근하는 모델'이라기보다는 '**위로부터 접근하는 모델**'이라는 평가를 받기도 한다.
  ㉤ Model A처럼 지역사회 주민들의 문제 해결 능력을 배양한다거나, Model C에서처럼 근본적 사회변혁을 도모하려는 것은 중요하게 생각하지 않는다.

② **사회복지사의 역할**
  ㉠ **전문가, 계획가, 분석가, 행정가** 또는 **관리자의 역할을 수행**
  ㉡ 지역사회개발모델보다 사회계획모델이 더 자주 사용된다.
③ **사회계획모델의 예** : 기획담당부서, 도시계획국 등 정부의 관련 기관, 공동모금기관이나 지역사회복지협의회와 같은 민간복지 및 보건 관련 기관 등을 들 수 있다.

(3) **사회행동모델(Social Action Model, Model C)**
① **주요 내용** : 지역사회에는 자원과 권력의 배분에 있어서 불평등이 존재한다는 **갈등론적 시각을 갖는 유형을 말하는 것**
  ㉠ **지역사회의 불우계층에 처한 주민들**(disadvantaged segment)이 사회정의와 민주주의에 입각해서 보다 많은 자원과 향상된 처우를 그 지역사회에 요구하는 행동이다.
  ㉡ 사회복지사는 지역사회의 기존 제도(교육, 취업, 복지, 보건, 가치관 등)와 현실에 대한 근본적인 변화를 추구한다.
  ㉢ **권력, 자원, 지역사회 정책결정에 있어서의 역할 등의 재분배를 추구**하며, 공공기관의 기본 정책이나 제도에 대한 변화를 추구한다.
  ㉣ 지역사회가 혜택(privilege)과 권한의 분배에 따른 계층을 유지하고 있다고 본다. 그래서 억압받고, 박탈당하고, 무시당하고, 무력한 주민들이 정부나 대기업이나 사회의 기존 체제(establishments) 등 **억압자**(oppressors)들의 부조리와 착취에 의해 고통을 받고 있다고 전제한다.
② **사회복지사의 역할** : 옹호자, 조정자, 중재자, **대변자, 지지자**, 권유자의 역할 수행
③ **사회행동모델의 예** : 소수인종집단(racial and ethnic minorities), 학생운동, 여성해방 혹은 여권신장운동, 급진정당, 노동조합운동, 복지권운동(welfare rights movement), 랄프 네이더(Ralph Nader)의 소비자보호운동, 환경보호운동, **보육조례제정운동** 등

■ 로스만의 지역사회복지실천모델 비교 ■

구 분	지역사회개발모델 (Locality Development Model)	사회계획모델 (Social Planning Model)	사회행동모델 (Social Action Model)
목 표 [3]	과정목표	과업목표	과업 및 과정목표
지역사회 구조와 문제상황에 대한 가정 [18]	지역사회의 상실, 아노미, 사회적 관계 및 민주적 문제 해결 능력의 결여, 정태적이고 전통적인 지역사회	지역사회의 여러 문제 산재, 정신 및 신체상의 건강문제, 주택, 여가활동 등	사회적 고통을 당하고 있는 사람, 사회의 부정, 박탈, 불평등
기본 변화 전략 [④⑬②]	'함께 모여서 이야기해보자', 자신의 문제결정 및 해결에 있어서 **광범위한 사람들이 참여하는 것**	'진상 파악을 위한 논리적인 조치를 강구하자', 문제에 관한 사실 자료수집과 가장 합리적인 행동조치에 대한 결정	'억압자를 분쇄하기 위해 규합하자', 이슈의 구체화와 표적대상에 대해 조치를 취할 수 있도록 주민동원

변화전술과 기법의 성격 [③⑪]	합의	합의 또는 갈등	갈등, 대결
사회복지사의 주요 역할 [㉑]	안내자, 조력자, 조정자, 교육자	전문가, 사실수집자, 분석가, 계획가	옹호자, 중개자, 협상자
변화의 매개체(수단) [⑤⑬⑯㉑㉒]	과업지향적 소집단들의 조직과 지도	공식조직과 객관적 자료의 활용	대중조직과 정치과정 활용
권력구조에 대한 견해 [④⑪⑬]	권력구조의 구성원을 공동사업을 해나가는 협력자로 인식	권력구조는 고용주와 후원자	권력구조는 활동의 외부표적, 공격당하고 파괴되어야 하는 압제자
수혜자(수급자)의 범위 규정 [⑨⑪⑬⑮]	지리적 측면에서 전체 지역사회	지역사회 전체 또는 지역사회 일부(기능적인 지역사회 내포)	지역사회 일부(억압받고 있는 주민이나 지역의 문제 해결)
지역사회 이해관계나 하위 체계에 대한 가정 [㉑]	공통의 이해관계 및 조정 가능한 차이로 봄	이해관계의 조정 가능 또는 갈등상황으로 봄	쉽게 조정할 수 없는 힘든 갈등적 이해관계로 봄, 자원의 희소성
수혜집단에 대한 인식 [④⑦⑬㉒]	시민(citizens), 완전히 개발되지 않은 상당한 잠재력을 지님	소비자(consumers), 사회계획 결과로 나오는 프로그램, 서비스의 소비자, 이용자, 수혜자	희생자(victims)
수혜집단의 역할에 대한 인식	상호작용적 문제해결과정 참가자	소비자 혹은 수혜자	동료(같은 회원), 피고용자, 지역사회주민, 유권자
임파워먼트 개념에 대한 인식	협동적이고 능숙한 의사결정을 할 수 있는 지역사회능력구축, 주민의 개인적 역량 및 주인의식 고취	소비자의 서비스 욕구규명, 소비자의 서비스 선택의 정보제공	수급자 체계(지역사회)를 위한 객관적이고 실제적인 권력(지역사회 의사결정에 영향을 미치는 관리와 수단)의 획득, 참여자의 주인의식 고취 및 역량감을 증진

- 지역사회개발모델은 지역사회나 문제의 아노미 또는 쇠퇴된 상황을 전제한다.(○)
- 지역사회개발모델은 지리적 측면에서의 지역사회 전체를 대상집단으로 본다.(○)
- 지역사회개발모델 : 정부조직을 경쟁자로 인식한다.(×)
- 사회계획모델 : 수급자 체계의 범위는 약물중독과 같은 특정 집단이다.(○)
- 사회계획모델은 주택이나 정신건강 등의 이슈를 명확히 하고 권력구조에 대항한다.(×)
- 사회 행동 모델에서는 권력의 소재를 전문가의 후원자나 고용기관으로 본다.(×)

OIKOS UP 공공의 이익(public interest, 공익)에 대한 개념

① 슈버트(Glendon Schubert, 1960)의 저서 「공공의 이익」(The Public Interest)
  ㉠ 합리주의적 견해(rationalist view) : 지역사회의 공동이익은 그 지역 내에 있는 여러 이익 집단들의 이익을 의도적으로 반영시킴으로써 가능하다고 보며, 공동이익은 다수집단의 이익을 표현함으로써 결정된다고 본다.

- ⓒ 이상주의적 견해(idealist view) : 공익은 이에 대한 지식과 열정을 지닌 지도자의 판단과 양심을 실천에 옮김으로써 가장 잘 성취될 수 있다고 본다. 즉 소수의 전문가 집단이나 정치적인 엘리트들이 과학적인 지식과 지속성 있는 도덕심을 통해 공익을 위한 결정을 하고 실천에 옮기는 것이다.
- ⓔ 현실주의적 견해(realist view) : 지역사회는 자신의 이익을 위해 끝없이 경쟁하는 수많은 이익집단들이나 갈등상태에 있는 주민들로 구성되어 있다고 보며, 공공의 이익은 이들 집단 간의 갈등을 해소함으로써 나타나는 과도적인 타협으로서만 존재한다고 본다.

② 마이어슨과 밴필드(Meyerson & Banfield)의 공익에 대한 2가지 견해
- ㉠ 중앙집권적 개념(unitary conception) : 중앙결정을 통해 일단의 목적으로부터 정책의 결과를 만들어내는 선택과정을 말한다. 경쟁하고 있는 사소한 이익들보다 전체의 공익을 찾아내기 위해 중앙집권적 결정을 내리려고 한다.
- ㉡ 개인주의적 개념(individualist) : 보다 사소한 이익들의 타당성을 인정하고, 공익이란 이런 집단들 간의 '사회적 선택'을 위한 상호관계를 통해 나타난다고 보는 것으로, 단독적인 중앙의 결정은 자유롭고 개방적인 복합사회에서는 공통의 선(common good)에 도달할 수는 없다고 본다.

③ Rothman의 모델에 대한 적용
- ㉠ 지역사회개발모델 : 합리주의적·중앙집권적 개념
- ㉡ 사회계획모델 : 이상주의적·중앙집권적 개념
- ㉢ 사회행동모델 : 현실주의적·개인주의적 견해

(4) 로스만(Rothman)의 변용모델 : 개발·행동모델, 행동·계획모델, 계획·개발모델

① 개발·행동모델 : 여성주의적 관점의 조직화(organizing) 활동이 개발·행동모델의 모범적인 예가 될 수 있다. 즉 여성주의적 조직화 활동은 참여와 합의, 민주적 과정, 의식제고활동과 같은 지역사회개발모델에 기반을 두며, 동시에 이러한 활동은 압제적인 사회행동모델에 기반을 두는 모습을 보인다.

② 행동·계획모델 [⑥⑦⑨]
- ㉠ 이슈에 대한 실증적 연구를 바탕으로 문제해결 방법을 계획하면서 동시에 대중에 대해 해당 이슈의 중요성을 알리고 대중의 참여행동을 높여야 하는 경우 적용한다.
- ㉡ 조사연구를 근거로 어린이의 삶을 옹호하고 어린이를 둘러싼 사회구조를 변화시키는 활동을 전개하는 아동보호기금(Children's Defense Fund)과 빈곤지역에서 시민들의 주거권 확보를 위해 투쟁하는 복지시민단체의 활동은 행동·계획모델의 전형적인 예가 될 수 있다.
  - 예) 지역사회에서 열악한 처우를 받고 있는 클라이언트의 처우를 개선하기 위해 국민임대주택정책의 개선을 주장한다. 이와 더불어 각계각층의 전문가를 만나 주거복지와 관련된 각종 자료를 조사·수집하고 분석한다.

③ 계획·개발모델 [⑭] : 지역사회계획을 통해 지역사회개발활동을 전개하는 미국의 지역공동모금회의 활동이 계획·개발모델의 모범적인 예가 될 수 있다고 설명한다.
  - 예) 사회복지사로 종사하는 '갑'은 지역 내에 독거노인들이 급격히 증가하면서 여러 가지 생활 어려움에 직면해 있는 현실을 직시하고, 동시에 관련 자료의 수집 및 분석과 분야의 전문가들을 만나서 설명과 그 문제해결을 위한 모임을 갖기로 하였다. 그리고 지역주민들이 참여하는 토론회 개최 등을 통해 문제해결방안을 모색한다.

2 테일러와 로버츠(Taylor & Roberts)의 다섯 가지 모델 [2⑬⑭⑯⓴㉑]

자신들의 저서『Theory and practice of community social work(1985)』에서 Rothman의 기본모델을 중심으로 2모델(프로그램 개발 및 조정 모델, 지역사회 연계모델)을 추가하여 5모델을 제시하고 있으며 ㉠ 실천방법의 각 변인, ㉡ 대안적인 전략, ㉢ 의사결정의 영향 정도 등에 있어 **후원자(sponsors)와 클라이언트(clients)가 어느 정도의 영향력 비중, 즉 결정권한이 있느냐에 따라 지역사회실천을 구분**하였다.

(1) 지역사회개발모델(Community Development Model) [⓴]
① 시민참여에 기반을 둔 조력, 상호부조, 자조적 활동, **시민역량 개발, 자체적 리더십 개발** 등을 통해 지역사회개발을 추구한다.
② 시민참여와 교육과정을 매우 중요시하고 있으며, 전문가는 조직가(organizer)의 역할보다는 주로 조력자(enabler)의 역할을 담당한다.
③ 실천방법, 대안적 전략 고려, 의사결정 등에 대한 영향력 측면에서 클라이언트의 영향력이 약 **8분의 7 정도 적용될 수 있는 클라이언트 중심적 모델**이라 할 수 있다.
　　프로그램 개발과 조정 : 지역주민의 역량강화 및 지도력 개발에 관심(×)

(2) 프로그램 개발 및 조정 모델(Program Development and Coordination Model) [⓴]
① 지역사회 변화를 효과적이고 효율적으로 유도하기 위해 프로그램을 개발하고 조정해 가는 모델로서 **지역사회변화를 위한 접근모델 중 가장 오래된 모델의 하나**이다.
② 지역사회 복지의 모체인 인보관 운동과 자선조직협회운동에 근거한 모델이며, 주로 공공기관, 지리적 지역사회를 대상으로 서비스를 제공하는 민간기관, 기능적 지역사회, 기관협의회 등에서 수행되는 실천에 초점을 둔다.
③ 이 모델은 실천방법, 대안적 전략 고려, 의사결정 등에 대한 영향력 측면에서 클라이언트의 영향력은 거의 없고 후원자가 완전히 **100%의 영향력을 행사할 수 있는 후원자 중심의 모델**이라 할 수 있다.

(3) 계획 모델(Planning Model) [⑬]
① Rothman의 초기 사회계획모델을 인간지향적 측면을 강조하도록 수정한 것으로, **합리적인 기획모델에 기초한 조사전략 및 기술을 강조**한다.
　㉠ 다양한 지역단위에서 **합리성과 전문성에 기초하여 더 합리적이고 비용 효과적으로 변화를 유도하는 모형**이다.
　㉡ 기획에 있어 **사람들과의 상호교류적인 노력을 강조하고 보다 옹호적이며 진보적인 정치적 접근을 포함**하고 있다.
② 조직과정의 관리, 영향력의 발휘, 대인관계 등의 **과정지향적인 기술을 강조할 뿐 아니라** 설계 및 실행과 같은 **과업지향적인 기술적 측면의 필요성을 주장**하고 있다.
③ 이 모델은 실천방법, 대안적 전략 고려, 의사결정 등에 대한 영향력 측면에서 클라이언트 영향력은 매우 미약하고 후원자 영향력이 **약 8분의 7 정도 적용되는 후원자 중심모델에 근접**하다고 할 수 있다.

(4) 지역사회연계 모델(Community Liaison Model)
① Rothman의 모델에는 포함되어 있지 않은 것으로 사회복지기관의 일선 참모나 행정가들에 의

해 수행되는 기능을 중심으로 설명된다.
② 직접적 실천(direct practice) 연장에서 또는 일반주의적 실천(generalist practice) 과정에서 지역사회에 대한 개입활동이 전개될 수 있음을 강조하면서, 개별적 문제와 지역사회문제의 연계를 통해 지역사회문제를 해결해 나가는 것을 지역사회연계모델이라고 설명한다.
③ 이 모델은 실천의 방법, 대안적 전략의 고려, 의사결정 등에 대한 영향력 측면에서 보면, **후원자의 영향력과 클라이언트의 영향력이 동등하게 약 2분의 1 정도씩 적용될 수 있는 모델**로, 후원자의 이해관계와 클라이언트의 이해관계가 적절하게 수렴되는 속성을 갖는다.

(5) **정치적 권력강화 모델(Political Empowerment Model, 정치적 역량강화 모델)**
① Rothman의 사회행동모델과 밀접히 관련된 것으로, **갈등이론과 다원주의 사회에서의 다양한 이익집단의 경쟁원리에 기초**하고 있다.
② **시민의 참여를 보장하고 극대화하는데 중요한 목적**이 있다. 즉, 사회적으로 배제된 그룹의 사회적 참여를 지원하고 지지하여 그들이 스스로의 권리를 찾고 확대시켜 나갈 수 있도록 한다.
③ 배제된 집단의 역량강화를 통해 지역사회의 변화를 추구하는 이 모델은 실천방법, 대안적 전략 고려, 의사결정 등에 대한 영향력 측면에서 볼 때 **클라이언트가 완전히 100%의 영향력**을 행사할 수 있는 모델로, 클라이언트의 이해관계만을 중요하게 반영해서 실행하는 형태를 갖는다.

> 정치적 권력강화 모델 : 전문가들은 교육자, 자원개발자, 운동가의 역할을 한다.(O)

■ **테일러와 로버츠(Taylor & Roberts)의 지역사회복지실천모델 비교** ■

실천모델	비교 핵심내용
지역사회 개발모델	■ 후원자와 클라이언트의 결정권한 정도 : **클라이언트가 7/8 결정권한** • 지역주민의 참여와 자조 중시 • 지역주민의 역량강화 및 지도력 개발에 관심
프로그램 개발 및 조정모델	■ 후원자와 클라이언트의 결정권한 정도 : **후원자가 100% 결정권한** • 지역사회복지의 모체인 **인보관 운동과 자선조직협회운동에 근거** • **프로그램을 개발하고 조정해 가는 모델로서 지역사회변화를 위한 접근모델 중 가장 오래된 모델의 하나** • 사회계획모델과의 차이점 : 합리성 원칙만을 사용하기 보다는 **중립성 원칙과 협력 원칙을 동시에 응용하여 다양한 이해집단을 중재**하고 전문적 지식과 기술을 사용하여 점증적 변화를 만들어 내는 것 강조
계획모델	■ 후원자와 클라이언트의 결정권한 정도 : **후원자가 7/8의 결정권한**
지역사회 연계모델	■ 후원자와 클라이언트의 결정권한 정도 : **후원자와 클라이언트가 각각 1/2의 결정권한** • 직접적 실천(direct practice) 연장에서 또는 일반주의적 실천(generalist practice) 과정에서 지역사회에 대한 개입활동이 전개될 수 있음을 강조 • **개별적 문제와 지역사회문제의 연계를 통해 지역사회문제를 해결해 나가는 것** • **핵심적 특징** : 지역사회와의 관계형성, 관계개발, 관계조정활동에 큰 비중을 두면서 지역사회대상으로 접근
정치적 권력(역량) 강화 모델	■ 후원자와 클라이언트의 결정권한 정도 : **클라이언트가 100%의 결정권한** • 의도된 시민참여에 의한 정치적 권력강화에 초점 지역주민의 정치력을 핵심적 요소로 보며 합법적 권력구조로의 진입 강조 • 갈등이론과 다원주의 사회에서의 다양한 이익집단의 경쟁원리에 기초 • **사회복지사의 역할** : 조직가, 교사, 코치, 촉진자

3 웨일과 갬블(Weil & Gamble)의 모델 [④⑦⑧⑩⑪⑬⑮⑯⑰⑱⑲⑳㉑]

(1) 근린지역사회조직모델(Neighborhood and Community Organizing Model) [⑪⑬⑲]

① 지리적으로 대면접촉이 이루어지는 가까운 지역사회조직에 초점을 두고 있으며, **지역사회개발모델**에서 그 원형을 찾을 수 있다.
   ㉠ **사회적·경제적 환경의 변화를 위한 구성원의 능력개발과 과업수행**이라는 두 가지 목표를 강조한다.
   ㉡ 변화를 위한 표적체계는 시와 같은 공공행정기관, 개발계획의 추진 기업이며, 주요 관심영역은 **지역주민의 삶의 질**에 있다.
   - 근린지역사회조직 모형 : 조직화를 위한 구성원의 능력개발, 지역주민의 삶의 질 증진을 목표로 한다.(O)
② 사회복지사는 **조직가(organizer), 교사(teacher, 교육자), 촉진자(facilitator), 코치(coach)**로서 역할을 수행한다.

(2) 기능적 지역사회조직모델(Functional Community Organizing Model) [⑱㉑]

① 지리적 의미의 지역사회조직보다는 **기능에 초점**을 두고 있으며, 이해관계, 즉 학교폭력 추방이나 정신지체아동의 사회재활과 같은 특정의 공통 관심사나 이슈를 기반으로 조직화되는 특성이 있다.
② 중요한 전략은 **교육(educating)과 옹호활동(advocating)**으로, 기능적 지역사회 구성원들을 교육시켜 그들 스스로 문제에 대처하도록 역량을 강화함으로써 이들과 함께 기능적 지역사회를 옹호하고 대변한다.
③ 사회복지사는 **조직가, 옹호자, 의사소통자, 촉진자, 교육자의 역할**을 수행할 수 있어야 한다.
   - 기능적 지역사회조직모델 : 발달장애아동의 부모 모임과 같이 공통이슈를 지닌 집단의 이해관계를 기반으로 한다.(O)
   - 사회계획모델 : 지리적 의미의 지역사회가 아닌 동일한 정체성이나 이해관계를 가진 문제 해결에 관심을 둔다.(×)

(3) 지역사회 사회·경제개발모델(Community Social and Economic Development Model)

① Rothman의 지역사회개발모델과 밀접한 관계가 있지만, **저소득과 불이익 계층의 효과성을 제고시키기 위해서는 경제개발과 사회개발이 동반되어야 한다는 인식**을 전제하고 있다.
② 주요 목표는 **저소득 계층 및 불이익 지역사회주민의 삶의 질과 기회를 증진**시키는 데 있다.
③ 변화를 위한 표적체계는 은행, 재단, 외부개발자, 지역사회주민이라 할 수 있다. 이러한 표적체계와 관련하여 중요한 점은 지역사회의 사회경제적 개발에 투자할 수 있도록 자원을 가진 사람들을 설득하는 것이다.
④ 사회복지사는 **협상자, 사업이 실제로 진행되게 하는 자(promoter), 기획자, 교육자, 관리자** 등 다양한 역할을 수행할 수 있어야 한다.
   - 지역사회 사회·경제개발모델 : 주민의 관점에서 개발계획을 수립하고, 주민들이 사회·경제적 투자를 이용하도록 준비시킨다.(O)

(4) 사회계획모델(Social Planning Model)

① 객관성과 합리성에 기반을 두고 지역사회의 문제를 해결하려는 모델로, 전문가의 지식 및 기술, 그리고 객관적 조사와 자료분석 등을 기초로 하여 합리적으로 지역사회문제를 해결하고자 하는 **노력**을 중심으로 한다.

② 이 모델에서 변화를 위한 표적체계는 지역사회 지도자의 관점, 휴먼서비스 지도자의 관점이며, 사회계획의 1차적인 구성원은 선거로 선출된 공무원, 사회기관의 책임자, 기관 상호 간의 조직 또는 이들 간의 조합으로 이루어진다.

③ 사회복지사는 **계획자로서의 역할을 담당**하는데, 계획가의 필수적인 기술은 조사, 욕구사정, 평가, 프로포절(proposal) 개발, 분석 등에 관한 것이라 할 수 있으며, 또한 정보전달과 관리기술이 요구된다.

(5) **프로그램 개발과 지역사회 연계모델**(Program Development and Community Liaison Model) [⑪⑰]

① 지역사회조직의 연계활동은 프로그램 개발측면에서 필수적이라는 인식에 근거하고 있다.

② 이 모델의 목표는 지역사회의 대상자에게 필요하다고 평가되는 서비스를 향상시키거나 또는 새로운 서비스를 계획하고 실행하는 것이며, 지역사회 서비스의 효과성을 증진시키기 위해 기관 프로그램의 확대 또는 프로그램의 방향전환도 이 모델의 목표가 될 수 있다.

③ 변화를 위한 표적체계는 새로운 서비스나 재계획된 서비스의 잠재적 수혜자이고, 이러한 서비스에 비용을 지불하는 사람들이다.

④ 사회복지사의 역할은 **계획가**(planner), **사업계획 작성자**(proposal writer, 프로포절 제안자), **대변자**(spokesperson), **중재자**(mediator), **촉진자**(facilitator)라 할 수 있다. 또한 사회복지사는 **관리자**(manager), **감독자**(monitor), **평가자**(evaluator)의 역할도 수행해야 한다.

　🗙⃝ 프로그램 개발과 지역사회 연결 모델 : 계획가, 관리자, 프로포절 제안자(○)

(6) **정치·사회행동모델**(Political and Social Action Model) [⑳]

① 지역사회에서 **기회를 제한하는 불평등을 극복**하거나 지역사회의 욕구를 무시하는 의사결정자에 대항하고, 조직의 효과성에 대한 신념을 강화하고 불공정한 조건을 변화시키려는 기술을 개발함으로써 사람들의 권한을 부여하는 것을 주요 내용으로 한다.

② 모델의 초점과 목표는 **정책 또는 정책결정자를 변화시키는** 데 있으며, 특히 저소득 집단에 불이익을 야기시키는 정부 당국의 조치를 변화시키는 데 초점을 둠으로써 **사회적, 정치적 그리고 경제 정의를 위한 행동**이라 할 수 있다.

　🗙⃝ 정치·사회행동 모델 : 사회적·정치적·경제적 정의를 위한 행동(○)

③ 변화를 위한 주요 표적대상은 잠재적 참여자와 선거로 **선출된 공직자와 행정관료**가 될 수 있다.

④ 사회복지사는 **옹호자, 교육자, 조직가, 조사자, 연구자로서의 역할**을 수행한다.

(7) **연합모델**(Coalitions Model) [⑱]

① 이 모델의 목표는 연합의 공통 이해관계에 대응할 수 있는 자원동원의 잠재력을 증진시키고, 사회적 프로그램의 방향에 영향을 미칠 수 있는 **다조직적인**(multi-organizational) **권력기반을 구축하는 것이다.** → 목표는 프로그램의 방향 또는 자원을 최대한 끌어낼 수 있는 조직 기반

② 변화를 위한 표적체계는 **대부분 선거로 선출된 공직자**이며, 서비스 프로그램의 신설과 확대에 자금제공을 고취시키는 **재단**, 특정 사회적 관심에 대응할 수 있는 권위를 지녔지만 준비가 되지 않은 **정부 당국(정부기관)**이다.

③ 사회복지사의 역할은 **전문적 혹은 휴먼서비스 연합에서의 지도자와 대변인, 중재자, 협상가**이며, 사회복지사는 연합을 만들고 유지하기 위해서 중개와 협상기술이 필요하다.

　　※ 연합모델의 표적체계는 선출직 공무원이나 재단 및 정부당국이 될 수 있다.(○)
　　※ 연합모델 : 사회복지사의 역할은 중재자, 협상가, 대변인(○)
　　※ 사회계획모델 : 자원을 동원할 수 있는 잠재력을 가진 연대조직체를 형성하여 집합적으로 문제를 해결하고자 한다.(×)

(8) 사회운동모델(Social Movement Model)

① 모델의 목표는 **바람직한 사회변화**라 할 수 있다. 예컨대 민주화 운동, 시민운동 등은 대표적인 사회운동이다.

　　※ 사회운동모델 : 성취목표는 특정 대상집단 또는 이슈 관련 사회정의를 위한 행동이다.(○)

② 변화를 위한 표적체계는 **일반대중**과 정치제도라 할 수 있다.

③ 사회복지사는 사회운동의 자원봉사자 또는 사회운동조직의 스텝으로 활동하거나 특정 사회운동의 **옹호자** 혹은 **촉진자** 역할을 수행한다.

■ 웨일과 갬블(Weil & Gamble)의 모델 ■

실천모델	비교 핵심내용
근린지역사회 조직모델	■ 지리적으로 가까운 지역사회조직에 초점 • **주요목표** : 능력개발과 과업수행 두 가지 목표 강조 • **표적체계** : 시와 같은 공공행정기관, 개발계획의 추진 기업
기능적 지역사회 조직모델	■ 기능에 초점 → 교육(educating)과 옹호활동(advocating) • **주요목표** : 사회적 이슈나 특정집단의 권익보호 및 옹호 • 기능적 지역사회 구성원들을 교육시켜 그들 **스스로 문제에 대처하도록 역량을 강화**함으로써 **옹호·대변**
지역사회의 사회경제개발모델	■ Rothman의 지역사회개발모델과 밀접한 관계 • 저소득과 불이익 계층의 효과성 제고를 위해 **경제개발과 사회개발이 동반되어야 한다는 인식**전제 • **주요목표** : 저소득계층 및 불이익 지역사회주민의 삶의 질과 기회를 증진 • **표적체계** : 은행, 재단, 외부개발자, 지역사회주민 → 지역사회의 사회경제적 개발에 투자할 수 있도록 자원을 가진 사람들을 설득
사회계획모델	■ 객관성과 합리성에 기반을 두고 지역사회의 문제를 해결하려는 모델
프로그램 개발과 지역사회 연계모델	■ 프로그램 개발측면에서 필수적이라는 인식에 근거 • **주요목표** : 서비스를 향상시키거나 또는 새로운 서비스를 계획하고 실행하는 것, 지역사회 서비스의 효과성을 증진시키기 위해 기관 프로그램의 확대 또는 프로그램의 방향전환 • **표적체계** : 새로운 서비스나 재계획된 서비스의 잠재적 수혜자, 이런 서비스에 비용을 지불하는 사람들

정치·사회행동 모델	• 주요목표 : <u>정책 또는 정책결정자를 변화</u>, 저소득집단에 불이익을 야기시키는 <u>정부당국의 조치변화에 초점</u> • 표적체계 : 잠재적 참여자, 선거로 선출된 공직자, 행정관료
연합모델	• 주요목표 : 연합의 공통 이해관계에 대응할 수 있는 자원동원의 잠재력을 증진시키고, 사회적 프로그램의 방향에 영향을 미칠 수 있는 <u>다조직적인(multi-organizational) 권력기반을 구축</u>하는 것 • 표적체계 : 대부분 선거로 선출된 공직자
사회운동모델	• 주요목표 : 바람직한 사회변화 예) 민주화 운동, 시민운동 등 • 표적체계 : 일반대중과 정치제도

4 포플(Popple)의 모델 [⑧⑲②]

포플은 영국의 경험을 **보호**(care)**와 행동**(action)**의 연속선을 기준**으로 지역사회복지실천모델을 8가지로 유형화하고 있다.

■ 포플(Popple)의 지역사회복지실천모델 ■

실천모델	주요 전략	사회복지사 역할
지역사회보호모델 (community care) [⑱②]	• 노인, 장애인, 아동 등 의존계층의 복지를 위한 사회적 관계망과 자발적 서비스를 증진하는 데 목적이 있음 • 복지욕구를 충족시키기 위한 자조 개념을 개발하는 데 집중시키고 있음 예) 행복사회복지관은 지역 내 노인, 장애인, 아동을 위해 주민 스스로 돌봄과 자원봉사활동을 활성화 하도록 자조모임 지원 등 사회적 관계망을 확충하였다.	조직자 자원봉사자
지역사회조직모델 (community organization) [②]	• 타 복지기관 간 상호협력을 증진시키는 수단으로 사용됨 • **사회복지기관 간 상호협력 및 조정**은 중복서비스를 방지할 수 있으며, 자원의 부재현상을 극복하여 복지전달의 효율성과 효과성을 높이는 데 일조하고 있음 • 사회복지기관들이 개발한 서비스의 관리 및 정부의 재정보조를 유도하는 데 도움이 됨	조직가 촉매자 관리자
지역사회개발모델 (community development) [②]	• 지역사회구성원의 삶의 질 향상과 관련된 기술 및 신뢰 습득을 위한 집단을 원조하는 데 중점을 두고 있음 • 교육을 통해 자조개념을 증진시킴으로써 지역사회의 독자성을 반영할 수 있음	조력자 촉진자 지역사회활동가
사회/지역계획모델 (social/community planning)	• 사회적 상황, 사회정책과 사회복지기관의 서비스 분석 • 주요 목표와 우선순위의 설정 • 서비스 및 프로그램의 기획과 적절한 자원의 동원, 그리고 서비스와 프로그램의 집행 및 평가	조력자 촉진자
지역사회교육모델 (community education)	• 교육과 지역사회 간의 밀접하고 동등한 관계로 방향 설정을 모색하는 시도 • 비판적 사고와 담론을 통해 지역사회주민의 억압적 조건이나 상황을 변화시키는 행동양식을 고양시키는 데 중점을 둠	교육자 촉진자

지역사회행동모델 (community action)	• 지역수준에서 계급 및 갈등에 기초한 모델로 갈등과 직접적인 행동을 활용 • 특정 이슈에 대해 권력자와의 협상을 위해 직접행동을 선호하고 있음	행동가
여권주의적 지역사회사업모델 (feminist community work)	• 지역사회실천에 대한 페미니즘의 적용이라는 특징을 가지고 있음 • 여성 불평등의 사회적 요인에 대한 집합적 대응을 통해 여성의 복지를 향상시키는 데 초점을 두고 있음	행동가 조력자 촉진자
인종차별 철폐 지역사회사업모델 (black and anti-racist community work)	• 지역사회실천에서 인종차별에 저항하거나 그들의 권리보호를 위해 상호원조와 조직화하는데 초점을 두고 있음 • 소수인종의 욕구충족을 위한 집단조직 및 활동, 인종주의에 대한 도전 • 교육, 주택, 건강, 고용 등의 영역에서 차별을 시정하는 데 있으며, 캠페인, 자조집단 형성, 직접행동, 보충적인 급여 제공 등 다양한 방식으로 전개되고 있음	행동가 자원봉사자

✏️ 암기법

포플러나무(포플)가 심겨진 길을 보행(보호와 행동)하다!

04 최근 변화된 실천 모델

1 지역사회개발모델 관련

(1) **지역자산(community asset) 모델**

① 크레츠만과 맥나이트(Kretzman & McKnight, 1993)가 주창

② 지역사회가 가지고 있는 부정적인 결함보다는 **긍정적 자산에 초점**

③ **지역주민 스스로 개개인의 강점과 기술을 인지** → 강력한 사회적 지지망으로 연결된 **비공식적 네트워크를 구축** → 이웃 간에 기술과 자원을 효과적으로 교환시켜 나갈 수 있는 기제 개발에 초점

④ 지역주민의 참여에 기초한 지역사회 내 자원동원을 1차적 출발점으로 다음과 같은 기초 준비과정 필요

  ㉠ **지역사회 자원배치도(resource mapping)를 작성**하여 자원의 배치현황과 상태를 파악
  ㉡ 이런 **자원·자산을 소유하고 있는 기관, 개인, 집단 간의 강한 유대관계 향상**
  ㉢ 지역사회재개발계획을 세울 수 있는 **지역사회 자체 조직 및 단체의 출범** 필요

(2) **지역역량증진(capacity enhancement) 모델**

① 델가도(Delgado, 2000)가 크레츠만과 맥나이트의 모델에 영향 받아 주창

② 지역사회의 물리적 환경(주거상태, 건물상태 등)과 지역사회 역량 및 지역사회 문제들 간의 관계에 초점

③ 저소득층 밀집지역에 버려진 개발지 활용을 통한 지역사회개발의 전략 중심
④ 지역사회 주민의 물리적 환경변화 사업들은 지역주민과 기관 간의 협력에 의해 이루어져야하고 이러한 사업을 통해 강화된 지역사회 역량은 다른 여러 지역사회 문제 해결에 중요한 힘으로 작용될 수 있다고 주장

2 사회행동모델 관련

몬드로스와 윌슨(Mondros & Wilson, 1994)은 사회행동과 관련된 하위 세부모델(풀뿌리 실천, 로비, 자원동원 실천)을 제시

(1) 풀뿌리 실천(grassroot practice)
① **초점** : 지역선거구 내 주민들의 정치적 임파워먼트
② **표적체계** : 지역사회 내 의사결정력이 강한 개인이나 집단
③ **주요과업** : 기존의 의사결정 구조에 대항할 수 있는 조직구성

(2) 로비(lobbying)
① 특정 이슈에 대한 대중의 관심을 반영 → 이런 이슈에 영향을 받는 입법과정의 법안들과 이슈가 맺는 관계상황 활용
② 이슈에 대한 영향력 선점을 위해 각 사회옹호단체들은 의원이나 정부 관료와의 지속적인 1 : 1 접촉, 우편 캠페인, 집회, 집단접촉 같은 집단활용 전술도 필요

(3) 자원동원 실천(mobilizing practice)
① **초점** : 과거 정치적 과정의 참여로부터 배제된 거대 집단들의 정치적 참여와 연대를 독려하는 데 초점
② 정치 및 경제적 이슈에 대중적 관심이 모아질 수 있도록 미디어 활용이나 대중교육을 활용

3 사회변환모델들(transformative models) 관련

○ **사회행동관련 모델들과 공통점**
- **억압계층이나 사회적 약자에 대한 권익의 옹호에 초점**을 두고 있다는 점
- 기득권층이 소수집단의 자원이용에 제한을 두는 것에 정치력을 사용하고 있다고 본다는 점

○ **사회행동관련 모델들과 차이점**
- 사회행동관련 모델들은 갈등주의 또는 힘의존 이론 등의 영향을 강하게 받아 갈등적 사회구조에 초점
- 사회변환 모델들은 실천 대상이 되는 집단들 스스로의 문화, 규범, 가치에 초점을 두는 사회구조론(constructionism)과 관련이 높음

(1) 다문화조직(multi-cultural organizing) 모델
지역사회 내 존재하는 다양한 문화(인종, 종교, 연령, 민족, 사회경제적 상태, 교육수준, 전통관습, 신체능력 등으로 이루어진)를 이해하고 **문화적 집단 간의 상호작용을 통해 소수자의 복지향상을 이룰 수 있음을** 강조

(2) 페미니스트 지역조직(feminist organizing) 모델
   ① 구티에레스와 루이스(Gutierrez & Lewis, 1994)
   ② 여성의 지역사회 참여와 사회복지기관에서의 역할에 초점
   ③ **가부장적 사회구조에 의해 여성이 고용기회, 정치적 권력 그리고 다른 자원 배분기회에 있어 남성들에 의해 차별받고 있음을 전제**
   ④ 페미니스트 지역조직 모델의 여섯 가지 특징
      ㉠ 여성차별주의자가 여성의 삶에 부정적 영향을 끼침을 전제
      ㉡ 양성평등과 양성 공동참여성을 지향하는 의사결정과정에 초점을 두며, 실천개입의 결과보다는 과정에 무게를 둠
      ㉢ 개인의 경험과 정치적 환경 간의 연계성을 강화하기 위한 의식 향상(consciousness-raising)의 기법 사용
      ㉣ 재원마련 방식이나 서비스구조 개선에 초점을 두는 전통적 서비스 전달체계 보다는 여성의 욕구가 실질적으로 반영된 상향식(bottoms-up) 서비스 전달체계 구축을 강조
      ㉤ 여성 간의 계급, 성적 성향, 연령, 신체능력의 차이를 긍정적으로 승화
      ㉥ 지역사회조직은 합리적 요소와 정서적 요소를 총괄하는 전체적(holistic) 접근이 되어야 한다는 인식에 기초

MEMO

지역사회복지실천의 과정

제2부 **지역사회복지의 실천모델과 기술**

제6장 회차별 출제빈도, 출제비중 및 출제논점 1, 2, 3순위

10회 2012	11회 2013	12회 2014	13회 2015	14회 2016	15회 2017	16회 2018	17회 2019	18회 2020	19회 2021	20회 2022	21회 2023	22회 2024
4	3	2	4	2	3	3	2	1	1	3	2	2

출제 비중	출제 논점		
	1순위 ☺	2순위 ※	3순위 ☆
12.4	① 욕구사정을 위한 자료수집방법 ② 지역사회복지실천과정 8단계	① 지역사회사정의 유형	① 정책 및 프로그램의 개발

1순위 스마일표시(☺) : 출제 빈출도가 높은 부분으로 무조건 시험에 출제되는 영역
2순위 당구장표시(※) : 나왔다 안 나왔다 하는 영역이지만 출제가능성 높은 영역
3순위 별 표(☆)   : 출제 된 적이 있긴 하지만 다시 출제될 가능성은 다소 떨어지는 영역

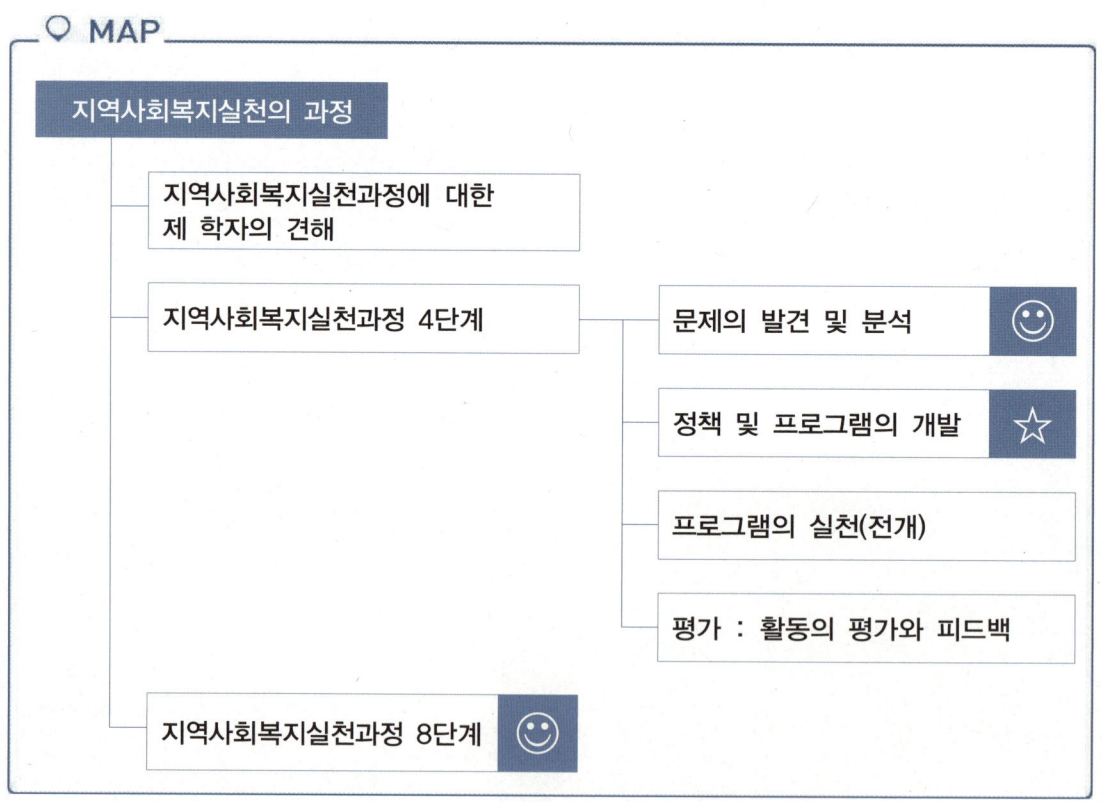

01 지역사회복지실천과정에 대한 제 학자의 견해

지역사회복지의 실천과정은 지역사회가 당면하고 있는 문제와 충족되지 않은 욕구를 발견하여 효과적인 대응책을 수립하고, 이를 실천에 옮기는 일련의 과정이라고 할 수 있으며, 많은 학자들이 제 각기 과정을 제시하고 있다.

■ 지역사회실천과정에 대한 제 학자의 견해 ■

길버트와 테렐 (Gilbert & Terrell)	던햄 (Dunham)	리피트 등 (Lippitt et al)
1. 문제발견 2. 문제분석 3. 대중홍보(informing the public) 4. 정책목표개발 5. 대중의 지지와 정당성(합법성, legitimation) 확보 6. 프로그램설계 7. 집행 8. 평가와 사정(assessment)	1. 문제의 인식 　(recognition) 2. 문제의 분석 　(진단 또는 사실 발견) 3. 계획(planning) 4. 조치(action) 5. 평가 6. 다음 단계(next steps)	1. 변화의 필요성 개발 2. 변화관계의 작성 및 수립 3. 클라이언트 시스템의 문제진단 4. 대안과 목표의 설정 5. 의도를 변화 노력으로 전환 6. 변화의 일반화와 정착화 7. 종료관계의 달성
칸 (Kahn)	펄만과 구린 (Perlman & Gurin)	이 책에서의 구분
1. 계획의 선동 　(planning instigators) 2. 탐색(explorations) 3. 계획과업의 결정 　(definition) 4. 정책형성 5. 프로그램화(programming) 6. 평가와 환류(feedback)	1. 문제에 대한 정의 2. 문제를 개진할 구조와 커뮤니케이션의 구축 3. 정책대안의 분석과 정책의 채택 4. 프로그램 계획의 개발과 실시 5. 반응조사와 환류 　(monitoring and feedback)	1. 문제의 파악 　(문제발견 및 분석) 2. 정책 및 프로그램 개발 3. 프로그램의 실천(전개) 4. 활동의 평가와 피드백

02 지역사회복지실천과정 4단계 [③⑥⑦⑨⑩⑬⑭⑮⑯⑰⑱⑲]

지역사회복지실천의 일반적 과정을 1) 문제발견 및 분석(문제파악), 2) 정책 및 프로그램의 개발, 3) 프로그램의 실천(전개), 4) 평가(활동의 평가와 피드백)의 4단계로 나누어 살펴본다.

1 문제의 발견 및 분석(문제 파악, 지역사회 문제 확인)

(1) 개 요

① 지역사회문제해결의 첫 번째 단계는 **지역사회의 충족되지 않는 욕구나 해결을 필요로 하는 문제를 찾아내는 일**이다.
② 문제의 발견이란 그 문제에 누가 관련되어 있는지, 문제의 범위는 어디까지인지, 그리고 문제의 가치관과 특성은 무엇인지를 파악하는 과업이 이루어져야 한다.

(2) 해야 할 과업

① **관련된 사람을 파악하는 것** : 문제로 인해 영향을 받는 사람들, 혜택을 받게 될 클라이언트들, 변화노력 수행에서의 표적체계, 변화과정에 참여할 수 있는 사람들은 누구인지를 파악
② **문제규정의 중요성(문제의 개념화)** : 문제를 어떻게 개념화하느냐에 따라 정책수립을 위한 구상이 달라지고, 그에 따른 구체적인 해결방안과 실천전략이 달라지는 것이다. [⑥]
③ **문제특성의 파악** : 직면한 지역사회문제가 어떠한 특성을 가지고 있는가를 파악함으로써 문제에 대한 접근, 즉 변화기회를 구체화시키기 위한 심도 있는 분석과 변화 노력의 실행을 위한 판단을 가능하게 하며, 대응전략 수립에 도움을 준다.
④ **사회문제와 가치관** : 문제를 규정하고 분석하는 데 있어서 사회복지사는 해결하고자 하는 문제와 관련된 가치관에 대한 면밀한 배려를 해야 한다.
⑤ **사회문제와 관련이론** : 다양한 이론과 모델을 분별 있게 활용할 수 있어야 한다.
⑥ **사회문제의 조작화(操作化)** : 사회문제는 구체적인 해결방안을 찾아 해결을 위한 실제적인 조치를 취하기 위한 것이므로, 이러한 일련의 활동을 위해서 좀 더 구체적으로 조작화되어야 한다.
⑦ **지역사회사정** [⑬⑭⑲㉑]
   ㉠ **의미** : 현재의 상황을 진단하기 위한 체계적 과정이며, 지역사회의 제반 요소를 확인하는 과정으로 **지역사회의 욕구와 자원을 파악하는 과정**
   ㉡ **지역사회사정의 유형**
      ㉮ **포괄적 사정** : 철저한 방법론에 기초하고 1차 자료의 생성과 전체 지역사회를 포함한다는 의미를 지니고 있다.
      ㉯ **문제중심 사정** : 전체 지역사회와 관련되지만 지역사회의 중요 문제에 초점을 둔 사정이다. 예 아동보호, 정신건강 등 지역사회의 특정 문제를 중심으로 하는 사정

- ㉰ **하위체계 사정** [⑬]
  - ⓐ 전체 지역사회를 사정하는 것이 아니라 지역의 특정 부분이나 일면을 조사하는 것을 의미한다.
  - ⓑ 학교, 종교기관, 보호기관 등 클라이언트와 관련된 지역사회의 하위체계를 정태적 또는 평면적으로 이해하기보다는 **하위체계의 역동성을 고려해야** 한다.
- ㉱ **자원 사정** [⑭⑲]
  - ⓐ 지역사회에서 이용할 수 있는 **권력, 전문기술, 재정, 서비스라는 네 가지 자원영역을 검토**해야 한다.
  - ⓑ 클라이언트의 욕구보다는 이용 가능한 자원의 본질, 운용, 질에 초점을 둔다.
- ㉲ **협력 사정**
  - ⓐ 전문가의 관점에 의해 사정의 영역, 목적, 다차원에서 이루어지는 일반적인 지역사회 사정과는 달리, 지역사회주민 독자적으로 또는 지역사회주민과 서비스 이용자와 공동으로 지역사회에서 이루어질 수 있다.
  - ⓑ 지역사회 참여자들이 완전한 파트너로서 조사계획, 참여관찰, 분석과 실행국면 등에 관계되면서 지역사회에 의해 수행되는 사정을 의미한다.

⑧ **자료수집** : 지역사회복지실천에서의 욕구사정을 위한 자료수집방법 [③④⑦⑨⑬⑯]

㉠ **질적 접근방법 Ⅰ** : 지역사회구성원에게서 정보수집

㉮ **비공식적 인터뷰** : 현장관찰의 과정에서 일어날 수 있는 질문자와 응답자 간의 무계획적이고 기대하지 않은 상호작용 [⑬]
  - ⓐ 지역조사자들이 **지역주민이나 유지들과의 자연스러운 만남**을 통해 향후 전개될 조사의 방향이나 기본 요소들을 인식할 수 있는 지역사회 욕구사정의 첫 번째 단계이다.
  - ⓑ 지역현장을 관찰하는 동안 면접자와 조사대상자 간의 자연스러운 만남이다.
  - ⓒ 특별한 계획 없이 발생하는 **우연적 상호작용**이다.
  - ⓓ 의견교환이 일어날 수 있고, 조사대상자의 특정한 입장에 상관없이 정보를 수집할 수 있다.
  - ⓔ 지역사회 내의 중요 쟁점을 파악하여 문제를 확정할 수 있다.
  - ⓕ 문제와 관련된 인적 자원들을 서로 연결해 갈 수 있다.

㉯ **공식적 인터뷰** : 지역조건이나 특정 사회문제에 관해 **전문적 지식을 소유한 주요 정보제공자와 공식적 회합**을 가지는 것 [⑳]
  - ⓐ 지역사회의 쟁점들에 관한 전문적 지식을 가진 주요정보제공자들과 **사전 계획된 대면이나 전화면접** 등을 통해 이뤄진다.
  - ⓑ 정보제공자들의 구성과 관련된 문제로서 조사대상자의 선택은 **비확률 표집 기법**이 많이 쓰인다.
  - ⓒ 기존 정보로 확보된 적은 수의 정보제공자들을 효과적으로 활용하여 점차 대상을 확대해갈 수 있다.

ⓓ 포괄적 욕구사정을 위해서는 정보제공자들이 다양한 욕구를 표출할 수 있도록 다양한 집단으로 구성되어야 한다.
　　　　　예) 지역주민, 상인, 지역의원, 복지서비스 제공자, 시민단체 및 담당지역 공무원
　　　ⓔ 조사대상자들이 자세하게 기록할 수 있도록 개방형 구성이 중요하다.
　　　ⓕ 사전 인터뷰 전반에 대한 요약적 인터뷰가이드를 작성한다.
　　　ⓖ **자료수집의 신뢰도를 위해 표준화된 도구를 이용하여 신뢰도와 일관성을 높일 수 있다.**
　　㉰ **민속학적(ethnographic) 방법** [⑬]
　　　ⓐ 사회적 약자계층의 문화적 규범과 실천행위를 규명하는 데 활용할 수 있는 방법이며, 지배문화에서 벗어난 사람들의 삶의 양식을 조사하는 데 이용된다.
　　　ⓑ **조사자의 관찰과 심층 인터뷰가 함께 사용**되며, 응답자의 외양이나 모습, 언어 등도 조사과정에 포함된다.
　　　　　※ 민속학적(ethnographic) 방법은 일반적으로 표준화된 면담도구를 사용한다.(×)
　ⓒ **질적 접근방법 Ⅱ** : 정보의 수집과 종합화를 위한 질적 접근방법
　　㉮ **지역사회포럼**(Community Forum, **지역사회 공청회**, 지역사회공개토론회) [③⑦㉑㉒]
　　　ⓐ 지역사회를 대표하는 사람들을 초대하며, **지역사회 모든 주민들에게 공개**된다.
　　　　- 참석자들은 지역문제에 대한 설명을 듣고, 의견이나 피드백을 요청받기도 하며, 지역문제를 확인하고 문제해결방안을 제시할 수 있다.
　　　　- **구조화된 접근**으로 이루어지며 포럼의 과정을 통해 지역사회문제에 대해 참여자들 간 인식을 공유할 수 있다.
　　　ⓑ 지역사회포럼과 공청회를 진행하는 방법은 여러 사람이 골고루 의견을 발표할 수 있는 기회를 갖도록 하는 것이 중요하며 모임이 끝나면 참가자에게 모임을 통해 얻은 직접적인 결과를 통보해 주는 것이 좋다.
　　㉯ **공청회**(public hearings)
　　　ⓐ 국민적인 관심의 대상이 되거나 사회 일반에 영향력이 큰 안건을 심의하기 전에, **국회나 행정 기관이 학자·경험자 또는 이해관계자를 참석하게 하여 의견을 듣는 공개 회의**이다.
　　　　- 정부프로그램에 대한 설명을 들을 수 있는 기회가 주어지며, **공청회의 실행에 대한 책임은 정부기관**에 있다.
　　　　- **지역사회포럼과의 차이** : 공청회는 주로 정부의 사업, 프로그램 등에 대한 의견들을 청취하는데 초점을 둔다는 점에서 지역사회포럼과 차이가 있다.
　　　ⓑ **장점** : 공개된 장소에서 대체로 참가자에 대한 제한을 두지 않고 있어 다양한 의견을 들을 수 있음
　　　ⓒ **단점** : 비구조화되고 통제하기가 어렵다는 점, 소수의 개인이나 집단이 공청회를 주도할 수 있으며 발언기회의 봉쇄, 공청회 자체를 혼란시킬 수 있다는 점, 공청회의 참여자 및 그들의 견해가 실제 지역사회를 대표하는지를 결정하기 어렵다는 점 등

㉢ **명목집단기법** [⑨⑩⑬⑯②]
  ⓐ 지역사회문제에 대한 이해를 높이고 목표확인, 행동계획의 개발 등에 활용되는 방법이다.
  ⓑ **명목집단기법의 절차** : 지역사회구성원에게 영향을 미치는 문제나 이슈에 관한 목록을 작성할 것을 요청 → 개개인이 목록에 작성한 문제를 각각 큰 소리로 읽도록 한 후 확인된 문제를 기록 → 목록이 만들어지면, 참여자들의 토론과 함께 확인된 문제에 대한 이해 제고 → 토론의 결론으로 각각 제기된 문제에 대해 순위를 작성하되, 순위에 대한 합의가 이루어지지 않을 경우 반복 시행하여 순위를 결정

㉣ **초점집단기법**(Focus Group Interview, 초점집단인터뷰) [⑦⑨③⑮⑱]
  ⓐ 명목집단이나 대화기법을 대신하여 지역사회포럼의 맥락 내에서 사용될 수 있으며, 지역사회 문제를 확인하는 것보다 어떻게 지역사회문제가 발생하였으며, 왜 발생하게 되었는가에 대해 진술할 경우에 가장 큰 효과를 발휘할 수 있다.
  ⓑ **초점기법의 절차와 내용** : 조사자인 사회복지사는 **지역사회집단의 이해관계를 가장 잘 대표할 수 있는 6~8명의 참여자들을 선택** → 선택된 사람들은 **한 장소에 모여 특정 문제에 대한 의견을 편안한 분위기에서 집단으로 토론** → 인터뷰 동안에 이루어지는 **질문들은 6~8개 정도의 개방형 질문으로 진행**되며, 사회복지사는 각각의 질문에 대답하기 위한 시간을 참석자에게 허락하고 응답내용은 초점집단의 동의하에 녹음
  ⓒ 지역사회문제에 대한 견해가 합의되지 않을 경우 소수관점과 다수관점으로 구분하는 데 유용한 자료수집방법이다.

  ✗⃝ 지역사회 욕구조사 단계 – 초점집단면접(FGI) 진행(○)

㉤ **델파이기법** [⑰㉑㉒]
  ⓐ 지역사회포럼의 외부에서 사용되며, 우편이나 이메일을 통해서 수행될 수 있는 기법으로 전문가 중심의 주요 정보제공자를 활용하는 방법이다.
  ⓑ 지역사회문제에 대해 전문가 간의 공통적인 인식과 동의를 확보하는 과정이라 할 수 있다.
  ⓒ **델파이기법의 주요 절차** : 주요 정보제공자를 중심으로 전문가를 선정 → 지역사회문제에 대한 개방형 설문지를 작성, 발송 → 주요 정보제공자는 지역사회문제에 대한 자신들의 견해와 입장 작성 → 설문지의 회수와 회수된 응답내용을 합의된 부분과 합의되지 않은 부분으로 종합 정리 → 분석결과 합의되지 않은 내용에 대한 이유와 함께 두 번째 설문지를 전문가들에게 발송하여 의견 물음 → 회수된 응답을 분석하고, 미합의 시 반복과정을 통해 합의에 도달

㉥ **대화기법**
  ⓐ 대화의 목적은 지역사회구성원이 지역문제에 대한 공통의 이해를 넓히고 문제를 해결하기 위한 연합행동에 동의하는 데 있다.
  ⓑ 문제해결을 위한 가능한 대안과 필요한 자원 확인, 산출목표의 설정과 행동계획이 개발될 수 있으며, 지역사회구성원들을 문제해결과정으로 안내할 수 있다.

ⓒ **양적 접근방법**
㉮ **구조화된 서베이** : 서베이는 구조화된 또는 반구조화된 질문지를 사용하여 우편, 메일, 면접조사를 통해 계획적이고 체계적으로 자료를 수집하는 방법 [⑳㉒]
㉯ **프로그램 모니터링** : 사회복지기관이나 지역사회조직에서 확보한 기존 프로그램에 대한 모니터링을 통해 정보를 파악
㉰ **사회지표분석** : 정부기관 또는 사회복지 관련 조직에 의한 수집된 기존 자료를 이용하여 지역사회구성원의 욕구나 문제를 분석하는 방법 [⑳]

⑨ **공간분석(spatial analysis)기법**
㉠ **지역사회 지도그리기** [⑱]
㉮ 지역사회시설이나 공원, 빌딩의 위치, 사회복지기관 등을 도표로 나타내기 위하여 근린 지역의 거리나 영역에 대한 지도를 이용하는 것이다.
㉯ 지역사회의 문제가 무엇인가를 파악하는데 도움을 주며, 문제해결을 위해 무엇이 필요한가에 대하여 성찰할 수 있는 기회를 제공해 준다.
㉡ **지리정보체계**
㉮ 지역사회문제를 그리기 위한 또 하나의 도구로 여기에는 컴퓨터, 스캐너, 프린터, 소프트웨어 등의 특수장비가 필요하다.
㉯ 지역사회문제와 서비스의 활용을 쉽게 지도로 나타낼 수 있으며, 다양한 지역사회문제를 공간적으로 표시할 수 있다.

❷ 정책 및 프로그램의 개발 [⑥⑧⑰]

(1) 개 요
① 정책의 수립은 **문제해결을 위한 조치와 프로그램의 방향을 결정하는 것**이다. 정책은 다양한 대안들 중에서 선택한 확고한 행동노선이다. 정책이 수립된 다음에 이들 정책을 실천에 옮길 수 있는 프로그램을 개발한다.
② 프로그램의 개발에서는 ㉠ 해야 할 일을 설정하는 것, ㉡ 필요한 인력과 재원의 동원문제, ㉢ 자원의 활용 가능성, 정책목표를 달성하기 위해 필요한 변화와 자원의 분배, 저항에 대한 대처 등이 중요하게 고려되어야 한다.

(2) 해야 할 과업
① **정책수립** : 고려해야 할 요건으로 이념관(ideology), 실현 가능성(feasibility), 합리성(rationality)
② **프로그램 개발** : 고려해야 할 세 가지 요건
㉠ **업무의 내용(해야 할 일에 대한 명세)** : 해야 할 일을 설정하는 것으로, 어떤 종류의 활동, 프로그램, 서비스를 어떤 순서로 얼마만큼의 양을 어떠한 전달체계를 통해서 수행할 것인가 하는 점이다.

ⓒ **자원(여러 가지 활동을 전개하는 데 필요한)** : 자본설비, 필요한 인력과 자격 및 지원, 이러한 자원들은 현재 어디에 있으며, 누가 통제하고 있으며, 어떻게 동원할 수 있을 것인가 등을 고려해야 한다.

ⓒ **가능성(feasibility)** : 자원의 활용 가능성은 어느 정도인가, 정책목표를 달성하기 위해 필요한 변화, 자원의 분배, 새로운 자원의 개발은 어떻게 할 것인가, 프로그램의 수행에 어느 정도의 수용 혹은 저항이 존재하는가, 필요한 변화를 시도하기 위해 어떠한 전략(갈등, 협상, 타협 등)을 사용할 것인가 등을 고려해야 한다.

3 프로그램의 실천(전개)

(1) 개 요

① 정책목표를 달성하기 위한 일련의 활동을 전개하는 것을 말하는 것이다.
② 지역사회 내 분열되어 있는 주민들이 한데 어우러져 하나의 역동적인 실체를 형성한다. [⑨]

(2) 해야 할 과업

① **홍보활동** : 실천방법에 대한 이해가 없다면 주민은 활동에 협력·참가하기 어렵게 된다.
② **주민참가의 촉진** : 주민을 실천활동에 참가하도록 하기 위해서는 일반주민의 볼런티어리즘과 참가의욕을 자극하여야 한다.
③ **연락·조정 활동** : 지역의 협동 체제를 확립·유지하는 것 자체가 지역사회복지의 주요한 목표이기 때문에 연락·조정 활동이 중요시되는 것이다.

4 평가 : 활동의 평가와 피드백

03 지역사회복지실천과정 8단계 [⑪⑬⑮⑰㉑㉒]

지역사회복지실천 과정 8단계는 1) 문제 발견(확인)하기, 2) 문제(원인) 분석하기, 3) 목적과 목표 설정하기, 4) 실행 계획하기, 5) 자원 계획 및 동원하기, 6) 실행하기, 7) 실행과정 점검하기, 8) 평가하기 등이다. ※ 지역사회복지실천 과정 : 지역사회사정 → 실행계획 수립 → 실행 → 성과평가(○)

1 문제 발견(확인)하기

(1) 개 요

문제를 확인한다는 것은 지역사회에 바람직하지 못한 사회적 조건이 무엇인지, 그 사회적 조건이 어느 인구집단의 욕구로 존재하는지를 조사함으로써 문제의 속성과 특성을 알아내는 것이다.

(2) 구체적인 과업들

① **관련된 사람의 파악** : 관련된 당사자들과 폭넓게 대화를 나누어야 한다.

② **문제의 범위 설정** : 드러나고 있는 문제에 대해 어느 정도의 경계를 그어 파악할 것인가 하는 문제이다.
③ **문제의 특성 파악** : 문제의 특성을 파악하는 데 고려해야 할 점은 ⊙ 문제의 복잡성 정도, ⓒ 문제에 대한 감정적 개입의 정도, ⓒ 문제의 확산 정도, ⓔ 문제해결의 긴급성, ⓜ 문제의 지속성이다.
④ **문제 확인에 필요한 자료 수집 방법** : 다양한 자료 조사방법을 통해 객관적인 자료를 확보하는 것이 매우 중요하다.

2 문제(원인) 분석하기

(1) 개 요
문제 발견(확인)하기가 문제의 속성과 특성을 파악하는 것이었다면, 문제(원인) 분석하기는 문제가 왜 생기게 되었으며, 어떤 역동성을 가지고 있고 어떤 의미를 가지고 있는가를 명확히 밝혀내는 것이다.

(2) 문제원인을 분석하는 과정의 2가지 측면
① **기술적 측면에서의 분석** : 밝혀진 문제에 내재된 논리를 밝히는 것으로, 이를 위해 필요한 과업은 문제에 대한 원인론적 접근을 하고 이론적 틀을 선택하고 자료의 유형을 파악하는 것이다.
② **대인관계 측면의 분석** : 참여적이며 가치와 선호를 고려하고 앞으로의 활동을 위한 지지의 획득과 반대의 감소를 위한 분석적 작업으로, 문제와 연관된 대인관계를 확인하는 것과 정치적·경제적인 사항을 고려해야 한다.

3 목적과 목표 설정하기

① 목적과 목표 설정은 앞 단계에서 정의되고 분석된 지역사회의 문제 혹은 욕구에 대해 실천의 방향과 수준을 정하는 과정으로 변화노력의 성공 여부에 필수적이다.
② **목적과 목표를 설정하고 난 후 활동계획을 구성**해야 한다.
  ⊙ 활동계획서는 미래상황을 어떻게 달성할 것인지에 대해 구체적으로 기술해 놓은 기록물이다.
  ⓒ 활동 계획서 중 대표적인 것으로 갠트 차트(Gantt chart)를 활용한다.

🔖 목적·목표 설정 단계 – 스마트(SMART) 기법 활용(O)

4 실행 계획하기

(1) 설계·구조화의 접근방법 : 정책 접근법, 프로그램 접근법, 프로젝트 접근법
① **정책적 접근**
  ⊙ 변화에 대한 원칙과 지침을 확립해 주는 것으로, 이 원칙과 지침은 많은 경우 자원의 재분배와 관련되기 때문에 매우 중요하다.
  ⓒ 정책대상자, 정책 지급유형, 정책 전달체계, 정책 실행비용의 내용이 구체적으로 결정되어 명시되어야 한다.

② **프로그램 접근법** : 특별한 욕구를 가진 클라이언트 집단의 변화노력을 설계하고 구조화하는 데 적절한 접근법으로 상세하고 구체적인 실행방법을 명시해야 한다.
③ **프로젝트 접근법** : 프로젝트는 환경이나 사회문제, 욕구, 갈등하고 있는 쟁점 등에 대해 구체적인 서비스를 지시하거나 지원하는 활동으로, 프로젝트 접근법은 단기적이고 결과 중심적 활동이다.
  ㉠ **서비스 프로젝트** : 단기간에 즉각적인 문제를 다루고자 할 때 선택할 수 있는 접근방법으로, 이는 설정한 기간에 시작하여 의도한 변화목표를 달성하고자 하는 것이기 때문에 지속적인 조직구성이 요구되지 않는다.
  ㉡ **지원 프로젝트** : 단기간의 특정 욕구를 만족시키기 위한 것으로, 지원 프로젝트의 목적은 구체적인 변화기회를 다루기 위해 추천서를 만들거나 정보를 수집하거나, 자금을 모으는 것이다.

  실행 계획 단계 – 프로젝트 활용(O)

(2) **설계·구조화 단계에서 고려할 사항**
① **클라이언트 체계에 대해** : 이 과정에서 변화노력에 참여한 클라이언트 체계와 변화매개체 등은 자기 과업을 가시화하기 시작하게 되는데, 이 단계에서 클라이언트 체계가 변화에 대해 저항하거나 지지한다.
② **변화기관에 대해** : 변화기관은 과업과 활동에 대한 연속성과 조정, 그리고 시의 적절성을 고려해야 한다.
③ **정치적지지 기반 구축에 관한 내용** : 책임감을 할당하고 유지시키는 데 있어서 변화기관은 소비자의 참여 이슈를 인식해야 한다.

5 자원 계획 및 동원하기

① 실행 이전 단계로, 변화노력을 위한 자원을 어디서 구할 것이며, 어떠한 방법들을 통해 변화노력과 자원의 연결을 보다 효과적이고 효율적으로 이루어낼 것인가를 결정하는 것이다.
② 자원계획과정의 산출물은 예산 계획서 또는 자원 계획서라는 형태로 가시화될 수 있는데, 이는 계획을 실행하기 위해 구체적인 자원을 어떻게 얻고 어떻게 사용할 것인가에 대한 참여자들의 동기가 반영된 문서이다.

  자원 계획 단계 – 실행예산 수립(O)

6 실행하기

(1) **개 요**
행정 및 관리 측면에서 계획을 진행해 나가고, 실제의 변화를 위해 업무에 착수하는 것을 말한다.

(2) **실행과정**
① **기술적 활동** : 활동 계획에 착수하여 참여자를 적응시키고 활동들의 조정을 통해 조화를 이루게 하고 적응과 조정을 촉진하는 내용 등으로 구성될 수 있다.

㉠ **참여자 적응시키기** : 오리엔테이션 등의 기본 교육을 통해 변화를 추구하는 가치와 의도, 그리고 철학에 대해 명확하게 메시지를 전달함으로써 달성할 수 있다.

㉡ **활동 조정하기** : 활동들을 통합하고 조화시키는 행위를 말한다.

㉢ **대인관계 활동** : 저항과 갈등을 관리하기와 자기 규제 및 통제 개발하기가 있다.

> 평가 단계 – 저항과 갈등 관리(×)

7 실행과정 점검하기

① 점검의 목적은 **실행과 결과를 추적함으로써 프로그램의 양적, 객관적 진척도를 파악하는 것**이지만, 평가는 실행과 결과의 유용성과 효과성에 그 가치를 둠으로써 프로그램 실행과정의 질적인 측면이나 주관적 가치를 평가하는 것을 말한다.

② 방법에 있어서도 점검은 **주기적인 현장방문과 관리기법**이지만, 평가는 목표달성에 있어 진행 중인 프로그램의 유효성을 분석하고 프로그램의 영향과 타 집단의 영향을 구별해 내고 분석하는 것을 말한다.

8 평가하기

① 평가는 변화의 장점이나 가치에 대해 판단을 내리는 사회적 과정으로, 점검의 과정에서 모아진 투입, 처리, 산출 그리고 결과에 대한 내용을 판단하는 것이다.

② 평가의 영역으로 **결과(성과) 뿐만 아니라 노력 및 활동, 성과의 적절성, 효율성 평가, 실행과정 평가**가 있다.

③ **실행과정 평가** : 개입의 수행방식에 관심을 두는 것으로, 참가자 관찰과 다양한 양적·질적 방법을 포함하고 주관적인 측정도구를 사용하기도 한다.

㉠ **형성적 과정평가(형성평가)** : 개입 수행과정 중 발생하는 사건을 파악하고 측정하며 사정하는 것이다.

㉡ **총괄적 과정평가(결과평가)** : 변화의 종결 시, 즉 개입 후에 평가하는 것으로 최종적인 결과 자료를 포함한 완성된 자료를 사용한다.

MEMO

지역사회복지실천에서의 사회복지사의 역할

제2부 **지역사회복지의 실천모델과 기술**

제7장 회차별 출제빈도, 출제비중 및 출제논점 1, 2, 3순위

10회 2012	11회 2013	12회 2014	13회 2015	14회 2016	15회 2017	16회 2018	17회 2019	18회 2020	19회 2021	20회 2022	21회 2023	22회 2024
1	3	1	1	–	–	1	1	$1(\frac{1}{2})$	–	–	1	2

출제 비중	출제 논점		
	1순위 ☺	2순위 ※	3순위 ☆
01₂	① 안내자(guide) 역할 ② 조력자(enabler) 역할	① 옹호자(advocate) 역할 ② 계획가(planner) 역할	① 사회치료자(social therapist) 역할 ② 행정가(program administrator) 역할

1순위 스마일표시(☺) : 출제 빈출도가 높은 부분으로 무조건 시험에 출제되는 영역
2순위 당구장표시(※) : 나왔다 안 나왔다 하는 영역이지만 출제가능성 높은 영역
3순위 별 표(☆)   : 출제 된 적이 있긴 하지만 다시 출제될 가능성은 다소 떨어지는 영역

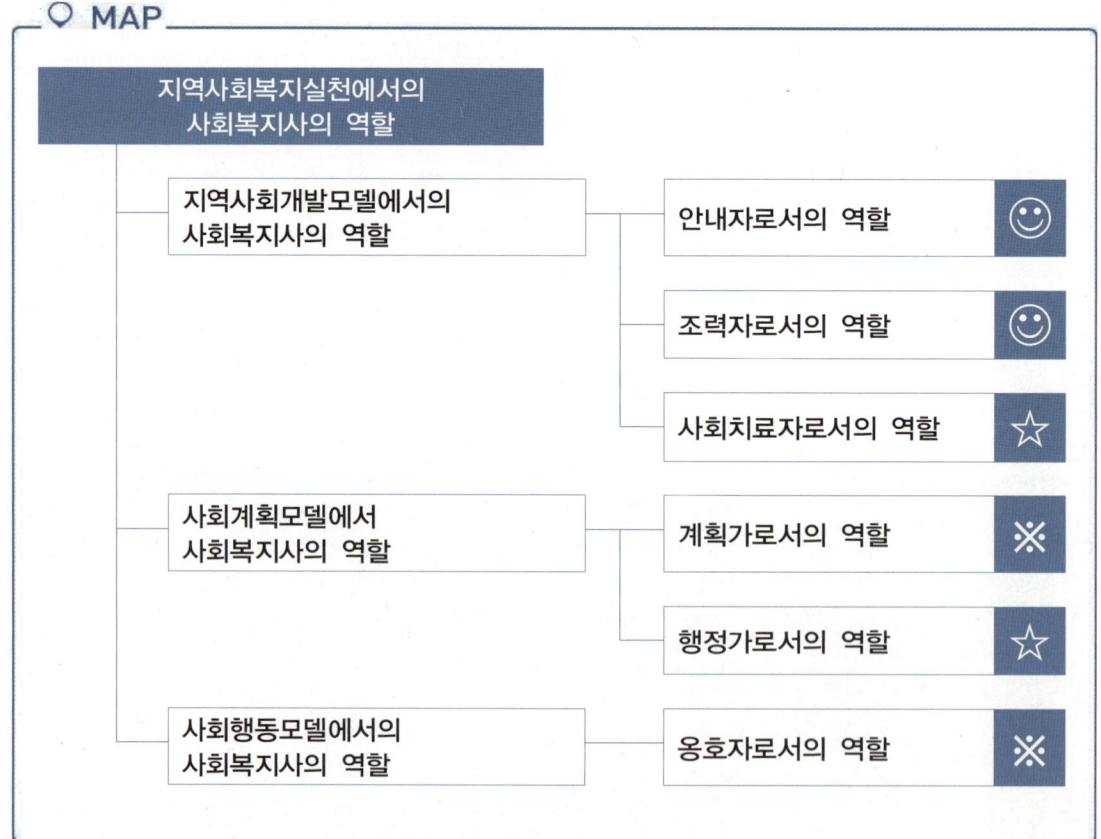

01 개 요

지역사회복지실천과정에서 실천가의 역할은 지역사회복지실천에 대한 접근법에 따라 설명할 수도 있다. 여기서 주의해야 할 점은 **각 유형 간의 역할은 서로 배타적이라고 할 수는 없으며 서로 강조하는 바가 다르다는 것이다.**

■ 지역사회 복지실천 모형에 따른 사회복지사의 역할 ■ [②②]

모형	지역사회개발모형		사회계획모형		사회행동모형	
학자	로스 (Ross)	리피트 (Lippitt)	모리스 (Morris)와 빈톡스 (Binstock)	샌더스 (Sanders) [②]	그로서 (Grosser)	그로스만 (Grossman)
역할	**안내자** (guide) **조력자** (enabler) 전문가 (expert) 치료자 (therapist)	**촉매자** (catalyst) **실천가** (implementer) 전문가 (expert) 조사자 (researcher)	계획가 (planner)	**전문가** (professional) **분석가** (analyst) **계획가** (planner) **행정가** (program administrator) **조직가** (organizer)	**중개자** (broker) **옹호자** (advocate) **행동가** (activist) 조력자 (enabler)	행동조직가 (organizer)

02 지역사회개발모델에서 사회복지사의 역할

❶ 안내자(guide)로서의 역할 [③⑨⑪]

① 대부분의 지역주민들은 자신이 살고 있는 지역사회가 가지고 있는 문제나 욕구에 대해 무관심하기 쉽기 때문에 지역사회 문제를 해결하기 위한 어떠한 조치도 취할 수 없게 된다. 이때 사회복지사는 **지역사회 주민들이 문제를 인식하고 문제해결에 따른 목표를 설정하고 이를 해결하는 방안을 강구하도록 도와주는 안내자 역할을 담당**하게 된다.

② 이를 실천하기 위해 사회복지사가 가져야 할 원칙
  ㉠ **1차적인 역할**(primary role) : 지역사회로 하여금 문제해결에 따른 목표(goals)를 설정하고, 이를 해결하는 방안을 강구하도록 도와주는 것으로, 여기에서 사회복지사는 주민들이 다양한 요소를 감안해서 올바른 방향으로 목표를 설정하도록 도와주는 것이다.

ⓒ **주도능력(initiative)** : 안내자로서의 역할은 결코 자유방임적인 것은 아니며 수동적인 자세를 취하는 것도 아니다. 즉 사회복지사는 도움을 청하지 않은 지역사회에 접근하는데 있어서 뿐 아니라, **문제해결과정에서 여러 가지 면에 주도권을 발휘**해야 한다.

ⓒ **객관적인 입장(objectivity)** : 사회복지사는 **객관적인 입장을 견지**해야 하며, 지역사회를 '있는 그대로(as it is)' 수용해야 한다.

ⓒ **지역사회와의 동일시(identification)** : 사회복지사는 **자신을 지역사회 전체에 동일시**하고, 민주적 토의방식, 지역사회조직 추진회가 합의한 문제나 사업에 같은 입장을 취해야 한다.

ⓒ **자기역할의 수용** : 사회복지사는 **자기의 역할을 수용하고 그것에 만족하는 것**을 익힐 필요가 있다.

ⓒ **역할에 대한 설명(interpretation)** : 사회복지사는 **자기의 역할이 지역사회에 이해되도록 설명**해 주어야 한다.

2 조력자(enabler)로서의 역할 [⑦⑧⑪⑰②]

① **지역사회조직의 과정을 용이하게 하는 사회복지사의 역할**을 말하며, 이 역할은 사회복지사가 지역사회의 불만을 집약하고 이를 바탕으로 조직화를 격려하며 조직 내에서 주민 상호 간의 좋은 대인관계를 육성하고 공동목표를 강조하는 활동을 포함한다.

> 예 ○○사회복지관은 저소득층 밀집지역에 있다. 이 복지관의 K사회복지사는 지역주민들과 마을의 문제에 대해 이야기를 하다가 어린이놀이터가 방치되어 우범지대화 되어 있다는 것을 알게 되었다. 또한 놀이터를 개량하기를 희망하는 주민들이 있다는 것도 알게 되었다. K사회복지사는 이들 주민들을 조직하여 놀이터 개량사업을 추진하기로 하였다.

② **이 역할에서 강조하는 활동**
  ㉠ 불만을 집약하는 일
    ㉮ 지역사회 조건을 변화시키기 위한 조직화는 지역주민들의 불만을 집약하는 일부터 시작된다. 이러한 불만이 개인의 문제가 아니라 **함께 해결해야 할 지역사회 문제로 확인되어야 한다.**
    ㉯ 조력자로서의 역할은 **촉매자(catalytic agent)의 역할**이라고도 할 수 있는데 이는 여러 집단들의 표출된 불만을 서로 연결시켜주는 역할을 하는 것으로 점차적으로 주민들의 불만이 집약되면 사회복지사는 그들이 문제에 관해 토의할 수 있게 소집시키는 활동을 전개함으로써 조직화를 촉진한다.
  ㉡ **조직화를 격려하는 일** : 사회복지사는 지역사회 주민들이 그들의 불만에 대해 서로 논의하고 불만의 우선순위를 결정하도록 하여, **이를 해결하기 위한 조직을 결성하도록 도움**을 주어야 한다.
  ㉢ **좋은 대인관계를 육성하는 일(좋은 인간관계 조성)** : 사회복지사는 주민들이 상호관계를 유지하고 협동적인 일에 참여하는 데 있어서 만족감을 갖도록 도와주어야 하며, 지역사회조직의 초기단계에 **주민들 간에 원만한 관계가 수립될 수 있도록 교량적인 역할**을 해야 한다.
  ㉣ **공동 목표를 강조하는 일**
    ㉮ 지역사회조직의 과정에서 효과적인 계획과 지역사회의 능력(capacity)을 개발한다는 양대 목표에 합치되도록 도움을 주어야 한다.

㉯ 사회복지사는 전 지역사회, 전체의 사업, 전체의 과정을 항상 의식하고 있어야 하며, 주민들이 궁극적인 목표에서 이탈되지 않도록 관심을 환기시켜야 한다.

3 전문가(expert)로서의 역할 [③⑪]

① **자신이 권위를 지니고 객관적인 자료를 제공하며 직접적인 충고를 하는 것**으로, 지역사회조직체가 사업을 수행하는 데 필요로 하는 조사자료, 기술상의 경험, 자원에 관한 자료, 방법상의 충고 등을 제공하는 것이다.

② 전문가로서 사회복지사가 수행하는 기능
  ㉠ **지역사회진단(community diagnosis)** : 지역사회의 구조와 특성, 공동사업의 추진을 방해하는 장애요인 등에 대한 분석 및 진단을 하는 '전문가'로서의 역할을 수행할 수 있다.
  ㉡ **조사기술(research skill)** : 조사방법에 대한 지식과 기술을 활용하여 스스로 지역사회가 필요로 하는 조사를 계획하고 행할 수 있다.
  ㉢ **타 지역사회에 관한 정보** : 다른 지역사회에서 행해진 조사, 연구, 그리고 시범사업 등에 관해 알아보고 지역사회 자체의 문제를 해결하는 데 필요한 정보를 제공해 주어야 한다.
  ㉣ **방법에 관한 조언** : 지역주민들이 조직을 결성하는 방법과 절차에 대한 전문가적 지식을 갖고 조언을 줄 수 있다.
  ㉤ **기술상의 정보(technical information)** : 기술적인 방안(technical plans)에 관한 참고 자료를 숙지해서 필요할 때 제공해 줄 수 있어야 한다. 활용 가능한 자원과 그에 대한 지역사회의 욕구를 연결시켜 줄 수 있어야 한다.
  ㉥ **평가(evaluation)** : 수행되고 있는 사업에 대한 평가를 한다거나 그 사업의 과정에 관해서 설명해 줄 수 있어야 한다.

4 사회치료자(social therapist)로서의 역할 [⑬]

① 지역사회에 따라서 공동적인 노력을 심히 저해하는 금기적 사고(taboo ideas)나 전통적인 태도가 긴장을 조성하고 집단들을 분리시키는 요인으로 작용할 수가 있는데, 이런 경우 사회복지사는 **지역사회 수준에서 적절한 진단과 치료**를 행해야 한다.

② 진단을 통해서 규명된 성격과 특성을 주민들에게 제시해서 그들의 이해를 도와주어야 한다. 사회복지사의 치료는 주민들이 그러한 **성격을 이해해서 긴장을 해소하게 하고, 협력적인 작업을 방해하는 요인을 제거**하도록 도와주어야 한다.

> 예) 사회복지사는 낙후된 도시지역을 대상으로 지역 진단을 실시하고, 해당 지역에 대한 주민들의 이해를 높였다. 그리고 주민 간의 협력을 방해하는 요인을 제거하도록 도왔다.

03 사회계획모델에서 사회복지사의 역할

1 모리스(Morris)와 빈스톡(Binstock)의 '계획가(planner)' [⑦⑨⑪]

① 계획가란 사회적 서비스를 개선하고 사회문제를 완화시키는 주요 수단은 공공기관의 정책을 고치는 것을 목적으로 하여 이를 달성하기 위해서 노력하는 사람을 말한다.
② 계획가는 자기의 모든 결정과 조치의 지침이 되는 '목표(preference goal)'를 선택하기 위해 인과관계에 관한 그의 지식을 활용한다.
③ 계획가를 중심으로 한 사회계획전략은 도시지역사회에서 주민들에게 보다 나은 서비스를 제공하기 위해 정부기관을 상대로 하는 사회복지기관에서 활용할 수 있는 이상적인 전략이라고 할 수 있다.

2 샌더스(Sanders)의 '전문가(professional)'

① **분석가로서의 역할** : 사회복지사의 계획된 변화를 이루기 위해서는 **전문적인 사실발견과 분석에서 출발**한다. 사회조사와 관련한 이론과 실천기법을 사용하여 다양한 수준의 지역사회사정(community assessment) 방법을 활용한다.
② **계획가(planner)로서의 역할**
  ㉠ 사회복지사는 사실발견과 분석의 결과를 바탕으로 **사회문제의 변화를 목표로 하는 계획을 수립**하게 된다. 이러한 계획수립에 있어서 사업이 목표를 달성하기 위한 제반 여건을 고려할 필요가 있다.
  ㉡ 사업이 착수되기 위해 필요한 공간, 재정, 인력, 법, 건축 등 **기술적인 면을 고려하고**, 사업을 둘러싼 **다양한 수준의 철학적인 면을 중시**해야 한다.
③ **조직가(organizer)로서의 역할** : 계획의 수립과 실천과정에 **지역사회에 있는 행동체계들을 적절히 참여시키는 것**을 의미한다.
④ **행정가(program administrator)로서의 역할** [⑫]
  ㉠ 프로그램이 실제로 운영되고 주민들이 이것에 대해 알고 반응을 보이는 단계에서 발휘되는 것으로, **계획이 추진되는 자체보다는 이 계획을 수행하기 위해 마련된 프로그램이나 기관의 운영에 주로 관심을 갖는 것**이다.
  ㉡ 행정가는 프로그램이 계획에서 설정한 목표를 효과적이고 효율적으로 달성하게 하기 위해서 **모든 인적·물적 자원을 적절히 관리**해야 한다.

> 예) P 사회복지사는 사회복지관 평가에 대비하여 업무를 조정하고 준비를 위한 계획표를 작성하였다. 그리고 해당 기간 동안의 문서를 정리하고 직원들이 각 분야별로 역할을 분담하도록 하였다. 이는 사회복지관이 우수하게 평가받을 수 있도록 하기 위한 노력이다.

04 사회행동모델에서 사회복지사의 역할

1 그로서(Grosser)의 견해

① 조력자(enabler)의 역할
  ㉠ 이는 주민들이 자체의 욕구분석을 토대로 스스로 목표를 설정하여 추진하기 위해 조직화를 용이하게 하고 격려하는 역할이다. 그러나 사회행동모형에서 다른 역할보다 중립적인 입장에 있으며 매우 제한된 가치를 지닌 소극적인 것으로 지적하고 있다.
  ㉡ 조력자(enabler)의 역할에 대한 모형 차이
    ㉮ **지역사회개발모형** : 사회복지사의 역할 중 가장 중심적이고 1차적인 역할이다.
    ㉯ **사회행동 모델** : 가장 소극적이고 제한되어 있는 역할로 한정되어 있다.

② **중개자(broker)의 역할** : 주민들이 스스로 필요로 하는 자원이 어디에 있다는 것을 가르쳐 줌으로써 이에 접근할 수 있게 해주는 것이다. [④⑦⑩]
  > 예) 사회복지사는 중증 장애 아동을 양육하고 있는 부모의 양육 스트레스를 경감시키고자 장애인 주간보호서비스에 대한 정보를 제공하였다. 장애인의 부모는 사회복지사의 정보를 활용하여 장애인 주간보호서비스를 이용하게 되었다.

③ **옹호자(advocate)의 역할** : 이 역할은 **필요한 정보를 끌어내고, 주민들 입장의 정당을 주장하고, 기관의 입장에 도전할 목적**으로 지도력과 자원을 제공해야 한다는 것이다. [⑤⑥⑦⑫]

④ **행동가(activist)의 역할** : 이는 지역사회 내 불이익을 당하는 주민들을 위해 진정한 사회복지사의 역할로 강조되고 있다. 즉 주민조직과 함께 지역사회환경을 개선하고 서비스를 요구하기 위한 집단행동에 있어서 리더십을 발휘하여 행동에 동참하는 것을 말한다.

2 그로스만(Grossman)의 견해 : 조직가 [⑨]

① 사회복지사의 실제적 역할에 대해 '조직가'의 과업(역할)을 기술상의 과업과 이데올로기적 성격을 지닌 과업으로 구분하여 설명하였다.
  ㉠ **기술상의 과업** : 궁극적인 승리를 위해서 지역사회 프로그램에 참여하고 있는 사람들이 장기간에 걸쳐 관심을 잃지 않고 참여하게 하고 조직상의 기술과 자신감을 증대시켜 그들의 관심사라고 말하는 바를 달성하기 위해 투쟁하도록 괄목할 만한 변화가 일어나도록 하는 것을 말한다.
  ㉡ **이데올로기적 성격을 지닌 과업** : 지역사회에 계속적인 긴장을 조성하여 지역사회주민들로 하여금 정치적 의식을 증대시키는 것을 말한다.

② 기술상의 과업은 거의 모든 사회복지사가 수행하고 있으며, 이데올로기적 성격을 띤 과업은 일부의 사회복지사들이 수행하고 있다고 지적하고 있다.

③ 지역사회 내 집단이나 단체를 참여시키기 위해 그들의 역할을 분명히 하고, 그 역할을 효과적으로 수행할 수 있도록 훈련시킨다.
  > 예) 지역 내 환경문제를 해결하기 위해 주부들을 모집하여 환경봉사단을 결성하고 교육 훈련 프로그램에 참여하도록 하여 지역사회의 환경문제를 스스로 해결해 나갈 수 있도록 원조하였다.

지역사회복지실천에서의 사회복지사의 기술

제2부 **지역사회복지의 실천모델과 기술**

제8장 회차별 출제빈도, 출제비중 및 출제논점 1, 2, 3순위

10회 2012	11회 2013	12회 2014	13회 2015	14회 2016	15회 2017	16회 2018	17회 2019	18회 2020	19회 2021	20회 2022	21회 2023	22회 2024
3	1	2	3	6	3	2	3	3($\frac{1}{2}$)	4	2	2	2

출제 비중	출제 논점		
	1순위 ☺	2순위 ※	3순위 ☆
2**3**6	① 옹호(advocacy, 대변)기술 ② 조직화(organizing) 기술 ③ 네트워크(연계)와 네트워킹 기술	① 자원개발 및 자원동원 기술	① 임파워먼트를 높이기 위한 기술 ② 계획 기술과 지역사회교육 기술

1순위 스마일표시(☺) : 출제 빈출도가 높은 부분으로 무조건 시험에 출제되는 영역
2순위 당구장표시(※) : 나왔다 안 나왔다 하는 영역이지만 출제가능성 높은 영역
3순위 별 표(☆)   : 출제 된 적이 있긴 하지만 다시 출제될 가능성은 다소 떨어지는 영역

MAP

- 지역사회복지실천에서의 사회복지사의 기술
  - 옹호(advocacy, 대변)기술 ☺
    - 옹호의 개념과 옹호활동의 원칙 ☆
    - 옹호의 유형 ※
    - 옹호의 전술 ☺
  - 조직화(organizing) 기술 ☺
    - 조직화의 개요 ※
    - 조직화의 원칙 ☺
  - 네트워크(연계)와 네트워킹 기술 ☺
  - 자원개발 및 자원동원 기술 ※
  - 임파워먼트 기술 ☆
  - 계획 기술과 지역사회교육 기술
    - 계획과 프로그램 기술 ☆
    - 지역사회교육 기술 ☆

01 개요

지역사회복지실천을 위해 사회복지사가 활용하는 기술은 지역사회복지실천모델에 따라 다양한 기술이 활용되고 있다.

① 지역사회 주민의 능력 향상과 통합을 목표로 하는 **지역사회개발모델**은 주민참여를 강조하는 전략을 갖고 있으며, 이러한 전략을 추진해 나가기 위해서는 **지역사회 교육, 조직화 또는 임파워먼트 기술이 필요**
② 지역사회의 구체적인 문제해결을 목표로 하는 **사회계획모델**은 합리적 계획수립의 전략을 갖고 **지역사회계획 수립과 프로그램 작성의 기술을 적용**
③ 지역사회의 불균형한 권력관계와 자원배분의 변화를 목표로 하는 **사회행동모델**은 사회적 쟁점의 부각과 주민동원의 전략으로 제도와 정책의 변화를 추구하며, 이를 위해 **옹호/대변기술 등이 필요**
④ 그 외에도 지역사회의 관련된 부문과 자원을 결합하는 **연계기술, 자원개발/동원기술 등이 각각의 모델에 공통적으로 적용**

02 옹호(advocacy, 대변)기술

1 옹호의 개념과 옹호활동의 원칙 [④⑤⑥⑦⑧⑤②]

(1) 옹호의 개념 [④⑤⑥⑦⑧⑤②]

① 클라이언트의 이익 혹은 권리를 위해 싸우거나, 대변하거나, 방어하는 활동을 말하는 것으로 **소외되고, 억압된 집단의 입장을 주장**한다.
  ㉠ 지역주민이나 지역사회의 입장에서 직접적으로 대변, 보호, 개입, 지지, 방어를 하며 일련의 행동을 제안하는 것으로, **표적 집단에 대한 강력한 영향력이나 압력 행사를 포함**한다.
  ㉡ 사회 정의를 지키고 유지하려는 목적으로, 옹호는 **클라이언트가 권리를 가지고 있으며, 그 권리의 보장은 법적으로 요구할 수 있는 것**(정책적 변화 모색, 조례제정 청구, 관계법 개정 제안 등)이라는 가정에서 출발한다.

② 옹호란 다른 대상을 **임파워먼트(혹은 역량강화)하는 활동과도 관련**이 있으며, **정당한 처우나 서비스를 받지 못하는 경우에 활용**된다.
  ※ 옹호 기술 : 지역주민이 정당한 처우나 서비스를 받지 못하는 경우에 활용된다.(O)

(2) 옹호활동의 원칙 [④]

① 옹호활동은 **클라이언트의 수준을 고려하여 합리적 수준을 유지**하는 것이 좋다.
② 가능하면 '개인'보다는 **팀워크(teamwork)에 의존**한다. 동원 가능한 자원의 양이나 다양한 전술의 사용 면에서 볼 때 일반적으로 팀워크에 의한 집단적 옹호활동이 유리하다.
③ 옹호활동은 **종종 적극적이고 단호한 태도를 요구**한다.
  ※ 사회복지사는 타협하고 양보하는 태도를 유지해야 한다.(×)

④ **유연성을 강점으로 인식할 필요**가 있다. 단호한 태도가 요구된다고 해서 매사에 경직된 모습을 유지해야 하는 것은 아니다. 상황에 따라 최선보다는 차선에 만족하는 법도 배워야 한다.

② 옹호의 유형 : 계층 혹은 명분옹호와 사례옹호

① **계층 혹은 명분옹호**(class or cause advocacy, 대의옹호)
  ㉠ 특정 클라이언트 집단에 불리한 영향을 미치는 이슈들을 중심으로 **사회정책을 통하여 환경을 바꾸기 위한 개입활동을 의미**한다.
  ㉡ 스스로 자신을 옹호할 능력(자원, 재능, 기술)이 부족한 집단들을 위한 것으로서, 거시적 실천에서 주로 적용된다.
  ㉢ **거시적**(macro) **차원의 옹호활동**으로 여러 집단과 제도를 포함하면서 사회적 조건을 개선시키는 것을 지향한다.
    > 예) 시민권 확보를 위한 입법운동, 장애인이나 기타 위험에 처한 인구집단의 권리를 위한 투쟁(장애인들의 이동권 보장 장애인 이동권 연대의 지하철 편의시설 설치 운동) 등

② **사례옹호**(case advocacy)
  ㉠ **개별사례나 개별 클라이언트를 대신해서 옹호하는 것**을 말한다.
  ㉡ 사회복지사의 실천영역에서 서비스 전달을 보증하고, 특정 담당 클라이언트를 위해 자원과 서비스를 확보하는 것을 강조한다.
  ㉢ 사회복지 분야에서 사례옹호는 다른 대상이 필요로 하는 서비스, 자원 자격을 가지도록 원조하는 것을 의미한다. 또한 클라이언트를 대변하는 것은 클라이언트로 하여금 스스로를 대변하고 옹호할 수 있도록 학습하게 하기 때문에 사례옹호는 임파워먼트 실천과 보조를 맞춘다.
  ㉣ **미시적**(micro) **혹은 중범위**(mezzo) **실천에서 주로 적용**되며, 동일한 문제를 가진 사람들이 많아지면 명분옹호로 전환될 수 있다.
  ㉤ 미시적 차원의 실천이건 거시적 차원의 실천이건 사회복지사의 옹호활동의 1차적 대상은 주로 개인에게 해당되므로 옹호활동은 사례옹호에서 시작되어야 한다.

■ 하드캐슬(Hardcastle) 옹호의 유형 ■

유형	개념	사회복지사의 구체적 기술
자기옹호 [⑪] (self-advocacy)	클라이언트 개인 및 집단이 스스로 자신을 옹호하는 활동. 때로는 자조집단 및 지지집단을 구성해서 활동함	행정적 및 기술적 지원(회의실 제공, 자원봉사자 공급)/격려 및 정보제공
개인옹호 (individual advocacy)	클라이언트가 스스로 자신을 옹호할 수 없을 때 **사회복지사가 개인이나 가족을 대신하여 옹호하는 활동**	개인 및 가족의 욕구파악 및 사정 기술
집단옹호 [⑥] (group advocacy)	유사한 문제를 경험하는 클라이언트들로 구성된 **집단의 공동 문제를 해결하기 위한 옹호활동**	집단사회복지실천기술, 의사소통 기술

지역사회 옹호 (community advocacy)	소외된 혹은 공동의 문제를 경험하는 지역주민들을 위한 옹호활동. **지역주민들이 스스로 지역사회를 옹호하기도 하고, 지역사회를 대신하여 다른 사람들이 옹호하기도 함**	주민을 모으고 조직화하는 기술/일일캠프 개최, 건강달리기 모임 활용
정치 또는 [⑪] 정책적 옹호 (political/policy advocacy)	사회정의와 복지를 증진시키기 위해서 **입법영역, 행정영역, 사법영역에서 다양한 형태로 전개되는 옹호활동**	특정 법안의 통과를 제안하거나 저지하기 위한 로비기술/사법과정에서 증인으로 나서는 클라이언트를 보호하고 정보를 제공하는 기술
체제변환적 옹호 [⑪] (advocacy for systems change)	**근본적인 제도상의 변화**를 위해 구성원인 시민들과 사회체제 전체에 영향을 미치려는 옹호활동. 예를 들어, 양성평등을 위한 여성운동, 장애인이동권 보장을 위한 옹호활동 등	캠페인 기술, 조직화 기술, 미디어 활용기술

3 옹호의 전술 [⑫⑲⑳]

① **설득(persuasion)** [⑫⑭]
  ㉠ 사회복지실천에서 자주 쓰이는 대인관계기술로 대상자 또는 어떤 명분에 대해 호의적인 해석을 얻어내기 위한 제반활동으로, 우리의 목적을 반영하는 쪽으로 의사결정을 변경하거나 방향을 틀도록 노력하는 활동을 말하는 것이다.
  ㉡ 설득의 네 가지 요소 : 메시지 전달자(communicator), 전달형식(format), 전달할 메시지(message), 전달 대상(audience)
    ㉮ **메시지 전달자** : 신뢰성, 전문성, 동질성, 비언어적 강점을 갖추는 것이 좋다.
    ㉯ **전달형식** : 메시지는 직접 상대방의 면전에서 전달해야 설득의 효과가 커질 수 있으나, 직접 대면이 어려운 경우에는 전화로 전달하는 것이 차선책이다.
    ㉰ **전달할 메시지**
      ⓐ 반복적이면서 전달대상에게 이익과 보상을 가져다주는 것일수록 설득력이 있다.
      ⓑ 지역사회에서 신망이 높은 사람이나 권위를 지닌 인물의 지지를 받는 경우 전달효과가 크다.
    ㉱ **전달대상** : 전달대상이 전달자를 알거나 좋아하거나 존경하는 경우, 메시지를 이미 신뢰하고 있는 경우, 과거에 유사한 명분에 동조한 경험이 있는 경우, 소기의 행동을 취할 시간과 자원을 가지고 있는 경우에 설득이 용이하다.

② **대변(representation)** : 대변은 한 사람이 다른 사람에게 요청하여, 요청받은 사람이 대변자가 되는 데 동의하고, 두 사람이 관계의 성격에 대해 결정하고 나면 시작된다. 즉 **다른 사람의 의견을 대신해서 표현 또는 전달하는 행위**를 말한다.

③ **고충처리(grievances), 이의신청(complaints)** : 고충처리는 정책을 어긴 의사결정자에 대처하는 방법으로 대개 기관 내부에서 직원이나 클라이언트의 불만이나 고충을 수리하여 처리하는

공식적인 절차이며, **이의신청**은 기관의 행위에 대하여 불만이나 이의가 있을 경우 관계법령에 의해서 규정되는 행정상의 절차를 말한다.

④ **변화의 표적을 궁지에 몰기(embarrassing the target, 표적을 난처하게 하기)** : 상대방을 당혹스럽게 만든다는 뜻으로, 그렇게 함으로써 특정사안에 대한 상대방의 태도나 입장을 흔들 수 있기 때문에, **직접적 도전이나 공격이 어려울 때 쓸 수 있는 효과적 전술**이다. [⑫⑲⑳]
- 옹호(advocacy)활동 : 피케팅으로 해당 기관을 난처하게 한다.(O)
- 옹호 기술 : 보이콧, 피케팅 등의 방법으로 표적을 난처하게 한다.(O)

⑤ **정치적 압력(political pressure)** : 주로 공공조직, 즉 **선출직 공무원이나 정부의 지원을 받는 기관을 대상으로 펼치는 옹호활동**이다. 선출직 공무원은 유권자에게 민감할 수밖에 없기 때문에 이들의 청원(petition)에 기민하게 반응하며, 정부 지원 기관은 국민의 세금에 의존하고 있으므로 역시 정치적 압력에 민감하다. [⑫⑲]

⑥ **청원(petitioning, 탄원서 서명)** : 특정 조직이나 기관이 일정한 방향으로 조치해 줄 것을 요청하는 다수인의 서명지를 전달하는 활동이다. [⑰⑲]

⑦ **증언청취(fair hearings)** [⑫⑲]
  ㉠ 혜택이나 권리에 대한 수혜자격이 있는 클라이언트나 클라이언트 집단이 공정한 대우를 받도록 하기 위해 의도한 행정절차다.
  ㉡ 증언청취에서 **클라이언트들이 의사결정자의 행위에 관한 의견을 듣고 싶다고 행정기관에 신청을 내면, 그 주장의 양쪽 의견을 듣도록 외부인(외부심사관, 주로 지방정부 공무원)이 지명**된다. 만약 결정권자가 지방정부 혹은 중앙정부의 정책을 어겼다고 외부심사관이 판단하면, 그 심사관은 개인이나 기관이 규칙을 준수하고 클라이언트에게 정당한 급부를 주도록 지시하게 된다.
  ㉢ 이러한 접근은 **공공기관이 클라이언트 집단에 급부제공을 거부하거나 준수하여야 할 규칙을 명백히 어겼을 경우에도 적용**된다.

03 조직화(organizing) 기술 [④⑨⑩⑬⑭⑮⑰⑳]

1 조직화의 개요

① **개념**
  ㉠ 지역사회복지실천에서 가장 기본이라고 할 수 있는 기술로서 **지역사회 전체 또는 일부 집단을 하나의 역동적인 실체(unity)로 만들어 나가는 과정**에서 활용된다.
    ㉮ 지역의 당면 사안이나 문제해결을 위해서 지역사회가 처한 상황과 해결방향에 따라 목표를 세우고 합당한 주민을 선정하여 모임을 만들고 지역사회의 욕구나 문제를 해결해 나가도록 돕는 기술이다.
    ㉯ 민주적 의사결정을 거치면서 주민들의 합의에 의해 주민자치적으로 지역사회의 복지향상을 위한 일체의 활동으로 **지역주민이 자신들의 문제를 함께 풀어나가는 과정을 포함**한다.
  - 조직화 기술 : 지역주민이 주체가 되어 사회복지조직의 목표를 성취하도록 운영한다.(O)

ⓒ 초기에는 사회복지사가 주도적인 역할을 수행하다가 점차 지역주민이 주도적인 역할을 수행하도록 한다.

② **목 적**
  ㉠ 지역의 다른 주민들과 동격의 구성원으로 사회에 참가하고, 일반생활자로서의 자립을 꾀하도록 하는 것에 있다.
  ㉡ 지역주민에 대해서도 사회참여과정에서 사회적 약자를 특별한 존재로 취급하지 않고 동등한 인격체로 인식할 수 있도록 돕는 것에 있으며, 그들의 역량을 최대화하여 지역사회문제의 예방 및 해결활동에 적극 참여할 수 있도록 지원하는 것에 있다.

③ **주요 내용**
  ㉠ 사람과 자원을 끌어 모으고(**동원**), 모인 사람이 조직의 목표와 방법을 논의하여(**회의**), 조직을 이끌 사람들을 찾아내는 일(**리더십 개발**)로 채워진다. 주민통제 기술(×)
  ㉡ **조직화 기술** : 회의 기술, 협상 기술, 지역문제 이슈설정 기술, 지역사회지도자 발굴 기술

❷ 효과적인 조직화를 이루기 위한 원칙 [④⑨⑭]

① **주민 스스로가 그들 자신을 도울 수 있다.** 주민운동은 주민을 '위해서' 하는 운동이 아니라, 주민에 '의해서' 행해지는 운동이다.
② **조직화는 지속적인 관심과 노력을 요구하는 동적인 과정이다.** 이 과정을 통해 지역주민들은 협력의 필요성과 효과적인 실천을 배우게 된다.
③ **지도력은 주민 자신으로부터 나와야 한다.** 주민조직가는 주민지도자가 아니다. 주민의 신뢰를 받고 있는 실제적이고 민주적인 지도자를 발굴하는 데 주의를 기울여야 한다. → **지역사회의 내적 능력에 우선 중점**
④ **조직은 힘의 전제조건이다.** 개인은 사회조직에 대항할 힘을 가지고 있지 못한다. 어떤 상황을 변화시키기 위한 투쟁에서는 이용할 수 있는 모든 세력을 결합하고 연대시켜야 한다.
⑤ **사적 이익에 대한 관심을 조직화에 활용하라.** 어떤 추상적이고 고상한 목적을 위해서 주민을 조직하기란 매우 어려운 일이지만 주민 자신의 이익을 증진시키기 위해 그들을 조직하는 것은 아주 쉬운 일이다.
⑥ **투쟁은 대부분의 경우 문제해결을 위해 불가피한 조처이다.** 근본적 변화를 원한다면 **갈등과 대결에 익숙해지는 법을 배워야 한다.**
⑦ **쟁점은 명확해야 한다.** 지역사회의 조직화는 쟁점(issue)을 중심으로 이루어진다. 따라서 조직화는 쟁점을 명확하게 재정립할 필요가 있으며, 명분보다는 실현가능한 쟁점에 초점이 맞추어져야 한다.
⑧ **정서적인 활동을 포함한다.** 성원들 사이의 신뢰감과 유대감을 형성시키는데 도움이 된다.

04 네트워크(연계)와 네트워킹 기술 [②⑦⑨⑬⑭⑮⑰⑱⑲㉑㉒]

1 네트워크 및 네트워킹의 개요

(1) 개 념

① 네트워크(network)와 네트워킹(networking)
  ㉠ 네트워크(network) : "수평적인 교환의 패턴, 호혜적인 의사소통 경로", "상호의존성을 창조하고 장기적으로 이루어지는 교환관계", "독립성을 가진 조직들 간의 지속적인 상호작용의 관계 패턴" 등으로 정의된다.
  ㉡ 네트워킹(networking) : 네트워크가 사회행위자들의 연결망의 현 상태에 대한 시각을 내포한다면, 네트워킹은 그 연결망 상태에 대한 사정 및 그 연결망의 생성 및 강화를 위한 개입 시각을 내포함을 강조한다.

② **지역사회복지 네트워크** : 지역사회복지 수요자의 복지 증진을 위해 사회복지서비스 공급주체 간의 정보공유, 서비스의 연결 등 지역사회복지조직 및 관련조직간 유기적 연계체계를 의미하며, 일회적 또는 사안별 연계와 협력보다는 지속적이고 체계적·구조적 연계가 이루어지는 과정이다.

(2) 특 성 [⑩⑱⑲]

① **네트워크를 이루는 개별 조직들 간의 수평적 관계**이다. 네트워크는 공통의 목적달성을 원하지만, 참여하는 조직들은 상이한 독립적 목표를 가지기 때문에 각 조직의 독립성이 유지되어야 한다. 따라서, 네트워크는 힘의 균형관계가 재규정될 필요가 있다.
  ※ 연계 기술의 특징 : 개별조직들 간 수직적인 관계를 통해 조직의 독립성을 유지한다.(×)
  ※ 네트워크 기술 : 달성하고자 하는 목적을 위해서는 항상 강한 결속력이 필요하다.(×)

② 서로 간의 **신뢰와 호혜성(reciprocity)**에 기반하여 관계가 유지되고 서로의 보충적인 이해를 위해 작동된다는 것으로, 네트워크 구성원들 모두가 관계를 통해서 이득을 얻는 것이 있어야 한다는 것이다.

③ **조직 간 상호의존성(interdependence)**이다. 네트워크에서의 거래는 다조직 혹은 다부문 간에 걸친 상호의존적 구조이다.

④ **조직 간 느슨한 연계(loose coupling)**로, 이는 거래당사자 간의 자율성을 보장하며 복수의 지도자가 존재하면서 구성원의 진입과 퇴출이 자유롭다는 것을 의미한다.

(3) 유용성 [⑩⑬㉒]

① 클라이언트에게 **서비스의 갭을 줄이고** 더 광범위한 서비스의 제공을 가능하게 한다.
② 클라이언트 중심의 **사회적 관계망을 강화**시킬 수 있다.
③ 이용자 중심의 **통합적 서비스**를 제공할 수 있다.
④ 조직 차원에서는 독자적으로 서비스를 제공할 때보다 서비스의 개발과 이행에서 더 다양한 방

법을 사용하게 하여 포괄적 지원을 가능하게 한다.
⑤ 다양한 자원의 동원을 용이하게 한다.
⑥ 조직 간 협력은 오히려 더 많은 클라이언트 풀(pool)을 가지게 한다.
⑦ 사회복지시설의 서비스 중복·누락을 방지할 수 있다.
⑧ **새로운 인프라 구축을 위한 시간과 비용의 절감**을 가져온다.
⑨ 지역 내 서비스의 문제를 함께 해결할 수 있는 기회를 제공한다.
⑩ 독자적으로는 달성할 수 없던 서비스를 지역 내 모두가 지원한다는 심리적 생각은 서비스의 효과를 높일 수 있다는 것이다.
⑪ 지역사회의 공동체회복과 더불어 사회자본의 축적을 가져온다.

   연계 기술의 특징 : 지역사회 연계활동은 사회적 자본을 잠식한다는 한계를 가지고 있다.(×)

2 지역사회복지에서 서비스 네트워크의 활동수준 [⑭]

구 분	내 용
연락 (communication)	• 낮은 수준의 네트워크로 개별조직이 서비스제공에 필요한 정보교환 및 정보공유 단계 • 개별조직 간 또는 조직 내의 서비스 효과성을 증대시킬 목적으로 이루어지는 것
제휴 (cooperation, 협동)	• 정보공유와 협력을 통해 조직의 이익과 불필요한 중복을 피하고자 하는 것으로 각 참여조직의 독자적인 활동을 인정하는 것 • 최소한의 자원공유에 한정되며, 조직에 대해 요구되는 책임이 거의 없는 수준
조정 [⑭] (coordination)	서비스의 중복을 방지하고 자원 활용의 효율성을 도모하기 위해 개별 조직의 정체성을 유지하면서 서비스 제공에 있어 정기모임이나 회의를 통해 활동이 이루어지는 것
협력 (collaboration)	개별조직이 단일 프로그램이나 서비스에 참여하여 연계구조를 갖되, 개별조직의 정체성을 유지하면서 자원을 공유하는 형태
통합 (integration)	개별조직들이 서비스 제공을 위한 하나의 조직체로 통합하여 개별조직의 정체성을 유지하지 않고 새로운 조직체로의 정체성을 갖는 것을 의미

3 지역사회복지 네트워크의 의의, 기능·역할 및 구축원칙

(1) **지역사회복지 네트워크의 의의**

① **지역사회복지 공급주체 간의 역할재정립** : 지역사회복지서비스의 공급주체로서 민간비영리부문이나 공공부문보다 민관협력에 의한 네트워크가 비용효과성 및 서비스 전달의 효율성 측면에서 유용한 역할을 수행할 수 있다.

② **지역사회의 강화, 지역사회의 변화를 주도하는 조직활동 및 연대활동 강화**
   ㉠ 지역사회복지 네트워크의 궁극적인 목적은 지역복지의 수요에 대응하고, 지역사회를 변화시켜 그에 따른 문제 해결을 도모하는 데 있다.
   ㉡ 지역사회를 변화시킨다는 것은 지역사회의 역량강화, 지역사회 변화를 주도하는 조직활동

의 강화, 조직활동을 주도하는 지역주민의 의식화와 주체적 참여확대, 지역주민·조직·지역사회 차원의 연대활동과 네트워크의 발전을 의미한다.

> 네트워크 기술의 특성 : 참여를 통한 시민 연대의식 강화(○)

(2) 지역사회복지 네트워크의 기능·역할

① **지역사회복지기관 간 서비스의 연계·조정 및 역할분담**
  ㉠ 네트워크 참여기관 간 연계프로그램을 개발하고 역할분담 등에 관해 협의·조정한다.
  ㉡ 지역사회복지기관 간의 협의를 통해 서비스가 중복 제공되는 경우를 방지할 수 있다.
  ㉢ 지역사회복지기관 간에 대상자를 의뢰하는 역할을 한다.

② **지역사회 자원동원** : 지역조사를 공동으로 실시하여 네트워크 참여조직이 필요한 지역 내의 다른 민간자원을 발굴하고 자원봉사자를 교육·배치한다.

③ **지역욕구조사와 지역사회보장계획의 수립**

(3) 지역사회복지 네트워크 구축의 원칙

① **자발성의 원칙** : 지역사회복지 네트워크의 참여는 강제성을 배제하고 자발성을 전제로 한다.
② **민주성의 원칙** : 네트워크에 참여한 관련 조직은 동등한 자격과 의사소통의 개방성, 수평적 관계를 원칙으로 한다.
③ **포괄성의 원칙** : 같은 분야나 같은 종류의 기관에 국한하지 않고 지역복지 관련 조직을 네트워크의 구성범주로 포괄해야 한다.
④ **책임성의 원칙** : 책임성을 부여하기 위해 지역사회복지 네트워크의 내용 및 역할에 따라 주도적인 행위자 선정이 이루어질 필요가 있다.
⑤ **실용성의 원칙** : 형식성을 탈피하고 내실을 기하기 위해 실제 활동을 수행할 수 있는 실무자중심으로 운영하는 것이 바람직하다.
⑥ **다양성의 원칙** : 네트워크 구성단위의 사업내용이나 활동영역의 지리적 특수성을 반영하여 다양성이 이루어져야 한다.

05 자원개발 및 자원동원 기술 [6⑦⑬⑯⑲㉑]

1 개요

① 지역사회문제의 성격이나 개입방법과는 상관없이 **모든 지역사회복지실천 활동에 반드시 포함되어야 하는 기술**이다.
② 자원(resource)의 유형에는 개인, 현금, 물품, 시설, 조직, 기관, 정보 등으로 구분한다. 이 중 실제적으로 지역사회복지에서 **가장 핵심이 되는 자원은 인적 자원과 물적 자원**이라 할 수 있다.

> 예) 사회복지사A는 가족캠핑을 희망하는 한부모 가족 10세대를 대상으로 프로그램을 계획하고 있다. A는 개인적으로 참여하고 있는 수영 클럽을 통해 프로그램 운영에 필요한 예산과 자원봉사자를 확보하고자 운영진에게 모임 개최를 요청하였고, 성공적인 결과를 얻었다. 지역사회복지 실천 과정에서 사회복지사A가 활용한 기술은 자원개발 및 동원 기술이다.

❷ 인적 자원과 물적 자원

① **인적 자원**
  ㉠ 인적 자원개발 및 동원에서 가장 우선적으로 추진해야 할 작업은 **주요한 인적 자원의 소재를 파악하고 접촉하는 것이다.**
  ㉡ 인적 자원동원의 기술 [⑥⑬⑭]
    ㉮ **기존에 존재하는 집단이나 조직체를 활용하는 방법(기존 조직의 활용)** : 자원동원을 위한 가장 신속한 방법으로서 지역사회 내의 교회 등 종교기관, 노조, 청소년그룹 등 조직체를 대상으로 그 조직체의 지도자로 하여금 구성원이 특정한 사회적 쟁점을 위한 활동에 참여하도록 요청함으로써 이루어진다.
    ㉯ **다수의 개인으로 하여금 직접적인 참여를 촉진하는 방법(개별적 접촉)** : 개인과의 직접적인 접촉을 통하여 이루어진다. 이러한 활동은 우편물의 발송, 지역사회 내에서의 가정방문, 공공의 장소에서의 대화 등을 포함한다. 이러한 동원기술의 핵심은 개인으로 하여금 필요한 활동에 참여하도록 설득하는 것이다.
    ㉰ **개인으로 구성된 사회적 네트워크를 활용하는 방법(지역사회 네트워크 활용)** : 직장, 혈연, 기타 사회적 활동 등을 통하여 이미 서로 알고 있는 사람들이 연대를 활용하는 방법이다.
  ㉢ 인적 자원개발동원 시 사회복지사가 고려해야 할 원칙 [⑤]
    ㉮ 기존 조직이나 네트워크에 편입된 자원일수록 지역사회조직의 성원이 되기 쉽다.
    ㉯ 개인의 지역사회조직 참여는 그가 제공하는 비용과 받는 이득에 의해 영향을 받는다.
    ㉰ 기존 조직들은 지역사회복지실천의 중요한 자원이며, 참여자들의 비용을 줄일 수 있고, 실천활동이 성공할 가능성을 높이는 데 기여한다.
    ㉱ 대체로 통합의 정도가 높고 참여자 간 응집력이 높은 집단과 네트워크에 의한 동원을 통해 집합행동이 발생하고 활성화된다.
    ㉲ 최소한의 분업이 가능한 소규모 비공식 집단이 다양한 전술을 사용할 수 있고 외부의 방해에도 효과적으로 대응할 수 있다.

② **물적 자원**
  ㉠ 대부분의 비영리기관인 사회복지실천 기관은 조직의 운영이나 클라이언트에게 전달되어야 할 서비스 경비에 필요한 현금 및 물품을 자체적으로 생산하거나 조달하는 것은 불가능하다.
  ㉡ 이런 현금이나 물품을 효과적으로 확보하기 위해서 **마케팅 전략이 필요**하다.

❸ 후원자 개발

① **장점** [⑭]
  ㉠ 인류애를 전달하고 있다는 점
  ㉡ 장기적 지원이 가능하다는 점
  ㉢ 기금과 프로그램에 지역사회주민의 참여를 유도할 수 있다는 점

ⓔ 심리적인 면에서 안정효과를 가져올 수 있다는 점
　　　ⓜ 후원자와 아동 사이의 서신왕래가 가지고 있는 강점과 잠재력
　　　ⓗ 나눔문화 확산으로 공동체 의식 함양 기여
　　　ⓢ 민간비영리조직의 자율성 향상 기여
　　　ⓞ 후원자의 자아실현 기회 제공
　② **후원사업의 내용**
　　　㉠ 개인결연 후원 모금방법
　　　㉡ 후원자와 가정 또는 소규모 집단 간의 결연 후원방식
　　　㉢ 후원자와 시설 또는 지역사회의 결연사업
　③ **후원사업의 종류**
　　　㉠ **정기후원** : 정기적(월, 년)인 후원금을 내는 방법으로 결연후원과 같으나 구체적인 후원대상이 정해지지 않은 점이 다르다.
　　　　㉮ 결연후원과 달리 후원금액이 소액에서부터 고액까지 다양화하여 후원자들이 기부할 수 있는 폭을 넓혀준다.
　　　　㉯ 구체적인 후원대상이 정해져 있지 않아 후원 지속률이 떨어진다.
　　　㉡ **비정기후원** : 정기 후원모금과 성격이 비슷하지만 정기적이 아니라 비정기적으로 후원금을 내는 기부방식이다.
　　　㉢ **프로그램 후원** : 특정 사업이나 프로그램을 광고하여 모금하는 방법으로, 특정 개인의 욕구나 문제보다 사회적 문제나 욕구에 초점을 맞추는 것이 효과적이다.

06 임파워먼트(empowerment) 기술

1 임파워먼트의 개념 [⑬⑲②]

① 1990년대 이후 사회복지실천에서 강조되고 있는 개념으로, **대화, 강점 확인, 자원 동원 기술 등을 포함**한다.
　　㉠ **조직차원에서 볼 때 임파워먼트** : 조직원들 개개인에게 조직을 위해 중요한 일을 할 수 있는 능력과 권한이 있다고 확신을 심어주는 강화과정을 말한다.
　　㉡ **사회복지실천현장에서** : 클라이언트의 잠재 역량 및 자원을 인정하고 클라이언트 내외에 회복력이 있음을 전제하여 클라이언트가 삶을 결정할 수 있도록 권한이나 힘을 부여하는 실천을 의미한다.
　　㉢ **지역사회 차원에서** : 지역사회 내 개인이나 조직들이 각각의 욕구를 충족시키기 위해 자신의 기술과 자원을 공동의 노력으로 이끌어 낼 수 있는 지역사회로 만드는 것을 의미한다.

② 임파워먼트는 지역사회 전체 구성원들이 지지할 의사결정구조를 구축하고 전반적인 지역사회복지 실천과정에 있어서 사회적 소외계층의 참여를 확대하는 것이 지역사회복지의 목표 달성을 위해 필수적이라는 점에서 매우 중요하다(강점기 외, 2005).

③ 임파워먼트(역량강화) 기술은 지역주민이 처해 있는 어려움의 해결방법은 '치료'를 통해서가 아니라 '파워'를 획득함으로써 가능하다고 본다.

> 예) '행복시(市)에 근무하는 A사회복지사는 무력화 되어 있는 클라이언트의 잠재 역량 및 자원을 인정하고 삶을 스스로 결정할 수 있도록 북돋아주었다.' 이 사례에서 사회복지사는 임파워먼트 기술을 활용하였다.

2 지역사회 임파워먼트를 높이기 위한 기술 [9⑱]

① **의식 고양하기(consciousness raising, 의식제고)**: 무력감을 느끼는 개인을 한데 모아 문제의 원인이 자신들에게 있는 것이 아니라는 점을 알게 한다. 자신들은 억압과 배제의 희생자라는 사실을 깨닫게 하고, 각자의 경험을 나누도록 한다.

② **자기 목소리 내기(self-assertion, 자기주장)**: 문제의 원인과 소재를 파악한 다음에는 공개적으로 자기의 목소리를 내는 것이 중요하다. 개인적 수준에서는 그 자체가 임파워먼트의 과정이 될 수 있다.

③ **공공의제로 만들기(framing the agenda, 공공의제의 틀을 갖추기)**: 공공의 데모나 캠페인을 통하여 쟁점을 공공의 의제가 되게 하는 것이며, 공공의 데모나 캠페인을 통하여 쟁점을 사람들에게 알리는 것이다(쟁점이 공공 의제가 될 수 있도록 그 틀을 짜는 것).

④ **권력 키우기(building power, 힘 키우기)**: 자원동원을 통해 지역사회주민의 힘을 키우는 과정이다. 사람의 수와 열정이 가장 중요한 힘의 원천이다. 그 밖에 법적 행동, 전문성, 힘의 위협 등도 힘의 원천이 될 수 있다.

⑤ **역량건설(capacity building)**: 역량강화를 위해 조직을 설립하고 자신의 주장을 표명하기 위해 캠페인을 전개하는 과정이 이에 속한다.

⑥ **지역사회 사회자본 확장(creating social capital, 사회자본의 창출)**: 사회자본은 지역사회구성원의 사회적 관계에 바탕을 둔 자원으로서 물리적 자본과는 상대적 개념이다. 이러한 사회적 자본은 구성원 간의 협력과 연대감을 높이는 데 기여한다.

07 계획 기술과 지역사회교육 기술

1 계획과 프로그램(planning and program) 기술 [⑱]

① **프로그램 기획(program planning)**: 현재와 미래의 환경변화에 대응하기 위한 것으로 프로그램의 목적 설정, 수단의 선택, 실행, 평가에 이르는 제반 프로그램 과정에서의 합리적인 의사결정과 활동들을 말한다.

㉠ 사회적 서비스를 생산하는 지역사회복지조직이 지역사회가 필요로 하는 재화와 서비스를

제공하는 활동과 관련되어 있다.
ⓒ 변화노력을 설계하고 구조화하는 것으로 상세하고 구체적인 실행방법을 명시한다.
ⓒ 개별 사회복지기관이 다룰 수 있는 영역과 범위 안에 있는 이슈를 해결하기 위한 것이다.

② **지역사회 계획과 프로그램에 요구되는 기술**
㉠ 지역사회의 문제와 주민 욕구에 대한 분석 기술
㉡ 문제해결과 욕구충족을 위한 다양한 대안의 모색
㉢ 선택된 대안으로서 프로젝트와 프로그램의 단계별 실행 기술
㉣ 프로젝트와 프로그램의 관리와 평가를 위한 기술
㉤ 프로젝트와 프로그램의 재정조달을 위한 준비 작업으로 프로포절의 작성 기술

2 지역사회교육 기술 [②]

① 지역사회와 지역주민에게 정보를 제공하고 기술을 가르치는 것이다.
② 이를 효과적으로 수행하기 위해서는 무엇보다 많이 알아야 하고, 정보를 명확히 전달하고 이해시키기 위해 의사소통을 잘 하는 것이 필요하다.
㉠ 지역주민의 상담기능을 수행한다.
㉡ 지역주민의 관심사에 관련된 다양한 행사를 계획하고 시행한다.
㉢ 지역사회실정에 맞는 교육과정으로 지역사회개발에 선도적 역할을 담당한다.
㉣ 다양한 교육프로그램으로 지역주민이 능력을 개발하고 지역사회의 문제해결에 신념을 갖도록 한다(**주민의 주인의식 함양**).
㉤ 지역주민 상호 간 대화를 촉진시키고 지역연대감을 향상시킨다(**지역공동체형성/지역주민의 통합화**).

MEMO

사회행동의 전략과 전술

제2부 **지역사회복지의 실천모델과 기술**

제9장 회차별 출제빈도, 출제비중 및 출제논점 1, 2, 3순위

10회 2012	11회 2013	12회 2014	13회 2015	14회 2016	15회 2017	16회 2018	17회 2019	18회 2020	19회 2021	20회 2022	21회 2023	22회 2024
1	2	–	1	–	–	–	–	1	–	–	–	–

출제 비중	출제 논점		
	1순위 ☺	2순위 ※	3순위 ☆
0~1	① 타조직과의 협상(협력전술): 협조, 연합, 동맹	① 사회행동 전술: 압력, 법적, 항의, 협상전술	① 쟁점의 효과적 정리 ② 사회행동의 토대가 될 수 있는 힘의 원천

1순위 스마일표시(☺) : 출제 빈출도가 높은 부분으로 무조건 시험에 출제되는 영역
2순위 당구장표시(※) : 나왔다 안 나왔다 하는 영역이지만 출제가능성 높은 영역
3순위 별 표(☆)　　 : 출제 된 적이 있긴 하지만 다시 출제될 가능성은 다소 떨어지는 영역

MAP

- **사회행동의 전략과 전술**
  - 사회행동의 전략
    - 힘의 결집 ☆
    - 합법성(정당성)의 확보 ☆
    - 타조직과의 협상(협력전술) ☺
    - 전술적 연결 ☆
  - 정치적 압력전술 ※
  - 법적 행동과 사회적 대결
    - 법적 행동 ※
    - 사회적 대결 ※
  - 언론의 활용과 협상 전술 ☆

01 사회행동의 전략

1 개요

① **사회행동(social action)** : 지역사회주민들의 생활에 영향을 미치는 중요한 결정에 대해 주민들의 통제력을 향상시키기(주민들의 임파워먼트를 극대화하기) 위해 지역사회주민들이 펼치는 집단적인 노력으로, 본질적으로 싸움(action campaign)이다.

② **쟁점의 효과적 정리** [9]

　㉠ **쟁점의 정리(issue framing)** : 쟁점을 표현하는 방식과 쟁점을 담을 인식의 틀 그리고 쟁점에 대한 접근 수준의 결정을 모두 포함한다.

　㉡ **쟁점을 정리할 때 고려해야 할 점**
　　㉮ 쟁점을 넓게 정리해야 한다.
　　㉯ 지역 주민이 체감할 수 있어야 한다.
　　㉰ 지역 주민의 인식을 넓히는 데 도움이 되어야 한다.
　　㉱ 싸움의 정당성을 뒷받침할 수 있어야 한다.
　　㉲ 변화의 가능성을 확신시킬 수 있어야 한다.

③ **효과적인 사회행동을 전개하기 위해 지역사회조직이 취해야 할 전략상의 문제**

　㉠ **힘의 결집** : 지역사회조직이 그들의 대상(혹은 적대) 집단을 이겨내기 위해 필요한 힘을 어디에서 얻을 것인가 하는 것이다.

　㉡ **합법성의 확보** : 사회행동집단이 전개하는 운동이 집단원들과 일반지역주민들에게 합법적인 것으로 보이게 하기 위하여 어떻게 목적을 표현하고 전술(tactics)을 선택할 것인가 하는 점이다.

　㉢ **타조직과의 협상** : 사회행동집단이 지역사회 내의 다른 조직으로부터 협력을 구할 것인가 혹은 단독으로 운동을 전개할 것인가를 결정해야 한다.

　㉣ **전술적 연결** : 사회행동집단이 압력 전술, 법적 전술 혹은 시위활동 등 어떤 전술에 주로 의존할 것인가, 혹은 이들 전술을 어떻게 혼합해서 활용할 것인가를 결정해야 한다.

　㉤ **협상의 전개** : 사회행동집단이 의미 있는 승리를 최대한으로 거두기 위해 어떠한 협상을 할 것인가를 결정해야 한다.

2 힘의 결집 : 대상집단을 이기기 위해 힘을 갖기 위한 전략 [9]

① 사회행동이란 평등과 정의와 같은 **추상적인 주제에 대한 철학적 논쟁이 아니라, 현존하는 문제의 해결을 위해 사회행동집단과 대상(반대)집단 간의 힘 겨루기**라 할 수 있다.

② **사회행동의 토대가 될 수 있는 힘의 원천** [5]

　㉠ **정보력(informational power)** : 현재 일어나고 있는 지역사회문제에 관한 지식을 정부당국이나 지방자치단체(특히 정치인들에게), 전문가, 그리고 당사자에게 제공할 수 있는 힘을 말한다.

ⓒ **대상(적대)집단에 대한 힘의 행사** : 사회행동집단은 그들의 활동과 결정에 반대하는 대상(적대)집단에 불편과 손해를 증가시킴으로써 과시하는 힘을 말한다.

ⓒ **상대방에게 피해를 입힐 수 있는 잠재력(potential for disruption)** : 실제로 피해를 입힐 수 있는 잠재력이 있다는 것을 상대방(지역사회 내 소수의 착취자)에게 주지시키는 것이 종종 효과적인 전술이 될 때가 있다.

ⓔ **약점을 이용한 수치심 자극(상대방의 약점)** : 상대방의 약점을 들추어 내어 수치감을 갖게 하거나 괴롭히는 것도 힘의 원천이 될 수 있다.

ⓜ **동원능력(동원력)** : 집단행동에 많은 사람을 동원할 수 있는 능력은 사회행동에서 가장 중요한 힘의 원천이 된다.

3 합법성(정당성)의 확보 : 사회행동캠페인의 합법성을 확보하는 전략

① 장기적인 승리는 사회행동조직 이외의 사람들이 그 조직의 행동에 대해 합법성을 인정하느냐에 달려있다고 할 수 있다.
② 사회행동조직이 사회적인 합법성을 확보하기 위해서는 그 조직의 목적에 맞는 전술을 선택해야 한다. 어떠한 전술도 기존의 법질서를 해치는 것이어서는 안 되는 것이다.
③ **사회행동이 힘을 과시하는 것이라고 하더라도 결코 폭력을 행사해서는 안 된다.** 폭력은 일시적으로 사회행동의 동력을 높이는 효과는 있으나, 상대방에게 반격의 빌미를 제공함으로써 궁극적으로 사회행동의 궤멸을 초래할 가능성이 크다.

4 타조직과의 협상(협력전술) : 지역사회의 타조직과 협력하는 전략 [⑦⑧⑨⑪⑬]

① 한 사회행동조직이 수적으로 힘을 얻기 위해서는 지역사회 내에 있는 다른 조직들과 함께 일을 하는 것이 필요할 수 있다.
② **사회행동조직이 타조직과 맺을 수 있는 협력적인 관계 3가지 유형**
　㉠ **협조(cooperation)관계**
　　㉮ 타조직과 최소한의 협력을 유지하는 관계유형으로, 이 관계 속에서 특정 이슈에 관해 유사 조직들이 자체의 계획대로 운동을 전개하면서 필요에 따라 **일시적인 협력을 하는 것**이다. → **특정 이슈에 관해 유사 조직들의 일시적 연결방식**
　　　ⓐ 이에 참여하는 조직들은 운동의 효과는 늘리면서 자체의 기본적인 목표나 계획을 바꾸지는 않는다.
　　　ⓑ 협조관계에서 참여하는 조직들은 시위를 위한 일시, 진행로, 연사, 언론과의 접촉 등에 관해 **서로 협의하는 정도**의 협력관계를 갖는다.
　　㉯ 한 조직이 자기네의 주장을 타조직에게 지나치게 강요할 경우 협조관계는 **언제든지 어느 한 쪽에 의해 중단(단절)**될 수 있다.
　　　　※ 협조(cooperation)는 특정 이슈에 관해 유사 조직들의 일시적 연결방식이다.(O)

ⓛ 연합(coalition)관계
- ㉮ 참여하는 조직들 간의 이슈와 전략을 공동으로 선택하는 보다 조직적인 협력관계를 말한다.
- ㉯ 쉽사리 해결될 수 없는 **장기적인 성격의 문제일 경우에는 이 같은 연합관계를 맺는 것**이 좋다.
- ㉰ 이 관계 속에 **참여하는 조직들은 각각 대표자를 선정하여 운영위원회 같은 조직을 구성하고 회의를 소집하여 공동의 관심사에 대해 협의**하게 된다.
  - ⓐ 공동 관심사가 발견된 후에는 **이들 조직들은 하나의 조직처럼 행동을 할 수도 있다.**
  - ⓑ 운영위원회는 공동의 노력을 해야 할 문제에 대해 논의를 하고 추진할 전략을 결정하게 되며, 이런 결정은 다시 각각의 조직에 회부되어 승인을 받아야 한다.
    - ※ 연합관계 : 각 조직은 모든 행동에 참여할 필요가 없음(○)

ⓒ 동맹(alliance)관계
- ㉮ **가장 고도의 조직적인 협력관계를 맺는 경우**로, 이는 유사한 목적을 지닌 조직들이 **영구적이고 전문적인 직원을 둔 대규모의 조직관계망을 갖는 것**이다.
- ㉯ 각 조직들은 각각의 이슈에 대해 계속적인 합의를 할 필요가 없으며, 전문직원들이 회원조직을 대표하여 필요한 로비활동을 하게 되고 회원조직들에게 기술적인 지원을 제공하게 되는 것이다.
- ㉰ 이와 같은 동맹관계는 회원조직들의 회원을 훈련하고 캠페인을 준비하는 등 전문적인 활동이 필요한 경우에 매우 바람직한 협력관계라고 할 수 있다.

■ 협력관계 유형의 비교 ■

기 준	협조관계	연합관계	동맹관계
	약함 ←	조직 간의 협력체계 정도	→ 강함
목 적	특정 이슈에 관해 유사한 목표를 가진 조직들의 **일시적인 연결**	계속적이나 느슨하게 구조화된 협력(조직적 자율성을 최대화하면서 힘을 증대시킴)	기술적인 정보를 제공하고 로비활동에 역점을 두는 전문가를 둔 영속적인 구조
결정 절차	임시적 계획이 사안에 따라 만들어짐	**선출된 대표들이 정책을 결정하지만 각 개별조직들의 비준이 있어야 함**(각 조직은 모든 행동에 참여할 필요가 없음)	회원조직으로부터 승인이 필요하지만 결정할 수 있는 힘은 중앙위원회나 전문직원이 갖게 됨
존 속	**협력관계는 어느 때 어느 일방에 의해 중단될 수 있음**(협력관계를 유지하기 위해 최소한의 노력 필요함)	참여조직들은 특정 캠페인에 참여 여부를 선택할 수 있으나 협력구조는 지속됨	중앙위원회나 직원에 의해 장기적인 활동이 수행됨.

5 전술적 연결 : 캠페인에 있어서 전술을 연결시키는 전략 [③⑦⑨]

① **사회행동조직이 활용할 수 있는 전술(tactics)** : 압력(pressure)전술, 법적(legal)전술, 항의(protest)전술
  ㉠ **압력전술** : 행동집단이 상대조직의 규칙이 갖는 합법성을 인정하고 그 규칙에 따라 조치를 강구하지만, 궁극적인 목표는 상대조직이 자체의 게임에서 승복하도록 노력하는 것이다.
  ㉡ **법적전술** : 일정한 문제해결을 위해 행동집단이 상대조직의 규칙을 활용하지만, 궁극적인 목표는 그들이 준수하지 않는 그들 스스로 규칙을 준수하도록 하는 것이다.
  ㉢ **항의전술** : 행동집단이 게임의 규칙이 공정치 못하다고 결론을 내리고 새로운 규칙을 만들어 내려고 하는 것이다.
② 일반적으로 사회행동캠페인이 성공을 거두기 위해서는 **둘 혹은 모든 전술을 사용해야 한다.**
  사회행동 전술들의 혼합사용을 피해야 한다.(×)

6 협상의 전개 : 협상을 전개하는 전략

① 사회행동이 바람직하고 의미 있는 목표를 달성하기 위해서는 어떻게 협상을 할 것인지, 협상의 토대가 되는 갈등의 범위를 어느 정도로 할 것인지 등에 대해 결정해야 한다.
② **협상을 전개하는 전략**
  ㉠ 협상에 있어서 어느 때까지 타협이 이루어지지 못하면 쌍방에게 피해가 될 수 있다는 것을 보여줄 수 있는 시한을 두어야 한다.
  ㉡ 상대방에게 요구의 관철을 위해 철저히 행동에 옮길 것이라는 인상을 확고히 해야 한다.
  ㉢ 언제 어떻게 양보를 해야 할 것인가를 배워야 한다. 이것은 협상에 있어서 가장 핵심적인 기술로서, 너무 성급하게 타협하거나 너무 협상을 끌지 않도록 주의해야 한다.
  ㉣ 상대방의 제안에 대해 어느 정도 시간을 갖고 생각하면서 신중하게 대응해야 한다.
  ㉤ 주 협상 안건에 관한 타협안을 만들기 전에 사소한 안건에 대해 간단히 양보함으로써 협상이 계속 진행되도록 해야 한다.
  ㉥ 협상에 있어서 쌍방이 신뢰할 수 있고 협상에 참여하기를 원하는 중재자를 개입시킬 필요가 있는지 고려해야 한다.

02 정치적 압력전술 [⑪]

1 개념

① 그 대상이 정부에 국한되며, 새로운 법을 통과시키도록 하거나 새로운 프로그램을 개발하게 하거나, 지역사회 주민조직에게 이로운 정책을 강구하고 시행하도록 하는 일련의 활동을 의미한다.

② **정치적 압력과 항의는 서로 상이한 전술**
  ㉠ **항의** : 은행, 핵발전소, 백화점, 고용주 등 거의 모든 대상을 목표로 할 수 있다. 항의의 주목적은 어떤 문제에 대해서 관심을 환기시키고 사회행동조직의 힘과 결속력을 과시하는 데 있다. 그래서 상대방을 협상 테이블로 나오게 하는 것으로 항의전술은 성공이라 할 수 있다.
  ㉡ **정치적 압력** : 그 대상이 정부에 국한되며, 그 목적은 새로운 법을 통과시키도록 한다거나 새로운 프로그램을 개발하게 한다거나 지역사회주민조직에게 이로운 정책을 강구하고 시행하도록 하는 것이다.

③ 정치적 압력은 정부가 변화의 요구에 대해서 비교적 개방적이며, 주민의 참여에 대해 비교적 공평한 기회를 보장한다는 전제에서 출발한다.

2 정치적 압력전술에 관한 기술

① **적재적소에 압력을 가하는 기술** : 정책결정과정에서 문제해결에 관한 재량권(discretion)이 어디에 있는가를 파악하는 것이다.

② **정부관료와 정치인을 상대로 한 논쟁의 기술** : 정치인들과 관료들은 정책과정에서 서로 다른 역할을 하므로 해당 정치인과 관료에 맞는 압력전술이 필요하다.

③ **압력전술을 선택하는 기술** : 정치적 압력전술에 관한 구체적인 행동들 [④]
  ㉠ **공청회에 군중을 동원**하는 방법
  ㉡ **공청회에 의견서를 제시**하는 방법
  ㉢ **연판장을 제출**하는 방법
  ㉣ 선출된 관리들과 1 : 1로 로비를 하는 방법
  ㉤ **편지 보내기** 방법
  ㉥ 전화나 전보를 이용하는 방법
  ㉦ 법안의 내용을 제안하는 방법
  ㉧ 법안을 심의하는 의회에 참여하는 방법

④ **정치인들에게 압력을 가하는 전술** : 정치인들이란 압력이 그들의 필요와 책임에 합당하게 주어질 때에 그 압력에 대해 더욱 호의적으로 반응하게 된다.

김진원 OIKOS 사회복지사1급 통합이론서 2교시

03 법적 행동과 사회적 대결

1 개 요

① 법적 행동과 사회적 대결(항의전술)은 사회행동캠페인에 있어서 양극(兩極)에 위치한 행동전술이라고 할 수 있다.
  ㉠ **법적 행동은** 극적인 데가 없고, 제한된 수의 사람이 참여하며 참여자들의 행동도 냉정하고 심각한 것이 보통이다. 반면 **사회적 대결은** 극적이고 많은 수의 사람이 참여하며 비록 이슈가 심각하다고 하더라도 다소 유머러스하게 진행될 수가 있다.
  ㉡ **법적 전술은** '게임의 규칙'을 존중하는 것을 의미한다. 실제로 법적 행동은 상대방이 자신들의 규칙을 지키지 않는다고 주장한다. **그러나 시위, 보이콧, 사보타지와 같은 항의는** 주민조직의 관심사를 해결하는 것이다. 즉 **대결은** 체제의 규칙에 대한 도전을 의미하는 것이다.
② 법적 전술과 사회적 대결이 여러 가지 면에 있어 차이가 있지만, 양 전술은 **유사한 목표를 성취**하려고 한다.
  ㉠ 양 전술은 모두 어떤 급격한 조치를 예방하거나 지연시키기 위해 활용될 수 있으며, 힘과 위협적인 수단을 활용한다는 점에서 **정치적 압력보다 강력한 전술**이라고 할 수 있다.
  ㉡ 양 전술 모두 기업과 정부를 포함한 다양한 상대를 선택하여 전개될 수 있다.

2 법적 행동(전술) [④⑤⑦]

① **지역사회행동조직이 취할 수 있는 두 가지 법적 행동 방법**
  ㉠ **금지명령(injunction)을 요구하는 것** : 사실이 확정될 때까지 위해로운 조치를 중지시키는 법원의 명령을 말한다.
  ㉡ **고소(law suits)를 하는 방법** : 손해를 보상받기 위해서 혹은 당국으로 하여금 법대로 조치를 취하게 하기 위해 취하는 행동을 말한다.
② **법적 행동 활용의 장점** [④⑤]
  ㉠ 법적 전술은 지역사회행동조직의 활동을 공적으로 합법화시킬 수 있다는 것이다.
  ㉡ 상대방의 급작스런 조치에 대해 공격을 위한 시간을 얻어낼 수 있다는 점이다.
  ㉢ 상대방이 주민조직을 향해 활용하려고 하는 정보를 얻어낼 수 있다는 점이다.
  ㉣ 법적 행동은 그 자체로서 많은 비용이 들기 때문에 고소를 하겠다는 위협만으로서도 이슈에 대한 논의를 끌어낼 수 있다는 것이다.
  ㉤ 법적 행동은 이슈와 관련된 주요법령과 규칙을 명확히 할 수 있는 기회를 준다는 점이다.
③ **법적 행동 활용의 문제점** [⑤]
  ㉠ 시간과 돈이 많이 든다는 점이다. 상대조직(정부기관, 대기업 등)은 주민의 자원봉사조직에 비해 법정 비용을 부담할 능력이 훨씬 많기 때문에 법적 행동은 힘든 전술이다.

ⓒ 승리가 잠정적일 수 있다. 만약 주민조직이 승소하여 법에 대한 새로운 해석을 얻어낸다면 상대방은 그 법 자체를 개정하려는 시도를 할 수가 있다.
ⓒ 법적 전술은 많은 시일이 걸리기 때문에 주민조직의 회원들을 지루하게 만들 수 있다는 점이다.
ⓔ 법적 행동에서 주민조직은 조직 외부의 전문가인 변호사들에게 의존하지 않으면 안 되기 때문에 주민조직 스스로가 무엇인가를 이룩한다는 성취감을 상실할 수 있다.
ⓜ 법적 투쟁은 실질적인 승리를 가져다주지 못할 수 있다. 때로 권리는 얻어지지만 개선책은 무시되는 경우가 있다.
ⓗ 법적 행동이 승리를 거두었다고 하더라도 상대방(정부기관 혹은 기업이든 간에)이 판결을 제대로 이행하는가를 계속 추적해야 한다.
ⓢ 상대방의 대항소송(counter-suits)을 촉발할 수 있다.

③ 사회적 대결(직접 행동, direct action) [⑤⑦⑧⑪]
① **사회적 대결의 내용과 성격**
　㉠ 사회적 대결은 과격한 연사와 군중을 동원한 대규모의 집회나 성토대회에서부터 조용하고 질서정연한 피케팅에 이르기까지 다양한 형태가 있다.
　㉡ 사회적 대결상황에서 주민조직의 회원들은 그들의 주장에 대한 관심을 환기시키기 위해 **게임의 규칙을 무시하고 정부나 기업이 그들의 요구에 승복할 것을 요구한다.**
　㉢ **직접 행동(direct action)**: 로비활동과 같은 온건하고 간접적인 방법이 효과를 거두지 못할 때 사용하는 대결 전술의 하나이다.
　㉣ 사회적 대결에서 가장 염려가 되는 것은 **주민조직의 열성분자들이나 혹은 이를 막으려는 당국의 미숙한 대응방안에 의해 폭력이 일어날 수 있다는 것이다.**
② **솔 앨린스키(Saul Alinsky)의 항의 전술**
　㉠ 조직원의 경험에서 벗어나는 행동을 하지 말라.
　㉡ 너무 오래 끄는 전술을 사용하지 말라.
　㉢ 좋은 전술은 조직원들이 즐기는 것이라야 한다.
　㉣ 힘이란 네가 갖는 것뿐이 아니라 너의 적이 네가 갖고 있다고 생각하는 것이기도 하다.
　㉤ 위협이란 일반적으로 그 자체보다도 더욱 무서운 힘이 있다.
　㉥ 가능하다면 적이 경험하지 않은 바를 시도한다.
　㉦ 적으로 하여금 자신들이 만든 규칙에 따라 행동하도록 하라.
　㉧ 조롱거리(ridicule)는 인간의 가장 막강한 무기이다.
　㉨ 계속 압력을 가하라.
　㉩ 전술의 주요 전제는 상대방에게 계속적인 압력을 가할 수 있는 활동을 개발하는 것이다.
　㉪ 대상을 선정하고, 동결하고, 개별화하고, 극단화시켜라.

ⓔ 상대방의 부정적인 것을 강력히 밀고 나가면 상대방을 굴복시킬 수 있을 것이다.
ⓕ 성공적인 공격의 대가는 건설적인 대안이다.

③ 사회적 대결의 유형
  ㉠ **시위전술(demonstraion tactics)** : 대중을 동원하여 세를 과시하고 기득권층의 일상을 교란하는 것이 주된 목적이다.
    예) 행진, 집회, 피케팅(picketing), 농성 등
  ㉡ **교육홍보전술(education tactics)** : 표적 집단을 향해 대규모의 교육과 선전전(宣傳戰)을 펼치는 것으로 문제를 드러내고 해결책을 제시하는 것이 이 전술의 목적이다.
    예) 상대방과의 면담, 공청회 등을 통해 사안의 내용과 성격을 알리거나, 대중매체에 사안을 광고하는 등
  ㉢ **불평 전술(complaint tactics)** : 문제의 존재를 상대 집단에게 알리는 방법이다.
    예) 청원(petition) 등
  ㉣ **경제 전술(economic tactics)** : 상대 집단이나 반대 세력의 경제적 여건에 타격을 가하기 위해 사용되는 전술이다.
    예) 불매운동(boycott), 파업 등

④ 직접행동 전술의 문제점 [⑦⑧]
  ㉠ 폭력의 위험이 있다는 점
  ㉡ **조직의 세력을 유지시키지 못할 위험이 있다는 점** : 시위, 집회, 농성 같은 행동들이 참가자들에게 일시적인 만족을 안겨 주기는 하겠지만, 이것이 주민조직에 대해 계속적으로 지지와 참여를 하겠다는 것으로 해석될 수는 없다.
  ㉢ **실천을 보장하지 못한다는 점** : 시위 중에 기업의 간부나 정부의 관리들은 요구에 굴복하고는 시위가 끝난 뒤에는 실천에 옮기지 않을 수도 있다.
  ㉣ 불법적이거나 비윤리적일 수 있다는 점

04 언론의 활용과 협상 전술 [⑪⑱]

1 개요
① 사회행동캠페인의 3대 전술(정치적 압력, 법적 행동, 사회적 대결) 중 어떤 것을 사용하든 간에 사회행동조직의 회원들은 각 전술을 통해 그들의 명분과 주장이 옳다는 것을 외부에 설득시키고자 힘을 쓴다.
② 사회행동캠페인의 효과성을 제고시키는 두 가지 기술 : 홍보와 협상

2 홍보(publicity)활동
① 언론매체를 통해 주민조직이 전달하고자 하는 메시지를 가능한 한 많은 사람에게 알리게 하는 기술로, **다수의 지지와 가능하면 다수의 참여를 얻어내기 위한 것이다.**

② 주민조직의 홍보활동이 갖는 중요성
  ㉠ 홍보를 통해서 조직의 영향력을 증대시킬 수 있다는 것이다.
  ㉡ 홍보는 주민조직의 실천의지를 나타낸다는 것이다.
  ㉢ 홍보활동을 통해 주민조직에 대한 참여를 늘릴 수 있다는 것이다.
  ㉣ 홍보를 통해서 직접적이거나 간접적인 압력을 가할 수 있다는 것이다.

3 협상(negotiations, 타협)전술 [18]

① 협상
  ㉠ 상대방과 성공적으로 협상을 할 수 있는 기술로, **이슈와 관련된 소수의 사람들이 관여하는 것**이다.
  ㉡ 재원확보와 기관 간 협력을 만드는데 유리하다.

② 협상의 상황
  ㉠ 사회행동에서는 협상을 해야 하는 상황이 형성되게 되는데 이러한 상황에서 쌍방은 상대가 취하는 조치에 대해 영향을 미치려고 하는 것이다.
  ㉡ 협상에서는 주민조직의 대표들과 상대방의 대표들 간의 토의가 있게 되고, 토의 중에는 요구사항이 제시되고 이에 대응하는 요구사항이 제시되게 된다.
  - 협상기술 : 사회행동모델에 사용할 수 없다.(×)
  - 협상기술 : 협상 시 양쪽 대표들은 이슈와 쟁점에 대해 토의해야 한다.(○)

③ 협상구조
  ㉠ 협상구조란 쌍방이 양보하고 협상할 수 있는 여지 혹은 범위가 어느 정도인가를 가늠하는 것으로, 협상에 임하기 전에 협상의 구조를 이해하는 것이 필요하다.
  - 협상기술 : 협상 범위를 면밀히 분석한다.(○)
  ㉡ 양측에서 서로가 요구를 양보할 수 있는 범위가 있게 되는데 이를 수용의 범위라고 한다.

③ 협상전술 : 프루이트(Pruitt)가 제시한 기술들 [8]
  ㉠ **협상에 시한을 두어야 한다.**
  ㉡ 요구하는 입장을 확고히 해야 한다.
  ㉢ 언제 어떻게 양보를 할 것인가를 배워야 한다(양보와 타협의 완급을 조절할 수 있어야 한다).
  ㉣ 상대방의 제안(counter-proposals)에 대응함에 있어서 신중해야 한다.
  ㉤ 협상이 계속 진행되도록 해야 한다.
  ㉥ 중재자(mediator)를 개입시킬 필요가 있는지를 고려해야 한다.
  - 협상기술 : 협상 과정에 중재자가 개입할 수 있다.(○)

김진원 OIKOS 사회복지사1급 통합이론서 2교시

제3부

지역사회복지의 실천영역과 추진체계

제10장 지역사회보장계획
제11장 공공 지역사회복지실천의 추진체계
제12장 민간 지역사회복지실천의 추진체계

CHAPTER 10 지역사회보장계획

제3부 **지역사회복지의 실천영역과 추진체계**

제10장 회차별 출제빈도, 출제비중 및 출제논점 1, 2, 3순위

10회 2012	11회 2013	12회 2014	13회 2015	14회 2016	15회 2017	16회 2018	17회 2019	18회 2020	19회 2021	20회 2022	21회 2023	22회 2024
2	2	–	1	1	1	1	2	1	1	1	1	1

출제 비중	출제 논점		
	1순위 ☺	2순위 ※	3순위 ☆
01₂	① 지역사회보장계획 필요성, 법적근거, 주요원칙 ② 지역사회보장계획의 수립절차 ③ 지역사회보장계획의 내용		

1순위 스마일표시(☺) : 출제 빈출도가 높은 부분으로 무조건 시험에 출제되는 영역
2순위 당구장표시(※) : 나왔다 안 나왔다 하는 영역이지만 출제가능성 높은 영역
3순위 별 표(☆) : 출제 된 적이 있긴 하지만 다시 출제될 가능성은 다소 떨어지는 영역

♀ MAP

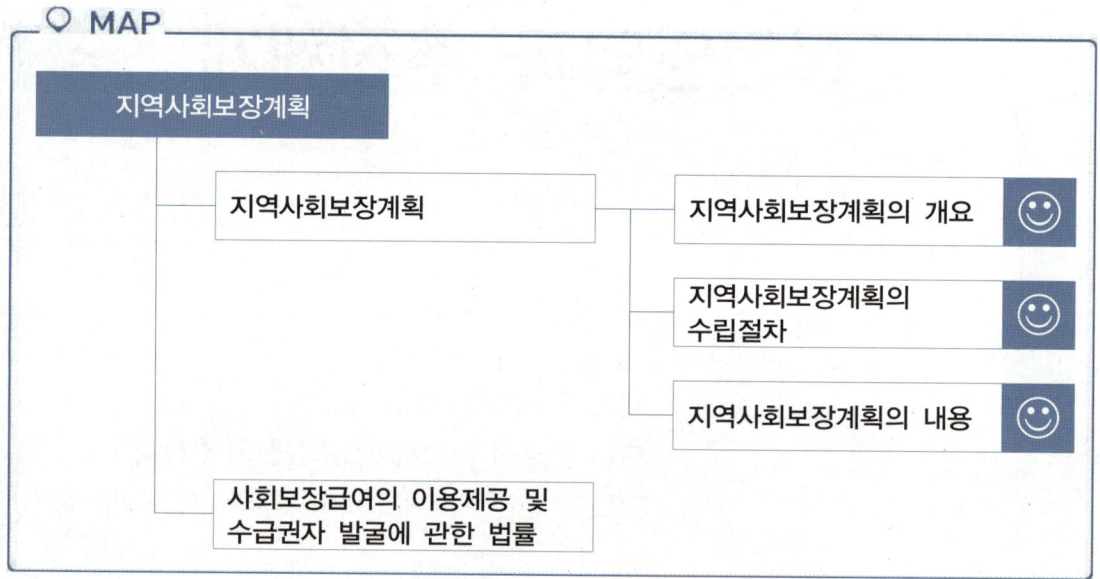

01 지역사회보장계획

1 지역사회보장계획의 개요

① **개념** : 지역주민의 복지욕구 충족을 위하여 지역사회가 갖고 있는 복지환경과 복지자원을 고려하여 지역 스스로가 실시해야 할 복지사업의 우선순위와 달성 목표를 지역사회의 다양한 주체들이 참여를 통해 종합적·계획적으로 추진하기 위한 **중·장기적 계획**을 말한다.

② **필요성** [⑯]
  ㉠ 지역사회중심의 사회복지 제도화를 위해 필요하다.
  ㉡ 지역사회복지서비스의 수급조정과 안정적 공급을 위해 필요하다.
  ㉢ 지역사회복지서비스의 공급주체의 다원화를 위해 필요하다.
  ㉣ 사회자원의 조달과 적정배분을 위해 필요하다.
  ㉤ 이용자 중심의 사회복지서비스로 전환을 위해 필요하다.
  ㉥ 지역보건의료계획과 연계를 위하여 필요하다.
  ㉦ 사회복지계획에 주민 참여를 확대하기 위해 필요하다.
  ㉧ 주민참여에 기반을 둔 민·관 네트워크 강화를 위해 필요하다.
   ※ 지역사회보장계획 : 서비스의 중앙집권화(×), 중앙집권적 사회복지 패러다임 강화(×)

③ **추진배경**
  ㉠ 지방분권화로 사회복지사무가 지방자치단체로 이양되면서 지방자치단체의 지역복지 역할이 증대되었다.
  ㉡ 주민의 복지욕구가 다양화되고 급격히 증대되어 **효과적이고 효율적인 사회복지서비스 전달**을 위해 지역사회복지의 체계 구축과 민관협력에 근거한 지역의 복지문제 해결에 대한 필요성이 대두되었다.
  ㉢ 서비스효과성과 효율성 증진을 위한 전달체계의 개편으로 **공공과 민간의 파트너십을 강화**할 수 있는 사회복지협의체에 대한 필요성이 증대되었다.
  ㉣ 지역사회의 공동체적 기능을 회복하고 사회자본 증대를 통한 복지문제 해결에 대한 절실성이 지역사회복지협의체 운영의 배경이 되었다.
  ㉤ 정보통신기술의 발전에 따라 **저비용·고효율의 네트워크 조직을 통한 지역사회복지시스템 구축의 필요성**이 지역사회복지협의체의 추진을 본격화하게 하였다.

④ **법적 근거** [⑯]
  ㉠ 2003년 사회복지사업법 개정에 따라 **2005년부터 의무적으로** 시·도지사, 또는 시·군·구청장은 **4년마다 지역사회복지계획과 연차별 시행계획을 수립해야 한다.**
   ㉮ 제1기 시·군·구 지역사회복지계획 수립 : 2005년부터
   ㉯ **지역사회복지계획(現. 지역사회보장계획) 제1기 : 2007년~2010년, 제2기 : 2011년~2014년, 제3기 : 2015년~2018년, 제4기 : 2019년~2022년, 제5기 : 2023년~2026년**

ⓒ 2014년 12월 30일 「사회보장급여의 이용·제공 및 수급권자 발굴에 관한 법률」의 제정 (2015.7.1. 시행)으로 「사회복지사업법」 "제1장의2 지역사회복지계획의 수립·시행" 규정이 삭제되어 옮겨짐
  ㉮ 「사회보장급여의 이용·제공 및 수급권자 발굴에 관한 법률」 부칙 제3조(지역사회보장계획의 수립에 관한 경과조치) 「사회복지사업법」 제15조의3에 따라 수립·시행 중인 **지역사회복지계획은** 이 법 시행 후 최초로 지역사회보장계획을 수립하기 **전까지는** 지역사회보장계획으로 본다.
  ㉯ 동법 부칙 제4조(지역사회보장협의체에 관한 경과조치) 「사회복지사업법」 제7조의2에 **따른 지역사회복지협의체는** 지역사회보장협의체로 본다.
  ㉰ 「사회보장급여의 이용·제공 및 수급권자 발굴에 관한 법률」 시행 이전 지역사회복지협의체가 보건의료 및 사회복지서비스 중심이었다면, **2015년 7월 시행된 지역사회보장협의체에서** 보건의료 및 사회복지 뿐만 아니라 고용·주거·교육·문화·환경 등의 영역으로 확대되었다.

⑤ **지역사회보장계획 수립과정의 주요 원칙** [②⑦⑬]
  ㉠ **지역성(지역의 개별화 존중의 원칙)** : 지역사회보장계획은 지역 고유의 특성이 반영
  ㉡ **이용자 주체의 원칙** : 사회복지서비스를 이용함에 있어서 이용자의 선택권이 보장
  ㉢ **네트워크화 원칙** : 지역 내의 보건·의료 서비스와의 연계가 불가피하며, 다양한 복지서비스 공급주체 간의 네트워크를 구축하는 것도 필수사항
  ㉣ **공·사협동의 원칙** : 공공부문과 민간부문은 각각의 역할 분담을 바탕으로 상호협력
  ㉤ **참여의 원칙(주민참가의 원칙, 당사자 참여의 원칙)** : 계획수립 및 집행, 사후평가 과정에 주민을 비롯한 지역사회복지활동 주체의 참여
  ㉥ **연계와 조정의 원칙** : 타 유관분야 계획들의 면밀한 검토로 상호 연계와 조정을 유지
  ㉦ **과학성 및 객관성의 원칙** : 지역사회보장계획은 객관성을 확보할 수 있는 과학적 기초자료에 근거하여 수립
  ㉧ **실천성의 원칙** : 지역사회보장계획의 실현 가능성 확보를 위하여 관련 조직, 재정확보 등이 반드시 수반
  ㉨ **연속성 및 일관성의 원칙** : 지역사회보장계획은 상위계획, 유관계획, 연차별 계획 등과의 연속성이 확보되어야 하며, 중·단기계획을 통해 실현 가능하도록 작성

2 지역사회보장계획의 수립과 내용

① 지역사회보장계획의 수립 [16 17 19 21]

「사회보장급여의 이용·제공 및 수급권자 발굴에 관한 법률」
제35조(지역사회보장에 관한 계획의 수립)

① **특별시장·광역시장·특별자치시장·도지사·특별자치도지사**(이하 "**시·도지사**"라 한다) 및 **시장·군수·구청장**은 지역사회보장에 관한 계획(이하 "지역사회보장계획"이라 한다)을 **4년마다 수립**하고, 매년 지역사회보장계획에 따라 연차별 시행계획을 수립하여야 한다. 이 경우「사회보장기본법」제16조에 따른 **사회보장에 관한 기본계획과 연계**되도록 하여야 한다.

② **시장·군수·구청장은** 해당 시·군·구의 지역사회보장계획(연차별 시행계획을 포함)을 **지역주민 등 이해관계인의 의견을 들은 후 수립**하고, 제41조에 따른 **지역사회보장협의체의 심의와 해당 시·군·구 의회의 보고를 거쳐 시·도지사에게 제출**하여야 한다.

③ **시·도지사**(특별자치시장은 제외)**는** 제2항에 따라 **제출받은 시·군·구의 지역사회보장계획을 지원하는 내용 등을 포함한 "시·도" 지역사회보장계획을 수립**하여야 한다.

④ 특별자치시장은 지역주민 등 이해관계인의 의견을 들어 지역사회보장계획을 수립하여야 한다.

⑤ **시·도지사는** 제3항 및 제4항에 따른 지역사회보장계획을 제40조에 따른 **시·도사회보장위원회의 심의와 해당 시·도 의회의 보고를 거쳐 보건복지부장관에게 제출**하여야 한다. 이 경우 **보건복지부장관은 제출된 계획을 사회보장위원회에 보고**하여야 한다.

⑥ **시·도지사 또는 시장·군수·구청장은** 지역사회보장계획을 수립할 때 필요하다고 인정하는 경우에는 사회보장 관련 기관·법인·단체·시설에 자료 또는 정보의 제공과 협력을 요청할 수 있다.

⑦ 보장기관의 장은 지역사회보장계획의 수립 및 지원 등을 위하여 지역 내 사회보장 관련 실태와 지역주민의 사회보장에 관한 인식 등에 관하여 필요한 조사("지역사회보장조사")를 실시할 수 있으며, 시·도지사 및 시장·군수·구청장은 지역사회보장계획 수립 시 지역사회보장조사 결과를 반영할 수 있다.

⑧ **보건복지부장관 또는 시·도지사는** 지역사회보장계획의 내용이 대통령령으로 정하는 사유에 해당하는 경우에는 **시·도지사 또는 시장·군수·구청장에게 그 조정을 권고할 수 있다.** 이 경우 보건복지부장관은 관계 중앙행정기관의 장의 의견을 들을 수 있다.

⑨ **지역사회보장계획의 수립 및 지역사회보장조사의 시기·방법 등에 필요한 사항은 대통령령으로 정한다.**

■ 지역사회보장계획수립 절차 및 공공전달체계 구조 ■

평가권자	국무총리소속	사회보장위원회 (심의·조정)	위원장 : 국무총리 부위원장 : 보건복지부장관 (3명) 기획재정부장관 교육부장관 (위원임기 2년) 심의 ➡ 확정
		심↑의 ⊞ 국무회의	
	보건복지부 (장관)	사회보장기본계획수립(5년마다)	※ 지역계획은 기본계획과 연계
		보건복지부장관은 제출된 지역계획을 사회보장위원회에 보고	

조정권고↓평가(보건복지부장관은 시·도 지역사회보장계획의 시행결과를 평가)

평가권자 수립권자	시·도 (시·도지사)	보건복지부장관에게 제출(시행연도의 전년도 11월 30일까지)	
		시·도사회보장위원회 (심의·자문)	심의+보고 ➡ 확정 ➡ 시행 위원 : 시·도지사가 임명위촉 (위원임기 2년)
		심의↑ ⊞ 해당 시·도 의회의 보고	
		지역사회보장계획수립(4년마다)	

조정권고↓평가(시·도지사는 시·군·구 지역사회보장계획의 시행결과를 평가)

수립권자	시·군·구 (시장·군수·구청장)	시·도지사에게 제출(시행연도의 전년도 9월 30일까지)	
		지역사회보장협의체 (심의·자문) • 대표협의체 • 실무협의체(실무분과)	심의+보고 ➡ 확정 ➡ 시행 위원 : 시장 군수 구청장 임명위촉 (위원임기 2년)
		심의↑ ⊞ 해당 시·군·구 의회의 보고	
		지역사회보장계획수립(4년마다)	
		① 보장기관의 장(시·도지사 또는 시장·군수·구청장)은 지역사회보장계획의 수립 및 지원 등을 위하여 **지역사회보장조사를 4년마다 실시**한다. 다만, 필요한 경우에는 수시로 실시할 수 있다. ② 시장·군수·구청장은 **지역사회보장계획안의 주요 내용을 20일 이상 공고하여 지역주민 등 이해관계인의 의견을 들은 후** 시·군·구의 지역사회보장계획을 수립	
	읍·면·동	읍·면·동 단위 지역사회보장협의체	위원→시장·군수·구청장위촉 (위원임기 2년, 연임 가능)

② **지역사회보장계획의 내용** [④⑤⑧⑪⑭⑮⑰⑱⑳]

구 분	지역사회보장계획의 내용

「사회보장급여의 이용·제공 및 수급권자 발굴에 관한 법률」 제36조	① 시·군·구 지역사회보장계획은 다음 각 호의 사항을 포함
	  1. 지역사회보장 **수요의 측정, 목표 및 추진전략**
	  2. 지역사회보장의 **목표**를 점검할 수 있는 **지표**(지역사회보장지표)의 설정 및 목표
	  3. 지역사회보장의 **분야별 추진전략, 중점 추진사업 및 연계협력 방안**
	  4. 지역사회보장 **전달체계의 조직과 운영**
	  5. 사회보장급여의 **사각지대 발굴 및 지원 방안**
	  6. 지역사회보장에 **필요한 재원의 규모와 조달 방안**
	  7. 지역사회보장에 관련한 **통계 수집 및 관리 방안**
	  8. 지역 내 **부정수급 발생 현황 및 방지대책**
	  9. 그 밖에 대통령령으로 정하는 사항
	② 시·도 지역사회보장계획은 다음 각 호의 사항을 포함
	  1. 시·군·구의 사회보장이 균형적이고 효과적으로 추진될 수 있도록 지원하기 위한 **목표 및 전략**
	  2. 지역사회보장**지표의 설정 및 목표**
	  3. 시·군·구에서 **사회보장급여**가 효과적으로 이용 및 제공될 수 있는 기반 구축 방안
	  4. 시·군·구 사회보장급여 **담당 인력의 양성 및 전문성 제고 방안**
	  5. 지역사회보장에 관한 **통계자료의 수집 및 관리 방안**
	  6. 시·군·구의 **부정수급 방지대책**을 지원하기 위한 방안
	  7. 그 밖에 지역사회보장 추진에 필요한 사항

OIKOS UP 지역사회보장계획 수립의 기본 절차

구 분	주 요 내 용
(1) 계획준비 단계 – 계획 수립을 위한 기획	• 지역사회보장계획 수립을 위한 기획, 예산 확보 및 활용계획 등을 총괄하여, 계획 수립을 준비함 • 지역사회보장계획의 계획(안)의 작성을 담당하는 '지역사회보장계획수립 TF팀'을 구성·운영함
(2) 지역분석 단계 – **지역사회보장 조사 실시**	• 지역주민의 사회보장 욕구와 활용 가능한 자원을 파악하는 지역의 사회보장조사단계는 전문성이 요구되는 과정이므로, 지역의 전문연구기관이나 내·외부 전문가가 주도적인 역할을 하며, 시·도 및 시·군·구는 이에 필요한 사항을 지원함 • 시·도, 시·군·구는 지역 관련하여 기 확보된 기초자료를 제공함
(3) 계획 작성 단계 – 지역사회보장 (계획안) 마련	• 계획(안)의 작성은 계획수립 TF팀을 중심으로 진행하며, 이 단계의 중요 사항은 다음과 같음 – **지역사회보장계획의 목표와 추진전략 결정** – 추진전략, 우선순위, 복지자원(예산), 복지욕구와의 적절한 비교분석을 통해서 집중해야 할 중점추진사업 선정 – **세부사업의 선정과 세부사업의 중기 및 연차별 계획 수립** – **행정·재정계획 수립**
(4) 의견수렴 단계 – 의견 수렴(공고 등)	• 지역사회보장계획의 지역성과 정당성을 확보하기 위해 지역주민의 의견을 수렴함 • 법률에서 정하고 있는 공고절차 뿐만 아니라 공청회, 간담회, 공모 등 다양한 방식으로 의견을 수렴하여야 함
(5) 계획확정 단계 – 심의·확정	• 사회보장위원회(시·도), 지역사회보장협의체(시·군·구)에서 **지역사회보장계획을 심의**하고 계획안을 확정하는 과정을 거침
(6) 제출 단계 – 보고	• 심의를 거쳐 확정된 지역사회보장계획을 **지방의회에 보고**함으로써 향후 계획의 내용과 예산 편성의 연계성을 제고함 • 최종 확정된 시·군·구 지역사회보장계획은 시·군·구청장에게 보고 후, 시·도지사에게 제출함 • 최종 확정된 시·도 지역사회보장계획은 시·도지사에게 보고 후 보건복지부 장관에게 제출함
(7) 권고·조정 사항 반영 – 최종 단계	• 보건복지부장관 또는 시·도지사가 제시한 권고·조정 사항이 있는 경우, 이를 논의하여 지역사회보장계획에 반영하고 계획안을 수정하여 이를 확정함

02 사회보장급여의 이용·제공 및 수급권자 발굴에 관한 법률(약칭 : 사회보장급여법)

1 개요

① 2014년 12월 30일 제정되어 2015년 7월 1일 시행
② 관장부처 : 보건복지부(급여기준과)

2 법률 내용분석(2024.1.23.일부개정, 2024.7.24.시행.)

제1장 총칙

제1조	목적 [⑨]	이 법은 「사회보장기본법」에 따른 **사회보장급여의 이용 및 제공에 관한 기준과 절차 등 기본적 사항을 규정**하고 지원을 받지 못하는 지원대상자를 발굴하여 지원함으로써 사회보장급여를 필요로 하는 사람의 인간다운 생활을 할 권리를 최대한 보장하고, 사회보장급여가 공정하고 효과적으로 제공되도록 하며, **사회보장제도가 지역사회에서 통합적으로 시행될 수 있도록 그 기반을 구축**하는 것을 목적으로 한다.
제2조	정의 [법제론 ⑰⑲㉑㉒]	이 법에서 사용하는 용어의 뜻은 다음과 같다. 1. "**사회보장급여**"란 제5호의 보장기관이 「사회보장기본법」 제3조 제1호에 따라 제공하는 **현금, 현물, 서비스 및 그 이용권**을 말한다. 2. "**수급권자**"란 「사회보장기본법」 제9조에 따른 사회보장급여를 제공받을 권리를 가진 사람을 말한다. [㉑] 3. "**수급자**"란 사회보장급여를 받고 있는 사람을 말한다. [⑲] 4. "**지원대상자**"란 사회보장급여를 필요로 하는 사람을 말한다. [⑰㉒] 5. "**보장기관**"이란 관계 법령 등에 따라 **사회보장급여를 제공하는 국가기관과 지방자치단체**를 말한다. [⑰]
제3조	다른 법률과의 관계	사회보장급여의 이용 및 제공에 필요한 기준, 방법, 절차와 지원대상자의 발굴 및 지원 등에 관하여는 **다른 법률에 특별한 규정이 있는 경우를 제외하고는 이 법에 따른다**.
제4조	기본원칙 [법제론 ⑳㉒]	① 사회보장급여가 필요한 사람은 **누구든지 자신의 의사에 따라 사회보장급여를 신청**할 수 있으며, 보장기관은 이에 필요한 안내와 상담 등의 지원을 충분히 제공하여야 한다. ② 보장기관은 지원이 필요한 **국민이 급여대상에서 누락되지 아니하도록 지원대상자를 적극 발굴**하여 이들이 필요로 하는 사회보장급여를 적절하게 제공받을 수 있도록 노력하여야 한다. ③ 보장기관은 국민의 다양한 복지욕구를 충족시키고 **생애주기별 필요에 맞는 사회보장급여가 공정·투명·적정하게 제공**될 수 있도록 노력하여야 한다. ④ 보장기관은 사회보장급여와 「사회복지사업법」 제2조 제3호 및 제4호의 사회복지법인, 사회복지시설 등 **사회보장 관련 민간 법인·단체·시설이 제공하는 복지혜택 또는 서비스를 효과적으로 연계**하여 제공할 수 있도록 노력하여야 한다. ⑤ 보장기관은 **국민이 사회보장급여를 편리하게 이용**할 수 있도록 사회보장 정책 및 관련 제도를 수립·시행하기 위하여 노력하여야 한다. ⑥ 보장기관은 **지역의 사회보장 수준이 균등**하게 실현될 수 있도록 노력하여야 한다. [⑳㉒]

제2장 사회보장급여

제5조	사회보장급여의 신청 [법제론 ㉑㉒]	① 지원대상자와 그 친족, 「민법」에 따른 후견인, 「청소년 기본법」에 따른 청소년상담사·청소년지도사, 지원대상자를 사실상 보호하고 있는 자(관련 기관 및 단체의 장을 포함) 등(이하 "사회보장급여 신청권자")은 지원대상자의 주소지 관할 보장기관에 사회보장급여를 신청할 수 있다. 다만, 지원대상자의 주소지와 실제 거주지가 다른 경우에는 실제 거주지 관할 보장기관에도 신청할 수 있고, 중앙행정기관의 장이 지원대상자의 이용 편의, 사회보장급여의 제공 유형 등을 고려하여 필요하다고 결정한 사회보장급여의 경우에는 지원대상자의 주소지 관할이 아닌 보장기관에도 신청할 수 있다. [법제론 ㉒] 　※ 「청소년 기본법」에 따른 청소년상담사는 지원대상자의 사회보장급여를 신청할 수 있다. (○) ② 보장기관의 업무담당자는 지원대상자가 누락되지 아니하도록 하기 위하여 관할 지역에 거주하는 지원대상자에 대한 **사회보장급여의 제공을 직권으로 신청할 수 있다.** 이 경우 지원대상자의 **동의를 받아야 하며,** 동의를 받은 경우에는 지원대상자가 신청한 것으로 본다. [법제론 ㉒]
제7조	수급자격의 조사 [법제론 ⑳]	① 보장기관의 장은 제5조에 따른 사회보장급여의 신청을 받으면 **지원대상자와 그 부양의무자**(배우자와 1촌의 직계혈족 및 그 배우자를 말한다. 이하 같다)에 대하여 **사회보장급여의 수급자격 확인을 위하여 다음 각 호의 어느 하나에 해당하는 자료 또는 정보를 제공받아 조사하고 처리**(「개인정보 보호법」 제2조제2호의 처리를 말한다. 이하 같다)할 수 있다. 다만, 부양의무자에 대한 조사가 필요하지 아니하거나 그 밖에 대통령령으로 정하는 사유에 해당하는 경우는 제외한다. 　1. 인적사항 및 가족관계 확인에 관한 사항 　2. 소득·재산·근로능력 및 취업상태에 관한 사항 　3. 사회보장급여 수급이력에 관한 사항 　4. 그 밖에 수급권자를 선정하기 위하여 보장기관의 장이 필요하다고 인정하는 사항 ② 보장기관의 장은 제1항 각 호의 사항을 확인하기 위하여 필요한 자료의 확보가 곤란한 경우 신청인 또는 지원대상자와 그 부양의무자에게 필요한 자료의 제출을 요구할 수 있다.
제9조 의2	위기가구의 발굴 [법제론 ㉒]	① 보장기관의 장은 누락된 지원대상자가 적절한 사회보장급여를 제공받을 수 있도록 지원이 필요한 다음 각 호의 가구(이하 이 조에서 "**위기가구**"라 한다)를 발굴하기 위하여 노력하여야 한다. 　1. 제11조제1항 각 호에 해당하는 관계 기관·법인·단체·시설의 장에게 공유받은 정보와 제12조제1항 각 호의 자료 또는 정보의 처리 결과 보장기관의 장이 위기상황에 처하여 있다고 판단한 사람의 가구 　2. 자살자가 발생한 가구 또는 자살시도자가 발생한 가구로서 대통령령으로 정하는 기준에 해당하는 가구 ② 보장기관의 장은 제1항에 따라 발굴한 위기가구의 구성원이 필요로 하는 적절한 사회보장급여를 제공받을 수 있도록 지원하여야 한다.
제10조	자료 또는 정보의 제공과 홍보 [법제론 ㉒]	보장기관의 장은 지원대상자를 발굴하기 위하여 다음 각 호의 사항에 대한 **자료 또는 정보의 제공과 홍보에 노력하여야 한다.** 　1. **사회보장급여의 내용 및 제공규모** [법제론 ㉒] 　2. 수급자가 되기 위한 요건과 절차 　3. 그 밖에 사회보장급여 수급을 위하여 필요한 정보

| 제12조 | 자료 또는 정보의 처리 등
[법제론 ㉒] | ① **보건복지부장관은** 보장기관이 제10조에 따른 업무를 효율적으로 수행할 수 있도록 지원하기 위하여 「사회보장기본법」 제37조에 따른 사회보장정보시스템(이하 "사회보장정보시스템"이라 한다)을 통하여 다음 각 호의 자료 또는 정보를 처리할 수 있다.
1. 「전기사업법」 제14조에 따른 단전(전류제한을 포함한다), 「수도법」 제39조에 따른 단수, 「도시가스사업법」 제19조에 따른 단가스 가구정보(가구정보는 주민등록전산정보·가족관계등록전산정보를 포함한다. 이하 같다)
2. 「초·중등교육법」 제25조에 따른 학교생활기록 정보 중 담당교원이 위기상황에 처하여 있다고 판단한 학생의 가구정보
3. **「국민건강보험법」 제69조에 따른 보험료를 3개월 이상 체납**한 사람의 가구정보
 ✗ 국민건강보험공단 이사장은 보험료를 7개월 이상 체납한 사람의 가구정보를 사회보장정보시스템을 통하여 처리할 수 있다.(×)
4. 「국민기초생활 보장법」 또는 「긴급복지지원법」에 따른 신청 또는 지원 중 탈락가구의 가구정보
5. 「사회복지사업법」 제35조에 따른 시설의 장이 입소 탈락자나 퇴소자 중 위기상황에 처하여 있다고 판단한 사람의 가구정보
6. 「신용정보의 이용 및 보호에 관한 법률」 제25조제2항제1호에 따른 종합신용정보집중기관과 같은 항 제2호에 따른 개별신용정보집중기관이 보유하고 있는 개인신용정보 중 보건복지부장관이 위기상황에 처하여 있다고 판단한 사람의 대통령령으로 정하는 기준에 해당하는 연체정보(대출금·신용카드대금·통신요금 등을 말한다) 및 해당 연체정보와 관련된 채무액으로서 금융위원회 위원장과 협의하여 정하는 개인신용정보
7. 「공공주택 특별법」 제4조제1항에 따른 공공주택사업자가 보유하고 있는 정보로서 같은 법 제49조에 따른 임대료를 3개월 이상 체납한 임차인의 가구정보
8. 「공동주택관리법」 제2조제1항제10호에 따른 관리주체가 보유하고 있는 정보로서 같은 법 제23조제1항에 따른 관리비를 3개월 이상 체납한 입주자의 가구정보
9. 「집합건물의 소유 및 관리에 관한 법률」 제26조의5에 따라 시·도지사 또는 시장·군수·구청장이 보고 또는 제출받은 자료로서 같은 법 제25조제1항제2호에 따른 관리단의 사무 집행을 위한 비용과 분담금을 3개월 이상 체납한 구분소유자 또는 점유자의 가구정보
10. 「국민연금법」 제46조제1항제1호에 따라 국민연금공단에서 실시하는 자금의 대여사업을 이용하는 자의 가구정보
11. 기간통신사업자가 보유한 이용자의 정보로서 「전기통신사업법」 제4조제6항에 따른 전자정보시스템을 통하여 제공할 수 있는 정보 중 보건복지부장관이 위기상황에 처하여 있다고 판단한 이용자의 이동전화번호 정보
12. 그 밖에 지원대상자의 발굴을 위하여 필요한 정보로서 대통령령으로 정하는 정보 |
| 제12조의2 | 발굴조사의 실시 및 실태점검
[법제론 ⑳㉑㉒] | ① 보장기관의 장은 **지원대상자에 대한 발굴조사를 분기마다 정기적으로 실시**하여야 한다. 다만, 「긴급복지지원법」 제7조의2에 따라 발굴조사를 실시한 경우에는 그러하지 아니하다. [법제론 ⑳㉒]
 ✗ 보장기관의 장은 「긴급복지지원법」 제7조의2에 따른 발굴조사를 실시한 경우를 제외하고 지원대상자에 대한 발굴조사를 1년마다 정기적으로 실시하여야 한다.(×)
② 보건복지부장관은 지원대상자 발굴체계의 운영 실태를 매년 정기적으로 점검하고 개선방안을 마련하여야 한다. |

제13조	지원대상자
	발견 시
	신고의무
	[법제론 ⑳]
		① 누구든지 출산, 양육, 실업, 노령, 장애, 질병, 빈곤 및 사망 등의 사회적 위험으로 인하여 사회보장급여를 필요로 하는 지원대상자를 발견하였을 때에는 보장기관에 알려야 한다. [⑳]
		② **다음 각 호의 어느 하나에 해당하는 사람은 그 직무상 제1항과 같은 사회적 위험으로 인하여 사망 또는 중대한 정신적·신체적 장애를 입을 위기에 처한 지원대상자를 발견한 경우 지체 없이 보장기관에 알리고, 지원대상자가 신속하게 지원을 받을 수 있도록 노력하여야 한다.**
		  1. 「사회복지사업법」에 따른 **사회복지시설의 장과 그 종사자**
		  2. 「장애인활동 지원에 관한 법률」에 따른 활동지원기관의 장 및 그 종사자와 활동지원인력
		  3. 「의료법」의 의료인과 의료기관의 장
		  4. 「의료기사 등에 관한 법률」의 의료기사
		  5. 「응급의료에 관한 법률」의 응급구조사
		  6. 「소방기본법」에 따른 구조대 및 구급대의 대원
		  7. 「국가공무원법」에 따른 **경찰공무원**
		  8. 「지방공무원법」에 따른 **자치경찰공무원**
		  9. 「정신건강증진 및 정신질환자 복지서비스 지원에 관한 법률」에 따른 정신건강복지센터의 장과 그 종사자
		  10. 「영유아보육법」에 따른 어린이집의 원장 등 보육교직원
		  11. 「유아교육법」에 따른 교직원 및 강사 등
		  12. 「초·중등교육법」에 따른 교직원, 전문상담교사 등 및 산학겸임교사 등
		  13. 「학원의 설립·운영 및 과외교습에 관한 법률」에 따른 학원의 운영자·강사·직원 및 교습소의 교습자·직원
		  14. 「성폭력방지 및 피해자보호 등에 관한 법률」에 따른 성폭력피해상담소의 장과 그 종사자 및 성폭력피해자보호시설의 장과 그 종사자
		  15. 「성매매방지 및 피해자보호 등에 관한 법률」에 따른 지원시설의 장과 그 종사자 및 성매매피해상담소의 장과 그 종사자
		  16. 「가정폭력방지 및 피해자보호 등에 관한 법률」에 따른 가정폭력 관련 상담소의 장과 그 종사자 및 가정폭력피해자 보호시설의 장과 그 종사자
		  17. 「건강가정기본법」에 따른 건강가정지원센터의 장과 그 종사자
		  18. 「노인장기요양보험법」에 따른 장기요양기관의 장과 그 종사자
		  19. 「지역보건법」에 따른 보건소의 방문간호 업무 종사자
		  20. 「다문화가족지원법」에 따른 다문화가족지원센터의 장과 그 종사자
		  21. 「지방자치법」에 따른 행정리의 이장 및 행정동의 하부조직으로 두는 통의 통장
		  22. 「공동주택관리법」에 따른 관리주체
		  23. 「자살예방 및 생명존중문화 조성을 위한 법률」 제13조에 따른 자살예방센터의 장과 그 종사자
		  24. 「전기사업법」, 「수도법」 및 「도시가스사업법」에 따른 검침 및 안전점검 관련 업무 종사자
		  25. 「국민연금법」 제24조에 따른 국민연금공단, 「국민건강보험법」 제13조에 따른 국민건강보험공단 및 「산업재해보상보험법」 제10조에 따른 근로복지공단에서 보험료의 납부·징수나 연금·보험급여의 지급 등과 관련한 민원 또는 상담 업무에 종사하는 자
		  26. 「우편법」에 따라 우편업무를 집행하는 우편집배원

제17조	이의신청 [법제론 ⑳]	① 이 법에 따른 처분에 이의가 있는 수급권자 등은 **그 처분을 받은 날로부터 90일 이내에** 처분을 결정한 보장기관의 장에게 이의신청을 할 수 있다. 다만, 정당한 사유로 인하여 그 기간 내에 이의신청을 할 수 없음을 증명한 때에는 그 사유가 소멸한 때부터 **60일 이내에 이의신청**을 할 수 있다. [⑳] ② 보장기관의 장은 이의신청을 받은 날부터 10일 이내에 그 이의신청에 대하여 결정하고 그 **결과를 신청인에게 지체 없이 통지**하여야 한다. 다만, 부득이한 사유로 정하여진 기간 이내에 결정할 수 없을 때에는 그 기간의 만료일 다음 날부터 기산하여 10일 이내의 범위에서 연장할 수 있으며, 연장 사유를 신청인에게 통지하여야 한다.
제19조의2	사회보장급여 부정수급 실태조사 [법제론 ⑳]	보건복지부장관은 속임수 등의 부정한 방법으로 사회보장급여를 받거나 타인으로 하여금 사회보장급여를 받게 한 경우에 대하여 보장기관이 효과적인 대책을 세울 수 있도록 그 발생 현황, 피해사례 등에 관한 **실태조사를 3년마다 실시하고, 그 결과를 공개**하여야 한다.

제3장 사회보장정보

제23조	사회보장정보의 처리 등	① **보건복지부장관은** 보장기관이 수급권자의 선정 및 급여관리 등에 관한 업무를 효율적으로 수행할 수 있도록 「사회보장기본법」 제37조 제2항 및 제3항에 따른 **사회보장정보시스템을 통하여** 다음 각 호에 해당하는 자료 또는 정보("사회보장정보")를 처리할 수 있다. 1. 근거 법령, 보장대상 및 내용, 예산 등 **사회보장급여 현황에 관한 자료 또는 정보** 2. 제5조부터 제22조까지에 따른 상담, 신청, 조사 및 자격의 변동관리에 필요한 **인적 사항·소득·재산 등에 관한 자료 또는 정보** 3. 사회보장급여 **수급이력에 관한 자료 또는 정보** 4. 제51조에 따라 보건복지부장관이 위임·위탁받은 **업무를 수행하는 데 필요한 자료 또는 정보** 5. 사회보장정보와 관련된 법령 등에 따른 상담, 신청(제25조 제3항에 따른 신청을 포함한다), 조사, 결정, 제공, 환수 등의 **업무처리내역에 관한 자료 또는 정보** 6. 사회보장 관련 민간 법인·단체·시설의 사회보장급여 제공 현황 및 보조금 수급이력에 관한 자료 또는 정보 7. 그 밖에 사회보장급여의 제공·관리 및 사회보장정보시스템 구축·운영에 필요한 정보로서 대통령령으로 정하는 자료 또는 정보 ② 보건복지부장관은 사회보장정보를 처리하기 위하여 관계 중앙행정기관, 지방자치단체, 관계 기관·법인·단체·시설의 장에게 필요한 자료 또는 정보를 요청할 수 있다. 이 경우 관계 중앙행정기관의 장 등은 정당한 사유가 없으면 그 요청에 따라야 한다.
제24조의2	사회서비스정보시스템의 구축·운영 등 [법제론 ⑳]	① 보건복지부장관은 보장기관이 다음 각 호의 법인·단체·시설·기관(이하 "사회서비스 제공기관"이라 한다)의 업무를 전자화하고 업무 수행에 필요한 정보를 통합·연계하여 처리·기록 및 관리하는 정보시스템(이하 "사회서비스정보시스템"이라 한다)을 구축·운영할 수 있다. 1. 「사회복지사업법」 제2조제3호 및 제4호에 따른 사회복지법인 및 사회복지시설 2. 「사회서비스 이용 및 이용권 관리에 관한 법률」 제2조제4호에 따른 사회서비스 제공자

제24조의2	사회서비스정보시스템의 구축·운영 등 [법제론 ⑳]	3. 그 밖에 「사회보장기본법」 제3조제4호에 따른 사회서비스를 제공하는 기관으로서 대통령령으로 정하는 기관 ② **사회서비스 제공기관의 운영자, 종사자 및 그 밖에 보건복지부령으로 정하는 자는** 다음 각 호의 업무를 수행하기 위하여 **사회서비스정보시스템을 이용할 수 있다.** [⑳] 　1. 제11조·제12조, 제12조의2 및 제13조에 따른 위기가구의 발굴 지원 　2. 제14조에 따른 민관협력 및 제15조에 따른 지원계획의 실행에 필요한 업무 　3. 제16조에 따라 보장기관이 의뢰한 사회보장급여의 이용 및 제공에 관한 업무 　4. 제42조의2에 따른 통합사례관리의 수행에 관한 업무 　5. 제42조의2에 따른 통합사례관리 및 「아동복지법」 제37조에 따른 통합서비스, 「지역보건법」 제11조제5호에 따른 지역보건의료서비스 등 보건복지부령으로 정하는 사례관리 사업 사이의 연계 및 협업에 관한 업무 　6. 「사회복지사업법」 제6조의2에 따른 사회복지법인 및 사회복지시설의 종사자, 거주자 및 이용자에 관한 자료 등 운영에 필요한 정보의 처리·기록·관리 업무 　7. 「사회서비스 이용 및 이용권 관리에 관한 법률」 제28조에 따른 사회서비스전자이용권의 관리에 관한 업무 　8. 그 밖에 사회서비스 제공기관의 사회보장급여 제공, 종사자 및 이용자 등의 관리, 사회서비스 제공기관의 운영 등 대통령령으로 정하는 업무
제29조	한국사회보장정보원 [법제론 ⑱㉒]	① **사회보장정보시스템의 운영·지원을 위하여 한국사회보장정보원을** 설립한다. ② **한국사회보장정보원은 법인**으로 한다. [⑱] ③ 한국사회보장정보원은 **다음 각 호의 업무를** 수행한다. 　1. 사회보장정보시스템의 구축 및 유지·기능개선·관리·교육·상담 등 운영에 관한 사항 　2. 제12조제1항에 따른 자료 또는 정보의 처리 및 사회보장정보의 처리 　3. 사회보장급여의 수급과 관련된 법령 등에 따른 신청, 접수, 조사, 결정, 환수 등 업무의 전자적 처리지원 　4. 「사회서비스 이용 및 이용권 관리에 관한 법률」 등 관계 법령 등에 따른 사회서비스이용권의 이용·지급 및 정산 등에 필요한 정보시스템의 운영, 사회서비스 이용권을 통하여 사회서비스를 제공하는 사업의 관리에 관한 사항 　5. 사회보장 관련 민간 법인·단체·시설에 대한 전자화 지원 　6. 사회보장제도의 운영에 필요한 정책정보 및 통계정보의 생산·분석, 제공과 사회보장정책 지원을 위한 조사·연구 　7. 제25조에 따른 대국민 포털의 운영에 관한 사항 　8. 그 밖에 이 법 또는 다른 법령에 따라 보건복지부장관, 국가 또는 지방자치단체로부터 위탁받은 업무 ④ **정부는 사회보장급여의 이용 및 제공이 원활히 이루어질 수 있도록 한국사회보장정보원의 설립·운영에 필요한 비용을 출연하거나 지원할 수 있다.** [⑱㉒] 　　⊗ 한국사회보장정보원의 운영에 필요한 비용은 정부가 지원할 수 없으며 정보이용자가 지불하는 부담금으로 충당한다.(×) ⑤ 한국사회보장정보원에 관하여 이 법에서 규정한 사항 외에는 「**민법**」 중 재단법인에 관한 규정을 준용한다. [⑱] ⑥ 한국사회보장정보원의 설립 및 운영 등에 필요한 사항은 대통령령으로 정한다. ⑦ 한국사회보장정보원의 임직원은 「형법」 제129조부터 제132조까지의 규정을 적용할 때에는 공무원으로 본다. ⑧ 한국사회보장정보원의 임직원이나 임직원으로 재직하였던 사람은 **그 직무상 알게 된 비밀을 누설하거나 다른 용도로 사용하여서는 아니 된다.** [⑱]

제4장 사회보장에 관한 지역계획 및 운영체계 등

제1절 지역사회보장에 관한 계획		
제35조	지역사회 보장에 관한 계획의 수립 [⑭⑮⑯⑲㉑㉒]	① 특별시장·광역시장·특별자치시장·도지사·특별자치도지사(이하 "**시·도지사**"라 한다) 및 **시장·군수·구청장**은 지역사회보장에 관한 계획(이하 "지역사회보장계획"이라 한다)을 **4년마다 수립**하고, **매년 지역사회보장계획에 따라 연차별 시행계획을 수립**하여야 한다. 이 경우 「사회보장기본법」 제16조에 따른 **사회보장에 관한 기본계획과 연계**되도록 하여야 한다. 　※ 지역사회보장계획 : 3년마다 수립하고, 매년 연차별 시행계획을 수립하여야 한다.(×) 　※ 지역사회보장계획 : 사회보장에 관한 기본계획과 연계되도록 하여야 한다.(○) ② 시장·군수·구청장은 해당 시·군·구의 지역사회보장계획(연차별 시행계획을 포함)을 지역주민 등 이해관계인의 의견을 들은 후 수립하고, 제41조에 따른 **지역사회보장협의체의 심의와 해당 시·군·구 의회의 보고를 거쳐 시·도지사에게 제출**하여야 한다. 　※ 지역사회보장계획 : 시·군·구 지역사회보장계획은 사회보장위원회의 심의를 거쳐야 한다.(×) ③ **시·도지사**(특별자치시장은 제외)**는** 제2항에 따라 **제출받은 시·군·구의 지역사회보장계획을 지원하는 내용 등을 포함한 "시·도" 지역사회보장계획을 수립**하여야 한다. ④ 특별자치시장은 지역주민 등 이해관계인의 의견을 들어 지역사회보장계획을 수립하여야 한다. ⑤ **시·도지사**는 제3항 및 제4항에 따른 지역사회보장계획을 제40조에 따른 **시·도사회보장위원회의 심의와 해당 시·도 의회의 보고를 거쳐 보건복지부장관에게 제출**하여야 한다. 이 경우 **보건복지부장관은 제출된 계획을 사회보장위원회에 보고**하여야 한다. **OIKOS UP** 지역사회보장계획의 수립 절차 및 제출시기(시행령 제20조) ① 법 제35조제1항에 따라 특별시장·광역시장·특별자치시장·도지사·특별자치도지사(이하 "시·도지사"라 한다) 및 시장(「제주특별자치도 설치 및 국제자유도시 조성을 위한 특별법」 제11조제1항에 따른 행정시장을 포함한다. 이하 같다)·군수·구청장(자치구의 구청장을 말한다. 이하 같다)은 법 제35조제7항에 따른 지역사회보장조사의 결과와 해당 지역에 필요한 사업 내용을 종합적으로 고려하여 시·도 및 시(「제주특별자치도 설치 및 국제자유도시 조성을 위한 특별법」 제10조제2항에 따른 행정시를 포함한다. 이하 같다)·군·구(자치구를 말한다. 이하 같다)의 지역사회보장계획을 수립하여야 한다. ② 특별자치시장 및 시장·군수·구청장은 지역사회보장계획안의 주요 내용을 **20일 이상 공고**하여 지역주민 등 이해관계인의 의견을 들은 후 특별자치시 및 시·군·구의 지역사회보장계획을 수립하여야 한다. ③ 시장·군수·구청장은 법 제41조 제1항에 따른 **지역사회보장협의체의 심의와 해당 시·군·구 의회에 대한 보고를 거쳐 확정**된 시·군·구 지역사회보장계획을 **시행연도의 전년도 9월 30일까지**, 그 연차별 시행계획을 시행연도의 전년도 11월 30일까지 각각 시·도지사에게 제출하여야 한다. ④ 시·도지사는 법 제40조 제1항에 따른 **시·도사회보장위원회의 심의와 해당 시·도 의회에 대한 보고를 거쳐 확정**된 시·도 지역사회보장계획을 **시행연도의 전년도 11월 30일까지**, 그 연차별 시행계획을 시행연도의 1월 31일까지 각각 보건복지부장관에게 제출하여야 한다. ⑥ **시·도지사 또는 시장·군수·구청장**은 지역사회보장계획을 수립할 때 필요하다고 인정하는 경우에는 **사회보장 관련 기관·법인·단체·시설에 자료 또는 정보의 제공과 협력을 요청**할 수 있다.

| 제35조 | 지역사회 보장에 관한 계획의 수립 [⑭⑮⑯⑲㉑㉒] | ⑦ 보장기관의 장은 지역사회보장계획의 수립 및 지원 등을 위하여 지역 내 사회보장 관련 실태와 지역주민의 사회보장에 관한 인식 등에 관하여 필요한 조사("**지역사회 보장조사**")를 실시할 수 있으며, 시·도지사 및 시장·군수·구청장은 지역사회 보장계획 수립 시 지역사회보장조사 결과를 반영할 수 있다. |

OIKOS UP 지역사회보장조사의 시기·방법 등(시행령 제21조)

① 법 제35조 제7항에 따른 지역사회보장조사("지역사회보장조사")는 **4년마다 실시**한다. 다만, 필요한 경우에는 수시로 실시할 수 있다.
② 지역사회보장조사의 내용에는 다음 각 호의 사항 전부나 일부가 포함되어야 한다.
  1. 성별, 연령, 가족사항 등 지역주민 또는 가구의 일반 특성에 관한 사항
  2. 소득, 재산, 취업 등 지역주민 또는 가구의 경제활동 및 상태에 관한 사항
  3. 주거, 교육, 건강, 돌봄 등 지역주민 또는 가구의 생활여건 및 사회보장급여 수급실태에 관한 사항
  4. 사회보장급여의 이용 및 제공에 관한 지역주민의 인식과 욕구에 관한 사항
  5. 아동, 여성, 노인, 장애인 등 사회보장급여가 필요한 사람의 사회보장급여 이용 경험, 인지도 및 만족도에 관한 사항
  6. 그 밖에 보건복지부장관이 지역주민의 사회보장 증진을 위하여 필요하다고 인정하는 사항
③ 지역사회보장조사는 표본조사의 방법으로 실시하되, 통계자료조사, 문헌조사 등의 방법을 병행하여 실시할 수 있다.
④ 보장기관의 장은 지역사회보장조사를 사회보장에 관한 전문성과 인력 및 장비를 갖춘 기관·법인·단체·시설에 의뢰할 수 있다.

⑧ **보건복지부장관 또는 시·도지사는** 지역사회보장계획의 내용이 대통령령으로 정하는 사유에 해당하는 경우에는 **시·도지사 또는 시장·군수·구청장에게 그 조정을 권고할 수 있다.** 이 경우 보건복지부장관은 관계 중앙행정기관의 장의 의견을 들을 수 있다.

OIKOS UP 지역사회보장계획의 조정 권고(시행령 제22조)

법 제35조제8항 전단에서 "대통령령으로 정하는 사유에 해당하는 경우"란 다음 각 호의 경우를 말한다.
  1. 법 제35조제1항 전단에 따른 지역사회보장계획(이하 "지역사회보장계획"이라 한다)의 내용이 법령을 위반할 우려가 있는 경우
  2. 지역사회보장계획의 내용이 「사회보장기본법」 제16조 제3항에 따라 확정된 사회보장에 관한 기본계획 또는 국가 또는 시·도의 사회보장시책에 부합되지 아니하는 경우
  3. 지역사회보장계획의 내용이 지방자치단체의 행정구역과 주민생활권역 간의 차이를 반영하지 아니하는 경우
  4. 지역사회보장계획의 내용이 둘 이상의 지방자치단체에 걸쳐 있는데도 해당 지방자치단체 간 협의를 거치지 아니한 경우
  5. 지방자치단체 간 지역사회보장계획의 내용에 현저한 불균형이 있는 경우
  6. 그 밖에 지역사회보장계획의 조정을 위하여 필요하다고 보건복지부장관이 인정하는 경우

⑨ 지역사회보장계획의 수립 및 지역사회보장조사의 시기·방법 등에 필요한 사항은 **대통령령**으로 정한다. [㉒]

제36조	지역사회보장계획의 내용 [14⑤18⑳, 법제론 ⑨⑬㉒]	① 제35조 제2항에 따른 **시·군·구 지역사회보장계획**은 다음 각 호의 사항을 포함하여야 한다. 　1. 지역사회보장 수요의 측정, 목표 및 추진전략 　2. 지역사회보장의 **목표를 점검할 수 있는 지표**(지역사회보장지표)의 설정 및 목표 　3. 지역사회보장의 **분야별 추진전략, 중점 추진사업** 및 **연계협력 방안** 　4. 지역사회보장 **전달체계의 조직과 운영** 　5. 사회보장급여의 사각지대 발굴 및 지원 방안 　6. 지역사회보장에 **필요한 재원의 규모와 조달 방안** 　7. 지역사회보장에 관련한 통계 수집 및 관리 방안 　8. 지역 내 부정수급 발생 현황 및 방지대책 　9. 그 밖에 대통령령으로 정하는 사항 ② **시·도 지역사회보장계획**은 다음 각 호의 사항을 포함하여야 한다. 　1. 시·군·구의 사회보장이 균형적이고 효과적으로 추진될 수 있도록 지원하기 위한 **목표 및 전략** 　2. 지역사회보장**지표의 설정 및 목표** 　3. 시·군·구에서 **사회보장급여가 효과적으로 이용 및 제공될 수 있는 기반 구축 방안** 　4. 시·군·구 사회보장급여 **담당 인력의 양성 및 전문성 제고 방안** 　5. 지역사회보장에 관한 **통계자료의 수집 및 관리 방안** 　6. 시·군·구의 **부정수급 방지대책을 지원하기 위한 방안** 　7. 그 밖에 지역사회보장 추진에 필요한 사항 ③ 제35조제4항에 따른 **특별자치시 지역사회보장계획**은 다음 각 호의 사항을 포함하여야 한다. 　1. 제1항 각 호의 사항 　2. 사회보장급여가 효과적으로 이용 및 제공될 수 있는 기반 구축 방안 　3. 사회보장급여 담당 인력의 양성 및 전문성 제고 방안 [법제론 ㉒] 　4. 그 밖에 지역사회보장 추진에 필요한 사항
제37조	지역사회보장계획의 시행	① **시·도지사 또는 시장·군수·구청장은 지역사회보장계획을 시행**하여야 한다. ② 시·도지사 또는 시장·군수·구청장은 지역사회보장계획을 시행할 때 필요하다고 인정하는 경우에는 사회보장 관련 민간 법인·단체·시설에 인력, 기술, 재정 등의 지원을 할 수 있다.
제38조	지역사회보장계획의 변경 [⑲]	**시·도지사 또는 시장·군수·구청장**은 사회보장의 환경 변화, 「사회보장기본법」 제16조에 따른 사회보장에 관한 기본계획의 변경 등이 있는 경우에는 **지역사회보장계획을 변경할 수 있으며**, 그 변경 절차는 제35조를 준용한다. ❌ 지역사회보장계획 : 시·군·구 지역사회보장계획은 변경할 수 없다.(×)
제39조	지역사회보장계획 시행결과의 평가 [⑲]	① 보건복지부장관은 시·도 지역사회보장계획의 시행결과를, 시·도지사는 **시·군·구 지역사회보장계획의 시행결과**를 각각 보건복지부령으로 정하는 바에 따라 **평가할 수 있다**. ② **시·도지사는 제1항에 따른 평가를 시행한 경우 그 결과를 보건복지부장관에게 제출**하여야 한다. 보건복지부장관은 이를 종합·검토하여 사회보장위원회에 보고하여야 한다. ③ 보건복지부장관 또는 시·도지사는 필요한 경우 제1항에 따른 평가결과를 제47조에 따른 지원에 반영할 수 있다.

제2절 지역사회보장 운영체계		① 시·도지사는 시·도의 사회보장 증진을 위하여 시·도사회보장위원회를 둔다.
		② 시·도사회보장위원회는 다음 각 호의 업무를 심의·자문한다.
		  1. 시·도의 지역사회보장계획 수립·시행 및 평가에 관한 사항
		  2. 시·도의 지역사회보장조사 및 지역사회보장지표에 관한 사항
		  3. 시·도의 사회보장급여 제공에 관한 사항
		  4. 시·도의 사회보장 추진과 관련한 중요 사항
		  5. 제41조제7항에 따른 읍·면·동 단위 지역사회보장협의체의 구성 및 운영에 관한 사항(특별자치시에 한정한다)
		  6. 사회보장과 관련된 서비스를 제공하는 관계 기관·법인·단체·시설과의 연계·협력 강화에 관한 사항(특별자치시에 한정한다)
		  7. 그 밖에 위원장이 필요하다고 인정되는 사항
		③ 시·도사회보장위원회는 다음 각 호의 사람 중 시·도지사가 임명 또는 위촉한 사람으로 구성한다.
		  1. 사회보장에 관한 전문적 지식이나 경험을 가진 사람
		  2. 사회보장 관련 기관 및 단체의 대표자
		  3. 사회보장을 필요로 하는 사람의 이익 등을 대표하는 사람
		  4. 제41조 제3항에 따른 지역사회보장협의체의 대표자
		  5. 「비영리민간단체지원법」 제2조의 비영리민간단체에서 추천한 사람
		  6. 「사회복지공동모금회법」 제14조에 따른 사회복지공동모금지회에서 추천한 사람
		  7. 제41조제7항에 따른 읍·면·동 단위 지역사회보장협의체의 위원장(특별자치시에 한정하며, 공동위원장이 있는 경우에는 민간위원 중에서 선출된 공동위원장을 말한다)
		  8. 사회보장에 관한 업무를 담당하는 공무원
		④ **다음 각 호의 어느 하나에 해당하는 사람은 시·도사회보장위원회의 위원이 될 수 없다.**
		  1. 미성년자
		  2. 피성년후견인, 피한정후견인
		  3. **파산선고를 받고 복권되지 아니한 사람**
		  4. 법원의 판결에 따라 자격이 상실되거나 정지된 사람
		  5. 금고 이상의 실형을 선고받고 그 집행이 끝나거나(집행이 끝난 것으로 보는 경우를 포함한다) 집행이 면제된 날부터 3년이 지나지 아니한 사람
		  6. 금고 이상의 형의 집행유예를 선고받고 그 유예기간 중에 있는 사람
		  7. 제5호 및 제6호에도 불구하고 「사회복지사업법」 제2조 제1호의 사회복지사업(이하 "사회복지사업"이라 한다) 또는 그 직무와 관련하여 「아동복지법」 제71조, 「보조금 관리에 관한 법률」 제40조부터 제42조까지 또는 「형법」 제28장·제40장(제360조는 제외한다)의 죄를 범하거나 이 법을 위반하여 다음 각 목의 어느 하나에 해당하는 사람
		    가. 100만원 이상의 벌금형을 선고받고 그 형이 확정된 후 5년이 지나지 아니한 사람
		    나. 금고 이상의 형의 집행유예를 선고받고 그 유예기간이 끝난 날부터 7년이 지나지 아니한 사람

제40조	시·도사회 보장위원회 [법제론 ⑥⑦]	

제40조	시 · 도사회 보장위원회 [법제론 ⑥⑦]	다. 금고 이상의 실형을 선고받고 그 집행이 끝나거나(집행이 끝난 것으로 보는 경우를 포함한다) 집행이 면제된 날부터 7년이 지나지 아니한 사람 8. 제5호부터 제7호까지에도 불구하고 「성폭력범죄의 처벌 등에 관한 특례법」 제2조의 성폭력범죄 또는 「아동·청소년의 성보호에 관한 법률」 제2조제2호의 아동·청소년대상 성범죄를 저지른 사람으로서 형 또는 치료감호를 선고받고 확정된 후 그 형 또는 치료감호의 전부 또는 일부의 집행이 끝나거나(집행이 끝난 것으로 보는 경우를 포함한다) 집행이 면제되거나 집행의 유예기간이 끝난 날부터 10년이 지나지 아니한 사람 ⑤ 보장기관의 장은 시 · 도사회보장위원회의 효율적 운영을 위하여 필요한 운영비 등 경비를 지원할 수 있다. ⑥ 시·도사회보장위원회의 조직·운영에 필요한 사항은 보건복지부령으로 정하는 바에 따라 해당 시·도의 조례로 정한다. **OIKOS UP** 시·도사회보장위원회의 구성 및 운영(시행규칙 제4조) ① 법 제40조 제1항에 따른 시·도사회보장위원회는 위원장 1명을 포함한 15명 이상 40명 이하의 위원으로 구성한다. ② 시·도사회보장위원회의 위원장은 위원 중에서 호선하며, 위원장이 부득이한 사유로 직무를 수행할 수 없을 때에는 위원장이 지명하는 사람이 그 직무를 대행한다. ③ 시·도사회보장위원회의 위원의 임기는 2년으로 하되, 위원장은 한 차례만 연임할 수 있다. 다만, 공무원인 위원의 임기는 그 재직기간으로 한다. ④ 시·도사회보장위원회의 위원장은 재적위원 3분의 1 이상이 요구하거나 위원장이 필요하다고 인정하는 경우에 회의를 소집할 수 있다. ⑤ 시·도사회보장위원회의 위원장은 회의를 소집하려면 회의의 일시·장소 및 심의 안건을 위원에게 회의 개최 5일 전까지 서면으로 알려야 한다. 다만, 긴급히 개최하여야 하는 경우와 그 밖의 부득이한 사정이 있는 경우에는 그러하지 아니하다. ⑥ 시·도사회보장위원회의 회의는 재적위원 과반수의 출석으로 개의(開議)하고 출석위원 과반수의 찬성으로 의결한다.
제41조	지역사회보장 협의체 [⑭⑲㉑, 법제론⑥⑧㉑]	① 시장·군수·구청장은 지역의 사회보장을 증진하고, 사회보장과 관련된 서비스를 제공하는 관계 기관·법인·단체·시설과 연계·협력을 강화하기 위하여 해당 시·군·구에 지역사회보장협의체를 둔다. ② 지역사회보장협의체는 다음 각 호의 업무를 심의·자문한다. 1. 시·군·구의 지역사회보장계획 수립·시행 및 평가에 관한 사항 2. 시·군·구의 지역사회보장조사 및 지역사회보장지표에 관한 사항 3. 시·군·구의 사회보장급여 제공에 관한 사항

제41조	지역사회보장 협의체 [⑭⑲, 법제론⑥⑧]	4. 시·군·구의 사회보장 추진에 관한 사항 　5. 읍·면·동 단위 지역사회보장협의체의 구성 및 운영에 관한 사항 　6. 그 밖에 위원장이 필요하다고 인정하는 사항 　　🔍 지역사회보장협의체 : 관할 지역의 사회복지사업에 관한 중요사항을 심의·건의한다.(×) ③ **지역사회보장협의체의 위원**은 다음 각 호의 사람 중 **시장·군수·구청장이 임명 또는 위촉**한다. 다만, 제40조 제4항에 해당되는 사람은 위원이 될 수 없다. 　1. 사회보장에 관한 학식과 경험이 풍부한 사람 　2. 지역의 사회보장 활동을 수행하거나 서비스를 제공하는 기관·법인·단체·시설의 대표자 　3. 「비영리민간단체지원법」 제2조의 비영리민간단체에서 추천한 사람 　4. 제7항에 따른 읍·면·동 단위 지역사회보장협의체의 위원장(공동위원장이 있는 경우에는 민간위원 중에서 선출된 공동위원장을 말한다) 　5. 사회보장에 관한 업무를 담당하는 공무원 **▍OIKOS UP　지역사회보장협의체의 구성 및 운영(시행규칙 제5조)** ① 법 제41조 제1항에 따른 지역사회보장협의체는 위원장을 포함한 10명 이상 40명 이하의 위원으로 구성한다. ② 지역사회보장협의체의 위원장은 위원 중에서 호선(互選)하되, 공무원인 위원과 위촉 위원 각 1명을 공동위원장으로 선출할 수 있다. ③ 지역사회보장협의체의 위원의 **임기는 2년**으로 하되, 위원장은 한 차례만 연임할 수 있다. 다만, 공무원인 위원의 임기는 그 재직기간으로 한다. 　🔍 지역사회보장협의체 : 10명 이상 25명 이하의 위원으로 구성하고, 임기는 2년이다.(×) ④ 지역사회보장협의체의 회의는 재적위원 3분의 1 이상이 요구하거나 위원장이 필요하다고 인정하는 경우에 소집할 수 있다. ⑤ 지역사회보장협의체의 위원장은 회의를 소집하려면 회의의 일시·장소 및 심의 안건을 위원에게 회의 개최 5일 전까지 서면으로 알려야 한다. 다만, 긴급히 개최하여야 하는 경우와 그 밖의 부득이한 사정이 있는 경우에는 그러하지 아니하다. ⑥ 지역사회보장협의체의 회의는 재적위원 과반수의 출석으로 개의하고 출석위원 과반수의 찬성으로 의결한다. ④ 지역사회보장협의체의 업무를 효율적으로 수행하기 위하여 지역사회보장협의체에 **실무협의체를 둔다**. **▍OIKOS UP　지역사회보장협의체에 두는 실무협의체의 구성 및 운영(시행규칙 제6조)** ① 법 제41조 제4항에 따른 실무협의체는 위원장 1명을 포함한 10명 이상 40명 이하의 위원으로 구성한다.

| 제41조 | 지역사회보장 협의체
[⑭⑲,
법제론⑥⑧] | ② 실무협의체의 위원장은 위원 중에서 호선하고, 위원은 사회보장에 관한 실무 지식과 경험이 풍부한 사람 중에서 다음 각 호의 어느 하나에 해당하는 사람을 지역사회보장협의체의 위원장이 성별을 고려하여 임명하거나 위촉한다. 이 경우 지역사회보장협의체의 위원장이 공동위원장인 경우에는 공동으로 임명하거나 위촉한다.
　1. 지역의 사회보장 활동을 수행하거나 서비스를 제공하는 기관·법인·단체·시설 또는 공익단체의 실무자
　2. 사회보장에 관한 업무를 담당하는 공무원
　3. 「비영리민간단체 지원법」 제2조에 따른 비영리민간단체에서 추천한 사람
　4. 그 밖에 학계 등 사회보장 관련 분야 종사자
③ 실무협의체의 위원의 임기는 2년으로 하되, 위원장은 한 차례만 연임할 수 있다. 다만, 공무원인 위원의 임기는 그 재직기간으로 한다.
⑤ 보장기관의 장은 지역사회보장협의체의 효율적 운영을 위하여 필요한 인력 및 운영비 등 재정을 지원할 수 있다.
⑥ 제1항부터 제5항까지에 규정된 사항 외에 지역사회보장협의체 및 실무협의체의 조직·운영에 필요한 사항은 보건복지부령으로 정하는 바에 따라 해당 시·군·구의 조례(「제주특별자치도 설치 및 국제자유도시 조성을 위한 특별법」 제10조제2항에 따른 행정시의 경우에는 특별자치도의 조례를 말한다. 이하 같다)로 정한다.
⑦ 특별자치시장 및 시장·군수·구청장은 읍·면·동 단위로 읍·면·동의 사회보장 관련 업무의 원활한 수행을 위하여 해당 **읍·면·동에 읍·면·동 단위 지역사회보장협의체**를 둔다.
⑧ 제7항에 따른 읍·면·동 단위 지역사회보장협의체의 조직·운영에 필요한 사항은 보건복지부령으로 정하는 바에 따라 해당 특별자치시 및 시·군·구의 조례로 정한다.

OIKOS UP 읍·면·동 단위 지역사회보장협의체의 구성 및 운영(시행규칙 제7조)
① 법 제41조제7항에 따른 읍·면·동 단위 지역사회보장협의체(이하 "읍·면·동 단위 지역사회보장협의체"라 한다)는 다음 각 호의 업무를 지원한다.
　1. 관할 지역의 저소득 주민·아동·노인·장애인·한부모가족·다문화가족 등 사회보장사업에 의한 도움을 필요로 하는 사람 발굴 업무
　2. 사회보장 자원 발굴 및 연계 업무
　3. 지역사회보호체계 구축 및 운영 업무
　4. 그 밖에 관할 지역 주민의 사회보장 증진을 위하여 필요한 업무
② 읍·면·동 단위 지역사회보장협의체는 **읍장·면장·동장과** 다음 각 호의 어느 하나에 해당하는 사람 중에서 **읍장·면장·동장의 추천을 받아 특별자치시장 및 시장·군수·구청장이 위촉하는 사람**으로 성별을 고려하여 구성한다.
　1. 지역의 사회보장 활동을 수행하거나 서비스를 제공하는 기관·법인·단체·시설 또는 공익단체의 실무자 |

제41조	지역사회보장
	협의체
	[⑭⑲,
	법제론⑥⑧]
		2. 사회보장 자원 발굴 및 연계 업무
		3. 지역사회보호체계 구축 및 운영 업무
		4. 그 밖에 관할 지역 주민의 사회보장 증진을 위하여 필요한 업무
		② 읍·면·동 단위 지역사회보장협의체는 **읍장·면장·동장과** 다음 각 호의 어느 하나에 해당하는 사람 중에서 **읍장·면장·동장의 추천을 받아 특별자치시장 및 시장·군수·구청장이 위촉하는 사람**으로 성별을 고려하여 구성한다.
		  1. 지역의 사회보장 활동을 수행하거나 서비스를 제공하는 기관·법인·단체·시설 또는 공익단체의 실무자
		  2. 사회보장에 관한 업무를 담당하는 공무원
		  3. 「비영리민간단체 지원법」 제2조에 따른 비영리민간단체에서 추천한 사람
		  4. 삭제
		  5. 「지방자치법」 제4조의2 제4항에 따른 행정리의 이장 및 같은 조 제5항에 따른 행정동의 하부조직으로 두는 통의 통장
		  6. 주민자치위원, 자원봉사단체 구성원
		  7. 그 밖에 관할 지역의 사회보장 증진에 열의가 있는 사람
		③ 읍·면·동 단위 지역사회보장협의체 위원은 **읍·면·동별로 각 10명 이상**으로 한다.
		④ 읍·면·동 단위 지역사회보장협의체의 위원장은 위원 중에서 호선하되, **읍장·면장·동장과 민간위원 중에서 각 1명을 공동위원장으로 선출**할 수 있다.
		⑤ 읍·면·동 단위 지역사회보장협의체의 위원의 **임기는 2년으로 하며 연임**할 수 있다. 다만, 공무원인 위원의 임기는 그 재직기간으로 한다.
		⑥ 읍·면·동 단위 지역사회보장협의체의 회의에 관하여는 제5조 제4항부터 제6항까지의 규정을 준용한다.

제42조	사회보장사무 전담기구	① 특별자치시장 및 **시장·군수·구청장**은 사회보장에 관한 업무를 효율적으로 수행하기 위하여 관련 조직, 인력, 관계 기관 간 협력체계 등을 마련하여야 하며, 필요한 경우에는 **사회보장에 관한 사무를 전담하는 기구**("사회보장사무 전담기구")**를 별도로 설치할 수 있다.** ② 사회보장사무 전담기구는 사회보장정보시스템을 활용하여 수급권자에게 필요한 정보를 종합 안내하고, 사회보장급여에 대한 신청 등이 편리하게 이루어질 수 있도록 운영되어야 한다. ③ 사회보장사무 전담기구의 사무 범위, 조직 및 운영 등에 필요한 사항은 해당 특별자치시 및 시·군·구의 조례로 정한다.

제42조 의2	통합사례관리 [법제론 ⑰]	① 보건복지부장관, 시·도지사 및 시장·군수·구청장은 지원대상자의 사회보장 수준을 높이기 위하여 지원대상자의 다양하고 복합적인 특성에 따른 상담과 지도, 사회보장에 대한 욕구조사, 서비스 제공 계획의 수립을 실시하고, 그 계획에 따라 지원대상자에게 보건·복지·고용·교육 등에 대한 사회보장급여 및 민간 법인·단체·시설 등이 제공하는 서비스를 종합적으로 연계·제공하는 통합사례관리를 실시할 수 있다. ② 제1항에 따른 **통합사례관리를 실시하기 위하여 필요한 경우에는 특별자치시 및 시·군·구에 통합사례관리사를 둘 수 있다.** [⑰] ③ 보건복지부장관은 통합사례관리 사업의 전문적인 지원을 위하여 해당 업무를 공공 또는 민간 기관·단체 등에 위탁하여 실시할 수 있다. ④ 제2항에 따른 통합사례관리사의 자격·업무 등 운영에 필요한 사항과 제3항에 따른 통합사례관리 사업의 지원업무 위탁에 필요한 사항은 보건복지부령으로 정한다.
제43조	사회복지전담 공무원 [법제론 ⑤⑱]	① **사회복지사업에 관한 업무를 담당하게 하기 위하여 시·도, 시·군·구, 읍·면·동 또는 사회보장사무 전담기구에 사회복지전담공무원을 둘 수 있다.** [⑱] 💬 시·군·구, 읍·면·동에 사회복지전담공무원을 둘 수 있고 시·도에는 둘 수 없다.(×) ② 사회복지전담공무원은 「사회복지사업법」 제11조에 따른 **사회복지사의 자격을 가진 사람**으로 하며, 그 임용 등에 필요한 사항은 대통령령으로 정한다. [⑱] ③ 사회복지전담공무원은 사회보장급여에 관한 업무 중 **취약계층에 대한 상담과 지도, 생활실태의 조사 등** 보건복지부령으로 정하는 사회복지에 관한 전문적 업무를 담당한다. ④ 국가는 사회복지전담공무원의 보수 등에 드는 **비용의 전부 또는 일부를 보조할 수 있다.** ⑤ 시·도지사 및 시장·군수·구청장은 「지방공무원 교육훈련법」 제3조에 따라 사회복지전담공무원의 교육훈련에 필요한 시책을 수립·시행하여야 한다. [⑱]
제3절 지역사회보장 지원 및 균형발전		
제45조	지역사회보장의 균형발전	중앙행정기관의 장 및 시·도지사는 시·도 및 시·군·구 간 사회보장 수준의 차이를 최소화하기 위하여 예산 배분, 사회보장급여의 제공 기관 등의 배치 등에 필요한 조치를 하여야 한다.
제46조	지역사회보장 균형발전지원 센터 [⑲]	① **보건복지부장관은** 시·도 및 시·군·구의 사회보장 추진 현황 분석, **지역사회보장계획의 평가,** 지역 간 사회보장의 균형발전 지원 등의 업무를 효과적으로 수행하기 위하여 **지역사회보장균형발전지원센터를** 설치·운영 할 수 있다. 💬 지역사회보장계획 : 지역사회보장계획의 평가, 지원 등을 위한 지역사회보장지원센터를 설치·운영할 수 있다.(×) ② 보건복지부장관은 지역사회보장균형발전지원센터의 운영을 관련 전문기관에 위탁할 수 있다.

MEMO

공공 지역사회복지실천의 추진체계

제3부 **지역사회복지의 실천영역과 추진체계**

제11장 회차별 출제빈도, 출제비중 및 출제논점 1, 2, 3순위

10회 2012	11회 2013	12회 2014	13회 2015	14회 2016	15회 2017	16회 2018	17회 2019	18회 2020	19회 2021	20회 2022	21회 2023	22회 2024
3	–	–	1	1	3	2	2	3	3	2	2	1

출제 비중	출제 논점		
	1순위 ☺	2순위 ※	3순위 ☆
02³	① 지방분권의 긍정적 측면과 부정적 측면 ② 지역사회보장협의체 구성 및 주요 역할	① 사회복지전담공무원의 직무, 임상사회복지사로서의 역할과 활동내용	① 재정분권의 장·단점 ② 사회보장사무전담기구와 드림스타트

1순위 스마일표시(☺) : 출제 빈출도가 높은 부분으로 무조건 시험에 출제되는 영역
2순위 당구장표시(※) : 나왔다 안 나왔다 하는 영역이지만 출제가능성 높은 영역
3순위 별 표(☆) : 출제 된 적이 있긴 하지만 다시 출제될 가능성은 다소 떨어지는 영역

MAP

01 지방분권화와 지역사회복지

1 지방자치제와 사회복지의 관계

(1) 지방자체제의 개요 [19②]

① **개념**: 일정한 지역을 기초로 한 지방자치단체가 국가의 일정한 감독 아래 그 구성원인 주민들의 자유로운 의사에 따라 지방자치의 권능과 책임 하에 지역사회의 공공사무를 자치적으로 처리하는 것을 말한다.

　㉠ "지역문제를 지역주민이 스스로 처리하고 다스린다."는 **자기통치의 원리**를 담고 있다.
　　　※ 지방자치제에 관한 설명 : 지역문제에 대한 자기통치 원리를 담고 있다.(○)
　㉡ "나라의 주인은 국민이며 그 국가와 권력은 국민으로부터 나온다."라는 민주주의사상에 그 이론적 기초를 두고 있다.
　　　※ 지방자치제에 관한 설명 : 민주주의 사상에 기초를 두고 있다.(○)
　㉢ 지방자치는 **주민자치와 단체자치**를 일컫는다.

② **지방분권(행정분권과 재정분권)**: 중앙정부에 모든 권력을 집중시키지 않고 지방에 대해서 어느 정도의 자치권을 인정하는 것을 의미하는 것

(2) 우리나라 지방자치제 [17⑲⑳]

1948년부터 현재까지의 지방자치 과정을 보면, 도입기, 중단기, 부활·발전기 등 3단계로 구분할 수 있다.

① **도입기**: 1948년 제헌헌법에 지방자치 관련 조항의 신설과 1949년「지방자치법」의 제정에 따라, **1952년 제1차 지방선거를 통해서 기초 및 광역의회의 의원을 선출함으로써 시작되어** 1960년 제3차 지방선거까지가 해당
　　※ 지방자치제에 관한 설명 : 우리나라에서는 1990년에 처음으로 실시되었다.(×)

② **중단기**: 1961년「지방자치에 관한 임시조치법」이 시행됨으로써 지방의회가 해산되고, 자치단체장이 임명제로 전환되면서 1991년 지방자치가 부활될 때까지가 해당

③ **부활·발전기**: 1988년「지방자치법」의 전문개정을 통해서 **1991년 기초 및 광역의회 의원이 선출되고, 1995년 7월 지방자치단체의 장을 지역주민이 직접 선출함**으로써 본격화되어 현재에 이르고 있음
　　※ 지방자치제도에 관한 설명 : 지방자치단체장은 중앙정부가 임명한다.(×)
　　※ 지방자치제에 관한 설명 : 지방자치법을 제정함으로써 지방 분권을 위한 법적 장치가 만들어졌다.(○)

■ 우리나라 지방자치제 ■

구 분	도입기(1948~1960)	중단기(1961~1990)	부활 · 발전기(1991~현재)
자치단체 종류	• 광역단체: 서울특별시 · 도 • 기초단체: 시 · 읍 · 면	• 광역단체: 서울특별시 · 직할시 · 도 • 기초단체: 시 · 군	• 광역단체: 특별시 · 광역시(특별자치시) · 도(특별자치도) • 기초단체: 시 · 군 · 자치구
단체장 선출	• 1기(1952년): 임명제/간선제 – 서울특별시장 · 도지사: 대통령임명 – 시 · 읍 · 면장: 의회간선 • 2기(1956년): 임명제/직선제 – 서울특별시장 · 도지사: 대통령임명 – 시 · 읍 · 면장: 주민직선 • 3기(1960년): 주민직선 – 서울특별시장 · 도지사: 주민직선 – 시 · 읍 · 면장: 주민직선	• 임명제 – 국가공무원으로 충원	• 4기(1995년) ~ 9기(2014년): 주민직선 – 시 · 도지사: 주민직선 – 시 · 군 · 구청장: 주민직선
의회의원 선출	• 1기(1952년) ~ 3기(1960년): 주민직선 – 서울특별시 · 도의원: 주민직선 – 시 · 읍 · 면의원 주민직선	• 의회폐지 – 서울특별시 · 도: 내무부장관 승인 – 시 · 군: 도지사 승인	• 4기(1991년) ~ 10기(2014년): 주민직선 – 시 · 도의원: 주민직선 – 시 · 군 · 구의원: 주민직선

(2) **지방자치제와 지역사회복지의 관계성**

① **사회복지의 분권화(decentralization)**

㉠ 중앙의 권한이 지방으로, 중앙정부의 권한이 지방정부로 이전되는 것을 의미

㉡ **지역사회복지계획 수립 의무화** : 2003년 7월 30일 「사회복지사업법」 개정으로 지역사회수준에서 각 지역의 실정에 맞는 사회복지서비스를 주도적으로 계획하고 수행할 수 있는 다양한 제도적 장치와 환경이 마련되는 등 실질적인 지방분권 정책들이 수립

② **복지 재정의 분권화** : 2005년 분권교부세 도입 [⑥⑦]

㉠ 복지 재정의 분권은 사회복지서비스에 관한 예산 편성 권한과 책임을 중앙에서 지방으로 이양하는 것을 의미

㉮ 분권교부세제도는 국고보조사업의 지방이양에 따른 재원이양 방식으로 5년 동안 한시적으로 도입(2009년까지 한시적으로 운영)한 제도

㉯ 분권교부세 운영기간을 다시 5년간, 즉 2014년 12월 31일까지 한시적으로 연장하여 운영되고 2015년 보통교부세로 통합되었다.

㉰ 2005년 분권교부세 지원과 함께 지방으로 이양한 복지사업 중 지방비 부담이 큰 **정신 · 장애인 · 노인양로시설 운영사업이 2015년부터 국고보조사업으로 환원**(중앙정부로 환원)되었다.

㉡ 재정분권으로 인해 사회복지사업 중 상당부분이 지방으로 이양되었다.

　　예) 사회복지관 운영과 관련한 부분도 지방이양대상사업 예산에 해당

㉢ **문제점** : 지방재정의 부실화와 지역 간 불평등이 나타남.

2 지방자치가 지역사회복지에 미치는 영향

(1) 지방분권의 긍정적 측면과 부정적 측면 [③⑥⑦⑧⑨⑫⑭⑮⑱⑲㉑]

① **지방분권의 긍정적 측면**
   ㉠ 중앙정부와 지방정부 간의 권력관계 재조정으로 **지방정부의 권한(역할)과 책임을 강화**시킨다.
      - 지방자치발달이 지역사회복지에 미치는 영향 : 지방자치단체장 후보의 사회복지 관련 선거공약 활성화(○)
      - 지방분권화의 부정적인 측면 : 지방자치단체의 권한과 책임성을 강화시킬 수 있다.(×)
   ㉡ 복지의 다원화와 분권화를 통해 **효율적인 복지집행체계 구축이 용이**해진다.
   ㉢ 지방분권화는 지역주민의 욕구표출기회가 향상되어 **지역주민의 욕구에 보다 신속하게 부응할 수 있는 복지프로그램 실험이 가능**해진다. → 이용자(수요자) 중심의 서비스제공, 주민 욕구 맞춤형 복지 프로그램 제공
   ㉣ 지역사회의 욕구에 즉각적이고 포괄적으로 대응할 수 있는 **지방정부 중심의 복지행정체계로 전환**될 수 있다.
   ㉤ 사회복지 기능의 강화를 위하여 **사회복지 관련 전문 행정부서의 전문성이 강화되고 활동범위가 넓어지게** 된다. → 지방행정부서의 역할 강화
   ㉥ 민간 사회복지단체의 육성이 강화되어 **주민의 자발적 참여에 의한 자원봉사 또는 민간 참여가 활발**해지게 된다.
   ㉦ 지역사회복지에 대한 **주민의 주체적 참여기회를 제공**하며, 지역주민들의 지역사회복지에 대한 **책임의식이 향상**된다.
   ㉧ 서비스 공급에 있어서 **민간기관, 자원봉사단체 등 다양한 비정부조직(NGO)의 자원 활용을 최대화**할 수 있다.

② **지방분권의 부정적 측면**
   ㉠ 사회복지행정업무와 재정을 지방에 이양함으로써 **중앙정부의 사회복지책임성 약화를 초래**할 수 있다.
      - 지방자치발달이 지역사회복지에 미치는 영향 : 중앙정부의 사회복지 책임과 권한 강화(×)
   ㉡ 지방자치단체들 간의 재정력 격차가 존재하는 상태에서 지방분권화를 추진하는 경우 그 재정력 격차로 인해 **지역 및 계층 간에 사회·경제적 불평등이 심화**될 수 있다.
   ㉢ 지방분권화는 지역 간 복지발전의 불균형을 심화시켜 **국민의 복지권적인 측면에서 전국적인 통일성을 저해**할 수 있다.
   ㉣ 지방정부는 경제성장을 최고의 목표로 삼아 복지정책에 대한 관심을 상대적으로 소홀히 하여 **지방정부의 복지예산이 감소**될 수 있다.

(2) 사회복지 재정과 관련된 재정분권의 장·단점 [③⑦]

① **재정분권의 장점**
   ㉠ 남발된 보건복지 관련 보조금 관리 정책 정비
   ㉡ 지방정부의 복지 재정에 대한 자율성 신장
   ㉢ 지역 현실에 맞는 복지계획 수립의 계기 마련
   ㉣ 지역 주민 및 지역 시민사회단체의 복지예산 수립 과정에의 참여기회 확대

② 재정분권의 단점
  ㉠ 분권화는 **중앙정부의 사회복지사업 재정 확대에 대한 책임을 약화**시키는 기제로 작용
  ㉡ 지방정부의 현재와 같은 성장 중심의 정책 방향을 볼 때 **지방이양사업으로 넘겨진 사회복지 사업 분야의 축소에 대한 우려**
  ㉢ 지방정부 간의 재정 격차, 복지 인식과 사업의지의 차이 등이 복합적으로 작용하여 **지방정부 간 복지 수준의 불평등을 유발**하게 될 가능성
  ㉣ 복지에 대한 전문성의 부족으로 인한 **복지 부문 간 불평등이 발생**할 가능성이 있고, 지방이양사업과 포괄적 보조금 사업의 예산 투여 과정에서 지방정부가 어느 분야에 우선순위를 두느냐에 따라 **복지 부문 간 불평등이 확대**될 가능성이 크다는 점

02 지역사회 공공복지 실천주체의 전문 인력 : 사회복지전담공무원

1 사회복지전담공무원의 개념

① 공무원의 일반적인 분류 중 지방직-경력직-일반직 공무원에 해당하며 기초생활보장사업 등 사회복지업무의 효율적 추진을 기하기 위하여 행정기관의 장이 사회복지사업법 제11조(사회복지사 자격증의 교부 등)의 규정에 의하여 사회복지사 자격을 가진 자 중에서 선발하여 행정기관에 배치한 국가 및 지방공무원을 말한다.

② **임용 근거 법률** : 사회보장급여의 이용·제공 및 수급권자 발굴에 관한 법률 제43조

> **제43조(사회복지전담공무원)** ① 사회복지사업에 관한 업무를 담당하게 하기 위하여 시·도, 시·군·구, 읍·면·동 또는 사회보장사무 전담기구에 사회복지전담공무원을 둘 수 있다.
> ② 사회복지전담공무원은 「사회복지사업법」 제11조에 따른 사회복지사의 자격을 가진 사람으로 하며, 그 임용 등에 필요한 사항은 대통령령으로 정한다.
> ③ 사회복지전담공무원은 사회보장급여에 관한 업무 중 취약계층에 대한 상담과 지도, 생활실태의 조사 등 보건복지부령으로 정하는 사회복지에 관한 전문적 업무를 담당한다.
> ④ 국가는 사회복지전담공무원의 보수 등에 드는 비용의 전부 또는 일부를 보조할 수 있다.
> ⑤ 시·도지사 및 시장·군수·구청장은 「지방공무원 교육훈련법」 제3조에 따라 사회복지전담공무원의 교육훈련에 필요한 시책을 수립·시행하여야 한다.

2 사회복지전담공무원의 연혁

① **사회복지전문요원제도**
  ㉠ **1987년부터 별정직인 사회복지전문요원제도가 시행**(사회복지전문요원이 배치)되어 공공복지행정의 체계가 마련되었다.
  ㉡ **1987년부터 읍·면·동사무소에 공공사회복지 담당 공무원을 배치**하여 지역의 공공부조 업무를 수행하기 위하여 실시되었다.
    ※ 사회복지전담공무원 설명 : 1992년 서울, 부산, 대구 3곳에서 처음으로 임용·배치(×)

② 사회복지전담공무원
  ㉠ 1992년 12월 8일 「사회복지사업법」 개정을 통해 사회복지전담공무원이라는 명칭으로 이들에 대한 법적인 근거가 마련되었다.
    🔖 사회복지전담공무원 설명 : 1992년에 사회복지사업법의 개정을 통해 법적 근거를 마련하였다.(○)
  ㉡ 1992년 사회복지 직렬을 5급까지 설치하여 전문직에 의한 공공복지행정의 기초를 마련하였다.
  ㉢ 1999년 9월 행정자치부(現 행정안전부)에서 사회복지전문요원의 일반직 전환 및 신규 채용 지침을 승인하였다.
  ㉣ 2000년 1월 별정직에서 일반직인 사회복지직렬로 전환하였다.
    🔖 사회복지전담공무원 설명 : 2000년부터 모든 사회복지전문요원이 별정직 공무원으로 전환되었다.(×)
    🔖 사회복지전담공무원 설명 : 2000년 별정직에서 일반직인 사회복지직렬로 전환(○)

3 사회복지전담공무원의 직무 [③⑨]

① 사회복지사 자격증을 소지자들 중 지방공무원임용시험을 지방 사회복지직 9급으로 시·군·구 청장이 임용하며, 국민기초생활보장수급권자 조사, 선정, 급여 등의 공공부조와 노인, 장애인, 아동, 한부모가정 등에 대한 각종 사회복지서비스 제공을 담당하고 있다.

② 사회복지전담공무원이 담당하는 3가지 분야의 직무 내용
  ㉠ 사회복지급여 수급권자 조사 및 선정
    ㉮ 국민기초생활보장수급권자 및 부양자에 대한 재산, 소득조사
    ㉯ 노인, 장애인, 아동, 한부모가정 등 서비스 수급권자 조사 및 선정
    ㉰ 노인장기요양보험, 사회서비스 바우처 사업 지역사회서비스투자사업 대상자 선정
  ㉡ 사회복지급여 지급
    ㉮ 생계비, 교육비, 의료비, 주거비 등 국민기초생활보장 급여지급 업무
    ㉯ 장애수당, 장애아동부양수당, 기초노령연금, 보육비 등 각종 급여지급 업무
  ㉢ 사회복지서비스 및 행정
    ㉮ 취약계층의 가정문제 등 고충상담 후 해당기관 연계업무
    ㉯ 저소득가구 자활, 직업훈련, 취업훈련, 생업자금융자 등 자립지원업무
    ㉰ 장애인, 노인, 보육아동, 여성 등에 대한 각종 지원시책 안내 및 제공업무
    ㉱ 자원봉사, 결연사업 등 민간복지 자원의 발굴 및 연계업무
    ㉲ 복지·고용·교육·문화 등 주민생활지원서비스 제공
      🔖 사회복지전담공무원의 업무 : 국민연금자격심사(×), 건강보험료체납자의 명단정리(×)

4 사회복지전담공무원의 임상사회복지사로서의 역할과 활동내용 [⑤⑯]

역 할	활 동 내 용
자원연결자 [⑤⑯]	• 잠재적 수급권자 파악 • 자산조사 및 수급권자 욕구조사 • 공공부조대상자 책정 • 서비스 의뢰 및 시설입소 의뢰 • 취업정보 제공 및 알선 • 지역사회자원(물적·인적 자원) 개발 및 연결
대변자	• 기초생활보장수급자 권익옹호 • 학대피해자(가정폭력, 아동 및 노인학대 등)의 발견 및 보호 • 지역주민 조직화
교육자	• 보호대상자 자립, 자녀교육 관련 정보 제공 • 사회복지서비스 관련 정보 제공 • 구직 및 면접기술훈련 • 일반생활교육(건강·영양 지도 등) • 가족생활교육(부모역할훈련, 자녀교육, 성교육 등)
조력가	• 욕구 및 문제의식, 문제해결의 주체의식 증진 • 욕구 및 문제해결의 동기 부여 • 문제해결환경 조성
사례관리자	• 요보호(수발 및 보호 필요)대상의 일상생활상태 파악 • 다양한 서비스 제공자 역할 • 서비스 제공결과 확인 • 문제해결의 지속적 점검 및 사후관리 • 동원된 자원의 조정관리
상담가	• 심리사회적 문제해결을 위한 전문적 개입(개별·집단·가족 상담)
중재자	• 서비스 제공자 간의 의견 조정 • 수혜자와 서비스 제공자 간의 조정
자문가	• 사례나 프로그램에 관한 전문적 지식과 정보 제공
연구자/평가자	• 지역사회 욕구조사, 지역사회문제 파악 및 해결방향 모색 • 프로그램 평가
프로그램 개발자	• 욕구 및 문제해결을 위한 프로그램 기획 및 개발

03 사회보장사무전담기구와 드림스타트

1 사회보장사무전담기구

(1) 사회보장사무전담기구 시범사업 추진경과

① 사회복지전담행정기구의 필요성 등 지역사회복지전달체계 개편에 대한 논의는 사실상 1980년대 초부터 지속되어 왔다.

② 1992년 「사회복지사업법」에 '복지사무전담기구'에 관한 규정을 신설하여 법적 근거를 마련하였다.

③ 1995년 7월부터 1999년 12월까지 4년 6개월 동안 5개 지역에서 '보건복지사무소 시범사업'을 실시하였다.

→ 지역사회복지협의체 시범사업 : 2001년 10월부터~2002년 11월까지 → 보건복지사무소 시범사업 폐지 후, 보건복지기능연계 도모를 위해 구성·운영

④ 2004년 7월 1일부터 2006년 6월까지 2년간 서울 서초구, 부산 부산진구, 사하구, 광주 남구(4개 대도시), 강원 춘천시, 충남 공주시, 경북 안동시(3개 중소도시), 충북 옥천군, 울산 울주군(2개 농어촌) 등 총 9개 시·군·구 지역에서 시범사회복지사무소를 설치·운영하였다.

⑤ 2006년 7월 이후 시범사회복지사무소의 운영을 중단(현재는 운영종료)하고 시·군·구 단위의 주민생활지원국을 설치하여 운영되고 있다.

(2) 사회보장사무전담기구의 법적 근거

사회보장급여의 이용·제공 및 수급권자 발굴에 관한 법률 42조(사회보장사무전담기구)

> 제42조(사회보장사무 전담기구) ① 특별자치시장 및 시장·군수·구청장은 사회보장에 관한 업무를 효율적으로 수행하기 위하여 관련 조직, 인력, 관계 기관 간 협력체계 등을 마련하여야 하며, 필요한 경우에는 사회보장에 관한 사무를 전담하는 기구(이하 "사회보장사무 전담기구"라 한다)를 별도로 설치할 수 있다.
> ② 사회보장사무 전담기구는 사회보장정보시스템을 활용하여 수급권자에게 필요한 정보를 종합 안내하고, 사회보장급여에 대한 신청 등이 편리하게 이루어질 수 있도록 운영되어야 한다.
> ③ 사회보장사무 전담기구의 사무 범위, 조직 및 운영 등에 필요한 사항은 해당 특별자치시 및 시·군·구의 조례로 정한다.

(3) 사회보장사무전담기구의 시범사업 결과

① 시범사회복지사무소는 사회복지행정과 서비스 전달체계의 체계화, 서비스의 양적, 질적 향상, 복지업무의 통합을 통하여 업무수행의 효율화와 전문화를 목표로 하였으나, **운영에 충분한 인력과 재정지원이 이루어지지 못한 가운데 시범사업에 대한 평가는 긍정적인 측면과 부정적인 측면이 엇갈렸다.**

② 이런 운영평가와 함께 새로운 지역공공복지 전달체계에 대한 논의를 통해 2006년 7월부터 시·군·구 단위에 주민생활지원국이라는 새로운 복지행정조직개편이 시범적으로 이루어졌다.

2 드림스타트 [⑤]

(1) 의의
취약계층 아동과 그 가족을 대상으로 맞춤형 통합서비스를 제공하여 아동의 건강한 성장과 발달을 도모하고 공평한 출발기회를 보장함으로써 건강하고 행복한 사회구성원으로 성장할 수 있도록 지원하는 사업

(2) 추진배경
① 가족해체, 사회 양극화 등에 따라 **아동빈곤 문제의 심각성** 대두
  ㉠ 빈곤가정아동은 부적절한 양육환경에 노출될 가능성이 높아 건강한 성장발달 저해
  ㉡ 빈곤아동은 비빈곤 아동에 비해 인지발달이 더디고 정서불안 등 증상이 더 많이 나타나며, 향후 직업선택에서 불리한 위치에 있고 비행 등의 확률이 높음
② **빈곤아동에 대한 사회투자 가치의 중요성 강조**
  ㉠ **빈곤세습의 고리 단절 및 인적자본 축적**으로 향후 사회비용 절감효과 기대
  ㉡ 빈곤 가정 아동에 대한 사회적 투자는 빈곤가정의 사회통합에 기여하여 **미래적 가치 창출 가능**
③ 아동과 가족에 초점을 둔 통합지원체계인 드림스타트 사업을 통한 **모든 아동에게 공평한 출발 기회 보장** 필요

■ 드림스타트의 추진경과 ■

연 도	주요 내용
2006년	• 아동보호 보건복지 통합서비스 시범사업 실시(20개 보건소)
2007년	• **전국 16개 지역(시·군·구) 희망스타트 시범사업 실시** • 사업지역확대 : 대상아동 4,891명에게 보건 복지 교육의 맞춤형 통합서비스 제공 이후 2008년 사업 확대
2008년	• '**희망스타트**'에서 '**드림스타트**'로 **사업명 전환** • 사업지역확대 : 2007년 16개 → 2008년 32개
2011년	• **아동복지법에 드림스타트사업 근거 신설**(2011.8.4.개정, 2012.8.5.시행) • 사업지역확대 : 2010년 101개 → 2011년 131개
2012년	• 아동복지기관협의체 구성 및 운영 • 사업지역 확대 : 2011년 131개 → 2012년 181개
2013년	• 사회보장정보시스템(행복e음)과 드림스타트 통합정보시스템(e-dreamstart) 통합 추진(2014.1.2. 통합 운영) • 사업지역 확대 : 2012년 181개 → 2013년 211개
2014년	• 사회보장정보시스템(행복e음) 개선에 드림스타트 사업 반영 • 사업지역 확대 : 2013년 211개 → 2014년 219개

빈곤아동의 통합사례관리를 하는 드림스타트 사업은 민간영역의 사업이다.(×)

OIKOS UP 위스타트 사업과 드림스타트 사업

① 위스타트 사업은 민간이 먼저 시도하고 민관이 함께 운영하는 아동복지서비스 영역에서의 사회적 실험이었다.
  ㉠ 'We'는 'Welfare(복지)'와 'Education(교육)'의 합성어로 교육과 복지를 접목한다는 의미이며, 'Start'는 빈곤아동을 대상으로 한 조기지원프로그램의 고유명사로 받아들여지고 있다.
  ㉡ 위스타트(We Start) : 우리 모두(We) 힘을 모아서 빈곤가정아동의 빈곤의 대물림을 끊기 위한 조기지원 프로그램
② 위스타트 사업을 당시 보건복지가족부에서 2007년 채택하여 희망스타트라는 이름으로 전국적인 시범사업을 시작했고 현재(2008년부터) 드림스타트(Dream-Start)라는 이름으로 추진되고 있다.

(2) 드림스타트의 운영

① **목표**
  ㉠ 빈곤의 대물림을 차단하고 **모든 아동에게 공평한 출발 기회를** 보장
  ㉡ **공적 전달체계 중심의 지역사회 건강(보건), 보육 교육, 복지 협력·연계(통합적) 체계를 구축**
  ㉢ 수요자 중심의 사전예방적 통합서비스 지원체계의 도입
  ㉣ 빈곤아동의 신체·정서·사회적 능력을 개발하여 **전인적인 발달을 지원**
  ㉤ 다학제적 접근을 통한 예방적 서비스를 제공
  ㉥ 빈곤아동을 대상으로 **사례관리를 통한 맞춤형 서비스를 제공**

② **사업대상** : 만 12세(초등학생 이하) 취약계층 아동 및 가족, 임산부
  ㉠ **기본대상** : 「아동복지법」 제37조제1항제1호 「국민기초생활보장법」에 따른 수급자 또는 차상위계층, 「한부모가족지원법」 제5조제1항에 따른 한부모가정 등
  ㉡ **특화대상** : 사회적으로 취약한 법정한부모 외 한부모가정, 다문화, 조손가정

③ **사업내용** : 취약계층 아동과 가족 중 사업대상 아동 발굴 및 문제·욕구 파악, 지역자원 연계를 통해 건강, 영양, 교육, 문화, 복지 등의 맞춤형 통합서비스 제공

④ **법적근거 : 아동복지법 제37조, 동법 시행령 제37조**
「아동복지법」 제37조(취약계층 아동에 대한 통합서비스지원) 제1항 국가와 지방자치단체는 아동의 건강한 성장과 발달을 도모하기 위하여 대통령령으로 정하는 바에 따라 아동의 성장 및 복지 여건이 취약한 가정을 선정하여 그 가정의 지원대상아동과 가족을 대상으로 보건, 복지, 보호, 교육, 치료 등을 종합적으로 지원하는 통합서비스를 실시한다.

⑤ **추진체계** : 보건복지부는 정책 총괄, 시·도는 관할 시·군·구의 사업계획 총괄 및 지원·관리, 시·군·구는 드림스타트 전담조직 설치·운영

■ 드림스타트 사업추진체계도 ■

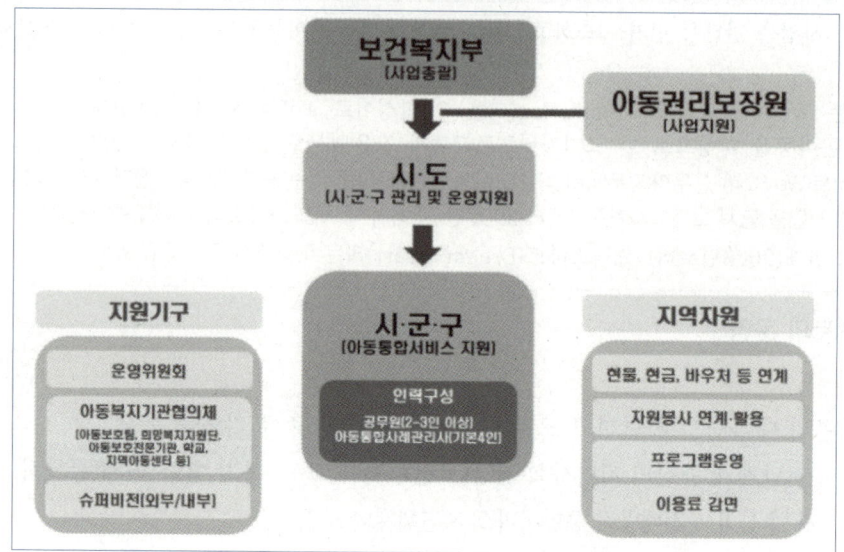

04 지역사회보장협의체 [13][15][16][19]

1 개 요 [3]

① 개념 : 시·군·구에 설치된 민관 협력기구(3차 기관)로, 지역사회를 단위로 사회복지 관련 공공과 민간의 주체, 그리고 학계전문가, 주민대표 등이 참여하여 지역의 복지 관련 사안에 대한 논의와 협의, 추진 및 검토를 수행하는 구성체

  ✗ 지역사회보장협의체 : 공공 간의 연계방식으로 시작해서 공공과 민간의 연계방식으로 전개되었다.(×)
  ✗ 지역사회보장협의체 : 민·관 네트워크를 통한 지역복지 거버넌스 구조와 기능을 축소시킨다.(×)

② 추진경과

  ㉠ 2003년 7월 30일 사회복지사업법 제7조의2(지역사회복지협의체)에 지역사회복지협의체 설치 근거가 규정되었으며, 우리나라는 **2005년 8월부터 시행**, 현재 전국의 시·군·구에 설치·운영하고 있다.

  ㉮ **보건복지사무소 시범사업(1995.7~1999.12) 폐지 후**, 보건복지부는 한국보건사회연구원의 '보건·복지 기능연계 모형연구'(2000)를 기초로 보건복지기능연계 도모를 위한 지역사회복지협의체 구성 필요성 확인

  ㉯ 2001.10~2002.11까지 시·군·구 내 공공·민간의 복지공급자·수요자 간 연계·협력기구인 **지역사회복지협의체를 시범사업으로 운영**

  ㉡ 「사회보장급여의 이용·제공 및 수급권자 발굴에 관한 법률」 제41조(지역사회보장협의체) 제1항에서 "**시장·군수·구청장**은 지역의 사회보장을 증진하고, 사회보장과 관련된 서비스를

제공하는 관계 기관·법인·단체·시설과 연계·협력을 강화하기 위하여 **해당 시·군·구에 지역사회보장협의체를 둔다.**"라고 규정하고 있다.

■ 지역사회보장협의체 성격 및 기능변화 추이 ■

구분	'05.7.31. 이전	'05.7.31. ~ '15.6.30.	'15.7.1. 이후
명칭	사회복지위원회	지역사회복지협의체	지역사회보장협의체
법적근거	사회복지사업법 제7조	사회복지사업법 제7조의2	사회보장급여법 제41조
목적	사회복지사업에 관한 중요 사항을 심의 또는 건의	• 관할 지역의 사회복지사업에 관한 중요사항과 지역사회복지계획 심의/건의 • 사회복지서비스 및 보건 의료 서비스 연계·협력 강화	• 지역사회보장계획, 지역사회보장 조사 및 지표, 사회보장급여, 사회보장 추진 사항 등 심의·자문 • 지역의 사회보장 증진 • 사회보장 관련 기관 등과 연계·협력 강화
기타	시·도 및 시·군·구에 설치·운영	공공과 민간의 네트워크 강화를 통한 지역복지 거버넌스의 구조와 기능 확대	사회복지에서 사회보장으로 범주 확대

⊗ 지역사회보장협의체 : 관할 지역의 사회복지사업에 관한 중요사항을 심의·건의한다.(×)

2 지역사회보장협의체의 목적 [⑦⑬⑮]

① 지역사회복지서비스 공급주체를 중심으로 연계·협력을 도모함으로써 지역사회 내 복지자원을 효과적이고 효율적인 활용과 서비스의 양과 질을 견인하는데 있다.

② **구성목적**
  ㉠ **지역사회 내 복지문제를 해결하기 위한 민주적 의사소통 구조 확립**으로 참여복지를 구현하고, 서비스 제공 실무자들의 문제해결 의지가 지역사회에서 활발하고 논의될 수 있는 **상향식 의사소통구조를 확립**한다.
  ㉡ **수요자 중심의 통합적 복지서비스 제공 기반을 마련**한다. 기존의 공급자 중심 방식에서 탈피하여 수요자 중심의 통합적인 사회보장급여 제공을 위해 원스톱복지제공체계를 구축하는 것을 목적으로 한다.
    ⊗ 지역사회보장협의체 : 사회복지기관 중심의 통합적 복지서비스를 제공한다.(×)
  ㉢ **지역사회 내 잠재적 복지자원 발굴 및 자원 간 연계협력으로 지역사회복지자원의 효율적 활용체계를 조성**해나가는 것이다.
  ㉣ 지역사회보장계획 수립과 집행, 평가를 위해 **네트워크를 바탕**으로 하여 민주적이고 합리적인 방법으로 지역사회보장협의체를 운영한다. → **네트워크원리에 따른 운영**
    ⊗ 지역사회보장협의체 : 실무협의체, 실무분과, 읍·면·동 협의체 간 수평적 네트워크 관계를 형성한다.(○)
  ㉤ 지역공동체 회복을 통한 복지문제 해결은 지역사회에서 발굴한 복지자원을 활용하여 복지문제를 현장에서 신속하게 해결함으로써 복지행정의 효율성과 주민만족도의 효과성을 동시에 제고하고자 한다. → **지역사회공동체 기능회복과 사회자본 지향**

③ 지역사회보장협의체의 운영 원칙

(1) 지역사회보장협의체 운영의 일반 원칙

① **지역성**
  ㉠ 지역주민 생활권역을 배경으로 조직·운영되는 지역사회보장협의체는 지역주민의 복지욕구, 복지자원 총량 등을 고려, 사회보장급여가 필요한 지원대상자에 대한 현장밀착형 서비스 제공기반을 마련한다.
  ㉡ 일반적으로 모든 지역에서 수행하는 보편적인 사업과 함께, 해당 지역의 특성·복지환경·문화 등을 반영하여 협의체의 기능 범위 내에서 자체 재원을 활용한 지역사업도 추진가능하다.

② **참여성**
  ㉠ 네트워크 조직을 표방하는 지역사회보장협의체는 법적 제도나 규제에 앞서 복지문제 해결을 위한 지역주민의 자발적 참여가 일차적인 추동력으로 작용한다.
  ㉡ 지역사회보장협의체의 원활한 기능 수행을 위해서는 공공과 민간의 적극적이고 자발적인 참여가 필요하다.

③ **협력성** : 지역사회보장협의체는 네트워크형 조직 구조를 통해 당면한 지역사회 복지문제 등의 현안을 해결하는 민·관협력 기구이다.

④ **통합성**
  ㉠ 지역사회 내 복지자원 발굴 및 유기적인 연계와 협력을 통하여 수요자의 다양하고 복잡한 욕구에 부응하는 서비스를 통합적으로 제공한다.
  ㉡ 지역주민의 삶의 터전인 지역사회를 중심으로 주민의 다양한 복지서비스 욕구를 충족시키기 위해서는 삶의 각 영역을 포괄하는 다양한 서비스(보건, 복지, 문화, 고용, 주거, 교육 등)가 지역사회에서 제공되어야 한다.

⑤ **연대성**
  ㉠ 자체적으로 해결이 곤란한 복지문제는 지역주민 간 연대를 형성하거나 인근 지역과 연계·협력을 통하여 복지자원을 공유함으로써 해결한다.
  ㉡ 공공부문의 서비스를 보완하는 사회복지법인 외에 비영리 시민단체나 조직의 지역복지 활동 참여 확대 뿐만 아니라 가족과 이웃을 통한 복지욕구 충족 등 지역사회에서 활동하는 사회보장 주체의 연대가 중요하다.

⑥ **예방성** : 지역주민이 보유하고 있는 복합적인 복지문제를 조기에 발견하고 사후치료가 아닌 예방이 가능하도록 노력한다.

(2) 민관협력을 위한 구성·운영의 원칙

① 지역사회보장협의체의 구성이 개방적이고 중립적이어야 한다.
② 민간분야, 지방자치단체, 학계, 주민의 참여를 망라하여 구성해야 한다.
③ 협의체 구성의 대표성을 확보하여야 한다.
④ 협의체 구성에서 균형을 유지하여야 한다. 즉, 특정 조직이나 인물에 편중된 구성이 되지 않도록 해야 한다.

⑤ 실무자의 참여를 포함하는 다층적인 구성이 되어야 하며, 운영과정에서도 실무자의 참여와 활동이 강화될 수 있도록 하여야 한다.
⑥ 협의체 운영이 지역특성을 반영하는 탄력적인 것이어야 한다. 관련 조례의 내용이나 구성, 논의 의제 등에서 지역특성이 반영되어야 한다.
⑦ 지방자치단체의 참여를 보장하되, 궁극적으로 민간의 주도와 공공의 지원의 구조를 지향하여야 한다. 지역사회 거버넌스의 여건에 따라 방식을 달리할 수 있으나, 민간주도·공공지원이라는 지향점은 동일하다.
⑧ 의사소통 채널을 다양화하여야 한다. 수평적 의사소통 채널 뿐 아니라 연석회의 등 다양한 의사소통의 장을 마련하여야 한다.

4 지역사회보장협의체의 구성

(1) 조직구성 [⑥⑦⑨]

① 지역사회보장협의체-실무협의체·실무분과-읍면동협의체의 수평적 네트워크를 통해 지역사회보장증진을 위한 단위별 역할을 수행한다.

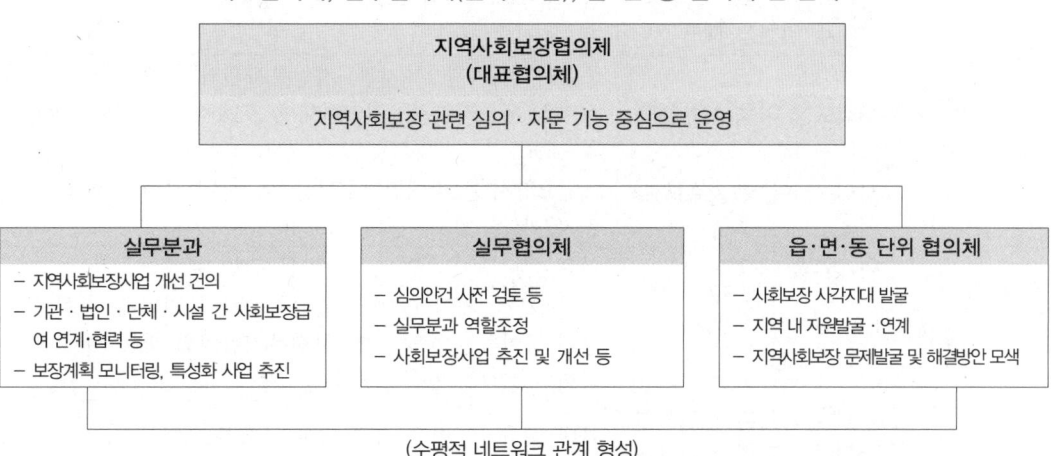

■ 대표협의체, 실무협의체(분과 포함), 읍·면·동 협의체 간 관계 ■

② **지역사회보장협의체의 위원 구성**
  ㉠ 위원장을 포함한 **10명 이상 40명 이하의 위원으로 구성**한다.
  ㉡ 위원장은 위원 중에서 **호선**하되, 임명직 위원과 위촉직 위원 각 1명을 공동위원장으로 선출할 수 있다.
  ㉢ **위원의 임기는 2년**으로 하되, 위원장은 한 차례만 연임할 수 있다. 다만, 공무원인 위원의 임기는 그 재직기간으로 한다.
  ㉣ 지역사회보장협의체의 구조는 **대표협의체, 실무협의체, 실무분과, 읍·면·동 단위 지역사회보장협의체로 구성**된다.

⑩ 지역사회보장협의체의 위원장은 지역사회보장협의체의 효율적인 심의·자문을 위하여 **전문위원회를 구성·운영**할 수 있으며, 전문위원회 운영에 필요한 세부적인 사항은 시·군·구의 조례로 정한다.

(2) 대표협의체(대표성)

① 위원의 구성 및 선출

㉠ 대표협의체의 위원은 시·군·구 사회보장 관련 주요 구성주체인 공공부문대표·민간부문대표·이용자부문대표 등으로 구성하며, **시·군·구청장이 임명 또는 위촉**한다.

㉡ 대표협의체는 **위원장을 포함하여 10명 이상 40명 이하의 위원**으로 성별을 고려하여 임명 또는 위촉하여 구성한다.

■ 대표협의체 구성 ■

구분		주요 내용
임명직 위원	시군구 대표	자치단체장 또는 단체장이 지명하는 공무원(선출직 포함)
	사회보장에 관한 업무를 담당하는 공무원	사회복지·고용·주거담당국장, 보건소장
	실무협의체	실무협의체 위원장(임명 또는 위촉)
	읍·면·동 지역사회보장 협의체 위원장 대표	읍·면·동지역사회보장협의체 공동위원장(민간)네트워크 대표자
위촉직 위원	사회보장 이용시설 대표	종합사회복지관, 복지관, 자원봉사센터, 지역자활센터, 사회서비스 제공기관 등 지역사회에 소재하는 사회보장이용시설의 대표
	사회보장 생활(거주)시설 대표	노인요양시설, 장애인거주시설, 아동복지시설 등 사회보장 관련 유·무료 입소시설의대표
	연계영역 대표	의료, 정신보건, 경찰, 소방 등 관련 분야
	비영리 민간단체에서 추천한 사람	복지, 보건, 지역사회보장 관련 비영리 민간단체, 사회보장 활동에 참여하는 종교단체, 사회복지협의회 대표, 주민조직(부녀회, 노인회, 자원봉사회 등) 등
	사회보장에 관한 학식과 경험이 풍부한 사람	관내 대학 및 연구, 교육기관 종사자
	그 밖에 사회보장 분야 대표	지역을 기반으로 활동하고 있는 문화, 고용, 주거, 교육, 생활체육, (사회적)경제 관련 단체, 기업 등 지역사회보장 연계영역의 대표

② 위원의 임기

㉠ 임기는 2년으로 하되 위원장은 한 차례 연임할 수 있고, 위원의 결원으로 인하여 새로 위촉된 위원의 임기는 전임위원 임기의 잔여(남은) 기간으로 한다.

㉡ 위원 임기의 경우 인적자원·지역특성 등을 고려하여 시·군·구 조례로 연임에 제한을 두지 않고 운영할 수 있다.

㉢ 공무원 위원의 임기는 그 직위의 재직기간으로 한다.

③ 전문위원회의 구성·운영
  ㉠ 대표 협의체 심의사항의 효율적 수행을 위해 전문위원회를 구성·운영할 수 있으며 전문위원회의 운영에 관한 세부적인 사항은 조례로 정한다.
  ㉡ 전문위원회 구성은 심의 사안에 따라 분야별로 구성할 수 있으며, 대표 협의체 위원을 전체 위원의 3분의 1 이상을 반드시 포함하여 구성한다.

(3) **실무협의체(전문성)** [13②]
  ① **목적** : 지역사회보장협의체의 업무를 효율적으로 수행하기 위하여 협의체에 실무협의체를 구성·운영한다.
  ② **위원의 구성 및 선출**
    ㉠ 지역사회에서 활동하고, 지역사회보장 주체들 중에서 해당 분야 종사자로 민주적 절차와 방법을 통해 선출하고 **대표협의체 위원장이 임명 또는 위촉**한다.
    ㉡ 위원장 1명을 포함하여 10명 이상 40명 이하로 구성하되, 성별을 고려하고, 특정 성별에 편중되지 않도록 임명 또는 위촉한다.
  ③ **위원의 임기**
    ㉠ 임기는 2년으로 하되 위원장은 한 차례 연임할 수 있고, 위원의 결원으로 인하여 새로 위촉된 위원의 임기는 전임위원 임기의 남은 기간으로 한다.
    ㉡ 위원의 경우 인적자원이 부족할 경우 지역의 특성을 고려하여 시·군·구 조례로 연임에 제한을 두지 않고 운영할 수 있다.
    ㉢ 공무원 위원의 임기는 그 직위의 재직기간으로 한다.
    ㉣ **실무협의체 위원장은 대표협의체와 원활한 소통을 위해서 대표협의체 당연직 위원으로 위촉 가능(권고사항)**하다.

(4) **실무분과(참여성)**
  ① **목적** : 지역사회 내 사회보장 관련 기관·법인·단체·시설 간 연계·협력 강화 및 실무협의체의 운영을 촉진하기 위해 실무분과를 구성·운영할 수 있다.
      사회보장 관련 기관·법인·단체·시설 간 연계와 협력 강화를 위해 실무분과를 운영한다.(○)
  ② **실무분과의 구성**
    ㉠ 실무분과의 구성 및 운영은 지역사회보장협의체 활성화의 원동력이 되는 기반을 제공하므로 지역특성 및 여건에 맞는 실무분과를 반드시 구성한다.
    ㉡ 실무분과 수와 위원의 수는 지역사정과 운영의 효율성을 고려, 실무협의체 내 논의를 거쳐 유동적으로 운영하며, **구성형태는 지역특성 및 여건에 맞게 대상별, 지역별, 기능별 등 다양한 형태로 구성 가능**하다. 실무분과를 지역에 상관없이 동일하게 구성한다.(×)
      ㉮ **대상별 분과** : 지역의 영유아, 아동, 청소년, 여성, 노인, 장애인 등 사회보장대상자의 특성과 욕구를 기반으로 한 실무분과를 구성(예 여성가족분과, 다문화가족분과, 노인분과 등)
      ㉯ **기능별 분과** : 지역주민이 필요로 하는 욕구와 기능에 맞게 다양한 형태의 분과 구성이 가능함(예 소득보장분과, 보건의료분과, 고용주거분과, 문화체육분과 등)

㉰ **지역별 분과** : 농어촌, 산악지역, 도서지역 등 사회보장분야의 인적·물적자원이 부족하거나 대상별 분과 운영이 어려운 경우 소생활권 단위로 분과 구성 가능[예 ○○동(○○권역) 분과 등]

③ 위원의 구성
  ㉠ 실무분과의 운영에 관한 세부적인 사항은 시·군·구의 조례로 정할 수 있다.
  ㉡ 실무분과 위원은 **실무협의체 위원장이 임명 또는 위촉**한다.

(5) 읍·면·동 단위 지역사회보장협의체
  ① 추진근거 : 「사회보장급여의 이용·제공 및 수급권자 발굴에 관한 법률」제41조(지역사회보장협의체) 제7항에서 "**특별자치시장 및 시장·군수·구청장**은 읍·면·동 단위로 읍·면·동의 사회보장 관련 업무의 원활한 수행을 위하여 해당 읍·면·동에 **읍·면·동 단위 지역사회보장협의체**를 둔다."라고 규정하고 있다.
  ② 읍·면·동 단위 지역사회보장협의체의 구성
    ㉠ 읍·면·동 단위 지역사회보장협의체는 **읍장·면장·동장**과 읍장·면장·동장의 추천을 받아 특별자치시장 및 **시장·군수·구청장이 위촉하는 사람**으로 성별을 고려하여 구성한다.
    ㉡ 읍·면·동 단위 지역사회보장협의체 위원은 읍·면·동별로 각 **10명 이상**으로 한다.
    ㉢ 읍·면·동 단위 지역사회보장협의체의 위원의 **임기는 2년**으로 하며 **연임**할 수 있다. 다만, 공무원인 위원의 임기는 그 재직기간으로 한다.
    ㉣ 지역여건 및 역량, 민관협력 활성화 정도 등에 따라 ⓐ 대표협의체 내 구성, ⓑ 실무협의체 내 구성, ⓒ 실무분과로 읍·면·동 단위 분과 별도 구성·운영 중 해당 지역에 부합하는 모형을 적정하게 활용한다.
  ③ 시·군·구 단위 지역사회보장협의체와의 관계
    ㉠ 대표협의체-실무협의체(실무분과 포함)-읍·면·동 단위 지역사회보장협의체 관계는 수평적 네트워크 형성이 바람직하다.
    ㉡ 읍·면·동 협의체 위원장이 실무협의체(또는 실무분과) 위원으로 참여하도록 하거나 읍·면·동 협의체 위원장들로 구성된 실무분과의 대표를 대표협의체에 참여하도록 하여 시·군·구-읍·면·동 지역사회보장협의체 간 의사소통 구조를 확립한다.

5 지역사회보장협의체의 주요 역할 [17·18·20]

구 분	주 요 역 할
시·군·구 지역사회 보장협의체	「사회보장급여의 이용·제공 및 수급권자 발굴에 관한 법률」제41조 제2항 "지역사회보장협의체는 **다음 각 호의 업무를 심의·자문**한다." 1. **시·군·구의 지역사회보장계획 수립·시행 및 평가**에 관한 사항 2. 시·군·구의 지역사회보장조사 및 지역사회보장지표에 관한 사항 3. **시·군·구의 사회보장급여 제공**에 관한 사항 4. **시·군·구의 사회보장 추진**에 관한 사항 5. **읍·면·동 단위 지역사회보장협의체의 구성 및 운영**에 관한 사항 6. 그 밖에 위원장이 필요하다고 인정하는 사항 ※ 읍·면·동의 지역사회보장조사 및 지역사회보장지표에 관한 사항(×)

대표 협의체	• 지역사회보장을 증진하고 사회보장관련 서비스를 제공하는 관계기관과 법인, 단체, 시설과 연계협력 강화 • 지역사회보장계획 수립과 시행, 평가 • 지역사회보장조사 • 사회보장급여제공 등에 대한 심의와 자문역할
실무 협의체	• 공동사업개발 및 건의 • 지역사회서비스 제공 및 연계협력 협의 • 대표협의체 심의안건 사전 검토
실무 분과	• 지역사회보장관련 기관, 법인, 단체, 시설 간 연계와 협력을 강화 • 분야별 사례회의 • 서비스 제공 및 연계 • 실무협의체 업무지원 • 지역사회보장계획의 연차별 시행계획 모니터링
읍면동단위 지역사회 보장협의체	「사회보장급여의 이용·제공 및 수급권자 발굴에 관한 법률 시행규칙」 제7조 "법 제41조제7항에 따른 읍·면·동 단위 지역사회보장협의체(이하 "읍·면·동 단위 지역사회보장협의체"라 한다)는 다음 각 호의 업무를 지원한다." 1. 관할 지역의 저소득 주민·아동·노인·장애인·한부모가족·다문화가족 등 사회보장사업에 의한 도움을 필요로 하는 사람 발굴 업무 2. 사회보장 자원 발굴 및 연계 업무 3. 지역사회보호체계 구축 및 운영 업무 4. 그 밖에 관할 지역 주민의 사회보장 증진을 위하여 필요한 업무

⊗ 시·군·구 지역사회보장협의체 심의·자문 내용 : 특별자치시의 사회보장과 관련된 서비스를 제공하는 관계 기관·법인·단체·시설과의 연계·협력강화(×)

민간 지역사회복지실천의 추진체계

제3부 **지역사회복지의 실천영역과 추진체계**

제12장 회차별 출제빈도, 출제비중 및 출제논점 1, 2, 3순위

10회 2012	11회 2013	12회 2014	13회 2015	14회 2016	15회 2017	16회 2018	17회 2019	18회 2020	19회 2021	20회 2022	21회 2023	22회 2024
5	4	5	1	3	3	3	4	3	4	4	3	4

출제비중	출제 논점		
	1순위 ☺	2순위 ※	3순위 ☆
13५	① 사회복지협의회 ② 사회복지관 ③ 사회복지공동모금회	① 사회적 경제 주체: 사회적 기업, 마을기업, 협동조합 ② 지역자활센터	① 지역아동센터, 자원봉사센터, 재가복지봉사센터

1순위 스마일표시(☺) : 출제 빈출도가 높은 부분으로 무조건 시험에 출제되는 영역
2순위 당구장표시(※) : 나왔다 안 나왔다 하는 영역이지만 출제가능성 높은 영역
3순위 별 표(☆)   : 출제 된 적이 있긴 하지만 다시 출제될 가능성은 다소 떨어지는 영역

MAP

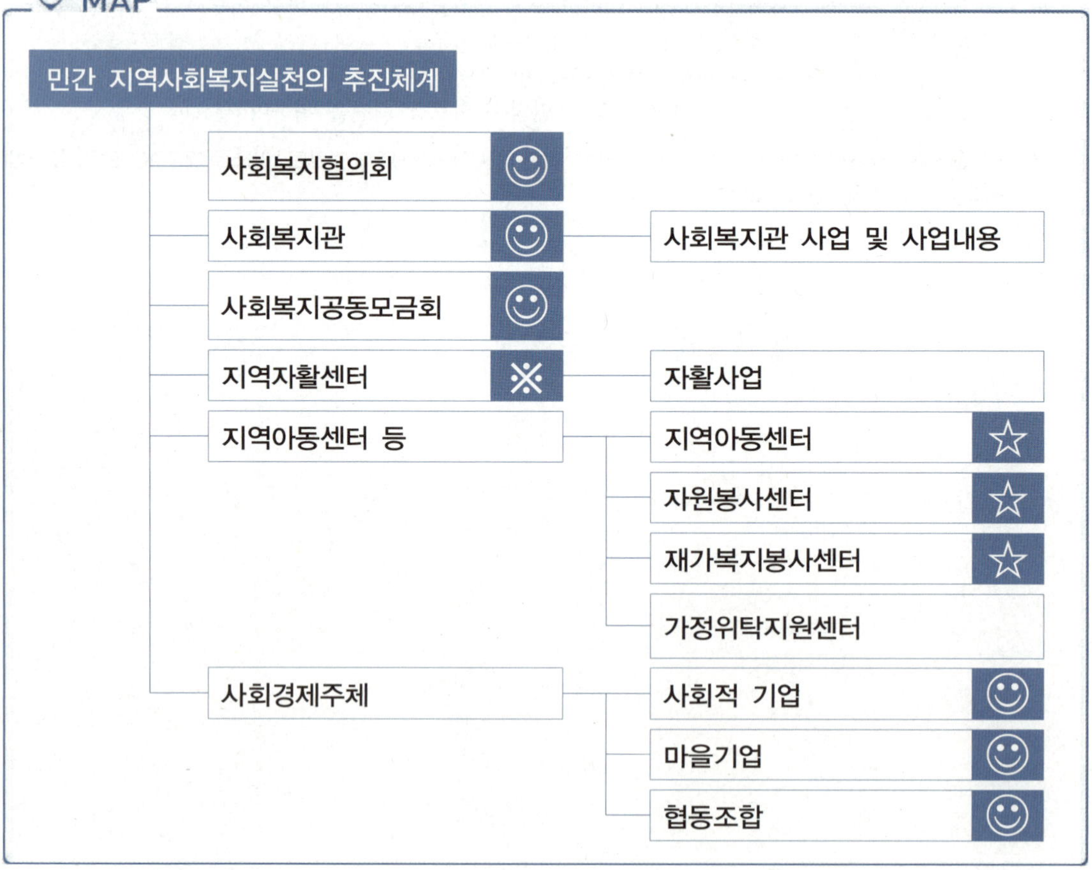

- 민간 지역사회복지실천의 추진체계
  - 사회복지협의회 ☺
  - 사회복지관 ☺ — 사회복지관 사업 및 사업내용
  - 사회복지공동모금회 ☺
  - 지역자활센터 ※ — 자활사업
  - 지역아동센터 등
    - 지역아동센터 ☆
    - 자원봉사센터 ☆
    - 재가복지봉사센터 ☆
    - 가정위탁지원센터
  - 사회경제주체
    - 사회적 기업 ☺
    - 마을기업 ☺
    - 협동조합 ☺

01 사회복지협의회

1 개념 [②⑧⑨⑪⑭⑲]

① 사회복지협의회란 **지역사회 안의 각종 사회복지시설, 사회복지에 관심을 갖고 있는 민간단체나 개인의 연합체(association)**로서, 지역사회가 요구하는 사회복지의 욕구를 효과적으로 달성하기 위하여 **모든 활동에 있어서 상호 협력 및 조정하는 민간단체**이다.
- 한국사회복지협의회 : 민간과 공공의 연계 · 협력 · 조정을 기초로 한 협력기관(×)
- 사회복지협의회 : 민간사회복지의 증진을 위한 법정단체이다.(○)

② **2차적 기관·시설로서 사회복지협의회** : 직접적인 복지서비스를 목적으로 하는 조직이 아니라, 전국 혹은 지방 단위의 민간차원 사회복지를 협의·조정하는 2차적 조직이다.

③ **사회복지협의회의 법적 근거** : 「사회복지사업법」 제33조(사회복지협의회)

> 전국 단위의 한국사회복지협의회(이하 "중앙협의회"라 한다)와 시·도 단위의 시·도 사회복지협의회(이하 "시·도협의회"라 한다)를 두며, 필요한 경우에는 시·군·구 단위의 시·군·구 사회복지협의회(이하 "시·군·구협의회"라 한다)를 둘 수 있다.

㉠ **의무규정** : 중앙협의회(한국사회복지협의회), 시·도협의회(광역시, 도)
㉡ **임의규정** : 기초단체사회복지협의회(시 군 구 단위 사회복지협의회 = 지역사회복지협의회)
- 사회복지협의회 : 시·군·구 기초자치단체에 의무적으로 설립하여야 한다.(×)
- 사회복지협의회 : 시·도와 시·군·구에서 모두 의무 설치(×)
- 사회복지협의회 : 사회보장급여의 이용·제공 및 수급권자 발굴에 관한 법률에 근거하여 설립된다.(×)
- 사회복지협의회 : 민·관 협력을 위해 시·군·구에 설치된 공공기관이다.(×)

■ 사회복지협의회와 사회복지공동모금회의 비교 ■

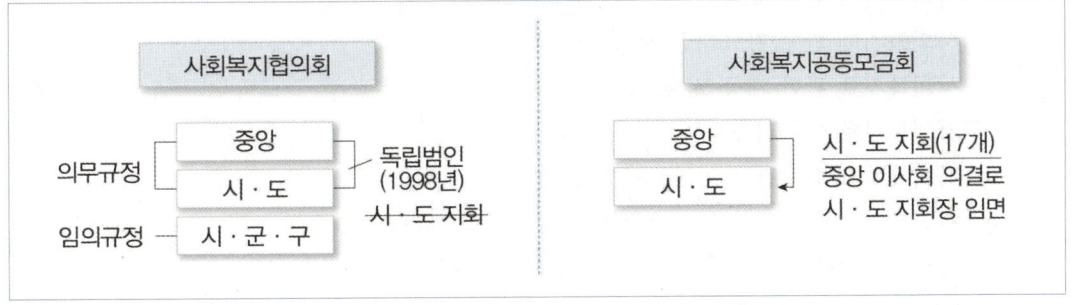

OIKOS UP   시설의 분류

① 직접적인 서비스 제공기관 및 시설 : 1차적 기관·시설 (primary setting)
일선에서 대상자들에게 직접적으로 사회복지서비스를 제공하는 기관시설
- 예) 사회복지관, 장애인 복지관, 노인복지관, 아동·노인·장애인복지시설, 그룹 홈, 아동상담소, 복지사무소 등의 서비스 기관·시설 등을 말한다.

② 간접적인 서비스 제공기관 및 시설
- ㉠ 2차적 기관·시설(secondary setting) : 아동, 장애인, 노인 등의 각종 협회(association), 연합회, 단체 등을 말한다. 예) 사회복지협의회, 한국사회복지관연합회 등
- ㉡ 3차적 기관·협의체(council, 협의회) : 제1차적인 서비스기관과 제2차적인 협회나 단체를 총괄한 협의회를 말한다. 예) 지역사회복지협의체

2 사회복지협의회의 기능 [②⑤⑥⑨⑱⑲⑳]

① **사회복지협의회가 수행하여야 할 주요 기능**
- ㉠ 지역사회복지 활동 기능
- ㉡ **연락·조정·협의의 기능** → 사회복지관련 기관·단체 상호 간의 연계·협력·조정
- ㉢ 보완·유지 기능
- ㉣ 국제교류 기능

② **사회복지사업법(제33조)에 명시된 기능**
- ㉠ 사회복지에 관한 조사·연구 및 정책 건의
- ㉡ 사회복지 관련 기관·단체 간의 연계·협력·조정
- ㉢ **사회복지 소외계층 발굴 및 민간사회복지자원과의 연계·협력**
- ㉣ 대통령령으로 정하는 사회복지사업의 조성 등

③ **사회복지사업법 시행령(제12조 한국사회복지협의회의 업무)에 명시된 기능** [⑳]
- ㉠ 사회복지에 관한 교육훈련
- ㉡ 사회복지에 관한 자료수집 및 간행물 발간
- ㉢ **사회복지에 관한 계몽 및 홍보**
- ㉣ 자원봉사활동의 진흥
- ㉤ **사회복지사업에 관한 기부문화의 조성**
- ㉥ 사회복지사업에 종사하는 사람의 교육훈련과 복지 증진
- ㉦ 사회복지에 관한 학술 도입과 국제사회복지단체와의 교류
- ㉧ 보건복지부장관이 위탁하는 사회복지에 관한 업무[법 제33조 제1항에 따른 중앙협의회("중앙협의회")만 해당한다]
- ㉨ 시·도지사 및 중앙협의회가 위탁하는 사회복지에 관한 업무[법 제33조 제1항에 따른 시·도협의회("시·도협의회")만 해당한다]
- ㉩ 시·도지사, 시장·군수·구청장, 중앙협의회 및 시·도협의회가 위탁하는 사회복지에 관한 업무[법 제33조 제1항에 따른 시·군·구협의회("시·군·구협의회")만 해당한다]

ⓚ 그 밖에 중앙협의회, 시·도협의회, 시·군·구협의회의 목적 달성에 필요하여 각각의 정관에서 정하는 사항

※ 한국사회복지협의회의 주요 사업 : 읍·면·동이 위탁하는 사회복지에 관한 업무(×)

3 한국 사회복지협의회 [⑦⑧⑨⑱⑲]

① **한국사회복지협의회의 역사**
- ㉠ 우리나라 사회복지계에서 연합기관으로서의 기능을 수행해 온 최초의 연합조직은 조선총독부 시대에 '**재단법인 조선사회사업협회**'와 '**사회사업연맹**'이다.
- ㉡ 1952년 당시 구호활동을 전개하고 있던 민간사회사업기관들의 모임인 **한국사회사업연합회**로 시작되었으며, 1961년 **한국사회복지사업연합회**로 그 명칭이 바뀌었다.
- ㉢ 1970년 5월 한국사회복지사업연합회의 명칭을 **사회복지법인 한국사회복지협의회로 변경**하였다. [⑱]
  - ※ 사회복지협의회 : 1970년 사회복지법인 한국사회복지협의회로 명칭 변경(○)
- ㉣ 1983년 「사회복지사업법」 개정으로 사회복지협의회가 **법정단체로 규정**되어 법적으로 인정받는 사회복지협의체의 기관으로 자리를 잡았다.
- ㉤ 1998년 「사회복지사업법」 개정으로 **시·도 단위 사회복지협의회**는 그 동안 한국사회복지협의회의 정관에 의거하여 조직되어 활동하다가 **독립 법인화**되었다.
  - ※ 사회복지협의회 : 광역 및 지역 단위 사회복지협의회는 독립적인 사회복지법인이다.(○)
- ㉥ 2003년 「사회복지사업법」 개정으로 시·군·구 사회복지협의회가 법정 단체화되었다.
- ㉦ 2009년 한국사회복지협의회가 보건복지부 산하 기타공공기관으로 지정되었다.
  - ※ 사회복지협의회 : 한국사회복지협의회는 기타 공공기관으로 지정되었다.(○)

② **사회복지협의회의 조직**
- ㉠ 우리나라의 사회복지협의회는 **중앙사회복지협의회(한국사회복지협의회), 광역단체 사회복지협의회(광역시·도), 기초단체 사회복지협의회(시·군·구 단위의 사회복지협의회, 즉 지역사회복지협의회)**로 조직되어 있다.
- ㉡ **임원** [⑰]
  - ㉮ 중앙협의회, 시·도협의회 및 시·군·구협의회(이하 "각 협의회")는 임원으로 대표이사 1인을 포함한 **15인 이상 30인 이하**(시·군·구협의회의 경우에는 **10인 이상 30인 이하**)의 이사와 감사 2인을 둔다.
    - ※ 사회복지협의회 : 관계법령에 따라 10명 이상 40명 이하의 규모로 위원회를 구성해야 한다.(×)
  - ㉯ 이사와 감사의 임기는 3년으로 하되, 각각 연임할 수 있다.
- ㉢ **운영경비** : 각 협의회의 운영경비는 회원의 회비, 국가 및 지방자치단체의 보조금, 사업수입 및 기타 수입으로 충당한다.

③ **사회복지협의회의 회원 구성** [⑧]
- ㉠ 사회복지 전공교수 및 연구자, 변호사, 회계사, 보건·의료 전문가
- ㉡ 사회복지기관에 종사하는 사회복지사
- ㉢ 사회복지기관

② 사회복지관계 행정공무원 및 사회복지공무원
⑩ 사회복지사업 관련 분야의 기관 및 관계자
ⓑ 어린이집 단체
ⓢ 시민·사회단체 및 종교단체
ⓞ 사회복지 관련 후원회, 자원봉사단체 및 봉사자, 후원자
ⓩ 정치인 등 지역사회인사, 지방의회의원
ⓒ 지역사회복지에 관심 있는 주민자치조직 또는 주민회원
ⓚ **지역 상공인, 경제인, 체육인(체육회)**
ⓣ 기타 지역복지발전에 필요한 단체, 기관, 주민

02 사회복지관

1 사회복지관의 개념 및 연혁

(1) 개념 [②③④⑥⑦⑧⑨⑩⑪⑫⑮]

① 지역사회복지관(community welfare center), 사회관(community center), 인보관(neighborhood center, social settlement) 등 다양한 개념으로 혼용되고 있다.
② **사회복지사업법 제2조의5** : "사회복지관"이란 지역사회를 기반으로 일정한 시설과 전문인력을 갖추고 지역주민의 참여와 협력을 통하여 지역사회의 복지문제를 예방하고 해결하기 위하여 종합적인 복지서비스를 제공하는 시설을 말한다.
　　※ 사회복지관 운영은 사회보장기본법에 근거한다.(×)

(2) 연혁 [⑦⑧⑮]

① **1906년** : **사회복지관사업의 태동**, 1906년 미국의 감리교 여선교사였던 메리 놀즈(Miss Mary Knowles)가 원산에 6평 정도의 초가집을 구입하여 설립한 반열방(班列房)
② **1921년** : **우리나라 최초의 복지관**, 서울에 최초로 태화여자관 설립[태화사회관(泰和社會館) 50년사의 기록에 의할 때 우리나라 최초의 인보관]
③ **1956년** : 이화여대에 복지관 설립(★ 대학부설 사회복지관 출현)
④ **1983년** : **1983년 개정된 사회복지사업법을 토대로 사회복지관의 설립 및 운영 지원근거 마련**
　㉠ 사회복지관사업은 1980년대 산업화 이후 대도시의 빈곤문제가 심각하게 부각됨에 따라, 이를 해결하기 위한 방안으로 국가의 공식적인 국고보조사업으로 추진
　㉡ 사회복지관은 종합사회복지관 가형과 나형 그리고 사회복지관으로 나누어지면서 공식적으로 국가의 지원(국고보조금)을 받게 됨
⑤ **1986년** : 「사회복지관 운영·건립 국고보조사업지침」 수립

⑥ **1989년**
  ㉠ 주택건설촉진법 등에 의해 저소득층 영구임대아파트 건립 시 일정 규모의 사회복지관 건립을 의무화
  ㉡ **사회복지관설치·운영규정 제정하여 통일된 사회복지관 운영을 시도**
  ㉢ 사회복지법인 한국사회복지관협회 설립
⑦ **1997년** : 사회복지사업법 시행규칙 시설운영에 따른 법인의 20% 자부담(수익용 기본재산) 의무조항 폐지 → 보조금의 예산 및 관리에 관한 법률 시행령(사회복지관 운영과 관련한 수익자부담 20% 규정) 존재
⑧ **2004년**
  ㉠ **세출예산에 국고보조율을 30%(서울제외)로, 지방비 부담율을 70%로 조정하고 수익자부담을 폐지**(수익자부담 폐지 근거 : 2004년 사회복지관 및 재가복지봉사센터 운영안내, 인쇄책자 기준 p.41).
  ㉡ 사회복지사업법 시행규칙 사회복지관의 설치기준 신설 → 사회복지관 설치운영규정 폐지
⑨ **2005년** : 지방재정운용의 자율성을 높이기 위해 지역분권 재정정책에 의하여 국고보조금이 분권교부세로 전환되었으며, 사회복지관의 운영은 지방자치단체의 일반재정에 의해 운영
⑩ **2012년** : **사회복지사업법 개정(2012.8.3., 시행 : 2012.8.5.)으로 사회복지관 분야사업**(가족복지사업, 지역사회보호사업, 교육·문화사업, 자활사업, 지역사회조직사업)이 **기능으로 변경**

2 설치운영 및 운영원칙 [②⑥⑦⑧⑨⑭⑮]

(1) 설치운영 [⑲]
  ① 사회복지관의 설치운영주체는 **지방자치단체, 사회복지법인 및 기타 비영리법인**이다.
    ㉠ 1960년대에서 80년대 중반까지 우리나라에 설치된 사회복지관의 운영주체는 대부분이 외국원조기관이나 민간 사회복지재단에 의해 설립된 민립민영(民立民營)의 형태였다.
    ㉡ 사회복지관설치·운영규정이 제정된 이후 대부분의 사회복지관은 관립민영(官立民營)의 형태로 대부분 건립하게 되었다. 즉, 정부나 주택공사가 사회복지관을 건립하여 민간 사회복지법인이나 종교법인, 사회복지학과가 설치되어 있는 학교법인에 위탁을 주는 형태를 말한다.
      ※ 사회복지관 : 사회복지법인, 기타 비영리법인에 한하여 설치·운영할 수 있다.(×)
  ② 사회복지관의 사업계획 수립 시 지역주민의 복지욕구에 대한 조사, 주민간담회, 공청회 등을 통하여 지역사회구성원의 의견을 충분히 수렴하여 반영하여야 한다.

(2) 운영원칙 [②⑥⑦⑧⑨⑭⑮]
  ① **지역성의 원칙** : 지역사회의 특성과 지역주민의 문제나 욕구를 신속하게 파악하여 사업계획 수립시 반영하여 지역사회의 문제를 해결하고, 이에 따른 서비스를 제공하여야 하며, 지역주민의 적극적 참여를 유도하여 주민의 능동적 역할과 책임의식을 조장하여야 한다.
  ② **전문성의 원칙** : 다양한 지역사회문제에 대처하기 위해 일반적 프로그램과 특정한 문제를 해결

할 수 있는 전문적 프로그램이 병행될 수 있도록 해야 한다.
③ **책임성의 원칙** : 서비스 이용자의 욕구를 충족하고 지역사회문제를 해결함에 있어서 효과성을 극대화하기 위하여 최선의 노력을 기울여야 한다.
④ **자율성의 원칙** : 다양한 복지서비스를 효율적으로 제공하기 위하여 사회복지관의 능력과 전문성이 최대한 발휘될 수 있도록 자율적으로 운영하여야 한다.
⑤ **통합성의 원칙** : 사업을 수행함에 있어 지역 내 공공 및 민간복지기관 간에 연계성과 통합성을 강화시켜 지역사회복지 체계를 효율적이고 효과적으로 운영되도록 하여야 한다.
⑥ **자원활용의 원칙** : 사회복지관은 주민욕구의 다양성에 따라 다양한 기능인력과 재원을 필요로 하므로 지역사회 내의 복지자원을 최대한 동원·활용하여야 한다.
⑦ **중립성의 원칙** : 정치활동, 영리활동, 특정 종교활동 등에 이용되지 않게 중립성이 유지되어야 한다.
> 사회복지관은 설립법인에 따라 정치 및 종교 활동에서 중립적이지 않을 수 있다.(×)
⑧ **투명성의 원칙** : 자원을 효율적으로 이용하고 운영과정의 투명성을 유지하여야 한다.

3 사회복지관 사업 대상 및 사업내용

① **사회복지관 사업의 대상** [③⑭⑱]
  ㉠ 사회복지관 사업의 대상은 사회복지서비스 욕구를 가지고 있는 **모든 지역주민**으로 한다.
    > 사회복지관 : 사업 대상은 사회적 취약계층에 한하여 실시하여야 한다.(×)
    > 사회복지관 : 취약계층 주민에게 우선적인 서비스를 제공하여야 한다.(○)
  ㉡ 다만, **다음 각 호의 지역주민을 우선적인 사업대상**으로 하여야 한다.
    ㉮ 국민기초생활 보장법에 따른 수급자 및 차상위계층
    ㉯ 장애인, 노인, 한부모가족 및 다문화가족
    ㉰ 직업 및 취업 알선이 필요한 사람
    ㉱ 보호와 교육이 필요한 유아·아동 및 청소년
    ㉲ 그 밖에 사회복지관의 사회복지서비스를 우선 제공할 필요가 있다고 인정되는 사람

② **사회복지관 사업의 내용** [②③④⑥⑦⑩⑪⑬⑭⑮⑰㉑㉒]
  ㉠ 「**사회복지사업법**」 개정(2012.8.3)으로 사회복지관 **분야사업**(가족복지사업, 지역사회보호사업, 교육·문화사업, 자활사업, 지역사회조직사업)이 **기능으로 변경**
  ㉡ **사례관리 기능**(사례발굴, 사례개입, 서비스연계), **서비스제공 기능**(가족기능강화, 지역사회보호, 교육문화, 자활지원 등 기타), **지역조직화 기능**(복지네트워크구축, 주민조직화, 자원개발 및 관리)**으로 구분** [⑬⑮]

■ 사회복지관의 사업(「사회복지사업법 시행규칙」 별표 3) 〈2012.8.3.일부개정, 2012.8.5.시행〉 ■

기 능	사업분야	사업 및 내용
서비스 제공 기능 [20][21]	가족기능 강화	1. **가족관계증진사업** : 가족원 간의 의사소통을 원활히 하고 각자의 역할을 수행함으로써 이상적인 가족관계를 유지함과 동시에 가족의 능력을 개발·강화하는 사업 2. **가족기능보완사업** : 사회구조 변화로 부족한 가족 기능, 특히 부모의 역할을 보완하기 위하여 주로 아동·청소년을 대상으로 실시되는 사업 3. **가정문제해결·치료사업** : 문제가 발생한 가족에 대한 진단·치료·사회복귀 지원사업 4. **부양가족지원사업** : 보호대상 가족을 돌보는 가족원의 부양부담을 줄여주고 관련 정보를 공유하는 등 부양가족 대상 지원사업 5. **다문화가정, 북한이탈주민 등 지역 내 이용자 특성을 반영한 사업**
	지역사회 보호	1. **급식서비스** : 지역사회에 거주하는 요보호 노인이나 결식아동 등을 위한 식사제공 서비스 [21] 2. **보건의료서비스** : 노인, 장애인, 저소득층 등 재가복지사업대상자들을 위한 보건·의료관련 서비스 3. **경제적 지원** : 경제적으로 어려운 지역사회 주민들을 대상으로 생활에 필요한 현금 및 물품 등을 지원하는 사업 4. **일상생활 지원** : 독립적인 생활능력이 떨어지는 요보호 대상자들이 시설이 아닌 지역사회에 거주하기 위해서 필요한 기초적인 일상생활 지원서비스 [21] 5. **정서서비스** : 지역사회에 거주하는 독거노인이나 소년소녀가장 등 부양가족이 없는 요보호 대상자들을 위한 비물질적인 지원 서비스 6. **일시보호서비스** : 독립적인 생활이 불가능한 노인이나 장애인 또는 일시적인 보호가 필요한 실직자·노숙자 등을 위한 보호서비스 7. **재가복지봉사서비스** : 가정에서 보호를 요하는 장애인, 노인, 소년·소녀가정, 한부모 가족 등 가족기능이 취약한 저소득 소외계층과 국가유공자, 지역사회 내에서 재가복지봉사서비스를 원하는 사람에게 다양한 서비스 제공
	교육문화	1. **아동·청소년 사회교육** : 주거환경이 열악하여 가정에서 학습하기 곤란하거나 경제적 이유 등으로 학원 등 다른 기관의 활용이 어려운 아동·청소년에게 필요한 경우 학습 내용 등에 대하여 지도하거나 각종 기능 교육 2. **성인기능교실** : 기능습득을 목적으로 하는 성인사회교육사업 3. **노인 여가·문화** : 노인을 대상으로 제공되는 각종 사회교육 및 취미교실 운영사업 4. **문화복지사업** : 일반주민을 위한 여가·오락프로그램, 문화 소외집단을 위한 문화프로그램, 그 밖에 각종 지역문화행사사업 [21]
	자활지원 등 기타	1. **직업기능훈련** : 저소득층의 자립능력배양과 가계소득에 기여할 수 있는 기능훈련을 실시하여 창업 또는 취업을 지원하는 사업 [21]

		2. **취업알선** : 직업훈련 이수자 기타 취업희망자들을 대상으로 취업에 관한 정보제공 및 알선사업 3. **직업능력개발** : 근로의욕 및 동기가 낮은 주민의 취업욕구 증대와 재취업을 위한 심리·사회적인 지원프로그램 실시사업 4. 그 밖의 특화사업
사례 관리 기능 [⑰㉒]	사례발굴	지역 내 보호가 필요한 대상자 및 위기 개입대상자를 발굴하여 개입계획 수립
	사례개입	지역 내 보호가 필요한 대상자 및 위기 개입대상자의 문제와 욕구에 대한 맞춤형 서비스가 제공될 수 있도록 사례개입
	서비스 연계	사례개입에 필요한 지역 내 민간 및 공공의 가용자원과 서비스에 대한 정보 제공 및 연계, 의뢰
지역 조직화 기능 [㉑]	복지 네트워크 구축	지역 내 복지기관·시설들과 네트워크를 구축함으로써 복지서비스 공급의 효율성을 제고하고, 사회복지관이 지역복지의 중심으로서의 역할을 강화하는 사업 - 지역사회연계사업, 지역욕구조사, 실습지도
	주민 조직화 [⑰㉒]	주민이 지역사회 문제에 스스로 참여하고 공동체 의식을 갖도록 주민 조직의 육성을 지원하고, 이러한 주민협력강화에 필요한 주민의식을 높이기 위한 교육을 실시하는 사업 - **주민복지증진사업, 주민조직화 사업, 주민교육**
	자원 개발 및 관리 [㉑]	지역주민의 다양한 욕구 충족 및 문제해결을 위해 필요한 인력, 재원 등을 발굴하여 연계 및 지원하는 사업 - **자원봉사자 개발·관리, 후원자 개발·관리**

사회복지관 : 자원봉사자 개발·관리는 지역조직화 기능에 해당한다.(○)

「사회복지사업법」제34조의5(사회복지관의 설치 등) ① 제34조제1항과 제2항에 따른 시설 중 사회복지관은 지역복지증진을 위하여 다음 각 호의 사업을 실시할 수 있다. [㉒]
1. 지역사회의 특성과 지역주민의 복지욕구를 고려한 서비스 제공 사업
2. 국가·지방자치단체 및 민간 부문의 사회복지서비스를 연계·제공하는 사례관리 사업
3. 지역사회 복지공동체 활성화를 위한 복지자원 관리, 주민교육 및 조직화 사업
4. 그 밖에 복지증진을 위한 사업으로서 지역사회에서 요청하는 사업

03 사회복지공동모금회

1 공동모금제도의 이해

(1) 공동모금의 의의 [⑪]

① 주민의 복지욕구를 충족시키기 위해 제공되는 **사회복지서비스 개발과 질적 제고 및 서비스 전달의 효율성 확대 등을 가져올 수 있는 매개체적 역할**을 할 수 있는 것이다.

② **민간복지 자원을 동원하는 가장 효율적이고 책임 있는 방법(민간부문 자원을 동원하는 핵심적 전략)**이며, 사회복지의 발전에 상대적으로 미약했던 **민간부문의 참여 폭을 확대**시킬 수 있다.

    ✖️ 사회복지공동모금회 : 민간재원뿐만 아니라 공공재원까지 동원함을 목적으로 한다.(×)

    ㉠ **자발적 기부문화 정착을 통한 삶의 질 향상과 지역사회 변화**를 추구한다.

    ㉡ 지역주민의 참여기회를 제공함으로써 **지역주민의 자원봉사정신을 함양**시킬 수 있다.

    ㉢ 민간자원 동원과 시민참여를 극대화할 수 있는 시민운동, 즉 '**지역사회운동**'의 활성화를 가능하게 할 것이다.

③ 무분별한 자선사업의 난립을 막고 지역주민이 신뢰할 수 있는 민간모금단체를 등장시키는 데 주안점을 둔다.

(2) 공동모금의 필요성 [②⑤]

① 산발적인 자선모금활동을 줄이고 법이 보장하는 제도적인 틀 안에서 민간 자원을 동원할 수 있다.

② 지역사회 내에 **공동체 의식과 함께 나누는 삶을 증진**시키고 **지역문제를 주민 스스로 해결**하는 데 기여할 수 있으며, **자원봉사활동을 활성화**하는데 크게 기여할 수 있다.

③ 열악한 환경과 조건으로 모금활동에 제약을 받는 사회복지관련 기관들에게 복지 재원 배분의 기회가 제공되어 **전반적인 복지서비스 수준 향상**에 도움이 될 것이다.

④ 사회복지사업에 대한 **국민 일반 인식을 개선**한다는 점이다.

⑤ 사회복지발전을 위한 **공공부문과 민간부문의 보다 수평적인 협력관계(동반자 관계, partnership)**를 형성한다는 점이다.

⑥ 공동의 모금과 배분과정을 통해서 **사회복지 전문화에도 상당부분 기여**할 수 있다.

    ✖️ 사회복지공동모금회 : 사회복지 프로그램의 전문성 제고에 기여할 수 있다(O)

⑦ **부족한 재원의 확보**와 함께 **이웃사랑과 상부상조, 그리고 공동체 의식을 함양**하는 데도 기여할 수 있다.

(3) 공동모금의 특성 [⑧⑲]

① **민간성** : 봉사활동으로서의 민간운동의 특성을 띤다.

    ✖️ 사회복지공동모금회 : 지역사회의 자원을 동원하는 민간운동적인 특성이 있다.(O)

② **지역성** : 공동모금은 지역주민이 거주하는 지역사회를 중심기반으로 한다.
③ **효율성 및 일원성** : 모금의 일원화를 통한 효율성을 증진한다.
④ **공개성** : 공표, 즉 기부금 활용에 대한 투명성을 확보한다.
⑤ **협력성** : 광범위한 분위기 조성과 전국적인 협조(전국민적 참여유도)를 도모할 수 있다.
⑥ **계획성** : 사회복지공동모금회는 지역사회 내의 민간사회복지 자금 수요를 파악하고, 활동 단체 등으로부터 배분신청을 받아 이를 심사하여 배분 계획을 책정하고, 이를 근거로 하여 모금운동을 전개하는 것으로, 모금활동은 계획성을 특성으로 한다.
⑦ **복지 교육성** : 사회복지공동모금회는 모금운동을 통해 주민의 사회복지에 대한 이해를 높이고, 주민의 사회복지활동으로의 참가를 촉진하는 역할을 수행한다.

(4) 공동모금의 사회적 기능 [④]
① 합리적 **기부금 모금을 통한 사회복지 자금조성(건전한 기부문화 확립)**의 기능
② 국민의 **상부상조정신 고양**과 지역사회 통합 기능
③ **사회복지에 관한 홍보**, 이해의 보급과 여론 형성의 기능
④ **민주시민으로서의 권리와 책무수행의 기능**

(5) 공동모금제의 모금방법 [⑤⑪⑭]
① **개별형** : 개인이나 가정의 헌금을 통해 모금하는 형태이다.
  ㉠ **장점** : 모든 주민을 사회복지사업에 참여시킴으로써 사회복지사업에 관심을 가지고 이해를 높일 수 있어 복지의식 고취와 여론형성을 통해 사회복지의 향상을 도모
  ㉡ **단점** : 개개인에게 직접 접근하거나 가가호호 방문하는 경우 많은 인력과 시간이 소요된다는 문제점과 노력에 비해서는 모금액수가 적음
② **기업중심형** : 회사, 공장 및 사업체 등과 그 근로자를 대상으로 모금하는 형태로, 전체모금에서 차지하는 비중이 높다.
  ㉠ **장점** : 근로자를 대상으로 하는 모금형태로 적은 노력과 시간을 통해 일시에 많은 모금을 할 수 있으며, 특히 급료공제와 같은 근로자를 대상으로 하는 모금방법의 경우 아주 간편하고 손쉽게 꾸준히 모금을 할 수 있음
  ㉡ **단점** : 공동모금회의 자발적인 참여라는 점에 있어서는 다소 강제적이라는 측면이 있고 최대한 많이 참여하도록 하는 모금활동의 특성에 배치되는 결과를 초래
③ **단체형** : 재단, 협회 등의 단체가 대상이 되는 경우이다.
  ㉠ **장점** : 기업중심형과 같이 재력이 있는 재단이나 협회로부터 모금함으로써 많은 액수의 모금을 손쉽게 할 수 있음
  ㉡ **단점** : 많은 주민들을 참여시킬 수 없으며, 개별형과 기업중심형보다 규모도 작을 뿐만 아니라 대상이 한정되어 있기 때문에 자주 활용되는 유형이 아님
④ **특별사업형** : 백만인 걷기 대회(시민 걷기대회), 카니발, 오페라, 발레, 자선골프대회, 카드발

매 등 특별한 프로그램이나 사업을 중심으로 모금하는 방법이다. [⑭]
- ㉠ **장점** : 기부자에게 흥미, 오락성, 반대적인 급부 등을 제공한다는 점에서 호응도가 높고 또 여론의 형성과 분위기 조성 등 최대의 홍보효과를 가져올 수 있음
- ㉡ **단점** : 모금의 안정성을 확보하기 힘들고 사치성과 낭비성에 대한 비판을 면하기 어려우며 주민들의 관심을 끌기 위한 프로그램 개발이 어려움

(6) **배분사업종류** [⑨⑩⑬⑯⑰]

구 분		사업내용
신청사업 (일반사업)		지역복지 증진 및 문제해결을 위해 사회복지관, 단체, 시설 등에서 사업내용을 정해 **자유주제 공모형태로 신청 받아 배분**하는 사업
기획 사업	제안 기획	〈전국사업〉 전국 단위의 사회문제해결 및 복지증진을 위한 **선도적이고 전문적인 시범사업을 제안 받아 배분하는 사업**(컨소시엄 및 네트워크형 지원사업 포함)
		〈지역사업〉 지역단위의 사회문제해결 및 복지증진을 위한 선도적이고 전문적인 시범사업을 제안 받아 배분하는 사업(컨소시엄 및 네트워크형 지원사업 포함)
	테마 기획	지역복지증진, 지역주민의 삶의 질 변화를 도모하기 위한 **중장기적 전략기획사업으로 모금회에서 주제를 정하여 배분하는 사업**
		취약한 사회복지현장의 역량 강화를 위한 지역복지사업으로 모금회에서 주제를 정하여 배분하는 사업
		의·식·주, 교육, 문화 등 기초복지의 질적 향상을 위한 사업으로 모금회에서 주제를 정하여 배분하는 사업
긴급지원 사업		재해·재난 긴급구호, 저소득층의 **긴급한 의료 및 생활문제의 신속한 해결을 위해** 배분하는 사업
지정기탁 사업		지역주민의 삶의 질 향상을 위해 **기부자가 지역, 대상, 사용 용도 등을 지정**한 배분사업

※ 사회복지공동모금회는 취약한 사회복지현장의 역량강화를 위해 주제를 정하여 사업을 배분하기도 한다.(○)

② 우리나라 사회복지공동모금

(1) **사회복지공동모금의 발전과정**
① **최초의 민간모금에 관한 법적 근거** : 「기부금품모집금지법」(1951년 제정)
- ㉠ **제정목적** : 사회적 혼란과 궁핍 가운데 난립하던 기부금품의 강요에서 국민을 보호하고 민생을 안정시키는 것(기부금품의 모집 금지)이 목적이었다.
- ㉡ **의의** : 이 법은 민간모금에 대한 부정적인 시각을 반영한 것으로 **오랜 기간 동안 자율적인 민간모금이 전개되지 못하게 되었다.**
② **1990년대 공동 모금법의 제정으로 사회복지공동모금회 출범**
- ㉠ 1997년 3월 27일 「사회복지공동모금법」이 제정되어 1998년 7월 1일 시행되었다. 1999년 3월 31일 전부 개정으로 「사회복지공동모금회법」으로 개칭하였다.

ⓛ 이 법에 의거 1998년도에 전국 16개의 광역시와 도에 사회복지공동모금회가 설립되고 법에 의거 제1회 공동모금이 전국적으로 펼쳐졌다.

③ **2011년 전문모금기관인 사회복지공동모금회가 법정기부금단체로 규정** : 2010년 기부금 세제개편 시 기부문화 활성화를 위하여 전문모금기관 및 공공기관 중 공공성 등 일정요건을 충족하는 기관을 법인세법 시행규칙에서 법정기부금단체로 규정하는 제도가 신설되었으며, **2011년 사회복지공동모금회가 법정기부금단체로 규정**되었다. [⑲]

　　사회복지공동모금회 : 지정기부금 모금단체이다.(×)

(2) 사회복지공동모금회의 조직

전국 단위의 모금사업을 관장하는 중앙회와 지역단위의 모금사업을 관장하는 특별시·광역시 및 도의 17개 지역공동모금회(지회)가 있다.

① **중앙공동모금회**
　ㄱ. **중앙모금회의 임원**
　　㉮ 임원의 임기는 3년으로 하되, 1회에 한하여 연임 가능
　　㉯ **분과실행위원회** : 모금회의 기획, 홍보, 모금, 배분업무에 관한 사항을 심의하기 위하여 해당 분야의 전문가와 시민대표 등으로 구성되는 **기획분과실행위원회, 홍보분과실행위원회, 모금분과실행위원회 및 배분분과실행위원회**를 둔다. [⑲]

　　　사회복지공동모금회 : 기획, 홍보, 모금, 배분 업무를 수행한다.(○)

　ㄴ. **이사회 의결사항** : 지회장의 임면에 관한 사항, 기본 재산의 처분에 관한 사항 등

② **지역공동모금회(지회)** : 17개 시·도 지회에는 지회장을 두고 중앙모금회에 준하는 조직을 갖추고 있다. [⑬]
　ㄱ. 지회는 연맹형태의 독립적 지위가 없어지므로 중앙공동모금회의 통제를 받게 되어 있다.
　ㄴ. **지회의 설치**
　　㉮ 특별시·광역시·도 또는 특별자치도("시·도")에 지회를 둔다.
　　㉯ 지회의 명칭은 "사회복지공동모금회"와 "지회" 사이에 시·도의 명칭을 넣은 것으로 한다.

　　사회복지공동모금회가 지역별로 독립법인화 되었다.(×)

3 사회복지공동모금회법 [법제론 ③⑦⑤⑪⑰]

(1) 입법배경 및 연혁

① 1997년 3월 27일「사회복지공동모금법」을 신규 제정, 1999년 3월 31일「사회복지공동모금법」전부 개정을 통해「사회복지공동모금회법」을 개칭
② **관장부처** : 보건복지부(사회서비스정책과)

(2) 법률 내용분석(2019.1.15.일부개정, 2019.1.15. 시행)

제1조 [법제론 ③]	목적	이 법은 사회복지공동모금회의 **공동모금**을 통하여 국민이 사회복지를 이해하고 참여하도록 함과 아울러 <u>국민의 자발적인 성금</u>으로 조성된 재원(財源)을 효율적이고 공정하게 관리·운용함으로써 사회복지 증진에 이바지함을 목적으로 한다.

조	제목	내용
제3조	기본 원칙 [법제론 ③⑪⑲]	① **기부하는 자의 의사에 반하여** 기부금품을 모집하여서는 **아니 된다.** ② 제17조에 따라 조성된 재원(이하 "공동모금재원"이라 한다)은 지역·단체·대상자 및 사업별로 **복지수요가 공정하게 충족되도록 배분**하여야 하고, 제1조의 목적 및 제25조에 따른 용도에 맞도록 공정하게 관리·운용하여야 한다. ③ 공동모금재원의 **배분은 객관적인 기준에 따라 효율적**으로 이루어지도록 하고, 그 **결과를 공개**하여야 한다.
제4조	사회복지공동 모금회의 설립 [⑲㉒, 법제론 ⑪㉒]	① 사회복지공동모금사업을 관장하도록 하기 위하여 사회복지공동모금회(이하 "모금회"라 한다)를 둔다. ② 모금회는 「**사회복지사업법**」 제2조 제3호의 **사회복지법인**으로 한다. 　🔍 사회복지공동모금회 : 사회복지사업법에 의한 사회복지법인이다.(○) ③ 모금회는 정관을 작성하여 **보건복지부장관의 인가**를 받아 등기함으로써 설립된다. [법제론 ㉒]
제5조	사업 [⑳, 법제론 ⑦]	모금회는 다음 각 호의 사업을 수행한다. 1. **사회복지공동모금사업** 2. **공동모금재원의 배분** 3. **공동모금재원의 운용 및 관리** 4. **사회복지공동모금에 관한 조사·연구·홍보 및 교육·훈련** 5. **제14조에 따른 사회복지공동모금지회의 운영** 6. **사회복지공동모금과 관련된 국제교류 및 협력증진사업** 7. **다른 기부금품 모집자와의 협력사업** 8. 그 밖에 모금회의 목적 달성에 필요한 사업
제7조	임원 [⑳㉒, 법제론 ⑨⑰]	① 모금회에는 다음 각 호의 임원을 둔다. 1. 회장 1명 2. 부회장 3명 3. **이사(회장·부회장 및 사무총장을 포함한다) 15명 이상 20명 이하** 4. 감사 2명 ② **임원의 임기는 3년**으로 하며, **한 차례만 연임**할 수 있다. ③ 부득이한 사유로 후임임원이 선임(選任)되지 못하여 모금회의 업무수행에 지장이 있는 경우에는 후임임원이 선임될 때까지 임기가 만료된 임원이 그 업무를 수행한다.
제12조	사무조직 [⑳]	모금회의 업무를 처리하기 위하여 **사무총장 1명과 필요한 직원 및 기구**를 둔다.
제13조	분과실행 위원회 [⑲, 법제론 ⑳㉒]	① 모금회의 **기획·홍보·모금·배분 업무**에 관한 사항을 심의하기 위하여 해당 분야의 전문가와 시민대표 등으로 구성되는 **기획분과실행위원회, 홍보분과실행위원회, 모금분과실행위원회 및 배분분과실행위원회** 등 분과실행위원회를 둔다. 　✏️ 암기법 　**모**(모금)**기**(기획) **배**(배분)는 피빨아먹어서 붉은 **홍**(紅)! **홍**(홍보)색이다! ② 분과실행위원회는 **위원장 1명을 포함하여 20명 이내의 위원으로 구성**한다. 다만, 모금분과실행위원회 및 배분분과실행위원회는 각각 20명 이상의 위원으로 구성한다. [법제론 ㉒] 　🔍 배분분과실행위원회는 위원장 1명을 포함하여 20명 이내의 위원으로 구성한다.(×) ③ 분과실행위원회 위원의 임기는 2년으로 하며, 연임할 수 있다. 다만, 배분분과실행위원회 위원은 한 차례만 연임할 수 있다.

제14조	지회 [⑳㉒, 법제론 ⑤]	① 모금회에 지역단위의 사회복지공동모금사업을 관장하기 위하여 특별시·광역시·특별자치시·도·특별자치도("시·도") 단위 사회복지공동모금지회("지회")를 둔다. ② 지회에는 지회장을 두고 모금회에 준하는 필요한 조직을 둘 수 있다. ③ 지회장은 이사회의 의결을 거쳐 회장이 임명한다. ④ 지회의 구성 및 운영 등에 필요한 사항은 모금회의 정관으로 정한다.
제15조	지회의 관리 [법제론 ⑤]	① 모금회의 회장은 지회의 운영 개선을 위하여 지회를 지도·감독하며, 지회가 지역의 특성에 맞게 자율적으로 운영될 수 있도록 노력하여야 한다. ② 모금회의 회장은 지회의 운영이 현저히 부당하다고 인정할 때에는 그 시정을 명할 수 있다. ③ 지회에서 조성한 공동모금재원은 해당 시·도의 배분대상자에게 배분하는 것을 원칙으로 한다. ④ 모금회의 회장은 회계연도가 시작되기 2개월 전에 각 지회로부터 사업계획서를 제출받아 이를 종합·조정하여 보건복지부장관에게 보고하여야 한다.
제17조	재원 [법제론 ⑪]	모금회의 사업에 필요한 경비는 다음 각 호의 재원으로 조성한다. 1. 사회복지공동모금에 의한 기부금품 2. 법인이나 단체가 출연하는 현금·물품 또는 그 밖의 재산 3. 「복권 및 복권기금법」 제23조 제1항에 따라 배분받은 복권수익금 4. 그 밖의 수입금
제18조	기부금품의 모집 [법제론 ⑪⑬㉒]	① 모금회는 사회복지사업이나 그 밖의 사회복지활동을 지원하기 위하여 연중 기부금품을 모집·접수할 수 있다. ② 모금회는 제1항에 따라 기부금품을 모집·접수한 경우 기부금품 접수 사실을 장부에 기록하고, 그 기부자에게 영수증을 내주어야 한다. 다만, 기부자가 성명을 밝히지 아니한 경우 등 기부자를 알 수 없는 경우에는 모금회에 영수증을 보관하여야 한다. ③ 모금회는 제2항에 따른 영수증에 기부금품의 금액과 그 금액에 대하여 세금혜택이 있다는 문구를 적고 일련번호를 표시하여야 한다. ④ 모금회는 효율적인 모금을 위하여 기간을 정하여 집중모금을 할 수 있다. ⑤ 모금회는 집중모금을 하려면 그 모집일부터 15일 전에 그 내용을 보건복지부장관에게 보고하여야 하며, 그 모집을 종료하였을 때에는 모집종료일부터 1개월 이내에 그 결과를 보건복지부장관에게 보고하여야 한다.
제18조의2	복권의 발행 [⑳㉒, 법제론 ⑪⑰]	① 모금회는 사회복지사업이나 그 밖의 사회복지활동 등을 지원하기 위한 재원을 조성하기 위하여 복권을 발행할 수 있다. ② 제1항에 따른 복권을 발행하려면 그 종류·조건·금액 및 방법 등에 관하여 미리 보건복지부장관의 승인을 받아야 한다. ❌ 사회복지사업이나 그 밖의 사회복지활동 등을 지원하기 위한 재원을 조성하기 위하여 기획재정부장관의 승인을 받아 복권을 발행할 수 있다.(×)
제19조	모금창구의 지정 [법제론 ⑪⑰⑳]	모금회는 기부금품의 접수를 효율적이고 공정하게 하기 위하여 언론기관을 모금창구로 지정하고, 지정된 언론기관의 명의로 모금계좌를 개설할 수 있다.
제20조	배분기준 [법제론 ⑱㉒]	① 모금회는 매년 8월 31일까지 다음 각 호의 사항이 포함된 다음 회계연도의 공동모금재원 배분기준을 정하여 공고하여야 한다. [법제론 ㉒] 1. 공동모금재원의 배분대상 2. 배분한도액 3. 배분신청기간 및 배분신청서 제출 장소

		4. 배분심사기준 5. 배분재원의 과부족(過不足) 시 조정방법 6. 배분신청 시 제출할 서류 7. 그 밖에 공동모금재원의 배분에 필요한 사항 ※ 공동모금재원 배분기준 : 배분신청자의 재산(×)
제20조의2	국제보건의료 지원사업에 대한 배분	모금회는 제27조제1항에 따라 지정되지 아니한 기부금품의 100분의 10의 범위에서 이사회 의결로 정하는 비율에 따라 다음 각 호의 사업에 배분할 수 있다. 1. 「한국국제보건의료재단법」 제7조제1호에 따라 시행하는 개발도상국가를 비롯한 외국 및 군사분계선 이북지역의 보건의료수준의 향상을 위한 사업 2. 주요 감염병 퇴치 등에 대한 사업
제24조	배분결과의 공고 등	① 모금회는 각 회계연도의 공동모금재원 **배분을 종료한 날부터 3개월 이내에 전국적으로 배포되는 1개 이상의 일간신문에 그 배분결과를 공고**하여야 한다. ② 모금회는 제1항에 따른 공고 외에 다양한 방법과 매체를 통하여 그 배분결과를 알려야 한다.
제25조	재원의 사용 등	① **공동모금재원은 사회복지사업이나 그 밖의 사회복지활동에 사용한다.** ② **매 회계연도에 조성된 공동모금재원은 해당 회계연도에 지출하는 것을 원칙으로 한다.** 다만, 재난구호 및 긴급구호 등 긴급히 지원할 필요가 있을 때를 대비하여 매 회계연도의 공동모금재원 일부를 적립하는 경우에는 그러하지 아니하다. ③ **기부금품 모집과 모금회의 관리·운영에 필요한 비용은 바로 앞 회계연도 모금 총액의 100분의 10의 범위에서 이사회의 의결을 거쳐 사용할 수 있다.**
제27조	기부금품의 지정 사용 [법제론 ⑪⑰⑳]	① **기부금품의 기부자는 배분지역, 배분대상자 또는 사용 용도를 지정할 수 있다.** ② 모금회는 제1항에 따른 지정 취지가 이 법의 목적·취지나 「공직선거법」을 위반하는 경우 그 사실을 기부자에게 설명하고 이 법의 목적·취지와 「공직선거법」을 위반하지 아니하도록 지정할 것을 요구하거나 그 지정을 철회할 것을 요구하여야 한다. 기부자가 이에 따르지 아니하는 경우에는 기부금품을 접수하지 아니하여야 한다. ③ 모금회는 제1항 및 제2항에 따른 지정이 있는 경우 그 지정 취지에 따라 기부금품을 사용하여야 한다.
제28조	회계연도 [법제론 ⑰]	모금회의 회계연도는 **1월 1일부터 12월 31일까지**로 한다.
제29조	유사명칭 사용금지 [㉒]	모금회가 아닌 자는 사회복지공동모금 또는 이와 유사한 명칭을 사용하지 못한다.
제33조	보조금 등 [법제론 ⑲⑳㉒]	① 국가나 지방자치단체는 **모금회에 기부금품 모집에 필요한 비용과 모금회의 관리·운영에 필요한 비용을 보조**할 수 있다. [법제론 ㉒] ② 제1항에 따른 보조금은 그 목적 외의 용도에 사용할 수 없다. ③ 국가나 지방자치단체는 모금회가 다음 각 호의 어느 하나에 해당할 때에는 이미 지급한 보조금의 전부 또는 일부의 반환을 명할 수 있다. 　1. 사업목적 외의 용도에 보조금을 사용하였을 때 　2. 거짓이나 그 밖의 부정한 방법으로 보조금을 받았을 때 　3. 이 법 또는 이 법에 따른 명령을 위반하였을 때
제34조	다른 법률과의 관계 [법제론 ⑲⑳]	이 법 또는 모금회의 정관으로 규정하지 아니한 사항은 **「민법」 중 재단법인에 관한 규정을 준용**한다. ※ 이 법 또는 모금회의 정관으로 규정하지 아니한 사항은 「민법」 중 사단법인에 관한 규정을 준용한다.(×)

04 지역자활센터와 자활사업

1 지역자활센터의 개요 [16]

(1) 목적
① **직접서비스 기관**으로 근로능력 있는 저소득층에게 집중적·체계적인 자활지원서비스를 제공함으로써 자활의욕 고취 및 자립능력 향상을 지원한다.
② 기초수급자 및 차상위계층의 자활 촉진에 필요한 사업을 수행하는 **민간자활사업실시기관**을 말한다.

(2) 현황 및 추진경과
① **현황** : 기초자치단체(시·군·구)에 1개소씩 설치를 목표로 2021년 250개 기관을 지정·운영 중
② **추진경과**
  ㉠ 1996년 시범사업 실시이후 2000년까지 70개소 지정·운영
  ㉡ 2001년 내실 있는 자활사업 추진여건 조성을 위해 169개 기관으로 확대
  ㉢ 2006년「국민기초생활보장법」개정으로 "지역자활센터"로 명칭 변경

(3) 지역자활센터의 지정
① **지정대상** : 지역사회복지사업 및 자활지원사업의 수행능력과 경험 등이 있는 사회복지법인 등 비영리법인과 단체
② **지정절차**
  ㉠ 지역자활센터로 지정을 받고자 하는 자는 다음 서류를 첨부하여 관할 시·군·구청장 및 시·도지사를 거쳐 보건복지부장관에게 신청
  ㉡ **보건복지부장관은** 신청을 받은 경우에는 **지정 여부를 결정**하고, 그 결과를 신청인에게 문서(전자문서를 포함)로 통지

(4) 지역자활센터의 운영원칙 [7]
① **참여주민 고유성과 존엄성의 원칙** : 인도주의 원칙 하에 주민들의 개별적 고유성과 존엄성이 최대한 보장되도록 수행하여야 한다.
② **주민자발성의 원칙** : 저소득층 주민의 자발적 참여와 자조 자립할 수 있도록 지원하여 주민의 역할과 책임을 장려한다.
③ **독립성의 원칙** : 독립된 행정체계와 운영체계를 가져야 하며 기존 복지관이나 시설의 프로그램 일부로 편입되어 운영되어서는 안 된다.
④ **기준시설 확보의 원칙** : 주민들과의 상담, 교육, 훈련 및 경영지도 등의 자활 자립을 도모하는 종합적인 서비스를 제공하기 위하여 일정한 규모의 기준시설을 확보해야 한다.
⑤ **전문가에 의한 사업수행의 원칙** : 지역사회복지, 지역사회조직 및 개발 관련분야의 전문지식과

함께 지역조직활동에 전념하여 지역현장 경험을 갖춘 전문적이고 헌신적인 인력에 의해 수행한다.
⑥ **지역사회 제반자원 활용의 원칙** : 주민의 자활자립을 위하여 지역 내 다양한 물적·인적자원을 필요로 하며 이를 위해 지역의 제반자원을 조직·동원하여 가용자원으로 활용한다.
⑦ **사업실행 평가의 원칙** : 주민들의 생활향상과 변화의 효과, 재정투자의 효과, 사업내용 및 방법의 적합성 등이 지속적으로 평가되어야 하며, 평가 결과가 새로운 사업수행에 환류하여 활용되도록 한다.

(5) 지역자활센터의 사업
① 수급자 또는 차상위자의 부업소득 향상을 위한 부업장의 설치·운영사업
② 자활기업 또는 부업장의 일감 확보 및 판로 개척을 위한 알선사업
③ 자활기업 또는 부업장의 운영을 위한 후원의 알선사업
④ 수급자 또는 차상위자의 자녀교육 및 보육을 위한 자활지원관의 설치·운영사업
⑤ 수급자나 차상위계층에 속하는 사람의 자활사업 참여나 취업·창업으로 인하여 지원이 필요하게 된 가구에 대하여 사회복지서비스 등 필요한 서비스를 연계하는 사업

❷ 자활사업

(1) 자활사업의 목적
① 근로능력자의 기초생활을 보장하는 「국민기초생활보장제도」를 도입하면서 근로역량 배양 및 일자리 제공을 통한 탈빈곤 및 빈곤예방 지원
② 자활사업을 통해 근로능력 있는 저소득층이 스스로 자활할 수 있도록 자활능력 배양, 기능습득 지원 및 근로기회 제공

(2) 자활사업의 주요 연혁
① 1995년 3월 한국보건사회연구원의 "저소득층의 실태변화와 정책과제"에 의해 필요성이 제기되었으며, '국민복지기획단'에서 설치를 건의하여 1996년 6월 **자활지원센터**가 시범적으로 5개소가 출범하여 운영되었다.
② **자활후견기관에 관한 규정이 처음으로 도입된 것은 생활보호법이 1997년 개정**(1997. 8. 22. 일부 개정)에서이다. 1997년 생활보호법 개정에서 자활후견기관의 지정, 자활공동체의 설립·운영 등의 제도를 신설하여 생활보호대상자들의 자활을 촉진하는 등 당시의 생활보호제도의 미비점을 개선·보완하였다.
③ **자활후견기관은 2006년 12월 28일 국민기초생활보장법 개정**(2007. 7. 1. 시행)으로 '**지역자활센터**'로 그 명칭이 변경되었고, 시　군　구에 상시적인 협의체계로서 **자활기관협의체**를 의무적으로 설치하도록 하였다.
   ✻ 자활사업 활성화를 위해 민관협력체계인 자활기관협의체가 운영되고 있다.(O)

④ 2006년 국민기초생활보장법 개정(2006.12.28.일부개정)으로 법적으로 설치근거가 마련된 **중앙자활센터(現 한국자활복지개발원)**가 2008년 설립 허가 및 운영, 2009년 자활인큐베이팅사업 실시, 2010년 희망키움통장(IDA, 저소득층개인자산형성계좌)사업이 실시하였다.
- ㉠ 「국민기초생활보장법」 개정(2019.1.15.일부개정, 2019.7.16.시행)으로 **중앙자활센터의 명칭이 한국자활복지개발원으로 변경**되었다.
- ㉡ 「국민기초생활보장법」 제18조의4(**자산형성지원**) "보장기관은 수급자 및 차상위자가 자활에 필요한 자산을 형성할 수 있도록 재정적인 지원을 할 수 있다."

⑤ 2012년 **광역자활센터[7개소 → 2019년 15개소로 확대설치] 법적 근거 마련, 자활공동체가 자활기업으로 명칭 변경(2012.7.1. 시행)**, 근로능력판정업무가 전문기관(국민연금 공단)에 위탁하였다. ※ 2024년 현재 광역자활센터는 16개소
- ㉠ 「국민기초생활보장법」 제15조의3(**광역자활센터**) "보장기관은 수급자 및 차상위자의 자활촉진에 필요한 다음 각 호의 사업을 수행하게 하기 위하여 사회복지법인, 사회적 협동조합 등 비영리법인과 단체를 법인 등의 신청을 받아 **시·도 단위의 광역자활센터로 지정**할 수 있다."
- ㉡ 「국민기초생활보장법」 제18조(**자활기업**) "수급자 및 차상위자는 상호 협력하여 자활기업을 설립·운영할 수 있다."

⑥ 2022년 자활장려금 별도지급 종료(생계급여 소득공제로 적용)되었다.

(3) 자활사업 참여자격 [⑨]

① **조건부수급자** : 자활사업 참여를 조건으로 생계급여를 지급받는 수급자
② **자활급여특례자** : 의료급여 수급자가 자활근로, 자활기업 등 자활사업 또는 국민취업지원제도에 참가하여 발생한 소득으로 인하여 소득인정액이 기준 중위소득의 40%를 초과한 자
③ **일반수급자** : 근로능력 없는 생계급여수급권자 및 조건부과유예자, 의료·주거·교육급여수급(권)자 중 참여 희망자
④ **특례수급가구의 가구원** : 의료급여특례, 이행급여특례가구의 근로능력 있는 가구원 중 자활사업 참여를 희망하는 자
⑤ **차상위자** : 근로능력이 있고, 소득인정액이 기준 중위소득 50% 이하인 사람 중 비수급권자
⑥ 근로능력이 있는 시설수급자

(4) 자활사업 프로그램

① **자활근로사업** [⑩]
- ㉠ 한시적인 일자리 제공에 그치지 않고 저소득층이 노동시장에서 취·창업을 통해 경제활동을 영위하는 데 필요한 기초능력 배양 및 자립 장애요인의 제거에 초점을 둔다.
- ㉡ 전국 표준화사업, 공공·민간 연계사업 등 전국 단위 사업 및 지역 실정에 맞는 특화사업을 적극 개발하여 추진한다.
  - ㉮ 전국 표준화사업 : 간병, 집수리, 청소, 자원 재활용 등
  - ㉯ 공공·민간 연계사업 : 커뮤니티케어(주택개보수, 돌봄), 정부양곡배송 등
- ㉢ **사업유형** : 참여자의 자활능력과 사업유형에 따라, **근로유지형, 사회서비스형, 인턴·도우미**

형, 시장진입형 자활근로사업으로 구분한다.
② **자활기업(2012.7.1. 자활공동체가 명칭변경) 지원사업** [⑥⑧⑯⑰⑱]
  ㉠ 2인 이상의 수급자 또는 차상위자가 상호협력하여, 조합 또는 사업자의 형태로 탈빈곤을 위한 자활사업을 운영하는 업체를 말한다.
    ㉮ **자활기업 유형** : 자립형 자활기업, 사회형 자활기업
    ㉯ **사회적 경제기업으로서의 자활기업**
      ⓐ **의사결정 구조** : 사용자와 근로자 등의 이해관계자가 참여하는 의사결정 구조를 갖출 것
        ※ 자활기업 정관 또는 규약(운영규정)에 사용자와 근로자가 주된 의사결정 구조에 참여하도록 하는 규정이 명시되어야 함(공증받은 정관 제출)
      ⓑ **사회적 가치 실현** : 저소득층에게 일자리를 제공하거나 지역사회에 공헌하는 사회적 목적 실현을 기업의 주된 목적으로 할 것

> 「국민기초생활보장법」 제18조(자활기업) ① 수급자 및 차상위자는 상호 협력하여 자활기업을 설립·운영할 수 있다.
> ② 제1항에 따른 자활기업을 설립·운영하려는 자는 다음 각 호의 요건을 모두 갖추어 보장기관의 인정을 받아야 한다.
>   1. 조합 또는 「부가가치세법」상 사업자의 형태를 갖출 것
>   2. 설립 및 운영 주체는 수급자 또는 차상위자를 2인 이상 포함하여 구성할 것. 다만, 설립 당시에는 수급자 또는 차상위자였으나, 설립 이후 수급자 또는 차상위자를 면하게 된 사람이 계속하여 그 구성원으로 있는 경우에는 수급자 또는 차상위자로 산정(算定)한다.
>   3. 그 밖에 운영기준에 관하여 보건복지부장관이 정하는 사항을 갖출 것

  ㉡ **연혁**
    ㉮ 2000년 10월 국민기초생활보장법 시행으로 '자활공동체' 창업을 지원
    ㉯ 국민기초생활보장법 개정에 따라 2012년 7월 1일부터 '자활공동체'를 '자활기업'으로 명칭을 변경하고, **설립요건을 2인 이상의 사업자에서 1인 이상의 사업자로 완화**
      ⨯⨀ 자활기업은 조합 또는 「부가가치세법」상의 사업자로 한다.(○)
      ⨯⨀ 자활기업은 저소득층의 탈빈곤을 위한 자활사업을 운영한다.(○)
  ㉢ **자활기업 설립 인정요건**
    ㉮ **운영주체** : 자활근로사업단을 거친 2인 이상의 수급자 또는 차상위자로 구성
      ⓐ 1인이 창업한 경우는 개인 창업으로 자활기업이 아님
      ⓑ 친족(대표자의 배우자, 대표자 및 배우자의 직계존비속과 형제 자매)만으로 구성은 불가
    ㉯ **조직형태** : 조합 또는 부가가치세법상 사업자
  ㉣ **자활기업 지원 요건** : 인정요건과 지원요건을 동시에 충족한 자활기업에 대하여만 지원을 할 수 있음
    ㉮ 인정요건을 충족하며 구성원 중 **기초생활보장 수급자 및 차상위자가 1/3 이상**이어야 함 (단, **수급자는 반드시 1/5이상**이어야 함)
    ㉯ 사회형 자활기업의 경우 ⓐ 전체 구성원이 5인 이상이고 「사회적기업 육성법」 시행령

제2조에 따른 취약계층을 전체 구성원의 30% 이상 고용하였고, ⓑ 설립 후 만 3년이 경과하였으며, ⓒ 법인 인 경우에 지원 가능(단, 이 경우에도 지원을 받기 위해서는 2인 이상의 수급자 또는 차상위자가 운영주체로 참여하는 등 인정요건을 갖추어야 함)
③ **자활사례관리** : 자활사업 참여자의 개인별 자활지원계획에 바탕을 두어 상담, 근로기회 제공, 자활근로를 통한 근로 의욕·자존감 고취 등을 모니터링하고 자립에 필요한 각종 서비스를 연계 지원하는 자활 프로그램의 일종
④ **자활근로소득공제(자활장려금) 사업**
  ㉠ **추진목적** : 보충급여를 기본원리로 하고 있는 국민기초생활보장제도가 야기할 수 있는 수급자의 근로의욕 감퇴를 예방하는 차원에서 근로소득의 일정비율을 산정하여 '자활근로소득공제' 적용
  ㉡ **자활소득공제(자활장려금) 금액 산출방법**
    ㉮ 기초생활보장급여 산정 시 소득인정액에서 자활소득의 30%를 공제하여 **소득인정액 산정, 급여 지급 및 보장유지 여부 처리**
    ㉯ (타 근로소득공제 중복 방지) 둘 이상의 근로·사업소득 공제 항목에 해당하는 경우 가장 유리한 하나의 항목을 적용

(5) **자산형성지원사업**
① **개념** : 자산형성지원 대상자가 자활에 필요한 자산을 형성할 수 있도록 재정적으로 지원하고 필요한 교육을 실시하는 사업을 의미
② **종류(가입대상에 따라)** : 희망저축계좌Ⅰ, 희망저축계좌Ⅱ, 청년내일저축계좌 사업으로 구분

희망저축계좌Ⅰ	희망저축계좌Ⅱ	청년내일저축계좌	
일하는 생계·의료급여 수급가구	일하는 주거·교육급여 수급 가구 및 차상위계층 가구	일하는 생계·의료·주거· 교육급여 수급 가구 및 차상위 가구의 청년 (만15~39세)	일하는 기준중위 50% 초과 100% 이하 가구의 청년 (만15~39세)

※ 2022년 희망저축계좌Ⅰ·Ⅱ(상반기) 및 청년내일저축계좌(중위소득 100% 이하 청년)(하반기)로 사업 개편

05 지역아동센터 등

1 지역아동센터 [㉠㉰]

(1) **지역아동센터의 개념과 역사**
① **지역아동센터의 개념** : 지역사회 아동의 보호·교육, 건전한 놀이와 오락의 제공, 보호자와 지역사회의 연계 등 아동의 건전육성을 위하여 종합적인 아동복지서비스를 제공하는 시설이다.
② **지역아동센터의 역사**
  ㉠ 1980년대에 빈곤지역의 주민과 아동·청소년들에 대한 교육·문화사업을 실시할 목적으로

순수한 민간차원의 '공부방'으로 시작되었다.
ⓒ 2004년 정부는 빈곤아동의 빈곤세습을 단절하고자 2004년 1월 「아동복지법」을 개정하여 **지역아동센터를 아동복지시설로 법제화**하였다.

(2) 지역아동센터의 기능과 프로그램

① **지역아동센터의 기능** [⑦⑧]
  ㉠ **취약계층 아동의 지역 내 보호개념 실현** : 지역사회 안에서 아동의 권리보장과 안전한 보호 및 급식지원으로 결식의 예방
  ㉡ **교육적 기능** : 아동의 학습능력제고, 학교부적응해소, 일상생활지도, 학교생활의 유지 및 적응력 강화
  ㉢ **정서적 지원** : 아동의 심리, 정서적 안정 및 건강한 신체발달 기능 강화
  ㉣ **문화적 지원** : 문화적으로 소외되어 있는 아동에게 다양한 문화체험의 장을 제공
  ㉤ **지역사회연계** : 지역사회자원 확보, 발굴 및 지원 강화, 지역사회 내 아동문제에 대한 사전 예방적 기능 및 사후연계

② **지역아동센터의 5대 영역 프로그램**

영역	세부영역 및 세부프로그램
보호	생활(일상생활관리, 위생건강관리 등), 안전(생활안전지도, 안전귀가지도 등)
교육	학습(숙제지도 등), 특기적성(예체능활동 등), 성장과 권리(인성·사회성 교육 등)
문화	체험활동(관람·견학, 캠프·여행), 참여활동(공연, 행사)
정서지원	상담(연고자 상담, 아동상담 등), 가족지원(보호자교육, 행사·모임)
지역사회연계	홍보(기관홍보 등), 연계(인적 연계, 기관 연계)

지역사회아동의 돌봄서비스를 제공하는 지역아동센터는 보호프로그램만 제공한다.(×)

2 자원봉사센터 [⑰]

(1) 자원봉사센터의 개념과 기능

① **자원봉사센터의 개념** : 자원봉사활동 개발·장려·연계·협력 등의 사업을 수행하기 위하여 법령과 조례 등에 의하여 설치된 기관·법인·단체 등을 말한다(「자원봉사활동 기본법」 제3조).

② **자원봉사센터의 기능**
  조사·연구, 지역사회 발전 기획과 프로그램 개발, 모집과 배치, 상담과 교육·훈련, 홍보 및 홍보자료의 개발·보급, 인정과 보상, 자료와 정보제공, 대변, 집회장 대여와 기구·자재의 대여 및 재정 지원, 자원봉사활동 중에 일어나기 쉬운 사고에 대한 보장기능, 국내외 교류기능

자원봉사센터는 자원봉사를 필요로 하는 기관과 단체에 자원봉사자를 공급한다.(○)

(2) 자원봉사활동기본법 [법제론 ⑥⑩⑪⑭⑯⑲]

① 개요
- ㉠ 2005년 8월 4일 제정되어 2006년 2월 5일에 시행
- ㉡ 관장부처: 행정안전부(민간협력과)

② 법률 내용분석(2023.8.16.타법개정, 2024.2.17.시행)

제1조	목적	이 법은 **자원봉사활동**에 관한 기본적인 사항을 규정함으로써 **자원봉사활동을 진흥**하고 행복한 공동체 건설에 이바지함을 목적으로 한다.
제2조	기본방향 [법제론 ⑥⑩⑯⑲]	자원봉사활동의 진흥을 위한 정책은 다음 각 호의 사항을 기본 방향으로 하여야 한다. 1. 자원봉사활동은 **국민의 협동적인 참여 능력을 높일 수 있는 방향**으로 추진하여야 한다. 2. 자원봉사활동은 **무보수성, 자발성, 공익성, 비영리성, 비정파성(非政派性), 비종파성(非宗派性)의 원칙** 아래 수행될 수 있도록 하여야 한다. ※ 비집단성(×), 무차별성(×) 3. 모든 국민은 나이, 성별, 장애, 지역, 학력 등 사회적 배경에 관계없이 **누구든지 자원봉사활동에 참여**할 수 있도록 하여야 한다. 4. 자원봉사활동의 진흥을 위한 정책은 **민·관 협력의 기본 정신**을 바탕으로 하여 추진하여야 한다.
제3조	정의 [법제론 ⑩]	**자원봉사활동** [⑩] : 개인 또는 단체가 지역사회·국가 및 인류사회를 위하여 대가 없이 자발적으로 시간과 노력을 제공하는 행위
		자원봉사자 : 자원봉사활동을 하는 사람
		자원봉사단체 : 자원봉사활동을 주된 사업으로 하거나 이를 지원하기 위하여 설립된 비영리 법인 또는 단체
		자원봉사센터 : 자원봉사활동의 개발·장려·연계·협력 등의 사업을 수행하기 위하여 법령과 조례 등에 따라 설치된 기관·법인·단체 등
제4조	국가와 지방자치단체 의 책무	국가와 지방자치단체는 자원봉사활동의 진흥에 관한 시책을 마련하여 국민의 자원봉사활동을 권장하고 지원하여야 한다.
제5조	정치활동 등의 금지 의무 [법제론 ⑩⑪⑭]	① 제14조, 제18조 및 제19조에 따라 지원을 받는 **자원봉사단체 및 자원봉사센터**는 그 명의 또는 그 대표의 명의로 **특정 정당이나 특정인의 선거운동을 하여서는 아니 된다.** ② 제1항에서 "선거운동"이란 「공직선거법」 제58조 제1항에 따른 선거운동을 말한다.
제5조 의2	자원봉사활동 의 강요 금지	누구든지 개인 또는 단체에 대하여 자원봉사활동을 강요하여서는 아니 된다.
제7조	자원봉사활동 의 범위	이 법의 적용을 받는 자원봉사활동의 범위는 다음 각 호와 같다. 1. **사회복지 및 보건 증진**에 관한 활동 2. **지역사회 개발·발전**에 관한 활동 3. **환경보전 및 자연보호**에 관한 활동

		4. 사회적 취약계층의 권익 증진 및 청소년의 육성·보호에 관한 활동 5. 교육 및 상담에 관한 활동 6. 인권 옹호 및 평화 구현에 관한 활동 7. 범죄 예방 및 선도에 관한 활동 8. 교통질서 및 기초질서 계도에 관한 활동 9. 재난 관리 및 재해 구호에 관한 활동 10. 문화·관광·예술 및 체육 진흥에 관한 활동 11. 부패 방지 및 소비자 보호에 관한 활동 12. 공명선거에 관한 활동 13. 국제협력 및 국외봉사활동 14. 공공행정 분야의 사무 지원에 관한 활동 15. 그 밖에 공익사업의 수행 또는 주민복리의 증진에 필요한 활동
제8조	자원봉사진흥 위원회	자원봉사활동에 관한 주요 정책을 심의하기 위하여 행정안전부장관 소속으로 관계 공무원 및 민간 전문가로 구성된 자원봉사진흥위원회를 둔다. 〈개정 2023. 8. 16.〉

제9조	자원봉사활동
	의 진흥에
	관한
	국가기본계획
	의 수립
		① 행정안전부장관은 관계 중앙행정기관의 장과 협의하여 자원봉사활동의 진흥을 위한 국가기본계획을 5년마다 수립하여야 한다.
		② 기본계획에는 다음 각 호의 사항이 포함되어야 한다.
		  1. 자원봉사활동의 진흥에 관한 기본 방향
		  2. 자원봉사활동의 진흥에 관한 추진 일정
		  3. 관계 중앙행정기관의 자원봉사활동에 관한 추진 시책
		  4. 자원봉사활동의 진흥을 위하여 필요한 재원(財源)의 조달방법
		  5. 그 밖에 자원봉사활동의 진흥을 위하여 특히 필요하다고 인정되는 사항
		OIKOS UP 자원봉사활동의 진흥에 관한 국가기본계획
		① 자원봉사진흥 위한 국가기본계획은 개시년도 전년도 수립
		② 2006. 2월 자원봉사활동기본법 시행 후 2007. 5월 제1차 국가기본계획 수립
		③ 1차 국가기본계획은 2008년부터 2012년까지였으며, 2차(2013년부터 2017년까지), 3차(2018년부터 2022년까지), 현재는 4차(2023년부터 2027년까지) 5개년 국가기본계획에 따른 사업이 진행 중이다.

제11조	학교 직장 등의 자원봉사활동 장려 [법제론 ⑩]	① 학교는 학생의 자원봉사활동을 권장하고 지도·관리하기 위하여 노력한다. ② 직장은 직장인의 자원봉사활동을 촉진하기 위하여 노력한다. ③ 학교·직장 등의 장은 학생 및 직장인 등의 자원봉사활동에 대하여 그 공헌을 인정하여 줄 수 있다.
제12조	포상	국가와 지방자치단체는 국가와 사회에 현저한 공로가 있는 자원봉사활동을 한 자원봉사자, 자원봉사단체, 자원봉사센터 등에 대하여 대통령령으로 정하는 바에 따라 포상할 수 있다.
제13조	자원봉사자의 날 및 자원봉사주간	국가는 국민의 자원봉사활동에 대한 참여를 촉진하고 자원봉사자의 사기를 높이기 위하여 매년 12월 5일을 자원봉사자의 날로 하고 자원봉사자의 날부터 1주일간을 자원봉사주간으로 설정한다.
제14조	자원봉사자의 보호	① 국가와 지방자치단체는 자원봉사활동이 안전한 환경에서 이루어질 수 있도록 노력하여야 한다.

		② 자원봉사자에 대한 보험의 가입 등 보호의 종류와 내용에 관하여 필요한 사항은 대통령령으로 정한다.
제16조	국유·공유 재산의 사용 [법제론 ⑪]	국가와 지방자치단체는 「국유재산법」 또는 「공유재산 및 물품 관리법」에도 불구하고 자원봉사활동의 진흥을 위하여 자원봉사단체 및 자원봉사센터가 대통령령으로 정하는 특정한 사업을 수행하기 위하여 **국유·공유 재산**이 필요하다고 인정하면 이를 <u>무상으로 대여하거나 사용</u>하게 할 수 있다.
제17조	한국자원봉사협의회 [법제론 ⑪]	① 자원봉사단체는 전국 단위의 자원봉사활동을 진흥·촉진하기 위한 다음 각 호의 활동을 하기 위하여 <u>한국자원봉사협의회를 설립</u>할 수 있다. 　1. 회원단체 간의 협력 및 사업 지원 　2. 자원봉사활동의 진흥을 위한 대국민 홍보 및 국제교류 　3. 자원봉사활동과 관련된 정책의 개발 및 조사·연구 　4. 자원봉사활동과 관련된 정책의 건의 　5. 자원봉사활동과 관련된 정보의 연계 및 지원 　6. 그 밖에 자원봉사활동의 진흥과 관련하여 국가 및 지방자치단체로부터 위탁받은 사업 ② **한국자원봉사협의회는** <u>법인</u>으로 한다. ③ 한국자원봉사협의회는 정관을 작성하여 **행정자치부장관의 인가**를 받아 등기함으로써 설립된다.
제18조	자원봉사단체에 대한 지원 [법제론 ⑪]	**국가 및 지방자치단체는** 자원봉사단체의 활동에 필요한 행정적 지원을 할 수 있으며 「비영리민간단체지원법」에 따라 **사업비를 지원**할 수 있다.
제19조	자원봉사센터의 설치 및 운영 [법제론 ⑪⑭]	① <u>국가기관 및 지방자치단체는</u> 자원봉사센터를 설치할 수 있다. 이 경우 **자원봉사센터를** <u>법인으로 하여 운영하거나 비영리 법인에 위탁하여 운영</u>하여야 한다. ② 제1항 후단에도 불구하고 자원봉사활동을 효율적으로 추진하기 위하여 필요하다고 인정할 경우에는 국가기관 및 지방자치단체가 운영할 수 있다. ③ 국가는 자원봉사센터의 설치·운영이 활성화될 수 있도록 적극 노력하여야 하며, 지방자치단체는 자원봉사센터의 운영에 필요한 경비를 지원할 수 있다. ④ 자원봉사센터 장의 자격요건과 자원봉사센터의 조직 및 운영 등에 필요한 사항은 대통령령으로 정한다.

3 재가복지봉사센터(domiciliary care center) [②③④⑤⑥⑧⑪]

(1) 개념과 전개과정

① **개념**

　㉠ **직접적 서비스 실천기관**으로서 **지역사회보호 사업을 실천**하는 대표적인 기관이다.

　㉡ 전문 인력과 자원봉사자를 갖추고, 가정에 거주하는 노인, 장애인 등 가족기능이 취약한 저소득 소외계층과 국가유공자, 재가복지서비스를 원하는 사람에게 재가복지서비스를 제공하는 사회복지시설을 말한다.

② 전개과정
　㉠ 우리나라에서 재가복지는 노인복지와 장애인복지의 민간분야에서 처음으로 시도되었으며, 1987년 한국노인복지회가 국제노인복지회의 지원과 국고보조금으로 가정봉사원을 파견하는 시범사업을 전개하면서 재가복지의 토대가 마련되었다.
　㉡ 1992년부터 재가복지봉사센터를 전국적으로 설치·운영하고 있다.
　㉢ **2010년부터** 민간복지서비스 전달체계 개선계획의 일환으로 종합사회복지관부설 재가복지봉사센터가 **종합사회복지관의 "재가복지봉사서비스"로 흡수·통합**되었다.

(2) **재가복지봉사센터의 기능과 역할**
① **기능**
　㉠ 종합적인 재가복지서비스 제공
　㉡ 지역사회 자원 발굴 및 활용
　㉢ 노인복지관의 경우는 노인에 대한 재가서비스
　㉣ 장애인복지관의 경우는 순회재활, 의료재활
　㉤ 사회복지협의회의 경우는 사회복지시설에 대한 자원봉사자를 공급하는 기능을 담당

② **역할**
　㉠ **조사·진단** : 재가복지봉사서비스 대상자 및 가정의 욕구조사와 문제의 진단 등을 통해 필요한 서비스의 종류를 선정한다.
　㉡ **서비스 제공** : 재가복지봉사서비스 대상별 측정된 욕구와 문제의 진단내용에 따라 직·간접적 서비스를 제공한다.
　㉢ **지역사회 자원동원 및 활용** : 재가복지봉사서비스의 내실화와 대상자 및 가정의 욕구와 문제해결을 위해 지역사회 인적·물적 자원을 동원, 활용한다.
　　※ 재가복지봉사센터 : 직접적 서비스 제공기관으로 자원동원 기술은 사용하지 않음(×)
　㉣ **사업평가** : 재가복지봉사서비스사업을 평가하기 위하여 서비스기능, 분야별 효과, 자원동원 및 활용효과 등에 관하여 자체 평가하고 그 결과가 사업에 활용되도록 한다.
　㉤ **교육기관의 역할** : 자원봉사자 및 지역사회 주민들에게 재가복지봉사서비스사업, 사회복지사업 및 취미·교양 등에 관한 교육을 제공한다.
　㉥ **지역사회 연대의식 고취** : 지역사회 내 인적·물적 자원 연계를 통한 계층 간의 연대감을 고취시킨다.

(3) **재가복지봉사센터 운영의 기본원칙**
① **적극성의 원칙** : 서비스 대상자의 요청을 기다리지 아니하고 적극적으로 서비스 요구를 발굴하여 필요한 서비스를 제공하여야 한다.
② **능률성의 원칙** : 최소의 비용으로 최대의 효과를 거두기 위하여 인적·물적 자원을 효율적으로 운영하여야 한다.
③ **연계성의 원칙** : 다양한 서비스 욕구를 적절히 충족시키기 위하여 행정기관, 사회봉사단체 등

관련기관과 수시 연계체계를 갖추고 알선·의뢰·자원봉사 등을 수행해야 한다.

④ **자립성의 원칙** : 요보호 대상자에 대한 서비스는 본인의 신체적·정신적·사회적 자립 및 자활을 조성하는데 주안점을 두어야 한다.

4 가정위탁지원센터

(1) **가정위탁보호(foster care service)**

① **개념** : 자기 가정에서는 일시적으로나 또는 정기적으로 양육될 수 없는 아동에게 **어떤 계획된 기간 동안 주어지는 대리가정(아동을 보호하기에 적합한 가정)에 의한 보호**를 말한다.
  ㉠ 미국의 경우 1960년대 시설보호의 부작용에 대한 **탈시설운동(deinstitutionalization movement)의 대안**으로 대두되기 시작하였다.
  ㉡ 카두신의 아동복지서비스 분류 유형 중 **대리적 서비스에 해당**된다.

② **목적** : 요보호아동에게는 **건강하고 안정된 가정환경 제공이 최우선이라는 전제**(언젠가는 가정으로 돌아가야 한다는 전제) 하에, 보호·양육을 희망하는 가정에 위탁 양육함으로써 **가정적인 분위기에서 건전한 사회인으로 자랄 수 있도록 하기 위한 목적**을 가지고 있다.
  ㉠ 아동과 친부모의 재결합을 통한 가정해체 방지
  ㉡ **가족의 기능 회복** : 친가정의 가족기능을 회복시켜 아동이 친가정으로 복귀

  > 위탁보호 가정의 대리부모는 위탁보호 아동과 법적 친권관계를 맺는다.(×)

③ **특성**
  ㉠ **위탁가정에서 양육** : 아동의 출생가정이 아닌 타 가정에 의해서 주어지는 보호
  ㉡ **합의된 일정기간 동안 양육** : 영구보호가 아니라는 의미
  ㉢ **4주체(위탁아동, 친가정, 위탁가정, 가정위탁지원센터)가 협력**

■ 가정위탁보호의 추진경과 ■

연 도	주요 내용
1990년	가정위탁사업 시범실시
2000년~2002년	**가정위탁지원센터 시범운영(강원도)**
2003년	가정위탁지원센터 전국 확대(16개 시 도, 총 17개소)
2004. 7월	중앙가정위탁지원센터 설치
2005. 7월	「아동복지법」 개정(**가정위탁보호의 법적근거 규정**)
2012. 8월	「아동복지법」 개정(**시·군·구 가정위탁지원센터 설치 근거 규정**, 가정위탁보호 아동 자립지원 근거 규정)
2016. 3월	「아동복지법」 개정(**가정위탁지원센터를 아동복지시설에 포함**)

(2) 가정위탁 대상아동 : 보호대상아동(「아동복지법」 제3조)
① 만 18세 미만의 아동으로서
㉠ 보호자가 없거나 보호자로부터 이탈된 아동
㉡ 아동을 학대하는 경우 등 그 보호자가 아동을 양육하기에 적당하지 아니하거나 능력이 없는 경우의 아동 → 보호대상아동 발생시 2세 이하(36개월 미만) 아동은 가정위탁으로 우선 배치
② **보호연장가능아동** : 만 18세에 달한 보호대상아동이 보호조치를 연장할 의사가 있는 경우 25세에 달할 때까지 연장(「아동복지법」 제16조의3)
③ **소년소녀가정의 가정위탁보호 전환 추진**
㉠ 소년소녀가정보호 제도는 아동에게 위험을 초래할 수 있어 UN 등에서도 폐지를 권고
㉡ 소년소녀가정에게는 위탁가정을 발굴하여 소년소녀가정을 가정 위탁보호로 전환 필요
㉢ 소년소녀가정이 가정위탁아동으로 전환된 경우, 소년소녀가정에 지원되었던 결연, 학자금대여, 대학특례입학, 장학금 등 각종 지원이 중단되지 않도록 조치

(3) 가정위탁 유형
① **일반가정위탁보호** : 전문가정위탁보호에 해당하지 않는 보호대상아동을 보호·양육하는 것을 목적으로 하는 가정위탁보호
㉠ 2021.6.30. 이전에 시·도지사 또는 시장·군수·구청장에 의하여 대리양육, 친인척 위탁으로 결정된 자는 일반가정위탁으로 간주
㉡ 대리양육 가정위탁은 친조부모, 외조부모에 의한 양육을, 친·인척 가정위탁은 친조부모나 외조부모를 제외한 친인척에 의한 양육을 말한다.
② **전문가정위탁** : 피해아동, 2세 이하 아동 등으로서 특별한 보호가 필요한 보호대상아동을 전문적으로 보호·양육하는 것을 목적으로 하는 가정위탁보호
③ **일시가정위탁** : 보호대상아동을 일시 위탁하여 보호·양육하는 것을 목적으로 하는 가정위탁보호

06 사회적 경제 주체

1 개요

(1) 사회적 경제의 개념
① 구성원간 협력·자조를 바탕으로 재화·용역의 생산 및 판매를 통해 사회적 가치를 창출하는 민간의 모든 경제적 활동을 말하는 것으로, **자본주의 시장경제의 대안모델로 등장**하게 되었다.
② 사회적 경제란 **사회적 목적과 민주적 운영 원리를 가진 호혜적 경제활동조직**으로, ㉠ **구성원의 참여를 바탕**으로 ㉡ **국가와 시장의 경계**에서 ㉢ **사회적 가치를 추구**하는 ㉣ **민간의 경제활동**을 의미한다.
  - 사회적 경제 : 사회적 가치 실현을 중요시한다.(○)
  - 사회적 경제 : 사회적 경제는 사회적 목적과 민주적 운영 원리를 가진 호혜적 경제활동조직이다.(○)

(2) 사회적 경제의 특징

① **자율·민주** : 경제적 효율성보다 구성원의 자발적 참여, 1인 1표 등 민주적 의사결정을 통한 자율경영을 통해 운영
② **사회통합** : 영리 추구보다 구성원간 이익공유, 취약계층 일자리 창출, 지역사회 기여 등 사회적 가치를 우선 추구
③ **연대·협력** : 시민들이 사회문제 해결과 사회적 가치를 실현하기 위해 자발적 공동체를 구성하여 상호 협력
④ **경쟁·보완** : 일반 영리기업과 경쟁하면서, 사회문제 해결에 있어 시장과 정부의 실패를 보완하는 제3의 영역으로 기능

(3) 사회적 경제 주체의 영역 [⑲]

한국의 주요 4대 사회적 경제조직의 영역으로는 **사회적 기업, 마을기업, 자활기업, 협동조합(사회적 협동조합)**이다.

(4) 한국의 사회적 경제 발전과정

① 사회적경제라는 용어가 국내에 등장한 것은 2000년대 초반이며, 1999년 「국민기초생활보장법」, 2000년 「민간비영리단체지원법」의 제정이 사회적 경제 활성화에 영향을 미쳤다.
② 이후 2007년 「사회적기업육성법」 및 2012년 「협동조합기본법」의 제정, 2010년 마을기업육성사업 시작 등과 함께 사회적 경제가 공식적으로 제도화되면서 사회적 경제의 규모가 크게 증가했다.

2 사회적 기업 [⑬⑤⑯⑰⑱⑳㉑, 정책론 ⑭]

(1) 개요

① **사회적 기업**
  ㉠ 「**사회적 기업 육성법**」 제2조(정의) : 취약계층에게 사회서비스 또는 일자리를 제공하거나 지역사회에 공헌함으로써 지역주민의 삶의 질을 높이는 등의 사회적 목적을 추구하면서 재화 및 서비스의 생산·판매 등 **영업활동을 하는 기업**으로서 인증받은 자를 말한다.
  ㉡ 영리기업과 비영리기업의 중간형태로, 사회적 목적을 우선적으로 추구하면서 재화·서비스의 생산·판매 등 영업활동을 수행하는 기업(조직)을 말한다.
  ㉢ 영리기업이 주주나 소유주를 위해 이윤을 추구하는 것과 달리, 사회적 기업은 **사회서비스를 제공하고 취약계층에게 일자리를 창출하는 등 사회적 목적을 조직의 주된 목적으로 추구**한다는 점에서 차이가 있다.
② **2007년 「사회적 기업육성법」 제정** : 새로운 일자리를 창출하여 생산활동을 통해 수익을 올리면서 저소득층에 대한 사회서비스 제공 등 사회적 목적을 추구하는 사회적 기업이 우리 사회에서 의미 있는 대안으로 자리매김할 수 있도록 제도적 지원체계를 구축하기 위하여 **제정**되었다.

(2) 사회적 기업의 인증

사회적기업을 운영하려는 자는 다음 인증 요건을 갖추어 **고용노동부장관의 인증**을 받아야 한다.

인증요건	내 용
조직형태 [⑳]	「민법」에 따른 법인·조합, 「상법」에 따른 회사·합자조합, 특별법에 따라 설립된 법인 또는 비영리민간단체 등 대통령령으로 정하는 조직 형태를 갖출 것
고용 [⑳]	유급근로자를 고용하여 재화와 서비스의 생산·판매 등 영업활동을 할 것 ❌ 유급근로자를 고용하여 영업활동을 해야 인증받을 수 있다.(O)
조직목적	취약계층에게 사회서비스 또는 일자리를 제공하거나 지역사회에 공헌함으로써 지역주민의 삶의 질을 높이는 등 사회적 목적의 실현을 조직의 주된 목적으로 할 것
의사결정 [⑳]	서비스 수혜자, 근로자 등 이해관계자가 참여하는 의사결정 구조를 갖출 것
수입	영업활동을 통하여 얻는 수입이 대통령령으로 정하는 기준 이상일 것(사회적 기업의 인증을 신청한 날이 속하는 달의 직전 6개월 동안에 해당 조직의 영업활동을 통한 총수입이 같은 기간에 그 조직에서 지출되는 총 노무비의 50% 이상인 경우)
정관	「사회적 기업육성법」 제9조에 명시한 내용을 적은 정관이나 규약을 갖추어야 함
이윤활용	회계연도별로 배분 가능한 이윤이 발생한 경우에는 이윤의 3분의 2 이상을 사회적 목적을 위하여 사용할 것(「상법」에 따른 회사·합자조합인 경우만 해당한다) ❌ 사회적 기업은 이윤창출이 제한된다.(×)

3 마을기업 [⑮⑯⑰⑱㉒, 정책론 ⑭]

(1) 개요

① **배경**

저성장·양극화 등 시장경제 문제를 보완하여 **공동체 방식**으로 **지역문제를 해결**해 나가는 마을기업 육성하려는 것이다.

② **개념**

지역주민이 각종 **지역자원**을 활용한 수익사업을 통해 공동의 **지역문제**를 해결하고, 소득 및 일자리를 창출하여 **지역공동체 이익**을 효과적으로 실현하기 위해 설립·운영하는 **마을단위의 기업**이다.

구 분	정 의
지역주민	동일한 생활권에서 공동의 목표와 가치를 가지고 실제 상호교류하는 공동체의 구성원
지역자원	지역에 존재하는 유·무형의 자연적·문화적·역사적 자산
지역문제	지역 내 충족되지 않은 필요(요구) 사항이나, 지역 주민 삶의 질 향상을 위해 필요한 사항
지역공동체 이익	마을기업의 이익뿐만 아니라 이해관계자 또는 지역사회 전체가 얻게 되는 편익의 총합
마을	지리적으로 타 지역과 구분되거나 일상적 생활을 공유하는 범위 내에서 상호 관계나 정서적 공감대가 형성되어 있는 곳

❌ 마을기업: 주민이 지역자원을 활용한 수익사업을 통해 지역공동체를 활성화한다.(O)

(2) 마을기업 지정 : 시·도에서 추천한 기업을 대상으로 행정안전부에서 마을기업을 지정

① **추진근거** : 마을기업 육성사업 시행지침(사업시행 : 2011년~)
  ㉠ 마을기업의 주관부처는 행정안전부로 현재까지 법령이 제정되지 않아 근거법령은 없으며, **행정안전부의 〈마을기업 육성사업 시행 지침〉에** 근거한다.
  ㉡ 〈마을기업 육성사업 시행 지침〉에서 마을기업은 **시·도에서 추천한 기업을 대상으로 행정안전부에서 마을기업을 지정**하도록 되어 있다.

② **설립요건** : 지역주민 5인 이상 출자한 법인으로 공동체성, 공공성, 지역성, 기업성을 갖춘 법인

③ **선정절차** : 해당 시·군·구에 신청·접수 → 시·도 심사 → 행정안전부에서 지정

공고 및 신청접수	적격검토	지정요건등 심사	최종심사 및 지정	약정체결
공고(광역자치단체) 접수(기초자치단체) ⇨	기초자치단체 ⇨	광역자치단체 ⇨	행정안전부 ⇨	기초자치단체

❌ 마을기업은 기획재정부장관의 허가를 받아 설립한다.(×)

(3) 마을기업 운영원칙 및 요건

① **마을기업 운영원칙**
  ㉠ **공동체성** : 기업의 구성·운영에 있어 공동체를 중심으로 자발적 참여, 민주적 운영, 상호신뢰를 바탕으로 공동체 회복 및 사회통합에 이바지해야 한다.
  ㉡ **공공성** : 호혜와 협력을 기반으로 지역 내에서 다양한 공헌 및 상생을 위한 활동을 통해 공익적 및 공공적 가치를 창출하여야 한다.
  ㉢ **지역성** : 지역을 근거로 활동하는 사람들이 주도하여 지역문제를 해결하기 위한 사업계획을 수립하고 지역 내의 자원과 인력 등을 활용하여 지역 활성화에 기여하여야 한다.
  ㉣ **기업성** : 시장 경쟁력이 있는 사업계획을 수립하고 안정적인 매출 및 수익을 통해 지속가능성을 확보함으로써 지역경제 활성화에 노력하여야 한다.

② **마을기업 요건** : 마을기업 지정 시에는 '지정요건'을, 운영 시에는 '지정요건'과 '운영요건'을 모두 충족하여야 한다.

운영원칙	내 용
① 공동체성	공동체가 주도하고 출자하여 기업을 설립하여야 하며, 기업 설립과 운영에 공동체가 참여하고 결정하여야 함
지정요건	① 마을기업의 모든 회원은 마을기업으로 지정받고자 신청한 법인에 출자하여야 함 - 마을기업 회원(출자자)과 법인 회원(출자자)이 동일해야 함 - 마을기업 출자금과 법인 출자금 총액이 같아야 함 - 마을기업은 법인 전체를 지정하는 것이 원칙 ② 마을기업 설립 시 회원(출자자)은 최소 5인 이상이어야 함(모든 회원은 출자 원칙) - 마을규모, 지역범위, 사업내용 등에 비추어 공동체성을 보장할 만큼의 충분한 수의

	회원을 갖추도록 노력하여야 함 ※ 회원 10인 이상 출자하여 공동체성을 최대한 확보하는 것을 권장 ③ 마을기업 회원은 공동의 목표와 가치를 공유하고 공동체 일원으로서 마을기업의 계획과 운영에 자발적으로 참여하여야 함 ④ 마을기업은 사업계획 및 운영 방침을 민주적 절차에 의해 스스로 결정하여야 함 ⑤ 마을기업의 민주적 의사결정을 위하여 모든 회원(출자자)은 출자금액을 최대한 공평(동일한 비율)하게 출자하도록 노력하여야 함
운영요건	① 마을기업 운영을 통해 지속적으로 회원(출자자)을 확보하도록 노력하고, 회원간 출자금 비율과 지역주민 비율 등을 마을기업 지정요건에 맞게 유지하여야 함 ② 마을기업 운영과정에서 회원 간 원활한 의사소통을 통해 투명성 및 공정성, 정보와 의사결정의 민주성을 확보하도록 노력하여야 함
② 공공성	마을기업의 설립 목적이 지역의 문제를 해결하고, 지역 사회에 공헌하고 지역과 상생하여야 함

지정요건	① 마을기업 회원은 마을기업 설립·운영 과정에서 개인의 이익보다는 마을기업의 이익을 우선으로 하여야 하며, 마을기업은 마을과 지역사회 전체의 이익을 실현하고 상생하도록 노력하여야 함
	② 마을기업은 지역의 필요와 욕구 충족, 일자리 및 소득 창출, 주민 전체의 삶의 질 향상 등을 위해 노력하여야 함
	③ 마을기업은 기업 활동을 통해 지역사회 발전에 이바지하고 마을공동체 활성화 및 지역사회에 공헌하도록 노력해야 함
	④ 마을기업의 설립과정에 지역주민 또는 지역 내 다양한 이해관계자 등을 참여시키고, 의견을 반영하도록 노력하여야 함
	  - 주민총회, 주민자치회 등 주민대표성이 있는 조직을 통해 마을기업 설립·운영에 관한 의견을 수렴하고 반영 권장
	⑤ 마을기업은 정치적 중립을 유지하여야 함
	  - 마을기업 명의로 특정 정당 또는 후보를 지지하거나, 선거홍보에 마을기업 명칭을 노출할 수 없음
	  - 대표자가 후보인 경우라도 마을기업 명칭을 노출하거나 선거에 활용할 수 없음

운영요건	① 마을기업은 일자리의 질 및 고용의 형평성을 확대하기 위해 노력하여야 함 ② 마을기업은 사업계획서 상의 지역사회 공헌활동 또는 이에 상응하는 활동을 반드시 이행해야 함 - 지역사회 공헌활동은 사회적 환원 및 사업내용·계획과의 연계하여 진행해야 함
③ 지역성	마을기업은 지역의 자원을 활용하고 동일한 생활권(읍·면·동)을 기반으로 거주하는 주민들이 참여하여야 함

지정요건	① 지역 내 소재하고 있는 사업장을 기반으로 설립·운영되어야 함
	② 지역에 소재하는 자원(유·무형의 인적·물적 자원)을 활용한 사업을 하여야 함
	③ 지역사회 문제와 지역주민의 욕구와 연계된 사업계획을 수립하고 사업을 추진하여야 함
	④ 마을기업은 지역주민이 주도하는 기업이어야 함
	  - 지역주민은 「주민등록법」에 따라 해당 지역에 등록된 주민이거나, 해당 지역에 소재한 직장의 근로자이여야 함
	  - 마을기업 회원은 최소 5인 이상의 지역주민이 포함되어야 하며, 지역주민이 전체 회원 중 70% 이상 포함되어야 함

운영요건	① 마을기업은 지역 내에서 생산·소비·교환·분배가 이루어지는 지역순환경제 구축을 위해 노력하여야 함 ② 마을기업은 지역주민을 우선 고용하도록 노력해야 함(70% 이상 지역주민 고용 권장)	
④ 기업성	마을기업은 지속가능한 수익구조를 갖추어, 정부 및 자치단체의 재정지원이 종료된 후에도 자립 운영할 수 있어야 함	
지정요건	① 재화와 서비스 공급 등의 수익사업을 통해 지속가능한 경제조직이어야 함 ② 마을기업의 사업은 기업으로서 경쟁력이 있어야 함 ③ 마을기업의 조직 형태는 법인이어야 함	
운영요건	① 마을기업은 지속가능하여야 함 ② 마을기업 사업은 마을기업 대표 또는 이사들의 개인적인 영리활동과는 분리되는 별도의 사업이어야 함 ③ 2012년 이전에 비(非)법인으로 지정된 마을기업의 경우, 최대한 신속하게 법인으로 전환하도록 노력하여야 함(법인으로 전환 후 보조금사업에 지원 가능)	

※ 마을기업은 회원 외에도 지역 주민의 의견을 적극 반영한다.(○)

(4) 「도시재생 활성화 및 지원에 관한 특별법」(약칭: 도시재생법)

① 개 요
- ㉠ 2013년 6월 4일 제정되어 2013년 12월 5일 시행
- ㉡ 관장부처 : 국토교통부(도시재생정책과)

② 법률 내용분석(2024.5.16.타법개정, 2024.5.7.시행)

제1조	목 적		이 법은 도시의 경제적·사회적·문화적 활력 회복을 위하여 공공의 역할과 지원을 강화함으로써 도시의 자생적 성장기반을 확충하고 도시의 경쟁력을 제고하며 지역 공동체를 회복하는 등 국민의 삶의 질 향상에 이바지함을 목적으로 한다.
제2조	정 의	도시재생	인구의 감소, 산업구조의 변화, 도시의 무분별한 확장, 주거환경의 노후화 등으로 쇠퇴하는 도시를 지역역량의 강화, 새로운 기능의 도입·창출 및 지역자원의 활용을 통하여 경제적·사회적·물리적·환경적으로 활성화시키는 것을 말한다.
		전략계획 수립권자	특별시장·광역시장·특별자치시장·특별자치도지사·시장 또는 군수(광역시 관할구역에 있는 군의 군수는 제외한다)를 말한다.
		마을기업	지역주민 또는 단체가 해당 지역의 인력, 향토, 문화, 자연자원 등 각종 자원을 활용하여 생활환경을 개선하고 지역공동체를 활성화하며 소득 및 일자리를 창출하기 위하여 운영하는 기업을 말한다.
제11조	도시재생 지원센터의 설치		① 전략계획수립권자는 다음 각 호의 사항에 관한 업무를 수행하도록 하기 위하여 도시재생지원센터를 설치할 수 있다. 도지사 및 구청장등은 필요한 경우 대통령령으로 정하는 바에 따라 도시재생지원센터를 설치할 수 있다. 1. 도시재생전략계획 및 도시재생활성화계획 수립과 관련 사업의 추진

　　　　지원
2. 도시재생활성화지역 주민의 의견조정을 위하여 필요한 사항
3. 현장 전문가 육성을 위한 교육프로그램의 운영
4. **마을기업의 창업 및 운영 지원**
5. 그 밖에 대통령령으로 정하는 사항

마을기업: 도시재생 활성화 및 지원에 관한 특별법에 근거를 두고 있다.(O)

4 협동조합 [⑫⑬⑯⑰⑱⑳, 정책론 ⑭]

(1) 개요

① **개념**: 공동의 소유방식과 민주적으로 운영되는 사업체를 통해 공통의 경제, 사회, 문화적 필요와 욕구를 충족시키고자 하는 사람들이 자발적으로 만든 자율적 조직이다.

② **형태**: 소비자협동조합, 생산자협동조합, 신용협동조합, 노동자협동조합, 사회적 협동조합

(2) 「협동조합기본법」

① **개요**
　㉠ 2012년 1월 26일 제정되어 2012년 12월 1일 시행
　㉡ 관장부처: 기획재정부(협동조합과)

② **법률 내용분석(2021.1.5.일부개정, 2021.1.5.시행)**

제1장 총칙		
제1조	목 적	이 법은 협동조합의 설립·운영 등에 관한 기본적인 사항을 규정함으로써 **자주적·자립적·자치적인 협동조합 활동을 촉진**하고, 사회통합과 국민경제의 균형 있는 발전에 기여함을 목적으로 한다.
제2조	정 의	**협동조합**: 재화 또는 용역의 구매·생산·판매·제공 등을 협동으로 영위함으로써 조합원의 권익을 향상하고 지역 사회에 공헌하고자 하는 사업조직을 말한다.
		협동조합연합회: 협동조합의 공동이익을 도모하기 위하여 제1호에 따라 설립된 협동조합의 연합회를 말한다.
		사회적 협동조합: 제1호의 협동조합 중 **지역주민들의 권익·복리 증진과 관련된 사업을 수행하거나 취약계층에게 사회서비스 또는 일자리를 제공하는 등 영리를 목적으로 하지 아니하는 협동조합**을 말한다.
		사회적 협동조합연합회: 사회적협동조합의 공동이익을 도모하기 위하여 제3호에 따라 설립된 사회적협동조합의 연합회를 말한다.
		이종협동조합연합회: 이 법 또는 다른 법률에 따른 협동조합이 공동이익을 도모하기 위하여 설립한 연합회를 말한다.
제4조	법인격과 주소	① **협동조합**·협동조합연합회 및 제115조의8제1항을 적용받는 이종협동조합연합회(같은 조 제2항에 해당하는 경우는 제외한다. 이하 같다)는 **법인**으로 한다. ② **사회적협동조합**·사회적협동조합연합회 및 제115조의8제2항을 적용받는 이종협동조합연합회는 **비영리법인**으로 한다.

		③ 협동조합등 및 협동조합연합회등의 주소는 그 주된 사무소의 소재지로 하고, 정관으로 정하는 바에 따라 필요한 곳에 지사무소를 둘 수 있다.
제5조	설립 목적	협동조합등 및 협동조합연합회등은 **구성원**(협동조합의 경우 조합원을, 연합회의 경우 회원을 말한다. 이하 "조합원등"이라 한다)**의 복리 증진과 상부상조를 목적**으로 하며, **조합원등의 경제적·사회적·문화적 수요에 부응**하여야 한다.
제6조	기본원칙	① 협동조합등 및 협동조합연합회등은 그 업무 수행 시 **조합원등을 위하여 최대한 봉사**하여야 한다. ② 협동조합등 및 협동조합연합회등은 자발적으로 결성하여 공동으로 소유하고 **민주적으로 운영**되어야 한다. ③ 협동조합등 및 협동조합연합회등은 투기를 목적으로 하는 행위와 일부 조합원등의 이익만을 목적으로 하는 업무와 사업을 하여서는 아니 된다.
제2장 협동조합		

제15조	설립신고 등
	[⑫⑱]
		① **협동조합을 설립하려는 경우에는 5인 이상의 조합원 자격을 가진 자가 발기인이 되어 정관을 작성하고 창립총회의 의결을 거친 후 주된 사무소의 소재지를 관할하는 시·도지사에게 신고하여야 한다.** 신고한 사항을 변경하는 경우에도 또한 같다.
		    협동조합의 설립은 5인 이상의 조합원 자격이 있어야 한다.(O)
		    협동조합의 발기인은 5인 이상의 조합원 자격을 가진자가 된다.(O)
		② 시·도지사는 제1항에 따른 신고 또는 변경신고를 받은 날부터 20일 이내에 신고수리 또는 변경신고수리 여부를 신고인에게 통지하여야 한다.
		③ 시·도지사가 제2항에서 정한 기간 내에 신고수리 또는 변경신고수리 여부나 민원 처리 관련 법령에 따른 처리기간의 연장을 신고인에게 통지하지 아니하면 그 기간(민원 처리 관련 법령에 따라 처리기간이 연장 또는 재연장된 경우에는 해당 처리기간을 말한다)이 끝난 날의 다음 날에 신고수리 또는 변경신고수리를 한 것으로 본다.
		④ 창립총회의 의사는 창립총회 개의 전까지 발기인에게 설립동의서를 제출한 자 과반수의 출석과 출석자 3분의 2 이상의 찬성으로 의결한다.
		⑤ 시·도지사는 제1항에 따라 협동조합의 설립신고를 받은 때에는 즉시 기획재정부장관에게 그 사실을 통보하여야 한다.

제20조	조합원의 자격	조합원은 협동조합의 설립 목적에 동의하고 조합원으로서의 의무를 다하고자 하는 자로 한다.
제21조	가 입	① 협동조합은 정당한 사유 없이 조합원의 자격을 갖추고 있는 자에 대하여 **가입을 거절하거나 다른 조합원보다 불리한 가입 조건을 붙일 수 없다.** ② 협동조합은 제1항에도 불구하고 정관으로 정하는 바에 따라 협동조합의 설립 목적 및 특성에 부합되는 자로 조합원의 자격을 제한할 수 있다.
제22조	출자 및 책임	① **조합원은 정관으로 정하는 바에 따라 1좌 이상을 출자하여야 한다.** 다만, 필요한 경우 정관으로 정하는 바에 따라 현물을 출자할 수 있다. ② **조합원 1인의 출자좌수는 총 출자좌수의 100분의 30을 넘어서는 아니 된다.** ③ 조합원이 납입한 출자금은 질권의 목적이 될 수 없다. ④ 협동조합에 납입할 출자금은 협동조합에 대한 채권과 상계하지 못한다. ⑤ 조합원의 책임은 납입한 출자액을 한도로 한다.
제23조	의결권 및	① 조합원은 출자좌수에 관계없이 각각 1개의 의결권과 선거권을 가진다.

	선거권	② 조합원은 대리인으로 하여금 의결권 또는 선거권을 행사하게 할 수 있다. 이 경우 그 조합원은 출석한 것으로 본다. ③ 제2항에 따른 대리인은 다른 조합원 또는 본인과 동거하는 가족(조합원의 배우자, 조합원 또는 그 배우자의 직계 존속·비속과 형제자매, 조합원의 직계 존속·비속 및 형제자매의 배우자를 말한다. 이하 같다)이어야 하며, 대리인이 대리할 수 있는 조합원의 수는 1인에 한정한다.
제4장 사회적 협동조합		
제85조	설립인가 등 [⑫]	① 사회적협동조합을 설립하고자 하는 때에는 5인 이상의 조합원 자격을 가진 자가 발기인이 되어 정관을 작성하고 창립총회의 의결을 거친 후 기획재정부장관에게 인가를 받아야 한다. ② 창립총회의 의사는 창립총회 개의 전까지 발기인에게 설립동의서를 제출한 자 과반수의 출석과 출석자 3분의 2 이상의 찬성으로 의결한다.
제93조	사 업	① 사회적 협동조합은 다음 각 호의 사업 중 하나 이상을 주 사업으로 하여야 한다. 1. 지역(시·도의 관할 구역을 말하되, 실제 생활권이 둘 이상인 시·도에 걸쳐 있는 경우에는 그 생활권 전체를 말한다. 이하 이 호에서 같다) 사회의 재생, 지역 경제의 활성화, 지역 주민들의 권익·복리 증진 및 그 밖에 지역 사회가 당면한 문제 해결에 기여하는 사업 2. 대통령령으로 정하는 취약계층에 복지·의료·환경 등의 분야에서 사회서비스를 제공하는 사업 3. 대통령령으로 정하는 취약계층에 일자리를 제공하는 사업 4. 국가·지방자치단체로부터 위탁받은 사업 5. 그 밖에 공익증진에 이바지 하는 사업 ② 제1항 각 호에 따른 주 사업은 협동조합 전체 사업량의 100분의 40 이상이어야 한다.
제95조 의2	공공기관의 우선 구매	① 「중소기업제품 구매촉진 및 판로지원에 관한 법률」 제2조 제2호에 따른 공공기관의 장은 구매하려는 재화나 서비스에 사회적협동조합이 생산하는 재화나 서비스가 있는 경우에는 해당 재화나 서비스의 우선 구매를 촉진하여야 한다. ② 제1항에 따른 공공기관의 장은 사회적협동조합이 생산하는 재화나 서비스의 구매 증대를 위한 구매 계획과 전년도 구매 실적을 기획재정부장관에게 통보하여야 한다.

김진원 OIKOS 사회복지사1급 통합이론서 2교시

제4부

지역사회 복지운동

제13장 지역사회복지운동

지역사회복지운동

제4부 **지역사회복지운동**

제13장 회차별 출제빈도, 출제비중 및 출제논점 1, 2, 3순위

10회 2012	11회 2013	12회 2014	13회 2015	14회 2016	15회 2017	16회 2018	17회 2019	18회 2020	19회 2021	20회 2022	21회 2023	22회 2024
–	–	1	–	1	1	1	2	1	2	2	2	1

출제 비중	출제 논점		
	1순위 ☺	2순위 ※	3순위 ☆
01**2**	① 아른슈타인(Arnstein)의 주민참여 8단계	① 지역사회운동의 의의 ② 지역사회복지운동의 특징과 필요성	

1순위 스마일표시(☺) : 출제 빈출도가 높은 부분으로 무조건 시험에 출제되는 영역
2순위 당구장표시(※) : 나왔다 안 나왔다 하는 영역이지만 출제가능성 높은 영역
3순위 별 표(☆) : 출제 된 적이 있긴 하지만 다시 출제될 가능성은 다소 떨어지는 영역

♀ MAP

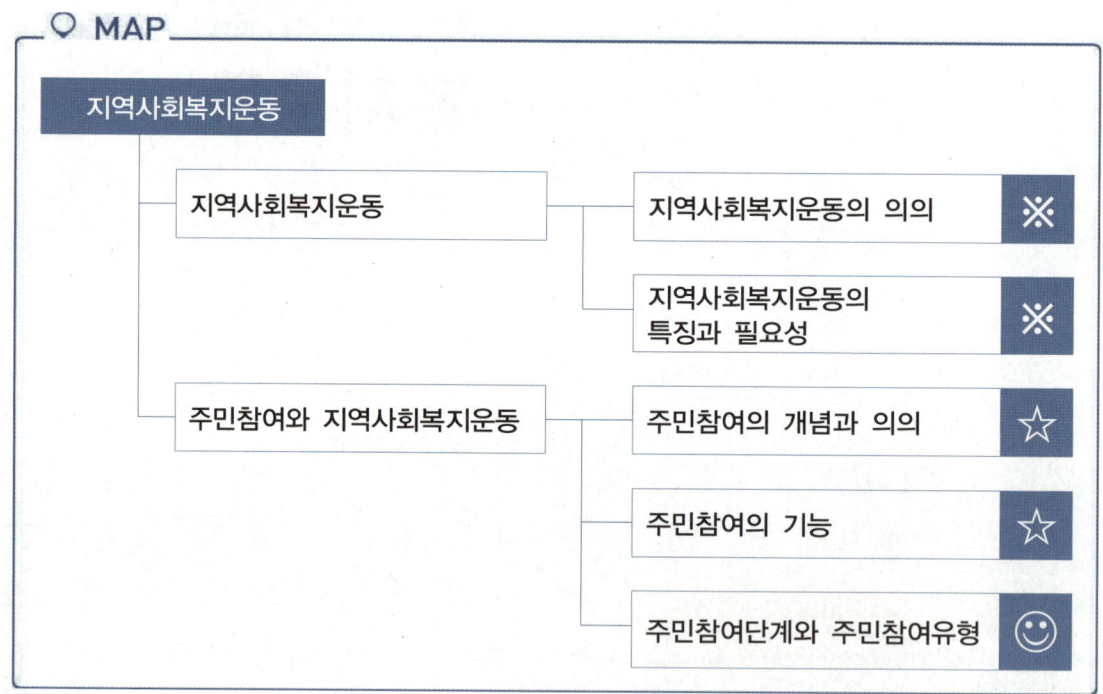

01 지역사회복지운동

1 지역사회복지운동의 의의와 주체

(1) 지역사회복지운동의 의의 [②③⑨⑮⑱⑲⑳]

① 지역사회주민의 주체성과 역량을 강화하고, 지역사회 변화를 주도하는 **민주적 조직운동**이다.
② 주민 참여 활성화에 의해 **복지권리의식과 시민의식을 배양하는 사회권(복지권) 확립운동**이다.
③ 지역사회복지운동의 주된 관심사가 지역사회주민의 삶의 질과 관련된 생활영역에 두고 있기 때문에 **지역사회복지의 확산과 발전을 위한 생활운동**이다.
   - 지역사회복지운동의 주된 관심사는 주민 삶의 질과 관련된 생활영역에 있다.(○)
④ 지역사회의 다양한 자원 활용 및 관련조직 간의 유기적인 협력이 이루어지는 **자원동원운동(연대운동)**이다.
   - 지역사회복지운동이 갖는 의의 : 사회복지가 추구하는 사회적 가치로서 사회정의 실현(○)

(2) 지역사회복지운동의 주체 [⑰⑳]

지역사회복지운동의 주체는 지역사회주민에 초점을 두어야 하지만, 실제 운동을 주도하는 관점에서 보면 **지역사회활동가, 사회복지전문가, 사회복지실무자, 지역사회복지이용자, 일부 지역사회주민** 등이 주체가 될 수 있다.
   - 지역사회복지운동의 주체는 사회복지전문가, 지역활동가, 지역사회복지이용자 등 다양하다.(○)

2 지역사회복지운동의 특징과 필요성

(1) 지역사회복지운동의 특징 [③⑤⑲㉑㉒]

① **의도적인 조직적 활동** : 지역사회 주민의 삶의 질을 향상시킴을 목적으로 하는 의식적이며 조직적인 활동이다.
② **사회운동으로서의 성격** : 사회복지대상자뿐만 아니라 사회복지실무자나 전문가 넓게는 모든 지역사회주민이 주체적인 참여와 행동을 통하여 사회복지 목표달성을 위해 의도적으로 추진해 가는 사회운동으로서의 성격을 지니고 있다.
   - 지역사회복지운동 : 사회복지 전문가 중심의 활동이다.(×)
③ **시민운동과 맥을 같이 함** : 지역사회의 변화라는 지역사회의 역할 강화에 있어 시민운동과 맥을 같이 하고 있다. → **지역사회변화를 주도하는 조직운동**
④ **지역사회 주민 전체에 기반을 둔 포괄성** : 계층적 기반은 노동운동, 민중운동 등과 같이 제한적인 계층에 있는 것이 아니라 지역사회 주민 전체에 두고 있어 포괄적이다.
   - 지역사회복지운동 : 노동자 계층의 소득수준을 높이는 민중운동(×)
   - 지역사회복지운동 : 노동자, 장애인 등 일부 주민을 대상으로 한다.(×)
   - 지역사회복지운동 : 지역사회복지운동의 계층적 기반은 노동운동이나 여성운동과 같이 뚜렷하다.(×)

⑤ **자조적인 문제해결과정을 도모** : 지역사회 내의 특정 문제해결을 위해 지역사회의 공론화를 통한 표출적 행위로 나타나거나 자조적인 문제해결과정을 도모하고 있다.

(2) **지역사회복지운동의 필요성**

① 사회복지 문제해결 및 주민의 복지욕구충족을 바탕으로 **지역주민의 삶의 질을 향상**시키기 위해 필요한 것이다.

② 필요성은 그 의의를 살펴보면 보다 구체화 할 수 있는데 이러한 의의로 **사회복지정책결정에의 영향, 지역사회조직의 활성화, 주민의 권리의식 제고** 등을 들 수 있다.

02 주민참여와 지역사회복지운동

1 주민참여의 개념과 의의 [②]

(1) **개 념**

① 지역주민들이 공식적인 정부의 의사결정 과정에 관여하여 **주민들의 욕구를 정책이나 계획에 반영되도록 하는 적극적인 노력**을 말한다.

② **주민참여의 구성 요소**
　㉠ 참여의 주체는 주민이다.
　㉡ 공식적인 정부의 정책 또는 계획의 작성·결정 그리고 집행에 관여하는 행위이다.
　㉢ 주민의 욕구나 열망이 정책이나 계획에 반영되도록 하기 위한 적극적인 노력이다.

(2) **지역사회복지에서의 주민참여의 의의** : 지역사회의 문제 발견·해결

2 주민참여의 기능 [③]

(1) **순기능(긍정적인 측면)**
　① 지역복지에 대한 정보교환 기능
　② 의견수렴 기능(지역주민 욕구 반영)
　③ 합리적 의사결정 기능
　④ 문제해결 기능
　⑤ 지역복지정책에 대한 평가 및 감시 기능
　⑥ 공동체 의식 강화 기능(지역의 공동체성 강화)

(2) **역기능(부정적인 측면)**
　① 집단이기주의화(주민들 간 갈등 유발)
　② 참여주민의 대표성 문제

③ 전문성 결여
④ 비용의 증가(행정비용 증가)
⑤ 관료제의 저항
⑥ 계획입안이나 집행하는 데 있어 시간상의 지연 가능성이 높음

3 주민참여단계와 주민참여유형

(1) 아른슈타인(Arnstein)의 주민참여 8단계 [④⑫⑭⑯⑰㉒㉓]

아른슈타인(Arnstein)은 주민참여를 여론조작, 치료, 정보제공, 주민상담, 주민회유, 쌍방협동, 권한이양, 주민통제의 8단계로 나누고 참여의 효과, 즉 **권력배분의 수준**에 따라 3개의 유형으로 나누어 제시하고 있다.

단계		내용	참여의 효과 (권력배분 수준에 따라)
8	주민통제 (citizen control)	주민 스스로 입안하고, 결정에서 집행 그리고 평가단계까지 주민이 통제하는 단계	주민권력
7	권한위임 [⑯] (delegated power)	주민들이 특정한 계획에 관해서 우월한 결정권을 행사하고 집행단계에 있어서도 강력한 권한을 행사함	
6	협동관계 (partnership)	행정기관이 최종결정권을 가지고 있지만 주민들이 필요한 경우 그들의 주장을 협상으로 유도할 수 있음	
5	주민회유 (placation) [⑫⑭⑲]	각종 위원회 등을 통해 주민의 참여범위가 확대되지만 최종적인 판단은 행정기관이 한다는 점에서 제한적임	형식적 참여
4	주민상담 (consultation)	공청회나 집회 등의 방법으로 행정에 참여하기를 유도하고 있으나 형식적인 단계에 그침	
3	정보제공 (informing)	행정이 주민에게 일방적으로 정보를 제공하며 환류는 잘 일어나지 않음	
2	대책치료 (therapy)	주민의 욕구불만을 일정한 사업에 분출시켜서 치료하는 단계로서 행정의 일반적인 지도에 그침	비참여
1	여론조작 [⑰] (manipulation)	행정과 주민의 서로 간의 관계를 확인한다는 것에서 의의를 찾을 수 있으며, 공무원이 일방적으로 교육, 설득시키고 주민은 단순히 참석하는 수준	

✏️ **암기법**

남북간 문제 있을 때 해결하는 **조**(조작)**치**(치료)로는 주로 **정**(정보제공)**상**(주민상담)**회**(주민회유)**동**(협동관계)**위**(권한위임)**주**(주민통제)로 한다.

(2) 주민참여유형

① **참여 효과가 최저인 비참여** : 이 유형은 주민들에게 권력배분이 전혀 이루어지지 않으며, 주민을 의사결정에 참여시키지도 않으면서 참여의 형식을 흉내 내는 제1단계의 여론조작과 형식적인 참여를 인정하지만 실질적인 효과가 없는 제2단계의 치료가 여기에 속한다.

㉠ **1단계(조작단계)** : 공무원이 일방적으로 교육, 설득시키고, 주민은 단순히 참여하는 수준
  - 조작(manipulation) : 행정기관이 일방적으로 주민들을 교육, 설득시키고 주민은 단순히 참여하는 수준(O)

㉡ **2단계(치료단계)** : 주민욕구불만을 일정한 사업에 분출시켜서, 일방적으로 행정지도하는 수준

② **참여 효과가 보통 이하인 형식적 참여** : 이 유형은 가장 흔히 사용되는 참여 형태로써 3단계의 정보제공, 4단계의 주민상담, 5단계의 주민회유가 여기에 속한다. 즉 주민은 정보를 제공 받고 상담을 받으며 회유를 통해 참여가 이루어져 주민의 영향력이 매우 미약하고 권력배분이 아주 미약하기 때문에 형식적인 참여로 본다.

㉠ **3단계(정보제공단계)** : 행정기관으로부터 주민에게로 정보의 일방적인 흐름을 강조하고 쌍방통행이나 협상의 권한은 주지 않음

㉡ **4단계(자문단계)** : 공청회나 집회 등의 방법으로 행정에 참여하기를 유도하고 있으나 형식적 수준에 머무는 수준

㉢ **5단계(회유단계)** : 각종 위원회 등을 통해 주민참여가 이루어지지만 최종적인 판단은 행정기관에서 함
  - 예) A시(市)는 도시재생사업과 관련하여 주민들과 갈등을 겪고 있다. B씨는 A시의 추천으로 도시재생사업 추진위원회에 주민대표로 참여하였다. 하지만 회의는 B씨의 기대와는 달리 A시가 의도한 방향대로 최종 결정되었다.
  - 주민회유(placation) : 각종 위원회 등을 통해 주민의 참여범위는 확대되지만 최종적인 판단은 행정기관이 수행하는 단계(O)

③ **참여 효과가 매우 높은 주민권력 과시** : 이 유형은 6단계의 쌍방협동, 7단계의 권리이양, 8단계의 주민통제를 포함한다. **이것은 기존 권력관계의 변화와 권력의 재분배가 가능한 주민권력이 발휘되는 유형**이다. 그러므로 주민참여의 효과를 위한 실질적인 권력배분이 이루어지기 위해서는 쌍방협동 이상의 참여단계가 되어야 가능하다.

㉠ **6단계(협동관계단계)** : 주민과 행정기관은 갈등을 해결하기 위해 정책위원회, 계획위원회와 같은 조직을 통해 의사결정의 권한과 책임을 공유

㉡ **7단계(권한위임단계)** : 주민들이 결정권을 가지고 집행단계에서도 강력한 권한을 가지는 단계로, 주민들이 계획의 책임성을 확보하는 중요한 역할을 함

㉢ **8단계(주민통제단계)** : 주민들이 입안, 결정, 집행을 스스로 하고 평가단계까지도 통제하는 수준

4 지역사회복지실천에의 참여수준 및 지역사회복지운동 조직과의 관계 [21]

지역사회주민이 지역사회복지실천에 참여하는 것에는 참여 수준에 따라 다를 수 있다. 즉 아래 표에서 볼 수 있듯이, 주민의 참여는 단순한 지역의 정보를 접하는 수준에서부터 기획과 집행에서 책임과 권한을 가지는 단계까지 다양하다.

참여의 정도	참여자의 위상	지역사회복지운동 조직과의 관계
높음 ↕ 낮음	기획과 집행에서의 책임과 권한부여	지역문제의 분석, 활동계획의 수립과정뿐만 아니라 그 계획의 실행에 있어서도 명확한 책임과 권한을 위임받아 수행
	의사결정권을 지님	문제의 분석과 활동계획 등을 수립하는 과정에서부터 참여하여 그 구체적인 계획을 함께 마련
	계획단계에의 참가	활동계획을 수립할 때부터 참여하여 그 내용을 검토하는 등의 역할을 부여
	자문담당자	운동조직에서 분석한 문제나 활동계획 등에 대해 단순히 그 의사를 문의하고 참고하는 정도의 관계
	조직대상자	운동조직에서 계획한 활동에 이해관계나 욕구를 갖고 있는 사람들로, 일차적인 동원의 대상
	단순정보수혜자	운동조직에서 계획한 지역활동계획이나 지역의 문제점 등에 대해 단순히 홍보 등을 통해 소식을 접하는 정도의 관계

김진원 OIKOS 사회복지사1급 통합이론서 2교시

부 록

- 참고문헌
- 찾아보기

참고문헌

- 감정기 외 공저(2002). 『사회복지의 역사』. 서울 : 나남출판.
- 강준렬(1997). 『지역사회복지와 사회복지관』. 서울 : 동인.
- 강철희 정무성(2006). 『지역사회복지실천론』. 서울 : 나남출판.
- 고수현 외 공저(2002). 『사회복지개론』. 서울 : 대학출판사.
- 고수현 외 공저(2005). 『사회복지실천 윤리와 철학』. 서울 : 양서원.
- 고수현 외 공저(2007). 『지역사회복지 : 이론과 실천』. 서울 : 교육과학사.
- 구자헌(1984). 『한국사회복지사』. 서울 : 홍익제.
- 권구영 외 공저(2009). 『사회복지실천론』. 서울 : 창지사.
- 권육상 외(2007). 『지역사회복지론』. 서울 : 유풍출판사.
- 금창호(2015). 『기록으로 보는 지방자치』. 행정자치부 국가기록원.
- 김경호(2009). 『사회복지실천기술론』. 서울 : 청목출판사.
- 김기덕 외 공저(2018). 『사회복지윤리와 철학』. 경기 : 양서원.
- 김기태 외 공저(2004). 『노인복지실천론』. 경기 : 양서원.
- 김기태 외 공저(2005). 『사회복지실천론』. 경기 : 양서원.
- 김기태 외 공저(2008). 『사회복지실천론』. 경기 : 공동체.
- 김남선(1987). 『지역사회개발론』. 서울 : 형성출판사.
- 김범수 외 공저(2010). 『지역사회복지론』. 경기 : 공동체.
- 김성이(2002). 『사회복지의 발달과 사상』. 서울 : 이화여자대학교출판부.
- 김영모(1995). 『지역사회복지론』. 한국복지정책연구소출판부.
- 김용민(2009). 『사회복지실천기술론』. 서울 : 청목출판사.
- 김유성(1992). 『한국사회보장법론』. 서울 : 법문사.
- 김유숙(1998). 『가족상담』. 서울 : 학지사.
- 김유숙(2007). 『가족치료』. 서울 : 학지사.
- 김은주(2005). 『학교사회사업론』. 서울 : 홍익제.
- 김융일 외 공저(1996). 『사회사업실천론』. 서울 : 나남출판.
- 김익균 외(1995). 『한국지역사회복지론』. 서울 : 대학출판사.
- 김종옥 외 공저(1993). 『집단사회사업방법론』. 서울 : 홍익제.
- 김종일(2007). 『지역사회복지론』. 서울 : 청목출판사.
- 김진원(2012c). 『사회복지실천론』. 한국성서대학교 특강교재.
- 김진원(2012d). 『사회복지실천기술론』. 한국성서대학교 특강교재.
- 김태련 장휘숙(1997). 『발달심리학』. 서울 : 박영사.
- 김혜경 외 공저(2006). 『가족복지론』. 서울 : 공동체.
- 김혜경 외 공저(2002). 『사회복지실천기술론』. 서울 : 나남출판.
- 남세진 외 공저(1997). 『집단지도방법론』. 서울 : 서울대학교출판부.
- 남진열 외 공저(2010). 『지역사회복지론』. 경기 : 공동체.
- 대구광역시사회복지협의회(1998). 지역 사회공동모금회 운영 방안에 관한 연구.

- 박광준(2002). 『사회복지사상과 역사』. 서울 : 양서원.
- 박세정 외 공저(2008). 『사회복지실천론』. 서울 : 창지사.
- 박용순(2006). 『지역사회복지론』. 서울 : 학지사.
- 박용순 외 공저(2012). 『지역사회복지론』. 서울 : 학지사.
- 박태영(2008). 『지역사회복지론』. 파주 : 학현사.
- 백은령 외 공저(2006). 『사회복지실천론』. 서울 : 대왕사.
- 서미경 외 공저(2005). 『사회복지실천윤리』. 경기 : 양서원.
- 서봉연 이순형(1983). 『발달심리학 : 아동발달』. 서울 : 중앙적성출판사.
- 서울대 사회복지실천연구회 역(2000). 『사회복지실천기법과 지침』. 서울 : 나남출판.
- 서울복지재단(2005). 『사회복지 프로그램 매뉴얼 개발연구 : 가족복지실천방법』.
- 설진화(2009). 『사회복지실천기술론』. 경기 : 양서원.
- 설진화(2009). 『사례관리론』. 경기 : 양서원.
- 송명자(2003). 『발달심리학』. 서울 : 학지사.
- 송성자(1996). 『가족과 가족치료』. 서울 : 법문사.
- 송성자(1995). 『가족관계와 가족치료』. 서울 : 홍익제.
- 송정아 외 공저(1997). 『가족치료의 이론과 기법』. 서울 : 하우.
- 신범수 신원우(2007). 『지역사회복지론』. 경기 : 공동체.
- 신성자 외 공저(2008). 『사회복지실천기술론』. 경기 : 양서원.
- 양옥경 외 공저(2000). 『사회복지실천론』. 서울 : 나남출판.
- 양옥경 외 공저(2004). 『사회복지 윤리와 철학』. 서울 : 나눔의집.
- 양정남 외 공저(2009). 『사회복지실천론』. 경기 : 양서원.
- 양정남 외 공저(2009). 『사례관리』. 경기 : 양서원.
- 양정하 외 공저(2003). 『사회복지조사방법론』. 경기 : 현학사.
- 양정하 외 공저(2008). 『지역사회복지론』. 경기 : 공동체.
- 엄명용 외 공저(2006). 『사회복지실천의 이해』. 서울 : 학지사.
- 엄명용 외 공저(2009). 『사회복지실천기술의 이해』. 서울 : 학지사.
- 엄태영(2016). 『지역사회복지론』. 서울 : 신정.
- 오정수 류진석(2010). 『지역사회복지론』. 서울 : 학지사.
- 유효순(2000). 『아동발달』. 서울 : 창지사.
- 윤현숙 외 공저(2001). 『사회복지실천기술론』. 서울 : 동인.
- 이상균 외 공역(2000). 『사회복지 면접의 길잡이』. 서울 : 나눔의 집.
- 이애련 외(2009). 『지역사회복지론』. 경기 : 학현사.
- 이애재(2006). 『사회복지실천기술론』. 경기 : 양서원.
- 이영분 외(2001). 『사회복지실천론』. 서울 : 동인.
- 이영철(2003). 『지역사회복지실천론』. 경기 : 양서원.
- 이영호(2008). 『사회복지실천기술론』. 경기 : 공동체.
- 이윤로(2010). 『최신 사회복지실천론』. 서울 : 학지사.
- 이준우 외 공저(2006). 『사례와 함께하는 사회복지실천론』. 서울 : 인간과복지.
- 이종복 외 공저(2006). 『사회복지실천론』. 경기 : 학현사.
- 이팔환 외 공역(2000). 『사회복지실천이론의 토대』. 서울 : 나눔의집.

- 전재일 외 공저(2007). 『사회복지실천론』. 서울 : 형성출판사.
- 정순둘(2005). 『사례관리실천의 이해』. 서울 : 학지사.
- 정옥분 역(1991). 『인간발달의 이론』. 서울 : 교육과학사.
- 정옥분 저(2004). 『발달심리학 : 전생애 인간발달』. 서울 : 학지사.
- 조휘일 외 공저(1999). 『사회복지실천론』. 서울 : 학지사.
- 조흥식 외 공저(2003). 『가족복지학』. 서울 : 학지사.
- 지은구(2005). 『지역복지론』. 서울 : 청목출판사.
- 최경화 외 공저(2010). 『사회복지실천기술론』. 서울 : 신정.
- 최선화(2007). 『풀어쓴 사회복지실천기술』. 경기 : 공동체.
- 최영욱(1996). 지방자치제에 있어서 사회복지시설의 사회화 . 『사회과학연구 제3권1호』. 경기 : 성결대학교사회과학연구소.
- 최옥채 외 공저(2006). 『사회복지실천론』. 서울 : 학지사.
- 최일섭(1995). 『지역사회복지론』. 서울 : 서울대학교출판부.
- 정옥분 류진석(2001). 『지역사회복지론』. 서울 : 서울대학교출판부.
- 정옥분 이현주(2007). 『지역사회복지론』. 서울 : 서울대학교출판부.
- 표갑수(2007). 『지역사회복지론』. 서울 : 나남출판.
- 한국임상사회사업학회(2008). 『지역사회복지론』. 서울 : 신정.
- 한인영 외(2004). 『학교와 사회복지실천』. 서울 : 나남.
- 한인영 외(2003). 『학교와 사회복지 : 학교사회사업의 이론과 실제』. 서울 : 학문사.
- 함세남 외(2000). 『선진국사회복지발달사』. 서울 : 홍익제.
- 행정안전부(2020). 『2020년 마을기업 육성사업 시행지침』.
- 황철수(2007). 『사회복지실천론』. 경기 : 양서원.
- 홍현미라 외 공저(2010). 『지역사회복지론』. 서울 : 학지사.
- Biesteck, F. P.(1957), *The Casework Relationship*, Illinois : Loyola University Press.
- Dunham, A.(1970). The New Community Organization. New York : Thomas Y. Crowell Co.
- Hardcastle. D. A, Wenocur. S., and Powers, P. R.(1997). *Community practice : theories and skills for social workers*. New York : Oxford University Press.
- Hardina, D.(2002). *Analytical skills for community organization practice*. New York : Columbia University Press.
- Hepworth. D. A, Rooney. R. H., and Larsen. J.(2002). *Direct social work practice*. Brooks/Cole.
- Kirst-Ashman, K. and G. Hull, Jr.(1999), *Understanding Generalist Practice*, Chicago : Nelson-Hall Publishers.
- Ross. M. G.(1955). *Community Organization* : Theory and Principles. New York : Harper & Row.
- Ross. M. G.(1967). *Community Organization* : Theory, Principles, and Practice(2nd ed.). New York : Harper & Row.
- Rothman, J.(1974). Three Models of Community Organization Practice , Fred M., Cox, et al.(eds.). *Strategies of Community Organization : A Book of Readings*. Itasca, Ill. : F.E. Reacock Publishers.
- Rothman, J.(1995). Approaches to Community Intervention , In Jack Rothman et al. *Strategies of Community Intervention*. Peacock.
- Warren, R. L.(1963). *The Community in America*. Chicago : Rand McNally & Co.
- Weil, M. O.(2005). *The Handbook of Community Practice*. Sage.

찾아보기

(ㄱ)

가계도 163, 286, 299
가상공동체 375
가족규칙 300
가족 그림 303
가족역할 282
가족옹호 310
가족조각 302
가족주의 388
가족지도 296
가치 50
가치의 상충 64
간접서비스 94
간접 실천 42
간접적 개입 174
간접 질문 144
감정이입 120, 304
강점 관점 113
강화 236
강화계획 237
개방형 질문 144
개방형 집단 339
개별화 125
개인주의 44
개인화 232
건강가정지원센터 88
격려 217
결과 우선 가치 48
결과의 모호성 64
경계만들기 295
경청 143, 208
경험적 가족치료 300
경험적 학습 234
계 408
계산형(초이성형) 302
계약 170
계획가 97
계획 수립 167
고지된 동의 65
고충처리 473
공감적 경청 216
공공기관 93
공동규범 377
공동사회 378
공동체 의식 378
공청회 456
과업성취척도 365
과업중심목표 435
과업집단 318
과잉일반화 232
과장(확대)과 축소 232
과정중심목표 435
과제 229, 245
과제부여 296
관계성 질문 306
교육 299
교육집단 317
구두점 275
구조적 가족치료 295
구조화된 서베이 458
구조화된 질문 144
구체성 121
국가주의 389
궁극적 가치 49
권위와 권한 121
권한부여 112, 253
균형 깨뜨리기 297
그리피스 보고서 402
극복 질문 305
근린지역사회조직모델 444
긍정적 의미 부여 309
기계적 연대(mechanical solidarity) 사회 378
기능적 지역사회조직모델 444
기능적인 의미의 지역사회 373
기능주의 81
기록과제 233
기적 질문 305
긴장 고조시키기 296
꿈의 분석 207

(ㄴ)

나-전달법(나-입장취하기) ·· 299
내적 의사소통의 명료화 ··· 233
너 전달법 ·· 280
네트워크화 ··· 388

(ㄷ)

다문화조직(multi-cultural organizing) 모델 ····· 449
단기치료 ··· 243
단일화 모델 ··· 112
단일화 접근방법 ··· 105
대변 ··· 473
대처(극복)질문 ··· 305
대화단계 ··· 115, 255
대화기법 ··· 457
델파이기법 ··· 457
도구적(수단적) 가치 ··· 49
도전 ··· 209
동료평가 ··· 366
동맹(alliance)관계 ··· 487
동질집단 ··· 338
두레 ··· 408

(ㄹ)

라포 형성 ··· 140
로비(lobbying) ··· 449

(ㅁ)

만족도 평가 ··· 366
멤버십 공동체 ··· 373
명료한 경계선 ··· 281
명료화 ··· 146, 209
명목집단기법 ··· 457
명분옹호 ··· 472
명시적 가족규칙 ··· 282
명확화 ··· 146
모의가족 ··· 303
모델링 ··· 235
모호한 질문 ··· 146
문제 확인 ··· 153
문제의 외현화 ··· 310
문제형성 ··· 161
문화적 민감성 ··· 123
물적 자원 ··· 479
민간기관 ··· 93
민감성 ··· 123

민속학적(ethnographic) 방법 ································ 456
민주주의 ··· 43
밀착된 경계선 ··· 281

(ㅂ)

바꾸어 말하기 ··· 143
바클레이 보고서 ··· 402
반열방(班列房) ··· 85
반영 ··· 143, 146
발견단계 ··· 115, 255
발달적 고찰 ··· 220
발전단계 ··· 115, 255
변화매개 체계 ··· 108
변화질문 ··· 305
복지의 혼합경제 ··· 376
복합형 질문 ··· 145
부모화 ··· 280
분권교부세 ··· 412, 520
분리된 경계선 ··· 281
비구조화된 질문 ··· 144
비난형 ··· 301
비밀보장 ··· 128
비심판적 태도 ··· 130
비용편익분석 ··· 362
비용효과분석 ··· 362
비합리적 신념 ··· 226
빙산기법 ··· 303

(ㅅ)

사람 우선 가치 ··· 48
사례관리 ··· 183
사례옹호 ··· 472
사이버네틱스 ··· 276
사이코드라마 ··· 210
사적 질문 다루기 ··· 145
사정 ··· 159
사창 ··· 408
사회계획모델 ··· 438
사회구성주의 시각 ··· 277
사회기술훈련 ··· 238
사회복지공동모금회 ··· 545
사회복지전담공무원 ··· 522
사회복지전문요원제도 ··· 522
사회복지협의회 ··· 537
사회운동모델 ··· 446
사회적 관계망표 ··· 292

사회적 지지망	292	압력전술	489
사회지표분석	458	역량강화모델	253
사회진단	79	역설적 개입	308
사회진화론	43	역설적 지시	234
사회치료자	467	역전이	211
사회통합	387	역할극	303
사회행동모델	439	역할반전	303
사회화 집단	318	연구자	98
사후지도	179	연합(coalition)관계	487
삼각관계	280, 298	연합모델	445
상부상조의 기능	380	예외 질문	305
상평창	408	오가통제도	408
상호작용차트	343	온정주의	65
새마을운동	409	옹호자	96
생애주기표	285	왜곡된 사고	228
생존질문	305	요약	143
생태도	289	요약하기	147
생활모델	111	우애방문자(우애방문원)	75
생활력 도표	291	원조 관계	119
생활시설	94	위장	279
생활주기표	285	유기적 연대(organic solidarity) 사회	378
서비스 기관	94	유도형 질문	146
선택적 사고	231	유연한 경계선	281
설득	473	유형-역동성에 대한 고찰	220
설명	233	윤리	50
성장집단	317	윤리강령	51
성장모델	300	윤리적 상대주의	52
세분화	219	윤리적 원칙	69
소거	237	윤리적 절대주의	52
소시오그램	344	의도적 감정표현	126
소시오메트리	343	의뢰	154
소크라테스식 문답법	228	의뢰-응답체계	110
수단 우선 가치	48	의무의 상충	64
수용	121, 129	의사소통이론	275
순환적 질문하기	309	의의차별척도	342
시련기법	308	의창	408
시봄 보고서	401	이분법적 사고	232
시설보호	392	이완훈련	236
시설의 사회화	392	이용시설	94
시연	235	이익사회	378
실무분과	533	이중관계	66
실무협의체	533	이중구속	275
실연	296	이질적 집단	338
		인간-상황에 대한 (반성적)고찰	219

(ㅇ)

안내자	465	인보관 운동	76
암묵적 가족규칙	282	인적 자원	479
		인지 도식	230

인지재구조화	234	조정자	96
인지적 불일치	234	조직가	468
인지적 왜곡	231	조직화	474
일반적 접근방법	105	종결	177
일반주의	105	주민참여	387
일반화(universalization)	221	중간 믿음	230
일치형	302	중개자	96
임의적(자의적) 추론	231	중재자	97
		증상처방	308
		증언청취	474

(ㅈ)

자기노출	122	지리적인 의미의 지역사회	373
자기언어(자기독백)	227	지방분권화	519
자기주장훈련	236	지방자치제	519
자기지시기법	235	지역공동모금제도	405
자동적 사고	230	지역사회개발	392
자문가	97	지역사회개발모델	438
자발적 회복	237	지역사회개방이론	383
자선조직협회	73	지역사회만들기	391
자원동원 실천(mobilizing practice)	449	지역사회보장계획	497
자원봉사자의 날	559	지역사회보장협의체	528
자원봉사활동	558	지역사회보존이론	383
자유연상	206	지역사회보호	392
자조집단	318	지역사회복지	385
자활기업	555	지역사회복지실천	393
잔여적 사회복지	389	지역사회복지운동	575
재가보호	392	지역사회상실이론	383
재가복지봉사센터	560	지역사회연계 모델	442
재가복지서비스	410	지역사회의 사회경제개발모델	444
재구성	308	지역사회조직	391
재명명	308	지역사회 지도그리기	458
재보증	217	지역사회포럼	456
저항의 분석	210	지역성	377
전문가	467	지역아동센터	556
전문가주의	105	지역자활센터	552
전문적 관계 유지	66	지지집단	317
전문직의 속성	83	지지하기	149, 216
전문 체계	110	직면	208
전이	210	직면하기	147, 347
접수	153	직접 실천	42
정상화	386	직접적 개입	174
정서적 추론	232	직접적 영향주기	217
정치·사회행동모델	445	직접 질문	144
정치적 권력(역량)강화 모델	443	진단주의	80
제도적 사회복지	389	진실성과 일치성	121
제지기법	308	진휼청	408
조력자	466	집단	315
조성자 혹은 조력자	96	집단 문화	330

집단 성원	316
집단(집단역동)	316
집단계약	341
집단사정	341
집단사회사업	315
집단원 소개	341
집단의 크기	330
집단지도전문가	316

(ㅊ)

차등적 가치	49
처벌	237
척도 질문	305
청원(탄원서 서명)	474
체계적 둔감화	236
초기 면접지(접수 면접지)	155
초점집단기법	457
초점화	148, 218
촉진자	97
총괄평가	362
출생순위	298
치료집단	317
치유집단	318
침묵의 탐색	149

(ㅋ)

카바	409
카바(KAVA)	86
코칭(coaching)	299
클라이언트 체계	108
클라이언트 체계의 다중성	64
클라이언트의 자기결정	127

(ㅌ)

타임아웃	236
탈삼각화	299
탈시설화	387
탐색-묘사-환기	218
태화여자관	85
통제된 정서적 관여	126

(ㅍ)

파편화	184
페미니스트 지역조직(feminist organizing) 모델	450
폐쇄형 질문	144
폐쇄형 집단	339

표적 문제	245
표적 체계	109
풀뿌리 실천(grassroot practice)	449
품앗이	408
프로그램(프로그램 활동)	316
프로그램 개발 및 조정 모델	442
프로그램 모니터링	458

(ㅎ)

하버트 보고서	401
하위집단	330
합류하기	296
합리적 신념	225
해석	209
해석하기	147
핵심 믿음체계	230
행동체계	109
행동형성	236
행정기관	94
향약	408
협조(cooperation)관계	486
형성평가	362
혼란형(주의산만형)	302
환기	218
환언	143
헌신과 의무	121
회유형(아첨형)	301
효과성 평가	362
효율성 평가	362
훈습	208
휘슬 블로잉	66
힘 또는 권력의 불균형	64

[숫자]

1차 현장	93
2차 현장	93
4체계 모델	108
6체계 모델	110

[영문]

ABCDE모델	229
SOAP	356

2025 김진원 Oikos 사회복지사1급
통합이론서 제2교시

발행일	2024년 1월 31일
편저자	김진원
발행인	김신은
발행자	오이코스북스
주소	서울시 금천구 한내로 62, 9동 905호
전화	070-7531-1469
주문공급	010-7582-1259

저자와의 협의하에 인지생략

ISBN 979-11-92648-12-5(13330)

가격 34,000원

이 책의 무단전재 또는 복제행위는 저작권법 제136조 제1항에 의거 5년 이하의 징역 또는 5천만원 이하의 벌금에 처하게 됩니다.